"十二五"国家重点图书出版规划项目

中国社会科学院创新工程学术出版资助项目

总主编：金 碚

U0593565

经济管理学科前沿研究报告系列丛书

THE FRONTIER REPORT ON
DISCIPLINE OF
INDUSTRIAL ECONOMICS

刘戒骄 郭朝先 薛晓光 主编

产业经济学学科前沿研究报告

经济管理出版社
ECONOMY & MANAGEMENT PUBLISHING HOUSE

图书在版编目（CIP）数据

产业经济学学科前沿研究报告 2013/刘戒骄，郭朝先，薛晓光主编. —北京：经济管理出版社，
2016.6

ISBN 978-7-5096-4337-2

Ⅰ.①产…　Ⅱ.①刘…　②郭…　③薛…　Ⅲ.①产业经济学—研究报告—2013　Ⅳ.①F062.9

中国版本图书馆 CIP 数据核字（2016）第 069801 号

组稿编辑：张永美
责任编辑：张永美　许　艳
责任印制：司东翔
责任校对：雨　千

出版发行：经济管理出版社
　　　　　（北京市海淀区北蜂窝 8 号中雅大厦 A 座 11 层　100038）
网　　　址：www.E-mp.com.cn
电　　　话：（010）51915602
印　　　刷：三河市延风印装有限公司
经　　　销：新华书店
开　　　本：787mm×1092mm/16
印　　　张：36.75
字　　　数：849 千字
版　　　次：2016 年 11 月第 1 版　　2016 年 11 月第 1 次印刷
书　　　号：ISBN 978-7-5096-4337-2
定　　　价：98.00 元

《经济管理学科前沿研究报告》
专家委员会

主　任：李京文

副主任：金　碚　黄群慧　黄速建　吕本富

专家委员会委员（按姓氏笔划排序）：

方开泰	毛程连	王方华	王立彦	王重鸣	王　健	王浦劢	包　政
史　丹	左美云	石　勘	刘　怡	刘戒骄	刘　勇	刘伟强	刘秉链
刘金全	刘曼红	刘湘丽	吕　政	吕　铁	吕本富	孙玉栋	孙建敏
朱　玲	朱立言	何　瑛	宋　常	张　晓	张文杰	张世贤	张占斌
张玉利	张屹山	张晓山	张康之	李　平	李　周	李　晓	李子奈
李小北	李仁君	李兆前	李京文	李国平	李春瑜	李海峥	李海舰
李维安	李　群	杜莹芬	杨　杜	杨开忠	杨世伟	杨冠琼	杨春河
杨瑞龙	汪　平	汪同三	沈志渔	沈满洪	肖慈方	芮明杰	辛　暖
陈　耀	陈传明	陈国权	陈国清	陈　宪	周小虎	周文斌	周治忍
周晓明	林国强	罗仲伟	郑海航	金　碚	洪银兴	胡乃武	荆林波
贺　强	赵顺龙	赵景华	赵曙明	项保华	夏杰长	席酉民	徐二明
徐向艺	徐宏玲	徐晋涛	涂　平	秦荣生	袁　卫	郭国庆	高　闯
符国群	黄泰岩	黄速建	黄群慧	曾湘泉	程　伟	董纪昌	董克用
韩文科	赖德胜	雷　达	廖元和	蔡　昉	潘家华	薛　澜	魏一明
魏后凯							

《经济管理学科前沿研究报告》
编辑委员会

总主编： 金 碚

副总主编： 徐二明 高 闯 赵景华

编辑委员会委员（按姓氏笔划排序）：

万相昱	于亢亢	王 钦	王伟光	王京安	王国成	王默凡	史 丹
史小红	叶明确	刘 飞	刘文革	刘兴国	刘戒骄	刘建丽	刘 颖
孙久文	孙若梅	朱 彤	朱 晶	许月明	何 瑛	吴东梅	宋 华
张世贤	张永军	张延群	李 枫	李小北	李俊峰	李禹桥	杨世伟
杨志勇	杨明辉	杨冠琼	杨春河	杨德林	沈志渔	肖 霞	陈宋生
陈 宪	周小虎	周应恒	周晓明	罗少东	金 准	贺 俊	赵占波
赵顺龙	赵景华	钟甫宁	唐 镶	徐二明	殷 凤	高 闯	康 鹏
操建华							

序　言

为了落实中国社会科学院哲学社会科学创新工程的实施，加快建设哲学社会科学创新体系，实现中国社会科学院成为马克思主义的坚强阵地、党中央国务院的思想库和智囊团、哲学社会科学的最高殿堂的定位要求，提升中国社会科学院在国际、国内哲学社会科学领域的话语权和影响力，加快中国社会科学院哲学社会科学学科建设，推进哲学社会科学的繁荣发展具有重大意义。

旨在准确把握经济和管理学科前沿发展状况，评估各学科发展近况，及时跟踪国内外学科发展的最新动态，准确把握学科前沿，引领学科发展方向，积极推进学科建设，特组织中国社会科学院和全国重点大学的专家学者研究撰写《经济管理学科前沿研究报告》。本系列报告的研究和出版得到了国家新闻出版广电总局的支持和肯定，特将本系列报告丛书列为"十二五"国家重点图书出版项目。

《经济管理学科前沿研究报告》包括经济学和管理学两大学科。经济学包括能源经济学、旅游经济学、服务经济学、农业经济学、国际经济合作、世界经济、资源与环境经济学、区域经济学、财政学、金融学、产业经济学、国际贸易学、劳动经济学、数量经济学、统计学。管理学包括工商管理学科、公共管理学科、管理科学与工程三个学科。工商管理学科包括管理学、创新管理、战略管理、技术管理与技术创新、公司治理、会计与审计、财务管理、市场营销、人力资源管理、组织行为学、企业信息管理、物流供应链管理、创业与中小企业管理等学科及研究方向；公共管理学科包括公共行政学、公共政策学、政府绩效管理学、公共部门战略管理学、城市管理学、危机管理学、公共部门经济学、电子政务学、社会保障学、政治学、公共政策与政府管理等学科及研究方向；管理科学与工程包括工程管理、电子商务、管理心理与行为、管理系统工程、信息系统与管理、数据科学、智能制造与运营等学科及研究方向。

《经济管理学科前沿研究报告》依托中国社会科学院独特的学术地位和超前的研究优势，撰写出具有一流水准的哲学社会科学前沿报告，致力于体现以下特点：

（1）前沿性。本系列报告能体现国内外学科发展的最新前沿动态，包括各学术领域内的最新理论观点和方法、热点问题及重大理论创新。

（2）系统性。本系列报告囊括学科发展的所有范畴和领域。一方面，学科覆盖具有全面性，包括本年度不同学科的科研成果、理论发展、科研队伍的建设，以及某学科发展过程中具有的优势和存在的问题；另一方面，就各学科而言，还将涉及该学科下的各个二级学科，既包括学科的传统范畴，也包括新兴领域。

（3）权威性。本系列报告由各个学科内长期从事理论研究的专家、学者主编和组织本领域内一流的专家、学者进行撰写，无疑将是各学科内的权威学术研究。

（4）文献性。本系列报告不仅系统总结和评价了每年各个学科的发展历程，还提炼了各学科学术发展进程中的重大问题、重大事件及重要学术成果，因此具有工具书式的资料性，为哲学社会科学研究的进一步发展奠定了新的基础。

《经济管理学科前沿研究报告》全面体现了经济、管理学科及研究方向本年度国内外的发展状况、最新动态、重要理论观点、前沿问题、热点问题等。该系列报告包括经济学、管理学一级学科和二级学科以及一些重要的研究方向，其中经济学科及研究方向15个，管理学科及研究方向45个。该系列丛书按年度撰写出版60部学科前沿报告，成为系统研究的年度连续出版物。这项工作虽然是学术研究的一项基础工作，但意义十分重大。要想做好这项工作，需要大量的组织、协调、研究工作，更需要专家学者付出大量的时间和艰苦的努力，在此，特向参与本研究的院内外专家、学者和参与出版工作的同仁表示由衷的敬意和感谢。相信在大家的齐心努力下，会进一步推动中国对经济学和管理学学科建设的研究，同时，也希望本系列报告的连续出版能提升我国经济和管理学科的研究水平。

金碚

2014 年 5 月

目 录

第一章 产业经济学学科 2013 年国内外研究综述 ………………………… 001

    第一节 产业经济学学科国外研究综述 ………………………… 001

    第二节 产业经济学学科国内研究综述 ………………………… 009

    第三节 产业经济学理论前沿与研究方法展望 ………………… 035

第二章 产业经济学学科 2013 年期刊论文精选 ……………………… 057

    第一节 中文期刊论文精选 ………………………………… 057

    第二节 英文期刊论文精选 ………………………………… 457

第三章 产业经济学学科 2013 年出版图书精选 ……………………… 481

    第一节 中文图书精选 ……………………………………… 481

    第二节 英文图书精选 ……………………………………… 497

第四章 产业经济学学科 2013 年大事记 ……………………………… 513

第五章 产业经济学学科 2013 年文献索引 …………………………… 531

    第一节 中文期刊索引 ……………………………………… 531

    第二节 英文期刊索引 ……………………………………… 557

后 记 …………………………………………………………………… 577

第一章 产业经济学学科 2013 年国内外研究综述

第一节 产业经济学学科国外研究综述

基于对文献的梳理，2013 年，国际上产业经济学学科的研究内容依然主要围绕产业组织、市场与规则、高科技新兴产业、产业升级等方面展开。通过 JSTOR 数据库对 2013 年全部期刊进行分析，我们发现，2013 年国际上比较主流的产业经济学理论成果主要集中在产业政策（6027 篇）、服务业（6679 篇）、产业关联（4637 篇）、产业经济（5846 篇）、产业组织（4621 篇）、高技术产业（4274 篇）、制造业（3741 篇）、产业转移（2152 篇）、技术创新（1857 篇）、产业集群（727 篇）、战略性新兴产业（717 篇）、产业升级（257 篇）、产业培育（1077 篇）、产业结构调整（881 篇）等领域（见表 1、图 1）。通过对文献的分析，我们发现，现在国际学术界对产业经济学学科的研究主要集中在网络经济和信息技术产业研究、工业化回顾与反思研究、产业升级与技术进步研究、国别产业经济研究四个方面，见表 2。研究的视角也很丰富，与国内对战略性新兴产业的关注程度和表述方式均不相同。具体分析如下。

表 1 2013 年产业经济学重要研究领域（国外）

单位：篇

重要研究领域	2013 年国外文献数量
制造业（Manufacturing）	3741
战略性新兴产业（Strategic Emerging Industries）	717
技术创新（Technological Innovation）	1857
高技术产业（High Technology Industry）	4274
服务业（Service Industry）	6679
产业转移（Industrial Transfer）	2152
产业政策（Industrial Policy）	6027
产业升级（Industrial Upgrading）	257
产业培育（Industry Cultivation）	1077
产业经济（Industrial Economy）	5846

续表

重要研究领域	2013 年国外文献数量
产业结构调整（Industrial Restructuring）	881
产业集群（Industrial Cluster）	727
产业关联（Industrial Association）	4637
产业组织（Industrial Organization）	4621

资料来源：JSTOR 数据库，2013 年。

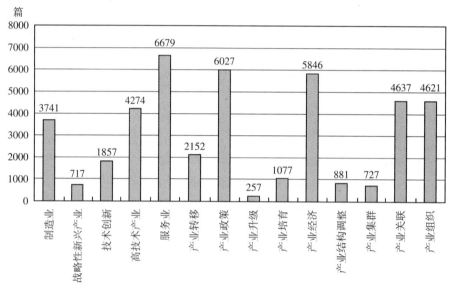

图 1   2013 年产业经济学重要研究领域图（国外）

表 2   2013 年产业经济学学科领域论文数（国外）

领域	篇名（含词）	篇数（篇）	备注
网络经济和信息技术产业研究	网络经济（网络产业）	108	由篇名含有"网络经济"和"网络产业"的论文数合计而成
	产业组织	55	
	竞争理论	22	
	市场绩效	140	
	博弈论	131	
	机制设计	80	
	产业组织学派研究	201	含哈佛学派、芝加哥学派、奥地利学派
工业化回顾与反思研究	市场结构	109	
	SCP（结构—行为—绩效）	104	由篇名含有"SCP"和"结构—行为—绩效"的论文数合计而成
	市场集中	62	
	市场势力	129	
	规模经济	59	

领域	篇名（含词）	篇数（篇）	备注
工业化回顾与反思研究	范围经济	10	
	垄断行业（垄断产业）	23	由篇名含有"垄断行业"和"垄断产业"的论文数合计而成
	寡头	1	
	垄断竞争	17	
	完全竞争	23	
产业升级与技术进步研究	市场行为	43	
	价格竞争	27	
	价格歧视	20	
	产品策略	50	
	产品差异化	10	
	品牌策略	44	
	研发策略	143	
	产业技术创新	76	
	企业兼并	3	
	企业并购	2	
	经营者集中	124	
	纵向一体化	24	
	卡特尔	1	
	滥用"市场支配地位"	45	
国别产业经济研究	反垄断	2	
	自然垄断	9	
	行政垄断	2	
	市场垄断	27	
	政府规制（政府管制）	8	由篇名含有"政府规制"和"政府管制"的论文数合计而成
	规制经济学（管制经济学）	47	由篇名含有"规制经济学"和"管制经济学"的论文数合计而成

一、网络经济和信息技术产业研究

任何产业的发展都来源于历史，信息技术产业也不例外。Thomas J. Misa 在 *Digital State：the Story of Minnesota's Computing Industry*（《数字化：明尼苏达州计算机产业的故事》）中叙述了计算机产业发展的故事。依据早期计算机产业的图灵机事件，庞大的"巨人"——ENIAC 计算机的诞生是一个"精巧"的故事，同样众所周知的是后来出现的硅谷和个人电脑的兴起。但其中有一个特别的、未公开的历史，那就是它的根基在明尼苏达州。从第二次世界大战结束到 20 世纪 70 年代，明尼苏达州成为世界上第一个计算中心工业区。作为杰出的技术历史学家，Thomas J. Misa 一方面叙述了明尼苏达州技术行业的进化历史；另一方面遵循早期计算机产业演进的流程并设法将所有这些流程整合在一起。《数字化：明尼苏达州计算机产业的故事》通过罕见的档案文件、照片和大量的口述历史等内容揭示了"二战"后计算机发展的非凡故事。明尼苏达州这几十年的发现集中在具有最先进大型机技术的产业，在很大程度上产生了电磁数据存储的新方法，而且第一次为美国政府和公众将软件和硬件整合到有价值的产品中去。工程研究协会"尤尼华科"电脑的面世、控制数据、克雷研究、霍尼韦尔和罗切斯特组成了一个无与伦比的数字技术推进中心。这些公司不仅给明尼苏达州带来了充满活力的经济增长，而且培养了现代医疗设备和软件行业，甚至可能会研究出明天的纳米技术。

网络经济和信息技术产业的一个重要特征是平台竞争，Vogelstein Fred 在 *How Apple and Google Went to War and Started a Revolution*（《缠斗：苹果和谷歌如何开始一场战争并开启革命》）一书中，以苹果和谷歌之间的竞争为例，阐述了平台竞争及其后果。Vogelstein Fred 认为，Android 和 iPhone 之间正在展开一场平台战争，这种战争总是带有一种倾向，那就是赢家通吃，而输家则一无所获。最终，赢家会将 75% 以上的市场份额和利润揽入怀中，而输家则连维持运营都将是种奢望。该书指出，就乔布斯而言，他生前曾利用 iPod 主宰了整个音乐播放器市场。2004 年，谷歌也利用这种"旋涡"在高科技领域中占据主导地位，开始令微软陷入窘迫的境地。谷歌高质量的搜索服务确保其能够获得最多的搜索流量，从而令谷歌占有了有关用户兴趣的最好的数据；而占有这些数据则意味着，伴随用户搜索结果出现的广告拥有最高的效率。这种良性循环又给谷歌的搜索服务带来了更多流量、更多数据乃至更好的搜索广告。其结果是，无论微软和雅虎怎样降低广告费和改进搜索结果以期吸引更多的流量，谷歌总是能提供更好的选择。最后该书指出，平台之间的战争总是带有一种倾向，那就是赢家通吃，而输家则一无所获。正如 30 年前苹果与微软之间的战争以后者胜出为结局一样，苹果与谷歌之间平台大战的收场也终将是不死不休。而对时下都如日中天的这两家科技巨头而言，在这场大战中出现失误将带来"生命不能承受之痛"。

对网络经济和信息产业的研究最终要落脚到地区层面。Cooke Philip，Searle Glen，O'Connor Kevin 在 *The Economic Geography of the IT Industry in the Asia Pacific Region*（《亚太地区信息产业的地缘经济》）一书中对亚太地区的信息产业进行了研究，指出信息技术产业在亚太地区的发展面临两个挑战：一方面，建立的物理、技术、区域和治理基础设施是否适应嵌入了一系列产品和过程的 IT 产业？另一方面，随着这种适应的发展，哪些城市和地区将最适合引导全球应对这些挑战？该书首先探索了这些问题，提供了 IT 产业在这一系列问题方面的变化细节，如日本、韩国、印度、中国和澳大利亚的手机、软件服务、地区和纯平设计的改变。《亚太地区信息产业的地缘经济》中还概述了新加坡、中国和印度的国家和地方政府的政策反应。这些案例研究可以为未来制定有效的策略提供基础。

二、工业化回顾与反思研究

Smil Vaclav 在 *Made in the USA：The Rise and Retreat of American Manufacturing*（《美国制造：国家繁荣为什么离不开制造业》）一书中回顾了美国制造业在 19 世纪末的迅速崛起、在两次世界大战之间的巩固和现代化、在 1945 年后创造消费社会过程中发挥的决定性作用以及最近遭遇的危机，探索了美国制造业的崛起和衰落的根本原因，并呼吁美国扩大制成品的出口。Smil Vaclav 认为，美国制造业优势的日薄西山，是德国、日本、中国等国制造业的勃兴导致的。如果把制造业视为一个链条，更像是德国占领高端、日本居中、中国垫后。在这三个国家中，德国制造业优势保持至今，特别是汽车及电气行业。直至今日，德国制造如同品质保证。对于日本，美国制造应该有刻骨铭心的感受。以汽车为例，本田、丰田等日系汽车在美国的发展壮大，既与日系汽车产品品质不断提升有关，更因日系汽车在节能方面一直走在美系汽车前面。在 Smil Vaclav 看来，失去制造业优势的美国所面临的问题远较上述多得多，更重要的是，制造业"始终是技术创新的基本源泉，也是经济增长的原动力"。制造业的命运"影响着一个国家的政治、经济、法律、教育、社会和医疗体系的总体面貌"。就振兴美国制造业这一命题，Smil Vaclav 一方面强调其重要价值所在，但另一方面并未想象过同中国、印度这样的新兴制造业大国拼人工成本。显而易见，虽然奥巴马政府祭出减税举措，且中国的人工成本近年急剧上涨，但仍旧无法同美国的人工成本相提并论。在此情况下，Smil Vaclav 给出振兴制造业的新路径，那就是：通过科技创新，保留优势制造业；通过调整政策，把一些制造业的高附加值环节留在美国本土。

Janice L. Reiff 等所著的 *Chicago Business and Industry：From Fur Trade to E-commerce*（《芝加哥商业和工业：从皮毛贸易到电子商务》）一书中详细回顾并分析了芝加哥从边城区域卑微的毛皮交易地区发展成为最重要的世界金融和贸易中心的历程，这为全面理解芝加哥崛起提供了"百科全书"式的注解。该书首先概述了城市的商业发展，认为芝加哥当地商业和工业成为全球经济重点行业的原因在于，19 世纪芝加哥城镇化带来的人口增长和靠近水的区位优势及其铁路发展带来的木材生产和粮食加工市场。其次研究了区域钢铁行业的繁荣和在 20 世纪下半叶各行业遭受的急剧下降经济形势的影响——削弱了国内需求并增加了国际竞争。最后从芝加哥的商业和工业两方面记载了芝加哥区域经济发展的各个阶段。

发达国家已经完成了工业化进程，进入后工业化时期，期间一些传统产业的衰落成为必然。Timothy J. Minchin 所著的 *Empty mills：the Fight Against Imports and the Decline of the U.S. Textile Industry*（《空旷工厂：限制进口与美国纺织工业的衰落》）一书中对美国纺织业的衰落进行了深入研究。1985 年，纺织工业就业岗位约占制造业就业岗位的 1/8，与钢铁和汽车行业不同，纺织工业超过 50% 的劳动力是女性或少数族裔。在过去的 40 年里，随着越来越多的制造业向海外迁移，仅在纺织品和服装行业就失去了 200 万个就业岗位。

《空旷工厂：限制进口与美国纺织工业的衰落》提供了一个记录完整的、鲜为人知的、灾难性的美国限制工业化的故事——衰亡的纺织工业。早在新英格兰时期，纺织制造业就是国家的第一产业，后来在南方，纺织工业在小城市雇用了成千上万人。但是，美国未能使用进口控制、保护美国就业，小城市被摧毁时工厂全部关闭。媒体很少关注小城市的工厂关闭，而是广泛地报道大城市（如底特律和匹兹堡）的裁员。该书关注纺织业中的小城市业主、妇女和黑人劳动者以及工会和雇主组织努力拯救行业的失败事例，详细讨论了进口、贸易协定（如北美自由贸易协定）、自动化的影响。该书结尾有两个故事，一个在北方，另一个在南方，上述那些人们在努力恢复纺织服装产业被摧毁的城市。该书认为，新自由主义思想和政策对传统产业产生毁灭性的影响，这是对劳动人民和工会发出警示的一个悲剧。

工业化过程往往伴随着罢工和社会震荡。Kahan Paul 在 *The Homestead Strike*：*Labor*，*Violence*，*and American Industry*（《罢工：劳动、暴力和美国工业》）一书中对美国工业化进程中的劳工关系进行了回顾。《罢工：劳动、暴力和美国工业》中分析了罢工的起源、相关事件和留存的各类遗产，阐明了在城市重建和时代进步的关键时刻劳动、资本和政府的紧张关系。在社会转型时期和牧场组织转型时期，钢铁行业工人面临很多困难和问题。在劳资关系日趋紧张的情况下，钢铁行业工人为了改变自身每况愈下的状况，举行了两次罢工。罢工的工人仅仅提出了提高工资和改善伙食等方面的要求，甚至连缩短工时也未涉及。工厂主们联合破坏了工人罢工，并引发了一连串的暴力事件。罢工在美国劳工史上具有重要意义。

Trappmann Vera 在 *Fallen Heroes in Global Capitalism*：*Workers and the Restructuring of the Polish Steel Industry*（《全球资本主义的英雄末路：工人和波兰钢铁行业的重组》）一书中，通过探讨大量贫困工人的社会成本和就业率方面的问题，挑战了"波兰是一个转型成功案例"的观点。通过比较分析钢铁行业早期在西欧、东欧和世界其他地区的重组，研究了欧盟在波兰经济结构调整过程中的反作用。通过模型的多层次的分析以及深入的案例和传记研究，《全球资本主义的英雄末路：工人和波兰钢铁行业的重组》对后社会主义时期波兰钢铁行业的重组进行了新的诠释。

回顾和反思工业化进程后，也有部分作者对未来工业进行了展望。这方面的代表作有 Rafael Cayuela Valencia 所著的 *The Future of the Chemical Industry by 2050*（《未来化工业 2050》）。该书主要研究了技术至上的化工行业，包括制药以及它将如何采取领先技术解决一些全球人类最大的问题，详细描述了信息产业如何应对气候变化、人口老龄化、资源稀缺、全球性、网络速度、流行病以及巨大的经济增长和需求。《未来化工业 2050》详细地介绍了一些在即将到来的几十年里塑造世界大趋势的方法，提供了 2050 年世界将会出现的几个场景，包括"照常营业"和"可持续"。

三、产业升级与技术进步研究

Chrysovalantou Milliou 和 Apostolis Pavlou 在 *Upstream Mergers*，*Downstream Competition*， *and R&D Investments*（《上游合并、下游竞争和研发投资》）一文中提供了上游公司合并、突出研发投资的作用及其性质以及下游竞争的作用的原因。该文指出，当下游竞争不太强劲并且研发投资足够时，上游合并可以产生两种不同的效果：合并增加研发投资和减少批发价格。只有当研发投资过于明确并且下游竞争适中时上游企业才进行合并。当合并实现时，合并产生的效果会转嫁给消费者，因此，消费者可以变得更好。

Sajid Anwar、Sizhong Sun 在 *Foreign Entry and Firm R&D：Evidence from Chinese Manufacturing Industries*（《外企准入和企业研发：以中国制造业为例》）一文中利用 2005~2007 年企业级的面板数据，实证分析了中国四个主要制造业（汽车制造、家用电器、电子工业和通信设备制造）中研发（R&D）的行为和外企准入之间的关系。结果表明，外国公司的存在导致中国四个制造业显著增加研发投入。通信设备制造业的平均研发强度最高，电子工业的外企具有最高的研发水平和较大的研发力度。这表明，中国电子制造业将应对外企日益激烈的竞争。中国汽车制造业中外企所占的比重相对较小，由于国外汽车制造业的存在，中国在该行业经历了一个相对较短的研发过程。

新兴经济体的外国直接投资（DFI）产生集群能力的增长和产业升级是一个经常引起争议的问题。David Edgington 和 Roger Hayter 在 *The in Situ Upgrading of Japanese Electronics Firms in Malaysian Industrial Clusters*（《日本电子工业在马来西亚产业集群中的升级》）一文中，通过日本电子跨国公司在马来西亚产业集群中的角色发展来评估这场辩论。从概念上讲，现在的 DFI 产业集群的增加表明了对当地的价值创造和改造程度的承诺。通过经验验证，进行一项针对 10 个在马来西亚的日本公司的调查，检查工厂是否通过增加技术改造，通过使用本地熟练工人和供应企业更多地进行嵌入式操作，并积极回应国家政策和实施电子产业集群治理措施。结果显示，日本企业已经明显超越了简单的程序集嵌入集群，但其没有进一步发展技术密集型行为，原因在于马来西亚的技术环境比较落后以及日本跨国公司的战略主要依靠技术总部。日本跨国公司的发展充分嵌入马来西亚数码消费产品生产升级和半导体装配蓬勃发展中，规避来自中国和东南亚国家联盟等低成本地区的竞争。尽管如此，马来西亚对日本电子跨国公司来说仍然是一个有吸引力的国家。

Archanun Kohpaiboon 和 Juthathip Jongwanich 在 *International Production Networks，Clusters，and Industrial Upgrading：Evidence from Automotive and Hard Disk Drive Industries in Thailand*（《国际生产网络、集群和产业升级：泰国的汽车和硬盘驱动器行业的例子》）一文中阐释了国际生产网络的作用（IPNs）和产业集群升级过程中（ICs）的升级体验，说明了国际生产网络和产业集群的相对重要性以及其对产业保护政策的影响。该文将泰国汽车产业和硬盘驱动器（HDD）产业作为案例进行研究，指出过去 20 年来它们在出口市场的杰出表现表明了它们产业升级的成功。尽管如此，这两个行业有不同的网络模式。前者已经形成其产业集群，并且已经达到了本地制造车辆占比接近 100% 的水平；后者的产业集群开始形成并达到一定水平，而国际生产网络仍然发挥着至关重要的作用。这一结果表明产业集群和国际生产网络共存的可能性。观察认为产业集群将是硬盘行业发展到后期的一个结果，而不是技术升级的一个先决条件。国际生产网络和产业集群之间的选择应该由私营部门的经济基本面决定。公共部门应注重加强当地企业的供给能力以及创建一个投资环境从而进一步促进产业升级。

四、国别产业经济研究

Thornton James 在 *American Wine Economics*：*An Exploration of the U.S. Wine Industry*（《美国葡萄酒经济：美国酿酒产业的探索》）中分析了美国葡萄酒产业。葡萄酒产业具有独特的特点，该书提供了关于：酒的复杂属性、葡萄种植、葡萄酒产量和葡萄酒分销活动；葡萄酒企业和消费者、葡萄和葡萄酒市场；全球化和葡萄酒的最新信息。作者利用经济原理来解释葡萄种植者，葡萄酒生产商、分销商、零售商和消费者之间的互动及其影响葡萄酒市场的原理。该书的主要内容包括与葡萄酒相关的研究发现和对经济学新见解的总结。通过经济概念，辅以大量的例子和轶事，来了解葡萄酒公司的行为和合约安排的重要性。该书还对葡萄酒消费者行为进行了详细的分析和研究，揭示了哪些因素决定葡萄酒消费者的购买行为。

Lazzeretti Luciana 等在 *Creative Industries and Innovation in Europe*：*Concepts，Measures and Comparative Case Studies*（《欧洲的创意产业和创新：概念、措施和比较案例研究》）中对欧洲和亚洲的创意产业进行了研究。该书无意对比各地方创意城市的建设孰优孰劣，而是通过邀请全球 35 位城市规划学者，从各自的文化背景和视野偏好出发，对欧亚 18 座创意城市加以详尽介绍和精妙评论，以求给读者呈现出一幅带有拼贴色彩、中西碰撞的丰富都市画卷。他们的案例研究，尤其是地理、社会网络关系和人文因素对创意和文化产业创新作用的研究，具有特别的借鉴意义。

Keane Michael 研究了中国创意产业，出版了 *Creative Industries in China*：*Art，Design and Media*（《中国创意产业：艺术、设计和传媒》）。作者观察到下述现象：国家和地方政府提供财政激励；文化商品和服务的消费增加；来自欧洲、北美和亚洲的创造性工人正在向中国城市迁移；文化越来越被定位为一个支柱产业。该书试图回答：我们对中国社会的理解意味着什么？文化的工业化降低中国的制造业经济成本后，政府是否能够真正致力于社会的自由化？作者认为，在中国创意产业不仅提供了一个新兴的商业文化部门，而且对政治、经济、文化、社会、科技乃至外交、经贸等各个领域都产生了直接或间接的重要影响。正因为建立在这样一个前提背景之上，创意产业拥有了许多迥异于传统文化形态、品种的特殊性、复杂性与丰富性。《中国创意产业：艺术、设计和传媒》首先在产业的界定、构成、基本关系等方面进行理论上的探讨；其次考察中国创意产业的发展历程，以及每个历史时期体现出的特点；最后针对如何在政策、市场活动与基层参与中发展中国的创意产业（艺术、设计和传媒行业）进行探讨。

第二节　产业经济学学科国内研究综述

一、基本情况

根据中国知网（http：//www.cnki.net/）的检索结果，国内产业经济学学科发表的论文数量总体呈逐年上升态势，可分为三个阶段：一是在1998年之前，产业经济学学科每年发表的论文数量不超过1000篇；二是在1998~2009年，产业经济学学科发表的论文数量呈现明显的增长态势，从1998年1000篇左右水平达到2009年接近5000篇的水平；三是2010年及以后，产业经济学学科发表的论文数超过5000篇（见图2）。

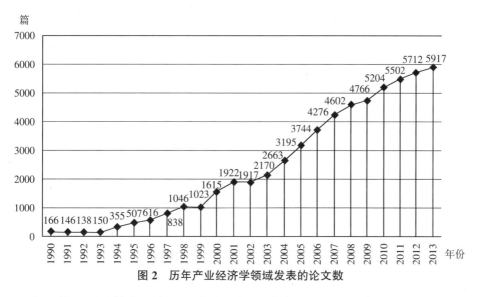

图2　历年产业经济学领域发表的论文数

2013年，按照下述篇名（含词）在中国知网搜索到的学术文章共5917篇（限在中国知网的期刊、特色期刊、国内会议、国际会议、学术辑刊5个文献库中搜索，少量文章因符合不同的篇名检索要求而存在重复统计的问题）。这些文章分属"产业经济学一般问题研究"、"市场结构问题研究"、"市场行为问题研究"、"反垄断与政府规制研究"、"产业经济学热点问题研究"5个领域。其中，属于"产业经济学一般问题研究"领域的文章855篇，属于"市场结构问题研究"领域的文章601篇，属于"市场行为问题研究"领域的文章1112篇、属于"反垄断与政府规制研究"的文章747篇，属于"产业经济学热点问题研究"的文章2602篇（见图3）。按照篇名主题词搜索的结果如表3所示。

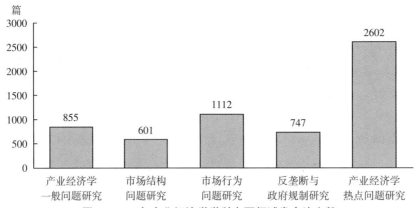

图 3 2013 年产业经济学学科主要领域发表论文数

表 3 2013 年中国知网收录的产业经济学学科领域论文数

领域	篇名（含词）	篇数（篇）	备注
产业经济学一般问题研究	产业经济	165	
	产业组织	80	
	竞争理论	23	
	市场绩效	38	
	博弈论	377	
	机制设计	161	
	产业组织学派	11	含哈佛学派、芝加哥学派、奥地利学派
市场结构问题研究	市场结构	180	
	SCP（结构—行为—绩效）	95	由篇名含有"SCP"和"结构—行为—绩效"的论文数合计而成
	市场集中	34	
	市场势力	28	
	规模经济	56	
	范围经济	27	
	垄断行业（垄断产业）	68	由篇名含有"垄断行业"和"垄断产业"的论文数合计而成
	寡头	86	
	垄断竞争	15	
	完全竞争	12	
市场行为问题研究	市场行为	36	
	价格竞争	31	
	价格歧视	26	
	产品策略	25	
	产品差异化	38	
	品牌策略	69	
	研发策略	22	
	产业技术创新	361	

续表

领域	篇名（含词）	篇数（篇）	备注
市场行为问题研究	企业兼并	67	
	企业并购	362	
	经营者集中	14	
	纵向一体化	22	
	卡特尔	13	
	滥用"市场支配地位"	26	
反垄断与政府规制研究	反垄断	520	
	自然垄断	27	
	行政垄断	35	
	市场垄断	12	
	政府规制（政府管制）	136	由篇名含有"政府规制"和"政府管制"的论文数合计而成
	规制经济学（管制经济学）	17	由篇名含有"规制经济学"和"管制经济学"的论文数合计而成
产业经济学热点问题研究	网络经济（网络产业）	126	由篇名含有"网络经济"和"网络产业"的论文数合计而成
	产业链	1121	
	产业生态	559	
	双边市场	85	
	战略性新兴产业	711	

二、主要研究问题综述

1. 产业经济学一般问题研究

（1）"产业经济"与"产业组织"研究。

2013年，篇名含有"产业经济"的论文共165篇，含有"产业组织"的论文共80篇。从下载量和引用率看，代表性文献主要包括：伍业锋、施平：《中国海洋产业经济贡献度的测度》（《统计与决策》2013年第1期）；林玉香：《我国旅游门票经济向产业经济转型问题研究》（《中国林业经济》2013年第10期）；王刚、龚六堂：《浅析高速铁路建设投资的产业经济效应》（《宏观经济研究》2013年第6期）；周新苗、冷军：《贸易自由化政策与产业经济安全研究》（《上海经济研究》2013年第1期）；刘和旺、王春梅：《西方新产业组织理论述评》（《学习与实践》2013年第7期）；王亚君、魏龙：《产业组织演变动力的多视角分析》（《武汉理工大学学报（社会科学版）》2013年第1期）；等等。

（2）"竞争理论"研究。

2013年，篇名含有"竞争理论"的论文共23篇。代表性的文章主要包括：吴汉洪、孟剑：《潜在竞争理论及其对我国并购反垄断审查的适用》（《经济学动态》2013年第7期）；

于嘉：《基于多市场接触竞争理论的我国民航客运价格实证研究》（《山东社会科学》2013年第3期）；杨永忠、吴昊：《电视传媒产业分析的SCPR框架：对产品黑箱的初步打开与新有效竞争理论的提出》（《四川大学学报（哲学社会科学版）》2013年第1期）；孟捷、向悦文：《克罗蒂和布伦纳的破坏性竞争理论比较研究》（《经济纵横》2013年第5期）；等等。

吴汉洪、孟剑（2013）认为，潜在竞争理论是混合并购反垄断审查考虑的一项重要依据，主要由"实际的"潜在竞争理论与"感知的"潜在竞争理论两部分构成。潜在竞争理论自身存在一套较为严格的基本条件，虽然存在着一些局限性以及缺陷，但仍然可以对我国混合并购反垄断审查提供思路和启示。

于嘉（2013）认为，民航作为典型的网络型产业，其突出特点表现为每一条航线对航空公司来讲都是一个细分的市场，多一条航线的开通，就意味着航空公司产品经营范围的扩大。这种行业特征提高了一家航空公司在不同市场上遇见相同的一个或几个竞争对手（即多市场接触）的概率，由此导致航空公司价格策略亦发生改变。通过构建多元回归模型研究发现，在控制其他一些影响因素之后，多市场接触与民航价格呈现显著正向关系，这说明监管各方不仅要警惕市场兼并带来的市场集中度上升，而且要注意航空公司之间日益增长的多市场接触，即监管各方应在制定政策时将多市场接触纳入考量范围。

（3）"市场绩效"研究。

2013年，篇名含有"市场绩效"的论文共38篇。一般地，有关"市场绩效"的研究往往与"市场结构"的研究具有关联性。从下载量和引用率看，代表性的文章主要包括：寇宗来、高琼：《市场结构、市场绩效与企业的创新行为——基于中国工业企业层面的面板数据分析》（《产业经济研究》2013年第3期）；姚凯、陈曼：《多市场接触对新市场进入及绩效的影响——基于10家股份制商业银行的研究》（《经济理论与经济管理》2013年第12期）；袁成、于润：《我国保险市场结构与市场绩效的关系研究——基于SCP假说的实证检验》（《江西财经大学学报》2013年第3期）；陈晓红、于涛：《营销能力对技术创新和市场绩效影响的关系研究——基于我国中小上市企业的实证研究》（《科学学研究》2013年第4期）；陈旭升、钟云：《高端装备制造业市场绩效影响研究》（《工业技术经济》2013年第6期）；王莉、冯雅博：《商业银行市场集中度与市场绩效的分析》（《商城现代化》2013年第2期）；宋渊洋、李元旭：《制度环境多样性、跨地区经营经验与服务企业产品市场绩效——来自中国证券业的经验证据》（《南开经济评论》2013年第1期）；程海艳：《我国证券业市场的S-C-P分析以及提高市场绩效的产业政策》（《时代金融》2013年第9期下旬刊）；等等。

寇宗来、高琼（2013）基于新产业组织学中SCP分析范式，采用2004~2007年中国规模以上工业统计数据库，利用Tobit模型对影响企业研发强度的因素进行了实证分析。结果发现，企业规模和市场集中度与研发强度之间存在显著的倒U型关系，这意味着在一定范围内，规模的增长和竞争的加剧是有利于创新的。从企业产权特征来看，与其他所有制相比，股份制和有限责任制企业的创新投入激励要更大些，而国有企业和私人企业则无明显差异。此外，企业的市场份额越大，其研发积极性也越高，这表明研发具有一定的规模经济。除了市场结构对创新投入的影响外，市场绩效也影响着企业的研发强度，其中，企业的利润积累能促进研发支出，且研发支出也随新产品产值比重的提高而增加。

陈晓红、于涛（2013）在营销能力与市场绩效的关系研究中，引入中介变量——技术创新，从技术创新的视角出发，为技术创新构建3个维度，研究营销能力通过技术创新对市场绩效的影响作用，并对我国340家中小上市企业进行实证分析。研究结果表明，营销能力对市场绩效有显著影响，同时，营销能力会通过企业技术创新的2个维度（研发投入和技术投入）对市场绩效产生显著影响，然而专利对两者关系的中介作用并不显著。

王莉、冯雅博（2013）根据市场绩效与市场结构密切相关这一产业组织理论，通过2000~2010年13家主要商业银行的数据，对我国银行业的市场结构和市场绩效的关系进行了分析，结论表明，SCP假说和相对市场力量假说在我国不成立，但是有效结构假说成立。

（4）"博弈论"研究。

从图4可以看出，博弈论研究在我国经历了萌芽（1998年之前）、爆发式增长（1998~2008年）、稳定态势（2009~2013年）三个阶段。

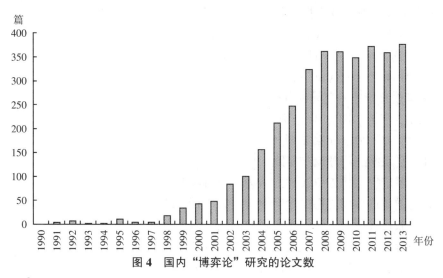

图4 国内"博弈论"研究的论文数

2013年，有关"博弈论"的学术论文有377篇。从下载量和引用率看，代表性文献主要包括：伍景芳、刘念：《论O2O模式的博弈论基础》（《企业研究》2013年第6期）；满青珊、张金隆、种晓丽、杨永清：《基于博弈论的移动增值服务价值链协调机制》（《管理工程学报》2013年第2期）；顾巧云、孙玉龙、高丰：《基于博弈论的网络攻防对抗模型及应用研究》（《技术研究》2013年第1期）；陈少华、陈菡：《我国中小企业担保圈风险演化过程分析——基于博弈论研究视角》（《开发研究》2013年第2期）；杜树珉、骆良彬：《基于博弈论的审计收费问题分析》（《商业会计》2013年第1期）；等等。

伍景芳、刘念（2013）认为，O2O营销模式是近期发展迅速、前景最广阔的营销模式，被称为互联网营销的下一个时代。他们的论文从O2O营销模式在商务模式、消费类型坐标中的位置开始，从博弈论的角度进行论述，阐述 O2O 营销模式不是设计出来的，而是线上商家群体、线下商家群体以及商品商家群体、服务商家群体等多方面博弈的结果。因此，O2O 融合了多方面的特点，能够满足消费者多方面的消费需求。

满青珊、张金隆、种晓丽、杨永清（2013）认为，移动互联网改变了移动增值服务的运营模式，产生了移动增值服务双渠道系统，对移动增值服务价值链的协调提出了更高的要求。论文假设需求由企业的营销努力决定、服务提供商（SP）在移动互联网服务上存在竞争，基于博弈论构建了由一个运营商（MNO）和两个 SP 组成的双渠道模型，设计了一个多重单边转移支付机制。研究发现：①在上游竞争的影响下，运营商在分散决策时投入的营销努力小于纵向整合时投入的营销努力，但 SP 在分散决策和纵向整合时投入的营销努力大小关系取决于竞争强度；②多重单边转移支付机制能够鼓励企业以全局最优的方案进行决策，并公平地分配协调后的系统盈余，从而充分协调移动增值服务双渠道系统。该研究为运营商和 SP 提高系统和各自绩效提供了一种可行方案。

（5）"机制设计"研究。

2013 年，篇名含有"机制设计"的论文共 161 篇。从下载量和引用率看，代表性的文章主要包括：牛文举、罗定提、鲁芳：《双重非对称信息下旅游服务供应链中的激励机制设计》（《运筹与管理》2013 年第 3 期）；丁少群、许志涛、薄览：《社会医疗保险与商业保险合作的模式选择与机制设计》（《保险研究》2013 年第 12 期）；李巍巍、朱越、李静：《基于机制设计理论的电煤供应链协调研究》（《煤炭技术》2013 年第 10 期）；杜莉、张云：《我国碳排放总量控制交易的分配机制设计——基于欧盟排放交易体系的经验》（《国际金融研究》2013 年第 7 期）；周应恒、宋玉兰、严斌剑：《我国食品安全监管激励相容机制设计》（《商业研究》2013 年第 1 期）；曹柬、吴晓波、周根贵：《不对称信息下绿色采购激励机制设计》（《系统工程理论与实践》2013 年第 1 期）。

牛文举、罗定提、鲁芳（2013）认为，旅游服务供应链中，旅行社与导游之间的信息非对称导致的逆向选择和道德风险问题将损害旅行社的利益，因此，如何对导游进行有效甄别与激励是旅行社所要关注的一个重要问题。该文以导游的服务能力和努力水平两种私有信息不被旅行社所观察到，但其服务业绩可以被观测到为基础，利用博弈论与信息经济学等理论和方法设计了导游的服务能力为连续类型下的激励机制，运用最优化原理得出了最优激励机制参数。结果表明，旅行社应对不同服务能力的导游设计不同的激励机制。双重非对称信息下的激励机制不仅能对导游起到自我选择的甄别作用，还能起到诱导导游提高工作努力程度的激励作用。

丁少群、许志涛、薄览（2013）基于国内典型地区商业保险公司参与社会医疗保险管理的实践探索，对社会医疗保险与商业保险不同合作模式的适应性及特点进行了归纳和比较研究，认为两者合作必须准确定位，不能界限不清、权责不明。他们提出基本保障之上的大病医疗补充保险应引入市场竞争机制、采取保险合同型运作模式，基本医疗（工伤、生育）保险业务采取服务外包、政府购买服务的运作模式。同时，他们还以成都市为例，对商业保险公司参与大病医疗互助补充保险管理的运行机制、政府购买基本医疗（工伤、生育）保险服务的运行方案及机制进行了具体设计和探讨。

曹柬、吴晓波、周根贵（2013）针对供应链采购环节中原材料绿色度隐匿的逆向选择问题，基于绿色市场需求初显的现实国情，研究了不对称信息下制造商的激励契约设计过程。分别探讨了基于一次性转移支付和基于线性分成支付的次优契约的有效性；将基于线性分成支付的激励契约分为固定契约和弹性契约，分别提出了实施这两类契约的现实条件，分析了相关因素对各类收益的影响；进一步改进弹性契约，提出了基于纳什协商解的非线性协调契约。研究表明，基于线性分成支付的次优契约能有效实现供应商的类型甄别和高效度激励，非线性协调契约实现了双方收益的帕累托改进和系统整体收益的最优化。

（6）"产业组织学派"研究。

2013年，篇名含有"产业组织学派"研究的论文共11篇，这是包含哈佛学派、芝加哥学派、奥地利学派三个主题词的合计数，可见，这方面的研究数量不是很多。主要文章包括：王延涛：《新奥地利学派与新凯恩斯主义市场信息理论的主要差异》（《经济纵横》2013年第5期）；刘志铭、郑健雄：《美国第四轮量化宽松政策及其对中国经济的影响——奥地利学派视角的分析》（《华南师范大学学报（社会科学版）》2013年第1期）；张川、邓立治：《产业组织理论重要学派的观点和方法比较研究》（《管理信息化》2013年第3期）；李玲、雷良海：《企业家行为：误导还是主动——兼论奥地利学派的企业家精神理论》（《预测》2013年第6期）；等等。

2. 市场结构问题研究

（1）"市场结构"研究。

2013年，篇名含有"市场结构"的论文共180篇。"市场结构"往往是和"市场行为"、"市场绩效"联系在一起研究的。从下载量和引用率看，代表性文献主要包括：杜雯翠、高明华：《市场结构、企业家能力与经营绩效——来自中国上市公司的经验证据》（《浙江工商大学学报》2013年第1期）；张晓玫、潘玲：《我国银行业市场结构与中小企业关系型贷款》（《金融研究》2013年第6期）；高蓉蓉：《我国人寿保险公司市场结构与绩效关系分析——基于SCP框架》（《企业经济》2013年第7期）；张政：《技术创新对市场结构的影响研究——基于我国36个工业行业大中型企业面板数据FGLS分析》（《科技进步与对策》2013年第1期）；刘小明：《我国医疗服务市场结构特征》（《经济体制改革》2013年第2期）；孙巍、赵奥：《市场结构对企业研发行为的影响研究——1996~2009年我国制造业数据实证分析》（《财经问题研究》2013年第1期）；等等。

杜雯翠、高明华（2013）利用中国上市公司2011年的数据，检验了企业家能力与经营绩效的关系，以及市场结构在企业家能力发挥中起到的作用。研究发现，企业家能力越高，公司经营绩效越高，随着市场份额的上升，企业家能力对经营绩效的提升作用在不断减弱。当市场份额较低时，企业家能力对经营绩效存在明显的提升作用；当市场份额较高时，企业家能力对经营绩效的提升作用变得不再显著。从行业生命周期看，处于衰退期的行业的市场结构对企业家能力的发挥并无显著作用。因此，在市场集中度较低的行业中，企业家能力是中小企业经营绩效的加速器。

孙巍、赵奚（2013）基于西方学者对"垄断程度对研发行为的影响"的不同看法，利用1996~2009年我国制造业的面板数据，通过增长率行业分类法把它们分成了四类，并建立二次回归模型，分别进行了实证分析。结果表明，以Kalecki指数表示的我国制造业市场垄断程度对研发行为的影响，在四类行业中表现得各不相同。从某一行业的整个发展历程来看，市场结构与研发行为的强度间有可能呈现"M"型曲线。

刘小明（2013）认为，医疗服务市场的有序竞争有利于促进医院提高效率、改进质量，而市场结构则直接影响竞争的态势。从市场集中度、产品差别、进入壁垒和城乡差异等方面分析了我国医疗服务市场的结构特征，得出了我国医疗服务市场集中度过高、产品过于同质化、准入和人才流动性差导致强大的进入壁垒、公立医院占绝对主体和城乡差距过大的结论。

高蓉蓉（2013）利用SCP分析框架，分析了目前我国人寿保险公司市场结构与市场绩效之间可能存在的关联性，寻找垄断形成的原因，发现共谋假说和有效结构假说都不能解释我国人寿保险的垄断格局，建议保险业应该尽快打破垄断，建立更加有活力和竞争力的市场结构，这有利于保险公司核心竞争力的提升和经营绩效的优化。

张晓玫、潘玲（2013）以2004~2010年深交所中小企业板上市公司的数据作为研究样本，采用非平衡面板数据分析方法建立计量经济模型，考察我国银行业市场结构对银企关系的影响。实证结果显示：①我国银行业市场结构与银企关系之间呈现"倒U型效应"；②运行状况良好，但缺乏国有背景的企业更愿意与银行保持良好关系；③在经济发展不活跃的地区，银行与企业都更注重银企关系的培养；④不同规模的银行对银企关系并无显著影响。该文研究结果表明，在我国二元金融结构下，关系型贷款是银行业集中程度较高地区的银行向中小企业发放贷款的重要技术。

张政（2013）以我国工业行业的36个大中型企业面板数据为样本，在Nickell的动态误差修正模型的基础上构建FGLS计量模型，探讨了技术创新对我国市场结构的影响。研究发现，无论从短期还是长期来看，技术创新都显著降低了行业的市场集中度，但影响幅度较小。对技术水平不同的行业组的计量分析也得到了类似结果。这意味着技术进步有利于降低行业壁垒、提高市场竞争度。加大研发投入，提高创新能力，有效控制市场规模，防止市场集中度过高，对于深化垄断行业改革、优化市场结构具有重要的政策启示。

（2）"SCP（结构—行为—绩效）"研究。

2013年，篇名含有"SCP"或"结构—行为—绩效"的论文共95篇，几乎涉及所有行业的产业结构分析，如银行业、网络游戏产业、计算机硬件产业、碳纤维市场、白酒行业、手机操作系统行业、保险业、汽车产业、广告产业、快递业市场、家电行业、手机市场、医药产业等。从下载量和引用率看，代表性文献主要包括：商丽景、贾瑞峰：《基于SCP分析的我国快递业市场结构调整研究》（《铁道运输与经济》2013年第4期）；万慧玲、涂子亚：《基于SCP范式的中国家电行业分析》（《中国商贸》2013年第5期）；肖岚：《全球碳纤维产业的SCP分析》（《科技与管理》2013年第1期）；许雅茜、王伟、方婧：《基于Symbian，Android，IOS三大操作系统的手机产业SCP分析》（《产业与科技论坛》2013年第 8 期）；等等。

（3）"市场集中"研究。

2013 年，篇名含有"市场集中"的论文共 34 篇。代表性文献主要包括：李绍东、唐晓华：《市场集中度与大企业竞争力实证分析——基于中国装备制造业的经验证据》（《山东大学学报（哲学社会科学版）》2013 年第 6 期）；郑永备：《影响我国汽车产业市场集中度因素的实证分析》（《辽宁工业大学学报（社会科学版）》2013 年第 4 期）；陶喜红：《中国电视广告行业市场集中度分析》（《西南民族大学学报（人文社会科学版）》2013 年第 10 期）；苏林森：《我国报业广告与发行市场集中度研究》（《西南民族大学学报（人文社会科学版）》2013 年第 5 期）；贾瑞峰、商丽景：《中国快递业市场集中度研究》（《物流技术》2013 年第 7 期）；罗春华、王宇生：《中、美、英三国审计市场集中度比较及启示》（《生产力研究》2013 年第 9 期）；熊建萍：《中国汽车产业的市场集中度研究》（《经济研究导刊》2013 年第 3 期）；陈含月、尹洪毅：《对我国零售业发展的经济学分析与思考——基于市场集中度的视角》（《中国商贸》2013 年第 3 期）；等等。

李绍东、唐晓华（2013）基于中国装备制造业 226 家大企业及其所在的 80 个 4 位数产业部门的面板数据，对市场集中度与大企业竞争力的关系进行了实证检验。研究发现：市场集中度变量对大企业竞争力表现出显著的正向效应，说明我国装备制造业的市场寡占程度越高，市场中大企业的竞争力就越强；而市场壁垒变量并没有对大企业竞争力表现出显著的正效应，产业增长指标对大企业竞争力表现出显著的正向影响。郑永备（2013）对此持基本相同的观点，该文认为，我国汽车产业市场集中度与市场容量、产品差异化呈现负相关关系，企业规模与市场集中度存在正相关关系，进入壁垒与市场集中度有着低等的正相关关系。

苏林森（2013）通过对中国报业广告和发行市场的市场集中度分析发现，无论是发行量、发行额还是广告额，中国报业都属分散竞争型市场。中国报业广告和发行市场的过度竞争使报业无法实现规模经济，低集中度与泛专业化成为中国报业的典型特征。文章指出，要改变中国报业缺乏规模效应的现状，必须建立起完善的市场体制，改变当前报业无序过度竞争的当务之急就是要建立以市场为主导的报纸退出机制。

陶喜红（2013）采用市场集中度分析工具，测算出 1988~2010 年我国电视广告行业的市场集中度。研究发现，我国电视广告行业市场集中度比较高，属于寡占型市场结构。文章指出，近年来，电视广告行业市场集中度呈现出跳跃性变化趋势，并形成"一超多强"的竞争格局。影响我国电视广告行业市场集中度的主要因素包括电视产业制度变迁、技术创新以及重大焦点性事件等。

（4）"市场势力"研究。

2013 年，篇名含有"市场势力"的论文共 28 篇。关于"市场势力"的研究文献主要分为两大方面：一是研究市场势力的测算方法；二是研究具体行业的市场势力大小，及其给社会福利造成的损失。代表性文献主要包括：黄枫、吴纯杰：《市场势力测度与影响因素分析——基于我国化学药品制造业研究》（《经济学》（季刊）2013 年第 2 期）；温孝卿、梁滨、闫修建：《关于市场势力测度生产法的文献综述》（《统计与决策》2013 年第 24 期）；
于良春、姜琪：《双侧市场势力、非对称竞争与改革路径选择论中国铁路运输业的困境与改
革》（《中国工业经济》2013 年第 4 期）；魏如山：《中国传统产业市场势力研究基于水泥产
业的实证分析》（《北京师范大学学报（社会科学版）》2013 年第 6 期）；林峰：《勒纳指数
存在"悖论"吗——基于中国民航运输业市场势力的测度》（《财经科学》2013 年第 8 期）；
占明珍：《中国汽车制造业市场势力的福利成本评估》（《商业时代》2013 年第 8 期）；冉光
和、邵洋：《中国商业银行市场势力及其社会福利损失研究》（《统计与信息论坛》2013 年第
1 期）；王利荣：《中国服装业的国际市场势力分析》（《南通大学学报（社会科学版）》2013
年第 5 期）；等等。

于良春、姜琪（2013）在阐明中国铁路运输业运营制度背景的基础上，分析了上下游
市场的市场结构，并从横、纵两个维度和双侧市场势力、非对称竞争的挤占效应两个视角
来对企业行为和生产效率进行分析和测度。研究结果发现：铁路运输业在上游市场存在着
一定的买方势力；在下游运输市场虽然存在着垄断结构，但因价格受到严格管制，市场势
力无法体现在价格上，故不存在市场势力溢价；平行相关市场上公路客运与铁路客运的非
对称竞争造成的客运挤占效应为 18%；行政垄断下的铁路运输业整体生产效率较低，全要
素生产率的增长主要依赖于技术进步，而不是技术效率的提高。

温孝卿、梁滨、闫修建（2013）介绍了市场势力测度——生产法的发展演化及其三个
主要模型。与新实证产业组织理论（NEIO）的另一种市场势力测度——需求法相比，生产
法仅使用厂商层面的数据测度市场势力，具有简单易用、对模型设定和数据要求宽松等
特点。生产法的三个模型（Hall 模型、Klette 模型、DeLoecker-Warzynski 模型）一脉相
承，不断放宽模型的假设条件，拓宽该方法的适用范围，目前生产法在国外已成为主流方
法之一。

冉光和、邵洋（2013）利用随机前沿法（SFA）对中国商业银行 2004~2010 年的存款
和贷款市场势力进行了实证研究，并在此基础上测量了由中国商业银行市场势力导致的社
会福利损失。结果表明：中国商业银行在存款和贷款市场都具有一定的市场势力；存款市
场方面，国有银行的市场势力高于股份制银行，贷款市场方面，国有银行的市场势力则低
于股份制银行；中国银行业由市场势力导致的社会福利损失占 GDP 的比例在考察期的均
值为 0.99%，影响十分显著。

黄枫、吴纯杰（2013）采用 2003~2007 年我国化学药品制剂制造企业的面板数据，引
进实证产业组织中最前沿的生产法，并根据我国药品市场购销特征进行修正，直接测算我
国化学药品制剂制造企业的 Lerner 指数及其变化趋势，考察制药企业的市场势力及其影响
因素。研究发现，即便考虑支付"回扣"对制药企业市场势力的折损，我国制药企业仍存
在系统性的市场势力。不同所有制、规模、研发状况以及药品销售渠道的企业，其市场势
力存在显著差异。

王利荣（2013）针对我国纺织服装出口存在的"贫困化增长"现象，以男式棉制衬衫
为例，通过建立剩余需求弹性模型，测度了中国服装在国际上的市场势力。结果显示，中

国在美国、日本和澳大利亚三个市场都具备一定的市场势力,这意味着我国企业提高纺织出口产品的价格不会损害企业的出口利益。为此,建议我国应该充分发挥自身的市场势力,通过适当提高产品价格、生产和出口高质量的产品去参与国际竞争;并通过规范出口市场、鼓励纺织服装行业集中等措施,维持和提高中国纺织服装的国际市场势力。

（5）"规模经济"与"范围经济"研究。

"规模经济"研究往往是和"范围经济"研究联系在一起的。2013 年,篇名含有"规模经济"的论文共 56 篇,篇名含有"范围经济"的论文共 27 篇。从下载量和引用率看,代表性文献主要包括:杨正泽、王庆云:《基于规模经济、范围经济的高速铁路战略选择》(《综合运输》2013 年第 5 期);孙蓉、韩文龙、王向楠:《中国农业保险公司的规模经济和范围经济研究》(《保险研究》2013 年第 12 期);王岚、盛斌:《比较优势、规模经济和贸易成本:国际生产分割下垂直关联产业的空间分布》(《世界经济研究》2013 年第 4 期);李艳萍:《中国银行业规模经济和范围经济研究》(《时代金融》2013 年第 9 期下旬刊);高树棠、张宗军:《我国财产保险公司规模经济研究》(《保险研究》2013 年第 3 期);杜曙光、刘刚:《三维企业边界与多元化经营——规模经济、范围经济和一体化战略的统一性》(《产业经济评论》2013 年第 12 期);胡宏兵、苏萌:《中国财产保险业存在范围经济吗——基于广义超越对数成本函数的实证分析》(《宏观经济研究》2013 年第 6 期);陈飞翔、林善波:《规模经济、动态比较优势与产业升级——基于门限回归的实证研究》(《上海管理科学》2013 年第 4 期);张倩肖、董瀛飞:《规模经济程度、扩张成本与本土轿车企业发展——基于不完全信息离散动态博弈的实证分析》(《统计与信息论坛》2013 年第 5 期);等等。

（6）"垄断行业（垄断产业）"研究。

2013 年,篇名含有"垄断行业"或"垄断产业"的论文共 68 篇,其中有相当一部分是关于垄断行业收入分配问题研究的,主要的观点是认为一些垄断行业员工收入过高,造成效率损失和社会不公平,不过,也有少量研究对此不认同。代表性文献主要包括:杨兰品、郑飞:《我国国有垄断行业利润分配问题研究——以电力行业为例》(《经济学家》2013 年第 4 期);王倩:《垄断行业与非垄断行业工资差异及其人力资本投资的 A-J 效应分析》(《江汉论坛》2013 年第 6 期);李世尧:《我国垄断行业与竞争行业高管薪酬激励效应比较——以煤、电、纺织、服装业为例》(《西部论坛》2013 年第 1 期);林峰:《行政垄断行业对全国收入分配差距贡献度的直接测度》(《华东经济管理》2013 年第 1 期);魏峰、荣兆梓:《我国国有垄断行业的内部效率增长与外部效率损失——基于 5 个工业细分行业的分析》(《安徽大学学报（哲学社会科学版）》2013 年第 1 期);严雷、刘晴:《国有垄断行业改革中的利益集团——20 世纪 80 年代以来盐业管制的演进》(《华东经济管理》2013 年第 1 期);于良春、张俊双:《中国垄断行业收入分配效应的实证研究》(《财经问题研究》2013 年第 1 期);等等。

于良春、张俊双（2013）采用因子分析法对影响职工平均工资的各种因素进行估计,从而得出行政垄断对职工平均工资差距的相对贡献度;为研究行政垄断对居民收入分配的合理性，又采用 Oaxaca-Blinder 分解法对考虑职工受教育程度和不考虑职工受教育程度两种情况进行了相关分析。研究结果表明，在影响平均工资的众多因素中，行政垄断程度对平均工资的影响程度最大，而受教育程度对垄断性行业与竞争性行业间的收入差距并没有太大的解释力，垄断性行业与竞争性行业间的收入差距是不合理的。

王倩（2013）指出，我国学者对收入分配的研究一直延续着从制度性因素或结构性因素考虑问题的传统，实际上，除户籍、部门、所有制这些制度性或结构性因素外，行业因素也是不可或缺的因素之一。垄断行业与非垄断行业平均小时工资差异中可解释部分占较高的比例，该比例达到 75%；垄断行业的中低学历劳动者享有过高的工资"溢价"，高学历劳动者的人力资本回报却被人为"压低"，造成人力资本的浪费，即垄断行业中确实存在人力资本投资的 A–J 效应；进一步计算垄断行业与非垄断行业的显示性比较优势指数再次印证上述结论。此外，垄断行业员工在工资上的优势还表现在其工作时间较短却获得较非垄断行业职工更高的工资。

杨兰品、郑飞（2013）认为，目前我国国有垄断行业向国家上缴利润的比例过低，致使所有者权益损失严重，分配制度显失公平。该文以我国电力行业为例，尝试计算电力行业应向国家上缴利润的合理比例。通过研究并借鉴其他国家国有垄断行业的利润上缴比例，得出我国电力行业利润上缴比例的合理区间为 35%~55%。

林峰（2013）测算了行政垄断行业对全国收入分配差距的贡献度。他将全部 97 个行业按照经济属性分为 4 个行业组，采用经去胀处理后的年均劳动报酬数据，先将极值法和离差法结合起来进行直接测算，然后运用泰尔指数法进行测度并予以对比验证。结果表明：中国各行业之间存在着较大的收入差距，并且有逐年扩大的迹象，泰尔指数表明这主要是由行业组内的差距不断扩大所致，行业组间的差距贡献度较小；行政垄断行业组对总差距的贡献度在 17.79%~18.92%，明显偏高。

魏峰、荣兆梓（2013）以石油与天然气开采业、烟草加工业、石油加工及炼焦业、黑色金属冶炼及压延加工业、电力蒸汽热水生产供应业 5 个国有垄断工业行业为样本，实证结果表明：伴随着近年来 5 个国有垄断行业内部效率的持续增长，外部效率损失并没有明显上升；外部效率损失对内部效率增长的效应不具有显著性。我国国有垄断行业的内部效率增长建立在外部效率损失基础之上的论断缺少理论依据。

严雷、刘晴（2013）对盐业管制进行了案例分析，提供了利益集团推动或阻碍政策从垄断走向竞争的证据，并验证了经典文献的观点。20 世纪 80 年代"盐荒"时盐碱双方的政策竞争就已存在，20 世纪 90 年代，在消除碘缺乏症的机遇下盐业部门促成了食盐专营，但纯碱和氯碱行业对工业盐维持计划管理的激烈反对导致市场部分放开；此后专营弊端的不断暴露促使决策者试图改革盐业体制，但缺乏强大且有强烈激励的竞争性集团参与，盐业集团对改革的阻碍屡获成功。

（7）"寡头"研究。

2013 年，篇名含有"寡头"的论文共 86 篇。从下载量和引用率看，代表性文献主要包括：郭军华、李帮义、倪明：《双寡头再制造进入决策的演化博弈分析》（《系统工程理论与实践》2013 年第 2 期）；赖纯见、陈迅：《房地产寡头有限理性博弈模型的复杂性分析》（《系统工程学报》2013 年第 3 期）；夏良杰、赵道致、李友东：《考虑碳交易的政府及双寡头企业减排合作与竞争博弈》（《统计与决策》2013 年第 9 期）；胡琰琰：《我国石油行业寡头垄断与政府规制的完善》（《西安石油大学学报（社会科学版）》2013 年第 3 期）；侯玉梅、潘登、梁聪智：《碳排放权交易下双寡头企业生产与减排研究》（《商业研究》2013 年第 1 期）；廖萍康、张卫国、谢百帅、闫杜娟：《相异成本和广义非线性需求下多寡头古诺模型及应用》（《运筹与管理》2013 年第 2 期）；李寿德、黄采金、魏伟、樊琨：《排污权交易条件下寡头垄断厂商污染治理 R&D 投资与产品策略》（《系统管理学报》2013 年第 4 期）；等等。

郭军华、李帮义、倪明（2013）在双寡头竞争背景下，利用演化博弈模型分析了制造商再制造进入决策的动态演化过程。研究表明：系统演化的均衡结果受再制造品附加值与新产品附加值比值的影响；该比值存在边界条件，在不同边界条件下，系统将演化至不同的均衡。通过适当的政府补贴机制，可促使系统演化至制造商均选择进入再制造策略的均衡。

夏良杰、赵道致、李友东（2013）为研究低碳环境下的政府碳配额分配和企业产量与减排研发决策问题，建立了考虑碳交易时的企业利润函数和社会福利函数。通过政府与企业间的三阶段博弈和数值模拟，对企业进行减排研发合作与竞争两种情况下的产量、减排量和碳配额分配等进行分析，并比较了合作与竞争两种情况下的总减排量、总产量、总排放量、企业总利润和社会总福利。

侯玉梅、潘登、梁聪智（2013）认为，在市场经济体制下，伴随着工业化进程的发展，碳排放权交易机制已经成为有效控制污染的手段，碳排放权也成为企业发展的稀缺资源。该文利用博弈论，在对称信息的垄断市场情形下，研究两寡头企业的生产量决策，以及在不同的净化水平下企业的碳排放的最优决策，从而提出企业减排对策，并在上述理论成果的基础上对该生产与减排决策模型进行敏感性分析。

（8）"垄断竞争"研究。

2013 年，篇名含有"垄断竞争"的论文共 15 篇。从下载量和引用率看，代表性文献主要包括：姚凤阁、董晓红：《传统与新型农村金融机构垄断竞争博弈分析》（《学习与探索》2013 年第 10 期）；李世闻：《技术集聚报酬递增机制的部门工资差异化垄断竞争模型》（《特区经济》2013 年第 1 期）；殷晓鹏、胡冰：《基于垄断竞争市场结构的产品种类研究》（《商业研究》2013 年第 1 期）；等等。

姚凤阁、董晓红（2013）认为，新型农村金融机构的蓬勃发展使我国金融市场上的竞争格局发生了明显的变化。尽管新型农村金融机构短期内还存在实力、品牌等方面的问题，但是新型农村金融机构的出现，使传统农村金融机构的垄断地位有所动摇，增加了传统农村金融机构的危机感，使得两博弈方从寡头垄断演变成垄断竞争。而目前农村金融市场的这种竞争格局，更有利于解决农村"融资难"问题。

（9）"完全竞争"研究。

2013 年，篇名含有"完全竞争"的论文共 12 篇。从下载量和引用率看，代表性文献主要包括：刘安国、张英奎、姜玲、刘伟：《京津冀制造业产业转移与产业结构调整优化重点领域研究——不完全竞争视角》（《重庆大学学报（社会科学版）》2013 年第 5 期）；徐蕾、尹翔硕：《不完全竞争、贸易与资源配置扭曲》（《国际贸易问题》2013 年第 1 期）；马卫民、朱值军、Suping Li：《基于鲁棒优化方法的供应链协同创新——非完全竞争市场下的问题》（《经济论坛》2013 年第 8 期）；刘建徽、周志波：《完全竞争市场中环境税效应研究文献述评》（《税务研究》2013 年第 5 期）；等等。

刘安国、张英奎、姜玲、刘伟（2013）考虑到传统的从完全竞争视角以单一规模或效率指标为基础分析产业集聚、区域分工和产业转移所固有的缺陷，从不完全竞争视角出发，以新经济地理学中的全球化和产业扩散理论为基础，结合使用规模和效率两个维度分析识别京津冀产业转移与产业结构调整优化的重点领域。这一方法主要有两个优点：一是可以揭示特定产业转移的动力、特征和性质；二是有助于设置产业转移中的轻重缓急。通过对相关产业进行规模分析和效率分析，导出京津冀制造业产业转移与产业空间结构调整优化重点领域的二维分布图，其中的"优先转移区"和"结构调整优化区"分别为京津冀制造业产业转移与产业结构调整优化的重点领域所在。

徐蕾、尹翔硕（2013）提出，传统理论认为随着全球化的深入，市场竞争加强，垄断程度会越来越低，因此当市场处于开放的状态下，贸易被认为能够帮助纠正垄断定价带来的资源配置扭曲。然而数据显示，行业间和地区间的成本加成异质性随着时间增长在不断扩大，贸易使垄断力量的差异变大。由于行业进入壁垒不同，贸易对竞争程度不同的行业影响不同，进入壁垒低的行业由于更易于参与贸易，成本加成相较于进入壁垒高的行业进一步降低，这也预示着各行业间的成本加成差别将会变大，资源配置扭曲的程度将会加深。该文试图建立一个包含不完全竞争的一般均衡模型，说明开放部分行业的贸易政策会导致福利损失，而市场进入壁垒的消除能纠正不对称贸易自由化造成的资源配置扭曲。

3. 市场行为问题研究

（1）"市场行为"研究。

2013 年，篇名含有"市场行为"的论文共 36 篇。从下载量和引用率看，代表性文献主要包括：田宏杰：《操纵证券市场行为的本质及其构成要素》（《国家行政学院学报》2013 年第 3 期）；唐亮、黄文锋：《非市场行为对企业发展的影响分析》（《管理世界》2013 年第 11 期）；李明峰：《非市场行为的国进民退是帕累托改进吗？——基于民营经济的视角》（《经济体制改革》2013 年第 3 期）；马龙龙、刘宏博：《人民币国际化对我国银行业市场行为的影响》（《商业时代》2013 年第 12 期）；等等。

（2）"价格竞争"研究。

2013 年，篇名含有"价格竞争"的论文共 31 篇。从下载量和引用率看，代表性文献主要包括：胡荣、夏洪山：《航空公司动态价格竞争复杂性及混沌控制——基于不同竞争战略与不同理性的分析》（《系统工程理论与实践》2013 年第 1 期）；刘玉霜、张纪会：《零售商价格竞争下的最优决策与收益共享契约》（《控制与决策》2013 年第 2 期）；胡荣、夏洪山、姜雨：《基于差异化的航空公司动态价格竞争的复杂性》（《交通运输系统工程与信息》2013 年第 1 期）；孙晓东、田澎、赵藜：《消费者异质下基于质量—价格竞争的定价策略选择》（《系统管理学报》2013 年第 3 期）；把多勋、高力：《基于伯特兰德模型的中国旅行社市场过度价格竞争研究》（《价格月刊》2013 年第 2 期）；等等。

胡荣、夏洪山（2013）为深入分析竞争战略与决策理性对航空公司价格竞争的影响，运用非线性动力学的分支理论，构建了基于不同竞争战略与不同理性的航空公司动态价格竞争模型，讨论了竞争模型均衡点的存在性与稳定性，并数值仿真了不同条件下模型复杂的动力学行为。研究结果表明：针对具有现实意义的经济系统，在现有均衡点稳定性判定定理的基础上，结合参与主体的个体理性，提出了新的稳定性判定条件；航空公司的竞争战略对其市场竞争行为的复杂性及竞争绩效有着显著影响；运用延迟反馈控制法可使竞争模型从混沌状态重新回到稳定状态。

刘玉霜、张纪会（2013）研究由一个制造商与两个竞争零售商组成的两级供应链系统的最优决策及契约协调问题，其中每个零售商面临的需求是价格敏感和随机的。当随机需求分布具有递增失败率（IFR）时，竞争的零售商存在唯一最优的定价和订购决策，并给出了最优决策的解析表达式，证明了收益共享契约能使两个竞争零售商加盟的供应链达到协调及契约成立的条件。最后通过理论推导和数值分析给出了需求价格弹性系数对最优决策及协调的影响。

（3）"价格歧视"研究。

2013 年，篇名含有"价格歧视"的论文共 26 篇。从下载量和引用率看，代表性文献主要包括：胡兴球、曲文风：《电子书定价的价格歧视策略探讨》（《科技与出版》2013 年第 8 期）；高兴佑：《竞争条件下的二度价格歧视博弈分析》（《湖南财政经济学院学报》2013 年第 6 期）；马宝玲、张宝成、李淑静：《价格歧视原理在国际原油贸易中的应用》（《亚太经济》2013 年第 1 期）；张小琳、朱明侠：《奢侈品企业价格歧视策略研究》（《商业研究》2013 年第 5 期）；高兴佑：《寡头垄断市场三度价格歧视动态博弈分析》（《经济数学》2013 年第 3 期）；等等。

（4）"产品策略"研究。

2013 年，篇名含有"产品策略"的论文共 25 篇。从下载量和引用率看，代表性文献主要包括：李寿德、黄采金、魏伟、樊琨：《排污权交易条件下寡头垄断厂商污染治理 R&D 投资与产品策略》（《系统管理学报》2013 年第 4 期）；苏敏：《85 度 C 产品策略研究》（《科教文汇（中旬刊）》2013 年第 7 期）；刘岸、唐立华：《湖南林区小型竹木加工企业产品策略》（《中南林业科技大学学报（社会科学版）》2013 年第 6 期）；等等。

李寿德、黄采金、魏伟、樊琨（2013）认为，排污权交易制度将极大地调动厂商污染治理 R&D 投资的积极性，因为在排污权交易制度下，厂商可在购买排污权和进行污染治理 R&D 投资之间做出更有利的选择。该文讨论了排污权交易条件下，双寡头垄断厂商在不同污染治理 R&D 投资合作模式下所采取的污染治理 R&D 投资策略和产品策略，并从社会总剩余的角度，评价了厂商不同的污染治理 R&D 投资合作模式对社会福利的影响。

（5）"产品差异化"研究。

2013 年，篇名含有"产品差异化"的论文共 38 篇。从下载量和引用率看，代表性文献主要包括：刘智慧、李凯、苏慧清：《下游竞争、买方谈判能力与上游产品差异化》（《产经评论》2013 年第 2 期）；蒋三庚、宋佳娟：《CBD 现代服务业集聚模式与产品差异化垄断研究》（《北京工商大学学报（社会科学版）》2013 年第 2 期）；陈艾娜：《浅析产品差异化竞争战略在国内高端酒店团购中的应用与分析》（《中国市场》2013 年第 21 期）；等等。

蒋三庚、宋佳娟（2013）从服务产品差异化垄断的角度对 CBD 现代服务业集聚的四种模式进行了分析，并对垄断理论进行了梳理。服务产品的差异化是生产者和消费者之间的体验和互动变化等诸多因素共同作用的结果。产品差异化程度达到完全不可替代时，企业将对市场产生一定的支配力和控制力，此时垄断产生。现代服务业集聚模式不同，在 CBD 中实现服务产品差异化垄断的可能性和程度也不同。

刘智慧、李凯、苏慧清（2013）基于零售商谈判能力的差异，构建完全信息动态博弈模型，考察下游竞争程度、买方谈判能力对上游产品差异化策略激励的影响。结果表明：下游市场竞争程度与买方谈判能力对产品差异化的激励不存在替代效应；当零售商不具有买方谈判能力时，市场竞争程度通过影响上游利润激励供应商的产品差异化策略，竞争程度不影响批发价格；当主导零售商具有买方谈判能力时，谈判能力通过影响批发价格激励供应商的产品差异化策略；市场竞争削弱了消费者效用水平，而买方谈判能力改善了消费者效用水平。

（6）"品牌策略"研究。

2013 年，篇名含有"品牌策略"的论文共 69 篇。从下载量和引用率看，代表性文献主要包括：张晓静：《体育营销与我国体育用品的品牌策略研究》（《商业时代》2013 年第 2 期）；陈丽英、何勋、辜应康：《国际酒店集团并购历程中的再品牌策略研究——以雅高和希尔顿集团为例》（《旅游学刊》2013 年第 10 期）；丁胜利：《基于市场分层结构的品牌策略探讨》（《商业时代》2013 年第 23 期）；王淑芹、张嘉凌：《五粮液品牌策略研究》（《经济研究导刊》2013 年第 10 期）；等等。

陈丽英、何勋、辜应康（2013）以雅高和希尔顿两大不同类型的跨国酒店集团为案例进行实证分析，旨在探讨国际酒店集团在境内外并购之后对被购方品牌的整合策略。结果表明，酒店集团通常采用多层体系来消化和再品牌并购，并购双方相对市场实力、单一品牌导向、横向并购与目标方再品牌显著正相关，被购方的民族形象对再品牌具有负向影响。基于研究结论和我国酒店品牌并购现状与问题，文章提出中国酒店集团应该注重采用互补式品牌并购、渐进式品牌整合以及伞型品牌策略。

（7）"研发策略"研究。

2013 年，篇名含有"研发策略"的论文共 22 篇。从下载量和引用率看，代表性文献主要包括：陈宇科、邹艳、杨洋：《基于产品生命周期和溢出效应的企业合作研发策略》（《中国管理科学》2013 年第 S2 期）；郝凤霞、曾攀峰：《开放经济下市场结构对企业研发策略选择的影响研究》（《第九届中国软科学学术年会论文集（上册）》2013 年 12 月 5 日）；陈雅莉、符天、劳咏昶：《电网科研企业研发策略博弈选择及专利交易增值期权分析》（《科技和产业》2013 年第 7 期）；等等。

陈宇科、邹艳、杨洋（2013）在 d'Aspremont and Jacquemin 模型（DJ 模型）的基础上，通过引入外生变量——有限的产品生命周期，建立基于产品生命周期和溢出水平的企业技术研发模型，探讨企业的三种研发策略对研发效果、企业利润函数的影响。研究结果表明：①企业的研发效果和利润函数都是产品生命周期的增函数；②在产品生命周期条件下的企业研发效果高于 DJ 模型中的企业研发效果；③不同的技术溢出水平对企业的研发策略产生影响，当溢出水平 $\beta \in (7/17, 1/2)$ 时，企业会选择独产研发；当溢出水平 $\beta \in (1/2, 1)$ 时，企业会选择建设合资研发企业（RJV）。

（8）"产业技术创新"研究。

2013 年，篇名含有"产业技术创新"的论文共 361 篇。从下载量和引用率看，代表性文献主要包括：付苗、张雷勇、冯锋：《产业技术创新战略联盟组织模式研究——以 TD 产业技术创新战略联盟为例》（《科学学与科学技术管理》2013 年第 1 期）；贾军、张卓：《中国高技术产业技术创新与能源效率协同发展实证研究》（《中国人口·资源与环境》2013 年第 2 期）；王玉梅、罗公利、周广菊：《产业技术创新战略联盟网络协同创新要素分析》（《情报杂志》2013 年第 2 期）；李新运、任栋、原顺梅：《产业技术创新战略联盟利益分享博弈分析》（《经济与管理评论》2013 年第 2 期）；赵玉林、程萍：《中国省级区域高技术产业技术创新能力实证分析》（《商业经济与管理》2013 年第 6 期）；刘伟、李星星：《中国高新技术产业技术创新效率的区域差异分析——基于三阶段 DEA 模型与 Bootstrap 方法》（《财经问题研究》2013 年第 8 期）；伍春来、赵剑波、王以华：《产业技术创新生态体系研究评述》（《科学学与科学技术管理》2013 年第 7 期）；等等。

付苗、张雷勇、冯锋（2013）提出了产学研共生网络的概念，分析了其内涵、要素、特征和结构，并在产学研共生网络的视角下，以 TD 产业技术创新战略联盟为例，从共生单元构成、共生关系形成、共生界面分布以及共生网络结构等方面对我国产业技术创新战略联盟的组织模式进行了实证研究，指出产学研共生网络理论在研究产业技术创新战略联盟方面具有独特的优势和方法论的价值。

贾军、张卓（2013）根据协同学理论，建立技术创新和能源效率复合系统协同度模型，采用 1995~2009 年中国高技术产业科技活动和能耗数据，对中国高技术产业产品创新、工艺创新和能源效率协同发展状况进行实证研究和理论解释。实证研究结果表明：1995~2009 年，中国高技术产业技术创新和能源效率协同发展的程度并不高；工艺创新与能源效率协同发展程度要高于产品创新与能源效率协同发展程度，但产品创新与能源效率协同发展增长速度更快。高技术产业应进一步加强技术创新，降低能耗，提高技术创新—能源效率协同水平。其中，提升工艺创新—能源效率协同水平将成为未来中国高技术产业技术创新与能源效率系统协调发展的重要任务。

王玉梅、罗公利、周广菊（2013）认为，产业技术创新战略联盟网络协同创新发展是指联盟网络内部主体、战略、技术创新过程、资源、环境等要素由于相互协同与竞争，在共同实现联盟网络竞争优势以及联盟网络主体各自战略目标的基础上，耦合而形成的全新的整体创新效应。以产业技术创新战略联盟网络为载体，在分析产业技术创新战略联盟网络协同创新发展的要素构成的基础上，建立产业技术创新战略联盟网络协同创新发展机理模型，给出企业与公共研究机构、政府间，以及系统各要素间的协同创新关系，揭示产业技术创新战略联盟网络协同创新发展的规律。

刘伟、李星星（2013）将三阶段 DEA 模型与 Bootstrap 方法相结合，在控制环境因素影响的基础上测算了中国省际高新技术产业的技术创新效率，同时计算了效率的置信区间。研究表明，目前中国高新技术产业技术创新效率比较低，且各省市之间差异较大。所有制结构、政府支持、企业规模和市场结构等环境因素，对中国不同地区高新技术创新效率影响显著。纠偏后技术创新效率整体有所下降，但"东高西低"的格局并未改变。

（9）"企业兼并"研究。

2013 年，篇名含有"企业兼并"的论文共 67 篇。从下载量和引用率看，代表性文献主要包括：张为峰、苏智：《中国船舶制造业企业兼并重组研究》（《学术交流》2013 年第 1期）；IHS Automotive、萨博尼：《汽车产业升级与企业兼并重组》（《汽车与配件》2013 年第 17 期）；王彦杰：《企业兼并重组所得税政策分析——以山西煤炭企业为例》（《中国证券期货》2013 年第 4 期）；等等。

（10）"企业并购"研究。

2013 年，篇名含有"企业并购"的论文共 362 篇。从下载量和引用率看，代表性文献主要包括：张雯、张胜、李百兴：《政治关联、企业并购特征与并购绩效》（《南开管理评论》2013 年第 2 期）；陈建、章华强：《企业并购的价值创造机理分析——基于资源竞争优势观》（《江西社会科学》2013 年第 1 期）；孙世攀、赵息、李胜楠：《股权控制、债务容量与支付方式——来自我国企业并购的证据》（《会计研究》2013 年第 4 期）；魏江、寿柯炎、冯军政：《高管政治关联、市场发育程度与企业并购战略——中国高技术产业上市公司的实证研究》（《科学学研究》2013 年第 6 期）；黄旭、徐朝霞、李卫民：《中国上市公司高管背景特征对企业并购行为的影响研究》（《宏观经济研究》2013 年第 10 期）；张立今、周家华：《企业并购整合中的矛盾及其破解》（《学术界》2013 年第 8 期）；等等。

张雯、张胜、李百兴（2013）以我国上市公司为研究样本，研究了政治关联对企业并购行为的影响。研究结果表明，中国上市公司的政治关联显著影响了它们的并购行为。政治关联企业实施了更多的并购，并购规模也更大。政治关联对并购的这种影响主要是通过政府对国有企业施加影响实现的。同时，文章考察了政治关联对并购绩效的影响，发现无论是以会计业绩还是市场业绩作为衡量指标，政治关联对并购绩效都有显著的负面影响，其并购绩效显著低于其他公司；并购了国有控股企业的政治关联企业因为并购而遭受的损失最大。上述结果说明，中国上市公司的政治关联在一定程度上导致了资源的错误配置，使有限的资源浪费在低效甚至是无效的并购行为上。从更深层次的意义上来说，该文的结论为非市场机制的危害性提供了证据。

孙世攀、赵息、李胜楠（2013）以 2008~2011 年发生并购的企业为样本，研究了股权控制和债务容量对支付方式的影响。结论表明：高管持股比例越大，企业使用现金支付的比例越高；在大股东持股的中等区间内，股权比例越大，并购企业越多地使用股票支付，在股权分置改革的背景下，借助并购重组的机会，出资人有明显的稀释股权的动机，在很低和很高的区间内，股权比例对支付方式影响不显著；债务容量越大的企业，由于具有更大的举债能力，现金支付的比例越高。该文的结论对完善并购支付理论、指导我国企业并购实践和提高并购支付决策的科学化水平都具有重要理论和现实意义。

魏江、寿柯炎、冯军政（2013）检验了高管不同层次政治关联与企业并购之间的关系，以及市场发育程度的调节作用。以 2005~2009 年 109 家高技术上市公司 183 次并购事件为样本进行分析发现，本地政治关联有助于企业在本产业内实施区域内或跨区域并购，而中央政治关联则有助于企业在本产业外实施区域内或区域间并购。研究结果还证实，区域要素市场发育程度越高，高管政治关联越能够促进企业并购的实施，政府与市场的关系则在不同层次政治关联与并购之间扮演着不同的角色。

黄旭、徐朝霞、李卫民（2013）以 2006~2008 年沪深两市 A 股 144 家制造企业上市公司为研究对象，应用二分类 logistics 回归、广义线性模型和次序 logistics 回归等方法，研究上司公司高管的相关背景特征对企业并购行为存在的影响。研究结果表明：高管团队的平均年龄越小，企业越倾向于采取并购行为，企业的战略变革程度越大；高管团队的平均任期越短，企业越倾向于采取并购行为，企业的战略变革程度越大；高管团队中女性高管比例较高，在一定程度上可以抑制企业并购行为的发生，企业的战略变革程度较小；高管团队规模越大，企业发生并购行为的主动性越强。

（11）"经营者集中"研究。

2013 年，篇名含有"经营者集中"的论文共 14 篇。从下载量和引用率看，代表性文献主要包括：袁日新：《互联网产业经营者集中救济的适用》（《河北法学》2014 年第 1 期）；刘武朝：《论经营者集中附限制性条件执行争议的仲裁适用》（《河北法学》2013 年第 10 期）；韩伟：《经营者集中附条件批准下的买家先行与定资先行》（《现代经济探讨》2013 年第 4 期）；魏华：《论经营者集中审查的实体性标准》（《河南师范大学学报（哲学社会科学版）》2013 年第 1 期）；等等。

袁日新（2013）认为，互联网产业经营者集中救济的适用与传统产业不同。互联网产业经营者集中竞争效果评估需要考虑的因素更广泛，具体个案分析更困难、更复杂，应当审慎考虑互联网产业经营者集中竞争效果评估的难点。经营者集中救济的基本原理和一般规则在互联网产业是适用的，但是价值理念和具体做法有所差异。互联网产业更优先选择行为性救济，在实施中需要积极应对开放、技术、监督和期限等难题。

刘武朝（2013）认为，竞争争议的可仲裁性正逐步得到认可，为迅速解决经营者集中附加行为性条件执行过程中发生的争议，我国的立法和实践有必要在该领域中逐步引入仲裁机制。具体适用范围上应以行为性条件为主，并根据限制性条件实施的特殊要求，对传统的仲裁机制的自治性、保密性和程序快捷性等方面予以改进。同时，理顺仲裁机构与竞争执法机构之间的关系，实现私人仲裁机制与公共执法机制之间的融合与互补。

（12）"纵向一体化"研究。

2013 年，篇名含有"纵向一体化"的论文共 22 篇。从下载量和引用率看，代表性文献主要包括：卢闯、张伟华、崔程皓：《市场环境、产权性质与企业纵向一体化程度》（《会计研究》2013 年第 7 期）；王冬：《企业纵向一体化决策的制约因素分析》（《财经问题研究》2013 年第 8 期）；陈雪、郑风田：《农业纵向一体化、利益分配方式与农户经营行为——对 L 龙头企业的个案分析》（《贵州社会科学》2013 年第 1 期）；王旭、赵蒙楠：《企业纵向一体化文献评述》（《北方经济》2013 年第 5 期）；徐斌：《不完全契约、专用性投资与纵向一体化》（《经济经纬》2013 年第 1 期）；蒋博轩、李军、李秉龙：《中国肉羊产业的纵向一体化模式现状及发展趋势》（《黑龙江农业科学》2013 年第 1 期）；等等。

卢闯、张伟华、崔程皓（2013）实证考察了市场环境如何影响企业的纵向一体化程度，以及这种影响在产权性质不同的企业中是否存在差异。研究发现，市场环境显著影响了企业的纵向一体化程度，而当地区市场化进程较为落后、法律保护不完善时，民营企业更有动机通过纵向一体化来规避由于市场不完善所导致的交易费用的增加。

徐斌（2013）探讨了不完全契约情形下市场交易、长期契约和纵向一体化的专用性投资水平。基于博弈结构，将市场交易和长期契约分别视为鲁宾斯坦和纳什谈判方式。结论表明，纵向一体化能达到最优的专用性投资水平，并且，在长期契约中下游企业的专用性投资水平要高于市场交易。进一步表明，为了消除市场交易情况下专用性投资的不足，可取的办法不仅是纵向一体化，长期契约也是可行的办法，但它的投资激励不如纵向一体化。

（13）"卡特尔"研究。

2013 年，篇名含有"卡特尔"的论文共 13 篇。从下载量和引用率看，代表性文献主要包括：王继平、李景焕：《成本不对称使卡特尔更难维持吗？》（《南开经济研究》2013 年第 1 期）；邱格磊：《出口卡特尔对国际贸易的影响：豁免与合作规制》（《河南商业高等专科学校学报》2013 年第 3 期）。

王继平、李景焕（2013）旨在分析传统观点对于卡特尔产量分配规则的敏感性。基于无限重复古诺双寡头博弈框架，运用 Friedman 的严酷触发惩罚策略以及平衡诱惑概念，该文证明：成本不对称与卡特尔稳定性的关系取决于卡特尔的产量分配规则：当帕廷金产量分配规则可行时，成本不对称使合谋协议变得更难维持的传统观点成立；但是，当帕廷金规则不可行而改用修正的帕廷金规则时，其结论与传统观点截然相反，即随着成本不对称程度的提高，卡特尔变得更加稳定。

（14）"滥用'市场支配地位'"研究。

2013 年，篇名含有"滥用'市场支配地位'"的论文共 26 篇。从下载量和引用率看，代表性文献主要包括：陈兵：《论反垄断法对消费者的保护——以滥用市场支配地位案件为中心》（《湖南师范大学社会科学学报》2013 年第 4 期）；李小明、吴倩：《中澳反垄断滥用市场支配地位规制立法比较》（《财经理论与实践》2013 年第 3 期）；叶若思、祝建军、陈文全：《标准必要专利权人滥用市场支配地位构成垄断的认定　评华为公司诉美国 IDC 公司垄断纠纷案》(《电子知识产权》2013 年第 3 期); 刘旭: 《奇虎诉腾讯滥用市场支配地位案中的市场支配地位认定　参考德国和欧盟经验简析广东省高级法院一审判决》(《电子知识产权》2013 年第 4 期); 高丽娜: 《浅析反垄断司法解释对我国互联网行业反垄断私人执行的影响——以奇虎起诉腾讯滥用市场支配地位案为视角》(《法制博览 (中旬刊)》2013 年第 3 期); 等等。

叶若思、祝建军、陈文全 (2013) 通过对司法实践中一起标准必要专利权人滥用市场支配地位构成垄断案的评析, 论证了在标准必要专利背景下, 在特定国家司法管辖范围内, 无线通信技术标准中的每一个必要专利许可市场, 比如 3G 标准 (WCDMA、CDMA2000、TD-SCDMA) 中的每一个必要专利许可市场, 均构成一个独立的相关市场。基于标准中每一个必要专利的唯一性和不可替代性, 标准必要专利权人在每一个必要专利许可市场均拥有完全的份额, 具有阻碍或影响其他经营者进入相关市场的能力, 因此, 其在相关市场中具有市场支配地位。如标准必要专利权人在必要专利使用费谈判中, 违反公平、合理、无歧视的原则, 如实施过高定价、歧视性定价、搭售等滥用市场支配地位的行为, 将被认定为构成垄断民事侵权, 应承担相应的法律责任。

4. 反垄断与政府规制研究

(1) "反垄断" 研究。

2013 年, 篇名含有 "反垄断" 的论文共 520 篇。从下载量和引用率看, 代表性文献主要包括: 王先林: 《我国反垄断法适用于知识产权领域的再思考》(《南京大学学报 (哲学·人文科学·社会科学版)》2013 年第 1 期); 焦海涛: 《论互联网行业反垄断执法的谦抑性——以市场支配地位滥用行为规制为中心》(《交大法学》2013 年第 2 期); 王先林: 《理想与现实中的中国反垄断法——写在〈反垄断法〉实施五年之际》(《交大法学》2013 年第 2 期); 焦海涛: 《反垄断法承诺制度适用的程序控制》(《法学家》2013 年第 1 期); 许光耀: 《〈反垄断法〉执法机构的管辖权划分与协调》(《价格理论与实践》2013 年第 2 期); 张骏: 《完善转售价格维持反垄断法规制的路径选择》(《法学》2013 年第 2 期); 刘继峰: 《反垄断法益分析方法的建构及其运用》(《中国法学》2013 年第 6 期); 陈兵: 《反垄断法实施与消费者保护的协同发展》(《法学》2013 年第 9 期); 等等。

王先林 (2013) 提出, 我国《反垄断法》第五十五条有其特定的立法背景和意图, 表明了该法在知识产权领域实施的基本原则和立场, 但是它的功能是宣示性和说明性的, 并不是认定特定知识产权行使行为是否构成垄断行为的直接依据。对 "滥用知识产权" 要从一般意义上去理解, 而不能自觉或者不自觉地按照某些国家判例法上的特定含义去理解。滥用知识产权不一定构成垄断行为, 但构成垄断行为的知识产权行使行为则一定滥用知识产权。在制定我国知识产权领域的反垄断执法指南时, 应处理好借鉴国外经验与立足我国当前实际的关系以及原则性与可操作性之间的关系。

焦海涛 (2013) 认为, 在反垄断法执法中引入承诺制度固然能显著提高执法效率, 但承诺制度的替代性、灵活性特征决定其在一定程度上是以牺牲反垄断法的其他价值为代价来获得执法效率提升的。为此, 对承诺制度的适用予以法律控制成为必需。相比实体控制的不易操作、难以固定化，各国立法与实践普遍采用程序方式来控制承诺制度适用可能带来的风险。以承诺制度的适用阶段为标准，程序控制的内容基本可分为"先决程序"、"操作程序"与"后续程序"三个方面，这些内容在反垄断执法经验相对丰富的国家或地区大同小异。我国《反垄断法》也规定了"经营者承诺制度"，但各类程序性控制机制基本没有建立起来。在《反垄断法》实施逐渐深入的背景下，这是一个需要解决的现实问题。

（2）"自然垄断"、"行政垄断"、"市场垄断"研究。

2013 年，篇名含有"自然垄断"的论文共 27 篇，含有"行政垄断"的论文共 35 篇，含有"市场垄断"的论文共 12 篇。从下载量和引用率看，代表性文献主要包括：汤吉军、郭砚莉：《我国公用事业政府监管研究——以自然垄断为视角》（《经济体制改革》2013 年第 5 期）；马云泽：《自然垄断产业规制过程的博弈论分析》（《经济与管理评论》2013 年第 1 期）；盛丹：《地区行政垄断与我国企业出口的"生产率悖论"》（《产业经济研究》2013 年第 4 期）；高雅、李孔岳、吴晨：《企业家政治关系、市场化程度与行政垄断行业进入——基于中国私营企业的实证研究》（《经济与管理研究》2013 年第 9 期）；贾林青：《中国保险市场垄断行为的认定和预防——从我国保险行业首例垄断案件谈起》（《保险研究》2013 年第 4 期）；等等。

马云泽（2013）认为，自然垄断产业规制的过程实际上是规制机构、被规制企业、消费者和其他利益集团之间的利益博弈过程，各个博弈参与者不仅为了追求自己的利益最大化进行寻租和相互影响，而且还通过相互之间的影响决定着博弈规则的形成。由于各个利益集团在信息的产生、传播、分布与利用方面都处于极为不平衡的不对称状态，因此产生了自然垄断产业规制中的市场失效以及由此产生的逆向选择、道德风险等问题。为促进我国自然垄断产业的健康发展，必须克服信息不对称，实施激励性规制改革。

盛丹（2013）选取 1998~2006 年中国工业企业的微观数据，采用 Heckman 两阶段选择模型，考察了企业出口的"生产率悖论"，研究发现：我国的外资企业的出口存在明显的"生产率悖论"，即外资出口企业的生产率水平显著低于非出口企业，这与新新贸易理论的结论恰好相反；而内资企业的出口行为则符合新新贸易理论的理论预测。在此基础上，文章进一步从地方行政垄断和行业要素密集度的角度，对这一悖论形成的原因进行了分析。实证结果表明，地方性行政垄断对我国外资企业的诸多限制及政策引导，扭曲了企业的出口行为，是形成"生产率悖论"的重要原因。

高雅、李孔岳、吴晨（2013）根据企业家政治关系的来源将其区分为从政经历和政治身份两种类型，分别研究它们对企业进入行政垄断行业的影响。研究发现，私营企业家从政经历和政治身份对企业进入行政垄断行业有显著的促进作用，而所在地区市场化程度对私营企业家进入行政垄断行业的可能性却存在明显的负向调节作用，即市场化指数越高的地区，私营企业家从政经历、政治身份对该企业进入行政垄断行业的正向促进作用越低。

（3）"政府规制（政府管制）"研究。

2013 年，篇名含有"政府规制"或"政府管制"的论文共 136 篇。从下载量和引用率看，代表性文献主要包括：崔宝玉、刘峰：《快速发展战略选择下的合作社政府规制及其改进》（《农业经济问题》2013年第2期）；陈炜、任梅：《中国农民专业合作社政府规制的影响因素——基于博弈论和政府规制理论的视角》（《内蒙古社会科学（汉文版）》2013年第2期）；陈思融、章贵桥：《民营化、逆民营化与政府规制革新》（《中国行政管理》2013年第10期）；宋英杰、李中东：《政府管制对农产品质量安全技术扩散影响的实证研究》（《科研管理》2013年第7期）；胡琰琰：《我国石油行业寡头垄断与政府规制的完善》（《西安石油大学学报（社会科学版）》2013年第3期）；等等。

崔宝玉、刘峰（2013）认为，在政府合作社发展至上的战略选择和政府激进的推动方式下，我国农民专业合作社发展凸显出重规模轻规范、重效率轻公平的现实路径，合作社迅猛发展与失范发展并存，如果对此现象不加以纠正、任由其发展，必然会损害小农参与合作的信心，进而损害我国蓬勃发展的农村合作事业。因此需要政府积极行动，宏观层面上要扭转发展至上的合作社发展战略和政府强制推动的合作社发展方式，具体操作层面上要改进政府规制，以破解政府规制机构组织要素失衡、政府规制缺位、政府规制俘虏、政府行政规制不足等规制难题，确保合作社在数量快速增加的同时其规范性也能够不断增强，从而推动我国农民专业合作社快速、健康、规范、可持续发展。

陈炜、任梅（2013）认为，政府规制是政府为了维护公众利益和纠正市场失灵而规范市场主体活动的行为。农民专业合作社是因提高农民组织化程度而具有广泛正外部效应的特殊市场主体，如何规范并推动其发展，是政府规制的重要议题。目前，中国农民专业合作社的政府规制面临两类因素的影响：一方面，政府目标多样化、"重效率，轻公平"导向、"先发展，再规范"趋势和利益博弈格局失衡等多元利益主体博弈的结果直接影响着规制；另一方面，与政府规制相随相伴的信息不完全、寻租现象和规制体系发展规律等政府规制本身具有的特性也直接影响着规制。

陈思融、章贵桥（2013）提出，2013年国务院大部制改革中，铁道部被撤销，其客货运输服务经营管理职能由中国铁路总公司这一国有企业承担，如何保证这种"单纯组织私法化"形式的民营化改革顺利进行，是接下来需要着重解决的问题。而近年来发生在我国公交民营化改革中的逆民营化现象，即公交事业由民营重新收归国营，使得人们开始怀疑民营化改革本身的合理性。西方国家民营化经验告诉我们：民营化改革过程是一个公共服务市场供给和政府供给之间的动态运动过程；逆民营化现象是民营化改革中的正常现象，并不能说明民营化的失败；民营化改革成功的关键在于革新政府规制，明确政府责任。

（4）"规制经济学（管制经济学）"研究。

2013年，篇名含有"规制经济学"或"管制经济学"的论文共17篇。从下载量和引用率看，代表性文献主要包括：刘辛元：《解读自然垄断领域的管制经济学——以美国电力业、公有企业和电信业的管制为例》（《学术论坛》2013年第12期）；张伟、付强：《转型经济条件下的垄断结构、垄断行为与竞争政策设计——反垄断与规制经济学学术研讨会观点综述》（《中国工业经济》2013年第9期）；王帅、丛媛媛、金星驰：《规制经济学中激励性规制的发展与实践》（《商业时代》2013年第35期）；等等。

张伟、付强（2013）对反垄断与规制经济学学术研讨会的主要观点进行了综述。中国的《反垄断法》实施以来，已经对企业在经营者集中、排他性垄断协议等方面进行了反垄断执法，判决的结果基本建立在合理推定的原则基础上，但仍需加强计量经济分析来为判决结果提供实证证据。此外，价值网络体系以及电子商务等新型组织与商业模式对传统的反垄断政策设计与执行提出了新的挑战。在转型经济背景下，与国有企业密切相关的行政性垄断构成了中国竞争政策实施中的最大困难，应在广义反垄断的概念下限制包括行政性垄断在内的所有垄断行为，并通过横向分拆的方式形成有效竞争的市场结构。

5. 产业经济学热点问题研究

（1）"网络经济（网络产业）"研究。

2013 年，篇名含有"网络经济"或"网络产业"的论文共 126 篇。从下载量和引用率看，代表性文献主要包括：孟昌、翟慧元：《网络产业组织中的双边市场研究：文献述评》（《北京工商大学学报（社会科学版）》2013 年第 1 期）；李楠、伍世安：《网络产业中互联互通策略的演化博弈分析——以电信业为例》（《经济经纬》2013 年第 6 期）；张春榕：《网络经济视角下的中小企业竞争力——基于波特钻石模型的分析》（《福州党校学报》2013 年第 3 期）；杨培祥：《网络经济下垄断与规制研究》（《现代商贸工业》2013 年第 2 期）；等等。

孟昌、翟慧元（2013）对网络产业中双边市场的研究是产业组织理论的重要进展，提供了一个考察企业行为的新视角。在回顾网络外部性概念的基础上，考察了双边市场理论的起源、特征及分类，综述了双边市场企业的价格策略和最新进展的代表性文献。最后对双边市场中反垄断问题的文献进行了评论。

（2）"产业链"研究。

2013 年，篇名含有"产业链"的论文共 1121 篇。从下载量和引用率看，代表性文献主要包括：曹洋、王建平：《物联网架构及其产业链研究》（《技术经济与管理研究》2013 年第 2 期）；上创利、赵德海、仲深：《基于产业链整合视角的流通产业发展方式转变研究》（《中国软科学》2013 年第 3 期）；张雷、陈波：《产业链视域下的〈中国好声音〉栏目运营策略分析》（《浙江传媒学院学报》2013 年第 4 期）；许益亮、靳明、李明焱：《农产品全产业链运行模式研究——以浙江寿仙谷为例》（《财经论丛》2013 年第 1 期）；左青：《我国油菜籽产业链的现状和思考》（《中国油脂》2013 年第 3 期）；崔春晓、邹松岐、张志新：《农业产业链国内外研究综述》（《世界农业》2013 年第 1 期）；等等。

上创利、赵德海、仲深（2013）认为，当前我国流通领域存在的一系列问题已经严重阻碍了流通产业的正常发展，要实现国民经济持续、健康发展，满足人民群众日益增长的物质文化需求，迫切需要转变流通产业发展方式。文章基于产业链整合的视角，从流通观念、流通功能、流通模式、流通产业结构、流通政策及流通效率六个方面对现阶段我国流通产业发展方式转变的路径进行了研究，以期实现流通产业附加值和产业链整体竞争力的全面提升。

许益亮、靳明、李明焱（2013）认为，农产品全产业链运作模式是一种农业产业化创新经营模式，其运作关键是纵向一体化和紧密型多元化经营的有效协同，要实现农产品从种养源头到餐桌的全程质量安全，关键在于技术主导型和资源驱动型全产业链治理的有效整合。文章对浙江寿仙谷案例的研究表明，全产业链运作模式为研究当前农产品质量安全问题产生的深层次原因提供了新的视角，也为有效治理农产品质量安全问题提供了新的理论依据。

（3）"产业生态"研究。

2013 年，篇名含有"产业生态"的论文共 559 篇。从下载量和引用率看，代表性文献主要包括：李晓华、刘峰：《产业生态系统与战略性新兴产业发展》（《中国工业经济》2013 年第 3 期）；王中亚：《中国典型资源型城市产业生态化发展研究》（《中国国土资源经济》2013 年第 2 期）；王倩雅：《生态文明建设与资源型企业产业生态化转型研究》（《学术论坛》2013 年第 4 期）；王磊、龚新蜀：《产业生态化研究综述》（《工业技术经济》2013 年第 7 期）；史巧玉：《产业生态化研究进展及其引申》（《经济问题》2013 年第 10 期）；陆辉、赵敏：《产业生态观视域下产业集群生态化对策探讨——以江苏省南通市为例》（《科技管理研究》2013 年第 7 期）；等等。

李晓华、刘峰（2013）基于商业生态系统、国家创新系统等既有理论，提出了产业生态系统的概念。与生态学家或环境学家将产业生态系统看作类似于自然生态系统的物质、能量和信息循环体系不同，该文将产业生态系统定义为对某一产业的发展产生重要影响的各种要素的集合及其相互作用的关系，包括创新生态系统、生产生态系统与应用生态系统三个子系统，以及要素供给、基础设施、社会文化环境、国际环境、政策体系等辅助因素。产业生态系统具有相互依赖、复杂连接、自我修复、共同演化等特征。产业的发展是整个产业生态系统共同作用的结果，各国在战略性新兴产业上的竞争实际上就是产业生态系统的竞争，那些能够率先建立起完整的产业生态系统的国家将会在战略性新兴产业的发展中占据先机。培育和发展战略性新兴产业不能仅支持产业的某一个方面，而是要促进其所处生态系统的完善与协调。

史巧玉（2013）认为，越来越多的事实证明，只有实现产业的生态化，人类社会才有可能由工业化时代步入生态文明时代。然而，要想实现产业的生态化，首先必须明确其内涵和实现产业生态化的层次，其次提出相应的政策建议。基于此，文章对国内已有的文献进行了回顾。在此基础上，提出理论上亟待深化和实践上亟待探索的相关问题。

（4）"双边市场"研究。

2013 年，篇名含有"双边市场"的论文共 85 篇。从下载量和引用率看，代表性文献主要包括：傅联英、骆品亮：《双边市场的定性判断与定量识别：一个综述》（《产业经济评论》2013 年第 2 期）；孟昌、翟慧元：《网络产业组织中的双边市场研究：文献述评》（《北京工商大学学报（社会科学版）》2013 年第 1 期）；邵晓：《商业银行金融同业业务模式研究——网络外部性和双边市场视角》（《中国外资》2013 年第 6 期）；傅瑜：《网络规模、多元化与双边市场战略——网络效应下平台竞争策略研究综述》（《科技管理研究》2013 年第 6 期）；李小玲、李新建：《双边市场中平台企业的运作机制研究评述》（《中南财经政法大学学报》2013 年第 1 期）；李煜、吕廷杰、郝晓烨：《双边市场理论与应用研究现状综述》

（《首都经济贸易大学学报》2013年第2期）；等等。

傅联英、骆品亮（2013）认为，双边市场是产业组织理论的新前沿，但目前尚缺乏统一的判断标准，这导致双边市场概念在现实中有被滥用或误用的倾向，不利于双边平台企业商业模式的设计及相关规制政策的制定。该文从判别条件与识别方法两方面对双边市场进行正本清源：首先，强调了辨识双边市场的重要性及其难点；其次，对"价格结构非中性说"与"交叉网络外部性说"进行比较分析，明确了双边市场的根本特征，进而提出两项定性判断基准；最后，系统论述了定量识别双边市场的检验方法。该文认为：交叉网络外部性是双边市场的标识特征；据此遵循逻辑演绎与实证检验相结合的策略，采用改进的结构化计量模型与归属曲线模型辨识双边市场可以满足理论基础的坚实性、因果效应的可识别性和计量模型的适切性。

李小玲、李新建（2013）以双边市场的重要性和发展为出发点，解释了双边市场产业与传统市场产业在客户间交叉网络效应、倾斜性定价和多产品策略方面的差异，介绍了客户营销管理、竞争策略、市场监管者的管制等运作机制的研究进展，从客户、竞争对手、所有者、投资者和监管者及研究方法等方面提出未来的研究重点和领域。

李煜、吕廷杰、郝晓烨（2013）综合分析当前学术界对双边市场基本理论的研究成果，就双边市场的概念内涵、主要特征及基本类型进行了梳理，并从市场结构、市场行为和市场绩效的角度整合评述了现有的研究结论，同时概述了双边市场理论在具体行业分析中的应用情况，并对未来双边市场的研究方向进行了展望。

（5）"战略性新兴产业"研究。

2013年，篇名含有"战略性新兴产业"的论文共711篇。从下载量和引用率看，代表性文献主要包括：李煜华、武晓锋、胡瑶瑛：《基于演化博弈的战略性新兴产业集群协同创新策略研究》（《科技进步与对策》2013年第2期）；薛澜、林泽梁、梁正、陈玲、周源、王玺：《世界战略性新兴产业的发展趋势对我国的启示》（《中国软科学》2013年第5期）；费钟琳、魏巍：《扶持战略性新兴产业的政府政策——基于产业生命周期的考量》（《科技进步与对策》2013年第3期）；贺正楚、吴艳、蒋佳林、陈一鸣：《生产服务业与战略性新兴产业互动与融合关系的推演、评价及测度》（《中国软科学》2013年第5期）；刘艳：《中国战略性新兴产业集聚度变动的实证研究》（《上海经济研究》2013年第2期）；刘嘉宁：《战略性新兴产业评价指标体系构建的理论思考》（《经济体制改革》2013年第1期）；董树功：《协同与融合：战略性新兴产业与传统产业互动发展的有效路径》（《现代经济探讨》2013年第2期）；李红锦、李胜会：《战略性新兴产业创新效率评价研究——LED产业的实证分析》（《中央财经大学学报》2013年第4期）；等等。

李煜华、武晓锋、胡瑶瑛（2013）在对战略性新兴产业集群创新主体关系和创新方式进行分析的基础上，运用演化博弈理论，构建了集群内企业和科研院所创新博弈的复制者动态模型，分析了其在创新过程中的动态演化过程。该文在此基础上，得出协同创新预期收益、协同创新风险和协同创新知识位势是影响战略性新兴产业集群协同创新的重要因素，并据此提出了相应的协同创新策略。

贺正楚、吴艳、蒋佳林、陈一鸣（2013）借鉴国内外研究的理论观点以及服务业与制造业发展的现状与趋势，对我国生产服务业与战略性新兴产业之间的产业关系进行探索，通过理论推演得出两者之间应该是"互动与融合"发展的产业关系。该文采用投入产出模型，设计用于评价产业"互动与融合"发展状况的评价指标，依此测度并量化分析生产服务业与战略性新兴产业之间产业关系的内在运作现状。通过对全国以及江苏省、湖南省和陕西省的生产服务业与战略性新兴产业互动与融合发展状况的测度分析，发现战略性新兴产业在驱动生产服务业发展时，两者"互动与融合"并不显著。为了改变这种状况，我国生产服务业与战略性新兴产业均应由制造业驱动向服务经济驱动转变，以便使两者达到高端生产、高端服务的"微笑曲线"价值链两端。

刘艳（2013）在梳理了战略性新兴产业的概念内涵、行业分类标准的界定、发展评价模型的设定和反映竞争力水平的集聚度之后，依据《国民经济行业分类标准》分析了战略性新兴产业归属的依托行业，在此基础上利用产业集聚度指数（EG 指数）从时间、产业及地理 3 个维度对战略性新兴产业依托部门的演进态势及其特征进行了细致研究。结果显示：我国战略性新兴产业的总体集聚度水平低；战略性新兴产业空间结构表现为产业集聚和扩散两者并存的特性；经济发达的沿海省市是战略性新兴产业的集聚地。

第三节　产业经济学理论前沿与研究方法展望

一、理论前沿

根据对近年来文献的分析研读，我们发现产业经济学理论前沿问题包括下述几个领域：专利制度研究、产品空间与比较优势演化理论研究、网络经济中的双边市场研究等。

1. 专利制度研究

（1）专利制度的局限性。

专利是不是一个好的制度设计？许多研究得出的结论并不一致。现在学术界主流的意见似乎是，专利并不是一个好的制度设计。因为，在保护企业创新方面，下述机制作用依次递减：商业秘密；前置时间（先行者优势）；互补性的销售/服务；互补性的制造行业；专利。但是，维持专利制度运行的社会成本却很高，如官僚机构的运行成本，包括专利管理机构，专利诉讼涉及的法院、律师等机构运行和人员费用方面的成本。

尽管专利是比较没有效果的一种保护创新的机制，但现在专利申请数量和授予数量却呈指数增长态势，美国、欧盟、日本、中国的专利申请和授予的数量都成爆炸性增长，生物技术和信息通信技术领域尤其明显，这种现象被为"专利悖论"。

现代社会过于依赖专利来保护知识产权，会产生所谓的"专利丛林"现象，并产生

"逆公地悲剧"问题。如果创新是互补的，专利系统会构建 Shapiro（2001）所谓的"专利丛林"："专利权的重叠要求旨在将新技术商业化的人们从多个专利权人处获得许可。"令人担忧的是，由于企业在这个稠密的丛林中"披荆斩棘"的成本高昂，强专利权会造成对创新的阻碍而非促进。这种情况有时被称为"逆公地悲剧"：当数个拥有排他性权益的个体行使权益时会限制对公共资源的使用。

为防止"逆公地悲剧"发生，专利权利持有者将发现有利可图的两种合作形式，建造专利池和进行交叉许可。在专利池中，或者是一个专利持有者，或者是为此建立的一个新实体，将一整组的专利进行打包许可给任何愿意支付联合专利费的对象。而交叉许可只是在两个公司之间进行的简单协议，允许对方使用自己的专利（含支付固定费用或使用费等方式）。但这些合作形式含有交易成本，并可能遭到反垄断机构的怀疑。

在位企业常常将专利作为阻止竞争对手的一个工具。尤其是大公司经常使用"沉睡专利"来阻止竞争对手，甚至专利期届满之后，延伸独占权，保护垄断势力。"沉睡专利"的一种重要功能是，形成对真正有价值专利的缓冲保护作用，但对全社会而言，则是一种负面效应。2001 年 7 月 *Financial Times* 上的一篇报告指出，IBM、Philips、Siemens 只使用其专利组合的 40%，大量专利闲置。

一些企业恶意利用强专利保护制度，产生"专利流氓"或"专利敲诈"问题。比如，2007 年 2 月，Blackberry 无线电子邮件服务商（RIM）遭 NTP 公司诉讼，涉及 300 万用户，结果，两者在美国专利和商标局（USPTO）完成审查前达成和解协议，RIM 公司一次性支付 NTP 公司 6.15 亿美元。其实，早在 2006 年，美国最高法院在 MercExchange Vs. eBay 案例中，决定重新审视"依法有效的专利一旦遭遇侵权就自动发出永久禁止令"的规定，但这是否能对"专利流氓"产生致命打击尚待观察。美国最高法院在审理该案件时，要求发出永久禁止令要进行传统的"四因素测试"：①无法弥补的损失；②法律上不适当的救济；③平衡困难；④公共利益。

（2）最优专利设计。

当前专利爆发性增长，是专利竞赛造成的，专利竞赛的后果经常是：①企业对研究与开发的支出超过社会最优量；②从社会角度看，技术进步率过快；③研究与开发相关的潜在利润因竞争而消失。那么，能不能设计专利制度，使之达到社会最优？

专利制度设计目标有两重：一方面要促进创新成果的扩散和使用；另一方面要优先保证创新激励。因此，专利制度设计要在动态和静态效率之间寻求一种妥协。Paul Belleflamme 和 Martin Peitz（2010）讨论了最优专利设计问题，包括专利长度和宽度两个维度上的最优设计。

1）最优专利长度。研究表明，最优专利长度应该使延长保护期限的边际动态收益等于边际静态损失。而边际静态损失包括两部分：由加倍的创新努力带来的研发成本上升和更长期的创新者垄断导致的消费者效用下降。由此可见，最优专利持续期应该是有限度的。有两种因素限制了专利的长度：第一，研发活动的回报正在下降。由于成本函数是凸函数，增加研发成功概率的难度越来越高，因此要获得一个固定的研发成功率所需要的时间就逐渐加长。第二，贴现因子的影响。消费者从创新中获得的收益不会在专利过期后即刻完成，时间越长，这些收益的现值就越小。

2）最优专利宽度。固定一个有限的专利持续期并不是政策制定者避免垄断力量过度的唯一方式，限制专利宽度也能起到遏制作用。但衡量专利保护程度的专利宽度的含义是相对模糊的，因为，专利宽度的概念并非由知识产权法来定义。实际上，专利宽度涉及的是解释上的问题：一方面，专利局要根据创新的描述来为创新专利估价，并赋予其合法权益；另一方面，法院将判定是否存在侵权。经济学家在两种创新环境中研究宽度问题：受到横向竞争威胁下的创新，或者是会被先进技术代替的创新。

考虑创新之间的横向竞争时，经济学家以两种方式建立宽度模型：在"生产空间"规定怎样的相似度属于违反专利；或者在"技术空间"表明发现不违反专利的替代技术所需要的成本。在第一种解释中，更大宽度的专利排除了许多具有横向差异的替代品；在第二种解释中，宽度更大的专利使替代性技术进入市场的成本更高（在专利周边进行研发）。因此，公共政策可以使用专利长度和专利宽度作为替代性的政策工具。专利当局的任务是，在预计创新者的最优行为后，制定最优的专利长—宽体系。在存在横向竞争时，制定尽可能狭窄的专利宽度而延长专利期限是最优的选择，这不会改变创新激励，但会增加社会福利。总之，在创新激励方面，专利长度和宽度的边际替代率大于社会福利，那么最优的专利是宽而短的，否则，就是窄而长的。

创新不仅受到横向竞争的威胁，也会被更先进的技术所代替，即累积性创新。在动态竞争环境中，专利宽度被定义为纵向替代被排斥的程度，因此，有时被称为"专利高度"。此时，重新考虑最优专利长—宽机制分析，需加入两个新的因素：①最初的创新者有资格享有后续创新的利益吗？②如果后续发明没有构成对原始创新的完全替代，那么是否属于侵权？

为了向每个创新者提供适宜的激励，我们应该对第一个问题给予肯定的回答，并否定第二个问题。但是，赋予首创者的权益越多，后续创新者的激励也就越小，反之亦然。因此，要决定利润应该如何在创新者之间进行分配。这个问题的研究文献丰富而复杂，众说纷纭。一言以蔽之，对于累积性创新而言，最优专利系统是为了方便专利持有者之间通过合约进行约束和寻找解决专利冲突的办法。

在序贯创新中，一个特定的创新能够带来许多第二代创新，序贯创新存在的主要问题是，第一代创新的专利赋予了专利持有人阻碍后续创新的权利。事前许可或许可以解决这个问题。在互补性创新中，第二代产品要求投入相当数量的不同于第一代创新的成果，此时为解决专利的"逆公地悲剧"，交叉许可和专利池可以缓解这个问题。

序贯创新产生的一个重要问题是在创新者之间按照成本分摊利润。如果在两个创新者之间分配的一定数额的货币大部分给了第一家企业，那么第二个创新者的激励就会降低，反之亦然。另外一个问题是权益的分配。早期专利持有者也许会对后续创新者提出索赔。预计索赔带来的期望成本，如果创新成果的商业开发依赖于对之前创新专利的持有，后续创新者会不愿意进行创新投资，这就是阻碍问题。

在依赖累积性创新的产业中，企业会寻找相关专利的组合，因为其价值大于独立专利之和。换言之，由于专利组合可以视为一种"交易装置"或"讨价还价的筹码"，包含的专利越多越受欢迎。事实上，在"专利丛林"中，一个企业很可能会侵犯其他企业的专利，这样一个大的专利组合就为侵权企业提供了一个反侵权诉讼的可信威胁。大的专利组合也为其持有者提供了更有利的谈判地位。这就解释了"专利悖论"：尽管创新者将专利视为保护其研发投资的次要方式，在过去的数十年间，专利数量仍得到了迅速的增长。

（3）专利强度与社会福利、技术效率。

Thomas Vallee 和 Murat Yildizoglu（2013）开发了一个行业动态演化模型，运用仿真模拟的方法，研究了专利保护强度与社会福利、技术效率之间的关系。关于专利保护制度对社会福利的影响，基本结论是：虽然强专利保护制度能够为企业带来高利润，但是强专利保护制度的社会福利水平较低。专利机构对授权专利高度的限制是社会负效应的主要决定因素。严格的并且限制性更强的专利机构对社会福利是有益的，也就是说，按照严格的定义来界定每项专利保护的范围对社会福利是有益的。

关于专利保护制度与技术进步之间的关系，基本结论是：在强专利保护制度下，技术进步的程度最低；相反，在弱专利保护制度下，技术进步的程度最高。专利机构对授权专利高度或宽度的限制对技术进步的程度起到了决定性的作用。当专利机构的限制性程度非常高时，模型观测到的技术进步水平最差。当法定的最高专利期限更长时，在以下三个条件同时满足的情况下行业的生产率水平最高：进入概率较高、通过模仿进行学习的行业交流程度较高和实物资本的投资率较低。

综上所述，Thomas Vallee 和 Murat Yildizoglu（2013）得出一个与专利反对者观点相一致的结论，并且不赞成使用强专利制度。他们的产业动态演化仿真模型表明，在拥有弱专利保护制度（较低的专利高度和较短的专利保护期限）的产业中社会福利水平与技术进步程度较高。

2. 产品空间与比较优势演化理论研究

产品空间（Product Space）用来描绘不同国家的生产或出口结构，网络中的每个节点代表一种产品。出口产品种类多的国家产品空间结构稠密，而生产结构单一、出口产品种类少的国家产品空间结构稀疏。简言之，产品空间是异质的，但是它会随着时间而演化，当一个国家生产产品的种类增加时，产品空间就会变得稠密。比较优势演化理论认为，产品从简单到复杂的升级、产品空间从稀疏到稠密的演化就是一个国家发展过程的体现，然而这个过程会因国家而异。

产品空间结构的演变是解释国家之间增长绩效差异的关键。Hausmann 等提出产品空间与比较优势演化理论，试图构建解释国家间增长绩效差异的统一理论框架，即产品空间决定了比较优势的演化，进而决定了国家的经济增长绩效。该理论与比较优势理论一脉相承，但因其进一步考虑到产品空间的异质性及产品集的不连续性等情况，对现实的解释力和政策的指导意义更强。

Hausmann 和 Klinger（2006）首次在内生经济增长理论的框架下，建立了解释国际贸易与经济增长的统一范式,强调了产品空间的高度异质性与不连续性,企业家发现新产品存在成本和风险,也存在较大的信息外部性与技术外部性,这就为产业政策预留了较大的空间。如果经济决策者在制定推动产业升级和发展方式转型的政策措施时,没有看到这一点,盲目地推动比较优势转换和产业升级,可能会带来灾难性的后果。

产品空间与比较优势演化理论的主要观点有:

(1)产品空间决定比较优势的演化。

产品在比较优势演化理论中被赋予非常重要的意义,产品的复杂程度一定程度上预示了国家未来的发展路径。如果产品空间很稠密,则产品之间的距离就很近,而且产品集趋于连续,这样,在相同的跳跃距离下,升级成功的可能性就很大;反之,如果产品空间很稀疏,产品之间相距甚远,则最优的跳跃距离内可能不存在能够吸引企业家发现的新产品,停滞就会发生,比较优势的演化就会中断。所以产品空间决定了一个国家比较优势的演化与经济增长。Hausmann 等(2007)认为,国家发展的关键不在于出口了多少,而在于出口了什么产品。Hidalgo 等(2007)进一步证实经济发达国家与经济欠发达国家不仅在企业生产率上有区别,在产品的空间结构上也有很大的差异,经济发达国家通常生产更多不同种类且复杂程度更高的产品;而经济欠发达国家往往生产品种单一且技术复杂程度不高的产品。基于高度分散的出口数据,他们证明产品空间是高度异质的,这种异质性决定了结构转变的类型和速度。Hidalgo 等(2007)认为,结构转型的过程就是从简单低端产品向更复杂的高端产品转换的过程,这一过程受到产品空间结构的制约。Hausmann 和 Klinger(2007)在比较优势演化模型的基础上,根据联合国商品贸易数据库的 SITC4 位码产品数据,计算了 775×775 的接近矩阵,绘制成产品空间图。Hidalgo 等(2007)证明了国家比较优势的演化遵循产品在结构空间的扩散过程。而且,由于跳跃存在临界值,产品空间结构制约着扩散的过程。与世界上后发国家的发展历程相结合,这个结论暗示了国家的生产结构不仅受要素禀赋水平的约束,还受要素可替代程度的制约。同时,他们认为有能力达到产品空间任何部分的国家,才有可能实现向经济发达国家的收敛;很多穷国因为受产品空间结构的制约,很难发展有竞争力的出口产品,很难向富国收敛。Hausmann 和 Hidalgo(2010)证明了能力积累的收益随着国家已经拥有能力的数量指数递增,能力的积累是多样化的凸函数,意味着经济发展过程中可能出现停滞陷阱,复杂度高的国家更容易实现能力的积累,而复杂度低的国家则难以实现比较优势演化与经济增长,这为世界经济发展中的分化现象提供了理论解释。

(2)比较优势的演化存在最优距离。

比较优势理论认为,一个国家只要按照其比较优势,专业化生产要素禀赋相对密集的产品,就能顺利实现资本积累和禀赋结构的升级和转换,实现向国际技术前沿的收敛,这个过程是自发产生的,不存在任何制约因素(Grossman 和 Helpman,1990;Grossman 和 Helpman,1989;Zilibotti 等,2006)。而事实上,很多国家在遵循比较优势发展的过程中,落入了"比较利益陷阱"(洪银兴,1997),也并不是所有国家在发展的过程中都如"亚洲四小龙"一般顺利,很多国家经济增长出现停滞甚至倒退,因此,比较优势的演化不是无条件的，它存在一个最优距离。国家总是倾向于发展与当前比较优势接近的产品。

Hausmann 和 Klinger（2006）假定产品之间存在很大的差异，生产每种产品的能力是不完全替代的，资产的专用程度不同，一种产品的生产能力用于其他产品的生产时会有不同程度的能力损失。如果两种产品比较接近，生产能力能够得到更充分的利用；反之，如果两种产品完全不同，生产一种产品的能力对另一种产品来说完全没有用处，这会导致很大的能力损失，该损失与产品之间的距离相关。为了使能力得到更充分的发挥，一个国家更倾向于开发与已有生产能力相关的产品，或者与已有产品相似的产品。

（3）比较优势演化的过程中可能存在断档。

比较优势演化理论认为产品集可能是不连续的。如果是连续集，则产品升级的过程中，在跳跃能力范围内总能够找到合适的升级产品实现升级跳跃。然而，如果产品集出现断裂，则升级的过程可能会被扰断，也就是比较优势的演化可能会出现断档。产品空间是异质的，位于产品空间不同位置的国家所面临的升级机会不同。位于产品空间密集而且中心部分的国家，比较容易实现产业升级；而在产品空间中稀疏外围部分的国家升级机会则相对较少。稀疏的产品空间增加了企业发现新产品和成功配置生产能力的难度，增加了升级断档的可能性。张其仔（2008）认为，产业升级不是一帆风顺的，企业选择不同的升级产品之后面临的发展前景不同。张其仔（2008）把产业升级机会纳入演化模型，深化了对产业升级断档问题的研究。

比较优势演化理论与传统的比较优势理论相比，不仅可以为我国选择产业升级路径提供新的视角，帮助我们预见传统的比较优势理论无法预见的风险，还能为产业升级提供具体的路径指导，为各个地区实施产业升级提供更具操作性的实践指南。张其仔在《比较优势的演化与中国产业升级路径的选择》一文中认为，一个国家的产业升级路径由其比较优势演化路径所决定。不同的国家因其当前的产业结构不同，其未来的演化路径就会有所差异。比较优势演化的路径不一定是线性的、连续的，可能出现分岔和断档，由此，产业升级的路径也不一定是线性，也可能出现分岔和断档。中国自1978年以来的经济之所以出现高速平稳增长，与中国根据比较优势的演化路径调整产业升级路径的关系很大；中国的出口之谜与中国适应比较优势演化路径的分岔实施产业升级分岔战略的关系很大。自2006年以后，中国的比较优势演化开始面临要求突变的压力。这种压力到2008年演变成比较优势的局部性"断档"。有效化解这种断档的风险，防止比较优势由局部性断档转化成全局性断档，从而引发较长时期的经济衰退，是中国未来一个时期面临的主要难题。

3. 网络经济中的双边市场研究

20世纪90年代以来，随着信息技术的广泛应用和互联网的发展，双边市场逐渐成为一种普遍的市场形态。"双边市场"理论起源于David S. Evans等对网络经济现象的一种概括。

双边市场的特征是：①交叉网络外部性；②非对称价格结构；③双边需求的"鸡蛋相生"问题。交叉网络外部性指的是市场的两边互相产生影响，非对称价格结构指的是平台企业对两边制定不同的价格，往往采取一边较低收费甚至免费，主要在另一边获取利润的方式。面向平台的这种双边需求存在相互依赖性，一种需求总是以另一需求的存在为前提，即只有双边用户同时参与到交易平台中，并同时对平台的服务产生需求时，平台的服务才具有价值，双边市场才能得以运行。这被产业组织学家称为"鸡蛋相生"问题。国内学者也形象地把双边市场描述为"哑铃"型结构。Evans 提出双边市场存在的三个必备条件，进一步揭示出平台、交易双方三者间的关系：①两组不同用户；②两组用户间存在交叉网络外部性；③存在一个可以将网络外部性内部化的平台。

早期的双边市场研究集中于双边市场特征、收费模式和倾斜定价等问题。而双边市场的动态性、复杂性和系统性决定了研究不应局限于这些问题，双边市场研究在不断扩展与细化。

（1）价格歧视与补贴。

双边市场可以界定为：某种产品或者服务的供求双方之间具有交叉网络外部性而使得平台企业将买卖双方同时凝聚到一个交易平台，假定平台企业向买卖双边收取的总价格 P = PB + PS(PB 和 PS 可以为零或者负数，P≥0) 固定，则 PB 或 PS 的变化对平台的总需求和平台实现的交易量有直接影响。双边市场的交叉网络效应和消费需求的强依存性的特征导致平台提高对一边的收费，同时等量减少对另一边的收费，交易量会随之而变；通过价格歧视先影响一边消费者的预期并促进该边网络规模的形成，再通过交叉网络效应促成另一边的网络规模可以解决"鸡蛋相生"的问题。因此，定价结构就成为平台企业关键竞争要素；定价策略成为主要竞争策略。但是"对哪边进行价格歧视"、"如何进行双边定价"等关键问题将取决于双边对平台需求弹性的比例、交叉网络效应的相对强度以及用户是单平台接入还是多平台接入等诸多影响因素。Weyl（2009）对双边市场的三级价格歧视分析的结果是三级价格歧视能够内部化用户间外部性、增加交易量和提高平台利润，改善社会福利。双边市场中的价格歧视策略需要通过组间补贴来实现。王昭慧和忻展红（2010）关于垄断、封闭双寡头和开放双寡头三种市场结构的模型发现，补贴扩大了平台规模，但是减少了利润，是平台形成期的过渡策略。

（2）多归属与平台兼容性。

在双边市场中，由于各平台提供产品的差异以及平台间的不兼容，用户倾向于同时在多个平台注册以增加效用，即用户多归属。针对平台面对用户的多归属行为能否通过对平台进行兼容降低多归属倾向、提高平台利润和增加社会福利这一问题，Doganoglu 和 Wright（2004）基于 Hotelling 的平台竞争模型研究了用户多归属行为和平台兼容性问题，发现平台兼容会提高社会福利，降低用户的多归属倾向，但会使竞争压力上升而导致平台选择不兼容策略。纪汉霖（2011）从用户归属行为的角度对双边市场类型进行了划分，在竞争平台有差异以及用户多归属的条件下构建了双边平台定价的博弈论模型，结果显示用户部分多归属会降低平台的定价和利润，单归属时利润最高，平台具有阻止用户多归属的内在激励，而平台差异化会提高竞争平台的利润水平。

（3）双边市场与纵向一体化策略。

在平台一边用户是单平台接入的情况下对网络产业中双边市场的研究是产业组织理论

的重要进展，它提供了一个考察企业行为的新视角。Economides 和 Katsamakas（2006）通过对封闭操作系统平台和开放操作系统平台的定价、收益以及社会福利的比较分析发现，相对于纵向分离平台和开放平台，纵向一体化的封闭平台在市场份额和收益上都占绝对优势，解释了 Windows 系统相对于 Linux 系统占绝对优势的原因。Derdenger（2008）发现，视频游戏平台纵向一体化后的市场结构效应大于需求效应，加剧了平台竞争，降低了价格。Lee（2010）关于美国视频游戏行业中纵向一体化和排他性合约的实证研究表明，禁止平台企业的纵向排他性行为会使在位平台企业受益，使新进入者受损。

（4）"双边市场"竞争规则与反垄断。

绝大多数具有网络效应的市场是双边市场，在软件、门户网站和媒体、支付系统和互联网等产业平台的竞争中，要取得成功，必须"将市场的双边全部占据"。因此，各大平台非常重视他们的商业模式。"双边市场"理论是理解企业竞争环境的一种新视角，许多产业不再是由一方供给与一方需求所组成的单边市场，而应该被看作以一系列平台企业为核心，同时协调两边或多边用户的立体型市场。Fudenberg 和 Tirole（2000）建立了一个具有垄断地位的网络产品供应商阻止潜在进入者进入的模型。如果潜在进入者的产品与在位企业的产品不兼容，在位企业的客户基础就会像沉淀成本一样起到遏制进入的作用。但潜在的进入威胁、能迫使在位企业将其价格定在一个较低水平。双边市场理论打破了传统经济学和管理学以单边市场为研究单元的基本思路，强调了两边或多边市场之间的相互影响和反馈效应，从而影响了整个研究框架。为维护网络经济中良好的竞争秩序，在网络经济反垄断中借鉴"双边市场"理论，充分关注免费一边，可以帮助竞争执法机构顺利介入网络行业的各种反竞争行为，维护良好的竞争秩序，这也正是"双边市场"理论对于网络经济反垄断的借鉴意义之所在。

新的经济条件下，双边市场迥异于单边市场的特点一方面对传统经济理论提出了挑战，另一方面也将对整个微观经济运行方式起到重要的变革式影响。目前，双边市场理论作为新兴理论，已被广泛地应用于众多研究领域，但大多集中于定价结构的研究，对其他竞争策略的研究相对较少，需要进一步深入挖掘。双边市场理论才刚刚起步，正处于"成长期"，还无法全面估量。

二、研究方法

根据对相关文献的分析，我们近年来产业经济学采取的主要研究手段包括计量经济学、数理模型、博弈论，同时，经济实验和模型仿真受到越来越多的重视。

1. 计量经济学

计量经济学现在仍然是研究产业经济问题的一种主要手段。计量经济模型为偏好、技术和制度等经济要素提供了一个从结构到结果的映射关系。它主要是通过统计学方法，利用非实验数据对理论模型的参数进行估计，并对其进行统计学意义上的检验。

计量经济学发展到今天已经包括单方程回归、联立方程模型、时间序列分析三大支柱系统，具有比较严密的理论基础和方法论体系，以及适合不同研究对象的大量计量经济模型，它们构成了庞大的学科群。美国第一位诺贝尔经济学奖得主萨缪尔森说过："第二次世界大战后的经济学是计量经济学的时代。"事实上，在诺贝尔经济学奖得主中，有 16 位是因对计量经济学的直接贡献而获奖的，有 20 多位担任过世界计量经济学会会长，有 30 余位学者的获奖成果应用了计量经济学。近年来，在我国经济学文献中，有超过 50% 的文献应用计量经济学的研究方法。

当前，一些前言学术研究正在朝超越传统计量经济学的研究范式的方向努力。比如，新型数据给传统计量经济学的研究对象以极大的延拓：高频和低频数据拓宽了研究的时间尺度，高阶和低阶数据使动力学分析和预期被引入计量经济学中，高维及空间数据使研究关注交互性和离散性，实验和模拟数据改变统计数据"一统江山"的局面，等等。着眼统计尺度上的计量预测及部分基于经典力学的模拟预测范式变得不合时宜，规则系统等预测方式正在为计量经济学的预测库中添加新的"武器"。数据挖掘和基于主体建模相结合的研究范式将不断冲击单纯依靠数据挖掘的计量经济学的研究范式。

作为计量经济学的一个重要分支，空间计量经济学正在逐步走向成熟。它是以计量经济学、空间统计学和地理信息系统等学科为基础，以探索建立空间经济理论模型为主要任务，利用经济理论、数学模型、空间统计和专业软件等工具对空间经济现象进行研究的一门新兴交叉学科。近年来，国内外众多学者对于空间计量经济学的兴趣几乎呈指数型增长，在计量分析中融入对空间因素的考察正在成为一种趋势，研究领域涉及经济增长、产业经济、技术创新、资源环境等，呈现日益多元化的趋势，相关文献大量涌现。近年来，有三种模型受到了更多的关注，即空间面板模型、空间潜在变量模型和流体模型。尤其是空间面板计量经济学的理论和应用论文都呈现明显增多的趋势，许多学者提出了一般的模型设定和估计方法。

在技术支持方面，计量经济方法的运用离不开应用软件的支持。目前，最为流行的软件是 EVeiws 软件，它以界面友善、使用简单而著称。还有部分人使用 SAS、SPSS、STATA、R 软件等来进行研究。而一些与空间计量经济学相关的软件产品主要有 MATLAB、spdep、GeoDa、ArcGIS 等。

2. 数理模型

数理模型是一种用数量来表示社会现象的模型，其在经济学中的应用旨在利用数学的理论、方法和公式来描述和解析经济现象，通过数学逻辑推理来阐述经济现象之间的关系和演变趋势。与计量经济学的不同在于，后者研究的常常是从经济统计数据出发的数理统计模型，不一定有完整的机理解释。不过，计量经济学也可以被认为是数理模型的某种类型。20 世纪 30 年代以后，特别是第二次世界大战以后，随着电子计算机和其他数据资料分析机器的出现，数理模型在社会科学领域得到日益广泛的应用。

在经济学研究中，为了方便研究并使理论更易于理解，常常需要对现实世界进行简化和抽象。建立数理模型的目的在于为特定现象提供解释说明，使理论具备普遍性、精确性和简洁性，即用简洁的数学语言，准确地说明复杂的经济现象，揭示带有普遍性的经济规律。比如马克思在《资本论》中，为了阐述劳动创造价值的理论和剩余价值理论，舍弃掉了劳动的具体形态，而仅仅从量上考察抽象的人类劳动；舍弃掉了商品的使用价值，而仅仅考察商品的价值——生产商品的社会必要劳动时间。又如索罗—斯旺经济增长模型将现实中一些本来对经济增长有影响的因素假定为不变（假定产量 Y 对于资本 K 和有效劳动 AL 是规模报酬不变的)。

对现实世界进行的抽象越多，模型越简单、越容易被理解，同时，模型模拟现实世界的能力也就越差。为了缩小模型与现实世界的差距，经济学家会逐步将之前模型中被舍弃掉的因素逐步纳入模型，从而使数理模型越来越深刻，能够更好地解释现实世界。

由于在建立模型的过程中，需要对现实世界进行简化和抽象，数理模型的设计者和使用者必须具备一定的能力，其中包括：熟悉多种模型，细致谨慎，拥有敏锐的直觉、高度的抽象能力、处理数据资料的能力以及鉴别能力，并能对模型做出批判式的评价。

数理模型的优点在于：第一，它使经济学家明确定义他所选用的变量，明晰这些变量间的关系；第二，避免出现在使用普通语言进行推论时容易出现的错误，也可以解释用普通语言难以说明的问题；第三，推导出一些复杂、新颖的理论，甚至得出一些使人难以预料到的结论。

现在，数理模型在社会科学研究中，尤其是在一些跨学科研究中得到普遍应用，如数理社会学、数理心理学、数理语言学、计量经济学以及地理学分析、环境规划研究等都提出并使用多种数理模型。在产业经济学中，数理模型无疑是一种非常重要的研究方法。

3. 博弈论

"博弈论"（Game Theory）原本是数学的一个分支，但由于它研究人类行为和决策倾向，因此在产业经济学上亦备受重视。博弈论的出现，使经济学家们改变了思维方式，更加关注决策行为之间的相互影响，从而极大地推进了经济学的理论研究。让·梯若尔曾说："博弈论和信息经济学的研究非常强大和有效。"他解释道，"通过它，那些看起来完全不相关的经济学领域就找到了相通点，那就是研究它们的方法论。"让·梯若尔在《产业组织理论》一书中，便利用博弈论研究不同市场架构的企业行为，该书至今仍是经济学主流教科书之一。

近年来带着"博弈论"标签的诺贝尔经济学奖得奖者大多是在博弈论观点范式下进行研究。从 1944 年 von Neumann 与 Morgenstern 合著《博弈论与经济行为》一书建立博弈论体系以来，Nash、Harsanyi 和 Selten 以及 Shapley 等诺贝尔经济学奖获得者在完全信息非合作博弈理论与合作博弈理论方面做出了突出贡献。而自 Mirrlees 和 Vickrey（1996）获诺贝尔经济学奖开始，到 Akerlof、Spene 和 Stiglitz（2001），Hurwiez、Maskin 和 Myerson（2007）获奖，他们的研究贡献使不完全信息博弈理论取得了重大进展，为经济激励、机制设计以及政府规制等研究领域的发展奠定了重要的基础。2014 年，博弈论领域迎来又一盛事——Jean Tirole 教授获得 2014 年诺贝尔经济学奖，以表彰其对市场势力和规制的分析。这是自 1994 年 Nash、Harsanyi 和 Selten 获得诺贝经济科学奖以来，博弈论领域的学者第 7 次获得诺贝尔经济学奖的殊荣。可以预见未来还有很多诺贝尔经济学奖得奖者与博弈论"相关"。

经济学的"行为革命"和人们要求对现实经济世界的理解催生了行为博弈论、实验博弈论和演化博弈论的发展。行为博弈论的序列互惠模型可以更清楚地看到信念因素对局中人收益函数的影响，著名的最后通牒博弈则更加注重人的心理因素，而一些传统博弈论不同程度地简化了参与人的心理因素。实验博弈就是通过精心设计、用货币诱发真人被试的可控实验室方法，复制真实的现场环境，直接检验被试如何进行有效决策的策略博弈行为过程。这些实验研究成果，不但提供了关于可预测工具的均衡行为博弈理论模型的价值和准确度，而且还可以通过分析目前理论哪些表现完善、哪些存在不足，提供有趣的理论研究方向。实验博弈论的发展使人们意识到：仅考虑局中人物质利益的博弈模型不足以说明局中人的行为。演化理论与博弈论结合产生的演化博弈论摒弃了博弈论完全理性的假设，将传统博弈论的分析方法与动态分析相结合，不仅能够成功地解释生物进化、社会规范、制度演化过程中的某些现象，同时它能比博弈论更好地分析和解决经济管理问题。

博弈论的发展尤其是行为博弈论、实验博弈论、演化博弈论的进展，为人们认识真实世界的产业经济运行提供了认识工具和分析手段。Tirole 的工作最能说明博弈论进展对产业经济学发展的推动作用。他在博弈论的多个主要分支——激励机制设计、委托—代理、不完全契约等领域都做出了突出贡献，并成功地将这些领域的理论成果用于分析和解决宏观经济、企业管理、社会发展等领域的重要问题，为解决政府监管、行业寡头竞争、产业组织发展等问题提供了一套科学、规范的分析框架和有效的工具。在未来的产业经济学研究领域，博弈论将在更广阔的舞台上发挥重要作用。

4. 经济实验

自从实验经济学鼻祖弗农—史密斯（Vernon L. Smith，2002 年度诺贝尔经济奖获得者）于 1962 年公开发表他的经典之作《竞争市场行为的实验研究》后，不仅打破了许多著名社会科学家认为社会科学不可实验室研究的论断，而且也开辟了在可控实验环境下来研究人们决策行为的先河。

实验经济学是 20 世纪后半叶迅速发展起来的经济理论分支，其与行为经济学联袂将心理学原理和实验方法引入经济学研究，对新古典经济学构成了强烈的冲击，影响深远。目前，国际著名的实验室主要有亚利桑那大学实验经济学实验室与决策行为实验室、加州理工学院实验经济学与政治科学实验室、乔治·梅森大学经济科学多学科研究中心、波恩大学实验经济学实验室、苏黎世大学国家经济实验室、莫内圣埃蒂安大学 GATE 实验室、哈佛大学决策科学实验室、MobLab 实验室等。

正如实验经济学的名称，它一般采用实验室方法开展研究活动，因此，它的实验也必须具备一般科学实验的基本要求，即实验活动必须满足可观察、可重复性，以及实验条件的可控制性。前者是指任何其他的研究同行应该能够采用研究报告中相同的实验步骤与方法，重复实验过程，并对结果进行检验。实验条件的可控制性是实验经济学方法的"灵魂"，它是指研究人员在开展经济机制研究之前需要进行环境假设、条件约束。从本质上来说，实验经济学就是研究一定控制条件下被试者的决策过程或行为选择的科学。

与计量经济学相比，由实验经济学得出的结论通常都更有说服力。经济实验是以微观经济系统理论为理论基础的。该理论认为，一个微观经济系统包括两部分：环境 e 和制度 I。一个经济实验也包含三个要素：一是环境，即参试人员所面对的一系列价值/成本结构，它包括代理人的初始禀赋、偏好和行为的成本。在实验中，实验者通过货币奖励来控制环境。二是制度，即实验者的行为所要遵循的规则，它主要包括参试人员所要发出的信息（如自己的出价和对对方出价的接受）、控制这些信息在参试人员之间进行交换的规则（如哪些是公共信息、哪些是私人信息）和使这些信息形成最终的契约的规则（如在什么情况下买卖双方可以成交）。这些规则由实验设计者根据市场实际的运行规则制定。三是可观察到的参试人员的行为，它是以环境和制度为自变量的一个函数。

在经济实验中，通过一个货币奖励结构和一个产权系统，以真实的货币对应抽象的实验结果的方式来实现对偏好的控制。简单地说，就是对于实验中得到的结果，实验者会按照一定规则给予参试人员一定的真实货币作为奖励，以此来刺激参试人员，使其具有与真实世界相同的偏好结构。为了达到这个目标，实验需要满足五个条件，即"规则"：①报酬的单调性；②显著性；③支配性；④隐私性；⑤可重复性。这五个规则的制定，使研究者有可能在经济实验中较好地控制偏好的形式，使得用实验手段研究经济问题成为可能。因此，这是经济实验最大的特点。

近年来，实验经济学方法成为产业经济学学科最活跃的前沿研究领域之一，实验经济学在价格理论、博弈论中有着广泛应用，深化人们对产业组织中的定价决策、寡头理论、研发合作等认识。

5. 模型仿真

近些年，随着计算机技术的发展，模型仿真（Model Simulation）作为经济学研究的新方法越来越受到经济学家们的重视。模型仿真是指以现实世界中的经济环境和经济代理人行为的特点为原型，将经济系统抽象为程序模型，在计算机中进行运算，模拟现实经济运行的方法。研究者可以通过改变一些参数的设置，模拟现实生活中某些经济变量的改变，观察程序运行结果，验证经济理论。

经济模型仿真是以美国圣菲研究所（Santa Fe Institute，SFI）的约翰·霍兰（John Holland）于 1994 年提出的复杂适应系统（Complex Adpative System，CAS）作为理论基础的。复杂适应系统是关于系统复杂性（Complexity）的形成原因、特点和机制的一个理论。该理论认为，系统的复杂性形成的原因主要来自内部，是大量具有适应性的主体（Dapative Agent）相互作用的结果。而经济系统正是一个典型的 CAS，它的复杂性根源是系统中具有适应性的主体，也就是人的相互作用。基于此，在构造经济仿真模型时，需要做的工作主要是将代理人的主要属性和行为抽象出来，再配以必要的环境变量，并根据制度对代理人的行为和环境进行一定的限制。这样，就可以在计算机中模拟出一个虚拟的经济环境，其中的虚拟代理人会根据事先定义的制度自动进行各种事先定义的经济行为，而整个模型则会体现出一些宏观的特性。

在设计仿真模型时，同样要遵循经济实验的 3 个要素和控制偏好的 5 个规则。可以说，经济仿真模型就是在计算机中虚拟的经济实验。两者在方法论上是一致的，在作用上是相同的，在结构上是类似的。但是两者又有很大的区别，最主要的区别就体现在对"人"的模拟上。经济实验是利用真实的人作为实验对象，因此它具有了人的一切特性，其行为特征完全复制了真实经济环境中人的特点。相比之下，经济仿真模型就不具备这一特点。在模型中对人的特点的描述与在通常的数学模型中所做的描述相比并没有多大不同。但是，计算机与人脑相比，具有高运算速度和高存储容量两大特点，所以在经济仿真模型中可以实现诸如遗传算法等一些单纯利用人脑无法实现的计算方法，从而部分地模拟人的一些特点（如学习）。

近年来，产业经济研究使用模型仿真的比重呈逐步上升的趋势，应用的研究领域包括产业集群、产业演化、企业家网络、知识溢出、创新创业活动等。

参考文献①

［1］Anwar Sajid，S. Sun. Foreign Entry and Firm R&D：Evidence from Chinese Manufacturing Industries ［J］. R&D Management，2013，4（43）：303–317.

［2］Cayuela Valencia，Rafael. The Future of the Chemical Industry by 2050 ［M］. Wiley–VCH，2013.

［3］Cooke Philip，Searle Glen，O'Connor Kevin. The Economic Geography of the IT Industry in the Asia Pacific Region，2013.

［4］Craig Phelan. Empty Mills：The Fight Against Imports and the Decline of the U.S. Textile Industry ［M］. Rowman & Littlefield，2013：557–558.

［5］Edgington D.，Hayter R. The In Situ Upgrading of Japanese Electronics Firms in Malaysian Industrial Clusters ［J］. Economic Geography，2013（89）：227–259.

［6］Fred V. How Apple and Google Went to War and Started a Revolution ［M］. Sarah Crichton Books，2013.

［7］Hausmann R.，Klinger B. The Structure of the Product Space and the Evolution of Comparative Advantage ［R］. CID Working Paper No.146，2007.

［8］Hidalgo C.A.，Klinger B.，A.–L.Barabási，R.Hausmann.The Product Conditions on the Development of Nations ［M］. Science，2007.

［9］Janice L. Reiff. Chicago Business and Industry：From Fur Trade to E–Commerce ［M］. Business History Review，2013.

［10］Kahan P. The Homestead Strike：Labor，Violence，and American Industry ［M］. Routledge，2013.

［11］Keane M. Creative Industries in China：Art，Design and Media ［M］. Asian Anthropology，2013.

［12］Kohpaiboon A.，Jongwanich J. International Production Networks，Clusters，and Industrial Upgrading：Evidence from Automotive and Hard Disk Drive Industries in Thailand ［J］. Review of Policy Research，2013（30）：211–239.

［13］Lazzeretti L. Creative Industries and Innovation in Europe：Concepts，Measures and Comparative Case Studies ［M］. Routledge，2013.

---

① 一些已经在正文部分完整标识的参考文献，此处不再重复。

[14] Milliou C., Pavlou A. Upstream Mergers, Downstream Competition, and R&D Investments [J]. Journal of Economics & Management Strategy, 2013, 22 (4): 787-809.

[15] Smil V. Made in the USA: The Rise and Retreat of American Manufacturing [M]. MIT Press, 2013.

[16] Thornton J. American Wine Economics: An Exploration of the U.S. Wine Industry [M]. University of California Press, 2013.

[17] Trappmann V. Fallen Heroes in Global Capitalism [M]. Studies in Economic Transition, 2013.

[18] 把多勋, 高力. 基于伯特兰德模型的中国旅行社市场过度价格竞争研究 [J]. 价格月刊, 2013 (2).

[19] 曹柬, 吴晓波, 周根贵. 不对称信息下绿色采购激励机制设计 [J]. 系统工程理论与实践, 2013 (1).

[20] 曹洋, 王建平. 物联网架构及其产业链研究 [J]. 技术经济与管理研究, 2013 (2).

[21] 陈兵. 反垄断法实施与消费者保护的协同发展 [J]. 法学, 2013 (9).

[22] 陈兵. 论反垄断法对消费者的保护——以滥用市场支配地位案件为中心 [J]. 湖南师范大学社会科学学报, 2013 (4).

[23] 陈飞翔, 林善波. 规模经济、动态比较优势与产业升级——基于门限回归的实证研究 [J]. 上海管理科学, 2013 (4).

[24] 陈含月, 尹洪毅. 对我国零售业发展的经济学分析与思考——基于市场集中度的视角 [J]. 中国商贸, 2013 (3).

[25] 陈建, 章华强. 企业并购的价值创造机理分析——基于资源竞争优势观 [J]. 江西社会科学, 2013 (1).

[26] 陈凯荣. 维持垄断还是走向竞争?——自然垄断行业分析的一个视角 [J]. 当代经济管理, 2013 (4).

[27] 陈丽英, 何勋, 辜应康. 国际酒店集团并购历程中的再品牌策略研究——以雅高和希尔顿集团为例 [J]. 旅游学刊, 2013 (10).

[28] 陈少华, 陈菡. 我国中小企业担保圈风险演化过程分析——基于博弈论研究视角 [J]. 开发研究, 2013 (2).

[29] 陈思融, 章贵桥. 民营化、逆民营化与政府规制革新 [J]. 中国行政管理, 2013 (10).

[30] 陈炜, 任梅. 中国农民专业合作社政府规制的影响因素——基于博弈论和政府规制理论的视角 [J]. 内蒙古社会科学 (汉文版), 2013 (2).

[31] 陈晓红, 于涛. 营销能力对技术创新和市场绩效影响的关系研究——基于我国中小上市企业的实证研究 [J]. 科学学研究, 2013 (4).

[32] 陈旭升, 钟云. 高端装备制造业市场绩效影响研究 [J]. 工业技术经济, 2013 (6).

[33] 陈雪, 郑风田. 农业纵向一体化、利益分配方式与农户经营行为——对L龙头企业的个案分析 [J]. 贵州社会科学, 2013 (1).

[34] 陈雅莉, 符天, 劳咏昶. 电网科研企业研发策略博弈选择及专利交易增值期权分析 [J]. 科技和产业, 2013 (7).

[35] 陈宇科, 邹艳, 杨洋. 基于产品生命周期和溢出效应的企业合作研发策略 [J]. 中国管理科学, 2013 (S2).

[36] 程海艳. 我国证券业市场的S-C-P分析以及提高市场绩效的产业政策 [J]. 时代金融, 2013 (9).

[37] 崔宝玉, 刘峰. 快速发展战略选择下的合作社政府规制及其改进 [J]. 农业经济问题, 2013 (2).

[38] 崔春晓，邹松岐，张志新.农业产业链国内外研究综述［J］.世界农业，2013（1）.

[39] 丁少群，许志涛，薄览.社会医疗保险与商业保险合作的模式选择与机制设计［J］.保险研究，2013（12）.

[40] 丁胜利.基于市场分层结构的品牌策略探讨［J］.商业时代，2013（23）.

[41] 董树功.协同与融合：战略性新兴产业与传统产业互动发展的有效路径［J］.现代经济探讨，2013（2）.

[42] 杜莉，张云.我国碳排放总量控制交易的分配机制设计——基于欧盟排放交易体系的经验［J］.国际金融研究，2013（7）.

[43] 杜曙光，刘刚.三维企业边界与多元化经营——规模经济、范围经济和一体化战略的统一性［J］.产业经济评论，2013（12）.

[44] 杜树珏，骆良彬.基于博弈论的审计收费问题分析［J］.商业会计，2013（1）.

[45] 杜雯翠，高明华.市场结构、企业家能力与经营绩效——来自中国上市公司的经验证据［J］.浙江工商大学学报，2013（1）.

[46] 费钟琳，魏巍.扶持战略性新兴产业的政府政策——基于产业生命周期的考量［J］.科技进步与对策，2013（3）.

[47] 付苗，张雷勇，冯锋.产业技术创新战略联盟组织模式研究——以 TD 产业技术创新战略联盟为例［J］.科学学与科学技术管理，2013（1）.

[48] 傅联英，骆品亮.双边市场的定性判断与定量识别：一个综述［J］.产业经济评论，2013（2）.

[49] 傅瑜.网络规模、多元化与双边市场战略——网络效应下平台竞争策略研究综述［J］.科技管理研究，2013（6）.

[50] 高鸿祯.博弈论为什么需要实验——关于实验博弈论研究（之一）［J］.中国经济问题，2008（5）.

[51] 高鸿祯.考虑公平和互惠的博弈模型——关于实验博弈论研究（之二）［J］.中国经济问题，2009（1）.

[52] 高鸿祯.用博弈实验探索人的行为——关于实验博弈论研究（之三）［J］.中国经济问题，2009（2）.

[53] 高丽娜.浅析反垄断司法解释对我国互联网行业反垄断私人执行的影响——以奇虎起诉腾讯滥用市场支配地位案为视角［J］.法制博览（中旬刊），2013（3）.

[54] 高蓉蓉.我国人寿保险公司市场结构与绩效关系分析——基于 SCP 框架［J］.企业经济，2013（7）.

[55] 高树棠，张宗军.我国财产保险公司规模经济研究［J］.保险研究，2013（3）.

[56] 高兴佑.寡头垄断市场三度价格歧视动态博弈分析［J］.经济数学，2013（3）.

[57] 高兴佑.竞争条件下的二度价格歧视博弈分析［J］.湖南财政经济学院学报，2013（6）.

[58] 高雅，李孔岳，吴晨.企业家政治关系、市场化程度与行政垄断行业进入——基于中国私营企业的实证研究［J］.经济与管理研究，2013（9）.

[59] 顾巧云，孙玉龙，高丰.基于博弈论的网络攻防对抗模型及应用研究［J］.技术研究，2013（1）.

[60] 郭军华，李帮义，倪明.双寡头再制造进入决策的演化博弈分析［J］.系统工程理论与实践，2013（2）.

[61] 韩伟.经营者集中附条件批准下的买家先行与定资先行［J］.现代经济探讨，2013（4）.

[62] 郝凤霞，曾攀峰.开放经济下市场结构对企业研发策略选择的影响研究［C］.第九届中国软科

学学术年会论文集（上册），2013.

[63] 贺正楚，吴艳，蒋佳林，陈一鸣. 生产服务业与战略性新兴产业互动与融合关系的推演、评价及测度 [J]. 中国软科学，2013（5）.

[64] 洪银兴. 从比较优势到竞争优势——兼论国际贸易的比较利益理论的缺陷 [J]. 经济研究，1997（6）.

[65] 侯玉梅，潘登，梁聪智. 碳排放权交易下双寡头企业生产与减排研究 [J]. 商业研究，2013（1）.

[66] 胡桂华. 论数理经济模型有别于计量经济模型——从关于柯布—道格拉斯生产函数的一个争论谈起 [J]. 统计与信息论坛，2009（7）.

[67] 胡宏兵，苏萌. 中国财产保险业存在范围经济吗——基于广义超越对数成本函数的实证分析 [J]. 宏观经济研究，2013（6）.

[68] 胡荣，夏洪山，姜雨. 基于差异化的航空公司动态价格竞争的复杂性 [J]. 交通运输系统工程与信息，2013（1）.

[69] 胡荣，夏洪山. 航空公司动态价格竞争复杂性及混沌控制——基于不同竞争战略与不同理性的分析 [J]. 系统工程理论与实践，2013（1）.

[70] 胡兴球，曲文凤. 电子书定价的价格歧视策略探讨 [J]. 科技与出版，2013（8）.

[71] 胡琰琰. 我国石油行业寡头垄断与政府规制的完善 [J]. 西安石油大学学报（社会科学版），2013（3）.

[72] 胡毅，乔晗. 2014 年度诺贝尔经济科学奖获得者 Jean Tirole 研究工作评述 [J]. 管理评论，2014（11）.

[73] 黄枫，吴纯杰. 市场势力测度与影响因素分析——基于我国化学药品制造业研究 [J]. 经济学（季刊），2013（2）.

[74] 黄旭，徐朝霞，李卫民. 中国上市公司高管背景特征对企业并购行为的影响研究 [J]. 宏观经济研究，2013（10）.

[75] 贾军，张卓. 中国高技术产业技术创新与能源效率协同发展实证研究 [J]. 中国人口·资源与环境，2013（2）.

[76] 贾林青. 中国保险市场垄断行为的认定和预防——从我国保险行业首例垄断案件谈起 [J]. 保险研究，2013（4）.

[77] 贾瑞峰，商丽景. 中国快递业市场集中度研究 [J]. 物流技术，2013（7）.

[78] 蒋博轩，李军，李秉龙. 中国肉羊产业的纵向一体化模式现状及发展趋势 [J]. 黑龙江农业科学，2013（1）.

[79] 蒋三庚，宋佳娟. CBD 现代服务业集聚模式与产品差异化垄断研究 [J]. 北京工商大学学报（社会科学版），2013（2）.

[80] 焦海涛. 反垄断法承诺制度适用的程序控制 [J]. 法学家，2013（1）.

[81] 焦海涛. 论互联网行业反垄断执法的谦抑性——以市场支配地位滥用行为规制为中心 [J]. 交大法学，2013（2）.

[82] 寇宗来，高琼. 市场结构、市场绩效与企业的创新行为——基于中国工业企业层面的面板数据分析 [J]. 产业经济研究，2013（3）.

[83] 赖纯见，陈迅. 房地产寡头有限理性博弈模型的复杂性分析 [J]. 系统工程学报，2013（3）.

[84] 李宝良，郭其友. 产业组织理论与新规制经济学的拓展和应用——2014 年度诺贝尔经济学奖得主让·梯若尔主要经济理论贡献述评 [J]. 外国经济与管理，2014（11）.

[85] 李红锦，李胜会.战略性新兴产业创新效率评价研究——LED产业的实证分析 [J].中央财经大学学报，2013 (4).

[86] 李玲，雷良海.企业家行为：误导还是主动——兼论奥地利学派的企业家精神理论 [J].预测，2013 (6).

[87] 李明峰.非市场行为的国进民退是帕累托改进吗？——基于民营经济的视角 [J].经济体制改革，2013 (3).

[88] 李楠，伍世安.网络产业中互联互通策略的演化博弈分析——以电信业为例 [J].经济经纬，2013 (6).

[89] 李绍东，唐晓华.市场集中度与大企业竞争力实证分析——基于中国装备制造业的经验证据 [J].山东大学学报（哲学社会科学版），2013 (6).

[90] 李世闻.技术集聚报酬递增机制的部门工资差异化垄断竞争模型 [J].特区经济，2013 (1).

[91] 李世尧.我国垄断行业与竞争行业高管薪酬激励效应比较——以煤、电、纺织、服装业为例 [J].西部论坛，2013 (1).

[92] 李寿德，黄采金，魏伟，樊琨.排污权交易条件下寡头垄断厂商污染治理R&D投资与产品策略 [J].系统管理学报，2013 (4).

[93] 李巍巍，朱越，李静.基于机制设计理论的电煤供应链协调研究 [J].煤炭技术，2013 (10).

[94] 李小玲，李新建.双边市场中平台企业的运作机制研究评述 [J].中南财经政法大学学报，2013 (1).

[95] 李小明，吴倩.中澳反垄断滥用市场支配地位规制立法比较 [J].财经理论与实践，2013 (3).

[96] 李晓华，刘峰.产业生态系统与战略性新兴产业发展 [J].中国工业经济，2013 (3).

[97] 李新运，任栋，原顺梅.产业技术创新战略联盟利益分享博弈分析 [J].经济与管理评论，2013 (2).

[98] 李艳萍.中国银行业规模经济和范围经济研究 [J].时代金融，2013 (9).

[99] 李煜，吕廷杰，郝晓烨.双边市场理论与应用研究现状综述 [J].首都经济贸易大学学报，2013 (2).

[100] 李煜华，武晓锋，胡瑶瑛.基于演化博弈的战略性新兴产业集群协同创新策略研究 [J].科技进步与对策，2013 (2).

[101] 李子奈，齐良书.关于计量经济学模型方法的思考 [J].中国社会科学，2010 (2).

[102] 廖萍康，张卫国，谢百帅，闫杜娟.相异成本和广义非线性需求下多寡头古诺模型及应用 [J].运筹与管理，2013 (2).

[103] 林峰.勒纳指数存在"悖论"吗——基于中国民航运输业市场势力的测度 [J].财经科学，2013 (8).

[104] 林峰.行政垄断行业对全国收入分配差距贡献度的直接测度 [J].华东经济管理，2013 (1).

[105] 林玉香.我国旅游门票经济向产业经济转型问题研究 [J].中国林业经济，2013 (10).

[106] 刘安国，张英奎，姜玲，刘伟.京津冀制造业产业转移与产业结构调整优化重点领域研究——不完全竞争视角 [J].重庆大学学报（社会科学版），2013 (5).

[107] 刘岸，唐立华.湖南林区小型竹木加工企业产品策略 [J].中南林业科技大学学报（社会科学版），2013 (6).

[108] 刘和旺，王春梅.产业组织演变动力的多视角分析 [J].武汉理工大学学报（社会科学版），2013 (1).

[109] 刘继峰. 反垄断法益分析方法的建构及其运用 [J]. 中国法学, 2013 (6).

[110] 刘嘉宁. 战略性新兴产业评价指标体系构建的理论思考 [J]. 经济体制改革, 2013 (1).

[111] 刘建徽, 周志波. 完全竞争市场中环境税效应研究文献述评 [J]. 税务研究, 2013 (5).

[112] 刘伟, 李星星. 中国高新技术产业技术创新效率的区域差异分析——基于三阶段 DEA 模型与 Bootstrap 方法 [J]. 财经问题研究, 2013 (8).

[113] 刘武朝. 论经营者集中附限制性条件执行争议的仲裁适用 [J]. 河北法学, 2013 (10).

[114] 刘小明. 我国医疗服务市场结构特征 [J]. 经济体制改革, 2013 (2).

[115] 刘辛元. 解读自然垄断领域的管制经济学——以美国电力业、公有企业和电信业的管制为例 [J]. 学术论坛, 2013 (12).

[116] 刘旭. 奇虎诉腾讯滥用市场支配地位案中的市场支配地位认定　参考德国和欧盟经验简析广东省高级法院一审判决 [J]. 电子知识产权, 2013 (4).

[117] 刘艳. 中国战略性新兴产业集聚度变动的实证研究 [J]. 上海经济研究, 2013 (2).

[118] 刘玉霜, 张纪会. 零售商价格竞争下的最优决策与收益共享契约 [J]. 控制与决策, 2013 (2).

[119] 刘志铭, 郑健雄. 美国第四轮量化宽松政策及其对中国经济的影响——奥地利学派视角的分析 [J]. 华南师范大学学报 (社会科学版), 2013 (1).

[120] 刘智慧, 李凯, 苏慧清. 下游竞争、买方谈判能力与上游产品差异化 [J]. 产经评论, 2013 (2).

[121] 卢闯, 张伟华, 崔程皓. 市场环境、产权性质与企业纵向一体化程度 [J]. 会计研究, 2013 (7).

[122] 陆辉, 赵敏. 产业生态观视域下产业集群生态化对策探讨——以江苏省南通市为例 [J]. 科技管理研究, 2013 (7).

[123] 罗春华, 王宇生. 中、美、英三国审计市场集中度比较及启示 [J]. 生产力研究, 2013 (9).

[124] 马宝玲, 张宝成, 李淑静. 价格歧视原理在国际原油贸易中的应用 [J]. 亚太经济, 2013 (1).

[125] 马龙龙, 刘宏博. 人民币国际化对我国银行业市场行为的影响 [J]. 商业时代, 2013 (12).

[126] 马卫民, 朱值军, Suping Li. 基于鲁棒优化方法的供应链协同创新——非完全竞争市场下的问题 [J]. 经济论坛, 2013 (8).

[127] 马云泽. 自然垄断产业规制过程的博弈论分析 [J]. 经济与管理评论, 2013 (1).

[128] 满青珊, 张金隆, 种晓丽, 杨永清. 基于博弈论的移动增值服务价值链协调机制 [J]. 管理工程学报, 2013 (2).

[129] 孟昌, 翟慧元. 网络产业组织中的双边市场研究：文献述评 [J]. 北京工商大学学报 (社会科学版), 2013 (1).

[130] 孟捷, 向悦文. 克罗蒂和布伦纳的破坏性竞争理论比较研究 [J]. 经济纵横, 2013 (5).

[131] 牛文举, 罗定, 鲁芳. 双重非对称信息下旅游服务供应链中的激励机制设计 [J]. 运筹与管理, 2013 (3).

[132] 邱格磊. 出口卡特尔对国际贸易的影响：豁免与合作规制 [J]. 河南商业高等专科学校学报, 2013 (3).

[133] 冉光和, 邵洋. 中国商业银行市场势力及其社会福利损失研究 [J]. 统计与信息论坛, 2013 (1).

[134] 商丽景, 贾瑞峰. 基于 SCP 分析的我国快递业市场结构调整研究 [J]. 铁道运输与经济, 2013 (4).

[135] 上创利, 赵德海, 仲深. 基于产业链整合视角的流通产业发展方式转变研究 [J]. 中国软科学, 2013 (3).

[136] 邵晓. 商业银行金融同业业务模式研究——网络外部性和双边市场视角 [J]. 中国外资, 2013 (6).

[137] 盛丹. 地区行政垄断与我国企业出口的"生产率悖论" [J]. 产业经济研究, 2013 (4).

[138] 史巧玉. 产业生态化研究进展及其引申 [J]. 经济问题, 2013 (10).

[139] 宋英杰, 李中东. 政府管制对农产品质量安全技术扩散影响的实证研究 [J]. 科研管理, 2013 (7).

[140] 宋渊洋, 李元旭. 制度环境多样性、跨地区经营经验与服务企业产品市场绩效——来自中国证券业的经验证据 [J]. 南开经济评论, 2013 (1).

[141] 苏林森. 我国报业广告与发行市场集中度研究 [J]. 西南民族大学学报（人文社会科学版）, 2013 (5).

[142] 苏敏. 85 度 C 产品策略研究 [J]. 科教文汇（中旬刊）, 2013 (7).

[143] 孙蓉, 韩文龙, 王向楠. 中国农业保险公司的规模经济和范围经济研究 [J]. 保险研究, 2013 (12).

[144] 孙世攀, 赵息, 李胜楠. 股权控制、债务容量与支付方式——来自我国企业并购的证据 [J]. 会计研究, 2013 (4).

[145] 孙巍, 赵奚. 市场结构对企业研发行为的影响研究——1996~2009 年我国制造业数据实证分析 [J]. 财经问题研究, 2013 (1).

[146] 孙晓东, 田澎, 赵藜. 消费者异质下基于质量—价格竞争的定价策略选择 [J]. 系统管理学报, 2013 (3).

[147] 汤吉军, 郭砚莉. 我国公用事业政府监管研究——以自然垄断为视角 [J]. 经济体制改革, 2013 (5).

[148] 唐亮, 黄文锋. 非市场行为对企业发展的影响分析 [J]. 管理世界, 2013 (11).

[149] 陶喜红. 中国电视广告行业市场集中度分析 [J]. 西南民族大学学报（人文社会科学版）, 2013 (10).

[150] 田宏杰. 操纵证券市场行为的本质及其构成要素 [J]. 国家行政学院学报, 2013 (3).

[151] 万慧玲, 涂子亚. 基于 SCP 范式的中国家电行业分析 [J]. 中国商贸, 2013 (5).

[152] 王冬. 企业纵向一体化决策的制约因素分析 [J]. 财经问题研究, 2013 (8).

[153] 王刚, 龚六堂. 浅析高速铁路建设投资的产业经济效应 [J]. 宏观经济研究, 2013 (6).

[154] 王继平, 李景焕. 成本不对称使卡特尔更难维持吗？ [J]. 南开经济研究, 2013 (1).

[155] 王岚, 盛斌. 比较优势、规模经济和贸易成本：国际生产分割下垂直关联产业的空间分布 [J]. 世界经济研究, 2013 (4).

[156] 王磊, 龚新蜀. 产业生态化研究综述 [J]. 工业技术经济, 2013 (7).

[157] 王莉, 冯雅博. 商业银行市场集中度与市场绩效的分析 [J]. 商城现代化, 2013 (2).

[158] 王利荣. 中国服装业的国际市场势力分析 [J]. 南通大学学报（社会科学版）, 2013 (5).

[159] 王倩. 垄断行业与非垄断行业工资差异及其人力资本投资的 A–J 效应分析 [J]. 江汉论坛, 2013 (6).

[160] 王倩雅. 生态文明建设与资源型企业产业生态化转型研究 [J]. 学术论坛, 2013 (4).

[161] 王淑芹, 张嘉凌. 五粮液品牌策略研究 [J]. 经济研究导刊, 2013 (10).

[162] 王帅, 丛媛媛, 金星驰. 规制经济学中激励性规制的发展与实践 [J]. 商业时代, 2013 (35).

[163] 王文举, 任韬. 博弈论、经济仿真与实验经济学 [J]. 首都经济贸易大学学报, 2004 (1).

[164] 王先林. 理想与现实中的中国反垄断法——写在《反垄断法》实施五年之际 [J]. 交大法学，2013 （2）.

[165] 王先林. 我国反垄断法适用于知识产权领域的再思考 [J]. 南京大学学报 （哲学·人文科学·社会科学版），2013 （1）.

[166] 王旭，赵蒙楠. 企业纵向一体化文献评述 [J]. 北方经济，2013 （5）.

[167] 王亚君，魏龙. 西方新产业组织理论述评 [J]. 学习与实践，2013 （7）.

[168] 王延涛. 新奥地利学派与新凯恩斯主义市场信息理论的主要差异 [J]. 经济纵横，2013 （5）.

[169] 王彦杰. 企业兼并重组所得税政策分析——以山西煤炭企业为例 [J]. 中国证券期货，2013 （4）.

[170] 王玉梅，罗公利，周广菊. 产业技术创新战略联盟网络协同创新要素分析 [J]. 情报杂志，2013 （2）.

[171] 王中亚. 中国典型资源型城市产业生态化发展研究 [J]. 中国国土资源经济，2013 （2）.

[172] 魏峰，荣兆梓. 我国国有垄断行业的内部效率增长与外部效率损失——基于 5 个工业细分行业的分析 [J]. 安徽大学学报 （哲学社会科学版），2013 （1）.

[173] 魏华. 论经营者集中审查的实体性标准 [J]. 河南师范大学学报 （哲学社会科学版），2013 （1）.

[174] 魏江，寿柯炎，冯军政. 高管政治关联、市场发育程度与企业并购战略——中国高技术产业上市公司的实证研究 [J]. 科学学研究，2013 （6）.

[175] 魏如山，黄枫，吴纯杰. 中国传统产业市场势力研究基于水泥产业的实证分析 [J]. 北京师范大学学报 （社会科学版），2013 （6）.

[176] 温孝卿，梁滨，闫修建. 关于市场势力测度生产法的文献综述 [J]. 统计与决策，2013 （24）.

[177] 吴汉洪，孟剑. 潜在竞争理论及其对我国并购反垄断审查的适用 [J]. 经济学动态，2013 （7）.

[178] 吴绪亮，刘雅甜. 垄断势力及其治理之路——2014 年诺贝尔经济学奖得主 Tirole 教授主要学术贡献 [J]. 财经问题研究，2015 （1）.

[179] 伍春来，赵剑波，王以华. 产业技术创新生态体系研究评述 [J]. 科学学与科学技术管理，2013 （7）.

[180] 伍景芳，刘念. 论 O2O 模式的博弈论基础 [J]. 企业研究，2013 （6）.

[181] 伍业锋，施平. 中国海洋产业经济贡献度的测度 [J]. 统计与决策，2013 （1）.

[182] 伍业君，张其仔，徐娟. 产品空间与比较优势演化述评 [J]. 经济评论，2012 （4）.

[183] 夏良杰，赵道致，李友东. 考虑碳交易的政府及双寡头企业减排合作与竞争博弈 [J]. 统计与决策，2013 （9）.

[184] 肖岚. 全球碳纤维产业的 SCP 分析 [J]. 科技与管理，2013 （1）.

[185] 熊建萍. 中国汽车产业的市场集中度研究 [J]. 经济研究导刊，2013 （3）.

[186] 徐斌. 不完全契约、专用性投资与纵向一体化 [J]. 经济经纬，2013 （1）.

[187] 徐蕾，尹翔硕. 不完全竞争、贸易与资源配置扭曲 [J]. 国际贸易问题，2013 （1）.

[188] 许光耀.《反垄断法》执法机构的管辖权划分与协调 [J]. 价格理论与实践，2013 （2）.

[189] 许雅茜，王伟，方婧. 基于 Symbian，Android，IOS 三大操作系统的手机产业 SCP 分析 [J]. 产业与科技论坛，2013 （8）.

[190] 许益亮，靳明，李明焱. 农产品全产业链运行模式研究——以浙江寿仙谷为例 [J]. 财经论丛，2013 （1）.

[191] 薛澜，林泽梁，梁正，陈玲，周源，王玺. 世界战略性新兴产业的发展趋势对我国的启示 [J]. 中国软科学，2013 （5）.

[192] 严雷，刘晴. 国有垄断行业改革中的利益集团——20 世纪 80 年代以来盐业管制的演进 [J]. 华东经济管理，2013（1）.

[193] 颜琼，陈绍珍. 国外空间计量经济学最新进展综述 [J]. 经济研究导刊，2015（19）.

[194] 杨兰品，郑飞. 我国国有垄断行业利润分配问题研究——以电力行业为例 [J]. 经济学家，2013（4）.

[195] 杨培祥. 网络经济下垄断与规制研究 [J]. 现代商贸工业，2013（2）.

[196] 杨永忠，吴昊. 电视传媒产业分析的 SCPR 框架：对产品黑箱的初步打开与新有效竞争理论的提出 [J]. 四川大学学报（哲学社会科学版），2013（1）.

[197] 杨正泽，王庆云. 基于规模经济、范围经济的高速铁路战略选择 [J]. 综合运输，2013（5）.

[198] 姚凤阁，董晓红. 传统与新型农村金融机构垄断竞争博弈分析 [J]. 学习与探索，2013（10）.

[199] 姚凯，陈曼. 多市场接触对新市场进入及绩效的影响——基于 10 家股份制商业银行的研究 [J]. 经济理论与经济管理，2013（12）.

[200] 姚宇. 世界著名实验经济学实验室介绍 [J]. 经济学动态，2014（11）.

[201] 叶若思，祝建军，陈文全. 标准必要专利权人滥用市场支配地位构成垄断的认定　评华为公司诉美国 IDC 公司垄断纠纷案 [J]. 电子知识产权，2013（3）.

[202] 殷晓鹏，胡冰. 基于垄断竞争市场结构的产品种类研究 [J]. 商业研究，2013（1）.

[203] 于嘉. 基于多市场接触竞争理论的我国民航客运价格实证研究 [J]. 山东社会科学，2013（3）.

[204] 于良春，姜琪. 双侧市场势力、非对称竞争与改革路径选择——论中国铁路运输业的困境与改革 [J]. 中国工业经济，2013（4）.

[205] 于良春，张俊双. 中国垄断行业收入分配效应的实证研究 [J]. 财经问题研究，2013（1）.

[206] 袁成，于润. 我国保险市场结构与市场绩效的关系研究——基于 SCP 假说的实证检验 [J]. 江西财经大学学报，2013（3）.

[207] 袁日新. 互联网产业经营者集中救济的适用 [J]. 河北法学，2014（1）.

[208] 占明珍. 中国汽车制造业市场势力的福利成本评估 [J]. 商业时代，2013（8）.

[209] 张川，邓立治. 产业组织理论重要学派的观点和方法比较研究 [J]. 管理信息化，2013（3）.

[210] 张春榕. 网络经济视角下的中小企业竞争力——基于波特钻石模型的分析 [J]. 福州党校学报，2013（3）.

[211] 张骏. 完善转售价格维持反垄断法规制的路径选择 [J]. 法学，2013（2）.

[212] 张雷，陈波. 产业链视域下的《中国好声音》栏目运营策略分析 [J]. 浙江传媒学院学报，2013（4）.

[213] 张立今，周家华. 企业并购整合中的矛盾及其破解 [J]. 学术界，2013（8）.

[214] 张其仔. 比较优势的演化与中国产业升级路径的选择 [J]. 中国工业经济，2008（9）.

[215] 张倩肖，董瀛飞. 规模经济程度、扩张成本与本土轿车企业发展——基于不完全信息离散动态博弈的实证分析 [J]. 统计与信息论坛，2013（5）.

[216] 张为峰，苏智. 中国船舶制造业企业兼并重组研究 [J]. 学术交流，2013（1）.

[217] 张伟，付强. 转型经济条件下的垄断结构、垄断行为与竞争政策设计——反垄断与规制经济学学术研讨会观点综述 [J]. 中国工业经济，2013（9）.

[218] 张雯，张胜，李百兴. 政治关联、企业并购特征与并购绩效 [J]. 南开管理评论，2013（2）.

[219] 张小琳，朱明侠. 奢侈品企业价格歧视策略研究 [J]. 商业研究，2013（5）.

[220] 张晓静. 体育营销与我国体育用品的品牌策略研究 [J]. 商业时代，2013（2）.

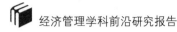

［221］张晓玫，潘玲.我国银行业市场结构与中小企业关系型贷款［J］.金融研究，2013（6）.

［222］张政.技术创新对市场结构的影响研究——基于我国36个工业行业大中型企业面板数据FGLS分析［J］.科技进步与对策，2013（1）.

［223］赵玉林，程萍.中国省级区域高技术产业技术创新能力实证分析［J］.商业经济与管理，2013（6）.

［224］郑永备.影响我国汽车产业市场集中度因素的实证分析［J］.辽宁工业大学学报（社会科学版），2013（4）.

［225］周新苗，冷军.贸易自由化政策与产业经济安全研究［J］.上海经济研究，2013（1）.

［226］周应恒，宋玉兰，严斌剑.我国食品安全监管激励相容机制设计［J］.商业研究，2013（1）.

［227］左青.我国油菜籽产业链的现状和思考［J］.中国油脂，2013（3）.

第二章　产业经济学学科 2013 年期刊论文精选

第一节

中文期刊论文精选

重点产业政策、资源重置与产业生产率 *

宋凌云 [1]　王贤彬 [2]

（1. 中山大学岭南学院，广东广州　510000；2. 广东外语外贸大学国际经济贸易学院、
粤商研究中心，广东广州　510000）

【摘　要】产业政策是否有效提升了产业生产率是产业经济实践领域一个关键的实证问题。本文整理了中国各省份五年规划的重点产业政策信息，基于中国工业企业数据库计算了各省份制造业二位码产业全要素生产率，实证检验了重点产业政策对生产率的影响。我们发现，地方政府的重点产业政策总体上显著提高了地方产业的生产率；重点产业政策对产业生产率的影响程度在不同产业类型上具有显著差异；将资源导向生产率增长率更高的企业的程度不同导致了重点产业政策的资源重置效应因产业类型而异。本文的发现意味着，政府提高重点产业政策生产率效应的一个有效途径是，提高产业内部企业之间资源重置效率。

【关键词】重点产业政策；产业生产率；资源重置

一、引言

中国经济经过近 30 年的粗放式发展，经济和社会发展面临的资源和环境约束日益强化，因此，国家"十二五"规划把"转变经济发展方式，促进产业转型升级"作为当前阶段政府工作的重中之重。在国家"十二五"规划的指引下，各级地方政府积极响应，纷纷出台地方产业政策，旨在改造提升传统制造业、培育发展战略性新兴产业，推动辖区产业结构转型升级。产业政策成为当前中国各级地方政府加快本地经济发展与推动本地经济增长方式转变的重要抓手。提高产业政策效果有赖于对已有产业政策效应的正确评估，因此，

* 本文选自《管理世界》（月刊）2013 年第 12 期。
基金项目：国家自然科学基金项目（71303063）；国家社会科学基金项目（13CJY031）；教育部人文社会科学研究项目（12YJC790192、12YJC790266）；广东省优秀博士学位论文作者资助项目。

产业政策效应评估是当今中国"调结构，促转型"工作中一个亟待解决的重要实证问题。

在世界各国运用产业政策促进产业结构优化升级和经济发展的过程中，重点产业政策是常用的政策之一。本文中我们将重点产业政策定义为：政府鼓励向一些产业或部门投资而不鼓励向其他产业或部门投资，从而促进产业不平衡发展的产业政策。通过选择适合经济体中现阶段资源禀赋优势的、前后向关联性强的产业作为重点产业，有意识地将资源导向这些产业，可以充分发挥这些产业对其他产业和国民经济的带动作用，加快产业转型升级的速度，促进一国经济更好更快地发展。因此，研究产业政策效应，可以从重点产业政策着手。人们倾向于认为重点产业政策能够提高相关产业在整个制造业中的产出份额，但重点产业政策是否能够促进产业生产率增长却是个难以简单判断的问题。然而，这一难以简单判断的问题却至关重要，只有相关产业的生产率得到提高，产业政策效果才会内生地自我强化并长期持续，才能实现产业结构调整与产业优化升级的目标。因此，本文的目的在于，基于我国工业企业数据库和手工收集整理的重点产业数据，系统地实证检验中国制造业重点产业政策对产业生产率的影响。

Syverson（2011）指出，产业生产率增长的两个来源是：企业内部效应和企业之间资源重置效应[1]。企业内部效应是指产业内企业自身的 TFP 提高；企业之间资源重置效应是指通过改变产业内部企业之间的资源配置状况，促使生产率增长率更高的企业增长更快，或者生产率增长率较高的企业进入取代原来在位的生产率增长率较低的企业，其实质是生产率增长率更高企业的份额相对提高。聂辉华和贾瑞雪（2011）对我国制造业产业 TFP 增长率的分解结果表明，平均而言，中国制造业生产率增长几乎全部来自企业内部生产率的增长，企业之间的资源重置效应近似于 0。因此，降低制造业的资源误置程度，提高产业生产率，关键在于提高产业内部企业之间的资源重置效应。在为数不多的关于产业政策效应评价的文献中，仅有 Aghion 等（2012）研究了中国产业政策对生产率的影响。该文仅研究了中国产业政策如何才能提高产业生产率增长的企业内部效应，对企业之间的资源重置效应未作探讨。本文在这方面做了有益尝试，以重点产业中生产率增长率更高的企业是否得到了更多政府补贴或税收优惠来衡量重点产业政策在产业内部企业之间的资源重置效应[2]，实证检验不同类型重点产业内部的企业之间资源重置效应是否存在差异，并由此导致不同类型重点产业的生产率提高程度不同[3]。

具体而言，本文首次将我国地方政府五年规划中政府鼓励发展的产业定义为重点产业，定量研究重点产业政策的生产率效应以及这种效应是否存在产业间差异，并进一步探讨造成重点产业生产率效应产业间差异的可能原因。首先，本文构造了我国各省份制造业二位码产业 TFP 与重点产业相匹配的面板数据，研究重点产业政策总体上对产业生产率的

---

① 本文中用产业中企业加权平均的全要素生产率（TFP）度量产业生产率。
② 政府通过重点产业政策配置资源的方式有很多种，政府补贴和税收优惠是其中较为常用的两种手段。
③ 为了表述简便，下文中必要时将重点产业政策对产业生产率总的影响称为重点产业政策的生产率效应，将重点产业政策通过将资源导向产业内部生产率增长率更高企业而对产业生产率产生的影响称为重点产业政策的资源重置效应。

影响以及这种影响是否存在产业间差异。结果发现：中国地方政府的重点产业政策总体上显著提高了地方产业的生产率；重点产业政策的生产率效应因产业类型而异。其次，为了对重点产业政策生产率效应的产业间差异提供一种可能的解释，本文进一步利用企业微观数据实证检验了地方政府将资源导向产业中生产率增长率更高企业的程度在不同产业类型上是否具有显著差异。我们发现，重点产业政策将资源导向生产率增长率更高企业的程度在不同产业类型上存在显著差异，重点产业政策的资源重置效应差异是造成重点产业政策生产率效应产业间差异的可能原因之一，而这种产业政策的资源重置效应差异可能是信息优势差异所造成的。

在实证分析中，本文识别了重点产业政策与产业生产率之间的相关关系。为了验证这种相关关系是稳健的，本文采用了工具变量法、控制期初生产率水平以及弱内生性子样本3种策略缓和重点产业样本可能存在的内生性之后，我们的基本结论依然成立，显示出本文的发现具有稳健性。本文的研究过程体现了以微观基础与政经互动的视角研究产业政策有效性的思路。本文的实证发现意味着，中国政府可以通过合理的重点产业政策优化资源配置，提高产业效率，从而促进产业优化升级和经济发展，在此过程中应该注意因产业制宜，以最大限度地提高产业政策效果。

本文以下部分安排如下：第二部分在理论分析的基础上提出待检验的理论假说；第三部分对本文两大基本数据情况给予说明；第四部分呈现基本实证结果和稳健性回归结果；第五部分检验重点产业政策的生产率效应是否存在产业间差异；第六部分进一步识别重点产业政策的资源重置效应在不同产业类型上的差别，为重点产业政策生产率效应的产业间差异提供一种可能的解释；第七部分是结论性评述。

二、理论述评

经济发展本质上是一个技术、产业不断创新，结构不断变化的过程（林毅夫，2010；潘士远、金戈，2008）。产业政策是一系列对产业发展有重大影响的制度和安排的总和（周振华，1990），许多国家的政府均倾向于通过实施产业政策推动产业经济发展。于是，产业政策是否促进了产业发展和提高了产业效率，就成为经济学界关注的一个实证话题。关于产业政策生产率效应评价最早的实证研究来自 Kruger 和 Tuncer（1982）。他们以土耳其 20 世纪 60 年代的贸易保护政策为例，对保护幼稚产业理论进行了实证检验。数据分析表明，受到更多保护的企业或产业的单位投入产出并不比受到更少保护的企业或产业多，意味着产业政策并没有提高受保护产业的生产率，结果并不支持保护幼稚产业理论。Beason 和 Weinstein（1996）采用日本 13 个产业部门 1955~1990 年的数据研究发现，产业优惠政策（比如税收优惠、补贴和产业保护）既没有提高目标部门的规模收益，也没有提高目标部门的资本积累率或 TFP 增长率。由此可见，较早时期关于产业政策效应的研究并未发现产业政策显著提高产业生产率。近年来，国外学者对产业政策效果进行了更加规范的实证研究。Criscuolo 等（2012）利用一个泛欧洲区域选择性企业支助项目的支助规则变化构建是否参与项目的工具变量，研究该项目对企业各经济变量的影响，结果发现，参与该项目显著提高了企业的就业、投资和净进入，但对企业生产率没有显著影响。Aghion 等（2012）通过构建一个两时期两产品模型说明，如果产业政策手段能够增进企业间竞争，则能够促进企业增长。他们进一步采用中国工业企业数据库 1998~2007 年的企业层面数据考察了政府补贴和税收优惠等产业政策手段对企业 TFP 的影响，结果发现如果这些政策手段能够促进竞争，则能够显著提高企业 TFP。

以上文献表明，产业政策生产率效应因时因地因条件而异，这才使得产业政策生产率效应评估及作用条件识别工作变得更为必要和重要。以上研究中与本文最为接近的是 Aghion 等（2012），两者均是研究中国产业政策对生产率的影响。但是本文在以下几个方面与其有显著不同：第一，他们将产业政策作为一个整体来考察，本文仅考察产业政策中的重点产业政策；第二，他们仅考察了产业政策对产业内部企业 TFP 的影响，即产业生产率增长的企业内部效应，本文在检验了重点产业政策对产业总体 TFP 的影响后，特别考察了它对企业之间资源重置效应的影响，并揭示了重点产业政策资源重置效应的产业间差异可能是导致重点产业政策生产率效应产业间差异的原因之一；第三，他们采用的是企业层面数据，本文同时采用了产业和企业层面数据。

中国是一个发展中大国，经济发展很大程度上是在地方层面推动与实现的。中国干部治理具有"党管干部"和"对上负责"的重要特点，各级地方干部是由中央和上级进行考核和任命的（周黎安，2008；徐现祥、王贤彬，2010）。在中央将经济增长和经济结构转型升级作为重要目标的情况下，各级地方政府均有极大的激励跟进，通过出台与推行重点产业政策，推动本地产业发展和产业结构转型升级。地方政府通过重点产业政策影响地方产业发展，一般是通过制定一系列的规划，确定政府产业发展的重点目标和方向以及产业政策手段，并按照规划实施具体的产业政策手段来实现的。我国重点产业政策最直接明了的体现是在各级政府五年规划内列出重点产业①，确定相关产业的发展目标和方向。为了实现五年规划确定的产业发展目标，各级政府会针对某一类或一个重点产业制定专项产业规划，明确并实施具体的产业政策手段和配套措施，将资源和要素导向这些重点产业。

财政、金融、外贸等间接产业政策手段已经成为地方政府推动重点产业政策目标实现的主要手段，这些政策手段的实施必然改变重点产业与非重点产业之间以及重点产业内部企业之间的资源配置状况。首先，从产业层面来看，地方政府会有意识地将资源导向重点产业或降低这些产业的资源使用成本，绝对或相对地提高重点产业的资源占有量，以扶持这些产业优先发展。其次，从重点产业内部企业层面来看，给定其他条件不变，地方政府

---

① 五年规划是中国国民经济计划的一部分，主要是对全国重大建设项目、生产力分布和国民经济重要比例关系等做出规划，为国民经济发展远景规定目标和方向。

会倾向于选择重点产业中生产率增长率更高的企业进行扶持。本文中我们用全要素生产率（TFP）来衡量产业生产效率。全要素生产率是指"生产活动在一定时间内的效率"。它一般的含义为资源（包括人力、物力、财力）开发利用的效率。从经济增长的角度来说，生产率与资本、劳动等要素投入都贡献于经济的增长。从效率角度考察，生产率等同于一定时间内国民经济中产出与各种资源要素总投入的比值。虽然地方政府的决策函数可能包含多元目标，但是在目前 GDP 政绩考核的激励下，短期内快速拉动地方经济增长仍然是地方政府的首要目标。给定这一目标，地方政府作为理性经济人，在做出最优化决策时，追求的是产出投入比的最大化，也往往对应于生产效率的最大化。因此，面对重点产业中生产率增长水平各异的企业，给定其他条件不变，地方政府的理性选择是将资源投向生产率增长率更高的企业，对这些高成长性的企业进行重点扶持，以使政策效果最大化①。综上，重点产业政策实施可能使得重点产业相对于非重点产业得到更多资源，尤其是重点产业中生产率增长率更高的企业。

重点产业政策实施带来的这种资源再配置可能提高产业生产率。重点产业政策对产业生产率的影响本质上是通过影响微观企业个体实现的，这种影响至少存在企业内部效应与企业之间资源重置效应两种机制。首先，重点产业政策通过研发活动补贴、创新活动税收优惠等政策措施对重点产业内的企业进行扶持，使得重点产业中的企业相对于非重点产业中的企业获得了更多的资源，可能诱导企业增加生产率增进型投资，提高企业自身的生产率，产生企业内部效应，从而提高整个产业的生产率。其次，重点产业政策通过财政补贴和税收优惠等形式有意识地将资源导向重点产业中生产率增长率更高的企业，同时采取措施限制生产率增长率较低企业发展，甚至促使其退出市场，从而优化产业内部企业之间的资源配置状况，促使生产率增长率更高的企业增长更快，企业份额相对上升，产生企业之间的资源重置效应，导致重点产业的生产率提高。重点产业政策在企业微观层面产生的这种企业内部效应和企业之间资源重置效应，加总到产业层面上，就表现为重点产业总体生产率水平的提高。

体制和制度约束是影响政策绩效的重要因素（Chong 和 Gradstein，2009）。由于地方政府通过重点产业政策改变产业之间以及产业内部企业之间的资源配置状况而影响产业生产率，它对生产率的影响程度必然受到宏观政治体制和微观产业特征的影响。体制和制度特征对资源配置状况的影响会随着产业类型变化，在不同类型产业中产生不等的企业内部效应和企业之间资源重置效应，从而使得重点产业政策的生产率效应因产业类型而异。为了探讨重点产业政策对不同类型重点产业的生产率影响程度差异，本文以下部分按两个标准对重点产业进行分类：第一种，根据地方五年规划确定的重点产业是否与国家规划确定的重点产业相同，将其划分为与国家规划相同和相异的重点产业两类；第二种，根据重点产业自身的特征差异，将重点产业细分为重点支柱、重点传统和重点新兴产业三类②。

---

① 企业的高生产率增长率意味着高的企业成长性，政府对这类企业实施扶持的回报率较高。

② 更详细的说明参见本文第三部分第二小节。

首先，体制和制度特征的影响使得地方政府将资源导向重点产业中生产率增长率更高企业的能力因产业类型而异，导致重点产业政策的资源重置效应在不同产业类型上存在差异。

一般来讲，地方政府具有扶持高生产率增长率企业的动机，但它能否实施这一策略，很大程度上取决于它正确识别企业生产率增长率的能力，而这种识别能力归根结底又取决于政府所掌握的产业与企业信息。在理论上，新结构经济学指出了信息在政府引领产业结构转型升级中的重要作用。林毅夫（2007）的潮涌现象理论指出，在发展中国家，企业很容易对哪一个产业是有前景的新产业形成共识，政府相对于企业具有总量信息优势，可以利用这一信息优势制定产业政策引导产业升级。林毅夫（2010，2012）在新结构经济学中进一步强调，政府能够通过"为新产业提供信息"以及"为先驱企业补偿信息外部性"在结构变动中发挥因势利导作用，进一步凸显了信息对于政府引领产业结构变动的重要作用。在实证上，宋凌云等（2012）提供了信息重要性的经验证据。他们发现，地方官员只能够短期内引领辖区产业结构变动，而无法长期引领，是由于一旦地方官员开始引导辖区产业结构变动，他们相对于企业的总量信息优势将很快失去。本文则进一步认为，地方政府在不同类型重点产业中的信息完备程度并不相同，决定了它将资源导向生产率增长率更高企业的能力在不同产业类型中有明显差异。

我国的宏观政治体制特征决定了地方政府对与国家规划相同和相异的重点产业的信息完备程度不同。我国的宏观政治体制催生了有中国特色的干部管理体制，在中国现行干部管理体制下，在 GDP 政绩考核的单一强力激励之下，地方官员既受到较短的任期限制，又受到本地经济条件的约束，其在制定地方产业政策时会更多考虑产业政策是否能在有限任期内显著拉动本地经济增长。中国幅员辽阔，各地区经济发展水平和发展优势参差不齐，国家制定的重点产业政策往往与本地经济发展条件不匹配，或者具有较强的前瞻性，在短期内难以显著拉动本地经济增长。正因如此，地方政府在制定地方产业政策时，采取了因地制宜的策略。对国家规划确定的不符合本地实际的重点产业，地方政府多数是形式上响应，只将其列入规划，较少做出实质性的政策倾斜与手段扶持。相反，对于那些国家规划没有提及，但适合本地发展条件，因而能较快拉动本地经济增长的产业，地方政府则列入规划，并且予以实质性的政策性扶持。此外，同级地方政府之间的横向竞争，也会促使地方政府在重点产业政策的制定上采取差异化策略，选择本地特色产业作为重点产业。由此可见，与国家规划相异的重点产业往往是地方政府出于政治激励主动选择的结果，更符合本地实际，地方政府对此类产业的信息完备程度更高，其中企业的生产率增长率更容易识别；与国家规划相同的重点产业则往往是地方政府响应上级号召而被动选择的结果，可能并不符合当地经济发展条件，或者缺乏相应的发展基础，地方政府对该类产业的信息较为缺乏，其中企业的生产率增长率较难识别。综上，宏观政治体制特征的影响使得地方政府将资源导向产业内生产率增长率更高企业的能力在与国家规划相同和相异的两类重点产业间具有显著差异。

另外，微观产业特征决定了地方政府对重点支柱、重点传统与重点新兴三类重点产业的信息完备程度有显著差异。支柱产业最为成熟，政府对该类产业的信息最为完备，其中企业的生产率增长率最容易识别；传统产业由于改造提升的需要，可能会陷入短暂的衰退或波动之中，导致政府对该类产业的信息具有一定的不确定性，其中企业的生产率增长率相对较难识别；新兴产业处于培育发展阶段，政府对该类产业的信息最为匮乏，其中企业的生产率增长率最难识别。可见，地方政府对于重点支柱、重点传统与重点新兴产业的信息完备程度显著不同，在三类产业中识别生产率增长率更高企业的能力有显著差异，导致地方政府将资源导向产业内生产率增长率更高企业的能力在重点支柱、重点传统与重点新兴产业间明显不同。

以上分析表明，尽管地方政府在产业内部配置资源的策略是将资源导向生产率增长率更高的企业，但在策略实施过程中，由于它对不同类型产业的信息完备程度不同，会导致它对不同类型产业的生产率增长率识别能力有差别，从而使它将资源导向生产率增长率更高的企业的能力在不同产业类型上表现出显著差异。这种能力差异使它在不同类型重点产业内部将资源导向生产率增长率更高企业的程度不等，产生了不同程度的资源重置效应和生产率效应。

其次，体制和制度特征的影响也可能导致地方政府对不同类型重点产业的扶持力度有区别。这种扶持力度不均等可能会改变产业之间的资源配置状况，使重点产业政策的生产率效应在不同产业类型上表现出差异。由于扶持力度差异不在本文考察范围之内，在此不予赘述。

因此，重点产业政策能够改变不同类型重点产业之间以及重点产业内部不同企业之间的资源配置状况，宏观政治体制特征和微观产业特征的综合作用使重点产业政策对产业之间及产业内部企业之间的资源配置状况的影响因产业类型而异，在不同类型产业中产生不同的企业内部效应和企业之间资源重置效应，使重点产业政策的生产率效应表现出产业间差异。

综上所述，我们提出本文有待检验的3个理论假说。

理论假说1：中国地方政府的重点产业政策总体上能够显著提高地方产业的生产率。

理论假说2：重点产业政策对产业生产率的影响程度在不同产业类型上具有显著差异。

理论假说3：重点产业政策对产业生产率影响程度因产业类型而异的可能原因是，地方政府在不同类型产业中将资源导向生产率增长率更高企业的程度差异所产生的资源重置效应差异。

本文以下部分，我们通过实证分析，对上述理论假说分别进行检验。

三、数据

为了验证理论假说 1 和理论假说 2，本文将构造我国各省份制造业二位码产业 TFP 与重点产业变量相匹配的面板数据。为了验证理论假说 3，我们将经过原始处理的中国工业企业数据库中政府补贴或税收优惠小于和等于零的观测值删除，构造企业层面的政府补贴或税收优惠与企业 TFP 增长率相匹配的非平衡面板数据。以下对两大原始数据情况加以说明。

(一) 中国工业企业数据库

本文所有企业或产业数据均来自国家统计局的全部国有及规模以上工业企业数据库，样本区间是 1999~2007 年。我们对工业企业数据做了如下原始处理。第一，删除了采矿业，电力、燃气及水的生产和供应业数据，仅保留制造业数据；第二，对 2003 年以前的行业类别按照国民经济行业代码 GB/T 4754—2002 进行了重新调整，以保持整个考察期内的行业口径一致；第三，由于 2004 年增加值、销售额、总产值、新产品产值和出口交货值等指标缺失，本文利用 2004 年经济普查数据库与中国工业企业数据的对应关系，补充了 2004 年的缺失指标，从而建立了 1999~2007 年的完整面板数据；第四，删除了明显异常、存在测量误差以及遗漏变量的样本，例如删除了工业总产值、工业增加值、固定资产、从业人员等数值为 0 的样本。最终得到我国 30 个省级区域 (西藏除外) 的约 137 万个观测值。

(二) 重点产业政策

地方产业政策的制定往往是通过各种规划予以统筹指导的，因此我们首先手工收集我国 30 个省份的"九五"、"十五"以及"十一五" 3 个五年规划，并整理出其中的重点产业政策。坦白而言，整理出规划中的重点产业政策实非易事。各省份政府在规划中提到的产业名称五花八门，与国民经济行业分类中的名称很难对应，为此我们做了以下简化和处理：①国家和各省份规划中均有一章专门讨论工业发展的，其中会论述工业发展和工业结构调整目标。我们将其中提到的所有制造业产业均提取出来，视为重点产业。②对于规划中提到的具体的制造产品，我们按照国民经济行业代码 (GB/T 4754—2002) 将其归入相应的二位码产业，比如将汽车归入交通运输设备制造业 (行业代码 37)，将水泥归入非金属矿物制品业 (行业代码 31)。③对于规划中提到的新材料、新能源等，由于涉及众多产业，无法归入某个具体产业，不作考虑。

在收集整理各省份重点产业的基础上，我们以下面两种方式构造重点产业指标：①对五年规划中提及的产业，均视为重点产业，构造相应的重点产业虚拟变量；②尽管不少产业被政府五年规划提及，但是政府的具体态度仍然是有差别的，我们对各省份的五年规划进行分析后,将重点产业细分为"重点支柱产业、重点传统产业、重点新兴产业"三类,并构造更加细致的重点产业虚拟变量,考察政府重点产业政策对产业生产率的影响。这些产业具有不同的产业特征,政府因此施以了有差别的产业政策,因此在实证研究中我们也按照该分类标准,考察不同类型的重点产业对生产率的影响程度是否具有显著差异。

为了对我国重点产业政策的全貌有基本了解,我们分别统计了30个二位码产业在不同规划期被选定为重点产业的次数,统计结果见表1。按照各二位码产业被各省份选为重点产业的次数排名,"九五"期间,排名前5位的产业依次为:有色金属冶炼及压延加工业,食品制造业,通信设备、计算机及其他电子设备制造业,黑色金属冶炼及压延加工业和纺织业。"十五"期间,排名前5位的产业依次为:医药制造业,通信设备、计算机及其他电子设备制造业,电气机械及器材制造业,非金属矿物制品业和食品制造业。"十一五"规划期间,排名前5位的产业依次为:医药制造业,通信设备、计算机及其他电子设备制造业,专用设备制造业,有色金属冶炼及压延加工业和化学原料及化学制品制造业。表1的统计数据表明,同一规划期内,各省份的重点产业主要集中在若干产业,也就是说同一阶段各省份倾向于选择相同的产业作为重点产业。

表1 各二位码产业被选为重点产业的次数

产业代码	产业名称	"九五"规划中被设为重点产业的次数	"十五"规划中被设为重点产业的次数	"十一五"规划中被设为重点产业的次数
13	农副食品加工业	2	4	10
14	食品制造业	27	23	19
15	饮料制造业	7	6	3
16	烟草制品业	2	1	3
17	纺织业	26	21	14
18	纺织服装、鞋、帽制造业	5	6	7
19	皮革、毛皮、羽毛(绒)及其制品业	11	0	3
20	木材加工及木、竹、藤、棕、草制品业	6	1	1
21	家具制造业	1	1	0
22	造纸及纸制品业	17	5	13
23	印刷业和记录媒介的复制	3	0	1
24	文教体育用品制造业	1	0	0
25	石油加工、炼焦及核燃料加工业	10	14	13
26	化学原料及化学制品制造业	24	14	20
27	医药制造业	24	28	26
28	化学纤维制造业	2	4	2
29	橡胶制品业	1	1	1
30	塑料制品业	9	0	2
31	非金属矿物制品业	25	24	16
32	黑色金属冶炼及压延加工业	26	19	16
33	有色金属冶炼及压延加工业	27	19	20

产业代码	产业名称	"九五"规划中被设为重点产业的次数	"十五"规划中被设为重点产业的次数	"十一五"规划中被设为重点产业的次数
34	金属制品业	2	3	4
35	通用设备制造业	0	13	11
36	专用设备制造业	2	15	20
37	交通运输设备制造业	15	12	17
39	电气机械及器材制造业	24	24	15
40	通信设备、计算机及其他电子设备制造业	26	25	23
41	仪器仪表及文化、办公用机械制造业	2	0	1
42	工艺品及其他制造业	0	1	3
43	废弃资源和废旧材料回收加工业	0	2	0

为了对重点产业在时间维度上的变化有基本认识，我们统计了各省份"九五"规划、"十五"规划及"十一五"规划中，重点产业不相同的个数，结果见表2。统计结果表明，同一省份不同规划期重点产业有显著变化。进一步分析表明，由于国家不同五年规划中确定的重点产业发展方向均有显著变化，各省份在制定地方产业发展方向时根据国家规划确定的方向进行相应的调整，因此各省份不同规划期的重点产业均有显著变化。

表2　不同规划期各省份重点产业的演变趋势

省份	"九五"规划与"十五"规划重点产业不同的个数	"十一五"规划与"十五"规划重点产业不同的个数	"九五"是重点产业"十五"不是	"十五"是重点产业"九五"不是	"十五"是重点产业"十一五"不是	"十一五"是重点产业"十五"不是
北京市	14	11	7	7	8	3
天津市	12	9	6	6	4	5
河北省	5	8	2	3	5	3
山西省	9	8	7	2	5	3
内蒙古	4	6	3	1	3	3
辽宁省	7	6	3	4	4	2
吉林省	9	4	6	3	3	1
黑龙江	7	5	3	4	3	2
上海市	9	4	7	2	4	0
江苏省	7	8	4	3	5	3
浙江省	10	12	6	4	6	6
安徽省	11	8	5	6	4	4
福建省	4	5	4	0	3	2
江西省	5	3	3	2	2	1
山东省	4	9	1	3	6	3
河南省	5	6	3	2	3	3
湖北省	8	6	6	2	1	5

省份	"九五"规划与"十五"规划重点产业不同的个数	"十一五"规划与"十五"规划重点产业不同的个数	"九五"是重点产业"十五"不是	"十五"是重点产业"九五"不是	"十五"是重点产业"十一五"不是	"十一五"是重点产业"十五"不是
湖南省	4	8	3	1	3	5
广东省	11	9	7	4	4	5
广西	7	6	4	3	0	6
海南省	6	8	4	2	2	6
重庆市	6	4	1	5	2	2
四川省	4	8	2	2	3	5
贵州省	6	7	4	2	7	0
云南省	8	8	3	5	2	6
陕西省	12	6	8	4	3	3
甘肃省	5	8	5	0	5	3
青海省	8	7	8	0	0	7
宁夏	4	9	3	1	6	3
新疆	6	6	1	5	1	5

最后，我们统计分析了各省份选择的重点产业与国家选择的重点产业的相同情况，具体结果见表3。可以看出，各个规划期各省份重点产业与国家五年规划重叠的比例较高，绝大部分在50%或以上。各个规划期对比，平均而言，"十五"规划期间各省份重点产业与国家五年规划相同的比例最高，平均相同比例达到79%，另外两个规划期的平均相同比例均为55%。这意味着，各省份一般倾向于按国家五年规划的产业规划方向选择自己的重点产业，但是不同省份选择重点支柱产业时，会综合考虑本地区产业发展的现状和优势，具有高度的自主性与能动性。

表3　各省份五年规划与国家五年规划重点产业的相同情况

省份	"九五"规划			"十五"规划			"十一五"规划		
	本省个数	相同个数	相同比例（%）	本省个数	相同个数	相同比例（%）	本省个数	相同个数	相同比例（%）
北京市	9	6	67	10	5	50	4	3	75
天津市	11	5	45	10	8	80	12	7	58
河北省	9	6	67	10	8	80	8	4	50
山西省	12	6	50	7	6	86	5	2	40
内蒙古	11	6	55	9	8	89	9	6	67
辽宁省	15	7	47	16	11	69	13	6	46
吉林省	13	7	54	11	9	82	8	4	50
黑龙江	6	2	33	7	4	57	5	3	60
上海市	13	7	54	8	6	75	4	3	75
江苏省	13	7	54	11	9	82	10	7	70
浙江省	13	6	46	10	8	80	11	5	45

省份	"九五"规划			"十五"规划			"十一五"规划		
	本省个数	相同个数	相同比例（%）	本省个数	相同个数	相同比例（%）	本省个数	相同个数	相同比例（%）
安徽省	10	5	50	12	8	67	12	7	58
福建省	13	8	62	8	7	88	8	3	38
江西省	12	7	58	12	10	83	11	7	64
山东省	11	8	73	13	11	85	10	4	40
河南省	10	7	70	9	6	67	9	5	56
湖北省	14	7	50	10	9	90	14	7	50
湖南省	11	6	55	8	7	88	11	6	55
广东省	13	7	54	10	7	70	11	7	64
广西	10	5	50	9	9	100	14	8	57
海南省	5	3	60	2	2	100	5	3	60
重庆市	6	4	67	10	9	90	10	7	70
四川省	12	6	50	12	9	75	14	7	50
贵州省	12	6	50	10	8	80	2	1	50
云南省	3	2	67	5	3	60	8	6	75
陕西省	13	6	46	9	7	78	9	5	56
甘肃省	12	6	50	7	6	86	6	2	33
青海省	6	4	67	0	0	—	4	3	75
宁夏	6	3	50	5	3	60	5	1	20
新疆	4	2	50	6	5	83	8	4	50

四、实证分析：重点产业政策的生产率效应

为了识别重点产业政策总体上对产业生产率的影响，验证理论假说1，本部分设定如下实证模型：

$$TFP_{i,j,t} = \alpha_0 + \alpha_1 IMPIND_{i,j,t} + \Theta X_{i,j,t} + \mu_{i,j,t} \tag{1}$$

其中，下标 i、j、t 分别代表二位码产业、省份和年份，以下省略下标。TFP 为各省份制造业二位码产业的全要素生产率，其测算方法为：首先用 OP 方法估算出企业的 TFP，并分别用企业增加值、就业人数、总产值和销售额作为权重进行加权，求出加权平均的各省份二位码产业的 TFP。

IMPIND 是重点产业虚拟变量，是本文的核心解释变量，它的赋值方法是将各省份五年规划中提到的二位码产业均视为重点产业，对应省份和规划期年份，产业属于重点产业，则 IMPIND 取1，否则取0。它的系数 α_1 是本文关注的核心系数，该系数显著为正，表明政府对重点产业进行扶持，总体上显著提高了这些产业的生产率。根据前文的数据描

述和研究需要，另外构造了 3 个分类重点产业虚拟变量，分别是重点支柱、重点传统以及重点新兴产业虚拟变量 IMPINDP、IMPINDT、IMPINDN。它们的赋值方法与 IMPIND 类似，对应省份和规划期年份，产业属于哪类重点产业，则相应的分类重点产业虚拟变量取 1，否则取 0。

X 是控制变量向量，Θ 是其系数向量。根据现有文献的研究进展，X 是影响产业生产率的一系列经济变量，具体包括投资率 INVEST（产业固定资产投资额除以产业工业总产值）、人力资本 COLLEGE（省份在校大学生人数的对数）[①]、出口额占比 EXPORT（全省份出品额占工业总产值的比例）、专业化程度 HHI（各产业就业份额平方的累加和）、企业平均规模 ASIZE（产业内企业总就业人数除以企业个数）、国有资本占比 SOE（产业国有和集体资本金占企业实收资本的比例）以及产业、省份和年份虚拟变量。

（一）基本结果

表 4 报告了基于实证模型（1）的回归结果。无论是以增加值、就业人数、总产值还是销售额为权重加权的产业生产率作为被解释变量，我们关注的重点产业虚拟变量 IMPIND 的系数始终显著为正，且均能通过 1% 显著性水平的统计检验。这表明，给定其他条件不变，相对于非重点产业，规划为重点产业总体上显著提高了这些产业的全要素生产率。具体而言，当以增加值加权的产业 TFP 作为被解释变量时，我们关注的核心解释变量 IM-PIND 的系数 $\alpha_1 = 0.05$，这表明，给定其他条件不变，重点产业的 TFP 值平均比非重点产业高出 0.05。而以就业人数、总产值和销售额加权的产业 TFP 作为被解释变量时，我们关注的核心系数 $\alpha_1 = 0.04$，这表明，给定其他条件不变，重点产业的 TFP 值平均比非重点产业高出 0.04。以上结果表明，整体而言，无论以哪种指标度量产业生产率，规划为重点产业均显著提高了这些产业的生产率，即中国地方政府的重点产业政策总体上显著提高了地方产业的生产率，初步验证了本文的理论假说 1。

表 4 重点产业政策与产业生产率：基本及稳健性回归结果

PANEL A 基本回归结果				
	TFP_VAL	TFP_EMP	TFP_OUTPUT	TFP_SALES
IMPIND	0.05*** (0.01)	0.04*** (0.01)	0.04*** (0.01)	0.04*** (0.01)
OBS.	6631	6631	6631	6631
R^2	0.63	0.66	0.63	0.63
PANEL B 采用工具变量法				
	TFP_VAL	TFP_EMP	TFP_OUTPUT	TFP_SALES
IMPIND	0.76*** (0.07)	0.18*** (0.06)	0.66*** (0.07)	0.65*** (0.07)
OBS.	6631	6631	6631	6631

[①] 在校大学生人数来自中经网。

PANEL B 采用工具变量法				
	TFP_VAL	TFP_EMP	TFP_OUTPUT	TFP_SALES
R^2	0.41	0.65	0.45	0.46
工具变量第一阶段回归 F 统计量	73.79	73.32	73.33	73.19
不可识别检验：AR 典则相关 LM 统计量	249.74	231.17	231.59	226.25
弱识别检验：Cragg-Donald F 统计量	256.62	236.85	237.30	231.63
SY 弱识别检验临界值：最大显著性检验水平扭曲程度 10%	16.38	16.38	16.38	16.38
PANEL C 控制样本期初产业 TFP 水平				
	TFP_VAL	TFP_EMP	TFP_OUTPUT	TFP_SALES
IMPIND	0.03*** (0.01)	0.02** (0.01)	0.02** (0.01)	0.02** (0.01)
TFP_VAL0	0.40*** (0.01)			
TFP_EMP0		0.41*** (0.01)		
TFP_OUTPUT0			0.42*** (0.01)	
TFP_SALES0				0.42*** (0.01)
OBS.	6463	6463	6463	6463
R^2	0.70	0.73	0.70	0.70
PANEL D 采用弱内生性子样本				
	TFP_VAL	FP_EMP	TFP_OUTPUT	TFP_SALES
IMPIND	0.04*** (0.01)	0.03** (0.01)	0.02* (0.01)	0.03* (0.01)
OBS.	3315	3315	3315	3315
R^2	0.49	0.44	0.46	0.45

注：所有回归中均控制方程（1）中所有控制变量，回归方法为混合回归，括号中是回归系数标准差，***、** 和 * 分别表示 1%、5%、10%的显著性水平。

（二）稳健性分析

以上基本回归结果的可信性依赖于核心解释变量——重点产业虚拟变量是外生变量。但是，这一假定在现实中可能并不成立，从而影响基本结果可信性。现实中，由于高利润与高增长的产业能迅速提升地区经济总量、就业和税收份额，中国各级各地政府有强烈的动机将地区产业和经济发展的方向导向这些产业，从而更可能将这些产业选做重点产业。这使得重点产业政策和产业生产率之间可能存在双向因果关系，各省份的产业成为重点产业可能存在自选择问题。当重点产业政策具有内生性的时候，采用传统计量实证方法考察重点产业政策对产业生产率的影响难以得到一致的结果。因此，为了克服重点产业的选择性偏误，以下我们采用 3 种策略尝试缓和重点产业样本可能存在的内生性。

1. 采用工具变量法

采用工具变量法来缓和重点产业虚拟变量可能存在的内生性。由于内生变量——重点产业虚拟变量本身是个虚拟变量，而影响产业成为重点产业的因素众多，直接使用这些影响因素变量作为工具变量可能会造成弱工具变量性（Weak Instruments）。现有文献已经给出这一问题的解决方法，Wooldridge（2002）对处理效应（Treatment Effect）使用工具变量估计法时，为了克服该过程的行为自选择问题，使用二项选择模型的估计拟合值作为 0—1型解释变量的工具变量。参考 Wooldridge 的做法，我们采用以下的处理方法：①用 Probit 模型量化地方政府的重点产业选择行为，估计出产业被选择为重点产业的概率；②将对该 Probit 模型估计的拟合值作为工具变量[1]。

由于地方政府选择重点产业可能具有一定的目的性，我们设定重点产业的 Probit 选择模型如下。

$$\text{prob}\{\text{IMPIND} = 1\} = \delta_0 + \delta_1 \text{INDSHARE}_{i,j,t} + \delta_2 X_{i,j,t} + v_{i,j,t} \tag{2}$$

其中，X 表示模型（1）中的控制变量，INDSHARE 为产业的份额，对应相应权重的产业生产率指标，分别为产业的增加值、就业、总产值和销售额份额。我们认为，地方政府选择重点产业的重要依据之一是产业对地区经济的相对重要性，而产业占全省的份额可以作为产业重要性的合理代理变量。产业份额既能够显著影响一个产业成为重点产业的概率，对产业 TFP 水平又不会产生直接影响，因此，选择它作为产业成为重点产业的重要影响因素变量是合理的。我们用 Probit 模型估计得到拟合值，并以 Probit 估计拟合值作为工具变量对模型（1）进行了估计。

采用工具变量法的回归结果见表 4 的 PANEL B。其中重点产业虚拟变量的系数在以增加值、就业人数、总产值和销售额加权的产业 TFP 值作为被解释变量时均显著为正，且均能通过显著性水平为 1% 的统计检验，系数大小相对于 PANEL A 的基本结果而言也显著增大。同时，回归结果通过了所有关于工具变量的计量统计检验[2]。因此采用工具变量法缓和重点产业样本可能存在的内生性后，我们的基本结论仍然成立。

有意思的是，在 PANEL A 的基本结果中，采用不同的权重时，重点产业变量的系数无显著差异，但是采用工具变量法缓和重点产业样本可能存在的内生性后，以产值（包括增加值、总产值和销售额）加权的 TFP 作为被解释变量时重点产业虚拟变量的系数显著大于以就业人数加权的 TFP 作为被解释变量时的系数。该结果一定程度上可能反映了地方政府重点产业政策采取的是产值导向而非就业导向，这与现行干部管理体制下 GDP 政绩考核产生的政治激励相吻合。

---

① 周亚虹等（2012）处理企业 R&D 决策行为的内生性时也采取了这一处理方法。

② 表 4 的 PANEL B 中报告的工具变量不可识别和弱识别检验统计量均显著大于相应检验的临界值，表明我们的回归结果完全通过了工具变量的不可识别和弱识别检验。由于我们以方程（2）Probit 回归的拟合值作为重点产业内生变量的工具变量，工具变量个数恰好等于内生变量个数，所以不必做工具变量的过度识别检验。

2. 控制样本期初产业 TFP 水平

在实证模型（1）中引入样本期初的产业 TFP 水平作为额外的控制变量。如果重点产业变量和产业生产率之间存在反向因果关系，即政府是有意识地选择生产率高的产业作为重点产业，则控制了样本期初的产业 TFP 水平后，可能无法观察到重点产业政策显著提高产业的 TFP。控制样本期初的产业 TFP 水平后，如果实证结果没有发生本质改变，则表明这种反向因果关系可能并不严重，未曾影响我们结论的可靠性。相应的结果见表 4 的 PANEL C。不难发现，控制了样本期初的产业 TFP 水平后，重点产业虚拟变量的系数与 PANEL A 中的基本结果相比，无论是显著性水平还是系数大小均有所下降，但是无论是采用哪一种权重的产业 TFP 作为被解释变量，我们关注的核心解释变量 IMPIND 的系数仍然显著为正，且至少能通过 5% 显著性水平的统计检验。这表明，控制样本期初的产业 TFP 水平缓和重点产业样本可能存在的内生性后，重点产业政策仍然显著提高了相应产业的 TFP 水平，再次验证了本文的基本结果。

3. 采用弱内生性子样本

采用低 TFP 水平弱内生性子样本回归。如果重点产业变量与产业生产率之间存在反向因果关系，即政府是有意识地选择生产率高的产业作为重点产业，则会使得重点产业样本具有内生性，这种内生性在生产率更高的产业中更为严重。因此，低生产率水平的重点产业样本可能具有较弱的内生性。为此，我们计算产业 TFP 的中位数数值，并以此中位数为界，剔除高于此中位数的样本，构造了低 TFP 水平的弱内生性子样本进行回归。表 4 的 PANEL D 报告了相应的回归结果。回归结果中，核心解释变量 IMPIND 的系数仍然显著为正，且至少能通过 10% 显著性水平的统计检验。弱内生性子样本的回归结果，再次验证了本文的基本结果。

以上稳健性回归结果一致验证了本文的基本结果——地方政府的重点产业政策总体上显著提高了地方产业的生产率是稳健的。

五、实证分析：重点产业政策的生产率效应差异

我们已经发现，地方政府的重点产业政策总体上显著提高了重点产业的生产率。体制和制度特征对重点产业政策产业间与产业内部企业之间资源配置状况的影响在不同产业类型之间具有显著差异，因此可能导致重点产业政策的生产率效应在不同产业类型之间存在差异。本部分按照 3 个不同的标准对重点产业进行分类，构造分类重点产业虚拟变量引入方程（1），考察重点产业政策的生产率效应是否存在产业间差异，以验证理论假说 2。

（一）重点支柱、重点传统和重点新兴产业政策的生产率效应差异

本小节将重点产业细分为重点支柱、重点传统和重点新兴产业三类，考察这三类重点产

业政策的生产率效应是否具有显著差异。为此，我们在回归方程（1）中同时引入重点支柱、重点传统和重点新兴产业虚拟变量 IMPINDP、IMPINDT、IMPINDN，设定实证模型如下。

$$TFP_{i,j,t} = \alpha_0 + \alpha_1 IMPINDP_{i,j,t} + \alpha_2 IMPINDT_{i,j,t} + \alpha_3 IMPINDN_{i,j,t} + \Theta X_{i,j,t} + \mu_{i,j,t} \quad (3)$$

虚拟变量的系数 α_1、α_2、α_3 是本小节关注的核心系数，分别代表重点支柱、重点传统和重点新兴产业政策的生产率效应。其他变量含义同方程（1）。

分别以增加值、就业、总产值和销售额加权的产业 TFP 值作为被解释变量对方程（3）进行回归，结果报告于表 5 的 PANEL A 中。回归结果中，重点支柱产业虚拟变量 IMPINDP 的系数均显著为正，且都能通过 1% 显著性水平的统计检验，与表 4 的基本结果对比，系数大小保持不变或略有增加。重点传统产业虚拟变量 IMPINDT 的系数也显著为正，但无论是显著性水平还是系数大小与基本结果相比均有明显下降。重点新兴产业虚拟变量 IMPINDN 的系数全部不显著。以上结果表明，重点支柱产业政策的生产率效应最高，重点传统产业政策次之，而重点新兴产业政策对产业生产率没有产生显著影响。该结果似乎与我们的常识不符，在国家发展战略性新兴产业的规划蓝图指导下，地方政府也积极响应，纷纷采取措施积极发展战略性新兴产业，而且提高产业生产率也是地方政府发展新兴产业的题中之义，为何反而新兴产业的生产率没有得到显著提高呢？本文第六部分第二小节我们将深入分析导致本小节结论的背后机制。

表 5 重点产业政策的生产率效应差异

PANEL A 重点支柱、传统及新兴产业				
	TFP_VAL	TFP_EMP	TFP_OUTPUT	TFP_SALES
IMPINDP	0.06***	0.05***	0.04***	0.04***
	(0.01)	(0.01)	(0.01)	(0.01)
IMPINDT	0.03**	0.04***	0.03**	0.03**
	(0.01)	(0.01)	(0.01)	(0.01)
IMPINDN	−0.01	−0.01	−0.01	−0.01
	(0.02)	(0.02)	(0.02)	(0.02)
OBS.	6631	6631	6631	6631
R^2	0.63	0.66	0.63	0.63
PANEL B 与国家规划相同与相异重点产业				
	TFP_VAL	TFP_EMP	TFP_OUTPUT	TFP_SALES
IMPINDGJ	0.01	0.03*	0.01	0.01
	(0.01)	(0.01)	(0.01)	(0.01)
IMPINDBS	0.08***	0.05***	0.07***	0.07***
	(0.02)	(0.01)	(0.02)	(0.02)
OBS.	6631	6631	6631	6631
R^2	0.63	0.66	0.63	0.63
PANEL C 与国家规划相同与相异的支柱、传统与新兴产业				
	TFP_VAL	TFP_EMP	TFP_OUTPUT	TFP_SALES
IMPINDGJP	0.03**	0.04***	0.03	0.02
	(0.02)	(0.02)	(0.02)	(0.02)

PANEL C 与国家规划相同与相异的支柱、传统与新兴产业			
	TFP_VAL	TFP_EMP	TFP_OUTPUT	TFP_SALES
IMPINDGJT	−0.01 (0.02)	0.03* (0.02)	−0.01 (0.02)	−0.01 (0.02)
IMPINDGJN	−0.01 (0.03)	−0.02 (0.02)	−0.00 (0.03)	−0.00 (0.03)
IMPINDBSP	0.08*** (0.02)	0.06*** (0.02)	0.06*** (0.02)	0.06*** (0.02)
IMPINDBST	0.08*** (0.02)	0.05** (0.02)	0.09*** (0.02)	0.09*** (0.02)
IMPINDBSN	0.02 (0.05)	0.00 (0.05)	−0.01 (0.05)	−0.01 (0.05)
OBS.	6631	6631	6631	6631
R^2	0.64	0.66	0.63	0.63

注：所有回归中均控制方程（1）中所有控制变量，回归方法为混合回归，括号中是回归系数标准差，***、** 和 * 分别表示 1%、5%、10%的显著性水平。

因此，重点支柱、重点传统和重点新兴产业政策对产业生产率的影响程度具有显著差异，初步验证了本文的理论假说 2。

（二）与国家规划相同与相异重点产业政策的生产率效应差异

本小节我们按照是否与国家五年规划相同这一标准，将地方重点产业划分为与国家规划相同与相异两个部分，考察这两类重点产业政策对生产率的影响程度是否显著不同。为此，本小节设定如下实证模型。

$$TFP_{i,j,t} = \alpha_0 + \alpha_1 IMPINDGJ_{i,j,t} + \alpha_2 IMPINDBS_{i,j,t} + \Theta X_{i,j,t} + \mu_{i,j,t} \qquad (4)$$

模型中 IMPINDGJ 和 IMPINDBS 是两个虚拟变量，分别表示地方规划的重点产业与国家规划的重点产业的相同与相异部分。IMPINDGJ 的赋值方法是，当一个产业既是地方重点产业又是国家重点产业，该变量取 1，否则取 0。相反地，当一个产业是地方重点产业，但不属于国家规划的重点产业时，虚拟变量 IMPINDBS 取 1，否则取 0。这两个变量的系数 α_1、α_2 是本小节关注的核心系数，分别代表与国家规划相同与相异的重点产业政策的生产率效应。其他变量的含义与方程（1）相同。

方程（4）的回归结果见表 5 的 PANEL B。结果表明，与国家五年规划相异的重点产业虚拟变量 IMPINDBS 的系数在以企业增加值、就业、总产值、销售额加权的产业 TFP 作为被解释变量时均显著为正，且均能通过 1%显著性水平的统计检验，而与国家五年规划相同的重点产业虚拟变量 IMPINDGJ 的系数仅在以就业人数加权的产业 TFP 作为被解释变量时显著，且仅能通过 10%显著性水平的统计检验。以上结果表明，给定其他条件不变，相对于非重点产业，各省份异于国家规划的重点产业政策具有显著的生产率效应，而与国家规划相同的重点产业政策的生产率效应几乎不显著。这表明各省份虽然把国家五年规划确定的重点产业写进了规划，但是这些产业的生产率提高程度与非重点产业几乎没有差异。对此结论，我们将在第六部分第三小节考察其产生机制。

因此，与国家规划相同与相异的重点产业政策对产业生产率产生了显著不同的影响，再次验证了理论假说2。

（三）与国家规划相同或相异的重点支柱、重点传统、重点新兴六类产业政策的生产率效应差异

前两小节我们按照两个不同的标准划分重点产业，分别考察了分类重点产业政策对生产率影响的差异，本小节按照双重标准将重点产业划分为与国家规划相同和相异的重点支柱、重点传统和重点新兴产业共六类，来实证检验六类细分重点产业政策对生产率影响的差异。

首先，分别构造相应的虚拟变量 IMIPNDGJP、IMPINDGJT、IMPINDGJN、IMPINDB-SP、IMPINDBST、IMPINDBSN。具体赋值方法为：当一个产业是与国家五年规划相同的重点产业，且又属于该省份重点支柱产业时，变量 IMPINDGJP 取1，否则取0。其他变量的赋值方法以此类推。其次，将上述6个虚拟变量同时放进方程（4），代替原来的虚拟变量 IMIPNDGJ 和 IMPINDBS 进行回归，结果报告于表5的 PANEL C。回归结果显示，与国家规划相同的重点支柱和重点传统产业政策产生了轻微的生产率效应，而与国家规划相同的重点新兴产业政策的生产率效应不显著。与国家规划相异的重点支柱和重点传统产业政策具有显著的生产率效应，而与国家规划相异的重点新兴产业政策的生产率效应仍然不显著。因此，将重点产业细分为六类，各分类重点产业政策对产业生产率的影响程度也具有显著差异，且其差异性与本部分第一、第二小节的结论保持一致。第六部分第四小节将进一步探讨产生以上结果的微观机制。

综上所述，我们按照3个不同的标准将重点产业分类，发现重点产业政策对产业生产率的影响程度在不同产业类型上具有显著差异，验证了本文的理论假说2。

六、实证分析：重点产业政策的资源重置效应差异

我们已经发现，地方政府通过重点产业政策总体上显著提高了重点产业的生产率，但是重点产业政策对产业生产率的影响程度因产业类型而异。本部分通过考察地方政府将资源导向生产率增长率更高企业的程度在不同产业类型上是否显著不同，验证重点产业政策的资源重置效应是否因产业类型而异，为重点产业政策生产率效应的产业间差异提供一种可能的解释。具体地，本部分将利用中国制造业企业层面的政府补贴或税收优惠与企业TFP增长率相匹配的非平衡面板数据，检验地方政府对重点产业中TFP增长率更高企业的扶持是否显著高于非重点产业中企业，以及生产率增长率对政府扶持力度的影响是否因产

业类型而异，从而验证理论假说 3。本部分设定的实证模型如下。

$$LNSUBSIDY_{i,t} = \beta_0 + \beta_1 LNLTFPG_{i,t} \times IMPIND + \beta_2 LNLTFPG_{i,t} \times (1 - IMPIND) + \Lambda Z_{i,t} + \lambda_s + \eta_r + \gamma_t + \varepsilon_{i,t} \tag{5}$$

$$LNTAXHOLIDAY_{i,t} = \beta_0 + \beta_1 LNLTFPG_{i,t} \times IMPIND + \beta_2 LNLTFPG_{i,t} \times (1 - IMPIND) + \Lambda Z_{i,t} + \lambda_s + \eta_r + \gamma_t + \varepsilon_{i,t} \tag{6}$$

其中，下标 i、t 分别代表企业和年份，以下省略下标。变量 LNSUBSIDY 是企业获得的政府补贴的对数，用企业数据库中企业的原始政府补贴数据取对数得到。变量 LNTAXHOLIDAY 是企业获得的税收优惠的对数。本文讨论的税收优惠（TAXHOLIDAY）指企业所得税优惠，其计算方法为：在本文样本期内，国家法定企业所得税率没有发生变化，内资企业统一法定税率为 33%，外资企业统一法定税率为 15%。根据企业数据库里企业国有控股情况变量分类，将国有控股、集体控股、私人控股和其他 4 种情况统一视为内资企业，将港澳台商控股和外商控股视为外资企业，分别适用不同的法定税率计算其税收优惠。参考 Aghion 等（2012）的做法，税收优惠的计算方法为：税收优惠 = 企业法定适用税率 × 利润总额 – 实际应交所得税。根据企业国有控股情况内外资企业分别采用 33% 及 15% 两种税率，计算出各个企业的税收优惠额。

变量 LNLTFPG 代表企业滞后一期 TFP 增长率的对数（以下简称企业 TFP 增长率），其计算方法是：先采用 OP 方法估算企业的 TFP 值，计算企业的 TFP 增长率并取其滞后一期，最后取对数。本部分我们关注的核心系数是企业 TFP 增长率和重点产业虚拟变量（IMPIND）的交叉项的系数 β_1 以及它和非重点产业虚拟变量（1–IMPIND）的交叉项的系数 β_2。β_1 的含义是重点产业中企业前一期的 TFP 增长率每提高 1%，会使得企业当期得到的政府补贴或税收优惠提高 β_1%。β_1 越大，重点产业中生产率增长率更高的企业得到的扶持力度越大，重点产业的资源重置效应越高。而 β_2 则代表非重点产业中企业前一期的 TFP 增长率每提高 1%，会使得企业当期得到的政府补贴或税收优惠提高 β_2%。β_2 越大，非重点产业中生产率增长率更高的企业得到的扶持力度越大，非重点产业的资源重置效应越高。如果系数 β_1 大于 β_2，则表明重点产业中 TFP 增长率更高的企业受到的扶持力度更大，重点产业的资源重置效应大于非重点产业，重点产业政策通过优化重点产业内部企业之间资源配置状况而提高了产业生产率。

Z 是控制变量向量，Λ 是其系数向量。Z 包括影响地方政府补贴或税收优惠决策的重要产业或省份特征变量，具体为产业劳动生产率 YL（产业工业总产值除以就业人数）、产业利税率 PTRV（产业利润总额与应交所得税之和除以产业工业总产值）、产业资本密集度 KL（产业固定资产总额除以产业就业人数）、产业增加值 VZP（产业内企业增加值之和）和省份市场化程度 MAR（来自樊纲等的市场化指数）。λ_s、η_r、γ_t 分别代表产业、省份和年份虚拟变量。

（一）重点与非重点产业政策的资源重置效应差异

首先，我们直接对方程（5）和方程（6）回归，从总体上考察重点产业政策的资源重置效应，相应的回归结果报告于表 6 的 PANEL A 中。我们关注的企业 TFP 增长率与重点和非重点产业虚拟变量交叉项的系数均显著为正，表明重点和非重点产业中生产率增长率更高的企业均得到了更多的政府补贴和税收优惠。但是，无论以政府补贴还是税收优惠作为被解释变量，重点产业虚拟变量和企业 TFP 增长率的交叉项的系数均大于非重点产业虚拟变量和企业 TFP 增长率的交叉项的相应回归系数。因此，重点产业中企业的 TFP 增长率提高相同幅度，使得其政府补贴和税收优惠提高的幅度均大于非重点产业中企业，也就是说重点产业的资源重置效应高于非重点产业。该结果表明，政府提高重点产业生产率的一种可能途径是通过最大限度地将资源导向重点产业中生产率增长率更高的企业，在重点产业中通过优化企业之间资源配置而产生了更高的资源重置效应。

表 6　重点产业政策的资源重置效应差异

PANEL A 重点与非重点产业		
	LNSUBSIDY	LNTAXHOLIDAY
LNLTFPG × IMPIND	0.03*** (0.01)	0.10*** (0.02)
LNLTFPG × (1 − IMPIND)	0.02** (0.01)	0.06*** (0.02)
OBS.	29038	29038
R^2	0.12	0.07
PANEL B 重点支柱、重点传统与重点新兴产业		
	LNSUBSIDY	LNTAXHOLIDAY
LNLTFPG × IMPINDP	0.05*** (0.02)	0.08*** (0.02)
LNLTFPG × IMPINDT	0.00 (0.02)	0.09*** (0.02)
LNLTFPG × IMPINDN	−0.04 (0.03)	0.00 (0.05)
LNLTFPG × (1 − IMPIND)	0.02* (0.01)	0.06*** (0.02)
OBS.	29038	29038
R^2	0.12	0.07
PANEL C 与国家规划相同与相异产业		
	LNSUBSIDY	LNTAXHOLIDAY
LNLTFPG × IMPINDGJ	0.02* (0.0137)	0.08*** (0.02)
LNLTFPG × IMPINDBS	0.05*** (0.02)	0.13*** (0.03)
LNLTFPG × (1 − IMPIND)	0.02** (0.01)	0.06*** (0.02)
OBS.	29038	29038
R^2	0.12	0.07

PANEL D 与国家规划相同与相异的重点支柱、传统与新兴产业		
	LNSUBSIDY	LNTAXHOLIDAY
LNLTFPG × IMPINDGJP	0.04** (0.02)	0.06** (0.03)
LNLTFPG × IMPINDGJT	−0.01 (0.02)	0.06** (0.03)
LNLTFPG × IMPINDGJN	−0.03 (0.03)	0.02 (0.05)
LNLTFPG × IMPINDBSP	0.06** (0.02)	0.11*** (0.04)
LNLTFPG × IMPINDBST	0.04 (0.03)	0.15*** (0.05)
LNLTFPG × IMPINDBSN	−0.38 (0.23)	−0.15 (0.35)
LNLTFPG × (1 − IMPIND)	0.02* (0.01)	0.06*** (0.02)
OBS.	29038	29038
R^2	0.12	0.07

注：所有回归中均控制方程（5）或方程（6）中所有控制变量，回归方法为混合回归，括号中是回归系数标准差，***、** 和 * 分别表示 1%、5%、10%的显著性水平。

（二）重点支柱、重点传统和重点新兴产业政策的资源重置效应差异

我们在第五部分的第一小节已经发现，重点支柱、重点传统和重点新兴产业政策对产业生产率的影响程度具有显著差异。为了验证这种差异是否可能由政府将资源导向产业中生产率增长率更高企业的程度不等所致，本小节我们将企业 TFP 增长率分别与重点支柱、重点传统以及重点新兴产业虚拟变量交乘，同时将 3 个交叉项引入实证模型（5）和模型（6）中，代替原来的企业 TFP 增长率与重点产业虚拟变量的交叉项进行回归，以检验三类重点产业政策的资源重置效应是否具有显著差异。结果报告于表 6 的 PANEL B。可以看出，无论是以政府补贴还是税收优惠作为被解释变量，企业 TFP 增长率与重点支柱产业虚拟变量交叉项的系数均显著为正，而且系数绝对值均大于企业 TFP 增长率与重点传统或重点新兴产业虚拟变量的交叉项的系数。企业 TFP 增长率与重点传统产业虚拟变量的交叉项的系数仅在以税收优惠变量作为被解释变量时显著为正，而企业 TFP 增长率与重点新兴产业虚拟变量交叉项的系数则完全不显著。因此，企业的 TFP 增长率提高相同幅度，重点支柱产业中企业得到的政府补贴和税收优惠提高的幅度最大，重点传统产业次之，重点新兴产业无显著提高。这表明，重点支柱产业政策的资源重置效应最高，重点传统产业政策次之，重点新兴产业政策没有显著的资源重置效应。

本小节的结论与第五部分第一小节的实证结果是互相呼应、互相印证的。本小节结果表明，重点支柱和重点传统产业政策的资源重置效应均显著为正，而重点新兴产业政策的

资源重置效应不显著,而第五部分第一小节的实证结果则验证了重点支柱产业和重点传统产业的 TFP 水平显著高于非重点产业,重点新兴产业的 TFP 与非重点产业无显著差异。因此,通过将重点产业细分为三类进行实证分析,验证了地方政府将资源导向生产率增长率更高的企业的程度在不同类型重点产业中存在显著差异,在不同类型重点产业中产生了显著不同的企业之间资源重置效应,为重点产业政策生产率效应的产业间差异提供了一种可能的解释,初步验证了理论假说 3。

对于新兴产业而言,地方政府短期内靠投资拉动 GDP 增长,长期目标则是产业生产率提高和产业可持续发展,因此它有更强的动机将资源导向生产率增长率更高的企业,实现更高的资源重置效应。但是正如理论述评指出的,政府对于新兴产业拥有的信息有限,比较难以判断哪些企业的生产率具有较高的成长性,这种信息的不完备限制了地方政府将资源导向生产率增长率更高企业的能力,导致地方政府未能实现其提高新兴产业生产率的长期目标。地方政府对重点支柱和重点传统产业的目标更多的是短期内产出最大化,而并不一定将提高生产率作为重要目标,但是由于地方政府对这些产业的生产率信息比较完备,相对容易识别出哪些企业的生产率增长率更高,结果是对这些产业中生产率增长率更高企业实施了更大力度的扶持,导致了这些产业的生产率显著提高。这说明政府的短期目标不是完全没用的,那些没有信息基础的长期目标反而可能更容易失败。

(三) 与国家规划相同与相异重点产业政策的资源重置效应差异

本小节我们将检验与国家规划相同与相异两类重点产业中 TFP 增长率更高的企业受到的扶持力度是否有显著差异,即两类重点产业政策的资源重置效应是否不同,试图为两类重点产业政策对生产率影响程度的显著差异提供一种可能的解释。为此,将与国家规划相同与相异的重点产业虚拟变量分别与企业 TFP 增长率交乘,将两个交叉项引入实证方程(5)和方程(6)中,代替原来的重点产业虚拟变量与企业 TFP 增长率的交叉项进行回归。表 6 的 PANEL C 报告了相应的回归结果。与国家规划相同和相异的重点产业虚拟变量与企业 TFP 增长率的交叉项的系数均显著为正,但是与国家规划相异的重点产业虚拟变量与 TFP 增长率的交叉项系数的显著性水平和绝对值均高于与国家规划相同的重点产业虚拟变量与 TFP 增长率的交叉项。

因此,TFP 增长率提高相同幅度,导致与国家规划相异的重点产业中企业受扶持力度的提高程度大于与国家规划相同的重点产业中的企业,这表明与国家规划相异的重点产业政策的资源重置效应更高。表 5 中 PANEL B 的结果表明,与国家规划相异的重点产业的 TFP 水平显著高于非重点产业,而与国家规划相同的重点产业的 TFP 水平与非重点产业几乎无显著差异。综合上述结果,地方政府可能通过给予与国家规划相异的重点产业中生产率增长率更高的企业更多扶持,提高这些产业的资源重置效应,从而显著提高这些产业的生产率,再次验证了本文的理论假说 3。

地方政府在制定地方重点产业政策时,具有一定的能动性。事实上,地方政府对于国家五年规划确定的重点产业政策并非照搬照抄,而是根据其是否符合当地经济的实际情况，是否契合地方政府短期内快速拉动地方经济增长的目标，因地制宜，灵活制定地方重点产业政策。与国家规划相同的重点产业往往是地方政府对上级指令形式上的响应，这些产业可能并不符合当地实际，地方政府在此类产业上的信息基础较差，比较难以正确识别其中高生产率增长率的企业并予以政策扶持，因此在这些产业中的资源重置效应较低。而与国家规划相异的重点产业则是地方政府出于政治激励而能动选择的结果，这些产业很多是能够快速拉动地方经济增长的支柱产业，地方政府在这些产业上信息比较完备，能够正确识别出其中生产率增长率高的企业并予以实质性扶持，政府在这些产业中的资源重置效应较高。由此可见，同样是信息基础的差异决定了地方政府重点产业政策的资源重置效应差异。

（四）与国家规划相同或相异的重点支柱、重点传统、重点新兴产业政策的资源重置效应差异

第五部分第三小节识别出与国家规划相同和相异的重点支柱、重点传统和重点新兴六类产业政策对生产率影响程度有显著差异，本小节我们进一步分析导致这种差异性的可能原因。为此，将与国家规划相同和相异的重点支柱、重点传统和重点新兴六类产业虚拟变量分别和企业 TFP 增长率相乘，同时放进实证方程（5）和方程（6）中代替原来的重点产业虚拟变量和 TFP 增长率的交叉项进行回归。

回归结果报告于表 6 的 PANEL D。与国家规划相同和相异的重点支柱产业与 LNLTFPG 的交叉项的系数均显著为正，与国家规划相异重点支柱产业与 LNLTFPG 的交叉项的系数的显著性水平和绝对值更大。与国家规划相同和相异的重点传统产业与 LNLTFPG 交叉项的系数仅当税收优惠作为被解释变量时显著为正，与国家规划相异重点传统产业与 LNLTFPG 的交叉项的系数显著性水平和系数绝对值更大。与国家规划相同和相异的重点新兴产业与 LNLTFPG 的交叉项的系数均不显著。以上结果表明，企业 TFP 增长率提高相同幅度，与国家规划相异的重点支柱产业获得的补贴或税收优惠提高的幅度最大，与国家规划相同的重点支柱产业次之，与国家规划相异的重点传统产业排第三，与国家规划相同的重点传统产业排第四，而重点新兴产业无论是与国家规划相同还是相异，均无显著提高。因此，六类细分的重点产业政策的资源重置效应也具有显著差异。

表 5 的 PANEL C 中回归结果表明，与国家规划相异的重点支柱产业政策对生产率的影响程度最显著，与国家规划相异的重点传统产业政策对生产率的影响程度次之，与国家规划相同的重点支柱产业和重点传统产业政策也有微小的生产率效应。对照本小节的回归结果，六类细分重点产业政策的生产率效应排序与其资源重置效应排序是基本吻合的，地方政府将资源导向不同类型重点产业中生产率增长率更高的企业的程度不同所产生的资源重置效应差异可能也是导致六类细分产业对生产率的影响程度差异的原因之一，进一步验证了本文的理论假说 3。另外，本小节回归结果与第二、第三小节也是相互吻合、相互印证的。

表 6 各 PANEL 的回归结果中，在以税收优惠变量作为被解释变量时，核心解释变量的系数始终大于以政府补贴作为被解释变量时的核心解释变量系数，这表明地方政府采用

税收优惠产业政策手段实现的资源重置效应高于政府补贴。

综上，地方政府将资源导向生产率增长率更高企业的程度在不同产业类型上具有明显差异，在不同类型重点产业中产生了显著不同的资源重置效应，为重点产业政策对生产率的影响程度在不同产业类型上的差异性提供了一种可能的解释，由此验证了本文的理论假说 3。

七、结 论 性 评 述

产业政策效应评估是当前中国结构转型和经济发展中有重要实践意义的实证问题。首先，本文通过构造各省份二位码产业 TFP 与地方政府重点产业政策相匹配的面板数据，识别我国地方政府的重点产业政策对产业生产率的影响以及这种影响在不同产业类型上的差异。接着，本文进一步利用企业层面数据考察重点产业政策对生产率影响程度因产业类型而异的微观机制。

实证发现：第一，地方政府的重点产业政策总体上显著提高了产业生产率；第二，重点产业政策对生产率的影响程度在不同产业类型上具有显著差异；第三，地方政府将资源导向产业内部生产率增长率更高企业的程度在不同类型重点产业上具有显著差异，从而揭示了重点产业政策对产业生产率影响程度因产业类型而异的一个可能原因，即重点产业政策的资源重置效应差异。本文发现重点产业政策的生产率效应因产业类型而异，这种差异性可能源于地方政府在不同类型产业中的信息完备程度不同。本文的发现一定程度上为信息在政府引领产业结构变动中的重要性提供了相应的经验证据。

本文的实证发现具有重要的政策含义。第一，地方政府通过重点产业政策总体上显著提高了产业生产率，促进了地方产业转型升级，产业政策具有现实的可行性。第二，本文的发现为提高重点产业政策的生产率效应提供了一种可行的途径：重点产业政策通过在产业内部企业之间进行资源重置，使生产率增长率更高的企业获得更多的资源，促使其份额增长更快，提高重点产业政策的资源重置效应。第三，重点产业政策对产业生产率的影响程度因产业类型而异，与政府对产业自身特征和发展规律的把握程度密切相关。政府产业政策目标的选择应配合微观层面上的产业特征进行，不能脱离产业实际。顺应产业特征的政策目标可能事半功倍，取得显著效果，与产业特征相悖的政策目标往往事与愿违，难以取得预期的成效。因此，政府通过重点产业政策可以在产业结构转型升级中发挥积极作用，然而产业政策目标能否实现最终取决于市场。第四，良好的信息基础是政府正确选择产业政策导向的必要条件，在产业政策制定和实施过程中，政府应当首先充分占有和合理处理相关产业信息，以确保产业政策目标的合理性与产业政策手段的可行性，最大限度地提高产业政策效果。

本文的研究一定程度上揭示了未来研究的可拓展之处。本研究揭示了地方政府可能通过重点产业政策实现产业内部企业之间资源配置的优化，从而提高产业生产率，但是这种资源再配置到底在多大程度上影响了制造业产业内部的资源误置程度，是一个值得进一步研究的课题。

参考文献

［1］Aghion P., Dewatripont M., Du L.-S., Harrison A. and P. Legros. Industrial Policy and Competition ［R］.NBER Working Paper, No. 18048, 2012.

［2］Beason R. and D. E. Weinstein. Growth, Economies of Scale and Targeting in Japan（1955~1990）［J］.Review of Economics and Statistics, 1996, 78（2）：286-295.

［3］Chong A. and M. Gradstein. Volatility and Growth［J］. Journal of Economic Growth, 2009, 14（1）：1-25.

［4］Criscuolo C., Martin R., Overman H., J. V. Reenen. The Causal Effects of an Industrial Policy ［R］. NBER Working Paper, No. 17842, 2012.

［5］Krueger A. O. and B. Tuncer. An Empirical Test of the Infant Industry Argument［J］. American Economic Review, 1982, 72（5）：1142-1152.

［6］Syverson C. What Determines Productivity?［J］. Journal of Economic Literature, 2011, 49（2）：326-365.

［7］Wooldridge J. M. Econometric Analysis of Cross Section and Panel Data［M］. MIT Press, 2002.

［8］林毅夫. 潮涌现象与发展中国家宏观经济理论的重新构建［J］. 经济研究, 2007（1）.

［9］林毅夫. 新结构经济学［J］. 经济学（季刊）, 2010, 10（1）.

［10］林毅夫. 新结构经济学［M］. 北京:北京大学出版社, 2012.

［11］聂辉华, 贾瑞雪. 中国制造业企业生产率与资源误置［J］. 世界经济, 2011（7）.

［12］潘士远, 金戈. 发展战略、产业政策与产业结构变迁——中国的经验［J］. 世界经济文汇, 2008（1）.

［13］宋凌云, 王贤彬, 徐现祥. 地方官员引领产业结构变动［J］. 经济学（季刊）, 2012, 12（1）.

［14］徐现祥, 王贤彬. 任命制下的官员经济增长行为［J］. 经济学（季刊）, 2010, 9（4）.

［15］周黎安. 转型中的地方政府：官员激励与治理［M］. 上海:上海人民出版社, 2008.

［16］周亚虹, 贺小丹, 沈瑶. 中国工业企业自主创新的影响因素和产出绩效研究［J］. 经济研究, 2012（5）.

［17］周振华. 产业政策分析的基本框架［J］. 当代经济科学, 1990（6）.

中国产业升级机会的甄别 *

张其仔[1] 李 颢[2]

(1. 中国社会科学院工业经济研究所，北京 100836；

2. 中国社会科学院研究生院，北京 102488)

【摘 要】实现产业升级是中国实现发展方式转变的重要内容，但要有效地完成这一任务，就需要发现潜在的比较优势产业。本文以最新的全球产品贸易数据库为基础，对比较优势演化理论的产品空间的异质性前提进行了验证，分析了中国和全球多数国家的产品空间演化。文章运用产品空间理论对中国近期的潜在优势产业进行了预测，对不同邻近性阈值条件下产业的演化轨迹进行了充分讨论。其基本结论是，中国产业升级的能力是有限的，当期具有比较优势的产业种类和近期具有潜在比较优势的产业种类虽然高于全球平均水平，但长期看，具有潜在比较优势的产业种类总数却小于全球平均水平，潜在比较优势产业演进的可持续性并不比全球平均水平高；在产业升级过程中，中国面临两难选择，产业升级的步伐如果过快，对当期的经济增长就会造成冲击，如果过慢则无法维持可持续的经济增长。考虑到中国产业升级能力的特性，实现产业结构调整和产业升级的最佳策略，就是要充分发挥中国产业多样化的优势，发挥组合效应，实现包容性升级。

【关键词】包容性产业升级；潜在比较优势产业；产品空间

一、引 言

一个国家的工业化或现代化，必然会体现为结构的变迁。政府要在结构变迁中发挥作用，企业要成为经济增长的成功推动者，其前提是政府、企业能甄别结构变迁的方向，找出不同时期最有潜在比较优势的产业（林毅夫，2012）。但发现潜在比较优势的产业并非

* 本文选自《中国工业经济》2013 年第 5 期（总 302 期）。

基金项目：中国社会科学院创新工程项目"工业经济运行监测与风险评估研究"；国家社会科学基金重大项目"产业竞争优势转型战略与全球分工模式的演变"（098&ZD035）。

是一项可被轻松完成的工作，经济学虽然不断地致力于对此提出一些工具和方法，[1] 但长期以来仍不能为经济实践提供细致、可操作性的指导。近年来，此种局面有所改观，经济学在潜在比较优势产业的识别研究上获得了很大突破。

林毅夫在世界银行工作期间，与其同事合作提出了增长机会甄别和因势利导框架，简称 GIFF 框架。这个框架对发展中国家产业选择的重要指导之一，就是选择那些人均收入相当于自身 2 倍左右、与自身资源禀赋大致相同国家的产业结构作为追赶对象，把为私营企业发现并成功地得以发展的产业纳入潜在比较优势产业集合（林毅夫，2012）。GIFF 框架的开创者虽然对这一框架开展过案例研究，展示了这一框架应用的具体步骤，但因为这一框架要评估国家与国家之间资源禀赋的相似性，所以，不可避免地要遭遇如何评估资源禀赋这一难题。如果简单地用资本或劳动要素的相对丰富程度作为评估依据，就会遭遇"具有近似的资源和要素禀赋，然而却擅长生产不同类型的产品"（丹尼·罗德里克，2009）这样的挑战。这一框架要求一个国家盯住先行者，很多发达国家因为其发展水平已经位居前列，所以，GIFF 框架即便能很好地解决资源禀赋相似性评价的难题，也难以对发达国家提供指导，因而只能是指导发展中国家产业选择的框架。

近年来兴起的潜在比较优势产业发现的另一种理论，就是哈佛大学 Hausmann 和 Bailey 以及 Hidalgo 等提出并加以发展的产品空间理论（Hausmann 和 Bailey，2006；Hidalgo 等，2007）。这一理论从 2006 年被提出至今，已有不少学者、国际机构将其用于特定国家或地区结构转型与产业升级的研究（Arnelyn Abdon 和 Jesus Felipe，2011；Connie Bayudan-Dacuycuy，2012；Andreas Reinstaller 等，2012）。国内将这个理论应用于指导中国产业升级实践的研究始于 2008 年（张其仔，2008；曾世宏和郑江淮，2008），此后相继出现了为数不多的对于此理论的评述和力图运用这个理论解释中国产业升级的论文和报告。但既有文献关注得较多的是如何运用产品空间理论去测度经济的复杂性，进而估计其影响（伍业君、张其仔，2011；伍业君、张其仔，2012；张其仔等，2012；伍业君等，2012）。国内外虽有少量文献力图运用产品空间理论去发现中国产业潜在的升级机会，但因数据的原因，其运用上存在一定的局限性，如对产品的邻近性采用了替代性算法（曾世宏、郑江淮，2010）；用局部产品空间代替全局产品空间（万金、祁春节，2012）；对影响潜在比较优势产业选择的邻近性阈值缺乏必要的讨论（张其仔等，2013）；对未来产业的演化仅进行一期模拟等。本文力图在克服上述局限性的基础上，以最新的全球贸易数据为基础，在重新构建全球产品空间的基础上对中国潜在产业升级机会进行识别。

---

① 这些工具和方法包括比较优势理论、主导产业理论、进口替代理论、模仿理论等。

二、全球产品空间与产品空间的异质性

产品空间理论把一个国家产业升级的机会定义为能力的函数。生产新的产品、转型到新的产业，是由现有生产能力所决定的。所以，科学地识别一国的能力成为发现潜在比较优势产业的关键要素。产品空间理论的成功很大程度上取决于这个理论成功地解决了这一难题。

指导一国产业选择和能力发现的最为古老的理论就是比较优势理论。产品空间理论发现各国能力的方法与经典的比较优势理论不同。经典的比较优势理论是通过要素，也就是通过投入去发现一国的比较优势和能力的，产品空间理论则强调从产出的角度发现一国的能力和比较优势。不同国家的能力可以用产品空间加以测量。一国当前生产的产品反映了一国所具备的生产能力①。所以，在产品空间理论看来，不同国家在产品空间结构中的位置决定了一个国家产业升级的方向、路径以及未来经济增长的绩效。一个国家产业升级具备什么样的升级机会，可以从现有产品空间结构找到答案。这一具备可操作性的方法可以有效避免从投入方面分析一国究竟具有什么比较优势的复杂争论。

既然一国的能力可由产品空间来测量，运用产品空间理论去识别一国的产业升级机会，首先就需要构建一个产品空间。产品空间由所有可能被生产出来的产品以及产品间的关系构成。所谓产品间的关系就是指不同产品之间所需生产能力的相似性，这种相似性在操作层面可用产品间的邻近性进行测量。当产品 A 和产品 B 与产品 A 和产品 C 相比较在更多的国家同时进行生产时，那产品 A 和产品 B 两者的关系相对于产品 A 和产品 C 两者的关系，就可以定义为更具邻近性。潜在比较优势产业或产品必须满足一定的邻近性特征。

建立产品空间的目的就是要找出所有的可生产产品的集合。潜在的比较优势产品的识别，就是要从这个产品全集中找出满足特定条件的产品子集。很显然，产品全集所包含的产品种类越多，潜在比较优势产品集就可能越准确。理论上而言，产品全体的集合，既要包括现有的产品，也要包括未来的产品，但未来产品还没有生产出来，所以，在具体操作过程中，所谓的产品全集只包括了现在已经生产出来的产品。由于全球生产出来的产品种类是不断变化的，所以，这一集合也要随之不断更新。为了对中国潜在比较优势产业进行识别，根据数据的可获性，我们以 2009~2011 年贸易数据构建了全球产品空间，包括了3118 类可贸易产品。

Hausmann 等提出的能力理论，虽然也被他们冠以比较优势理论的名称（他们称之为

---

① 用产出来反映一国比较优势的传统，可以追溯到 B.Balassa（1963）最早提出显示比较优势的时代。

比较优势演化理论），但这种理论与其他被称为比较优势理论的理论不同。其他的比较优势理论有一个基本假定，就是产品空间的均质性，即产品与产品之间的"距离"相等。在经济增长理论的各类模型中，有一类被称为产品种类扩张模型，专门研究产品种类增加对经济增长的影响。这类模型假定了产品空间的均质性（罗伯特·J.巴罗和哈维尔·萨拉伊马丁，2000）。但可以设想，如果产品空间不存在异质性，生产不同产品所需的生产能力就没有差异，对一个国家而言，下一期生产这种或那种产品并无差异，因而可以随机选择，研究上也就无法用产品空间方法去识别国与国之间的能力差异。因此，产品空间的异质性是产品空间理论得以成功应用的前提。

Hausmann 等提出产品空间理论，是建立在他们对产品空间的真实研究基础之上的。他们利用 1962~2000 年世界贸易数据库的数据构建了全球产品空间图，包括了 775 种产品类型。他们发现，产品空间图呈现出中心—边缘模式，就是一些产品与另一些产品相比，其周边显得更加稠密，一些产品与另一些产品相比，其周边显得更加稀疏，全球产品空间具有不均匀性。对于这样的结论，从研究的角度可以提出两点质疑：一是他们得出的结论，是否只适用于某些特殊时期？二是如果运用真实的生产数据，产品空间的异质性是否会消失？运用产品空间去识别一国的生产能力，最好的方法就是用产品的生产数据，但因为全球各国产品生产的详细数据不可得，所以，只能退而求其次，用产品出口数据替代。对此，可以提出的质疑是：如果用产品生产数据得到产品空间图，产品空间的异质性这一性质是否依然存在？

为了解决第一个质疑，我们用与 Hausmann 等分析全球产品空间图时同样的方法、不同的数据重新构建了全球产品空间图。图 1 使用的是根据联合国商品贸易统计数据库（UN Comtrade Database）数据绘制的 1992~1994 年、1999~2001 年、2004~2006 年和 2009~2011 年的全球产品空间图。为减少不同年度的意外波动，各图是通过计算各期产品的平均邻近性加以构建的。图 1 描绘的产品空间网络呈现出显著的中心—边缘特征，如果在图中的节点上标出具体的产业名称，则还可以发现，机电、化学和仪器仪表等高端制造业产品位于中心，农、牧、渔产品和矿产采掘等初级产品位于外围。① 比较各期的产品空间图，不难发现，虽然不同时期的产品空间的连通性有所变化，但产品空间的异质性特点一直没有消失。

为了解决第二个质疑，最科学的方法是收集全球各国的产品生产数据，并以此为基础，重新计算各种产品之间的邻近性，并构建全球产品空间图，但这在目前是不现实的，所以，我们只能退而求其次，尝试用中国的产品生产数据计算各种产品的邻近性，画出中国的产品空间图。图 2 就是依托 2005 年中国工业企业数据库以省份为基础计算每种产品

---

① 在产品空间图中，以国际贸易标准分类（修订3）（SITC rev3）的 5 位码产品作为节点，以产品邻近矩阵中的元素，即产品两两之间的邻近性为基础，构建节点之间的连接（边）。为体现所有产品之间有效连接，首先绘制连接所有产品节点的最大生成树，在此基础上取邻近度大于特定阈值（0.55）的边，加入最大生成树中，形成最终的产品空间图。构成最大生成树必需的边以外的、小于特定阈值的邻近性暂不加以考虑。

平均邻近性之后画出的，横轴为每一种产品的编号，纵轴为产品的平均邻近性，等于某产品与所有其他产品的邻近性之和除以产品的种类数。如果产品空间是均质的，那么，图2中各柱形的高度就会一致，但图2中各柱形却呈现高低不一致的形态。这表明，不同的产品，其平均邻近性不同，邻近性最高的产品，其平均邻近性为最低产品的近20倍，所以，与此相对应的产品空间图必然具有异质性。如果根据产品的邻近性画出产品空间图，再在节点上标出产品的名称，将其与节点都标上名称的图1进行比较，我们会发现，虽然这两

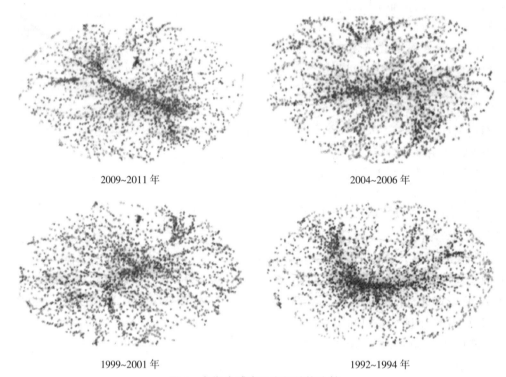

2009~2011 年　　　　　　　　　2004~2006 年

1999~2001 年　　　　　　　　　1992~1994 年

图1　各期全球产品空间结构比较

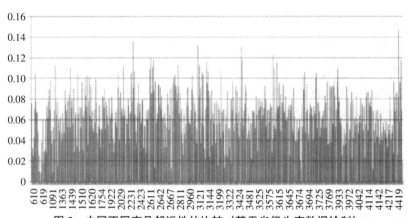

图2　中国不同产品邻近性的比较（基于省级生产数据绘制）

088

个图的连通性、同样产品的空间位置有所不同，但仍然呈现出中心—边缘的异质化格局。这个例子表明，用生产数据重新构建产品空间，也不会改变产品空间异质性这一基本特征，这就保证了用产品空间去识别潜在比较优势产业和产品的可行性。

三、潜在比较优势产业的筛选

1. 潜在比较优势产业筛选的三个原则

根据产品空间理论，从中国现有比较优势产品出发，其最有潜在比较优势的产品，应是在产品空间中与其邻近性最高的产品，因为生产这两种产品所需能力差异最小，从此种产品跳到彼种产品，升级的成本最小。在两种产品价格既定的情形下，企业所获利润最大（张其仔，2008）。这是总的指导原则。在具体操作上，何种邻近度的产品和具有同等邻近度的产品中何者应进入潜在比较优势产业集合，则需要通过以下三个原则的检验：

第一，目前不具有比较优势，即显示比较优势指数小于1。从显示比较优势上对产品进行分类，可以分为具有显示比较优势的产品和不具有显示比较优势的产品，一种产业在邻近度上需要符合潜在比较优势产业的要求，但该产业如果已属于有显示比较优势的产业，就不能再进入潜在比较优势产业集。

第二，目标产业的技术含量高于演化起点产业的技术含量。目标产业就是我们要寻找的具有潜在比较优势的产业，起点产业就是当期具有比较优势、与具有潜在比较优势产业的邻近度符合要求的产业。从比较优势演化的趋势看，一个国家的经济要不断发展，其产业演进的方向应是从相对技术含量低的产品向相对技术含量高的产品演进，所以，根据产品邻近性原则选择出来的具有演进潜力的产品集中，不包括比演化起点产品技术更低的产品较为合理。理论上讲，产业演化也可能会出现从高技术含量向低技术含量退化的情况，但这种变化无须新的能力建设，会造成能力闲置，所以，从企业的角度而言，除非经济发生重大衰退，否则就不可能做出这种决策。

第三，邻近性阈值。筛选潜在比较优势产业需要设定企业的临界跳跃距离，也就是需要设定邻近性阈值。任何两种产品，都可以计算邻近性，差别只在于邻近性的程度不同。有的较强，有的较弱或显著偏弱。因此，如果不对邻近性设定阈值，那么一种与当期比较优势产业可能根本谈不上有什么邻近性的产业，也可以被划入潜在比较优势产业之列。这一操作须假定，企业具有无限的能力，从而能实现任何跨度的惊险一跳。如果这一假定合理，潜在比较优势产业的筛选操作就变得毫无意义，因为在这一假定下，任何产业对企业而言，都是可达的，唯一的约束是需求，这显然不合理。所以，一个产业在满足了上述两个条件后，还需要通过邻近性程度的测验。我们在识别潜在优势产业时，需要确定一个邻近性阈值。

产品之间的邻近性也可以用能力距离加以定义。如果把需要完全不同的专用能力生产的两种产品的能力距离定义为1，那么需要某种相似能力生产的两种产品，其能力距离可定义为1与邻近性值的差。所以，确定的这个邻近性阈值，也可被理解为一个国家和企业在产业升级中需要跨越的能力距离，我们把产业升级需要跨越的能力距离，也定义为产业升级幅度。

2. 不同阈值条件下产业升级机会的比较

为了运用潜在比较优势产业筛选的三个标准确定潜在比较优势产业集合，我们利用2000~2011年的全球产品贸易数据库中的数据，计算了中国不同产品各年的显示比较优势指数，然后将其进行平均，如果其值小于1，就可以进入潜在优势产业的备选集。根据这个标准筛选出来的潜在优势产业集合，因为是无向的，所以必定包括部分比演化起点产品技术含量更低的产品，为此必须利用产品的技术含量指标进一步缩小潜在比较优势产业的种类。

为了识别产品技术含量的高低，Hausmann等（2007）提出了PRODY测度指标。本文也采用这个方法衡量产品的技术含量。在计算PRODY时，出口商品数据源于联合国商品贸易统计数据库，各国的人均GDP数据源于世界银行世界发展指标数据库，以美元2000年不变价格计。对潜在优势产业的筛选的基准是1999~2011年平均PRODY。利用这一标准将PRODY小于演化起点的产品加以排除。

根据显示比较优势指数和技术含量高低筛选出来的潜在比较优势产业，需要进一步根据邻近性进行筛选。用这个标准进行筛选时所面临的难点在于临界距离的确定。既有的研究都是在假定一定跳跃距离的基础上进行的（Connie Bayudan-Dacuycuy，2012），但这种假定是否合理？用什么标准去判断其合理性？可以用两个标准加以判断：一是要看这样的跳跃会不会对经济增长造成重大冲击；二是看这样的跳跃和国际上的其他国家相比是否过大或过小。

阈值的设定对于预测中国潜在优势产业有着直接影响。图3和图4是用不同方式表达的不同阈值条件下中国潜在优势产业种类的变化。图3的横轴代表的是不同的阈值，纵轴代表的是潜在优势产业种类，所以，图中曲线代表的是处于同一演化阶段潜在优势产品的种类。图4的横轴代表的产业演化的期数，纵轴代表的是潜在优势产业的种类，图中曲线代表的是同一阈值下不同产业演化阶段潜在优势产业种类的变化。从图3和图4可以发现产业演化的、饶有兴味的一个特点就是，从变化趋势看，0.5俨然是一个拐点，越过此点，阈值增加挤出的潜在优势产业种类随之成倍下降。

从数量上看，如果产业升级幅度被设定为0.2，则潜在比较优势产业种类是1400多种，阈值被设定为0.55，则潜在比较优势产业种类为270种，如设定为0.5，潜在比较优势产业种类就增加到522种，超过0.6则中国具有潜在比较优势的产业基本消失，如果超过0.7，则中国将不再有潜在比较优势产业的存在。如果假定经济增长与产品种类呈线性关系，那就意味着，要维持同样的增长，让企业跨过0.5这一阈值所达到的潜在比较优势产业，平均每个产业新增加的产出要相当于阈值0.2时的1.6倍，把阈值设定为0.55时，则增加到4.2倍。邻近性是产品间所需生产能力相似性的一个量度，随着邻近性增加，产业的平均产

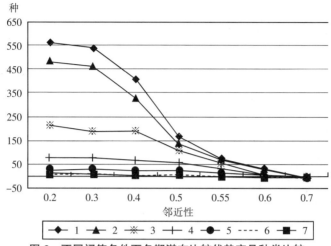

图3　不同阈值条件下各期潜在比较优势产品种类比较

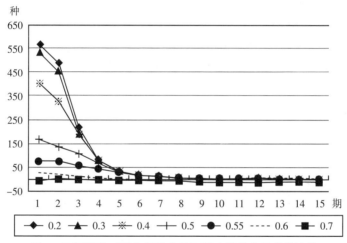

图4　不同演化时期各阈值条件下潜在优势产品种类演化

出被要求增加的这一趋势表明：在同样升级幅度的前提下，产品越多样化，经济增长就越能保持一个较快的增长速度；产品的多样化程度越低，依靠产品种类增加支撑经济增长的基础就较弱。把产业升级幅度选定为 0.5 可以较有效地维持中国产业多样化的特性。

　　比较不同邻近性阈值下的产业升级机会不仅要比较其潜在比较优势产业的种类，而且还要考察其结构。把潜在优势产业识别时的邻近性阈值设定为 0.5，不仅有助于维持中国产业多样化的优势，更为重要的是，它包括了很多传统的属于产品空间边缘部分的产业。分产业考察，通过小距离跳跃即能实现产业升级的多数为化工、机电、仪器仪表行业。如把邻近性阈值设定为 0.55，能进入潜在比较优势产业名录的属于机电、化工、仪器仪表等行业的产品，占比 55% 左右。大量的劳动密集型产业、农业、原材料行业都被排除在外。把邻近性阈值设在 0.5，则这类产业将被大量纳入潜在比较优势产业的范围。从中国未来产品空间图的演化看，随着邻近性阈值的提高，产品空间的边缘部分会变得越来越稀疏，中间会变得越来越稠密。当邻近性阈值被设定为 0.65 时，产品空间的中心部分与邻近性阈值为 0.5 时相比，也出现了稀疏化（见图 5）。

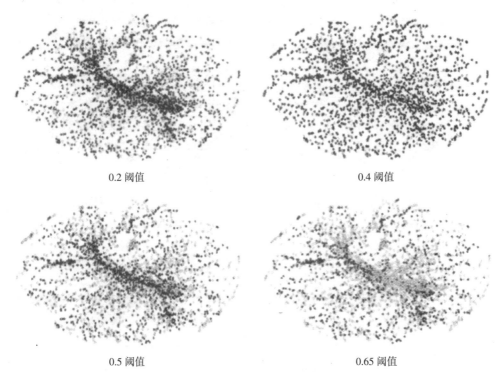

0.2 阈值   0.4 阈值

0.5 阈值   0.65 阈值

图 5　不同阈值条件下中国产品空间结构

注：此图是将中国的产品空间图嵌入全球产品空间图上形成的，图中颜色较深的点代表的是中国有比较优势的产品。

为了研究中国在筛选潜在比较优势产业时设定何种邻近性阈值较为合理，我们对全球 158 个国家或地区按不同阈值进行产业升级的后果进行了模拟，结果如图 6 所示。图 6 横轴代表的是现有比较优势的产业种类加潜在比较优势产业种类数，纵轴代表的是国家或地区数量。从图 6 不难看到，当阈值为 0.2 时，大多数国家或地区的潜在比较优势产品加上现有比较优势产品的数量超过 2000 种；当阈值为 0.5 时，绝大多数国家的优势产品集合在 500~1200；如果阈值为 0.55，则大多数国家的优势产品集合都会在 500 种以下，有不少国家或地区在 100 种左右。在阈值为 0.5 时，图形呈现出我们常见的钟形形态。而令人惊讶不已的是，0.5 阈值同样是发达国家（如美国）的拐点（见图 7）。所以，对全球而言，为了保持稳定增长，总体而言，也要实现邻近性为 0.5 左右的产业升级，也就是要跨越阈值为 0.5 的能力距离。对中国而言，为了稳定增长，就其最低平均水平和短期而言，至少需要跨越 0.5 这个能力距离。

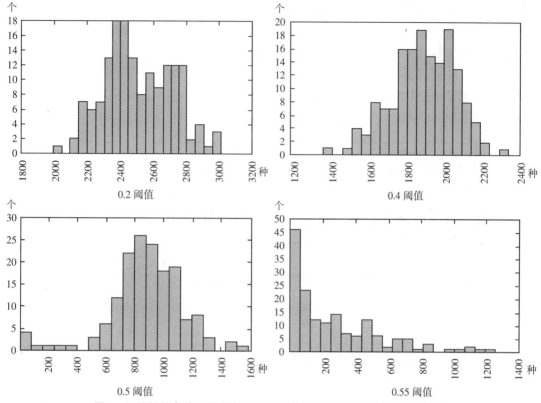

图 6　不同阈值条件下的潜在比较优势产品种类与国家或地区数量关系

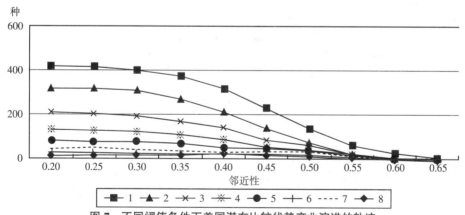

图 7　不同阈值条件下美国潜在比较优势产业演进的轨迹

3. 中国潜在产业升级能力的评价

国家间的产业升级能力差异，首先表现在潜在比较优势产业的种类上，一个国家的潜在比较优势产业种类越多，产业升级的能力就越强。在潜在比较优势产业演进的前 2 期，中国的潜在比较优势产业种类较全球占优，但如果考虑整个演进过程中的产品种类数，中国却不占优。图 8 是中国与全球产业演化前 4 期的潜在比较优势产业数量的比较，它表明，中国潜在比较优势产业的数量在前 2 期都大于全球平均水平，但进入第 3、第 4 期，这种优势几乎就不复存在。图 9 是考虑所有各期中国的产业升级潜力与全球平均水平的比较。中国现有优势产品种类数大大高于全球平均水平，但长期看中国产业演进的潜力并没有明显优势。中国具有可演进潜力的产品种类总数在邻近性阈值低于 0.5 时，要低于全球平均水平，高于 0.5 才开始与全球平均水平接近。

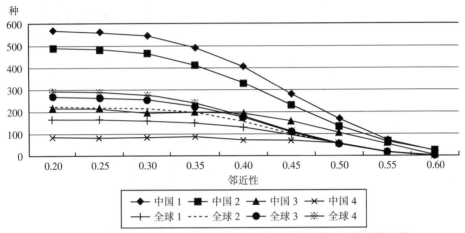

图 8   不同演化时期中国与全球（平均）潜在比较优势产业数量的比较

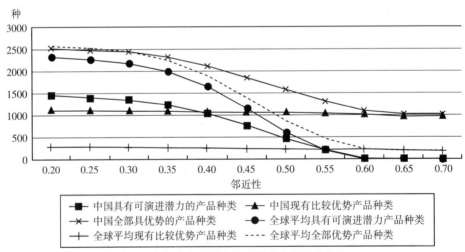

图 9   中国与全球潜在比较优势产业演进比较

国与国之间产业升级能力的差异，不仅表现为潜在比较优势产业数量上的差异，而且还表现在产业升级的可持续性上。不同的产业、不同的国家因为技术能力的差异，可实现不同距离的跳跃。这里跳跃距离包括两层含义：一是指产品之间的差异性，用邻近性测量。产品空间的差异越大，实现产品之间跳跃所需的距离就越大。二是跳跃的步数。从图论的角度而言，每个产品相当于图中的一个节点，所谓跳跃的步数，也就是从一种产品升级到另一种产品所需要的经过的节点数，也就是本文所称的演进期数。具有可演进潜力的产品数量可作为潜在比较优势产品种类的一个测度，产业可演进期数可作为产业升级可持续性的一个测度。

和全球水平相比，中国产业可演进的期数直到邻近性阈值超过 0.6 才与世界持平（见图 10）。与发达国家相比，中国在可演进的产品种类上并不处于劣势，但在产业演进的可持续能力上却不占优，只有当发达国家的产业升级动力极低时，就演进的可持续性而言，中国才能与发达国家相当，在图 10 中的表现就是邻近性阈值很高。

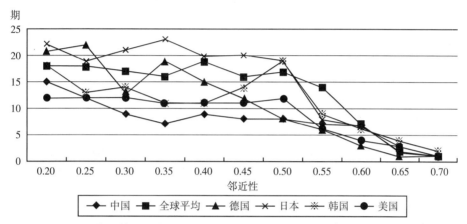

图 10　不同邻近性阈值条件下，中国与全球及典型发达国家可演进期数的比较

中国与发达国家相比，不仅潜在比较优势产业可演化的期数较少，而且到一定时期后，潜在比较优势产品的种类也开始处于劣势，这可以通过中美之间的对比加以证明。表 1 列出了中国不同阈值条件下不同时期潜在比较优势产业的种类。如果把产业的跳跃距离划分为大、中、小三种，把阈值大于和等于 0.55 定义为小距离，0.35~0.5 定义为中距离，等于和小于 0.3 定义为大距离，那么，中国的产业升级只需实现小距离跳跃的产业近期有 77 种，远期有 270 种；需实现中距离跳跃的产业近期有 410 种，远期有 947 种；需实现大距离跳跃的产业近期为 72 种，总计各期为 190 种。从数量上看，中国能实现中距离跳跃的产业占大多数。表 2 列出了不同阈值条件下美国潜在比较优势产业种类的演进。从表 2 中可以看出，美国产业升级通过大距离跳跃就能实现的产业近期有 43 种，远期也不过 187 种；通过中距离跳跃即能实现产业升级的产业，近期为 312 种，远期为 952 种；通过小距离跳跃即能实现产业升级的产业，近期为 63 种，远期为 131 种。由此可见，与美国相比，中国在可演进的产品种类上并不处于劣势，但在产业演进的可持续能力上却不占优，如中国与美国相比，产业在演进到第 4 个周期后，美国的潜在比较优势产业的种类数开始超越中国（见表 1 和表 2）。

企业或政府也可选择产业升级的步数，实现跨越式升级。一个明显的趋势是实现跨越升级的幅度越大，可发展的潜在比较优势产业的种类数就越小，产业升级的机会就会迅速缩减。如在阈值为 0.2 的情形下，如果产业升级幅度定义为 1，相当于表 1 中的演化期数，

表1　中国不同阈值条件下的产业演进

单位：种

演进期	0.20	0.25	0.30	0.35	0.40	0.45	0.50	0.55	0.60	0.65	0.70
1	559	556	539	487	404	282	167	77	33	4	1
2	481	476	461	410	329	232	136	74	25	3	0
3	213	209	190	199	192	160	109	57	11	0	0
4	77	74	78	84	71	70	62	36	3	0	0
5	23	24	32	26	24	23	26	19	1	0	0
6	15	15	15	8	8	11	12	5	1	0	0
7	12	8	11	3	5	6	8	2	2	0	0
8	2	5	5	0	1	1	2	0	0	0	0
种类总计	1407	1376	1333	1217	1035	785	522	270	76	7	1

那么，可发展的潜在比较优势产业的种类就是559种；如设定为2，则可发展的潜在比较优势产业的种类下降到481种；设定为4，可发展的潜在比较优势产业种类就下降到77种（见表1），如果没有新的能力的拓展，产业升级的机会就会很快发掘殆尽。美国如果采取跨越式升级策略，设定产业跳跃步数为2步、3步、4步等，其产业升级的机会也会出现衰减，但总体而言，衰减程度弱于中国（见表2）。

表2　美国不同阈值条件下潜在比较优势产业演进

单位：种

演进期	0.20	0.25	0.30	0.35	0.40	0.45	0.50	0.55	0.60	0.65	0.70
1	418	416	400	375	317	232	140	63	27	5	1
2	317	318	311	272	214	143	76	33	11	2	0
3	209	203	193	171	141	90	61	19	1	1	0
4	132	127	122	105	90	60	40	8	1	0	0
5	84	75	78	71	49	46	23	4	0	0	0
6	43	49	42	38	30	32	28	4	0	0	0
7	23	22	22	23	24	22	17	0	0	0	0
8	11	15	14	15	23	13	12	0	0	0	0
种类总计	1270	1233	1201	1083	900	652	408	131	40	8	1

一国的潜在产业升级能力，一定程度上与一个国家采取什么样的策略相关，但对中国产业未来演进模拟可以发现一个需要高度重视的现象，就是无论中国初始期选择何种策略，产品演进到第4期之后，阈值在0.5以下的策略，其潜在比较优势产品的数量都开始接近。所以，届时是否能继续保持较快的增长速度，取决于新产品能否出现，以及中国能否在新产品的生产上具有比较优势。如果届时全球的产品生产集扩充了，中国跟不上全球创新的步伐，中国的经济增长就会出现问题。中国要在未来的新产品创新与生产中赢得比较优势，需要产业升级可持续性能力的积累。根据中国潜在产业升级的机会近期多于远期的这一特性，中国在现阶段让产业升级幅度大一些，使其高于全球平均水平是较好的选

择。这里讲的让产业升级幅度大一些，不仅是指高新技术产业，而且还包括传统产业中的劳动密集型和资源密集型产业。

4. 对识别结果的进一步讨论

依据现有产品空间对潜在比较优势产业进行甄别所得到结果有没有意义或者说有没有价值呢？要回答这个问题虽然并不容易，但我们还是力图通过两种方法，为这个问题找到初步的答案。一种就是要比较我们所预测的演进方向是否符合经济发展的总体方向；另一种就是要分析所预测产品近几年显示比较优势的走向如何，以考察这种方法新的价值及其合理性。

中国的人均 GDP 水平要赶上发达国家，就需要建立与发达国家大体相似的产业结构，考察产品空间的演化方向是否符合经济发展的总体趋势，就是要考察中国产业未来的产品空间是不是越来越与发达国家相似。我们曾构建建立美国、日本、德国、"东亚四小龙"等国家或地区产品空间演化图。从这些国家（地区）的产品空间演进的轨迹可以看出，发达工业化国家的比较优势产品数量较多，且空间中心区域密度较高，"东亚四小龙"的产品空间演进规律也是越来越趋于中心化（张其仔等，2013）。我们识别出的潜在比较优势产业在全球产品空间图中的位置，绝大多数处于全球产品空间中心。所以，预测的潜在优势产业与比较优势演进的总体方向有一致性。

一个产业作为近期的潜在优势产业，如果用显示比较优势进行衡量，则总体趋势应是趋于增长的，但如果用产品空间理论所发现的潜在比较优势产业都可以通过显示比较优势指数所显示的信息找到，这个理论的价值就要大打折扣。根据潜在比较优势产业的显示比较优势指数可以对识别出的潜在比较优势产业进行分类，可以分为两种类型：一种是比较优势近几年来趋于上升；另一种是比较优势近几年有所下降。在上升的一类中，又可将其分为显示比较优势指数很低和显示比较优势指数相对较高两类。在下降的产业中，也可以将其分为两类：一类是过去有明显的比较优势，现在下降了；另一类是本来就没有比较优势，现在更是下降了。从潜在比较优势产业的显示比较优势指数近 10 年的变化看，绝大多数是上升的，但部分潜在比较优势产业当前的显示比较优势指数还很低（见表 3）。这可能在一定程度上表明，利用产品空间理论，可以发现仅利用显示比较优势指数的变化难以发现的潜在比较优势产业。

表 3　部分产业显示比较优势指数

年份	51574	51614	87443	65311	71323	73123	73735	77883	78434
1992	0.0848	0.0036	0.0724	0.1705	0.1753	0.0393	0.4387	0.0198	0.0110
2000	0.1328	0.0189	0.1330	0.1112	0.0144	0.0321	0.0388	0.0402	0.0408
2005	0.1363	0.1677	0.1926	0.1126	0.0050	0.0187	0.0841	0.1061	0.0220
2006	0.3089	0.1473	0.1783	0.0832	0.0090	0.0334	0.0738	0.1243	0.0.352
2007	0.4779	0.0421	0.2554	0.0543	0.0252	0.0608	0.0752	0.1300	0.0809
2008	0.7352	0.0046	0.2788	0.1628	0.0341	0.0543	0.1781	0.2031	0.1404
2009	0.6804	0.0013	0.2308	0.0828	0.0273	0.0360	0.1425	0.2520	0.1359

年份	51574	51614	87443	65311	71323	73123	73735	77883	78434
2010	0.6616	0.0009	0.2680	0.1161	0.0570	0.0497	0.1742	0.2852	0.1693
2011	0.7311	0.0007	0.2085	0.1100	0.1217	0.0202	0.3120	0.2452	0.1636

注：51574，含有氮杂原子的杂环化合物，包含一个非熔融的吡唑环，不论是否已在结构上氢化；51614，氧化丙烯（环氧丙烷）；87443，利用光学辐射（紫外线、可见光、红外线）的分光仪、分光光度计和摄谱仪；65311，用高强度尼龙或其他聚酰胺或聚酯丝制成的织物；71323，压缩点火式内燃机（柴油或半柴油发动机），用于第78类所列车辆的推进器；73123，多工位连续自动工作机床；73735，全自动或部分自动金属弧焊（包括等离子金属弧焊）机及器械；77883，铁路、电车轨道、公路、内河航道、停车场设施、港口设施或机场用电气信号、安全或交通管制设备的零件；78434，变速箱及其零件。

四、结论与政策讨论

中国作为发展中国家，在经济发展过程中，产业结构调整曾经借鉴过苏联、日本等国家的经验，企业在产业选择上，通过模仿不断地追赶西方发达国家脚步，但并不总是获得成功，其原因可能在于这样的选择行为是否合理受到能力供给约束。发现自身能力，基于能力基础去发现新的产品或产业就能获得成功，否则，失败的风险就很高。发现新的潜在比较优势产业或产品涉及未来因素，市场价格信号难以充分发挥作用，这就需要找到一种发现能力的方法。产品空间理论，通过产品空间发现一国的能力基础，并在此基础上去识别潜在比较优势产业。本文尝试利用这个方法对中国潜在比较优势产业进行预测，找出不同邻近性阈值条件下的潜在比较优势产业。

本文对中国产业升级机会的甄别建立在利用最新全球贸易数据库重新构建的全球产品空间图的基础上，但在产业升级的机会甄别上仍存在局限性：没有包括不可贸易品、服务业和全新的产业类型。构建一国产品空间结构最好的方式是利用生产产品的数据，但由于数据可获性方面的原因，这里发现的潜在比较优势产业建立在基于出口数据构建的产品空间之上，而利用基于出口数据构建的产品空间难以发现中国不可贸易品的能力；在现有的产品空间中也没有包括服务业；产品空间理论对产业升级机会的甄别基于当前全体产业，但在未来的发展中完全可能出现全新的产业，产品空间理论并不能预见这类产业的出现。由于存在上述局限性，目前识别出的潜在比较优势产业并不代表中国潜在比较优势产业的全体，但已经识别的这些潜在比较优势产业，仍可作为国家和企业重点关注的产业，而且从潜在比较优势产业的分析中，还可得出一些启发性的政策含义：从目前的比较优势考察，被识别的潜在比较优势产业，有的显示比较优势很低，部分甚至呈下降趋势；特别是部分关键性行业，已经具备成为优势行业的条件，但目前显示比较优势指数还很低，这就需要政府调整相关政策，扫除这些产业发挥潜在比较优势的障碍。虽然部分关键性行业不能被识别为潜在比较优势产业，但对这样的产业要加强能力建设。

本文最饶有兴味的发现就是：产业升级的幅度超过 0.5 阈值时，潜在比较优势产业的种类数就会急剧下降，这不仅对中国适用，对美国这样发达的国家也是适用的；中国的产业升级无论其初期采取何种策略，在跨进 4 个产业升级的台阶之后，产业升级的空间都将被消耗尽。这一发现的政策含义是，中国产业升级的步幅如果过快，结果并不能如人所愿，但如果走得太慢，则同样不能保证中国经济增长的可持续性。

　　要保证中国经济增长的可持续性需要中国产业升级的步调不低于全球平均水平，但问题是，中国产业升级的长期能力并不比全球平均水平高。为了有效应对这一难题，在产业升级策略上，可以选择包容性产业升级策略，就是让升级机会少的产业，通过小步快走、产业内升级不断积累新的能力；鼓励升级机会多的产业，大步快走，积极追赶世界前沿水平；让升级能力中等的产业，中步快走。由于不同产业升级对劳动力素质和类型的需求存在差异，针对不同行业特点采取不同的升级策略，就可以让不同类型和不同素质的劳动者都能充分参与到产业升级的过程中，更多地分享产业升级的成果，充分发挥中国人力资源丰富、多样的优势。由于这种策略可以让更多的劳动者参与到产业升级过程中，所以也可以称之为包容性产业升级策略。这一策略与包容性经济增长相策应，也是实现包容性经济增长的根基所在，可以有效地避免产业升级过程中"狗熊掰棒子"现象的发生。

　　正如全球产品空间所示，不同的产业其升级机会是不同的。企业因此也在产品空间中处于不同的位置，如处于中心位置的中心企业和处于边缘位置的边缘企业。处于产品空间中心位置的产业（如机电、化工等产业）在升级中处于较有利的位置，因而从事这些行业的地区或企业容易得到政府的青睐，实现跨越式升级。中心企业实现跨越式升级后，原来被占据的产业空间腾出来了，但腾出来的产业空间能否转移到国内其他地区或企业，却完全取决于后者的承接能力。一国经济发展的过程是，处于产品空间中心位置的优势产品种类越来越多、规模越来越大，也就是边缘企业通过能力的积累不断地向中心地带移动。如果把资源高度集中于中心企业，使那些边缘企业或地区缺乏激励或资源进行必要的能力培育，以致处于边缘地带的企业缺乏必要的能力跨进腾出来的产品空间，其结果必然是在新产业发展的同时，一些产业却因为后续承接能力跟不上而走向衰落或转移到他国，"狗熊掰棒子"的问题发生，最终结果是产业升级的空间和潜力很快被耗尽，对经济造成巨大的不良影响。

　　中国最大的优势在于产业的多样化和多层次化，中国现有的优势产业种类、在产业升级前几个阶段的潜在优势大大高于全球平均水平。利用包容性产业升级策略，可以发挥组合效应，既可利用现有优势让产业升级适当快些，又可避免产业升级走得过快对当期产生重大冲击，还可避免产业升级走得过慢造成未来的产业升级能力不足。在这一策略下，政府主要的可以作为的领域：一是为企业发现潜在比较优势领域提供必要信息；二是创造公平竞争的环境，使企业能发挥所长。为了促进产业升级，各国最容易采取的措施就是进行补贴。但中国对采用补贴支持产业升级的措施要慎重，因为这种措施所带来的实际后果，是企业不会充分发挥其所长，实现符合其自身能力的跨越，致使全社会的产业升级步伐都会出现过慢的趋势。

当前全球各国政府对产业发展的干预呈上升趋势。2010 年 8 月 5 日，《经济学家》杂志发表专文宣称，国际金融危机后，产业政策在全球得到复兴。2013 年的《人类发展报告》把政府扶持部分产业的发展作为发展成功的重要因素，纳入其对发展中国家实现发展所提的建议框架中，利用产品空间结构理论发现潜在的优势产业虽然可以为政府实施产业政策提供指导，但是这不表明它可以理所应当地成为这个潮流的一部分。利用产品空间理论发现潜在比较优势产业的更重要的目的在于，发现阻碍潜在比较优势产业发挥比较优势的各种制度和政策障碍，发现产业升级过程中的能力缺陷，从而为市场更好地发挥作用提供启示。

参考文献

［1］Hausmann Ricardo, Bailey Klinger. The Structure of Product Space and Evolution of Comparative Advantage ［R］. Harvard University Center for International Development Working Paper, 2006.

［2］Hidalgo C., B. Klinger, A. Barabasi, R. Hausmann. The Product Space Conditions the Development of Nations ［J］. Science, 2007（317）.

［3］Arnelyn Abdon, Jesus Felipe. The Product Space: What Does It Say about the Opportunities for Growth and Structural Transformation of Sub-Saharan Africa ［R］. The Levy Economics Institute Working Paper, 2011.

［4］Connie Bayudan -Dacuycuy. The Phlippine Export Portfolio in the Product Space: Potentials, Possibilities and Policy Challenges ［J］. Economic Bulletin, 2012（32）.

［5］Andreas Reinstaller, Johannes Kutsam, Christian Schmid. The Development of Productive Structures of EU Member States and Their International Competitiveness ［EB/OL］. http://ec.europa.eu/enterprise/policies/industrial-competitiveness/documents/files/2013-01-21-reinstaller-study_en.pdf, 2012.

［6］B. Balassa. Trade Liberalisation and "Revealed Comparative Advantage" ［J］. The Manchester School of Economic and Social Studies, 1963（33）.

［7］Hausmann R., J.Hwang, D.Rodrik. What You Export Matters ［J］. Journal of Economic Growth, 2007（12）.

［8］UNDP. Human Development Report 2013 ［EB/OL］. http://hdr.undp.org/, 2013.

［9］林毅夫. 新结构经济学 ［M］. 苏剑译. 北京：北京大学出版社，2012.

［10］［美］丹尼·罗德里克. 相同的经济学，不同的政策处方 ［M］. 张军扩，侯永志等译. 北京：中信出版社，2009.

［11］张其仔. 比较优势的演化与中国产业升级路径的选择 ［J］. 中国工业经济，2008（9）.

［12］曾世宏，郑江淮. 产品空间结构理论对我国转变经济发展方式的启示 ［J］. 经济纵横，2008（11）.

［13］伍业君，张其仔. "中等收入陷阱"的理论解释 ［J］. 产业经济评论，2011（10）.

［14］伍业君，张其仔. 比较优势演化与经济增长 ［J］. 中国工业经济，2012（2）.

［15］张其仔，伍业君，王磊. 经济复杂度、地区专业化与经济增长 ［J］. 经济管理，2012（6）.

［16］伍业君，张其仔，徐娟. 产品空间与比较优势演化述评 ［J］. 经济评论，2012（4）.

［17］曾世宏，郑江淮. 企业家"成本发现"、比较优势演化与产品空间结构转型——基于江苏经济发展的案例研究 ［J］. 产业经济评论，2010（1）.

［18］万金，祁春节. 产品空间结构与农产品比较优势动态——基于高维面板数据的分析与预测 ［J］.

国际贸易问题，2012（9）.

[19] 张其仔等. 中国产业竞争力报告 [M]. 北京：社科文献出版社，2013.

[20] [美] 罗伯特·J.巴罗，哈维尔·萨拉伊马丁. 经济增长 [M]. 何晖，刘明兴译. 北京：中国社会科学出版社，2000.

Opportunity Identification of Industrial Upgrading in China

Zhang Qizi[1]   Li Hao[2]

（1. Institute of Industrial Economics CASS, Beijing 100836, China;
2. Graduate School CASS, Beijing 102488, China）

Abstract: Achieving industrial upgrading is an important aspect of China's transformation of development mode, but in order to effectively accomplish this task, it's necessary to find what will be potential comparative advantageous industries. Based on the latest global trade database, this paper further tests the proposition on heterogeneity of product space provided by comparative advantage evolution theory, provides analysis of the evolution of China's and most of other countries'product space. Based on product space theory, China's recent potential comparative advantageous industries are predicted and evolution track of industries conditioned on different proximity threshold are discussed. It's found that China's upgrading ability is limited. The amount of China's comparative advantageous industries and potential comparative advantageous industries in the near future is more than that of the global on average, but considering the long-term situation, the amount of potential comparative advantageous industries, the sustainability of potential comparative advantageous industrial evolution are fewer than those of the global on average. The dilemma that China faces in industrial upgrading is, too big pace for industrial upgrading will give serious shocks on the current economic growth, too small pace to maintain sustainable economic growth. Considering that China's industrial upgrading capability, the best strategy to realize the adjustment of industrial structure and industrial upgrading is the inclusive upgrading, to give full play to the advantages of Chinese industrial diversification and portfolio effects.

Key words: Inclusive upgrading of industry; Potential comparative advantageous industry; Product space

中国的工业化进程：阶段、特征与前景 *

黄群慧

(中国社会科学院工业经济研究所，北京   100732)

【摘　要】中国成为一个工业化国家，是实现中华民族伟大复兴的必然要求，是实现"中国梦"的一个重要经济内涵。经过改革开放 30 多年的快速发展，中国工业化已经进入到工业化后期。中国工业化进程的突出特征是，十几亿人口的大国工业化、快速推进的工业化、区域发展极不平衡的工业化、低成本的出口导向工业化，这在人类历史上是前所未有的。中国工业化前景是光明的，按照正常发展，中国最晚将在 2025 年到 2030 年实现工业化，但中国工业化进程未必会一帆风顺，金融危机后，世界工业化进程中出现的"第三次工业革命"和制造业服务化的重大趋势，加大了中国工业化进程顺利推进的难度，增加了中国工业化战略调整的必要性。

【关键词】工业化；阶段；特征；第三次工业革命；制造业服务化

一、引言

近代以来，中国实现工业化、成为一个现代化国家，是中国众多仁人志士的梦想。中国成为一个工业化国家，是实现中华民族伟大复兴的必然要求，是实现"中国梦"的一个重要经济内涵。新中国成立以后，中国的工业化进程可以分为两个大的阶段：一是传统计划经济体制下工业化道路时期，该阶段奠定了我国的工业基础，形成了比较全面的工业体系；二是改革开放以后的中国特色的工业化道路时期，该阶段实现了中国基本经济国情从农业大国向工业大国的转变（陈佳贵、黄群慧，2005）[1]，中国的经济总量跃居世界第二。

近些年来，随着中国经济的巨大成功，所谓"中国道路"、"中国奇迹"或者"中国模

---

* 本文选自《经济与管理》2013 年第 27 卷第 7 期。

基金项目：国家社会科学基金重大项目（12&ZD085）。

式"成为热点。由于中国特色的工业化道路是构成"中国道路"的一个重要部分，因此，全面科学认识中国工业化进程，也就是理解"中国道路"的一个关键。而科学认识改革开放以来的工业化进程，至少需要回答三个相关的问题：一是现在中国工业化达到了什么水平，处于怎样的阶段；二是如何描述已经走过的中国工业化进程，中国工业化进程具有怎样的特征；三是中国什么时候能够实现工业化，中国是否能够顺利地成为工业化国家。本文试图基于长期跟踪评价研究的结果，对这三个问题进行回答，从而从工业化进程角度给"中国道路"一个注解。

二、中国工业化的水平评价

工业化并不是单纯意味着工业的发展，工业化的本质是一个国家的经济发展和现代化进程的推进，主要表现为人均收入的不断增长和从农业主导向工业主导的经济结构的转换。具体而言，工业化主要表现为：国民收入中工业活动所占比例逐步提高，乃至占主导地位；制造业内部的产业结构逐步升级，技术含量不断提高；在二次产业部门就业的劳动人口比例有增加的趋势；城市这一工业发展的主要载体的数量不断增加，规模不断扩大，城市化率不断提高；在上述指标增长的同时，整个人口的人均收入不断增加。按照经典工业化理论，一般可以将工业化的进程分为前工业化阶段、工业化初期、工业化中期、工业化后期和后工业化阶段五大时期。世界上一些很落后的、还没有开始工业化的国家，如一些非洲国家，处于前工业化阶段，而美、英、日等实现工业化的国家都处于后工业化阶段。绝大多数发展中国家都处于工业化初期、中期或者后期。为了更具体地研究一个国家或地区的工业化水平，还可以把工业化初期、中期和后期各自具体划分为前半阶段、后半阶段。而如何衡量一个国家或地区的工业化进程到达什么样的阶段，一般可以从经济发展水平、产业结构、工业结构、就业结构和空间结构等方面，选择相应的指标来综合评价和判断。

改革开放以来，我国在积极推进市场化改革的同时，也加速推进了工业化进程。尤其是在进入 21 世纪后，我国的工业化速度进一步加快。如何具体评价我国的工业化进程，本文选择以下指标来构造工业化水平的评价体系（陈佳贵、黄群慧、钟宏武，2006）[2]：经济发展水平方面，选择人均 GDP 为基本指标；产业结构方面，选择第一、第二、第三产业增加值结构为基本指标；工业结构方面，选择制造业增加值占总商品生产部门增加值的比重为基本指标；空间结构方面，选择人口城市化率为基本指标；就业结构方面，选择第一产业就业人员占比为基本指标。再结合相关理论研究和国际经验估计确定了工业化不同阶段的标志值（如表 1 所示）。

基于上述指标体系和各个工业化阶段的标准值，我们选择阶段阈值法进行指标的无量纲化，在此基础上，用加权合成法来构造计算反映一国或者地区工业化水平和进程的综合指数（权重用层次分析法确定），根据工业化水平综合指数可以划分相应的工业化阶段，

表 1　工业化不同阶段的标志值

基本指标	前工业化阶段（1）	工业化初期（2）	工业化实现阶段 工业化中期（3）	工业化后期（4）	后工业化阶段（5）
1. 人均 GDP（2010 年美元）（经济发展水平）	827~1654	1654~3308	3308~6615	6615~12398	12398 以上
2. 三次产业增加值结构（产业结构，其中 A 代表一次产业、I 代表二次产业、S 代表三次产业）	A＞I	A＞20%，且 A＜I	A＜20%，I＞S	A＜10%，I＞S	A＜10%，I＜S
3. 制造业增加值占总商品生产部门增加值比重（工业结构）	20%以下	20%~40%	40%~50%	50%~60%	60%以上
4. 人口城市率（空间结构）	30%以下	30%~50%	50%~60%	60%~75%	75%以上
5. 第一产业就业人员占比（就业结构）	60%以上	45%~60%	30%~45%	10%~30%	10%以下

资料来源：陈佳贵，黄群慧，钟宏武. 中国地区工业化进程的综合评价和特征分析 [J]. 经济研究，2006（6）. 原表人均 GDP 标志值数据只有 2005 年，这里 2010 年数据根据美国经济研究局网站数据获得的 GDP 折算系数计算。

工业化水平综合指数为 0 具体对应前工业化阶段，1~16 为工业化初期的前半阶段，17~33 为工业化初期的后半阶段，34~50 为工业化中期的前半阶段，51~66 为工业化中期的后半阶段，67~83 为工业化后期的前半阶段，84~99 为工业化后期的后半阶段，100 及以上为后工业化阶段。采用这种方法，我们对 2010 年中国全国，东部、西部、中部和东北地区四大板块，珠三角、长三角、环渤海、大西北、大西南、中部六省、东三省七大区域和 31 个省级区域的工业化水平综合指数进行计算，计算结果如表 2 所示[3]。

表 2　2010 年中国的工业化阶段

阶段 ＼ 区域		全国	四大板块	七大区域	31 省市区
后工业化阶段（5）					北京、上海
工业化后期（4）	后半阶段			长三角（89）	天津（95）、江苏（87）、浙江（87）、广东（84）
	前半阶段	全国（66）	东部（82）、东北（71）	珠三角（81）、环渤海（77）、东三省（71）	内蒙古（67）、辽宁（81）、吉林（66）、福建（79）、山东（75）、重庆（69）
工业化中期（3）	后半阶段		中部（58）、西部（50）	中部六省（58）、大西南（51）	河北（62）、黑龙江（50）、安徽（55）、江西（57）、河南（56）、湖北（63）、湖南（57）、四川（51）、陕西（54）、青海（58）、宁夏（58）
	前半阶段			大西北（49）	山西（47）、广西（49）、贵州（34）、云南（41）、甘肃（43）
工业化初期（2）	后半阶段				海南（29）、西藏（27）、新疆（32）
	前半阶段				
前工业化阶段（1）					

注：括号中的数字为相应的工业化综合指数。

资料来源：陈佳贵，黄群慧，吕铁，李晓华等. 中国工业化进程（1995~2010）[M]. 北京：社会科学文献出版社，2012：46.

从全国看，进入"十一五"以后，中国的工业化进程刚刚步入工业化后期，处于工业化后期的前半阶段。从东部、东北、中部、西部四大板块区域看，东部进入工业化后期的前半阶段，东北地区进入工业化后期的前半阶段，中部和西部都处于工业化中期的后半阶段。在七大区域中，长三角已经进入工业化后期的后半阶段，领先于全国其他地区；珠三角、环渤海和东三省处于工业化后期的前半阶段，中部六省和大西南处于工业化中期的后半阶段，大西北的工业化水平最低，处于工业化中期的前半阶段。从省级区域看，到2010年，北京、上海两个直辖市处于后工业化阶段，天津、江苏、浙江、广东处于工业化后期的后半阶段，这几个省市是我国经济最发达的地区，工业化水平也处于全国前列。辽宁、吉林、福建、山东、重庆、内蒙古处于工业化后期的前半阶段，与全国的工业化平均水平相当。处于工业化中期的地区数量最多，其中湖北、河北、青海、宁夏、江西、湖南、河南、安徽、陕西、四川、黑龙江处于工业化中期的后半阶段，而广西、山西、甘肃、云南、贵州处于工业化中期的前半阶段。海南、西藏、新疆三个边疆省区的工业化水平最低，仍然处于工业化初期的后半阶段。

将我国工业化进程对应到不同省区人口和面积分布，如表3所示，到2010年，全国有2个地区进入后工业化阶段，其经济总量占全国的7.16%、人口占全国的3.20%、土地面积占全国的0.26%；全国有10个地区进入工业化后期，其经济总量占全国的51.49%、人口占全国的38.09%、土地面积占全国的23.69%；全国有16个地区处于工业化中期，其经济总量占全国的39.52%、人口占全国的56.19%、土地面积占全国的45.53%；全国有3个地区仍处于工业化初期，其经济总量占全国的1.83%、人口占全国的2.51%、土地面积占全国的30.53%。这意味着，我国已经有极少数户籍人口进入后工业社会，而大多数人口还处于工业化中期。

表3　中国工业化不同阶段的区域、人口与土地面积分布（2010年）

阶段	指标	省市区数量（个）及名称	GDP 总量（亿元）	GDP 占比（%）	人口 总量（万人）	人口 占比（%）	土地面积 总量（万公顷）	土地面积 占比（%）
前工业化阶段（1）		0						
工业化初期（2）	整体	3	8009	1.83	3354	2.51	29023	30.53
	前半阶段	0						
	后半阶段	3（海南、西藏、新疆）	8009	1.83	3354	2.51	29023	30.53
工业化中期（3）	整体	16	172738	39.52	74950	56.19	43283	45.53
	前半阶段	5（山西、广西、贵州、云南、甘肃）	34717	7.94	18824	14.11	13577	14.28
	后半阶段	11（河北、黑龙江、安徽、江西、河南、湖北、湖南、四川、陕西、青海、宁夏）	138020	31.58	56125	42.08	29706	31.25
工业化后期（4）	整体	10	225014	51.49	50815	38.09	22515	23.69
	前半阶段	6（内蒙古、辽宁、吉林、福建、山东、重庆）	100629	23.03	25759	19.31	18477	19.44

续表

阶段	指标	省市区数量（个）及名称	GDP 总量（亿元）	GDP 占比（%）	人口 总量（万人）	人口 占比（%）	土地面积 总量（万公顷）	土地面积 占比（%）
工业化后期（4）	后半阶段	4（天津、江苏、浙江、广东）	124385	28.46	25056	18.78	4038	4.25
后工业化阶段（5）		2（北京、上海）	31279	7.16	4264	3.20	246	0.26

资料来源：陈佳贵，黄群慧，吕铁，李晓华等. 中国工业化进程（1995~2010）[M]. 北京：社会科学文献出版社，2012：47。

三、中国工业化进程的特征分析

如果把中国的工业化进程放到世界工业化史中去分析，中国的工业化进程有什么样的特征呢？我们可以概括地讲，改革开放以来的工业化进程，是一个13亿人口大国的快速工业化进程，是人类历史前所未有的伟大的现代化进程。具体而言，中国工业化进程有以下几方面突出的特征：

（1）中国的工业化是一个具有十几亿人口大国的工业化，中国的人口超过了所有工业化国家和地区人口的总和。

根据世界银行的数据，迄今为止约有35个国家和地区达到了人均GDP 1万美元（2000年不变价美元）以上，也就是说，如果简单按照人均GDP指标来判断一个国家和地区是否实现了工业化，那么世界上约有35个国家和地区实现了工业化。[1] 其中，卢森堡、挪威、日本、美国、冰岛、瑞典、瑞士、丹麦、英国、芬兰、奥地利、荷兰、加拿大、德国、比利时、法国、澳大利亚、巴哈马群岛等国家和地区早在1970年以前就实现了工业化；以色列、意大利、中国香港、爱尔兰、新加坡、中国台湾、中国澳门、西班牙、塞浦路斯、韩国、希腊、安提瓜和巴布达、葡萄牙等国家和地区则是在20世纪末（20世纪70~90年代）先后实现了工业化；进入21世纪后，斯洛文尼亚、马耳他、特立尼达和多巴哥、阿根廷等先后达到了工业化国家的人均GDP标准。这35个国家和地区的人口总和约为10.3亿人，而2011年中国大陆的人口就达到了约13.4亿。从工业化史看，经过200多年的发展，世界上也只有约10亿人实现了工业化，而中国的工业化则是一个具有13亿人口大国的工业化，因此，中国的工业化进程对整个人类的工业化进程具有"颠覆性"的作用，中国是否实现了工业化，不仅事关一个国家能否繁荣富强，还决定着整个人类的现代化进程，中国的工业化进程将改写人类历史。

---

① 一些中东国家，仅仅依靠石油出口而使得人均GDP超过1万美元，这里没有将其列为工业化国家。

（2）中国的工业化是一个长期、快速推进的工业化，世界上还很少有国家能够长期保持如此高的工业化速度。

国际经验表明，在长期的工业化进程中，会出现相当长的一段时间的经济高速增长，这段时间一般持续 20 多年。第二次世界大战后，经济增长率超过 7%、持续增长 25 年以上的经济体包括博茨瓦纳、巴西、中国、中国香港、印度尼西亚、日本、韩国、马来西亚、马耳他、阿曼、新加坡、中国台湾和泰国 13 个（张晓晶，2012）[4]。其中，日本在 1951~1971 年的平均经济增速为 9.2%，中国台湾地区 1975~1995 年的平均经济增速为 8.3%，韩国在 1977~1997 年的平均经济增速为 7.6%（林毅夫，2012）[5]，而中国 1978~2010 年的平均经济增长率高达 9.89%，连续 30 多年经济平均增速接近两位数。如果仅仅看"十一五"期间的经济增长，根据世界银行的数据，按 2000 年不变价美元计算，2005~2010 年中国 GDP 年均增长 11.20%，远远高于世界平均水平的 2.24%、高收入国家的 1%、中等收入国家的 6.58% 和低收入国家的 5.79%。中国经济的高速增长使得中国的国际地位不断提高。2005 年，按现价美元衡量的中国 GDP 占世界的 4.94%，居世界第 5 位，到 2010 年，仅仅 5 年时间，这一比重提高到 9.37%，中国已经成为世界第二大经济体。

另外，从我们计算的工业化水平综合指数来看（陈佳贵、黄群慧等，2012）[3]，1995 年，中国工业化水平综合指数仅为 12，表明中国处于工业化初期的前半阶段；经过"九五"时期，到 2000 年中国工业化水平综合指数提高到 18，表明中国进入工业化初期的后半阶段。经过"十五"时期，到 2005 年，中国工业化水平综合指数提高到 41，表明中国工业化水平处于工业化中期的前半阶段。经过"十一五"时期，到 2010 年，中国的工业化水平综合指数为 66，表明中国工业化水平处于但即将走完工业化中期的后半阶段。经过"十五"、"十一五"短短的十年，中国就快速地走完了工业化中期阶段。进入"十二五"，中国工业化进程将步入工业化后期，这对于中国的工业化进程将是一个重要的里程碑。

（3）中国的工业化是一个低成本出口导向的工业化，几乎在世界的每个角落都能够找到价廉物美的中国制造产品。

出口导向和进口替代是后发国家实现工业化过程中常用的两种发展战略，各有不同的优缺点。由于进口替代发展战略在我国实施过程中产生了许多弊端，以及日本和亚洲"四小龙"运用出口导向发展战略获得成功的示范作用，我国逐渐地从进口替代转向了出口导向发展战略。长期以来，我国的劳动力成本一直比较低，我国环境污染是低付费的，我国依靠引进为主的技术进步也是低成本的，人民币币值是被低估的，这构成了我国低成本比较优势，成为企业竞争力的主要源泉，也是我国可以实施出口替代战略的基础。

低成本出口导向战略在我国的实施，现在看来虽然也产生了许多不可轻视的负面效应，例如对国内资源破坏严重，压制了劳动者福利水平的提高，引发了大量的贸易摩擦，削弱了国内消费的扩张，等等，但是，我国低成本出口导向工业化战略成绩斐然，为中国的经济保持长期稳定的增长做出了巨大贡献，同时也为世界的经济发展做出了贡献。如图 1 所示，中国制成品出口占世界出口的比重从 1980 年的 0.9% 上升到 2010 年的 10.4%，占发展中国家出口的比重同期从 3.0% 上升到 27.4%，30 多年的快速发展已经使我国跃升为名副其实的世界第一出口大国。

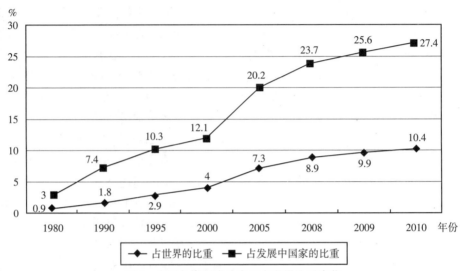

图 1 中国各类制成品出口占世界比重变化

资料来源：根据 WTO Statistical data（http：//stat.wto.org/）数据计算。

（4）中国的工业化是一个区域发展极不平衡的工业化，中国各地区工业化进程差异之大在工业化史上实属罕见。

由于梯度发展战略，以及各个区域资源禀赋、工业发展基础差异等原因，中国的工业化进程在不同地区发展极不平衡，形成了东部、中部和西部逐步降低的梯度差距。在一个时点上，中国会有分别处于工业化初期、工业化中期、工业化后期和后工业化阶段的不同省级区域共同存在，考虑到一般一个国家或地区实现工业化的过程会达到百年，这意味着一个国家内部省级区域经济发展水平最大会相差百年。虽然随着中国工业化进程的快速推进，中国处于工业化较高阶段的地区数量不断增加，但这种区域发展极不平衡的格局并没有发生根本改变。如表 4 所示，1995 年，30 个省市区中，2 个处于前工业化阶段，25 个

表 4 中国工业化进程的地区结构特征（1995~2010 年）

	1995 年	2000 年	2005 年	2010 年
后工业化阶段				2
工业化后期	2	3	6	10
工业化中期	1	4	4	16
工业化初期	25	23	21	3
前工业化阶段	2	1		

资料来源：陈佳贵，黄群慧，吕铁，李晓华等.中国工业化进程（1995~2010）[M].北京：社会科学文献出版社，2012：56.

处于工业化初期，1 个处于工业化中期，2 个处于工业化后期。到 2010 年，各省份的工业化分布阶段上移，31 个省市区中，3 个处于工业化初期，16 个处于工业化中期，10 个处于工业化后期，2 个处于后工业化阶段。

一个国家的各个区域工业化水平差距巨大并保持多年，这在工业化史上实属罕见。进入"十一五"后，东部、中部、西部经济的增长速度发生了反转，西部地区和中部地区的经济增速已经超过东部地区。2005 年，东部、中部、西部的经济增长速度分别为 13.41%、12.48% 和 13.10%，2010 年三者的经济增长速度分别为 12.51%、13.79%、14.22%。反映到图 2 上，可以看出，东部地区的工业总产值占全国的比重从 2002 年就开始下降，尤其是 2006 年以后，下降趋势明显，到 2010 年下降至 66.47%，相比 2006 年下降 5.43 个百分点；相反，中部和西部地区工业总产值占全国的比重分别从 2006 年的 16.97%、11.13% 提高到 2010 年的 20.52% 和 13.01%，分别提高 3.55 个百分点和 1.88 个百分点。但是，即使差距有所缩小，东部地区工业总产值占全国的比重仍是中部和西部地区之和的 2 倍，东部的发展远远超越了中西部。

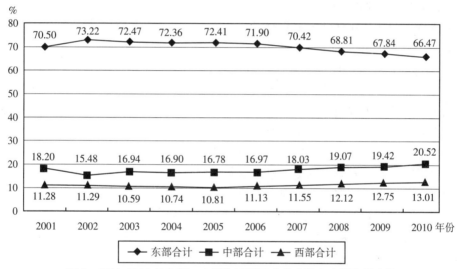

图 2 2001~2010 年东部、中部和西部工业总产值占全国比重变化
资料来源：根据中国国家统计局数据计算。

四、中国工业化的前景思考

经历辉煌历程的中国工业化是否一定有光明的前景呢？我们根据"十五"时期工业化速度曾推测，如果我国能够保持"十五"时期工业化速度，到 2020 年前后我国将基本实现工业化。但是考虑到工业化进程逐步放缓的趋势，如果大体能够保持现有的发展态势

（经济发展速度不低于 2010 年的 80%），预计我国工业化实现的时间将会在 2025~2030 年。到时候，中国这个千年文明古国实现了经济现代化，近百年来众多仁人志士抛头颅洒热血追求的梦想将得以成真。但是，这个预测是有许多前提的，也是值得进一步探讨的。工业化史表明，虽然后发国家的工业化进程，按照"收敛假说"可以通过学习模仿先进国家的制度、技术和生产方式，取得经济高速发展，从而实现"赶超"，但现实中一个后发国家的工业化进程往往是曲折的，真正成功"赶超"而实现工业化的国家屈指可数。即使是上文中我们提到的"二战"后经济增长率超过 7%、持续增长 25 年以上的 13 个经济体，除了极小的 3 个国家外，其他国家无不例外地都遭遇了经济危机，而只有日本和"四小龙"成功跨越了危机。在当今高度不确定的国际环境下，中国的工业化进程会出现曲折吗？在未来的 10~20 年，我们能够一帆风顺地走过工业化后期，步入工业化国家的行列吗？

上述问题的答案，取决于相互关联的两大方面"变量"：一是在发展环境方面，是否会出现足以改变中国工业化进程的特别重大的政治、经济、技术变革，在一定意义上可以被认为是"外生变量"，包括大规模军事对抗、政治动荡和社会动乱，短期内难以应对的重大经济危机、重大的技术革命等；二是在经济发展本身方面，是否会出现中国工业化进程自身无法解决的问题和难以逾越的障碍，这在一定意义上可以被认为是为"内生变量"。当今，中国工业化进程的推进面临一系列重大挑战，包括技术创新与产业转型升级问题、"中等收入陷阱"、老龄化社会或者"未富先老"问题、资源环境约束问题、区域差距问题、收入分配问题等。能否解决这些问题，化解工业化进程中的重大矛盾，直接决定中国的工业化进程是否会出现曲折，决定我国能否在未来 10~20 年顺利实现工业化。考虑到这些问题的重大性和艰巨性，可以毫不夸张地说，虽然中国工业化成就已经十分巨大，已经创造了"中国奇迹"，但我们还在"过大关"，如果此关不过，中国会陷入"中等收入陷阱"而徘徊不前，而且随着时间的推移不排除出现重大政治、社会事件等"外生变量"的可能，在"内外夹击"下有可能出现中国的现代化进程停滞甚至倒退。

尤其是金融危机以后，以美国为代表的工业化国家又正式提出"再工业化"，并希望借此带动美国经济走出危机泥沼，以重振制造业和大力发展实体经济为核心的工业化战略又一次成为世界发展的新浪潮，这个重大的"外生变量"对中国的工业化战略与前景具有重大影响，值得深入分析。

"再工业化"战略的提出，得益于人们对制造业在经济发展中的地位和作用有了新的认识。来自哈佛大学和 MIT 的两位教授发表的一项研究显示，在过去 60 多年间，由工业产品复杂性所反映的一国制造业能力是所有预测性经济指标中能够最好地解释国家长期增长前景的指标，国家间的制造业能力差异能够解释国家间收入差异的至少 70%。这种从能力视角观察制造业经济功能的发现意味着，虽然制造业在发达市场经济国家经济总量中的比重不断下降，但制造业本身所蕴含的生产能力和知识积累却是关系一国经济长期发展绩效的关键（Hausmann 和 Hidalgo，2011）[6]。因此，制造业对于国民经济的意义，不仅在于该部门直接创造了多少经济价值，更体现在它对于国民经济长期增长的驱动作用。

以重振制造业和大力发展实体经济为核心的"再工业化"战略，并不是简单地提高制造业产值比例,而是通过现代信息技术与制造业融合、制造与服务的融合来提升复杂产品的制造能力以及制造业快速满足消费者个性化需求的能力,这种制造业信息化与制造业服务化的趋势使得制造业重新获得竞争优势。虽然这两种趋势的源头可以追溯到20世纪八九十年代,但金融危机后,随着对制造业发展的重视,在政府的大力推动下,制造业信息化和制造业服务化成为世界工业化进程的两个重要趋势。

制造业信息化表现为人工智能、数字制造、工业机器人等基础制造技术和可重构制造、3D打印等新兴生产系统的技术突破和广泛应用,这构成了"第三次工业革命"的主要内容。为了推进"第三次工业革命",工业化国家制定了制造业振兴规划的相关产业政策。例如,美国的《制造业行动计划》提出,要通过技术创新和智能制造实现下一代生产率;加快部署新的制造工具和技术的创新和实施,应用计算机建模和模拟技术促进美国高效能运算能力达到超大规模级,促进建模和模拟技术的工业应用,加强科学、技术、工程和数学教育,并促进这些学科与工厂的结合。而欧洲的《未来工厂计划》则提出,要加大对现代制造技术的研发投资和政府企业间合作,加快发展可持续的绿色制造、ICT智能制造、高效能制造和基于新材料的制造。这种背景下,"第三次工业革命"成为世界工业化进程中突出的新趋势,这种趋势对我国工业化进程可能会形成以下冲击和挑战。①进一步弱化我国的要素成本优势,我国必须推进低成本工业化战略转型。"第三次工业革命"加速推进了先进制造技术应用,必然会提高劳动生产率、减少劳动在工业总投入中的比重,我国的比较成本优势则可能会加速弱化。根据美国研究机构的计算,根据劳动生产率调整后的综合劳动成本,我国的劳动力成本是美国南部州的35%左右,到2015年左右,这一比例将达到60%左右。未来5~10年中美劳动力成本之间的差距将快速缩小。再加上美国在能源方面形成了价格洼地,美国的物流成本只占GDP的9%,而中国这一比例为18%。美国发展制造业的比较成本劣势会逐渐减弱。②对我国产业升级和产业结构升级形成抑制。现代制造技术的应用提升了制造环节的价值创造能力,将使得制造环节在产业价值链上的战略地位变得与研发和营销同等重要,过去描述价值链各环节价值创造能力差异的"微笑曲线"有可能变成"沉默曲线"甚至"悲伤曲线"[7]。发达工业国家不仅可以通过发展工业机器人、高端数控机床、柔性制造系统等现代装备制造业控制新的产业制高点,而且可以通过运用现代制造技术和制造系统装备传统产业来提高传统产业的生产效率,因此,"第三次工业革命"为发达工业国家重塑制造业和实体经济优势提供了机遇,曾经为寻找更低成本要素而从发达国家转出的生产活动有可能向发达国家回溯,导致制造业重心再次向发达国家偏移,传统"雁阵理论"所预言的后发国家产业赶超路径可能被封堵[7]。③可能进一步恶化我国的收入分配结构。提高劳动报酬的机制,虽然一般可以通过税收等制度设计提高劳动在初次和二次分配中的比重,但更根本、更有效、对要素市场扭曲最小的方式是为劳动者创造更多高劳动生产率的工作岗位。但是在一般劳动者素质不能够大幅度提高的情况下,"第三次工业革命"的推进会造成职工的失业或者被锁定在低附加值的简单劳动环节中,劳动者收入改善的相对速度有可能进一步放缓。这意味着"第三次工业革命"会加大我国实施新型工业化战略的难度,但也使我们认识到加快产业结构调整的必要性和紧迫性，倒逼我们必须积极推进产业结构的转型升级。

制造业服务化，一方面表现为产品制造过程中所需的工业设计、会计、法律、金融等服务性要素投入的不断增加和内部服务职能的不断强化；另一方面表现为在实物产品的基础上衍生出越来越多的围绕实物产品的附加服务以及独立的生产性服务业的快速发展。当我国正热衷于工业化进程的推进方向由制造业为主向服务业为主转化之时，制造业服务化已经成为全球产业发展的一种趋势，技术融合和商业模式创新正不断推进制造企业的服务化和新型生产性服务业的涌现。在制造业服务化的趋势下，我们需要重新反思我国以产业升级为核心的工业化战略。基于上述传统的工业化理论，工业化进程是一个由第一产业占主导地位过渡到第二产业占主导地位，进一步到第三产业占主导地位的产业结构高级化的过程，实现工业化的国家三次产业结构中服务业比例一般可以达到 70%~80%。为了推进产业结构的高级化，加快我国工业化进程，大力发展服务业，努力推动形成一种以服务业为主体的经济结构，是我国工业化的基本战略。可以说，十余年来，我国调整产业结构、推进工业化进程的战略和政策体系在相当程度上是依循这一思路设计并推进的。然而，现在看来这种战略受到了挑战，制造业服务化趋势要求我国工业化进程中产业结构升级的方向从单纯提升服务业比例向促进制造业和生产性服务业相互促进发展转变。过去有关我国产业结构问题的政策辩论，常常围绕"工业比重是否太高、服务业比重是否太低"展开。制造业服务化的发展趋势不仅指出了这种非此即彼式思路的狭隘性，而且现实地指出产业结构从制造业为主向服务业为主转换的核心是制造业与生产性服务业的相互促进发展。从这个角度看，单纯从统计意义上的产业比重的角度来判断产业结构的合理性是不合适的。我国未来的工业化将在相当长的时期内保持制造业和生产性服务业相互促进发展的局面。

总之，未来中国工业化进程的前景是光明的，但是道路并不会一帆风顺，我们必须能够很好地处理各种"内外变量"的影响。尤其是西方发达国家的"再工业化"战略，加大了我国顺利推进工业化进程的难度，需要我们重新思考我国现有的工业化战略，以适应"第三次工业革命"和制造业服务化的世界工业化趋势。

五、结语

现代化理论认为现代化进程是一个不可逆的过程，工业化就是经济现代化，如果不是一些无法抗拒的巨大突变因素影响，所有发展中国家都不会放弃实现工业化的梦想。沿着中国特色的工业化道路，中国通过 30 多年的改革开放，已经成功地将工业化进程快速推进到后期阶段，这是人类发展史的一项伟大成就。虽然中国未来的工业化进程可能面临着更加艰难的问题和挑战，但实现工业化是中国不懈的奋斗目标。面对各种问题和挑战，中国既要坚定信心、保持自信，又要保持危机感和紧迫感，始终对中国基本国情有清醒的认识和把握，进而实施科学的工业化战略，中华民族的伟大复兴之梦必将实现。

参考文献

［1］陈佳贵，黄群慧. 工业发展、国情变化与经济现代化战略——中国成为工业大国的国情分析［J］. 中国社会科学，2005（4）.

［2］陈佳贵，黄群慧，钟宏武. 中国地区工业化进程的综合评价和特征分析［J］. 经济研究，2006（6）.

［3］陈佳贵，黄群慧，吕铁，李晓华等. 中国工业化进程（1995~2010）［M］. 北京：社会科学文献出版社，2012.

［4］张晓晶. 增长放缓不是"狼来了"：中国未来增长前景展望［J］. 国际经济评论，2012（4）.

［5］林毅夫. 展望未来20年中国经济发展格局［J］. 中国流通经济，2012（6）.

［6］Hausmann R. & Hidalgo C.A. et al. The Atlas of Economic Complexity: Mapping Paths to Prosperity ［EB/OL］. http://www.cid.harvard.edu/documents/complexityatlas.pdf，2011.

［7］黄群慧，贺俊. "第三次工业革命"与中国经济发展战略调整——技术经济范式转变的视角［J］. 中国工业经济，2013（1）.

The Process of Industrialization in China: Stage, Characteristic and Prospect

Huang Qunhui

(Institute of Industrial Economics, Chinese Academy of Social Sciences, Beijing 100732, China)

Abstract: China has become an industrialized country, it realizes the necessary of the great rejuvenation of the Chinese nation and one of the most important economic connotation of "Chinese dream". After the rapid development of reform and opening up 30 years, China's industrialization has entered into the late stage of industrialization. Prominent feature of China's industrialization process is population of 1.3 billion industrialization, rapid industrialization, regional imbalance in the development of industrialization, the low cost of export-oriented industrialization, this is a hitherto unknown in human history. Chinese industrialization prospects are bright, and will achieve industrialization the latest from 2025 to 2030 according to the normal development. But China's industrialization process may not go smoothly, the major tendency of the world industrialization process in the "third industrial revolution" and manufacturing services increase the smooth progress of the process of China's industrialization difficulty and the necessity for Chinese industrialization strategy adjustment after the financial crisis.

Key words: Industrialization; Stage; Characteristic; Third industrial revolution; Manufacturing services

我国战略性新兴产业结构趋同成因与对策研究 *

刘名远

（厦门大学经济学院，福建厦门 361005）

【摘 要】通过演进博弈模型对战略性新兴产业决策内在行为机理给予理论分析，并以此剖析其结构趋同效应、成因和策略选择。研究表明，资源禀赋和转型升级型产业结构趋同通常为合意性趋同，而外部引进和羊群跟随型通常为非合意性趋同；战略性新兴产业内在特征及发展要求，以及现行制度性缺陷是造成战略性新兴产业非合意性结构趋同的主要原因；遵循区域生产力布局、实现传统主导优势产业裂变或内涵式转型升级、实施区域产业经济利益补偿与分享、加快区域行政性资源配置向市场化配置转变是有效规避这一结构趋同的策略选择。

【关键词】战略性新兴产业；产业结构趋同；演化博弈；生产力布局

一、问题的提出及相关文献概述

产业区域空间布局是区域生产力布局在产业方面的具体表现，是区域经济资源和政策资源、产业分工、产业技术和产业基础、市场规模、经济发展战略以及地方政府行为等综合作用的结果。而区域产业结构趋同是在产业空间布局过程中普遍存在的一种产业经济现象，它通常表现为区域内产业结构、类型、数量比例、空间分布等变化趋于一致。区域产业结构趋同问题的研究起始于 20 世纪 80 年代，并得到了国内外学者的积极关注和探析。Nicole 和 Claudia（2010）[1] 实证分析了 1970~2005 年欧盟 14 个国家制造业与服务业产业

* 本文选自《现代财经》2013 年第 1 期。

基金项目：教育部哲学社会科学研究发展报告基金项目（11JBGP006）；福建省社科规划基金项目（2011B245 和 2012B145）。

结构趋同问题，研究表明，关联产业 (intersectoral industries) 存在较为显著的产业结构趋同现象。Fagerberg (2000)[2]，Gugler 和 Pfaffermayr (2004)[3] 探讨了区域生产率趋同对产业结构趋同的影响，认为区域生产率趋同对产业结构趋同具有正面效应，但是由于区域经济发展路径依赖与产业聚集效应，使得区域产业结构趋同远滞后于区域生产率趋同。Barrios、Barry 和 Strobl (2002)[4] 的研究表明，产业结构趋同与地区人均收入趋同有直接关联，同时也认为欧盟欠发达地区的对外直接投资 (IFDI) 影响其产业结构趋同程度。近年来，我国许多学者也从不同角度对我国区域产业结构趋同问题进行了较为深入的研究。陈建军 (2004)[5] 的研究表明，长三角地区产业结构趋同具有其内在必然性，它是这一区域资源禀赋和经济发展水平趋同的结果，同时也认为一定程度的产业结构趋同有利于促进区域市场竞争和经济增长，并建议采取协同产业定位策略。周立群和江霈 (2009)[6] 通过比较长三角与京津冀两地区产业结构趋同后认为，长三角地区产业结构趋同主要源于市场和技术因素，而京津冀地区产业结构趋同主要源于区域资源禀赋和行政体制因素。邢子政和马云泽 (2009)[7] 研究表明，京津冀地区在宏观产业结构中存在一定程度的趋同现象，而在优势主导产业的微观结构中其产业结构相似系数大大降低，并以此提出为克服京津冀区域产业结构趋同现象必须采取产业协同调整措施。

综观国内外相关文献发现，国外学者主要从区域经济一体化、区域生产率和人均收入趋同角度来探析产业结构趋同问题，在研究方法上偏好采用新古典经济增长模型进行理论与实证分析；国内学者对我国沿海四大经济区产业结构趋同的测度、影响因素、对经济增长的影响以及在产业结构趋同背景下产业定位策略选择等问题进了卓有成效的研究。总的来说，国内外学者对此类问题研究得出了许多具有一定说服力和指导价值的学术成果，这为进一步深化研究提供了可借鉴的理论思路和文献支持。但是，这些研究主要集中在成熟的传统产业结构趋同问题的研究方面，而对新兴产业是否存在产业结构趋同及其产业定位方面的研究没有太多涉及；从区域经济发展水平和资源禀赋趋同层次进行研究的居多，而对制度性产业结构趋同及其影响进行深入研究的较少，研究文献也相对缺乏；研究方法上更多集中在产业结构趋同的测度以及通过经济增长理论模型对其进行理论与实证分析方面，而缺乏从行为经济学、产业经济学角度来分析新兴产业形成发展的内在规律，以及产业决策行为对产业结构趋同产生的影响。据此，本文将在现有研究成果的基础上从产业经济学和产业决策行为角度，着重探讨战略性新兴产业制度性与产业特征性结构趋同问题，以弥补这方面研究的不足。

二、战略性新兴产业决策的演化博弈行为

自 2010 年 10 月国务院颁布《关于加快培育和发展战略性新兴产业的决定》以来，各省市自治区在国家对战略性新兴产业政策扶持以及对其未来高收益预期的基础上，积极制

定其战略性新兴产业发展规划，选择重点产业发展领域。事实上，区域内各地方政府之间的这种行为战略选择通常是互动依赖的，并根据内外部环境变化而做出相应调整。据此，为了给各地方政府对战略性新兴产业选择和空间布局的决策行为提供合理的理论解释，并以此来探析战略性新兴产业结构趋同存在的内在行为机理，本文选择演进博弈模型对此给予深入分析。

（一）演化博弈模型设置

演化博弈用于分析博弈参与人在策略互动背景下对策略进行演化性选择，其核心是如何实现演化稳定性策略（ESS）[8]。现将演进博弈模型规则设定如下：

1. 演化博弈收益矩阵

假设演化博弈有两个博弈参与人（i，j）；式（1）为演化博弈收益矩阵，其中（H，D）分别是它们的纯策略，（p，q）分别是它们选择相应纯策略的概率向量；a 表示它们选择策略后的支付水平，其中下标的第 1 位表示参与者 1 所选择的策略，下标的第 2 位表示参与者 2 所选择的策略；E(p, q) 为它们的期望收益函数。以参与者 j 为例，演化博弈收益矩阵为：

$$V_j = \begin{bmatrix} & H_i & D_i \\ H_J & a_{11} & a_{12} \\ D_j & a_{21} & a_{22} \end{bmatrix} \Rightarrow E_j(p_j, q_i) = p_j' V_j q_i = (q_1 \quad p_2) \begin{pmatrix} a_{11} & a_{12} \\ a_{21} & a_{22} \end{pmatrix} \begin{pmatrix} q_1 \\ q_2 \end{pmatrix} \tag{1}$$

2. 演化博弈的动态性和稳定性

如式（2）所示，以参与者 j 为例，在其行动纯策略组合（H，D）的基础上，按照演化博弈规则，可以推算出其动态性和稳定性（ESS）[9] 策略选择状态。同理，可以推算出另一参与人 i 在决策互动时，其动态性和稳定性策略选择状态。

$$\left.\begin{aligned} V_{jH} &= \sum_{i=H,D} q_i a_{jH}; \quad V_{jD} = \sum_{i=H,D} q_i a_{jD} \\ \bar{V}_j &= p_{jH} \times V_{jH} + p_{jD} \times V_{jD} \\ p_{jH} &= \frac{p_{jH} V_{jH}}{\bar{V}_j}; \quad p'_{jD} = \frac{p_{jD} V_{jD}}{\bar{V}_j} \end{aligned}\right\} \Rightarrow \left\{\begin{aligned} \frac{dp_{jH}}{dt} &= p_{jH}(V_{jH} - \bar{V}_j) \\ \frac{dp_{jD}}{dt} &= p_{jD}(V_{jD} - \bar{V}_j) \end{aligned}\right. \tag{2}$$

（二）战略性新兴产业决策行为的演化博弈机理

在国家对战略性新兴产业政策支持和对其高收益预期下，各地区在培育和发展战略性新兴产业方面具有较强的激励和积极性，但是各地区培育和发展战略性新兴产业的经济发展条件、产业基础和产业技术水平不同，地区差距很大。所以，在不影响模型分析效果的前提下，我们简单地假设：①区域内存在两种类型地方政府：一个是处于区域中心发达地区的地方政府 j，另一个是处于区域周边地区的地方政府 i；②它们的策略选择通常不是事先确定的，而是在策略互动过程中不断调整，直到最后实现演化稳定性策略状态；③它们的行动策略选择空间均为{进入，不进入}，且处于区域中心发达地区的地方政府 j 选择进入策略的概率为 p，处于区域周边地区的地方政府 i 选择进入策略的概率为 q；④收益矩阵为图 1，且收益取决于它们的期望收益。

$$\begin{bmatrix} & & \text{周边地区} & \text{地方政府} \\ & & \text{进入} & \text{不进入} \\ \text{中心地区} & \text{进入} & \pi_{j1},\ \pi_{i1} & \pi_{j2},\ \pi_{i2} \\ \text{地方政府} & \text{不进入} & \pi_{j3},\ \pi_{i3} & 0,\ 0 \end{bmatrix}$$

图 1　战略性新兴产业进入博弈收益矩阵

根据演化博弈预期收益计算规则和 ESS 确定规则，处于区域中心发达地区的地方政府 j 的预期收益及其动态策略选择状态如下：

$$V_{j\,进入} = q \times \pi_{j1} + (1-q) \times \pi_{j2}; \quad V_{j\,不进入} = q \times \pi_{j3} + (1-q) \times 0 \Rightarrow$$

$$\overline{V}_j = p \times V_{j\,进入} + (1-p) \times V_{j\,不进入} \Rightarrow$$

$$\frac{dp}{dt} = p \times (V_{j\,进入} - \overline{V}_j) = p \times (1-p) \times \left[(\pi_{j1} - \pi_{j2} - \pi_{j3})p + \pi_{j2} \right]$$

同理，可以推算出处于区域周边地区的地方政府 i 的期望收益及其动态策略选择状态如下：

$$V_{i\,进入} = p \times \pi_{i1} + (1-p) \times \pi_{i3}; \quad V_{i\,不进入} = p \times \pi_{i2} + (1-q) \times 0 \Rightarrow$$

$$\overline{V}_i = q \times V_{i\,进入} + (1-p) \times V_{i\,不进入} \Rightarrow$$

$$\frac{dp}{dt} = q \times (V_{i\,进入} - \overline{V}_i) = q \times (1-q) \times \left[(\pi_{i1} - \pi_{i2} - \pi_{i3})p + \pi_{i3} \right]$$

根据 ESS 规则，对于处于区域中心发达地区的地方政府 j 而言，当 p = (0，1)，或者 $q = \dfrac{\pi_{j2}}{\pi_{j2} + \pi_{j3} - \pi_{j1}}$ 时，其策略为演化稳定策略；对于处于区域周边地区的地方政府 i 而言，当 q = (0，1)，或者 $p = \dfrac{\pi_{i3}}{\pi_{i2} + \pi_{i3} - \pi_{i1}}$ 时，其策略为演化稳定策略。为了更有效和直观地反映地方政府对战略性新兴产业决策的互动过程，根据双方策略概率的取值范围将其绘制成复制动态相位图，以反映地方政府产业策略互动的演化博弈过程，见图 2。

从战略性新兴产业演化博弈复制动态相位图可知，当双方选择进入战略性新兴产业的概率为 $\left\{ (0，0)，(1，1)，\left(\dfrac{\pi_{i3}}{\pi_{i2} + \pi_{i3} - \pi_{i1}}，\dfrac{\pi_{j2}}{\pi_{j2} + \pi_{j3} - \pi_{j1}} \right) \right\}$ 时，它们的策略实现演化稳定策略。但是，如果区域内各地方政府选择进入战略性新兴产业的概率不落在这三组概率内时，各地方政府在选择进入或者不进入策略之间不断进行相互博弈，并随着博弈环境的变化而不断演化，直到实现演化稳定策略状态。例如，当 $\left(q < \dfrac{\pi_{j2}}{\pi_{j2} + \pi_{j3} - \pi_{j1}}，\right.$ $\left. p > \dfrac{\pi_{i3}}{\pi_{i2} + \pi_{i3} - \pi_{i1}} \right)$，即在图 2 的右下角区域，此时，处于区域周边地区的地方政府有激励

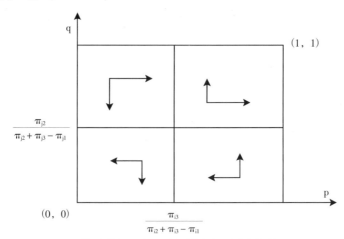

图 2 战略性新兴产业演化博弈复制动态相位图

选择进入战略性新兴产业，而处于区域中心发达地区的地方政府可能更愿意选择观望或选择不进入战略性新兴产业；再者，当$\left(q > \dfrac{\pi_{j2}}{\pi_{j2} + \pi_{j3} - \pi_{j1}}, \ p < \dfrac{\pi_{i3}}{\pi_{i2} + \pi_{i3} - \pi_{i1}}\right)$，即在图 2 的左上角区域，此时，处于中心发达地区的地方政府有激励选择进入战略性新兴产业，而处于周边欠发达地区的地方政府更愿意选择观望或选择不进入战略性新兴产业。各地区并不必然会同时选择进入战略性新兴产业，只有当双方选择进入战略性新兴产业的概率落在图 2 的右上角区域，即在$\left(q > \dfrac{\pi_{j2}}{\pi_{j2} + \pi_{j3} - \pi_{j1}}, \ p > \dfrac{\pi_{i3}}{\pi_{i2} + \pi_{i3} - \pi_{i1}}\right)$时，博弈各方才有激励选择培育和发展战略性新兴产业。

显然，战略性新兴产业决策的演化博弈行为机理表明，在一定的产业环境和博弈条件下，战略性新兴产业培育和发展过程中也将会产生结构趋同问题，这与实践事实相符。所以，产业结构趋同不仅存在于传统产业，也将存在于新兴产业的区域发展过程中。

三、战略性新兴产业结构趋同

效应评价与成因剖析在论证战略性新兴产业结构趋同存在性的基础上，进一步对战略性新兴产业结构趋同效果与成因给出相应的解释和剖析。

（一）战略性新兴产业结构趋同效应评价

任何一种新兴产业的形成和发展都有其自身的演进规律，它受产业发展的生命周期、历史路径、产业技术水平特别是产业核心技术水平、产业结构、产业基础，以及区域经济和政策资源禀赋、经济社会制度环境、市场机制等多层因素的影响。也就是说，影响战略性新兴产业结构趋同的因素也是综合性的，不同类型产业结构趋同对区域经济增长的影响作用也是不一样的，所以对战略性新兴产业结构趋同效果评价也应该区别看待。

1. 资源禀赋型和转型升级型产业结构趋同评价

通常，战略性新兴产业发展类型有原始创新型、外部引进型、资源禀赋型、转型升级型、羊群跟随型。其中，资源禀赋型、转型升级型所造成的产业结构趋同通常是一种合意性产业结构趋同。以海西经济区为例，它位于承接长三角和珠三角的东部沿海地区，其区域经济和政策资源禀赋趋同，经济社会发展水平与阶段也逐渐趋同。数据显示截至 2011年，福建省地区城市化率为 57%、工业化率为 41.09%、人均 GDP 为 5800 美元左右；浙南地区城市化率为 53%、工业化率为 43.87%、人均 GDP 为 5100 美元左右；赣东南地区城市化率为 41%、工业化率为 42.87%、人均 GDP 为 2900 美元左右；粤北地区城市化率为 58%，工业化率为 48.36%，人均 GDP 为 2950 美元左右，表 1 显示 2007~2011 年海西经济区经济依存系数以年均 16.7%的速度发展。这表明，海西经济区内各地区产业生产率和人均收入趋同在加快，产业区域分工和价值链区域延伸得到实现，产业区域空间聚集和空间移动在加速，产业区域空间分布合理化程度在得到不断提升。在这种情况下，随着区域内各地区经济联系日益紧密，产业合作的深度和广度得到不断拓展，按此逻辑区域产业空间布局上必然会产生一定程度的产业结构趋同。然而，这种趋同是各地区依据产业区域分工深化程度，按照产业价值链环节选择适合本地区资源禀赋、产业基础及其技术水平培育和发展新兴产业所产生的。这种新兴产业发展类型属于资源禀赋型和转型升级型，由其产生的结构趋同并不会对区域经济增长产生负面影响；反之，有利于实现产业资源互补，形成符合区域资源禀赋和产业基础的完整产业链，提高产业的空间聚集效应和有效发挥产业的规模效应和产业技术的外溢效应。

表 1　海西经济区累积经济依存系数空间分布及增长率变化

年份	2007	2008	2009	2010	2011	年均增长率（%）
福建省地区	1402.10	1649.30	1833.90	2186.50	2663.10	17.40
赣东南地区	131.24	155.85	172.85	212.66	257.36	18.34
浙南地区	168.22	195.08	208.84	248.83	297.62	15.33
粤北地区	1036.80	1230.50	1359.40	1621.50	1861.40	15.75
海西经济区	2738.30	3230.80	3575.50	4269.50	5079.50	16.70

注：本文只选取四大区域累积经济依存系数，如有需要可直接向作者索取 20 城市两两之间的经济依存系数。

资料来源：《福建统计年鉴》(2012)，20 城市相关年份统计年鉴，中国机动车网全国公路里程查询系数。

2. 外部引进型与羊群跟随型产业结构趋同评价

综观全国 31 个省市自治区所确定的战略性新兴产业重点发展领域，容易发现，各省市自治区在战略性新兴产业的选择和定位上没有太大差别，基本上都包括了国家所确定的七大战略性新兴产业类型。数据显示，全国有 27 个省市自治区的 100 多个城市都提出要建设成新能源产业基地，其中有 23 个省市自治区已编制完成有关新能源产业的专项规划；全国有近 80%的地区选择发展节能环保产业，超过 90%的地区选择发展新能源、新材料、电子信息和生物医药产业，60%的地区选择发展生物育种产业，其中有 20 个省市自治区已编制完成有关生物产业的专项规划；全国有 50%以上地区选择发展新能源汽车，其中有 22 个省市自治区对新能源汽车产业发展提出了具体目标和措施[10, 11]。由于全国各省市自治区经济社会发展水平不同、区域经济和政策资源禀赋也极为不同、产业基础和产业技术水平差距很大，显然，目前这种产业定位和选择是在地方利益驱使下，未能充分遵循区域比较优势和产业基础而产生的一种非合意性产业结构趋同。策略上各地区还是沿用成熟的传统产业发展模式，通过减免土地出让费、提供短期效应的财税优惠政策大搞招商引资和圈地建园，依靠大量投入短期产业发展和技术研发资金加快新兴产业的形成，通过外部引进、羊群跟随的方式形成和发展新兴产业。在地方经济利益驱使和风险规避下，这种外部引用型和羊群跟随型的发展模式必然会带来盲目的重复投资、区域资源的耗散，严重制约产业分工的深化和价值链的区域延伸，区域产业的规模效应和产业的技术外溢效应不能得到有效发挥。

（二）战略性新兴产业结构趋同成因剖析

根据战略性新兴产业决策行为机理的演化博弈分析特征，容易发现，在实践中存在很多因素使各方落入有激励选择培育和发展战略性新兴产业的概率区间内，从而造成产业结构的趋同。现有文献已对区域资源禀赋、区域生产率和人均收入趋同因素引发的产业结构趋同给予了较为详尽的分析，在这暂不对此加以进一步分析。本文将着重从战略性新兴产业内在特征及其发展要求、现行制度性缺陷角度来分析非合意性产业结构趋同的主要成因。

1. 产业结构趋同的产业内在特征成因

战略性新兴产业是相对于传统产业而提出来的一个新概念，它的形成和发展需要以一定的产业基础和产业技术水平为前提，掌握与突破核心关键技术是战略性新兴产业形成和发展的根本。同时，它还需要一定规模的区域性市场为其提供强大的需求支持。战略性新兴产业的市场化和商品化需要通过区域性市场来实现，它是战略性新兴产业形成和发展的市场条件和直接内在动力。还有，战略性新兴产业是战略性产业与新兴产业的综合体，其中战略性产业体现为它的主导性作用和地位，新兴产业体现为它的高收益性与高风险性并存，根据这一特点，战略性新兴产业的形成和发展需要一套完善的产业支撑体系、服务支撑平台体系、产业政策支撑体系。显然，战略性新兴产业不同于一般成熟传统产业，它具有战略性、高投入性、高风险性、高收益性、高技术性，以及政策、市场和产业路径依赖性等内在特征和发展要求。

虽然，战略性新兴产业具有巨大的市场需求潜力和高收益预期，并且国家无论是在资金上还是在产业政策上都给予了大力扶持，激励各地区积极培育和发展各种战略性新兴产业。但是，战略性新兴产业的高收益预期必然伴随着产业的高风险性并且受其产业内在特征及其发展要求的影响，如果各地区不能提供与其相适应的技术、市场、产业、政策、人才等条件和发展要求，那么战略性新兴产业的发展将很难达到预期效果。在这种情况下，各地区在战略性新兴产业发展上将会偏好选择在产业链低端环节处切入[12]，以实现短平快效果；策略上偏好采取羊群跟随战略，从而有效规避战略性新兴产业不确定性带来的风险负担。但是，这种低端化切入和跟随战略容易带来地区大量重复和盲目投资，必然会造成一定程度的非合意性区域产业结构趋同。

2. 产业结构趋同的制度性缺陷成因

在现行行政绩效考核和金字塔的晋升机制下，各地区更偏好选择容易计量核算且短期见效快的经济发展项目，例如 GDP 崇拜、直接增加投资、扩大产业经济规模。战略性新兴产业是一种高投入产业类型，能够在短期带来巨大的投资需求，快速增加 GDP 存量。另外，在国家大力支持和扶持的背景下，战略性新兴产业投资存在很大程度上的成本外化、收益内化现象，这又促使各省市自治区竞相争取有关战略性新兴产业发展的政策优惠，激发新一轮的相关产业投资热。还有，由于我国市场经济体制并不完善，在区域经济发展过程中地方政府掌握了过多的经济与政策资源，使我国区域经济的发展一开始就没有完全遵循市场经济规律，市场化导向的区域经济没有完全成型，带有鲜明的行政区经济特征[13]。在长期行政区经济的约束下，地方经济利益获得与维护限制了区域经济利益的形成，进一步造成区域经济合作，特别是产业经济的合作受到限制，产业的区域分工和价值链的区域延伸受到影响，区域产业资源难以实现优势互补，传统产业发展观念没有得到完全转变。

为了更好地给战略性新兴产业结构趋同的制度性缺陷成因提供理论解释，设置不完全信息产业非合作模型对其加以分析，模型假设只存在区域内两个参与人即地方政府 1 和地方政府 2，且具有有限理性和风险规避型特征；行动空间均为｛产业合作，产业不合作｝；双方支付矩阵如图 3 所示，如果双方都选择产业合作，支付为（3，3），如果双方都选择产业不合作，支付为（2，2），这一支付水平可理解为双方的保留性收益；如果一方选择产业合作，另一方选择产业不合作，由于参与合作需要支付一定成本，所以选择产业合作的一方支付水平要小于双方都选择产业不合作或者双方都选择产业合作时的收益，而选择产业不合作的一方有机会获得一种额外收益 $\theta_i(i=1,2)$。在这里用 $\theta_i(i=1,2)$ 表示参与人类型，即表示不同收益类型参与者，且参与人知道自己类型，但另一个参与人不知道；还假定 $\theta_i(i=1,2)$ 在 $[-\varepsilon, +\varepsilon]$ 均匀区布。

	地方政府 2	
	产业合作	产业不合作
地方政府 1　产业合作	3，3	1，$2+\theta_2$
地方政府 1　产业不合作	$2+\theta_1$，1	2，2

图 3　地方政府区域产业非合作模型支付矩阵

给定地方政府 2 的行为战略选择，地方政府 1 选择产业合作行为战略的期望收益为：

$$U_{1,\text{产业合作}} = 3 \times \frac{(\theta_2 + \varepsilon)}{2\varepsilon} + 1 \times (1 - \frac{(\theta_2 + \varepsilon)}{2\varepsilon})$$

这里，$\frac{(\theta_2 + \varepsilon)}{2\varepsilon}$ 为地方政府 2 选择产业合作行为战略的概率，$1 - \frac{(\theta_2 + \varepsilon)}{2\varepsilon}$ 为地方政府 2 选择产业不合作行为战略的概率。同理，可以计算出给定地方政府 2 的行为战略选择，地方政府 1 选择产业不合作行为战略的期望收益为：

$$U_{1,\text{产业不合作}} = (2 + \theta_1) \times \frac{(\theta_2 + \varepsilon)}{2\varepsilon} + 2 \times (1 - \frac{(\theta_2 + \varepsilon)}{2\varepsilon})$$

因此，当 θ^* 满足 $3 \times \frac{(\theta_2^* + \varepsilon)}{2\varepsilon} + 1 \times (1 - \frac{(\theta_2^* + \varepsilon)}{2\varepsilon}) = (2 + \theta_1^*) \times \frac{(\theta_2^* + \varepsilon)}{2\varepsilon} + 2 \times (1 - \frac{(\theta_2^* + \varepsilon)}{2\varepsilon})$，则 $2\theta_2^* - \theta_1^*\theta_2^* - \varepsilon\theta_1^* = 0$。所以在对称条件下均衡状态为 $\theta_1^* = \theta_2^* = 0$。很显然，当 $\theta_i \geqslant \theta^* = 0$ 时，地方政府选择产业不合作行为战略的期望收益大于选择产业合作行为战略的期望收益，即 $U_{i,\text{产业不合作}} > U_{i,\text{产业合作}}$ $\forall i = 1, 2$。

分析结果表明，双方最优行为战略选择将是 {（产业不合作，产业不合作），（2，2）}。也就是说，双方均选择产业不合作行为战略是最佳的，但不是支付水平最高的战略。所以，受当前行政区经济和市场机制存在的制度性缺陷影响，以及在现行行政绩效考核和金字塔晋升机制约束下，地方政府作为风险规避型的决策主体，采取产业跟随战略成为其获取最大化地方经济利益与降低其经济和政治晋升风险最理想的现实选择。但是，这种选择必定带来区域性经济和政策资源的争夺和耗散，以及出现"小而全"、"大而全"的战略性新兴产业格局；这也必定产生区域性重复投资、产业价值链低端化、产能过剩和产业结构趋同。可见，行政区经济的制度性缺陷、市场机制的不健全和政治晋升机制的僵化将是造成区域产业不合作，从而成为产生战略性新兴产业非合意性结构趋同的重要原因。

四、研究结论与策略选择

本文以战略性新兴产业结构趋同为研究基点，通过演化博弈模型对战略性新兴产业决策内在行为机理进行理论分析，并以此深入剖析战略性新兴产业结构趋同效应及其产生的内在原因。研究表明：①当概率处于 $q > \frac{\pi_{j2}}{\pi_{j2} + \pi_{j3} - \pi_{j1}}$；$p > \frac{\pi_{i3}}{\pi_{i2} + \pi_{i3} - \pi_{i1}}$ 时，博弈各方有激励选择培育和发展战略性新兴产业，即在一定的产业环境和博弈条件下，战略性新兴产业培育和发展过程中也将产生结构趋同问题。②资源禀赋和转型升级型战略性新兴产业结构趋同通常属于合意性趋同，它有利于实现产业资源互补，形成适合区域资源禀赋和产业基础的完整产业链，提高产业的空间聚集效应；而外部引进型和羊群跟随型战略性新兴产业结构趋同属于非合意性趋同，必然会带来盲目的重复投资和区域资源的耗散，严重制约产业分工的深化和价值链的区域延伸。③战略性新兴产业内在特征及发展要求，容易使各地区在战略性新兴产业发展上偏好选择在产业链低端环节处切入，策略上偏好采取羊群跟随战略，从而有效规避战略性新兴产业不确定性带来的风险负担，但这必将带来区域的重复投资和非合意性产业结构趋同；在满足地方经济利益、政治晋升利益和风险规避需要的情况下，现行行政区经济的制度性缺陷、市场机制的不健全和政治晋升机制的僵化造成区域产业不合作，带来区域性经济和政策资源的争夺和耗散以及出现"小而全"、"大而全"的战略性新兴产业格局，产生区域性重复投资、产业价值链低端化和产业结构趋同。

对于资源型合意性产业结构趋同，通常采取协同产业定位是有效的策略选择。但是，相对于资源禀赋型产业结构趋同，制度性缺陷和产业内在特征及其发展要求所导致的非合意性产业结构趋同相对比较复杂，只要影响非合意性产业结构趋同的因素没有发生根本性变化，那么这种产业结构趋同将一直存在，并对区域经济增长带来消极影响。为了有效规避这种非合意性产业结构趋同，实现战略性新兴产业区域空间合理布局，首先，依照区域生产力布局，实现战略性新兴产业区域定位。区域生产力表现为多层次性和不平衡性，不同区域及区域内各地区的经济社会发展水平不同、产业基础和技术条件差异很大，所以并不是所有地区在同一发展阶段都适合培育和发展所有类型的战略性新兴产业。各地区需遵循区域生产力布局，依托区域资源和政策比较优势，因地制宜地选择符合其自身经济社会发展条件和发展要求的产业类型，以实现其区域定位。其次，实现传统主导优势产业裂变或内涵式转型升级。各地区在区域经济发展过程中形成了其独特的传统主导优势产业，而且这些传统主导优势产业还具有很大的发展空间，对经济增长的贡献依然很大，战略性新兴产业不可能在较短的时期内取代它。由于裂变和内涵式产业发展模式是以现有产业为基础，通过产业分工深化或者产业新工艺、新技术、新材料应用实现传统产业高端化和高技术含量，所以在稳定传统优势产业的基础上集中优势选择裂变和内涵式产业发展模式实现战略性新兴产业的发展。这样，各地区战略性新兴产业培育和发展就能依托其现有产业基础和产业技术水平，一定程度上摆脱新兴产业定位和选择上的跟随思维，降低战略性新兴产业的结构趋同程度。再次，实施有效的区域产业经济利益补偿与分享机制。区域产业空间布局通常依托区域产业的空间转移和对接，以及相关产业资源的空间流动来实现，由于这直接关系到区域内各地区经济利益的分配与实现，所以如果没有相应产业合作协调和与之相适应的利益补偿与分享机制，那么区域产业合理的空间布局就难以形成。因此，在战略性新兴产业空间布局时需实施区域经济利益补偿与分享机制，认真处理好区域间产业的空间转移和对接，解决由此带来的利益不平衡。最后，加快区域行政性资源配置向市场化配置转变。制度性缺陷是造成战略性新兴产业结构趋同的重要因素，其中一个主要缘由就是制度性缺陷使得地方政府掌握太多稀缺性的经济和政策资源如行政审批、土地征用、各项政策优惠等，行政性资源配置成为地方政府获取地方经济利益和政治晋升利益的主要途径，其直接后果就是地区围堵意识依然浓厚，制约产业的区域分工和区域经济的合作。据此，加快区域行政性资源配置方式向市场化资源配置方式转化，逐步削弱政府对经济活动的过度干预，促进区域生产要素的流动、优化组合，打破区域产业分工扭曲状况下形成的

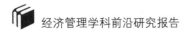

"大而全"、"小而全"的产业格局。

参考文献

［1］Nicole Palan, Claudia Schmiedeberg. Structural Convergence of European Countries［J］. Structural Change and Economic Dynamics, 2010（21）：85–100.

［2］Fagerberg J. Technological Progress, Structural Change and Productivity Growth：A Comparative Study［J］. Structural Change and Economic Dynamics, 2000（11）：393–411.

［3］Gugler K., Pfaffermayr M. Convergence in Structure and Productivity in European Manufacturing［J］. German Economic Review, 2004（5）：61–79.

［4］Barrios S., Barry F., Strobl E. FDI and Structural Convergence in the EU Periphery［R］. Working Paper, University College Dublin, 2002.

［5］陈建军. 长三角地区的产业同构及产业定位［J］. 中国工业经济, 2004（2）：19–26.

［6］周立群, 江霈. 京津冀与长三角产业同构成因及特点分析［J］. 江海学刊, 2009（1）：93–99.

［7］邢子政, 马云泽. 京津冀区域产业结构趋同倾向与协同调整之策［J］. 现代财经, 2009（9）：50–56.

［8］Maynard Smith, J. The Theory of Games and The Evolution of Animal Conflicts［J］. Journal of Theoretical Biology, 1974（47）：209–221.

［9］Taylor, P. D., Jonker, L. B. Evolutionarily Stable Strategies and Game Dynamics［J］. Mathematical. Bioscience, 1978（40）：145–156.

［10］刘新宇. 战略性新兴产业同构风险的防范研究［J］. 经济纵横, 2012（1）：68–71.

［11］汪克强. 深化体制机制改革：发展战略性新兴产业的关键［J］. 中国高校科技与产业, 2011（3）：25–28.

［12］国务院发展研究中心"重点产业调整转型升级"课题组. 新能源产业的发展思路和政策建议［J］. 发展研究, 2009（12）：43–46.

［13］刘君德, 舒庆. 中国区域经济的新视角：行政区经济［J］. 改革与战略, 1996（5）：1–4.

Research on the Causes and Countermeasures of China's Strategic Emerging Industrial Structural Convergence

Liu Mingyuan

(School of Economics, Xiamen University, Xiamen 361005, China)

Abstract：In the paper there is the theoretical analysis on the intrinsic mechanism of the strategic emerging industrial decision–making by the evolutionary game, and thus make the analysis on its structural convergence effects, causes and countermeasures. The analysis results show the resource endowment and transformation upgrading industrial structural convergence is the consensual convergence, but the introduction and flock to follow industrial structural convergence usually is non-consensual convergence; the strategic emerging industrial intrinsic characteristics and its development requirements, and the current institutional defects are the main causes that bring about its non-consensual industrial structural convergence; to effectively avoid the convergence of the strategic emerging industrial structure, we need follow the regional productive forces distribution, realize the transformation and upgrading of the classical dominant industries by the fission and connotative development ways, carry out the regional industrial economic interest compensation and sharing measure, accelerate the transformation from administrative resource allocation to marketoriented resource allocation.

Key words: Strategic emerging industries; Convergence of industrial structure; Evolutionary game; Productive forces distribution

新能源产业融资问题研究 *

史　丹[1]　夏晓华[2]

(1. 中国社会科学院财经战略研究院，北京　100028；

2. 中国人民大学经济学院，北京　100872)

【摘　要】新能源产业在发展初期，除了技术问题外，最重要的就是融资问题。本文总结了我国当前新能源产业的四种融资方式，并对其存在问题和影响进行了分析，在借鉴美日德等发达国家新能源产业的融资方式的基础上，提出优化我国新能源产业融资方式的若干建议。

【关键词】新能源；融资；资本市场；风险投资

根据美国能源基金会和国家发改委联合预测，2005~2020年，我国需要能源投资18万亿元，其中新能源、节能、环保约需7万亿元。新能源产业的快速发展需要巨大的资金支持，光靠政府的投资和补贴显然是远远不够的，这就需要充分利用市场，借助金融手段解决新能源产业发展过程中的资金短缺问题。

新能源产业是一个新兴的行业，在企业融资过程中更需要有相应的金融服务机构为其提供金融的信贷管理和金融的信息服务。而在这方面，国内基本是空白。由于金融体系尚不成熟，新能源产业又处于起步阶段，融资难成为制约我国新能源产业发展的关键问题。本文的主要内容包括以下四个方面：一是分析我国新能源产业的融资方式和资金来源；二是对现有融资方式存在的问题进行分析；三是研究主要发达国家新能源产业的融资模式；四是提出解决新能源产业融资难问题的若干措施和政策建议。

---

* 本文选自《经济研究参考》2013年第7期。

基金项目：社科基金重大招标课题"促进新能源产业发展的政策体系研究"（11&ZD051）和中国社科院重大项目"新能源价格补贴问题研究"的阶段性成果。

一、中国新能源产业融资的主要方式

（一）银行贷款

银行贷款是新能源产业资金的重要来源渠道，其中包括政策性贷款和商业贷款。为了贯彻实施国家的新能源产业政策，加强对新能源产业的金融支持，2009 年 12 月，国家开发银行的全资子公司国开金融有限责任公司出资 2.432 亿元成为中国节能风力发电股份有限公司（简称中节能风电）的第三大股东。截至 2010 年底，国开行累计向中节能风电发放长期贷款 35.055 亿元人民币，贷款余额 33.094 亿元人民币。2010 年，国家开发银行制定了《支持节能减排金融服务工作指导意见》等文件，计划发放 1400 亿元节能方面的贷款，实际发放 2320 亿元。2007~2010 年，国家开发银行用于相关产业的贷款额如图 1 所示。2010 年国家开发银行向节能及环保领域投放的贷款余额为 4956 亿元，其中 1160 亿元用于新能源产业，占大类总贷款余额的 23%。[1]

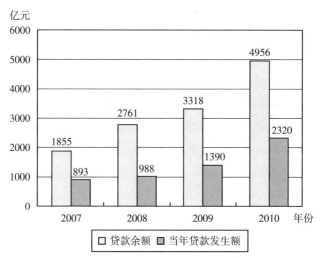

图 1 2007~2010 年国家开发银行环保及节能减排贷款
资料来源：《国家开发银行 2010 年社会责任报告》。

商业银行因其自身特点，其投资原则注重安全性、流动性和盈利性，并以保证资金安全为第一原则，因此，目前商业银行对新能源产业提供了大量贷款支持是履行社会责任的

---

[1] 资料来源：《国家开发银行 2010 年社会责任报告》。

一部分。例如，2011 年，工商银行用于清洁能源开发的贷款余额为 2082 亿元；[①] 2010 年，工商银行用于清洁能源开发的贷款余额为 1855.33 亿元；[②] 2009 年，工商银行用于新能源开发或利用项目的贷款余额为 1029.25 亿元，涉及客户 320 户，项目 441 个，不良贷款 2.24 亿元，不良贷款率为 0.22%。[③] 相比 2009 年工行报告期内报告的不良贷款率 1.54%，实际上新能源项目的不良贷款率较低，违约风险并不显著。2011 年，交通银行节能减排贷款余额为 1235.36 亿元；2010 年，交通银行节能减排贷款余额为 1022.93 亿元；[④] 2009 年，交通银行节能减排类贷款余额为 956.13 亿元。

目前，国内商业银行的资金投放具有规模效益，挑选项目时更集中在大型企业，如由国有大型发电集团公司投资的新能源项目，尤其是风力发电项目。而其他一些中小型企业独立投资的项目，从风险防范的角度，则没有机会得到商业银行的支持。

（二）资本市场融资

资本市场是新能源企业另一资金筹措渠道。企业通过发行股票方式可筹集到巨额的、长期的无须偿还的资金，能在较短时间内有效解决新能源企业资金短缺问题。但目前我国多层次的资本市场的建设仍然滞后，资本市场以股票市场和债券市场为主，而且投资品种还不够丰富。就股票市场来看，上市门槛较高。我国现有的沪、深股票交易市场，在组织体系、上市基准、交易方式和监管机构方面非常相似。这两大交易所所组成的主板市场，由于上市门槛较高、上市手续繁杂，将许多发展初期、有潜力、前景看好又需要融资的中小型新能源企业拒之门外。这导致了新能源企业难以取得上市资格，很难通过股票市场募集所需的巨额资金。与股票市场相比，债券市场发展相对更加滞后，尤其是公司债券市场品种单一、规模有限，只有可转换公司债券、短期融资券等，这些问题在一定程度上制约了新能源企业的发展。

目前，国内的大多数企业仍然在争夺稀少的上市机会。发审会一般每周开两次会，每次审核 6 家，能通过三四家。进入辅导期的企业，至少也需要 3 年才能进入发审会，进入了也只有大约 2/3 的机会获得上市批准。而就已经在主板上市的企业而言，能够通过股票方式融得的资金数量也很有限，如表 1 所示，此外，新能源领域上市公司的所有者权益大多数都归属于母公司，新能源企业从股票市场融得的资金是很有限的。

（三）国际资本市场

在国际金融市场上市是中国新能源企业尤其是光伏企业融资的重要渠道。我国目前有约 60 家新能源上市企业，其中 31 家在海外市场上市，14 家在深沪市场 IPO 上市，另外，

---

① 资料来源：《工商银行 2011 年社会责任报告》。
② 资料来源：《工商银行 2010 年社会责任报告》。
③ 资料来源：《工商银行 2009 年社会责任报告》。
④ 资料来源：《交通银行 2011 年企业社会责任报告》。

表1 部分上市新能源企业融资结构

单位：万元

公司	总资产		总负债		所有者权益总和		归属于母公司的所有者权益	
	2010年12月	2011年9月	2010年12月	2011年9月	2010年12月	2011年9月	2010年12月	2011年9月
孚日股份	718355	770032	446904	481388	271451	288643	271305	288307
海得控制	108312	121250	26077	38051	82235	83198	71482	72049
泰胜风能	146407	162321	15775	29516	130632	132805	130632	132477
奥克股份	91628	300927	53143	28763	38486	272164	38486	267896
向日葵	281124	351247	115243	196718	165881	154529	165881	154529
华锐风电	3605828	3478529	2150290	2092385	1455538	1386143	1455538	1386143

资料来源：上市公司年报。

14家通过重组方式借壳上市。全球上市的新能源企业170多家，其中中国企业近期60家，占比超过30%。而在国内IPO上市的仅有14家。①这说明国内的资本市场难以满足新能源企业融资需要，而欧、美、日等发达地区和国家的资本市场均能为新能源企业发展提供良好的融资空间和资本运作环境。

国际金融机构也为中国新能源产业融资进行了一定的项目支持。世界银行、亚洲开发银行等国际金融组织，为中国能源、交通、环保和公共事业等非营利性项目提供的低息优惠贷款中，节能减排融资占有主要份额。例如：WB/GEF中国节能促进项目。该项目是中国政府与世界银行、全球环境基金共同实施的促进中国节能机制转换的大型国际合作项目。该项目分两期实施。项目一期主要是建立示范性的节能服务公司（EMCO），EMCO是基于"合同能源管理"节能新机制运作并以盈利为目的专业化公司。项目二期的主要工作：一是建立EMCO技术支持和技术体制，成立节能服务产业委员会（EMCA）；二是建立EMCO商业贷款担保资金，实施EMCO贷款担保计划，该计划将GEF赠款2200万美元用作实施节能技改项目所需贷款的担保基金，增加EMCO获得商业贷款的机会。

EMCO贷款担保计划：一是可放大担保额度。通过与担保业务实施机构协商，担保业务的实施机构可最终承诺10倍的放大率。目前，中国经济技术投资有限公司（以下简称中投保公司）是世界银行和中国政府有关部门的项目执行机构，负责实施担保计划，受理EMCO企业的贷款担保申请，为经审查合格的企业及实施合同能源管理项目企业的资金需求提供贷款担保。二是担保基金的资金安全。中投保公司对EMCO企业资信状况、经营销售状况、环境评估、项目可行性审定、贷款额度审定、贷后管理、反担保措施都有严格的要求，从制度层面保证项目的成功概率，以提高资金的安全性。三是多方出资。通过引入多家商业银行参加贷款担保计划，可以使EMCO的贷款方式更加灵活和便利。EMCO贷款担保下的"合同能源管理"是EMCO的一种经营方式，是EMCO和客户双方都能从中受

---

① 深圳证券交易所综合研究所.深沪上市的新能源企业情况［R］.

益的一种双赢机制。商业银行通过与中投保公司合作，不仅可以提高贷款的安全性，还可以拓展出新的贷款市场，增加优质客户数量，EMCO 的融资渠道更加丰富，在商业银行建立起自己的信用评级和良好信用记录，从而为获得额度更大，期限更长的商业贷款创造条件。

（四）风险资本

从投资领域来看，几乎所有新能源项目中都有相应的风险资本涉及。其中，以与生物质能、太阳能和风能相关的技术研发及项目的风险投资居多。有些依托正规的风险投资公司进入新能源产业，有些则以个人名义在项目的创意期或初创期以股权投资方式进入新能源产业。

风险资本是一种以私募方式募集资金，以公司等组织风险资本形式设立，投资于未上市的新兴中小型企业（尤其是新兴高科技企业）的一种承担高风险、谋求高回报的资本形态。高风险、高回报是其主要特点。一般来说，风险资本根据公司规模、上市前景、技术含量、市场需求等标准选择投资项目。新能源是一个十分宽广的领域，任何一项技术、设备的研发，后期的生产都具有高风险和高回报特征。从这一点来说，新能源产业是风险资本潜在的投资产业。目前，我国风险资本在新能源产业的投资尚处于尝试阶段，以观望为主，投资较谨慎，专业化程度低，投资额度相当有限。国际风险资本更是如此，IDG 和红杉资本等国际大型风险投资机构对中国的新能源项目投资很少超过 500 万美元。

新能源的范围非常宽广，除了太阳能和风能发电外，新能源的相关投资领域已经开始延伸到很多细分行业。比如最近青云创投以 2500 万美元投资地热管理公司挪宝新能源，以 3000 万美元投资 LED 节能照明公司真明丽等。骏麒投资 2 亿美元收购北京利德华福，针对的则是能源管理项目中变频节能技术的应用。

根据清科的研究报告，2006~2008 年，中国的清洁能源市场投资年均增长率为 67%。从投资案例数来看，2007 年，VC/PE 投资中国大陆清洁技术市场的案例为 20 件，到 2008 年投资案例激增到 55 件，比 2007 年增长了 175%；从投资金额来看，自 2006 年以来，VC/PE 对中国大陆清洁技术市场的投资处于不断上升状态，2007 年的投资额为 5.9 亿美元，2008 年的投资额为 13 亿美元，同比增长 120.3%。

2009 年度，几乎每一个新成立的创投基金和私募股权投资基金都把新能源当做自己的重点投资行业。无锡尚德、天威英利、江西赛维等，这些知名新能源企业成功的背后，都活跃着 VC/PE 的身影。某机构发布的 2009 年 11 月对 40 家私募基金采访报告中，55%的私募基金管理者表示将会加大对新能源板块的投资，其中智能电网、汽车电池、核电最被私募基金所看好。

前往国外上市的我国新能源企业在上市前均获得私募基金和创投的资金注入，其中外资占有较高的比例，在纳斯达克上市的 7 家能源企业中有 3 家上市前获得外资 VC/PE 的投入，以无锡尚德为例，其曾在初创时的 2001 年获得无锡高新投的 VC 投资，在上市前的不到一年里引入高盛亚洲、龙科创投、普凯投资等 6 家外资 PE，引入资金 8000 万美元，最后以瑞士信贷第一波士顿和摩根士丹利2家国际知名投行为承销商发行上市。

二、中国新能源产业融资渠道的约束与障碍

（一）风险资本投资存在多种障碍

随着国家对新能源产业扶持力度的不断加大，新能源产业将面临广阔的发展空间。虽然多数风险投资机构都把新能源作为关注的重点产业，但目前风险资本对新能源项目的投资金额和投资数量都相当有限。来自我国风险投资行业的研究报告显示，2008年和2009年上半年，风险资本的投资规模分别为339.45亿元和105.12亿元，总投资项目数分别为506个和167个，新能源产业的投资金额仅占总投资规模的8.30%和3.99%；投资案例占比为1.8%和2%。从投资领域看，风险资本主要投资在太阳能和风能相关技术研发及产业化项目上。这表明多数风险投资机构在新能源项目上的投资相对谨慎，仍以观望为主。以下三个方面的原因制约了风险资本对新能源产业的投资：

（1）技术障碍。从目前情况看，风险资本进入新能源领域的最大障碍是技术障碍。即风险投资机构对新能源项目所从事的技术研发不甚了解，对能否取得科研成果以及成果有无市场难以把握。技术障碍的存在让风险投资者对新能源项目的优劣缺乏甄别能力，严重制约了风险资本进入新能源领域。

（2）资金来源障碍。我国风险资本来源不足，规模较小，一定程度上制约了对新能源项目的投资。政府注资的风险投资公司受政策导向限制，运作模式简单，对高风险的新能源项目投资有限。以民间资本为主的风险投资公司则以一些投资少、回报高的项目为主，是目前新能源风险投资的主力，但其资金量有限，很难支撑大型项目。国外风险投资公司由于受国家政策影响，资金进入国内存在一定障碍，风险资金总量不大，所能投资的新能源项目也相当有限。

（3）退出障碍。我国风险资本退出渠道不畅，影响了其对新能源的投资。我国新能源企业以及资本市场的发展现状使得风险资本很难在短时间内退出。首先，我国新能源产业的规模有限，尚未进入行业兼购与洗牌期，既无有能力实施兼并的大型企业，也无实施并购的战略需要。其次，从新能源产业成长周期来看，新能源企业多数处于初创期，需要大量的资金投入，新能源企业以及创业团队、管理层都是在自有资金不足的情况下才引入风险资本，大部分企业无能力进行股份回购。最后，我国证券市场尚不成熟，在国内不论是进行IPO，还是借壳上市都存在困难；由于法律、法规和会计政策的不同，能成功在境外上市的新能源企业更是凤毛麟角。

（二）传统银行信贷对新能源支持力度有限

商业银行对新能源产业信贷支持有限。为了贯彻实施国家的新能源产业政策，个别银行已加强对新能源产业的关注及支持。但总体上看，银行出于防范信贷风险或获取短期效益的考虑，对新能源行业采取了谨慎或限制的授信政策，不仅授信总量少，而且利率上浮高、担保条件苛刻，导致新能源企业在获取银行贷款方面处于相对弱势地位。

以国家开发银行为主的政策性银行是支持新能源产业发展的主要力量。但政策性银行难以满足新能源产业融资需求。国家开发银行在支持水电等传统能源行业发展的同时，近年来不断创新融资机制，以生物质能和风能产业为着力点，加大力度支持了一批新能源产业项目，成为我国新能源产业发展的重要推动力量。截至 2008 年底，国家开发银行向生物质发电产业贷款已超过 15 亿元；已累计承诺风电行业贷款 300 亿元，支持风电项目装机容量 483 万千瓦，约占全国总装机容量的 1/3。但总体上讲，政策性银行支持新能源发展存在着总量不足、范围过窄、支持力度不够等问题。目前，我国新能源产业发展还处于初级阶段，资金需求量大，而政策性银行的资金有限，难以满足我国新能源开发建设的资金需求；同时政策性银行投资范围有限，涉及面窄，仅对水电、风电、生物质发电等项目进行重点支持，且缺乏配套性措施，支持力度不够。

（三）资本市场和债券市场不够发达

目前在我国上海和深圳的两个股票交易市场中，已有 100 多家与新能源有关的企业成功上市，从而形成了股票市场的新能源板块，有利于新能源产业的资金筹措。但与新能源产业化发展所需的巨大资金相比，股票融资规模依然有限。现阶段，我国沪、深两市的上市门槛较高，许多正处于发展初期的新能源企业，特别是中小型新能源企业，很难取得上市资格，不利于新能源企业的发展。

表 2 列示了 2010 年底上交所和深交所上市公司行业分布的情况。整体上看，上交所和深交所股票的行业分布差异主要体现在整体数量上，行业结构差异不大。表 3 则列示了 2010 年底上交所和深交所上市公司行业分布的百分比。按行业来分，制造业的股票数量比例最大达到 37.58%。其次为信息技术业、批发零售业和房地产业，其股票数量比重分别为 4.71%、3.40% 和 3.02%。从制造业内部来看，上市股票数量最多的行业为机械制造业，占全部上市股票数量的 11.30%。制造业中股票数量比例高于 3% 的行业还包括石化塑胶业、金属与非金属业、医药生物业和电子业，其对应的股票数量比例分别为 6.65%、5.11%、3.72% 和 3.51%。我国证券市场股票数量的制造业为主特征反映了我国制造业大国的产业结构特征。从表中也可以看出，新能源企业在沪、深两市上市的实例并不多，通过股票的方式直接融资并不畅通。

我国债券市场，尤其是公司债券市场发展滞后，在一定程度上制约了新能源企业发行债券融资的规模。目前，我国债券市场属于真正意义上的公司债券，其种类和数量较为有限，只有短期融资券、可转换公司债、可分离交易公司债以及上市公司债等。

表 2   2010 年底上市公司行业分布情况

行业	股票数（只）		总发行股本（亿股）		总流通股本（亿股）	
	深交所	上交所	深交所	上交所	深交所	上交所
农林牧渔业	24	24	61.13	105.12	43.10	93.57
采掘业	16	27	109.58	3100.98	81.42	2825.62
制造业	800	494	3040.08	3560.33	1968.75	2662.58
食品饮料业	46	36	179.16	188.95	127.10	164.84
纺织服装业	45	40	112.57	175.05	73.62	147.04
木材家具业	7	2	18.37	17.85	11.03	15.15
造纸印刷业	27	16	80.91	70.26	54.37	63.02
石化塑胶业	145	84	481.73	427.83	327.08	321.76
电子业	93	28	376.30	153.51	232.14	138.94
金属非金属业	103	73	711.03	888.2	412.91	699.86
机械制造业	241	148	836.24	1306.7	568.44	832.75
医药生物业	73	55	199.80	271.19	134.14	226.49
其他制造业	20	12	43.89	60.78	27.90	52.73
水电煤气业	28	47	193.01	949.15	150.82	638.08
建筑业	18	26	51.81	931.55	26.31	497.91
运输仓储业	24	55	124.55	1488.97	77.45	1131.7
信息技术业	107	55	240.71	459.93	144.02	417.93
批发零售业	52	65	245.32	323.31	182.34	260.91
金融保险业	9	28	178.70	10039.56	125.83	6708.95
房地产业	59	45	505.90	453.94	392.51	392.43
社会服务业	39	24	124.60	167.7	77.95	124.51
传播文化业	12	12	36.27	70.07	26.49	38.02
综合类	23	36	133.32	288.9	113.86	239.1

表 3   2010 年底上市公司行业分布比例

单位：%

行业	股票数占比	总发行股本占比	总流通股本占比
农林牧渔业	1.39	0.50	0.57
采掘业	1.25	9.56	12.08
制造业	37.58	19.65	19.24
食品饮料业	2.38	1.10	1.21
纺织服装业	2.47	0.86	0.92
木材家具业	0.26	0.11	0.11
造纸印刷业	1.25	0.45	0.49
石化塑胶业	6.65	2.71	2.70
电子业	3.51	1.58	1.54
金属非金属业	5.11	4.76	4.62
机械制造业	11.30	6.38	5.82

行业	股票数占比	总发行股本占比	总流通股本占比
医药生物业	3.72	1.40	1.50
其他制造业	0.93	0.31	0.33
水电煤气业	2.18	3.40	3.28
建筑业	1.28	2.93	2.18
运输仓储业	2.29	4.80	5.02
信息技术业	4.71	2.09	2.33
批发零售业	3.40	1.69	1.84
金融保险业	1.07	30.43	28.39
房地产业	3.02	2.86	3.26
社会服务业	1.83	0.87	0.84
传播文化	0.70	0.32	0.27
综合类	1.71	1.26	1.47

（四）新能源产业的外源性融资需求逐步增强

在产业的发展过程中，能否根据不同发展阶段的特点，获得适当资金支持，对产业能否持续健康发展至关重要。在产业发展的初期（导入期），产业自身融资能力至关重要，能否获得足够的资金是产业能否进一步发展的关键。但此时该产业的代表企业由于资产规模小、技术不成熟、产品单一，缺乏业务记录和财务审计，企业信息是封闭的、不完全的，难以获得金融体系的认可。因而外源融资的获得性很低，获得风险投资机会甚微，企业有时不得不主要依赖内源性的融资。但是，由于内源性的融资受到规模上和方向上的诸多限制，因此又进一步加大了该产业发展的风险，而风险的增大又进一步隔绝了外源性融资的可能性。产业在发展初期与金融的这种恶性循环会由于得不到所需要的融资而被扼杀在萌芽状态。正因为这样，需要通过一定的融资政策，来推动新兴产业的发展。

走过导入期后，产业将进入一个高速发展阶段，随着企业规模扩大，追加投资使企业的资金需求猛增，同时可用于抵押的资产增加，并有了初步的业务记录，信息透明度有所提高，信用也随之提高，企业可以更多地依赖外源融资，金融系统也开始愿意与该产业提供支持和合作，如商业银行信贷、债券融资、权益融资等也逐渐成为可能。在这一时期中，产业更多的是依靠商业银行来为之发展提供支持。产业发展与金融体系的发展如何同步，如何相互支持、相互促进，是产业金融急需解决的重大课题。[①]

总体看来，我国新能源产业正处于发展过程中的导入期和成长期交替阶段，一方面，自身获取资本支持的能力较弱，缺乏畅通、有效的融资渠道；另一方面，资金需求迅速上

---

① 马英俊. 产业金融理论与对策研究 [D]. 上海：上海社会科学院博士学位论文，2007.

升。近年来，一方面，由于市场环境变化，国内银行纷纷对光伏和风电装备企业实行紧缩性的贷款政策，部分国有银行甚至全面停止了对这些行业的贷款业务。银行贷款难度增大迫使光伏企业转以"脱媒"方式进行高息融资，大大提高了企业的资金成本。另一方面，由于光伏和风电装备企业在产业链上的谈判能力弱，其承接的工程项目经常被要求先行垫资，下游的工程回款周期长（通常在一年以上），流动资金运营困难，大部分企业已经失去了进行改造升级和技术研发的再投资能力。企业资金链岌岌可危，优势企业自生发展能力受到威胁。

2012 年以来，美国和欧盟先后对我国光伏企业进行"双反"调查，并开始和拟开始对中国产品征收惩罚性关税，同时，光伏产品价格大幅度下降，中国产品的销售状况和贸易条件急剧恶化。在这种情况下，我国需要开拓有效的融资渠道对此新能源产业的发展给予支持。

三、国外新能源产业的融资模式

（一）美国的新能源产业融资模式

（1）传统银行体系融资。美国以其发达的金融市场著称，包括庞大的银行系统、严密的证券市场、共同基金投资银行和各类的金融性中介机构。其中，银行体系主要包括 8000 多家商业银行、储蓄与贷款银行和 1700 多家信用社。

美国的银行体系在新能源和环保产业的融资方面发挥着重要的作用。例如，摩根大通银行（JP Morgan Chase Bank）2003~2010 年共为可再生能源产业融资 67 亿美元，融资对象包括分布在 18 个州的 67 家风力公司以及 13 个太阳能基地。2010 年，摩根大通银行共为可再生能源产业融资 12 亿美元，其提供的资金占风力发电总装机量资金额的 16%。[1] 美国银行（Bank of America）2007~2010 年为广义的能源类项目融资 116 亿美元（包括用于能源效率提升、新能源、低碳能源项目），2010 年投资 40 亿美元用于能源相关项目。其中包括为 Mercer Foods 公司提供 450 万美元贷款用于在加利福尼亚莫德斯托地区建造新的太阳能系统，预计该系统建成后每年将节省 20%的能源，约合 19.5 万美元。此外，还包括帮助巴特学院设立总额为 1270 万美元的基金用于清洁能源研发。[2]

通过传统金融机构融资的方式是美国新能源融资方式中较为简单的，其项目融资结构如图 2 所示。

以美林银行公司（Bank of America Merrill Lynch）参与的一项投资为 1 亿美元的太阳

---

[1] 资料来源：http://www.jpmorganchase.com/corporate/Corporate-Responsibility/corporate-responsibility.htm.
[2] 资料来源：Bank of America 2010 Corporate Social Responsibility Report.

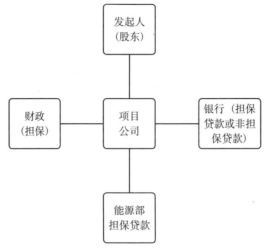

图 2　美国传统金融市场新能源项目融资结构图

能项目为例，其中资金构成如图 3 所示。

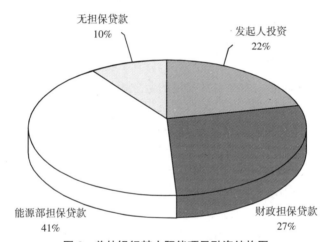

图 3　美林银行某太阳能项目融资结构图

资料来源：US PREF：Renewable Energy Finance Fundamentals。

如图 3 所示，在美国新能源项目融资中，美国政府担保贷款占了银行贷款的很大比例。其中，能源部担保贷款项目最多可高达项目总资金的 80%。考虑到新能源产业的技术风险，采用新技术（Unproven）的项目可以获得一笔直接来自美国政府的贷款，采用已经商业化运作的技术（Proven）的项目可以获得其银行贷款（或债券融资）的 80% 的担保，其出借方只需承担余下 20% 贷款金额的风险。这种政府担保对项目水平的贷款或项目发起公司水平的借款均有效。2005 年，国会将新制定的联邦贷款担保计划纳入能源政策法，最初的担保金额预计为 40 亿美元。尽管这项财政支持法案 3/4 的资金最终都流向太阳能项目，但申请项目涵盖了从俄勒冈州的风力发电厂到堪萨斯州的纤维素乙醇厂等所有产业。然而，直至布什离职之日，这些项目都仅停留于理论框架上。奥巴马就职以后，这些贷款担保项目开始落实。

（2）证券市场融资。美国的证券市场层次清晰，结构合理，能够从不同的层面满足各类企业的融资需求，如图4所示。由于新能源产业和环保产业资金需求量比较大，市场发展前景乐观，所以，证券市场成为新能源产业和环保产业的重要融资渠道，投资者对于这些新兴产业的投资热情也非常高。加之美国是全球金融市场最为发达的国家；因此，不仅是美国本土的新能源企业，世界各国的新能源企业都偏向于在美国证券市场上市筹资。

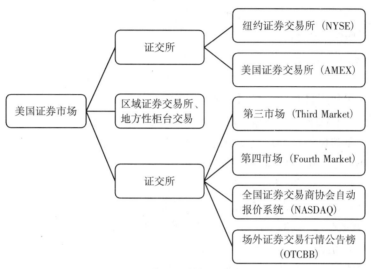

图4 美国证券市场结构图

在美国的证券市场中，纽约证券交易所和全国证券交易商协会自动报价系统（纳斯达克市场）是新能源企业融资的主要阵地。97%的具备上市资格的新能源企业都选择在此上市融资。上市的企业涉及风力产业，如法国电力集团（EDF）和法国Theolia电力公司，还包括太阳能设备制造企业，如京瓷株式会社（KYOCERA Corporatio）。实际上，一些中资新能源企业（包括注册地在境外的中资公司）也在美国上市，如表4表示。

表4 部分在美国上市中资新能源企业

公司	证券市场	注册地
第一太阳能	NASDAQ	美国
长青太阳能	NASDAQ	美国
明阳风电集团	NYSE	中国
晶科能源	NYSE	开曼群岛
江西赛维	NYSE	中国
浙江昱辉	NYSE	中国
STR	NYSE	美国

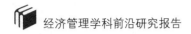

续表

公司	证券市场	注册地
无锡尚德太阳能	NYSE	中国
卡万塔	NYSE	美国
奥玛特科技	NYSE	美国

资料来源：胡海峰，胡吉亚. 美日德战略性新兴产业融资机制比较分析及对中国的启示 [J]. 经济理论与经济管理，2011（8）.

相应地，美国还拥有数量众多的金融中介机构，主要包括投资银行、金融控股公司、投资管理公司、会计师事务所、律师事务所和公司信用等级评估机构等，它们都为战略性新兴产业的融资提供了便利。

（3）政府直接投资。在前文中，我们提到即使是传统银行贷款融资方式中，美国政府也对新能源产业贷款提供了大量的担保支持。由于新能源和节能环保产业都是国家的战略性产业，其开发和利用具有很强的外部性，美国政府还向新能源产业项目给予了大量直接投资。2009 年，美国政府向与新能源技术革命相关的项目拨款 970 亿美元，在替代能源研发和节能减排方面的投资达 607 亿美元，开发太阳能、风能等新能源的相关投资总额超过 400 亿美元；2010 年，美国低碳技术的研发费用占美国能源部总预算的 25%，其中用于可再生能源、氢能源以及核裂变、核聚变的研发经费达 18.7 亿美元。未来 10 年内，美国政府在可再生、可替代能源方面的投入将达到 1500 亿美元。为支持节能环保产业，美国政府早在 1980 年就成立了"超级基金"，用以治理危害性废物污染。

2012 年，美国能源部总计预算为 32.226 亿美元，其中 2640 万美元用于弥补 2011 年的赤字，余下的预算的 36%用于了可再生能源开发，如图 5 所示。

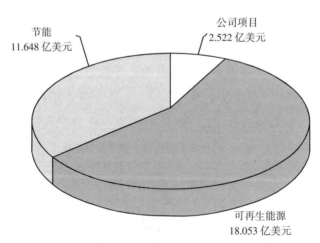

图5　2012 年美国能源部预算结构图

注：公司项目类预算包括项目指导 1.766 亿美元，战略项目 5320 万美元，设备和基础结构建设 2640 万美元。
资料来源：EERE's FY 2012 Congressional Budget Request.

具体而言，自 2009 年起，美国能源部逐渐缩减了矿物能源预算，其中 2012 年此类预算相比 2010 年减少了 190775 美元，减少了 20.1%；而核能类的预算则增加了 1337728 美元，增幅达 13.5%；另外，能源项目的投资也增加了 1019339 美元，增幅达 9.9%。

（4）风险投资。新能源产业培育期的资金需求较高，为满足产业的资金需求，除了政府扶持及传统的市场融资之外，还出现了许多新型的融资模式，如吸引风险投资资金（VC）等。

根据美国全美风险投资协会的定义，风险投资资金是由职业金融家投入新兴的、快速成长的、具有巨大竞争潜力的企业中的一种权益资本。2009 年，美国太阳能领域得到了 14 亿美元的风险投资资金，对于一个资本总量为 40 亿美元的产业来说，风险投资对于新能源产业的关注和支持毋庸置疑。

根据美国新能源财务咨询公司的数据，自 2003 年以来美国本土在能源技术领域的风险投资呈现逐年增加的趋势，2007 年风险投资规模达到 26.65 亿美元，是 2000 年的 5.99 亿美元的 4 倍以上。能源技术方面的投资占美国总风险投资的比例从 2000 年的 0.6% 增加到 2007 年的 9.1%。2006~2007 年，美国清洁能源领域的风险投资增加了 70% 以上，如表 5 所示。其中风险投资较为集中的新能源领域是太阳能技术和相关设备的研发，以及供给侧的节能技术与产品，如表 6 所示。

表 5　美国新能源产业风险投资与总风险投资的比较

年份	风险投资总额（十亿美元）	能源技术投资（百万美元）	能源技术投资占比（%）
2000	105.1	599	0.6
2001	40.6	584	1.4
2002	22	483	2.2
2003	19.7	446	2.3
2004	22.5	663	2.9
2005	23	1038	4.5
2006	26.5	1555	5.9
2007	29.4	2665	9.1

资料来源：New Energy Finance 2008。

表 6　2007 年美国新能源及节能技术风险投资十大项目

公司	主要领域	总投资额（百万美元）
HelioVolt Corporation	太阳能	100.5
GreatPoint Energy	节能：供给侧	100.0
Arcadian Networks	节能：供给侧	90.0
Solyndra Inc.	太阳能	79.2
SolFocus Inc.	太阳能	63.6
Calera Corporation	CCS（碳捕捉及封存）技术	58.5
Miasolé Inc.	太阳能	50.0
Solaria Corp.	太阳能	50.0

资料来源：New Energy Finance。

但是，从总体上看，风险投资仍不是美国新能源产业融资的主要来源。以 2010 年为例，除了太阳能外，其他能源中的风险投资都不及 10 亿美元，如表 7 所示。

表 7　2010 年美国新能源融资来源

单位：十亿美元

类别	资产融资	公共市场	VC/PE	总额
风能	14.9	0.4	0.8	16.1
太阳能	2.6	1.0	1.9	5.5
生物燃料	0.2	0.3	0.7	1.2
生物团能源	1.3	0.1	0.05	1.4
地热	0.6	0.01	0.1	0.7

资料来源：Bloomberg New Energy Finance，UNEP。

（二）日本的新能源产业融资模式

（1）政府直接投资。日本政府在能源开发和节能环保方面的政策以 1973 年为转折点，在此之前，日本的能源产业重心一直在煤炭和石油的选择中徘徊。而从 1973 年之后，节能环保、多元化的能源开发被提上日程，并逐步加强。1993 年，又提出了"新阳光计划"。1974 年，日本加入了"国际能源组织"，以 2000 年为目标制定了发展节能环保技术的"阳光计划"和旨在提高发电站建立地区福利的"电力能源三法"，并于次年开始实施《石油储备法》，制定了 90 天储备增强计划。"新阳光计划"的主要目的是在政府领导下，采取政府、企业和大学三者联合的方式，共同攻关，克服在能源开发方面遇到的各种难题。"新阳光计划"的主要研究课题大致可分为七大领域，即可再生能源技术、化石燃料应用技术、能源输送与储存技术、系统化技术、基础性节能技术、高效与革新性能源技术、环境技术。从 1996~2004 年，日本政府逐年增加对新能源产业的资金投入，如表 8 所示。

表 8　日本政府扶植新能源产业资金投入表

单位：亿日元

年份	1996	1997	1998	1999	2000	2001	2002	2003	2004
金额	479	560	748	875	925	1105	1449	1568	1613

资料来源：曹玲. 日本新能源产业政策分析 [D]. 吉林大学硕士论文，2010.

在日本的能源消费构成中，石油所占比重从高峰时的 77%降到 51%，天然气比重由 2%提高到 13%，煤炭占 17%，核能 13%，水能 4%，地热、太阳能等新能源为 2%。目前，日本拥有 53 所核电站，是世界第三核能大国；太阳能技术全球独领风骚，2002 年日本的太阳能发电量占全球总量的 46%。

然而，受到 2011 年日本福岛核电站危机的影响，日本产经省在 2012 年的财政预算中向其他新能源开发领域倾斜。为了逐渐推动新能源的使用，2012 年将减少设备安装的补贴，从 2011 年预算的 716 亿日元减少到 2012 年预算的 38.9 亿日元，同时从 2012 年 7 月 1 日起实施太阳能发电的买回补贴政策。

2004 年，日本政府在新能源的支持方向上从单纯的支持开发技术转向开发技术与技术推广并重，如图 6 所示。当年，日本政府在新能源技术开发和推广上的直接融资分别为 689 亿日元和 924 亿日元，比例为 1∶1.34。考虑到研发对新能源发展和工业化应用的重要性，2012 年日本产经省的政策重新向研发倾斜。对研发的补贴从 2011 年预算中的 356 亿日元增加到 2012 年的 441 亿日元。[①]

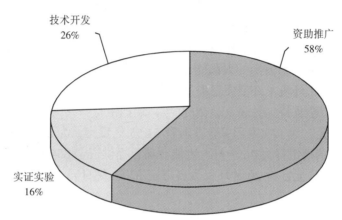

图 6　2004 年日本政府法制新能源产业资金投入比例

资料来源：曹玲. 日本新能源产业政策分析[D]. 吉林大学硕士论文，2010.

其中，2012 年协助加快新能源引进的补贴预算为 15 亿日元，2011 年的补贴预算为 130 亿日元；2012 年对下一代光伏电技术的研发补贴预算为 103 亿日元，2011 年的补贴预算为 80 亿日元；2012 年对下一代风能的研发补贴预算为 58 亿日元，2011 年的补贴预算为 45 亿日元；2012 年对锂电池新技术的商业化运用补贴预算为 2 亿日元，此项补贴为 2012 年新增补贴；2012 年对地热开发的补贴预算为 91 亿日元，此项补贴为 2012 年新增补贴；2012 年对小水力发电的补贴预算为 7 亿日元。在核电研发方面，日本产经省强调对核电的研发仅限于核电的安全性和国际合作方面，例如，核反应堆停堆，核废料处理等。对现有核电项目的安全补贴预算从 2011 年的 175 亿日元降低到 2012 年的 86 亿日元，而新增了 55 亿日元用于安全的核能运用研发。[②]

（2）金融机构融资。日本是后起的工业化国家，由于政治与经济的特殊性，日本的企业融资模式呈现出银行主导的形式，政府干预的色彩比较浓，形成了政府干预下的银行主导型企业融资模式。日本的企业和银行之间的关系较为密切，国家允许银行持有企业 5%

[①] 胡海峰，胡吉亚. 美日德战略性新兴产业融资机制比较分析及对中国的启示 [J]. 经济理论与经济管理，2011 (8).

[②] 资料来源：Highlights of METI-related Draft Budget for FY2012。

的股份，并且每个大企业都有自己对应的主要贷款银行，称为主银行。所谓主银行，是指在企业的借款总额中所占份额最大的银行，也就是最大的贷款银行。在日本战略性新兴产业的融资中，银行无疑占据了最重要的位置，由于战略性新兴产业的特点是资金需求量大，运营周期长，所以，很多企业的融资需求是由一个银行牵头组成的银行集团来满足的，因此，战略性新兴产业融资的特点之一就是银行集团融资形式较多。

日本的银行体系在新能源产业的融资来源中占主导地位，日本三大商业银行之一的三井住友银行（SMBC）专门建立了针对欧洲、中东、非洲地区（EMEA）可再生能源融资问题的追踪记录，保证资金的供给。2008年，由三井住友银行牵头，和其他一些银行一起为建立在西班牙的太阳能发电厂群融资5.2亿欧元，有为数40%的电厂将于2013年建成，届时可为153000户人家提供日常用电，每年减少CO_2排放量370000吨。2008年6月，三井住友银行为西班牙卡塞雷斯的太阳能光伏厂融资2.1亿欧元。同样位居日本三大商业银行的瑞穗银行也把为环境友好型项目提供融资作为自己的社会责任，为多个新能源项目和环保企业提供了资金支持（见表9）。2009年，瑞穗银行一共为48个可再生能源项目提供资金883.25亿日元，为123家环保企业融资51.55亿日元，为24种环保设备融资36.25亿日元；2010年，瑞穗银行为46个可再生能源项目提供资金854.16亿日元，为148家环保企业融资44.49亿日元，为26种环保设备融资33.83亿日元，总融资金额超过1400亿日元。

表9 日本瑞穗银行提供的相关贷款合计

项目		2009年		2010年	
		数量	金额（百万日元）	数量	金额（百万日元）
相关项目融资	风力发电	27	28116	27	53383
	水力发电	3	1969	2	1357
	生物质发电	1	2485	1	2114
	废物处理	9	12923	9	13104
	回收业务	1	1014	0	0
	太阳能发电	7	11845	7	15458
公司层面融资		123	5155	148	4449
相关设备融资		24	3625	26	3383
电动住房贷款		2043	39707	2487	46788
总计		2238	136839	2707	140036

资料来源：日本瑞穗银行网站，http://www.mizuho-fg.co.jp/english/csr/report/index.html。

分析新能源产业中的企业可以发现，银行仍然是这些企业的主要融资渠道，如表10所示。在随机抽取的6家新能源或节能环保企业中，除了京瓷（TYOCERA）一家的直接融资额较大之外，其余5家企业的贷款额均远远高于股份融资，而这些企业的贷款中绝大部分来自银行贷款。以2010年数据为例，东丽（TOARY）、伊藤忠（ITOCHU）、德山（TOKUYAMA）、夏普（SHARP）和三友（SANYO）的融资中，银行贷款与直接融资的比

表 10　日本部分新能源企业融资情况

单位：百万日元

公司	贷款				股票		留存收益	
	短期		长期					
	2009 年	2010 年	2009 年	2010 年	2009 年	2010 年	2009 年	2010 年
东丽	134013	128194	430922	456120	—	96937	353222	332107
伊藤忠	229236	538161	2107589	1934421	—	202241	796882	900397
德山	8377	10635	82880	63576	29976	53459	117584	123116
京瓷	7852	4073	24538	290667	—	115703	1168122	1268548
夏普	302184	405773	517951	424141	—	204676	−9142	218
三友	54730	57195	324372	305272	—	332242	—	—

资料来源：各公司年报。

例分别为 5.8、11.6、1.7、4.0、1.1，所以，银行在日本战略性新兴产业的融资中仍占有非常重要的地位。

日本的银行体系对新能源和环保产业的金融支持不仅体现在对其的融资金额上，在贷款利率方面，也有着特殊的优惠政策。在日本，只要属于节能环保和可再生能源开发性质的设备更新改造和技术开发项目都可以享受国家规定的特别利率。2004 年，日本中小企业节能贷款享受一级特别利率，规定的对象设备有 91 种，贷款限额 2.7 亿日元，还贷期为 15 年。[①] 在日本新能源产业和节能环保产业的融资过程中，通常银行的长期贷款占绝对多数，并且银行的长期贷款分为不同的期限，如 1 年、2 年、3 年、5 年不等，不同期限的贷款对应不同的利率。有的相同期限的贷款由于对应项目的不同也存在不同的利率。在新能源和节能环保方面，日本政府还制定了许多特殊的优惠利率，因此，在银行融资的利率方面呈现出参差不齐的局面。

在传统的贷款融资模式以外，日本商业银行还开发了诸多与新能源有关的金融产品，例如日本的商业银行还以中介的方式支持企业之间通过碳交易的方式进行融资。以日本瑞穗银行的生态发展模式为例，在这种模式中，中小企业向大公司提供 CO_2 排放指标，大企业向中小企业提供技术、设备或资金，日本瑞穗银行则负责进行相关项目匹配、提供贷款和授信支持，并向个人提供相关基金产品，如图 7 所示。

（三）德国的新能源产业融资模式

（1）政府直接投资。德国在新能源领域的投入一直处于世界领先水平。截至 2011 年，德国在新能源的研发和推广方面的总投入已经超过了 18 亿欧元，并且仍在每年递增。2005 年，德国政府投入 9800 万欧元支持太阳能、风能等可再生能源的 102 个研发项目，

---

① 雷鸣. 日本节能与新能源发展战略研究 ［D］. 吉林大学博士论文，2009.

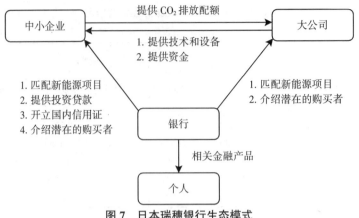

图 7　日本瑞穗银行生态模式

其中，投入超过 10 亿欧元进行气候保护。[1] 2008 年，德国的光伏设备安装获得了政府 62 亿欧元的投入，新高效能风力发电场获得了 23 亿欧元的融资。2009 年，德国政府批准了 5 亿欧元为电动汽车的研发提供金融支持。2010 年，德国联邦环境部直接为可再生能源的研发下拨 1.2 亿欧元资金。德国政府在对新能源领域的融资方面有投入大、时限长的特点，并且建立了持续资助能源研究的机制。2010 年，德国在光伏电领域投资 195 亿欧元，风能领域投资 25 亿欧元，生物能源领域投资 27 亿欧元，太阳能领域投资 9.5 亿欧元，水能领域投资 7000 万欧元，地热领域投资 8.5 亿欧元，涉及新能源产业总投资 266 亿欧元。2011 年，德国在光伏电领域投资 150 亿欧元，风能领域投资 29.5 亿欧元，生物能源领域投资 28.8 亿欧元，太阳能领域投资 10.5 亿欧元，水能领域投资 7000 万欧元，地热领域投资 9.6 亿欧元，涉及新能源产业总投资 229 亿欧元。[2]

2008 年，德国政府为太阳能光伏项目——有机光伏能源供给（OPEG）直接融资 1600 万欧元，并投入 33 亿欧元进行气候保护。2008 年，德国联邦教研部再拨出 3.25 亿欧元的新能源研究专项资金，2010 年项目的资助金额又进一步增加。德国政府制定了促进新能源研发推广的"未来投资计划"，每年投入 6000 多万欧元，用于开发可再生能源。德国联邦教研部还发布了一个资助项目"生物能源 2021——关于生物质能的利用研究"，该项目计划资助规模为 5000 万欧元，资助时间为 5 年。

（2）金融机构融资。德国新能源产业发展的主要推动力量是政府，但就新能源产业的融资方面，德国的金融体系贡献也很大。德国的金融体系不同于其他的国家，银行是整个金融体系的支柱，主要包括全能银行和专业银行，其中以全能银行为德国银行体系的特色和标志。全能银行能够为客户提供全方位的服务，包括吸收存款、发放贷款和抵押贷款、提供人寿保险、承销证券以及从事有价证券业务等。德国的股票市场上市的公司不多，所

---

① 黄玲，张映红. 德国新能源发展对中国的战略启示 [J]. 资源与产业，2010（6）.

② 资料来源：Federal Ministry for the Environment，Nature Conservation and Nuclear Safety.

以一向不是企业融资的主要渠道，相应的衍生品市场也不发达，而债券市场则是各级政府和银行的重要融资渠道，对于企业而言意义也不大。所以，新能源产业的融资主要来源于德国的银行，例如复兴信贷银行。

复兴信贷银行（KFW）在 2000~2005 年共为太阳能项目提供资金 7.41 亿欧元，2009年至今，复兴信贷银行为新能源产业融资 525 亿欧元，其中为中小型企业提供贷款 400 亿欧元，为节能型建筑的建造和修缮提供 85 亿欧元，为企业的节能项目提供贷款 10 亿欧元，新能源设备则获得了 30 亿欧元的融资。2009 年，德国复兴信贷银行为可再生能源和环保产业融资 69.96 亿欧元，其中，为可再生能源项目融资 55.08 亿欧元，为节能环保类项目融资 13.23 亿欧元，如表 11 所示。

表 11　2008 年、2009 年德国复兴信贷银行对新能源项目融资

项目	融资金额（百万欧元）		目的
	2008 年	2009 年	
ERP 环境保护和能源效率项目	2745	1323	德国环保项目
KFW 可再生能源项目	2824	5508	促进可再生能源发展
ERP 环保商务型车	98	81	发展高效能环保车辆
BMU 环境革新项目	—	84	发展有示范效应的项目

资料来源：复兴信贷银行年报。

德国可再生能源产业的融资渠道主要是银行系统。这个结论还可以通过分析可再生能源企业的年度报表得出。如表 12 所示，从 6 家德国太阳能和风能企业 2009~2010 年的年度资产负债表的部分负债数据可以看出，在这些企业的资金来源中，银行贷款占了绝对的数额。在这 6 家企业中只有康能一家企业的直接融资数额超过间接融资，其他企业的股票市场融资均远远低于贷款数额，而银行贷款在金融负债中占比很大，股票市场对于德国新能源企业融资的作用并不突出。

表 12　德国部分新能源企业 2009 年、2010 年融资情况

单位：百万欧元

公司	金融负债		银行贷款		股票		资本储备	
	2009 年	2010 年	2009 年	2010 年	2009 年	2010 年	2009 年	2010 年
太阳能世界	789	1142	228	123	112	107	296	296
Q-cells 新能源	168	199	—	—	117	176	294	359
恩德	100	117	100	100	67	67	31	31
肖特	426	482	122	390	150	150	138	160
康能	230	309	276	278	398	398	322	324
博世	4185	—	617	—	1200	—	16862	

资料来源：相关企业年报。

需要指出的是，银行贷款占企业融资比重大的特点并非是新能源产业中的企业融资特色，几乎所有的德国企业，特别是德国中小企业的主要融资渠道都是银行体系，这也是德国金融体系中全能银行占主导地位的体现。

德国金融业长期以来一直实行混业经营，其金融体系的显著特征是全能银行在国民经济中居主导地位。所谓"全能银行"，是指银行不仅经营一般意义上的银行业务，例如，吸收储蓄存款、发放贷款、支持个人或者企业之间的转账等业务，而且还能提供有价证券业服务，甚至持有非金融企业的股权。所以，广义的"全能银行"=商业银行+投资银行+保险公司+非金融公司股东。

德国银行不仅业务全能化，而且数量众多，在德国，平均每2900名居民就拥有一家银行，而在英国每3700名居民才拥有一家银行，在美国每4300名居民拥有一家银行。[①]德国银行业在企业融资中的影响大大超过了英、美两国，德国企业的债务——权益比率比英国和美国高出约50%。由于德国金融市场不同于其他国家，德国战略性新兴产业的融资也相应地遵从了本国金融市场的这些特点。首先，企业资金的主要来源渠道是银行贷款，特别是复兴信贷银行（KFW），在为德国新能源企业融资方面做出了巨大的贡献。其次，银行对于新能源企业在贷款利率上也给出了较大的优惠，从1990开始德国的复兴信贷银行为私营企业从事生物质能开发提供低息贷款，比市场利率低50%。最后，在与企业的关系上，银行不仅为企业提供各类贷款，而且还帮助企业发行股票和债券，并持有企业的股份。银行持有企业股份可以视为一种变相的融资方式，使得企业通过直接的方式取得了间接融资资金，为企业获得长期稳定的资金来源提供了保障，有助企业管理层实现企业的长期战略发展目标。[②]

从美国、日本、德国三国的新能源产业发展融资看，其共性在于政府在其中都发挥了很大作用。在战略性新兴产业的融资方面，国家层面的肯定和扶持会给社会各界的融资主体更多的信心与投资偏好，并且，政府的金融支持也会给战略性新兴产业注入很多的活力。

四、增强中国新能源产业融资能力的措施与政策建议

（一）完善金融服务，扩大银行业对新能源产业的信贷支持

新能源产业是一个新兴的行业，在企业融资过程中更需要有相应的金融服务机构为其

---

① 史笑艳. 德国的银行体系和资本市场 [J]. 金融论坛，2003（1）.
② 张湧. 以全能银行为基础的德国企业融资模式评述 [J]. 经济评论，2004（1）.

提供金融的信贷管理和金融的信息服务。而在这方面，国内基本是空白。为此，要加快建立完善的信用管理体系。一是建立健全新能源企业的资信调查体系、信用评估体系、信用担保体系、金融信息服务体系。加快建设为新能源企业开展信用信息服务、风险指数分析的服务机构，培养为新能源企业提供财务分析、市场营销、法律服务的专门人才。二是以国家的产业政策、财税政策和优惠政策为引导，允许以独资、合资、合作、股份制等各种形式建立担保中介机构，不断充实担保机构的资金实力，充分发挥其信用放大的能力。

在当前的经济形势下，商业银行需要顺应经济发展形势，贯彻和实施国家的新能源发展战略、产业政策，积极扶持新能源产业发展，结合市场实际建立分阶段经营策略和经营目标，准确把握不同新能源行业领域的发展阶段，并且根据地区特点，选择本区域具有优势的新能源行业，稳步拓展新能源领域的信贷支持范围。

新能源汽车行业和新能源电力（太阳能、风能和生物质能发电）是当前我国主推的新能源行业，也是最具竞争力的行业，银行应选择行业中实力较强、具有一定竞争优势的企业，给予适当的信贷支持，并从信贷额度、审批环节等方面给予倾斜。银行可针对新能源企业的特点进行金融产品和服务方式创新，加大对新能源产业的扶持力度。有条件的金融机构应适当增设产品研发中心，加强新能源金融创新产品研发。银行可针对新能源设备制造商、生产商的特点推出特色金融服务方案，包括应收账款管理、网上信用证、现金管理等多种服务。

对产业链中辐射拉动作用强又需巨额资金支持的重点新能源企业，商业银行可采取银团贷款模式加大信贷支持。银团贷款不仅能增大对新能源项目的贷款额度，而且能使银行共同分担风险，提高综合收益率。

政策性银行要充分发挥自身业务优势，以低息贷款、无息贷款、延长信贷周期、优先贷款、贷款贴息等方式，加大对新能源产业的信贷支持，以弥补新能源基础项目长期建设过程中信贷缺位的问题。政策性银行可发行专门面向新能源项目的金融债券，扩大资金来源渠道。由于政策性银行具有中长期融资的优势和特点，其积极介入新能源产业，将有力地推动我国新能源产业的快速发展，为我国发展新能源、缓解能源短缺和环境压力发挥重要的作用。

（二）鼓励金融创新，推进与新能源相关的金融产品开发

在支持新能源产业发展上，除了运用传统的金融方式给予支持外，更重要的是引导金融机构针对新能源行业和创新型企业特点，从制度、产品和模式等方面加快金融创新，灵活设计相应的解决方案和服务方式，增强支持的手段和实力。金融创新与新能源的结合，被称为新能源金融。新能源金融以新能源产业链为依托，借助金融手段，从最初的融通资金、中间的整合资源、最终实现价值增值三个方面研究新能源产业与金融产业的互动，并有针对性地提出相应保障措施。它研究的是通过分析新能源产业与金融产业的结合点，将金融手段嵌入新能源产业发展的全过程中，创新符合新能源产业发展的金融产品，帮助新

能源企业解决资金问题。

金融创新的核心是开发出各种有利于资金融通的产品。银行、非银行金融机构、大型企业和机构投资者一方面应该努力提高自己的社会责任感；另一方面要善于捕捉越来越多的新能源产业发展机会，在发展新能源产业的过程中，研究开发新能源和金融互动下的金融工具创新。另外，还要创新金融避险产品，积极推出新能源项目的专项保险、汇率远期的保值合约等服务。

支持新能源的银行类金融产品创新可以分为三个层次：第一层次是通过国家出台商业银行信贷政策，规定商业银行在发放商业贷款时，必须把新能源资源利用效率等指标纳入贷款、投资和风险评估体系。第二层次是要求商业银行引入新能源投资信托金融产品。信托融资可以涵盖筹资转贷、融资租赁、债务重组、收益权信托等相关金融产品，为分散的社会资金提供了较好的投资渠道，起到了连接资金供需方、提高资金使用效率的作用。第三层次是创新商业银行的业绩评价机制，从信贷结构、营业收入与利润结构、费用结构等着手，把支持新能源产业发展的因素列入权重系数，并与商业银行的再贷款利率、银行准备金率等监管因素结合起来。

金融创新的另一最重要的方式就是证券化。它将流动性较差的资产通过风险与收益的重组安排，转化为具有投资价值的证券化资产，以实现募集资金的目标。如果某一经济领域未来可能产生稳定而巨大的收益，目前又缺乏有效的融资体制支持，就有可能创新出可操作的金融产品。新能源产业发展非常适合这一金融创新环境。开发新能源资产证券化产品是一种行之有效的项目融资途径。建议放宽能源制造业企业进入基金、融资租赁、信托、担保等行业的限制，为新能源项目提供包括信托、融资租赁、担保在内的更为完备的金融服务，积极推进新能源产业的资产证券化渠道。新能源资产证券化的一般运作程序是由经济主管部门先将其拥有的准备证券化的新能源资产汇集成一个资产池，包括新能源勘查权、新能源开发权、新能源基础产业等项目，然后政府以每一个项目为单位改组选择项目发展商（或组建新的股份有限公司）。项目发展商将资产卖给一个特设信托中介（Special PurposeVehicle，SPV）。SPV将各类资产按利率期限、风险的不同进行组合并对之进行信用增级，由资信评级机构进行信用评级，最后将证券出售给投资者。发行收入经SPV转让给项目发展商。在强化规划管理、完善新能源开发监管体系的基础上，发行新能源支持证券以筹集资金。

（三）完善资本市场，实现新能源产业金融支持的多元化

由于盈利能力较低，新能源企业上市融资存在障碍。为了畅通融资渠道，除了新能源企业提高自身盈利能力外，可以考虑适当降低新能源企业上市融资的条件。

（1）优化新能源企业资本结构。优化我国新能源企业的资本结构，降低新能源企业资产负债率。要严格控制资产负债率增长，加大资产负债管控力度，提升资本利用效率，努力加强资产负债管理。

（2）优先支持符合要求的新能源企业上市融资。在同等条件下可以考虑优先核准与新

能源发展相关的企业公开发行股票，优先支持符合要求的新能源上市公司增发新股和配股，鼓励和支持在新能源发展方面优势突出的企业通过兼并收购迅速做大做强，以利于社会资源优先向符合新能源发展要求的企业配置，促进新能源产业发展。

（3）鼓励和支持新能源企业开展债券融资。与股票市场相比，我国债券市场发展相对缓慢。我国应大力发展企业债券市场，积极引导和支持新能源产业中符合条件的企业发行企业债券、短期融资券和中期票据等，国家企业债券监管部门可在核准企业发债申请工作中，制定相应的新能源倾斜政策，优先核准符合发展新能源理念的企业和建设项目发行债券，扩大新能源企业债券的融资规模。对成功发行债券的新能源企业，政府可给予税收优惠或一次性资金补助。

（4）加快设立新能源产业投资基金。新能源产业投资基金是一种对未上市企业进行股权投资并提供经营管理服务的利益共享、风险共担的集合投资制度。通过发行基金份额引导民间富裕的自然人、企业法人为发起人设立新能源投资基金，有利于民间资本有序进入新能源行业。新能源产业投资基金将成为新能源企业直接融资的重要手段，具体投资领域包括：扶持中小新能源企业发展、加强新能源产业的薄弱环节建设乃至促进新能源产业的规模化发展。它的设立能有效解决新能源中小企业融资难的问题，降低企业的融资成本；促进新能源产业技术的研发，调动产学研各方的力量攻克新能源关键技术；支持大型新能源企业横向并购联合，培育发展大型新能源企业集团。

（5）大力发展风险投资和创业投资。首先，完善资本市场退出机制，建立起我国真正的二板市场，以便于风险资金快速退出。尽管深交所已经推出了中小企业板，但是上市条件与主板市场无差别，需要尽快降低新能源企业上市的门槛。创业板的推出为风险资本灵活而顺畅地退出投资企业、获取高额回报安排了制度性的渠道，有利于风险资本的做大做强。

其次，提高风险投资机构对新能源项目的投资评估能力。由于新能源产业属于新兴产业，采用的技术比较前沿，这对风险投资机构的专业性提出了很高的要求。风险投资机构趋利避害不愿意涉足于新能源领域，原因之一在于不熟悉新能源产业的技术手段和相关背景知识。风险投资机构应加强对新能源技术的了解与学习，应该对新能源项目的技术原理及技术风险详加剖析，多聘请相关专家进行分析，对技术含糊不清、市场前景不明的项目要尽量回避，以抑制盲目投资。

（四）拓宽资金来源渠道，促进新能源投资主体多元化

第一，加快推进大型传统能源企业涉足新能源产业的步伐。随着国家能源政策的调整，一些大型的能源投资企业开始介入新能源市场。大型能源企业资金雄厚，有能力承载一些投资金额较大的新能源项目，将积极推动新能源产业的规模化发展。

第二，合理利用外资。一方面要充分发挥国际信贷市场的作用，积极争取国际金融组织对新能源项目的优惠贷款；另一方面可以进入国际资本市场，利用债券、股票等金融工具筹措资金。同时政府必须制定配套的新能源政策体系，通过价格政策、政府购买政策、

税收优惠政策、奖励性政策等对外资加以引导，积极吸引国际大型能源企业直接投资我国新能源产业。

第三，积极鼓励民间资本进入新能源产业。要放宽限制，鼓励民间资本参与新能源产业发展的投融资活动。对涉及国家垄断资源开发利用的新能源项目，需在国家制定统一的建设规划后，面向社会公开招标，使各类所有制企业在公平、公开、公正的基础上竞争；鼓励民营资本与国有企业采取合资、合作、联营等多种方式建设和经营新能源项目。

所有制、产权程度及其财务绩效

——兼论国有企业产权改革的方向 *

戚聿东 [1]　张航燕 [2]

(1. 首都经济贸易大学，北京　100070；

2. 中国社会科学院工业经济研究所，北京　100836)

【摘　要】本文按照国家规定的注册分类的企业所有制情况选用效率、周转、盈利、偿债四类指标对各类所有制企业的长期绩效进行了实证研究，结果表明：在多种产权形式之间，国有企业的综合绩效最低；在不同产权程度之间，独资企业的综合绩效最低。国有独资公司恰恰是两种最无效率的产权形式组合叠加。按照国际经验和绩效导向，今后国有企业产权改革的方向是从国有独资公司走向国有控股公司，最终走向国有相对控股公司。

【关键词】产权；绩效；国有控股公司

一、问题的提出

中国企业产权结构与企业绩效的关系是一个争论已久的问题。究其根源在于分析问题视角的多重性和概念理解的偏差，另外，选用样本不同及对样本数据的处理不同、评价企业绩效的指标选择不同，都使结论差异很大。本文依据《中国工业经济统计年鉴》提供的资料，选择的产权指标主要采用现行的国家规定的企业所有制注册分类指标，通过适当的合并归类得到各种不同类型的所有制企业。我们从总体比较和内部比较两方面来把握企业产权结构与财务绩效的关系。总体比较是指按照独资企业、合作合伙企业、有限责任公司、股份有限公司四种形式进行比较。内部比较是指选定一类形式对其内部产权结构进行

---

* 本文选自《经济与管理研究》2013 年第 12 期。

基金项目：国家社科基金重点项目"深化国有企业改革问题研究"（13AJY012）；北京市高等学校"长城学者"培养计划项目"中国垄断行业的竞争化改造研究"（CIT&TCD20130330）。

比较。具体为：在独资企业中，对国有企业、集体企业、私营独资企业、港澳台商独资企业、外资企业五种具体形式进行比较；在有限责任公司中，对国有独资公司和其他有限责任公司两种形式进行比较；在国有制企业中我们又具体区分国有企业、国有独资、国有控股三种形式；在国有控股公司中按照控股程度又分为绝对控股和相对控股两种形式。我们根据指标的代表性及数据的可得性选用四类指标综合反映企业的财务绩效。这四类指标为效率类（人均销售收入）、周转类（流动资产周转率）、偿债类（已获利息倍数）和利润类（净资产收益率），并且选用了五个年度（2002~2006年）的数据进行分析。另外需要说明的是，国有企业和国有独资公司这一分类，只是注册所依据的法律不同，国有企业按照《全民所有制工业企业法》注册成立，国有独资公司按照《公司法》注册成立，两者并无本质的区别。

二、总体比较

由表1可以看出，就人均销售收入这一指标而言，5年中股份有限公司都是最好的。由表1取平均数可以得到表2。从表2可以看出独资企业、合作合伙企业、有限责任公司和股份有限公司人均销售收入分别为27.85万元、23.48万元、30.54万元、47.14万元。也就是说，股份有限公司的人均销售收入最高，而合作合伙企业的人均销售收入最低。

表1　独资企业、合作合伙企业、有限责任公司和股份有限公司各年财务绩效比较

	2002 年				2003 年				2004 年				2005 年				2006 年			
	独资企业	合作合伙企业	有限责任公司	股份有限公司	独资企业	合作合伙企业	有限责任公司	股份有限公司	独资企业	合作合伙企业	有限责任公司	股份有限公司	独资企业	合作合伙企业	有限责任公司	股份有限公司	独资企业	合作合伙企业	有限责任公司	股份有限公司
人均销售收入（万元）	17.18	18.26	20.79	30.32	22.49	11.42	25.04	35.9	27.53	24.19	29.55	46.22	33.21	29.08	35.37	55.72	38.85	34.46	41.93	67.56
流动资产周转率（次）	1.79	0.22	1.77	1.8	2.01	1.33	1.94	2.01	2.24	2.42	2.13	2.24	2.41	2.58	2.25	2.54	2.55	2.78	2.76	2.41
净资产收益率（%）	7.29	13	9.72	13.33	9.05	33.66	12.41	16.87	10	16.83	14.09	16.95	12.69	16.42	15.28	15.3	11.14	15.75	14.09	14.87
已获利息倍数（倍）	3.47	4.91	3.98	6.61	4.52	8.23	5.12	8.85	5.66	6.41	5.87	9.16	7.58	6.37	6.04	7.58	7.95	7.11	6.52	8.53

资料来源：《中国工业经济统计年鉴》（各年）和《中国经济普查年鉴》（2004）。

表2 独资企业、合作合伙企业、有限责任公司和股份有限公司平均财务绩效

	人均销售收入		流动资产周转率		净资产收益率		已获利息倍数	
	数值（万元）	排序	数值（次）	排序	数值（%）	排序	数值（倍）	排序
独资企业	27.85	3	2.20	1	10.03	4	5.84	3
合作合伙企业	23.48	4	1.87	3	19.13	1	6.61	2
有限责任公司	30.54	2	2.17	2	13.12	3	5.51	4
股份有限公司	47.14	1	2.20	1	15.47	2	8.15	1

从表2分析流动资产周转率，独资企业、合作合伙企业、有限责任公司和股份有限公司流动资产周转率分别为2.20次、1.87次、2.17次和2.20次。也就是说，这四类企业中，就资产周转率而言，独资企业和股份有限公司最好，都为2.20次，合作合伙企业最差，为1.87次，有限责任公司居中。

净资产收益率这个指标反映的是股东回报率的高低。从表1可以明显看出，5年中独资企业的净资产收益率均为最低也就是说独资企业给股东的回报率是最低的。合作合伙企业2003年指标异常高，为33.66%，其他年份均维持在13%~17%，而股份有限公司相对平稳，与合作合伙企业相同，维持在13%~17%。有限责任公司则低于股份有限公司。从5年平均数来看独资企业、合作合伙企业、有限责任公司和股份有限公司净资产收益率分别为10.03%、19.13%、13.12%和15.47%。综合比较，就净资产收益率指标而言，合作合伙企业最好，其次是股份有限公司，接下来是有限责任公司，独资企业是最差的。

已获利息倍数这个指标反映的是企业对负债的保障程度，指标越高，保障程度越好。5年来股份有限公司的利息保障倍数最高，其他企业排名变化较大。我们再看5年平均数，独资企业、合作合伙企业、有限责任公司和股份有限公司的利息保障倍数分别为5.84倍、6.61倍、5.51倍和8.15倍。

从以上分析我们可以看出股份有限公司财务绩效好于其他三类企业。其他三类企业的具体排名则很难判断，需要看具体指标。

三、国有、集体、私营独资、港澳台商独资和外资企业财务绩效比较

由表3可以看出，就人均销售收入这一指标而言，5年中外资企业都是最好的，其他4类企业排序变化较大。对表3取平均数，可以得到表4。表4为5年平均数据，排序依次为外资企业、国有企业、集体企业、私营独资企业、港澳台商独资企业。

表3中，5年中私营独资企业的流动资产周转率都是最好的，其他4类企业排序变化较大。从表4可以看出流动资产周转率排序分别为私营独资企业、集体企业、外资企业、港澳台商独资企业、国有企业。就平均数而言，国有企业的1.78次低于一般公认数

表3 国有、集体、私营独资、港澳台商独资企业和外资企业财务绩效比较

	2002 年					2003年					2004年					2005年					2006年				
	国有	集体	私营独资	港澳台商独资	外资	国有	集体	私营独资	港澳台商独资	外资	国有	集体	私营独资	港澳台商独资	外资	国有	集体	私营独资	港澳台商独资	外资	国有	集体	私营独资	港澳台商独资	外资
人均销售收入(万元)	15.32	15.02	15.91	18.19	36.24	21.11	18.27	18.37	20.59	43.14	27.24	22.45	20.64	20.81	44.21	35.8	27.22	25.63	23.94	47.75	44.45	33.46	30.85	26.17	52.72
流动资产周转率(次)	1.36	2.3	3.26	2.11	2.49	1.52	2.5	3.42	2.17	2.6	1.78	2.67	3.85	2.35	2.56	2.01	2.87	4.18	2.27	2.58	2.22	3.07	4.26	2.34	2.59
净资产收益率(%)	3.8	15.5	15.68	11.58	12.07	5.05	16.91	18.23	11.83	15.23	5.75	19.71	23.3	13.31	15.41	9	21.72	25.13	14.26	16.03	6.73	18.6	22.31	14.43	14.33
已获利息倍数(倍)	2.31	4.94	5.67	15.15	9.58	2.69	5.85	6.56	13.43	13.98	3.28	6.99	7.81	14.23	14.17	5.3	7.89	1.84	14.21	12.55	5.37	8.98	10.56	14.17	10.86

资料来源:《中国工业经济统计年鉴》(各年) 和《中国经济普查年鉴》(2004)。

表4 国有、集体、私营独资、港澳台商独资和外资企业平均财务绩效

	人均销售收入		流动资产周转率		净资产收益率		已获利息倍数	
	数值(万元)	排序	数值(次)	排序	数值(%)	排序	数值(倍)	排序
国有企业	28.78	2	1.78	5	6.07	5	3.79	5
集体企业	23.28	3	2.68	2	18.49	2	6.93	3
私营独资企业	22.28	4	3.79	1	20.93	1	6.49	4
港澳台商独资企业	21.94	5	2.25	4	13.08	4	14.24	1
外资企业	44.81	1	2.56	3	14.61	3	12.23	2

值 2 次这一水平。

从表 3 可以看出，5 年中私营独资企业的净资产收益率均为最高，而国有企业则是最低的。从 5 年平均数来看，净资产收益率由高到低排序为私营独资企业、集体企业、外资企业、港澳台商独资企业、国有企业，其中私营独资企业的净资产收益率为 20.93%，而国有企业为 6.07%，私营独资企业是国有企业的 3 倍多。

各类企业 5 年中已获利息倍数排序变化较大，再看 5 年的平均数，港澳台商独资企业最好，为 14.24 倍，以下依次是外资企业 12.23 倍、集体企业 6.93 倍、私营独资企业 6.49 倍、国有企业 3.79 倍，港澳台商独资企业是国有企业的近 4 倍。

从以上分析我们很难得出谁的综合财务绩效最好，但是可以得出国有企业财务绩效差于其他 4 类企业这一结论。其他 4 类企业的具体排名则很难判断，需要看具体指标。

四、国有独资公司与其他有限责任公司财务绩效比较

由表 5 可以看出，就人均销售收入这一指标而言，5 年中除 2004 年其他有限责任公司略低于国有独资公司外，其余 4 年中其他有限责任公司都是最好的。通过取 5 年的平均数得到表 6。表 6 为 5 年平均数据，显示其他有限责任公司的人均销售收入（29.11 万元）好于国有独资公司（27.72 万元）。

由表 5 可知，5 年中其他有限责任公司的流动资产周转率都好于国有独资公司。

表 5　国有独资公司与其他有限责任公司财务绩效比较

	2002 年		2003 年		2004 年		2005 年		2006 年	
	国有独资公司	其他有限责任公司	国有独资公司	其他有限责任公司	国有独资公司	其他有限责任公司	国有独资公司	其他有限责任公司	国有独资公司	其他有限责任公司
人均销售收入（万元）	15.37	17.86	18.86	22.43	28.37	28.17	34.33	35.25	41.67	41.84
流动资产周转率（次）	1.16	1.76	1.34	1.86	1.59	2.01	1.73	2.16	1.81	2.28
净资产收益率（%）	2.08	10.09	3.82	12.04	7.87	14.9	10.27	18.2	8.81	16.41
已获利息倍数（倍）	1.62	3.66	2.21	4.27	4.2	5.35	4.8	6.08	6	6.33

资料来源：《中国工业经济统计年鉴》（各年）和《中国经济普查年鉴》（2004）。

从表 5 也可以看出，5 年中其他有限责任公司的净资产收益率均高于国有独资公司。从 5 年平均数来看，其他有限责任公司为 14.33%，国有独资公司为 6.57%，其他有限责任公司的净资产收益率为国有独资公司的 2 倍多。5 年中其他有限责任公司的已获利息倍数也均好于国有独资公司。

从以上分析我们可以得出其他有限责任公司的综合财务绩效好于国有独资公司这一结论（见表 6）。

表 6　国有独资公司与其他有限责任公司平均财务绩效

	人均销售收入		流动资产周转率		净资产收益率		已获利息倍数	
	数值（万元）	排序	数值（次）	排序	数值（%）	排序	数值（倍）	排序
国有独资公司	27.72	2	1.53	2	6.57	2	3.77	2
其他有限责任公司	29.11	1	2.01	1	14.33	1	5.14	1

五、国有企业、国有独资公司与国有控股公司财务绩效比较

由表 7 可以看出，人均销售收入这一指标，5 年中国有控股公司都是最好的，其他两类企业排序变化较大。取 5 年的平均数得到表 8。由表 8 可以看出由高到低排序依次为国有控股公司 36.92 万元、国有企业 29.01 万元、国有独资公司 27.49 万元。

表 7　国有企业、国有独资公司及国有控股公司财务绩效比较

	2002 年			2003 年			2004 年			2005 年			2006 年		
	国有企业	国有独资公司	国有控股公司	国有企业	国有独资公司	国有控股公司	国有企业	国有独资公司	国有控股公司	国有企业	国有独资公司	国有控股公司	国有企业	国有独资公司	国有控股公司
人均销售收入（万元）	15.32	15.37	19.74	21.11	18.86	26.83	28.37	27.24	36.2	35.8	34.33	45.64	44.45	41.67	56.21
流动资产周转率（次）	1.36	1.16	1.47	1.52	1.34	1.69	1.78	1.59	1.9	2.01	1.73	2.1	2.22	1.81	2.28
净资产收益率（%）	3.8	2.08	7.29	5.05	3.82	10	5.75	7.87	11.49	9	10.27	12.88	6.73	8.81	11.91
已获利息倍数（倍）	2.31	1.62	3.31	2.69	2.21	4.54	3.28	4.2	5.62	5.3	4.8	6.32	5.37	6	6.95

资料来源：《中国工业经济统计年鉴》（各年）和《中国经济普查年鉴》（2004）。

表 8　国有企业、国有独资公司和国有控股公司平均财务绩效

	人均销售收入		流动资产周转率		净资产收益率		已获利息倍数	
	数值（万元）	排序	数值（次）	排序	数值（%）	排序	数值（倍）	排序
国有企业	29.01	2	1.78	2	6.07	3	3.79	2
国有独资公司	27.49	3	1.53	3	6.57	2	3.77	3
国有控股公司	36.92	1	1.89	1	10.71	1	5.35	1

就流动资产周转率这一指标而言，5 年中都是国有控股公司最好，其次是国有企业，最后为国有独资公司。从表 8 可以看出三类企业的流动资产周转率平均数低于一般公认数值 2 次这一水平，说明国有制企业的流动资产周转率有待提高。另外，国有控股公司的净资产收益率 5 年中均为最高，而国有企业与国有独资公司排序变化较大。从 5 年平均数来看，净资产收益率由高到低排序为国有控股公司、国有独资公司、国有企业。

5 年中国有控股公司的已获利息倍数最好，国有企业有 4 年好于国有独资公司。从表 8 平均数来看，排序结果为国有控股公司、国有企业、国有独资公司。

总体来看，国有控股公司的财务绩效好于国有独资公司和国有企业。

六、国有绝对控股公司与国有相对控股公司财务绩效比较

我们选用《中国大企业集团》中关于国有控股程度的统计数据进行分析。需要说明的是《中国大企业集团》中国有绝对控股公司和国有相对控股公司的数据只统计到 2005 年，2006 年改为国有控股公司、集体控股公司和私人控股公司数据。

表 9　国有绝对控股公司与国有相对控股公司财务绩效比较

	2001 年		2002 年		2003 年		2004 年		2005 年	
	国有绝对控股公司	国有相对控股公司	国有绝对控股公司	国有相对控股公司	国有绝对控股公司	国有相对控股公司	国有绝对控股公司	国有相对控股公司	国有绝对控股公司	国有相对控股公司
人均销售收入（万元）	20.25	82.18	25.49	118.81	32.57	105.11	49.34	138.2	70.19	90.84
流动资产周转率（次）	1.15	2.04	1.31	2.13	1.4	2.58	1.6	2.94	1.91	1.74
净资产收益率（%）	2.89	15.99	4.48	14.83	4.95	22.23	6.1	22.21	3.23	7.6
资产负债率（倍）	53.96	52.98	52.3	53.39	52.91	45.67	50	43.42	29.44	52.9

资料来源：《中国大企业集团》（各年）。

取 5 年的平均数得到表 10。

表 10　国有绝对控股公司与国有相对控股公司的平均绩效

	人均销售收入		流动资产周转率		净资产收益率		资产负债率	
	数值（万元）	排序	数值（次）	排序	数值（%）	排序	数值（%）	排序
国有绝对控股公司	39.57	2	1.47	2	4.33	2	47.72	2
国有相对控股公司	107.03	1	2.29	1	16.57	1	49.67	1

由表 9 可以看出，就人均销售收入这一指标而言，5 年中国有相对控股公司都明显好于国有绝对控股公司。从表 10 的 5 年平均数据可以看出，国有相对控股公司的人均销售收入为 107.03 万元，而国有绝对控股公司为 39.57 万元，前者比后者高出 67.46 万元。

由表 9 可以看出，5 年中除 2005 年国有相对控股公司的流动资产周转率低于国有绝对控股公司外，其余 4 年都是最好的。从表 10 可以看出，国有相对控股公司流动资产周转率好于国有绝对控股公司。就平均数而言，国有绝对控股公司的 1.47 次低于一般公认数值 2 次这一水平，而国有相对控股公司的 2.29 次则超出这一公认值。

从表 9 可以看出，5 年中国有相对控股公司的净资产收益率均高于国有绝对控股公

司。从 5 年平均数来看，国有相对控股公司的净资产收益率 16.57%，是国有绝对控股公司 4.33%的约 3.8 倍。

5 年中资产负债率排序变化较大，因而我们看 5 年的平均数，国有相对控股公司为 49.67%，国有绝对控股公司为 47.72%，相差不到 2 个百分点。指标数据显示两类国有控股公司的负债水平接近资产总额的一半。

从以上分析我们可以得出，国有相对控股公司的财务绩效好于国有绝对控股公司。这是就全国总体而言的，从北京市 2005 年情况来看，会进一步验证这一结论。

表 11 的数据显示，效率类指标中，国有相对控股公司好于国有绝对控股公司；周转类指标中，国有绝对控股公司好于国有相对控股公司；偿债类指标中，国有相对控股公司好于国有绝对控股公司；利润类指标中，总体比较国有相对控股公司好于国有绝对控股公司，净资产收益率和总资产贡献率，国有相对控股公司分别是国有绝对控股公司的 2.35 倍、2.17 倍。

表 11　北京市国有绝对控股公司与国有相对控股公司财务绩效比较

指标	国有绝对控股公司	国有相对控股公司
全员劳动生产率（万元/人）	17.24	18.39
人均销售收入（万元/人）	70.19	90.84
流动资产周转率（次）	1.91	1.74
存货周转率（次）	6.36	4.71
总资产周转率（次）	0.35	0.84
资产负债率（%）	29.44	52.90
流动比率	1.05	1.29
速动比率	0.78	0.92
净资产收益率（%）	3.23	7.60
总资产贡献率（%）	4.21	9.14
成本费用利润率（%）	6.71	4.59

资料来源：依据北京市统计局《北京统计年鉴》（2006）计算而得。

从以上分析可知，独资企业、合作合伙企业、有限责任公司与股份有限公司相比，股份有限公司的整体绩效最好；国有企业、集体企业、私营独资企业、港澳台商独资企业、外资企业 5 个具体形式的独资企业比较，国有企业的整体绩效最低；国有独资公司和其他有限责任公司比较的结果是国有独资公司整体绩效最低；国有企业、国有独资公司和国有控股公司相比，国有控股公司的整体绩效最好；而国有控股公司中，国有相对控股公司的整体财务绩效好于国有绝对控股公司。由此可以得出，中国企业产权模式选择国有企业及国有独资公司是在各种所有制形式与国有经济多种形式上选择了两种最无效率的产权组合。

鉴于中央企业以及省级以下各级政府国资委直属的国有企业绝大多数为国有独资公司，特别是中国垄断行业中的企业几乎都是国有企业，而且几乎是清一色的国有独资公司。因此，有必要重塑国有企业的产权模式，按照国际经验和绩效导向，在国有企业母公司层面实现投资主体多元化，建立混合所有制。可从国有企业母公司改制入手，着眼于整体上市，将现有的国有独资公司母公司（总公司）先改制为国有绝对控股公司（国家持股50%以上），再逐步改制为国有相对控股公司。国有相对控股公司作为混合所有制形式，不意味着国有制性质的改变，仅仅意味着国有制实现形式的转变，而且转变后有助于增强国有经济控制力和提高国有经济运行效率。

参考文献

［1］陆挺，刘小玄. 企业改制模式与改制绩效［J］. 经济研究，2005（6）.

［2］郑海航，戚聿东. 企业集团的产权结构与法人治理结构研究［J］. 经济与管理研究，2003（5）.

Positive Analysis on the Relation between Firm's Property Structure and Financial Performance in China

Qi Yudong[1]   Zhang Hangyan[2]

（1. Capital University of Economics and Business, Beijng 100070, China；

2. Institute of Industrial Economics, Chinese Academy of Social Sciences,

Beijing 100836, China）

Abstract：There is a wide spectrum of opinions on relationships between Property Structure and Performance of Chinese ecterprises, because of varieties of analyzing views and differences of concept understanding. Using present Chinese national registered classified indexes of enterprise ownership, the author chooses four types of indexes to research on five years financial performance of diversified enterprises. The research result shows that the two most inefficient property rights include State-Owned Enterprises among all patterns of ownership and Solely State-Owned Companies among all kinds of state-owned economy forms. The reform directions of Property Rights Model of enterprises are to reduce both numbers and ratios of State-Owned Enterprises and Solely State-Owned Companies, then to set up State Holding enterprises actively and induct State Relative Control companies actively.

Key words：Property rights structure；Performance；State holding companies

中国产业国际竞争力现状及演变趋势
——基于出口商品的分析 *

金　碚[1]　李鹏飞[1]　廖建辉[2]

（1. 中国社会科学院工业经济研究所，北京　100836；

2. 中国社会科学院研究生院，北京　102488）

【摘　要】本文在对出口商品按技术含量分类的基础上，利用最新的贸易统计数据研究了中国产业国际竞争力现状及演变趋势。研究结果表明：①把中国工业制成品按技术含量低、中、高的次序排列，其国际竞争力大致呈 U 型分布；②中国的出口优势产品与潜力产品之间的距离比较近，这为出口结构实现平稳转型奠定良好的微观基础；③机械及运输设备等中高技术制成品将会引领中国出口结构的转型升级，目前国际竞争力较强的劳动密集型产品群体将会出现分化；④将来在低技术产品领域挑战中国的领先地位的主要是南欧国家、中东欧转型国家及印度，在中等技术制成品领域中国主要与欧洲大陆发达国家竞争，在高技术制成品领域中国需要追赶和超越的目标主要是美国、欧洲和东亚地区的发达经济体。为提高中国产业国际竞争力，政府应该高度重视中等技术制成品竞争力不强、产品密度不大的突出问题，客观看待劳动密集型制成品在出口结构转型升级中的双重作用，适时优化高技术产业政策组合，把价值链攀升作为政策最优先目标。

【关键词】出口；竞争力；产品密度

一、问题的提出

改革开放以来，中国抓住全球化机遇，积极融入世界经济体系，对外贸易总额连年提

* 本文选自《中国工业经济》2013 年第 5 期。

基金项目：国家社会科学基金重大招标项目"产业竞争优势转型战略与全球分工模式的演变"（批准号 09&ZD035）；国家自然科学基金青年项目"能源和水资源消耗总量约束下的中国重化工业转型升级研究"（批准号 71203232）；国家统计局工业统计司与中国社会科学院工业经济研究所合作课题"中国工业增长趋势及转型方向研究"。

高，吸引外国直接投资金额不断增加，对外直接投资规模逐渐扩大，参与产品内国际分工的程度持续加深。可以说，到目前为止，中国比较成功地完成了扩大出口、加快投资、简单纳入全球分工体系的任务，已经从一个相对封闭的经济体发展成为世界商品贸易大国，从一个高度重视利用外部资金扩大国内投资的资本吸收国发展成为对外投资能力急剧增强的国家。在此过程中，中国出口商品的比较优势结构也发生了显著变化。金碚等（2006）指出，1995~2004 年中国制成品显示比较优势（Revealed Comparative Advantage，RCA）一直在增长。整体上看，在出口环节，中国制造业的国家价值链已经居于中等比较优势地位，正处于向次强阶段过渡的临界状态。从中国出口产品的技术含量看，中低和中等技术产品的出口份额大幅增加，低技术产品出口份额不断下降（樊纲等，2006；杜修立和王维国，2007；Cui 和 Syed，2007；魏浩等，2011；李钢和刘吉超，2012）。

2008 年爆发的国际金融危机使中国发展的重要战略机遇期在国际环境方面的内涵和条件发生了很大变化。在中国经济深度融入全球经济体系的背景下，近年来外部经济环境恶化已对中国经济增长产生了一定负面影响。在中国加快转变经济发展方式的过程中，依然要稳定外需、保证出口，以缓解就业压力、积累国际竞争经验。未来中国出口结构调整将会成为影响工业增长趋势及转型方向的重要因素。因此，探讨新形势下中国工业的发展道路，需要利用最新贸易统计数据全面评价中国产业国际竞争力的新变化，准确判断未来中国哪些产业的竞争力状况会进一步改善。在此基础上，再明确回答中国劳动密集型产品是否还具有国际竞争力，未来哪些产品会引领中国出口结构转型升级，将来在中国具有国际竞争力的产品领域哪些国家和地区是主要竞争对手等具有重要现实意义的问题，将有助于提高有关政策的针对性和有效性。

二、中国出口商品国际竞争力状况

出口商品比较优势是评价产业国际竞争力的重要指标（金碚等，1997）。对一个国家或地区的对外贸易出口比较优势进行测度，最普遍使用的方法是 RCA 指数。如果中国 i 产品的 RCA 值大于 1，说明在 i 产品上具有比较优势，小于 1 则表明不具有比较优势。利用联合国商品贸易统计数据库（UN Comtrade）提供的数据，我们计算了按《国际贸易标准分类》（修订 4）分类的 2001~2011 年中国 4 个部门总计 35 类工业制成品的比较优势，并以此为基础评价其竞争力。

Lall（2000）指出，从 R&D 比重、规模经济、进入壁垒、学习效应等方面看，参与国际市场竞争的不同产品的技术含量存在显著差异。他把 10 个产业部门的 300 多种产品按照技术含量分为 5 大类：初级产品（PP）、资源型产品（RB）、低技术产品（LT）、中等技术产品（MT）、高技术产品（HT）。在此基础上，根据产业国际分工和技术学习等方面的特征，他将后 4 类产品进一步分为 9 组：①资源型产品分为基于农业资源的产品（RB1）、其他资源型产品（RB2）；②低技术产品分为纺织服装和鞋类产品（LT1）、其他低技术产品（LT2）；③中等技术产品分为陆用车辆（MT1）、加工产品（MT2）、工程产品（MT3）；④高技术产品分为电子产品和电力设备（HT1）、其他高技术产品（HT2）。

由于 2000 年以来，绝大部分工业制成品的技术特征并没有发生重要变化，因此我们依照 Lall（2000）的分类方法，把 35 类工业制成品分为 9 组。其中，资源型产品 5 类，低技术产品 9 类，中等技术产品 13 类，高技术产品 8 类。表 1 报告了这些产品 2001 年、2011 年的 RCA 值，2001~2011 年 RCA 的平均值及变化量。考察表 1 中的 30 类非资源型工业制成品 RCA 值的历时性变化和产业间差异，可以得到以下结论。

表 1　中国 35 类工业制成品的技术含量分组及其显示比较优势

技术分组	产品描述及其二位数分类码	2011 年 RCA 值	2001 年 RCA 值	2001~2011 年 RCA 值	
				平均值	变化量
RB1	未另列明的橡胶制品（62）	1.2320	0.7965	0.9695	0.4355
	不包括家具在内的软木及木材制品（63）	1.5844	1.3307	1.4359	0.2537
	纸、纸板以及纸浆、纸和纸板的制品（64）	0.6321	0.3382	0.4360	0.2939
	未另列明的皮革和皮革制品以及裘皮（61）	0.4997	1.4880	1.0172	−0.9883
RB2	未另列明的非金属矿产品（66）	1.0541	0.9714	0.9709	0.0827
LT1	纺织纱（丝）、织物、未另列明的成品及有关产品（65）	2.8846	2.4472	2.6513	0.4374
	旅行用具、手提包及类似容器（83）	4.3660	5.5318	4.5125	−1.1658
	各种服装和服饰用品（84）	3.3303	4.0836	3.5552	−0.7533
	鞋类（85）	3.5092	4.8930	3.8907	−1.3838
LT2	肥料（第 272 组所列除外）（56）	1.0044	0.6933	0.7747	0.3111
	初级形状的塑料（57）	0.3400	0.1591	0.2423	0.1809
	未另列明的金属制品（69）	1.7478	1.7331	1.7145	0.0147
	预制建筑物；未另列明的卫生、水道、供暖和照明设备及配件（81）	2.7385	2.5751	2.4683	0.1634
	家具及其零件；床上用品、床垫、床垫支架、软垫及类似填制的家具（82）	2.8901	1.9145	2.4099	0.9756
MT1	陆用车辆（包括气垫式车辆）（78）	0.4513	0.2782	0.3471	0.1731
MT2	香精油和香膏及香料、盥洗用品及光洁用品（55）	0.3243	0.2565	0.2672	0.0678
	有机化学品（51）	0.7503	0.5959	0.6173	0.1544
	无机化学品（52）	1.3039	1.9434	1.4932	−0.6395
	染色原料、鞣料及色料（53）	0.6468	0.8296	0.6552	−0.1828
	非初级形状的塑料（58）	0.6637	0.2998	0.4594	0.3639
	钢铁（67）	0.9907	0.5492	0.8517	0.4415
	有色金属（68）	0.5433	0.6939	0.6604	−0.1506
	其他运输设备（79）	1.2602	0.3456	0.6366	0.9146
MT3	动力机械及设备（71）	0.7861	0.4238	0.5404	0.3623
	特种工业专用机械（72）	0.6680	0.3388	0.4857	0.3292
	金属加工机械（73）	0.6338	0.3771	0.5180	0.2567
	未另列明的通用工业机械和设备及其未另列明的机器零件（74）	1.2018	0.7406	0.9841	0.4612

技术分组	产品描述及其二位数分类码	2011 年 RCA 值	2001 年 RCA 值	2001~2011 年 RCA 值	
				平均值	变化量
HT1	办公用机器及自动数据处理设备（75）	3.5124	1.5750	2.9916	1.9374
	电信、录音及重放装置和设备（76）	2.9288	1.9651	2.5925	0.9637
	未另列明的电力机械、装置和器械及其电器零件（77）	1.5403	1.0607	1.2904	0.4796
	未另列明的摄影仪器、设备和材料以及光学产品（88）	1.0453	1.3898	1.0739	−0.3445
HT2	医药品（54）	0.2274	0.3410	0.2258	−0.1136
	未另列明的化学原料及其产品（59）	0.6667	0.6158	0.5960	0.0509
	未另列明的专业、科学及控制用仪器和装置（87）	1.2175	0.4832	0.9863	0.7343
	未另列明的杂项制品（89）	1.8838	2.2105	1.8522	−0.3267

注：各类产品后括号内的数字是其在《国际贸易标准分类》（修订 4）中的二位数分类码。

资料来源：根据联合国商品贸易统计数据整理计算。

1. 低技术制成品国际竞争力很强，但各类产品的竞争力变化趋势受产业链布局状况的影响

整体上看，中国的低技术制成品国际竞争力很强，但产业链全球化布局的低技术产品的 RCA 值呈下降态势，而产业链本地化布局的低技术产品的 RCA 值有上升趋势。2011 年，有 8 类低技术工业制成品的 RCA 值都大于 1，其中 RCA > 4 的产品有 1 类，3 < RCA < 4 的产品有 2 类，2 < RCA < 3 的产品有 3 类，1 < RCA < 2 的产品有 2 类。与 2001 年相比，9 类低技术制成品中，有 3 类产品的 RCA 值下降。按降低幅度从高到低排序，这 3 类产品分别是旅行用具、手提包及类似容器，各种服装和服饰用品，鞋类。这 3 类产品属于 Lall（2000）所说的 LT1 类低技术制成品，其特征是产业链上的设计、品牌、营销等高附加值环节集中在发达国家，加工等劳动密集型环节分布在低收入国家。在劳动力成本上升的刚性约束下，中国未能同步提升产品设计、品牌运营、营销管理能力，导致这些产业链全球化布局的低技术制成品的国际市场竞争力削弱。另外，其他 6 类 RCA 值提高的低技术制成品，其产业链基本上都是本地化布局。对于这些产品的生产而言，中国作为工业大国的供应链效率优势十分明显，而且这种优势会随着产业规模的扩大而不断增强，这在相当程度上抵消了劳动力成本上涨对产品国际竞争力造成的负面影响。于是，在劳动力成本上升的背景下，这些低技术制成品的国际竞争力并没有下降，反而有所提高。

2. 中等技术制成品缺乏竞争力，但资本/劳动力比率较低的产品的竞争力状况改善幅度较大

中国的中等技术制成品竞争力普遍偏低，但大部分产品的 RCA 值都有所提高，其中产品差异较小、资本/劳动力比率较低的产品的 RCA 值增幅更大。2011 年，在 13 类中等技术产品中，RCA 值小于 1 的产品有 10 类。这意味着，中国的中等技术产品基本上都不具备国际竞争力。从这些产品 RCA 值在 2001~2011 年的变化可以发现，除有色金属，无机化学品，染色原料、鞣料及色料 3 类产品之外，其他 10 类产品的 RCA 值都有不同程度的增长。特别是动力机械及设备、特种工业专用机械、金属加工机械、未另列明的通用工

业机械和设备及其未另列明的机器零件 4 类属于 MT3 类中等技术产品的 RCA 值增幅显著高于 MT1 类和 MT2 类产品。这很可能是因为,相对于其他 2 类制成品而言,MT3 类产品的产品差异程度不高,资本/劳动力比率较低,并且其生产环节主要在拥有大量技能工人的低收入国家进行。中国的技能工人工资显著低于发达国家,使得此类产品具备较强国际竞争力。另外,MT1 类和 MT2 类制成品都属于资本密集型产品,尽管 MT1 类产品的生产装配环节也可以在低收入国家进行,但由于其生产线自动化程度很高,从而使得中国的低成本劳动力优势对产品竞争力的贡献极为有限。化学品和钢铁等 MT2 类制成品基本上都是过程工业产品,生产流程具有高度一体化特征,很难把产业链的不同环节进行全球化配置。受原材料资源禀赋不足、生产设备和工艺自主化程度不高等因素的影响,中国提高此类产品的竞争力自然显得步履维艰。

3. 高技术制成品有一定竞争力,但医药品既缺乏竞争力又没有改善的趋势

中国的高技术制成品有一定国际竞争力,并且大部分产品的 RCA 值增幅明显,然而医药品不但缺乏竞争力,而且其 RCA 值还有所下降。2011 年,在 8 类高技术制成品中,RCA 值大于 1 的产品有 6 类。尤其需要注意的是,4 类 HT1 类高技术产品的 RCA 值全部大于 1。从高技术制成品的 RCA 值在 2001~2011 年的变化情况看,除医药品,未另列明的杂项制品,未另列明的摄影仪器、设备和材料以及光学产品 3 类产品外,其余 5 类产品的 RCA 值都有所提高。中国的 HT1 类高技术产品之所以形成了较强国际竞争力,主要原因有三:①此类产品产业链终端的加工装配环节具有劳动密集型的特征,技能工人数量多且工资水平比发达国家低的中国在这一环节对跨国公司有很强的吸引力。②此类产品的复杂程度较高,最终制成品的装配需要购进多种零部件,并且持续的技术进步使得它们的价格下降速度很快,从而对供应链效率提出了更高要求。经过多年的发展,中国沿海地区形成了许多专注于此类产品生产的产业集群,供应链效率显著高于其他发展中国家,甚至能与发达国家相媲美,这有助于企业降低生产成本。③与化学品和机械设备等中等技术产业相比,中国政府对高技术产业的支持力度更大、更有持续性。改革开放后特别是 1986 年以来,中国制定实施了包括高层次人才政策、产业技术政策、产业财税政策、产业投资融资政策、关税等贸易政策在内的一系列高新技术产业政策。这些政策在培养技术人才、提升国内企业技术能力、吸引国外高技术企业到华投资等方面发挥了积极作用。持续的政策支持实际上是在用各种显性和隐性政府补贴的方式,使高技术产业以更低的成本获得了充足的资金、人才、土地等生产要素,在帮助高技术企业降低成本的同时,也降低了高技术产业发展所面临的非技术性风险。

4. 根据技术含量将制成品分组,其国际竞争力大致呈 U 型分布

把 35 类工业制成品按技术含量低、中、高的次序排列,其国际竞争力两端高、中间低,大致表现为 U 型分布。根据产品的技术含量对 30 类非资源型工业制成品进行分组后,考察不同技术含量制成品 RCA 值的差异,可以发现中国工业制成品的 RCA 值与其技术含量之间并没有负相关关系。事实上,中等技术制成品的显示比较优势明显弱于低技术、高技术制成品(见图 1)。与 2001 年的情况相比,尽管中等技术制成品的 RCA 值在 2011 年

已有一定程度提高，而同期低技术制成品的 RCA 值略有下降，但由于中等技术制成品 RCA 值与低技术制成品 RCA 值差距太大，加之高技术制成品 RCA 值在同期提高得更快，所以在此 10 年间按技术含量分组的中国工业制成品 RCA 值的 U 型分布态势不但没有被动摇，反而有所加强。

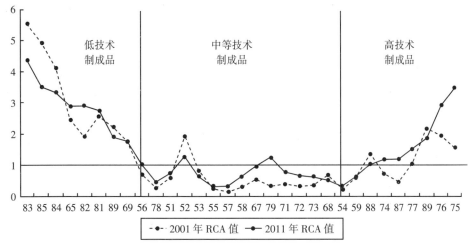

图 1　2001 年和 2011 年按技术含量分组的中国 30 类工业制成品 RCA 值

注：图中横坐标上的数字是《国际贸易标准分类》（修订 4）中的二位数产业代码，其对应的产业名称参见表 1。
资料来源：根据联合国商品贸易统计数据整理计算。

三、中国潜在比较优势产业判断

以上对 2001~2011 年中国出口产品国际竞争力的分析，揭示了过去 10 年出口结构的变化状况。但是，无法由此得知中国出口结构在未来的动态转换方向，也很难判断将来哪些国家会在低技术制成品贸易中对中国形成威胁，哪些国家是中国提升中等技术产品和高技术产品出口竞争力的主要对手。Hausmann 和 Klinger（2006）在其构建的产品空间分析法（Product Space Analysis）中指出，以显示比较优势为基础测算出口产品密度（Product Density）后，能在一定程度上根据一国整体出口布局预判其未来的出口结构转换潜力和方向。近年来，国内外已有多项研究通过测算产品密度指标来判断发展中国家的出口转换能力[①]。

①　参见 Hausmann 和 Klinger（2006，2008，2009），Felipe 等（2010），Hidalgo（2011），Jankowska 等（2012），Cruz 和 Riker（2012），曾世宏和郑江淮（2010），万金和祁春节（2012），以及邸玉娜和李月（2012）等的研究。

具体而言，出口产品密度指标的计算以显示比较优势（RCA）为基础。如果 a 国的 i 产品在 t 时点的 $RCA^a_{i,t} > 1$，表明该国在 i 产品出口上具有比较优势，并记为 $x^a_{i,t} = 1$，否则 $x^a_{i,t} = 0$；如果该国的 j 产品在 t 时点的 $RCA^a_{j,t} > 1$，则表明该国在 j 产品出口上也具有比较优势，同样记为 $x^a_{j,t} = 1$，否则 $x^a_{j,t} = 0$。Hausmann 和 Klinger（2006）认为，此时在出口产品空间中，i 产品与 j 产品的距离较为接近。他们提出，要用两种产品同时具有比较优势的条件概率 $\varphi_{i,j,t}$ 来计算它们之间的距离。其中，$\varphi_{i,j,t} = \min\{p(x_{i,t}|x_{j,t}), p(x_{j,t}|x_{i,t})\}$；$\varphi_{i,j,t}$ 的值越大，表明在出口产品空间中，这两种产品之间的距离越近，实现产品间转换的可能性就越大。

Hausmann 和 Klinger（2006）以及 Hidalgo 等（2007）指出，在微观上，出口企业在利润最大化目标的指引下，会选择转向距离较近且比较优势更强的产品；在宏观上，一个国家或地区的出口结构取决于为数众多的出口企业的产品决策。若较大比例的出口企业都选择转向 i 产品，则该国就可以顺利实现向 i 产品的转换。这就意味着，在该国的出口产品空间中，相对于其他产品而言，i 产品周围分布的其他比较优势产品更多。Hausmann 和 Klinger（2006）用出口产品密度指标来刻画这一特征。具体计算方法是，以所有其他产品到 i 产品的总距离为分母，以具备比较优势的产品（即 $x^a_{j,t} = 1$，$j \neq i$）到 i 产品的距离为分子，两者之商就是 i 产品的产品密度指标值，即：

$$density^a_{i,t} = \left(\sum_{j \neq i} \varphi_{i,j,t} \times x^a_{j,t}\right) / \left(\sum_{j \neq i} \varphi_{i,j,t}\right)$$

利用联合国商品贸易统计数据库中 218 个国家和地区 2011 年的出口数据，先计算出按《国际贸易标准分类》（修订 4）分类的前 9 个部门 63 类出口产品的距离矩阵；然后，以此为基础测算出 75 个国家及地区 63 类出口产品的产品密度①。对中国及其他 74 个国家（地区）63 类产品的 RCA 值和产品密度进行分析，可以得到以下结论。

1. 中国的优势产品与潜力产品之间的距离比较近，出口结构平稳转换具备一定基础

如前文所述，RCA 评价的是现有出口产品竞争力状况，而产品密度指标刻画了未来形成国际竞争力的可能性。一种产品 RCA 值大于 1，说明目前它是出口优势产品，并且 RCA 值越高，其比较优势越明显；一种产品的产品密度指标值越高，其成为出口优势产品的潜力越大。如果优势产品与潜力产品一致或接近，那么生产优势产品的企业就有动力转向潜力产品，从而促使经济体实现出口结构平稳转换。于是，横向比较中国及其他国家出口产品密度与 RCA 值之间的相关系数，可以看出中国优势产品与潜力产品间距离，从而判断中国是否具备平稳转换出口结构的微观基础。

整体上看，中国出口产品 RCA 值与产品密度的相关系数较高，这为实现平稳转换出口结构的目标奠定了良好基础。具体而言，2011 年中国 63 类出口产品的 RCA 值与产品密度之间的相关系数为 0.6238。在我们计算的 75 个样本国家和地区中，仅次于德国、中国香港、日本、新加坡，排在第 5 位。德国等国家（地区）都是发达经济体，也是贸易强国

---

① 2011 年，这 75 个样本国家和地区的出口额之和占世界出口总额的比重为 89%。表明这些国家和地区已经具备很强的代表性。限于篇幅，此处不具体列示这些国家和地区。感兴趣的读者可以向作者索取。

（地区），其出口产品 RCA 与产品密度具有很高相关性，表明未来它们的出口结构将继续向目前具备较强的比较优势的领域升级。与这些国家（地区）类似，中国 RCA 与产品密度具有较高相关性，这表明出口优势产品的产品密度基本上都比较高，未来转向生产这些产品的企业会更多，出口结构转型升级具有比较好的微观基础。

不过，中国出口结构转型升级的挑战与德国等贸易强国存在本质区别。由于生产要素配置和生产技术水平已经基本处于前沿水平，德国等贸易强国的出口结构升级主要表现为众多企业从生产一种优势产品转向另一种优势更明显的产品，其面临的挑战更多来自严格的劳工保护标准等方面。与它们相比，中国企业生产要素配置和生产技术水平相对较低，出口结构转型升级实际上是要求大量企业从优势产品的价值链低端攀升至更高端，在此过程中既要面临提高技术创新水平的挑战，更要面对掌控价值链分配主导权的跨国公司的围堵压力。因此，尽管中国出口结构平稳转换具备一定基础，但要顺利实现这一目标还要付出艰苦努力。

2. 中高技术制成品成为优势产品的潜力最大，劳动密集型产业将会出现分化

在中国出口结构有可能实现平稳转换的条件下，需要进一步明确哪些产品未来更有可能成为出口优势产品。从表 2 报告的 2011 年中国 63 类出口产品的 RCA 值和产品密度指标值来看，初级产品及资源型制成品未来成为出口优势产品的可能性很小，机械及运输设备等中高技术制成品将来成为出口优势产品的潜力最大，纺织服装及鞋类等劳动密集型产业今后将出现分化。

（1）在中国的资源禀赋和世界贸易格局不发生颠覆性变化的前提下，初级产品和资源型制成品以后很难成为出口优势产品。就初级产品而言，在 28 类产品中，2011 年只有第 03 类产品，即鱼（非海洋哺乳动物）、甲壳动物、软体动物和水生无脊椎动物及其制品具有比较优势。2011 年，此类产品的 RCA 值为 1.2842，但其产品密度很低，仅为 0.25。这表明，此类产品周围并没有聚集多少其他具有比较优势的产品。因此，可以判断未来它在中国出口结构中发挥更重要作用的微观基础很薄弱。就资源型制成品而言，在 5 类产品中有 3 类产品具有比较优势。综合考虑此 3 类产品 2011 年的 RCA 值和产品密度状况，可以判断未另列明的橡胶制品继续保持乃至提升出口优势产品地位的可能性更大。不包括家具在内的软木及木材制品、未另列明的非金属矿产品这 2 类资源型制成品，虽然现阶段具有一定比较优势，但由于生产其他优势产品的企业转向这两个领域的可能性相对较低，因此未来要维持其现有比较优势可能面临不少困难。因此，在 28 类初级产品和 5 类资源型制成品中，未来只有未另列明的橡胶制品这 1 类产品有可能保持或提升比较优势的情况下，初级产品和资源型制成品几乎不可能成为中国出口结构转型升级的方向。

（2）未来具有国际竞争力的低技术制成品的种类会减少，特别是现阶段具有很强竞争力的劳动密集型产品未来很可能出现分化。2011 年，在 9 类低技术制成品中，RCA 值大于 1 的产品有 8 类。但在现阶段具有竞争力的 8 类产品中，各种服装和服饰用品、肥料的产品密度分别为 0.33、0.29，均低于 0.35 的临界值，可以认为今后维持现有竞争力状况存在较大困难。①在 RCA 值大于 1 且产品密度大于 0.35 的 6 类产品中，旅行用具、手提包

及类似容器的 RCA 值和产品密度都最高，分别为 4.3660 和 0.53。在生产要素配置和生产技术方面与此产品有很高相似性的另一类产品——鞋类，其 RCA 值和产品密度分别为 3.5092 和 0.38。因此，可以认为，在中国的要素禀赋结构逐步转向不利于劳动密集型产品出口的背景下，鉴于鞋类的 RCA 值和产品密度均显著低于旅行用具、手提包及类似容器，前者继续保持出口优势产品地位的难度比后者要大得多。②由于预制建筑物及相关产品与家具及其零件这 2 类产品在生产要素配置和生产技术方面具有较高相似性，未来这两类产品的生产企业在资金、劳动力等要素市场竞争时，两者中 RCA 值和产品密度均较高的产品——家具及其零件的生产企业会有更大的优势，因此，保持其竞争力状况的难度会显著低于预制建筑物及相关产品生产企业。③至于未另列明的金属制品，以及纺织纱（丝）、织物、未另列明的成品及有关产品这 2 类产品，其资本/劳动力比率较高，生产要素配置及生产技术与其他 4 类劳动密集程度更高的产品存在比较明显的差异，所以这 2 类产品未来能否维持其竞争力状况，主要取决于要素禀赋结构的转变情况。整体而言，根据 RCA 值和产品密度这两个指标预判的低技术制成品未来的竞争力变化趋势，既符合经典国际贸易理论的分析结论，又有新颖之处。即在要素禀赋结构发生变化后，不同种类的劳动密集型产品的国际竞争力并不是同步下降的，而是按一定次序先后萎缩的。一是 RCA 值和产品密度都低的产品的竞争力下降得最快，它们从出口优势产品领域退出；二是 RCA 值较低但产品密度较高的产品失去竞争力；三是 RCA 值较高但产品密度较低的产品继而也失去竞争力；四是劳动密集型产品中 RCA 值和产品密度均为最高的产品继续保持其国际竞争力，直至要素禀赋结构转换为完全不适合劳动密集型产业发展的状态为止。

（3）中高技术工业制成品未来将成为出口结构转型升级的重要方向，但在潜力产品中，中等技术制成品的比例偏低，这很可能会严重影响中国高技术制成品乃至所有工业制成品在国际市场上的实质性竞争力。①关于中等技术制成品，在 13 类产品中，2011 年只有无机化学品、其他运输设备、未另列明的通用工业机械和设备及其未另列明的机器零件 3 类产品的 RCA 值大于 1。其中，无机化学品的产品密度仅为 0.28。因此，可以认为，在中国的要素禀赋结构逐步转变，并且中国政府干预要素配置的政策体系不发生根本性改变的条件下，未来很可能只有其他运输设备、未另列明的通用工业机械和设备及其未另列明的机器零件这 2 类产品能改善其竞争力状况。②就高技术制成品而言，在 8 类产品中，2011 年只有医药品、未另列明的化学原料及其产品这 2 类产品的 RCA 值小于 1。并且，现阶段具有竞争力的 6 类产品的产品密度均大于 0.35。这意味着，在这些具有竞争力的高技术制成品周围，聚集了较多的出口优势产品，未来很可能会有更多现在生产其他优势产品的企业转而制造这些更有潜力的产品。其中，电信、录音及重放装置和设备，未另列明的电力机械、装置和器械及其电器零件，以及未另列明的摄影仪器、设备和材料以及光学产品 3 类产品的产品密度在此 6 类产品中位居前 3 位。可以认为，未来这 3 类产品是引领中国出口结构转型升级最重要的产品。③整体而言，在 21 类中高技术工业制成品中，有 8 类产品很有可能成为支撑中国出口结构转型升级的重点产品。相比之下，在 28 类初级产品、9 类低技术制成品中，分别只有 1 类、4 类产品有可能会继续保持比较优势。也就是说，根据 RCA 值和产品密度预判的有可能会维持或提高国际竞争力水平的 13 类产品中，从 2011 年的出口额占比看，8 类中高技术产品出口额占当年出口总额的比重为 50.12%，4 类低技术制成品的占比为 12.09%，1 类初级产品的占比为 0.89%。在潜力型中高技术产品出口额占比目前已经超过 50% 的背景下，随着出口结构进一步转型升级，预计中高技术制成品在中国出口结构中的重要性将进一步增强。

表 2　2011 年中国 63 类出口产品的 RCA 值和产品密度

产品代码	产品密度	RCA	产品代码	产品密度	RCA	产品代码	产品密度	RCA	产品代码	产品密度	RCA
00	0.30	0.2536	25	0.35	0.0444	55	0.31	0.3243	73	0.41	0.6338
01	0.29	0.1984	26	0.25	0.6460	56	0.29	1.0044	74	0.39	1.2018
02	0.31	0.0303	27	0.27	0.7380	57	0.36	0.3400	75	0.46	3.5124
03	0.25	1.2842	28	0.25	0.0163	58	0.35	0.6637	76	0.50	2.9287
04	0.26	0.0923	29	0.27	0.7630	59	0.32	0.6667	77	0.49	1.5403
05	0.26	0.8362	32	0.27	0.2715	61	0.31	0.4997	78	0.39	0.4513
06	0.27	0.2810	33	0.24	0.0911	62	0.40	1.2320	79	0.35	1.2602
07	0.26	0.2155	34	0.26	0.0498	63	0.30	1.5845	81	0.35	2.7385
08	0.27	0.2888	35	0.32	0.2952	64	0.35	0.6320	82	0.37	2.8901
09	0.29	0.3813	41	0.29	0.2170	65	0.35	2.8847	83	0.53	4.3660
11	0.29	0.1138	42	0.27	0.0263	66	0.32	1.0541	84	0.38	3.3303
12	0.29	0.2504	43	0.27	0.1110	67	0.32	0.9907	85	0.38	3.5092
21	0.25	0.0087	51	0.38	0.7503	68	0.28	0.5433	87	0.40	1.2174
22	0.27	0.1160	52	0.28	1.3039	69	0.38	1.7478	88	0.49	1.0453
23	0.35	0.1610	53	0.34	0.6468	71	0.38	0.7861	89	0.38	1.8838
24	0.28	0.1620	54	0.35	0.2274	72	0.37	0.6680			

注：各类产品代码为《国际贸易标准分类》中二位数代码，第 00~43 类都是初级产品，其余 35 类是工业制成品。
资料来源：根据联合国商品贸易统计数据整理计算。

3. 各类潜力产品的竞争对象有所不同，低技术潜力产品主要与转型国家竞争

在明确了未来将在中国出口结构中发挥更重要作用的产品类别后，从加强潜力产业合作、防范贸易摩擦等方面看，还需要进一步考察各类潜力产品今后在国际市场上主要是与哪些国家和地区的同类企业竞争。以世界 75 个主要贸易国家和地区 63 类产品 2011 年的 RCA 值和产品密度为基础，按照 RCA 值大于 1 和产品密度大于 0.35 的标准，针对中国的 13 类潜力产品，逐一确定其主要竞争国家和地区。以第 83 类产品（旅行用具、手提包及类似容器）为例，具体的步骤是：①从其他 74 个国家和地区中，选择此类产品 RCA 值大于 1 的国家和地区；②从中挑选产品密度大于 0.35 的国家和地区；③按产品密度值从高到低依次排列这些国家和地区，若产品密度值相同，则 RCA 值大者居前；④如果中选国家和地区数目超过 10 个，就取排在前 10 位的国家和地区作为主要竞争对手，如果不足 10 个，就全部作为主要竞争对手。表 3 报告了中国 13 类潜力产品未来在国际市场上的主

要竞争国家和地区。

（1）在资源型制成品领域，中国的潜力产品生产企业将与欧洲国家的同行展开竞争。如前文所述，在28类初级产品和5类资源型制品中，中国仅有第62类产品，即未另列明的橡胶制品，今后有可能保持乃至提升比较优势地位。但是，西班牙、塞尔维亚、波兰、德国、意大利、法国等欧洲国家的橡胶制品都属于各自的比较优势产品，并且产品密度都很高，预示着这些国家今后会有更多企业转而生产此类出口优势产品。考虑到欧盟目前已经成为世界第三大天然橡胶和合成橡胶消费区，加之聚集了米其林、倍耐力、马牌等世界轮胎巨头。在全球轮胎用胶占橡胶消费总量50%以上的背景下，预计欧洲国家将会通过产业链区域内分工构建起更加强大的竞争力。综合RCA值和产品密度的数据分析结论，以及全球橡胶产业的发展现状及趋势，可以认为中国在提升橡胶制品国际竞争力，尤其是在向橡胶产业链中高端攀升的过程中，将会面临德国、法国、意大利等在产业链高端占据优势的国家的"堵截"，以及塞尔维亚、斯洛文尼亚、捷克、罗马尼亚等在产业链低端具有较强优势的国家的"围攻"。

（2）在低技术制成品领域，中东欧转型国家、南欧国家及印度等国将会强有力地挑战中国在全球市场的领先优势。具体而言：①在中国的劳动密集型潜力产品领域，第82类产品，即家具及其零件，在西班牙、塞尔维亚、克罗地亚等国都属于出口优势产品，并且产品密度都很高，表明未来这些国家将会依托比较丰富的劳动力资源、相对完备的供应链体系，以及临近消费市场的优势，与中国在国际市场上展开激烈竞争。②同样是中国的劳动密集型潜力产品，第83类产品，即旅行用具、手提包及类似容器，只有意大利、中国澳门、法国、印度、中国香港5个国家和地区的同类产品属于各自的潜力产品①。其中，中国澳门、中国香港在此类产品上的竞争力主要来自转口贸易，而且在很大程度上都依赖于中国内地的劳动力资源和供应链效率等方面的优势，与中国内地基本上是"同甘苦、共进退"。意大利、法国在此类产品上的竞争力更多体现在价值链高端的设计、品牌、营销上，而印度的竞争力更多来自比中国更加丰富的低成本劳动力上。因此，在此类产品的国际竞争中，中国一方面在产业链中低端环节不能让印度很快赶超，另一方面又要在高端环节尽快接近或超越意大利、法国。这样才能使此类产品的竞争力状况稳定地维持在一个可以接受的水平。③对于其他2类资本/劳动力比率相对较高的低技术潜力产品而言，第65类产品——纺织纱（丝）、织物、未另列明的成品，未来与中国竞争的国家分布相对比较分散，第69类产品——未另列明的金属制品，今后中国面临的竞争基本都来自欧洲国家。整体上判断，目前在中国后面追赶的主要是印度、土耳其、埃及，与中国基本上并驾齐驱的有泰国、中东欧转型国家，在技术研发、生产制造、品牌营销等领域领先中国的是德

---

① 实际上，除这5个国家和地区之外，还有越南的此类产品的RCA值（3.30）大于1。但是，越南此类产品的产品密度只有0.29。出于统一筛选标准的考虑，并没有将越南列在表3中。需要指出的是，尽管越南此类产品的产品密度低于0.35，但在该63类产品的产品密度中排在第10位。结合RCA值大于1这个标准，此类产品在越南的潜力产品中排在第5位。由此判断，越南很可能会成为中国未来在此类产品领域的重要竞争对手之一。

国、法国、意大利等欧洲发达国家。与这三个不同层次的国家竞争时，中国的侧重点应该是通过资本设备投资尽量拉开与后面的"追兵"的距离，通过主导区域性产业布局形成更加强大的供应链效率优势以从同行者中脱颖而出，从研发和品牌环节入手逐渐向价值链高端渗透，等待最终超越先行者的机会。

（3）在中等技术制成品领域，中国将会在国际市场上与德国等欧洲大陆发达国家正面交锋。在中国 13 类中等技术制成品中，只有第 74 类和第 79 类产品属于潜力产品。①在第 74 类产品，即未列明的通用工业机械和设备及其未另列明的机器零件领域，10 个主要竞争对手中，除美国之外，其他 9 个都是欧洲国家。其中，斯洛文尼亚和捷克属于转型国家，德国等 7 个国家都是发达国家。②在第 79 类产品，即其他运输设备领域，除了印度和加拿大之外，其他 8 个主要竞争对手都是欧洲国家。从上游的关键材料，中游的冶炼、铸造、锻造、热处理、冲压、加工工艺，到下游的产品集成、检测、维修服务等，欧洲国家已经形成了完整产业链条。短期内，中国在通用工业机械设备和其他运输设备领域全面超越欧洲的难度很大。未来的重点策略应该是，依托国内自主生产的大型成套设备和高端主机对大型铸锻件、液压件、密封件等关键基础件，以及各类高精尖专用零部件的旺盛需求，以行业性大订单换关键零部件技术转让。同时，与中国工程企业"走出去"战略相配合，在中东、拉美、非洲等地区的基础设施建设和运营过程中，把中国大型成套设备和中高端主机"带出去"，增强国外市场对中国机械设备和运输设备的认知，逐步提高国际市场占有率。

表 3　中国 13 类潜力产品未来在国际市场上的主要竞争国家和地区

产品代码	主要竞争国家和地区
62	西班牙（0.66, 1.98），塞尔维亚（0.60, 3.87），波兰（0.58, 2.92），德国（0.55, 1.27），意大利（0.55, 1.20），法国（0.53, 1.55），葡萄牙（0.51, 2.58），斯洛文尼亚（0.50, 2.64），捷克（0.49, 2.95），罗马尼亚（0.48, 4.17）
65	西班牙（0.66, 1.21），立陶宛（0.59, 1.10），意大利（0.54, 1.63），埃及（0.51, 2.80），希腊（0.51, 1.04），印度（0.46, 2.95），奥地利（0.46, 1.03），泰国（0.46, 1.03），罗马尼亚（0.43, 1.12），土耳其（0.42, 4.63）
69	西班牙（0.68, 1.43），塞尔维亚（0.63, 2.11），克罗地亚（0.61, 1.65），意大利（0.59, 2.01），波兰（0.58, 2.32），法国（0.56, 1.02），德国（0.54, 1.57），丹麦（0.55, 1.82），立陶宛（0.54, 1.01），斯洛文尼亚（0.51, 1.93）
82	西班牙（0.70, 1.02），塞尔维亚（0.65, 2.22），克罗地亚（0.63, 3.13），波兰（0.60, 6.01），奥地利（0.57, 1.86），意大利（0.56, 2.69），丹麦（0.56, 2.42），立陶宛（0.55, 5.35），德国（0.53, 1.08），葡萄牙（0.52, 3.01）
83	意大利（0.63, 3.53），中国澳门（0.45, 4.56），法国（0.45, 3.20），印度（0.44, 1.12），中国香港（0.41, 4.61）
74	德国（0.64, 2.02），奥地利（0.60, 1.82），意大利（0.59, 2.75），法国（0.58, 1.26），丹麦（0.56, 1.87），斯洛文尼亚（0.53, 1.33），美国（0.53, 1.27），捷克（0.52, 1.94），奥地利（0.50, 1.26），瑞典（0.48, 1.75）
79	西班牙（0.66, 1.17），克罗地亚（0.59, 6.24），法国（0.56, 4.44），波兰（0.55, 1.69），意大利（0.55, 1.05），丹麦（0.55, 1.02），德国（0.52, 1.53），印度（0.40, 1.56），加拿大（0.40, 1.16），罗马尼亚（0.39, 1.18）

续表

产品代码	主要竞争国家和地区
75	泰国（0.56, 2.21），美国（0.52, 1.03），匈牙利（0.48, 1.18），中国台湾（0.46, 1.11），捷克（0.43, 2.44），荷兰（0.40, 1.88），新加坡（0.35, 2.06）
76	捷克（0.53, 1.42），匈牙利（0.51, 4.49），泰国（0.51, 1.03），波兰（0.49, 1.26），罗马尼亚（0.46, 1.78），芬兰（0.43, 1.03），卢森堡（0.41, 1.14），瑞典（0.39, 1.87），中国台湾（0.39, 1.71），韩国（0.38, 1.85）
77	德国（0.53, 1.02），泰国（0.52, 1.29），匈牙利（0.51, 1.42），捷克（0.48, 1.26），韩国（0.43, 1.87），中国台湾（0.43, 3.71），罗马尼亚（0.43, 1.49），斯洛文尼亚（0.42, 1.16），日本（0.41, 1.64）
87	德国（0.58, 1.53），美国（0.56, 1.81），丹麦（0.51, 1.38），日本（0.45, 1.84），匈牙利（0.45, 1.41），中国台湾（0.44, 3.07），英国（0.43, 1.31），瑞士（0.42, 1.77），芬兰（0.41, 1.16），韩国（0.40, 2.68）
88	意大利（0.58, 1.47），泰国（0.51, 1.67），中国台湾（0.50, 1.86），韩国（0.42, 1.17），瑞士（0.41, 13.45），日本（0.41, 2.77），中国香港（0.37, 4.29），中国澳门（0.36, 14.78），新加坡（0.36, 1.13）
89	意大利（0.61, 1.19），塞尔维亚（0.59, 1.05），丹麦（0.56, 1.54），法国（0.54, 1.21），波兰（0.54, 1.09），德国（0.52, 1.03），奥地利（0.51, 1.46），美国（0.48, 1.28），泰国（0.45, 1.61），印度（0.42, 2.03）

注：各国家和地区后面括号内的第一个数值为产品密度，第二个数值为 RCA。
资料来源：根据联合国商品贸易统计数据整理计算。

（4）在高技术制成品领域，中国的赶超对象则是美国、欧洲和东亚地区发达经济体。具体而言：①在第 75 类和第 88 类产品领域，中国将来主要是与东亚发达经济体竞争。在第 75 类产品，即办公用机器及自动数据处理设备领域，除了美国之外，其他 6 个竞争对手，亚洲和欧洲各占一半。实际上，美、日、韩的跨国公司共同主导着东亚地区此类产品的区域分工，泰国、中国台湾、新加坡都隶属于这一分工体系。荷兰的跨国公司主导了欧洲此类产品的区域分工，匈牙利、捷克更多承担着产业链中下游环节的活动。而中国则是这两大体系的逐鹿之地，两者在华都有战略性项目布局。目前看来，荷兰主导的欧洲体系日渐式微。在此背景下，中国企业有必要联合欧洲同行，与美、日、韩对手竞争。至于在第 88 类产品，即未另列明的摄影仪器、设备和材料以及光学产品领域，除意大利和瑞士之外，其他 7 个都是东亚经济体。意大利和瑞士在此领域的优势产品是工业相机，而东亚经济体的优势产品是家用相机，两种产品的生产制造和购买群体都有显著差异。由于日、韩主导的家用相机东亚区域分工体系已相当完善，中国在其中处于从属地位。而日本在工业相机领域与意大利、瑞士等欧洲国家存在激烈竞争。因此，在摄影仪器设备领域，中国一方面通过自主创新打破日、韩企业在关键零部件上的垄断优势，持续提升自身在区域分工体系中的地位；另一方面利用中国工业相机需求快速增长的机会，联合欧洲工业相机企业与日本同类企业竞争。②在其他 5 类高技术潜力产品领域，中国的竞争对手主要是美国和欧洲国家。对于第 76 类和第 77 类产品来说，除泰国、中国台湾、日本、韩国之外，其他 15 个国家都属于欧洲。这反映了欧洲在电信设备、电力机械设备领域的优势地位。就第 87 类和第 89 类产品而言，中国的竞争对手相对分散，既有德、法等欧洲国家，也有美国这一北美国家，还有日、韩、印等亚洲国家和地区。其中，在第 87 类产品，即未另列明的专业、科学及控制用仪器和装置领域，中国的竞争对手都是发达国家。而在第 89 类产品，即未另列明的杂项制品领域，竞争对手中既有发达国家，也有发展中国家，这主要是因为杂项制品的范围比较广。部分产品属于高精尖产品，例如武器和弹药；也有很多产品具有劳动密集型的特征，比如塑料制品。

四、结论及政策含义

本文分析了 2001~2011 年中国 35 类出口产品竞争力状况及演变趋势。分析结果显示，从整体上判断，中国工业制成品的国际竞争力越来越强。按技术含量低、中、高的次序排列，中国工业制成品的国际竞争力大致表现为 U 型分布状态。本文运用 Hausmann 和 Klinger（2006）构建的产品空间分析法，测算了 75 个国家及地区 63 类出口产品 2011 年的产品密度和 RCA 值。对比分析中国与其他 74 个国家及地区 63 类出口产品的 RCA 值和产品密度后发现，中国的出口优势产品与潜力产品之间的距离比较近，这为出口结构实现平稳转型奠定良好的微观基础。机械及运输设备等中高技术制成品将会引领中国出口结构的转型升级。在此过程中，目前竞争力很强的劳动密集型产品群体将会出现分化，旅行用具、家具及其零件、纺织品、金属制品 4 类产品将持续保持竞争力，但其他更多劳动密集型产品的竞争力会逐渐下降。在中国 13 类潜力产品保持或提升国际竞争力的过程中，将会面临来自不同国家和地区同类企业的激烈竞争，这些分析结论具有以下重要政策含义。

1. 高度重视中等技术制成品竞争力不强、产品密度不大的突出问题

改革开放以来中国劳动密集型产品国际竞争力的快速提高，主要是因为具有丰富的低成本技能劳动力资源，但也不能忽视完备的工业体系对劳动密集型产业发展的基础性作用。新形势下，中国工业制成品出口结构转型升级对中等技术产业提出了更高要求。这就是，中等技术产业发展不能停留在服务于基础设施建设的阶段，而应该提升到为高技术产品生产提供具有国际竞争力的中间产品和资本品的阶段。但是目前看来，中国的中等技术产品存在国际竞争力不强、产品密度不大的突出问题。在中国的要素禀赋结构逐步转变，并且中国政府干预要素配置的政策体系不发生根本性改变的条件下，目前判断只有通用工业机械设备和其他运输设备这 2 类产品将来有可能保持或提高其竞争力水平。其他 11 类中等技术产品主要是化学品和钢铁等中间产品，以及动力机械及设备等资本品，这些产品基本上都是工业领域的基础性产品。

"基础不牢，地动山摇"，如果大部分中等技术制成品不能先于高技术产品形成强大的国际竞争力，中国高技术制成品的竞争力状况必将严重依赖于跨国公司的全球化产业链布局。由于高技术产品生产环节的初始投资并不大，这在本质上决定了跨国公司在华高技术

领域投资的"根植性"较浅，从而使这种"引来的"竞争力具有内在的脆弱性。因此，要使中国高技术产品在国际市场上形成可持续的强大竞争力，就要针对化工、机械设备等产品领域的主要问题，多措并举，从根本上扭转中等技术制成品整体上缺乏竞争力的格局。应该加大政策支持力度，通过自主创新在煤制烯烃规模化生产、百万吨级乙烯成套设备、高效低成本新型催化剂等关键领域形成突破，以优化原料路线，提高装备和工艺自主化水平，从而提升高端专用化学品、新型化工材料等高技术含量、高附加值产品的国际竞争力。以加强行业性合作为手段，集聚中国成套设备企业的需求力量，争取以行业性大订单换关键零部件，突破制约中国机械设备技术水平提高的主要障碍。

2. 客观看待劳动密集型制成品群体在出口结构转型升级中的双重作用

随着劳动力供求形势的逆转和资本充裕度的逐步提高，技术含量较低的劳动密集型产品的国际竞争力在整体上会逐步削弱。但是，也要看到，在要素禀赋结构发生变化的过程中，不同种类的劳动密集型产品的竞争力并不是同步下降的，而是渐次萎缩的。因此，劳动密集型产品对出口结构转型升级具有双重影响。一方面，竞争力的整体性下降，在一定程度上缓解了其他产业在要素市场上的竞争压力，为维持或提高竞争力创造了条件。另一方面，由于要素禀赋结构的转变是一个渐进的过程，在此期间那些 RCA 值和产品密度都很高的产品会继续保持竞争力，如果政府不加干预，市场机制会让这些产品得到充足的要素配置，但这会在一定程度上影响到其他产业获得土地、资金、劳动力等要素的成本。

政府干预要素市场的政策如果过度倾向高技术产业，很可能就会牺牲部分劳动密集型产品的竞争力，使其过早地从出口优势产品领域退出。在此期间如果高技术产业没有形成实质性竞争力，那么跨越"中等收入陷阱"就会缺乏产业支撑。事实上，劳动密集型潜力产品生产企业在增强研发设计、品牌营销等方面的能力后，将传统产业做精做细，既能获得不逊于高技术产业的收益率，又能创造出大量就业机会。因此，政府在制定实施产业政策，尤其是结构调整政策时，要特别注意为劳动密集型潜力产业留下足够的发展空间。特别是要在加强研发设计人才培养、搭建共性技术平台、解决贸易摩擦、规范要素市场秩序等方面为劳动密集型产业提供实质性支持。

3. 适时优化高技术产业政策组合，把价值链攀升作为政策最优先目标

20 世纪 90 年代以来，信息通信成本大幅下降有力提高了高技术产品的产品内分工水平。在此背景下，中国加入 WTO 后以良好的基础设施、完备的工业体系、大量的技能工人、较好的投资环境吸引了高技术产品领域众多跨国公司到华投资。由此，中国在许多高技术产业链的低端环节形成了比较强大的竞争力。在此过程中，中国工人的收入增加，跨国公司的利润增加，消费者以更低的价格购买到了更高品质的产品。整体上看，有关国家中受益人的收益总额超过受损人群的损失总额，因此中国参与高技术领域的产品内分工带来了福利改善。但是，从动态的角度看，如果中国在高技术产业国际分工中的地位长期固化在低端环节，最终只能沦为发达国家高技术产品的装配车间。高技术产品的此种依附式增长，是中国工业转型升级"不能承受的生命之轻"。

因此，中国的高技术产业政策需要与时俱进，根据产业发展情况适时做出调整。特别

是，对于在价值链低端已经形成较强竞争力的高技术产业，政府应该逐步减少甚至不再对处于这些产业低端环节的企业进行补贴。也就是说，高技术产业扶持政策应当由"普惠型"转变为"盯住型"。应该盯住前沿技术研发、产业标准制定、海外市场开拓、关键零部件企业并购等高附加值环节，有针对性地制定实施相应的扶持政策，激励企业向价值链高端攀升。其中，要高度重视国内市场需求对于促进高技术产业发展的作用，在 WTO 框架内，用好用足扩大内需战略所创造的庞大市场需求，推动高技术企业不断攻占产业"制高点"。

参考文献

[1] Cui L., M. Syed. The Shifting Structure of China's Trade and Production [R]. IMF Working Paper, No. 07/214, 2007.

[2] Lall Sanjaya. The Technological Structure and Performance of Developing Country Manufactured Exports, 1985–1998 [J]. Oxford Development Studies, 2000, 28 (3).

[3] Hausmann R., B. Klinger. Structural Transformation and Patterns of Comparative Advantage in the Product Space [R]. CID Working Paper No. 128, Kennedy School of Government, Harvard University, 2006.

[4] Hausmann R., B. Klinger. South Africa's Export Predicament [R]. CID Working Paper No. 129, Kennedy School of Government, Harvard University, 2006.

[5] Hausmann R., B. Klinger. Achieving Export–Led Growth in Colombia [R]. CID Working Paper No. 182, Kennedy School of Government, Harvard University, 2008.

[6] Hausmann R., B. Klinger. Policies for Achieving Structural Transformation in the Caribbean [R]. Private Sector Development Discussion Paper No. 2, Inter–American Development Bank, Washington, DC, 2009.

[7] Felipe J., Kumar U., Usui N., A. Abdon. Why Has China Succeeded? And Why It Will Continue to Do So [R]. Working Paper No. 611, Annandale–on–Hudson, NY: Levy Economics Institute of Bard College, 2010.

[8] Hidalgo Cesar. Discovering Southern and East Africa's Industrial Opportunities [R]. Economic Policy Paper, The German Marshall Fund of the United States, 2011.

[9] Jankowska A., Nagengast A.J., J.R. Peres. The Product Space and the Middle Income Trap: Comparing Asia and Latin American Experiences [R]. OECD Development Centre Working Paper No.311, 2012.

[10] Cruz J., D. Riker. Product Space Analysis of the Exports of Brazil [R]. Working Paper No. 2012–06A, U.S. International Trade Commission Office of Economics, 2012.

[11] Hidalgo C., Klinger B., Barabasi A., Hausmann R. The Product Space Conditions the Development of Nations [J]. Science, 2007, 317 (27).

[12] 金碚, 李钢, 陈志. 加入 WTO 以来中国制造业国际竞争力的实证分析 [J]. 中国工业经济, 2006 (3).

[13] 樊纲, 关志雄, 姚枝仲. 国际贸易结构分析：贸易品的技术分布 [J]. 经济研究, 2006 (8).

[14] 杜修立, 王维国. 中国出口贸易的技术结构及其变迁：1980~2003 [J]. 经济研究, 2007 (7).

[15] 魏浩, 王露西, 李翀. 中国制成品出口比较优势及贸易结构研究[J]. 经济学（季刊）, 2011 (4).

[16] 李钢, 刘吉超. 入世十年中国产业国际竞争力的实证分析 [J]. 财贸经济, 2012 (8).

[17] 金碚等. 中国工业国际竞争力：理论、方法与实证研究 [M]. 北京：经济管理出版社，1997.

[18] 曾世宏，郑江淮. 企业家成本发现、比较优势演化与产品空间结构转型：基于江苏经济发展的案例研究 [J]. 产业经济研究，2010（1）.

[19] 万金，祁春节. 产品空间结构与农产品比较优势动态：基于高维面板数据的分析与预测 [J]. 国际贸易问题，2012（9）.

[20] 邱玉娜，李月. 跨越"中等收入陷阱"的国际经验分析：基于出口产品密度的视角 [J]. 经济科学，2012（4）.

The Current Situation and Trend of International Competitiveness of Industries in China
—An Analysis Based on Export Commodities

Jin Bei[1]   Li Pengfei[1]   Liao Jianhui[2]

(1. Institute of Industrial Economics CASS, Beijing 100836, China;

2. Graduate School CASS, Beijing 102488, China)

Abstract：On the basis of classification according to the technical content of export commodities and the latest trade statistics, this paper studies the current situation and the trend of the international competitiveness of Industries in China. The results show that：①If China's manufactured products are arranged from low to high according to their technical content, their competitiveness, in general, shows an U –distribution. ② The distance between current advantage exports and potential advantage products is close, which lay a good micro–foundation for the export structure of China to achieve a smooth transition. ③Some medium or high–tech manufactured goods, such as machinery and transport equipment, will lead the direction of China's export structure 's transformation and upgrading, and the labor –intensive product groups with obvious competitiveness currently will be differentiated. ④ In the future, the countries challenging China's leading position in the field of low–tech products are mainly the Southern European countries, Central and Eastern European transition countries and India; in the field of mediumtech products, China mainly competes against the developed countries in Europe; in the field of high–tech products, China mainly needs to overtake the United States and the developed economies in Europe and East Asia. To improve the international competitiveness of industries in China, governments should attach great importance to the outstanding problem that the medium–tech manufactured goods are uncompetitive and its density is relatively small, take an objective view of the dual role of labor-intensive manufactured products in the transformation and upgrading of the export structure, optimize the combination of high-tech industry policy timely, and view value chain climbing as the most priority objective.

Key words: Export; Competitiveness; Product density

中国经济增长如何转向全要素生产率驱动型 *

蔡 昉

（中国社会科学院学部委员，北京　100732）

【摘　要】随着以劳动力短缺和工资持续提高为特征的"刘易斯转折点"的到来，以及以人口抚养比不再降低为表现的"人口红利"的消失，中国经济逐步进入从二元经济发展阶段向新古典增长阶段的转变时期。在这个转变过程中，资本报酬递减现象开始出现，靠大规模的政府主导型投资以保持经济增长速度的方式，不再具有可持续性。从经济增长理论、国际经验和中国现实等角度进行的研究发现，中国亟须通过政策调整，形成国内版的"雁阵"模型和"创造性毁灭"的政策环境，获得资源重新配置效率，并且从技术进步和体制改善中获得更高效率，以实现中国经济增长向全要素生产率支撑型模式的转变。

【关键词】刘易斯转折点；资本报酬递减；全要素生产率；创造性毁灭

在经过"刘易斯转折点"并且"人口红利"面临消失的情况下，中国通过劳动力在部门间的转移所获得的资源重新配置效应，以及劳动力无限供给所赢得的稳定的资本报酬效应，都将逐渐消失。按照理论预期，中国的必然出路是把经济增长转到依靠全要素生产率，特别是与技术进步有关的生产率基础上。然而，正如在其他国家相应的发展阶段也曾出现过的，在政府介入经济活动程度比较深的情况下，面对比较优势的变化，政府最容易做出的反应是，试图通过提高资本劳动比，冀望以此提高劳动生产率。而这种努力往往遭遇到资本报酬递减律的报复，并且导致其他的政策失误。

本文讨论在"人口红利"消失之后防止资本报酬递减现象的途径。在分析中国面临挑战和借鉴国际经验的基础上，本文提出向新古典增长阶段转变的任务，即通过政策调整，形成国内版的"雁阵"模型和"创造性毁灭"的政策环境，获得资源重新配置效率，并且从技术进步和体制改善中获得更高效率，以实现中国经济增长向全要素生产率支撑型模式的转变，避免"中等收入陷阱"的命运。

---

* 本文选自《中国社会科学》2013 年第 1 期。

一、资本报酬递减律

汉森和普雷斯科特通过把马尔萨斯增长与新古典增长统一在一个模型中，打破了新古典增长理论的单一经济模型及其假设，同时承认在马尔萨斯式增长模型中，土地要素起着重要作用，而新古典模型可以舍弃这个要素。[①] 但是，这种两个增长模型在时间上继起以及空间上并存的分析，因没有包括青木昌彦所概括的处在中间形态的发展阶段，[②] 忽略了"人口红利"在东亚经济发展模式中的特殊作用，从而在解释中国这样典型二元经济发展模式时，仍显得捉襟见肘。关于这一点，经济学家围绕东亚模式所展开的争论就是一个经典的例子。

世界银行于1993年在其东亚地区报告中首次提出"东亚奇迹"的表述后，经济学家围绕以亚洲"四小龙"为代表的东亚经济增长模式展开了争论。不同观点所依据的经验证据，主要是对于东亚各经济体全要素生产率的估算结果。例如，依据刘遵义和扬等的定量研究，克鲁格曼认为，东亚国家和地区的经济增长，与苏联计划经济时期的增长模式并无二致，主要依靠的是资本的积累和劳动力的投入，而缺乏生产率的进步。其具体表现就是全要素生产率增长缓慢，终究会遭遇报酬递减而不可持续。[③]

并非所有的经验结果都支持以克鲁格曼为代表的这种观点。在20世纪90年代中期进行的相关研究，所得出的关于亚洲"四小龙"以及东亚其他经济体全要素生产率的估计差异巨大，甚至可以说是对立的。例如，根据扬的估计，[④] 新加坡在1970~1985年，全要素生产率年均增长率为0.1%；而马尔蒂的估计则是，该国在1970~1990年的全要素生产率年均增长率为1.45%。[⑤] 因此，依据这些经验研究所得出的政策结论更是大相径庭，以致有的研究者对这种通过计算全要素生产率，并以此为依据评价东亚增长模式成败得失的研究方法产生了怀疑，认为需要改变对于现实经济增长解释的一些错误出发点。[⑥]

克鲁格曼关于东亚模式不可持续的预言，终究没有成为现实。相反，亚洲"四小龙"全部进入高收入经济体的行列，并且成为成功跨越中等收入阶段的典范。之所以出现这种

① G. D. Hansen and E. C. Prescott. Malthus to Solow [J]. The American Economic Review, 2002, 92（4）:1205-1217.

② Masahiko Aoki. The Five-Phases of Economic Development and Institutional Evolution in China and Japan [M] // Masahiko Aoki and Jinglian Wu（eds）. The Chinese Economy: A New Transition. Basingstoke: Palgrave Macmillan, Forthcoming, 2012.

③ Paul Krugman. The Myth of Asia's Miracle [J]. Foreign Affairs, 1994, 73（6）: 62-78.

④ Alwyn Young. Lessons from the East Asian NICs: A Contrarian View [J]. European Economic Review, 1994, 38（3-4）: 964-973.

⑤ C. Marti. Is There an East Asian Miracle [R]. Union Bank of Switzerland Economic Research Working Paper, Zurich, October 1996.

⑥ Jesus Felipe. Total Factor Productivity Growth in East Asia: A Critical Survey [J]. EDRC Report Series, Asian Development Bank, Manila, Philippines, 1997（65）.

理论预测的失误,原因之一就是克鲁格曼等学者没有注意到"人口红利"的作用,而只是按照西方国家劳动力短缺、资本报酬递减等假设做出判断。其实,由于这些经济体人口结构的快速转变导致劳动年龄人口比重提高和抚养比降低,产生了经济增长的"人口红利"。这一方面可以通过劳动力在部门间的转移获得资源重新配置效率;另一方面可以在获得较大的技术进步贡献份额之前,因劳动力无限供给而不发生资本报酬递减的现象,从而使高速经济增长得以在较长时间内持续。

紧随着这个争论之后出现的关于"人口红利"对东亚经济增长贡献的研究,[①] 提供了更有说服力的解释,恰好是对传统新古典增长理论的有益扩展。此外,随着计量技术和数据的改进,人们发现,东亚国家和地区既有高投资,也不乏技术进步,而且,通过外向型经济发展,得益于从进口设备和引进外资中获得效率更高的技术和管理,全要素生产率的增长速度有明显的加快趋势,对经济增长的贡献率逐渐提高。[②]

根据相同的逻辑,当"人口红利"消失之后,劳动力短缺和工资上涨现象日益普遍化。这时,不仅继续依靠资本和劳动要素投入推动经济增长的方式不可持续,而且一味用提高资本劳动比的办法改善劳动生产率,也会遇到资本报酬递减的困扰。如果不能够把经济增长转到全要素生产率驱动型的轨道上,减速乃至停滞从而落入"中等收入陷阱"或"高收入陷阱"(如日本的情形)就不可避免。

对于不同时期的经济学家来说,一个经久不衰的课题,就是探索经济增长的可持续源泉。在只看到马尔萨斯和索洛两种增长模式的情况下,经济发展模式从前者向后者的转换,主要表现为在新古典增长情形下,土地要素的作用不再重要。而如果在其中加入一个二元经济发展时期,则这个时期最富有特点的是"人口红利"的作用。劳动力无限供给的特点固然可以延缓资本报酬递减现象的发生,但这种"人口红利"终究是有限的,随着人口增长转变阶段的到来而必然消失。归根结底,劳动生产率的不断提高,才是可持续经济增长经久不衰的源泉。

提高资本劳动比率是提高劳动生产率的途径之一。物质资本的投入快于劳动力的投入,从而企业和产业的资本构成提高,通常有利于提高劳动生产率。在现实中,这就表现为随着劳动力成本的提高,企业购买更多的机器来替代劳动。但是,提高资本劳动比率是有限度的,可能遇到资本报酬递减现象的困扰。这里所看到的资本报酬递减现象,是指在劳动者素质不变的情况下增加设备,由于人与机器的协调程度降低等因素,生产过程的效率反而下降的情形。虽然新机器和设备也蕴含着新技术,但是,这里起关键作用的仍然是资本密集程度的提高,而不是技术进步。

---

① David E. Bloom and Jeffrey G. Williamson. Demographic Transitions and Economic Miracles in Emerging Asia [R]. NBER Working Paper, 1997 (6268); Jeffrey G. Williamson. Growth, Distribution and Demography: Some Lessons from History [R]. NBER Working Paper, 1997 (6244).

② Jagdish N. Bhagwati. The Miracle That Did Happen: Understanding East Asia in Comparative Perspective. Keynote Speech. Conference on "Government and Market: The Relevance of the Taiwanese Performance to Development Theory and Policy" in Honor of Professors Liu and Tsiang. Cornell University, May 3, 1996.

近年来，推动中国劳动生产率的因素已经发生了明显的变化。根据世界银行经济学家的估算，[①] 全要素生产率对提高劳动生产率的贡献率，从 1978~1994 年的 46.9%，大幅度降低到 2005~2009 年的 31.8%，并预计将进一步降低为 2010~2015 年的 28.0%。与此同时，劳动生产率提高更多地依靠投资增长所导致的资本劳动比的升高。在上述三个时期，资本劳动比提高对劳动生产率的贡献率从 45.3% 提高到 64.7%，并预计将提高到 65.9%。单纯依靠物质资本的投资作为供给方面的经济增长源泉，显然是不可持续的。

提高全要素生产率才是提高劳动生产率的根本途径。全要素生产率是指在各种要素投入水平既定的条件下所达到的额外生产效率。这一劳动生产率提高源泉，可以抵消资本报酬递减的不利影响，是长期可持续的，实为经济增长经久不衰的引擎。作为残差的全要素生产率，由资源重新配置效率和微观生产效率两个部分构成。事实上，改善中国全要素生产率的秘籍，就是要懂得如何保持这两种效率的持续改善，并提高其对经济增长的贡献率。总体来说，迄今中国经济增长中表现出的全要素生产率，主要构成部分是劳动力从农业转移到非农产业所创造的资源重新配置效率。从中国的特殊国情及上述转折的特点看，未来经济增长不仅要求开发新的全要素生产率源泉，也需要并且有可能继续挖掘全要素生产率的传统潜力。

二、国内版"雁阵"模型

资源重新配置效率是通过产业结构调整、升级或者高度化而获得的。例如，劳动力和其他要素从生产率低的产业向生产率高的产业转移，就是部门间资源重新配置的典型形式。除此之外，部门内部也可以形成资源重新配置效率，主要表现为生产率最高的企业得以扩大，因而效率高的企业规模较大，成长也更加迅速。

在中国经济高速增长期间，资源重新配置对经济增长的贡献甚为显著。实际上，人们通常所说的"人口红利"，在计量经济学的意义上，部分体现在资源重新配置的贡献份额中。因此，不言而喻的是，随着人口抚养比降到最低点，继而"人口红利"消失，劳动力转移的速度也将大幅度减慢，资源重新配置部分对全要素生产率的相对贡献率会有所降低。相应地，微观生产效率的相对贡献率需要得到提高，否则便难以保持经济的持续增长。但是，这并不是说资源重新配置效率部分就没有继续推动全要素生产率提高的作用潜力了。

从表面上看，与"刘易斯转折点"和"人口红利"消失相关的"民工荒"现象的出现，以及非熟练工人工资的迅速上涨，预示着劳动密集型产业比较优势在中国的终结。必然的结果似乎是：第一，遵循"雁阵"模型，劳动密集型产业转移到劳动力成本更加低廉

① Louis Kuijs. China through 2020—A Macroeconomic Scenario [R]. World Bank China Research Working Paper, 2009 (9).

的其他发展中国家；第二，劳动力剩余程度降低，因而劳动力转移速度减缓，意味着资源重新配置效率源泉逐渐耗竭。得出这样的结论，是由于对中国特殊性缺乏足够的理解，因此至少在相当长的时间内不会成为现实。

预期中国劳动密集型产业将向其他国家转移的理论依据是所谓的"雁阵"模型。该模型的形成和完善经历过几个阶段，主要由于赤松、大来、弗农和小岛等的贡献，已经形成一个比较完整的关于产业在国家和地区之间转移的理论解释。[①] 这个模型起初用来描述日本作为一个后起经济体，如何借助动态比较优势变化，完成"进口—进口替代—出口"的完整赶超过程，以后则被广泛用来解释和理解东亚经济的发展模式，即以日本为"领头雁"，按照比较优势的动态变化，劳动密集型产业依次转移到亚洲"四小龙"、东盟其他国家以及随后的中国的东南沿海地区。

在该范式的扩展版本中，首先，这个模型继续保存了随着不同国家和地区之间比较优势的相对变化，产业在国家和地区之间转移的本意；其次，"雁阵"式的产业转移是由与产品生命周期相关的特征决定的，从而隐含着与比较优势动态变化的相关性；再次，解释范围被扩大到对外直接投资模式，即该投资活动也遵循相同的逻辑在国家和地区之间进行；最后，国家或地区之间在发展阶段、资源禀赋以及历史遗产等方面的巨大差异，被认为是具有"雁阵"式的相互继起关系的关键。

从这一理论及其经验出发，在劳动力成本持续提高的情况下，中国劳动密集型产业向其他国家转移似乎是合乎逻辑的，也的确已经发生。但是，如果考虑到中国庞大的经济规模和国土面积，以及国内各区域间在发展水平和资源禀赋上的巨大差异，我们可以预期，直到农业与非农产业劳动的边际生产力达到相等，即商业化点到来之前，[②] 农业劳动力都有向外转移的余地，因而可以继续获得资源重新配置效率，推动经济增长。因此，劳动密集型产业在区域间的转移，会更多地发生在中国国内各地区之间，即从东部地区向中西部地区转移。可见，至少在今后10~20年中，即便是第一次"人口红利"，也仍然有潜力可供挖掘。

撇开中国地区之间巨大的发展差异不说，仅人口转变的差异就可以为上述论断提供有力论据。由于生育率下降是经济社会发展的结果，中国地区之间在发展阶段上的差异，也导致中西部地区在人口转变过程中处于相对滞后的阶段。例如，2010年第六次人口普查数据显示，全国平均的人口自然增长率（出生率减死亡率）为5.05‰，东部地区平均为4.68‰，中部地区平均为4.73‰，西部地区平均为6.78‰。

但是，由于人口流动的因素，三类地区在年龄结构上却无法显示这种人口转变的差

① 关于"雁阵"模型理论的来龙去脉以及分析运用之简要历史的详细综述，参见 Kiyoshi Kojima. The "Flying Geese" Model of Asian Economic Development：Origin, Theoretical Extensions, and Regional Policy Implications [J]. Journal of Asian Economics，2000，11（4）：375-401.

② Gustav Ranis and John C. H. Fei. A Theory of Economic Development [J]. The American Economic Review，1961，51（4）：533-565.

异。例如，2010 年全部 1.53 亿名离开本乡镇 6 个月及以上的农民工中，中西部地区占 68.2%，其中跨省流动的农民工比例，中部地区为 69.1%，西部地区为 56.9%，大部分流向东部地区。按照常住人口的定义，在城市居住 6 个月及以上的外来人口，通常被统计为劳动力流入地的常住人口。由于 95.3% 的外出农民工年龄在 50 岁以下，这种人口统计的机械方法提高了东部地区的劳动年龄人口比重，相应降低了中西部地区的比重。因此，近年来的人口统计并不能显示出中西部地区在人口抚养比方面的优势。

然而，2000 年第五次人口普查的常住人口统计，采取居住 1 年以上才算流入地的常住人口的标准，该口径更接近于按照人口的户籍登记地统计的原则。而且，当时农民工的规模也较小。我们用该普查数据分地区考察就可以发现，老年人口抚养比（即 65 岁及以上人口与 15~64 岁人口之比），在中西部地区比东部地区要低。该普查显示，全国平均的老年人口抚养比为 10.15%，东部地区为 10.9%，中部地区为 9.76%，西部地区为 9.53%。在图 1 中，我们把各省、直辖市和自治区的老年抚养比分成三类地区展示，可以看到显著的地区差异。

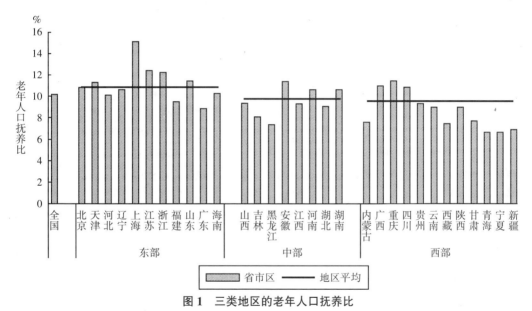

图 1　三类地区的老年人口抚养比

资料来源：2000 年第五次人口普查数据，国家统计局网站，http://www.stats.gov.cn/tjsj/ndsj/renkoupucha/2000pucha/pucha.htm。

农民工人在东部地区打工，而户籍仍落在中西部地区，这种状况意味着什么呢？首先，按照现行户籍制度安排，他们仍然不能期待长期稳定地在打工地区生活乃至养老，通常在年龄偏大之后就会返乡务农。所以，中国目前的务农劳动力或者农业剩余劳动力，主要是由 40 岁以上农民构成的。其次，按照目前部分地区户籍制度改革的模式，即使放松了移民在城市的落户条件，也仅限于本省农村户籍人口，大多数中西部地区农民工通常不能从沿海地区的户籍制度改革中获益。可以预期，大批流向东部地区的农民工，以及那些年龄偏大、难以克服跨省流动障碍，因而回到户籍登记地的农村劳动力，是未来中西部地区产业承接的劳动力供给基础。

2010 年中国人均 GDP 达到了 4300 美元，按照改革开放 30 余年间的增长速度，以及不变的人民币汇率等因素估算，预计到"十二五"结束时，人均 GDP 可以超过 6000 美元，而到 2020 年全面建成小康社会时，可以达到 12000 美元。[①] 按照相同的收入组分类，在人均收入不断提高并逐步进入高收入国家行列的同时，产业结构调整也将进一步加快，进而获得资源重新配置效率，支撑全要素生产率的提高。这就意味着，农业的劳动力比重需要继续降低。

与人均 GDP 在 6000~12000 美元的中等收入国家相比，中国农业劳动力继续转移的潜力是巨大的。汇总 2007 年世界上一些处于这个阶段国家的资料，我们发现，它们平均的农业劳动力比重为 14.8%，比中国低近 10 个百分点。[②] 这意味着今后 10 年中，我们从现有的 1.92 亿农业劳动力出发，每年需要减少约 800 万人，即降低 1 个百分点。这样的话，就能保持资源重新配置效率的持续提高，进而支撑中国经济增长的可持续性。

产业在区域上的配置不仅由要素成本因素决定，还与影响企业生产成本和交易成本的聚集效应密切相关。利用 1998~2008 年中国制造业规模以上（即主营业务收入在 500 万元以上）企业的数据以及县财政税收数据所做的研究发现，产业聚集的效应在 2004 年以前主宰着劳动密集型产业的区域配置，而且更多地集中在东部地区。但自 2004 年以来，该效应逐渐下降，企业的综合经营成本和要素成本的上升，逐渐成为影响产业配置的重要因素，表现为制造业特别是劳动密集型产业向中西部地区转移的趋势。[③]

自 2004 年中国经济经历"刘易斯转折点"以来，这种劳动密集型产业从东部地区向中西部地区（主要是中部地区）的转移就开始了。例如，东部地区在全国劳动密集型制造业中的产值比重，从 2004 年的最高点 88.9% 下降到 2008 年的 84.7%，每年下降超过 1 个百分点（见图 2）。由于数据可得性的限制，我们只能看到"刘易斯转折点"之后短短 4 年的变化，而实际上可以预料的是，2008 年之后这种产业转移不仅在继续，而且很可能已大大加快。

① 由于经济增长速度可能减缓，达到 12000 美元的时间也可能稍晚一些，但是，2020 年中国的人均 GDP 必然会落在 6000~12000 美元。

② 突破以往只对劳动力就业按照年度进行分类的局限，把农村劳动力在不同经济活动中的劳动投入，以月进行划分发现，我国务农劳动力总数仅为 1.92 亿人，即官方统计把农业劳动力总数高估了 1 亿多人，高估比例为 54.5%。参见都阳，王美艳. 中国的就业总量与就业结构：重新估计与讨论 [M]//蔡昉. 中国人口与劳动问题报告 NO.12——"十二五"时期挑战：人口、就业和收入分配. 北京：社会科学文献出版社，2011.

③ Yue Qu, Fang Cai and Xiaobo Zhang. Have the "Flying Geese" in Industrial Transformation Occurred in China? [M]//Huw McKay and Ligang Song（eds）. Rebalancing and Sustaining Growth in China. Canberra：The Australian National University E Press and Beijing：Social Sciences Academic Press（China），2012.

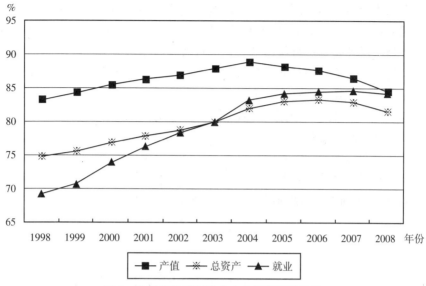

图 2　劳动密集型制造业在东部地区的比重

资料来源：作者根据全国制造业企业调查数据计算。

三、"创造性毁灭"机制

全要素生产率在生产函数中表现为一个残差，其中分离出资源重新配置效率部分所余下的，就是全要素生产率中的微观生产效率。能够提高企业微观生产效率的因素众多，如许多与体制、管理和技术创新相关的因素，总而言之，一切由创意和创新带来的效率改进，通常体现在全要素生产率的微观生产效率部分。从计量经济学的角度看，如果仅仅把产业结构升级变化作为资源重新配置效率的度量指标，则产业内部的资源重新配置，即最富有效率的企业得以生存、发展，从而达到较大的规模，常常也可以包含在微观生产效率中。这个效率源泉如此重要，对美国的研究表明，制造业内部表现为企业进入、退出、扩张和萎缩的资源重新配置，对生产率提高的贡献率高达 30%~50%。[①]

对于早已实现工业化的发达国家，微观生产效率特别是其中技术进步带来的效率改进，是全要素生产率的主要形式。这是因为在这些国家，体制是相对稳定和成熟的，甚至

---

① 参见 Lucia Foster, John Haltiwanger and Chad Syverson. Reallocation, Firm Turnover, and Efficiency: Selection on Productivity or Profitability? [J]. The American Economic Review, 2008, 98 (1): 394 –425; Lucia Foster, John Haltiwanger and C.J.Krizan. Aggregate Productivity Growth: Lessons from Microeconomic Evidence [M]//Charles R.Hulten, Edwin R.Dean and Michael J.Harper (eds). New Developments in Productivity Analysis. Chicago and London: University of Chicago Press, 2001.

可以在理论上认为是给定的；同时，总体上说，这样的国家与其他国家相比不再有显著的技术差距，因而没有后发优势可供利用。因此，对大多数发达国家来说，由于稳态经济增长率较低，其经济增长是艰难且缓慢的，最终取决于技术进步的速度。凡是不能做到依靠科技创新、实现生产可能性边界向外扩展的国家，就不能保持适当的增长速度。

日本是一个未能成功实现这一转型的经典例子。在20世纪90年代"人口红利"消失的同时，日本成为一个高收入国家，经济增长不能再依靠缩小技术差距的后发优势。但是，对于这种发展阶段的变化导致生产要素禀赋结构的变化，日本经济做出的反应是投入更多的物质资本（即资本深化），与此同时，在全要素生产率上的表现却不尽如人意。最终的结果则是，在日本经济平均劳动生产率的增长中，资本深化的贡献率从1985~1991年的51%，大幅度提高到1991~2000年的94%，而同期全要素生产率的贡献率则从37%下落到-15%（见图3）。

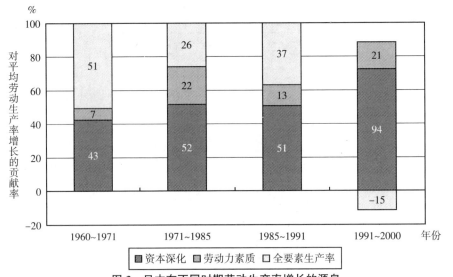

图3　日本在不同时期劳动生产率增长的源泉

资料来源：Asian Productivity Organization. APO Productivity Databook 2008 ［M］. Tokyo：The Asian Productivity Organization，2008：23.

日本经济学家林文夫和美国经济学家普雷斯科特的研究表明，造成日本经济自20世纪90年代以来徘徊不前的原因，并非由于资本市场未能帮助企业获得盈利性投资所需的资金，而归根结底是全要素生产率表现不佳。全要素生产率表现不佳的原因是，政府对低效率企业和衰落的产业进行补贴。这造成了低效率企业甚至"僵尸企业"的产出份额过高，而有利于提高生产率的投资相应减少。[①]

---

① Fumio Hayashi and Edward C.Prescott. The 1990s in Japan：A Lost Decade ［J］. Review of Economic Dynamics，2002，5（1）：206-235.

正如中国古代哲学所说的那样，"不破不立，不塞不流，不止不行"，如果没有一个"创造性毁灭"的环境，让缺乏效率的企业消亡，让有效率的企业生存和发展，就无法使全要素生产率，特别是微观生产效率在经济增长中起支配作用，在更接近新古典增长的环境下，就无法实现可持续的经济增长。

笔者对于"未富先老"特征给中国经济增长模式转变带来的特殊挑战问题，已经进行了诸多讨论。① 但是，值得指出的是，这一特征同时也将给中国经济增长模式的转变赢得时间。那就是，中国在科技发展水平上与发达国家尚有巨大差距，资源配置的市场体制和制度也不尽成熟，存在着各种扭曲。这些都意味着，中国的经济发展仍然握有后发优势，在体制改革、管理效率提高、新技术应用等诸多领域中，仍有大量低垂的果子可供收获，以显著改善微观生产效率。在高速经济增长时期，中国全要素生产率的主要来源是，通过劳动力在部门和地区间转移，而获得资源重新配置效率，在新的经济发展阶段上，微观生产效率须成为全要素生产率提高的更重要来源。

中共十八大报告指出，坚持走中国特色社会主义的自主创新道路，必须把科技创新"摆在国家发展全局的核心位置"，"实施创新驱动发展战略"，"更加注重协同创新"，"加快建设国家创新体系，着力构建以企业为主体、市场为导向、产学研相结合的技术创新体系"，"实施国家科技重大专项，突破重大技术瓶颈"，"强化基础研究、前沿技术研究、社会公益技术研究，提高科学研究水平和成果转化能力，抢占科技发展战略制高点"。② 为此，营造和形成"创造性毁灭"的政策环境显得格外迫切。

四、谨防政策扭曲

如果说保持全要素生产率的增长，是任何国家通过自身的持续经济增长，最终跨入高收入阶段的必由之路，那么这个任务对所有国家来说，都是最富有挑战性的，实践起来十分艰难。在一些国家，提高并保持全要素生产率的增长，甚至成为"不可能的任务"。事实上，在提高全要素生产率的任务变得愈加紧迫时，往往也最容易形成对其不利的政策倾向。由此便可以解答，为什么许多国家的经济增长提前减速，处于中等收入水平的国家长期不能摆脱"中等收入陷阱"的困扰，以及日本在高收入水平上陷入经济停滞等谜题。

对中国来说，提高全要素生产率更加富有挑战性。在"刘易斯转折点"到来之后，以及"人口红利"消失之际，无论在人们关于进一步发展的认识上，还是在应对新挑战的政策倾向上，或者在经济发展的实践中，都出现了潜在的不利于全要素生产率提高的趋势。

① 蔡昉. 未富先老与中国经济增长的可持续性 [J]. 国际经济评论，2012（1）.

② 胡锦涛. 坚定不移沿着中国特色社会主义道路前进　为全面建成小康社会而奋斗——在中国共产党第十八次全国代表大会上的报告 [M]. 北京：人民出版社，2012：21-22.

例如，一项相关研究通过估计生产函数，把改革开放时期中国经济增长分解为资本、劳动、人力资本、抚养比（"人口红利"）和全要素生产率 5 种贡献率（见图 4），从中可以看到，全要素生产率的贡献率有降低的趋势。我们可以从资源重新配置效率和微观生产效率这两个全要素生产率源泉，以及提高全要素生产率所需政策环境的建设方面，观察这种潜在的危险。

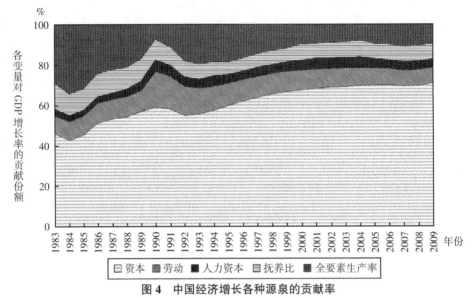

图 4　中国经济增长各种源泉的贡献率

资料来源：Fang Cai and Wen Zhao. When Demographic Dividend Disappears：Growth Sustainability of China ［M］// Masahiko Aoki and Jinglian Wu（eds）. The Chinese Economy：A New Transition. Basingstoke：Palgrave Macmillan, forthcoming.

旨在缩小区域发展差距的政府努力是必要的，推动落后地区赶超的产业政策也需要适度的超前。但是，这种区域发展战略终究不能背离地区的比较优势。我们用图 5 来说明这个原理。如图 5 所示，符合区域比较优势的产业布局，在理论上应该如 YX 这条直线所示，即经济相对落后的地区通常具有劳动力相对丰富的资源优势，因此其产业通常也应该是劳动密集型的，或者说资本密集程度比较低。与之相反，发达地区劳动力成本较高而资本相对充裕，产业结构应该具有较大的资本密集度和技术密集度。例如，就劳动力丰富程度为 y′ 的地区来说，与其资源禀赋相对应的产业应该是 x′。

在实施区域发展战略中，一方面，产业政策应该预见到比较优势的动态变化，因而在产业选择上可以适度超前；另一方面，着眼于改善落后地区基础设施的投资，也不可避免地在资本密集程度上要高一些。因此，资源禀赋与产业结构的关系显示出如曲线 YDX 所示的形状也是恰当的。例如，在劳动力丰裕程度仍然为 y′ 的情形下，与之匹配的产业可选择为 x″。但是，把握这个适度超前的分寸有很大的难度，一旦超过必要的和合理的幅度，例如产业配置到了曲线 YFX 的位置，则意味着对地区比较优势的背离。在图 5 中显示的与同一地区 y′ 相对应的产业资本密集度便为 x‴，对该地区而言，所配置的产业类型与其资

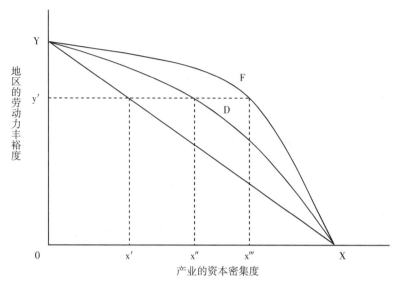

图5 地区比较优势与产业选择

源禀赋相比,资本密集程度无疑就过高了。那样的话,资源重新配置效率则无从获得。

以人均收入衡量的发展差距,本身隐含着一个资源禀赋结构上的差异,即发达地区具有相对丰富的资本要素,从而在资本密集型产业上具有比较优势;而相对不发达地区,则具有劳动力丰富和成本低的比较优势。东部、中部、西部地区之间存在的资源禀赋结构差异,无疑可以成为中西部地区经济赶超的机遇。然而,"刘易斯转折点"到来后在中国出现的中西部地区工业化的赶超趋势,因其与普遍认为的中西部地区的比较优势不相符,存在着不可持续性。

衡量中西部地区制造业资本密集程度的具体指标,就是资本劳动比。这一比率在2000年以后呈迅速上升的趋势,增长速度大大快于沿海地区,而且经过2003年和2004年的快速攀升,资本密集化的绝对水平已经高于沿海地区。例如,2007年制造业的资本劳动比,中部地区和西部地区分别比东部地区高20.1%和25.9%。[①]也就是说,中西部地区制造业变得更加呈资本密集型,重化工业化程度更高了。由于中西部地区的新投资采用了比较先进的技术和工艺,在一定时期和一定限度内,有利于全要素生产率和劳动生产率的提高,提高速度也快于工资水平的上升,因此,在一定时期内还有利于降低单位劳动力成本。[②]但是,随着"人口红利"的消失,资本密集程度的进一步提高则会遇到报酬递减现象。

---

① 蔡昉,王美艳,曲玥. 中国工业重新配置与劳动力流动趋势 [J]. 中国工业经济,2009(8).
② 这方面的两项研究可参见 Fang Cai, Dewen Wang and Yue Qu. Flying Geese within Borders: How Does China Sustain Its Labour-Intensive Industries [M] //Ross Garnaut, Ligang Song and Wing Thye Woo (eds). China's New Place in a World in Crisis: Economic, Geopolitical and Environmental Dimensions. Canberra: The Australian National University E Press, Washington, D.C.: Brookings Institution Press and Beijing: Social Sciences Academic Press (China), 2009: 209-232.

政府主导型经济增长模式的继续，不利于"创造性毁灭"机制的形成，妨碍全要素生产率的提高。目前，政府主导的经济增长主要表现为政府投资比重过高，相应地，中小企业遇到进入障碍以及其他发展条件如融资方面的歧视对待。2010 年，在全部城镇固定资产投资总额中，国有及国有控股单位占比为 42.3%；在规模以上工业企业中，国有及国有控股企业的资产总值比重为 41.8%，它们的总产值比重为 26.6%，利润比重为 27.8%，主营业务税收及附加比重为 71.7%，就业比重为 19.2%。[①]

除了自身的规模经济因素外，一些国有企业的垄断地位往往倚仗行政保护获得，虽然企业效率低下却因行政保护而盈利。这会妨碍企业效率的提高，从而影响整体经济的健康程度。政府如果出于对产值、税收、就业稳定性及社会稳定的考虑，不情愿做出让低效率的大型国有企业退出经营的决策，结果必然产生对新技术应用的阻碍。

在中国目前的发展阶段上，可持续性的要求使加快技术进步、尽快把企业发展和经济增长转到技术进步等效率驱动轨道上具有紧迫性。无论在中国的整个经济层面还是在企业层面，新技术并不是制约因素，至关重要的是采用新技术的激励机制和技术选择的适宜性。有经济学家认为，世界已有的经验、创意、科学知识等存量，是每个国家、每个企业都可以获得的，因此，这不是造成全要素生产率差异的原因。[②] 而企业若长期处于行政保护下，则会出现技术应用的激励不足以及技术选择不当等问题。这两个问题又是互相关联的，因为缺乏技术应用的激励，也就意味着缺乏合理选择适宜技术的激励。

我们用图 6 来说明。在各种技术已经存在的情况下，技术的应用主要是寻找、购买、借鉴、适应性创新的问题。然而，企业是否使用新技术，以及在何种程度上使用这些新技术，取决于使用新技术的边际成本和边际收益的比较。也就是说，企业是按照使用新技术的总收益最大的原则做出决策的。如图 6 所示，MR 表示的边际收益具有递减的性质，而MC 表示的边际成本具有递增的性质，均衡的技术选择通常表现在两条曲线的交点上，即在图中的 e 点上，企业会做出 t 的技术选择。

在易获得廉价的资金、土地和自然资源，以及依靠限制竞争而经营的情况下，那些受行政保护的国有企业倾向于不使用更加有效率的新技术，或者扭曲新技术采用的决策原则，选择不适宜的技术应用，形成低效率的企业技术构成。这意味着图 6 中边际成本曲线向左上方的移动，或者边际收益曲线向左下方的移动，或者两者同时发生，使新技术的使用不能达到最佳的水平。即技术选择不是在 t 的水平上，而是在 t′甚或 t″的水平上。

其结果必然是，在剔除因行政保护而盈利的因素后，那些长期受保护的国有经济的低效率会显著地显现。例如，国外一项对中国企业的比较研究表明，私人企业的平均资本回报率比全资国有企业高出 50% 以上。[③] 国外的另一项研究显示，1978~2007 年，使用官方数

① 参见中华人民共和国国家统计局. 中国统计年鉴（2012）[M]. 北京：中国统计出版社，2012.

② 参见斯蒂芬·L. 帕伦特，爱德华·C. 普雷斯科特. 通向富有的屏障 [M]. 苏军译. 北京：中国人民大学出版社，2010.

③ D. Dollar and Shang-Jin Wei. Das（Wasted）Kapital：Firm Ownership and Investment Efficiency in China [R]. NBER Working Paper, No. 13103, 2007.

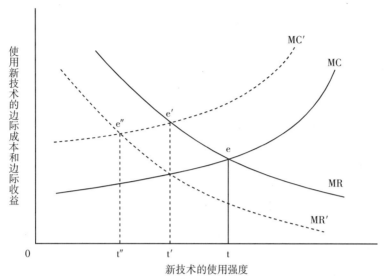

图6 垄断如何妨碍适用技术的应用

据计算的国有部门全要素生产率，年平均增长率为 1.36%，非国有部门则为 4.74%，前者仅相当于后者的 28.7%。[①]

受行政保护的国有企业的存在，会同时妨碍通过企业的进入和退出形成优胜劣汰机制，因而难以具有产业内资源重新配置的效率，在这一情况下，整体经济的全要素生产率表现必然欠佳。例如，一项计量经济学研究发现，由于存在资源重新配置障碍，导致中国工业企业资源配置不当，部门内企业间的资本和劳动的边际生产力差异巨大。该模拟研究表明，如果中国工业企业之间的要素边际生产力差异缩小到美国的水平，则中国工业的全要素生产率可以提高 30%~50%。[②]

中共十八大报告指出，"经济体制改革的核心问题是处理好政府和市场的关系，必须更加尊重市场规律，更好发挥政府作用"。[③] 要在坚持公有制为主体的前提下，深化国有企业改革，完善各类国有资产管理体制，增强国有经济的活力、控制力和影响力；同时鼓励和引导非公有制经济的发展，"保证各种所有制经济依法平等使用生产要素、公平参与市场竞争、同等受到法律保护"。[④]

---

① L. Brandt and Xiaodong Zhu. Accounting for China's Growth [R]. Working Paper, No.395, Department of Economics, University of Toronto, Table A1, February 2010.

② Chang-Tai Hsieh and Peter J. Klenow. Misallocation and Manufacturing TFP in China and India [J]. The Quarterly Journal of Economics, 2009, CXXIV（4）：1403-1448.

③④ 胡锦涛. 坚定不移沿着中国特色社会主义道路前进 为全面建成小康社会而奋斗——在中国共产党第十八次全国代表大会上的报告 [M]. 北京：人民出版社，2012：20，21.

五、结　语

自从索洛奠定了新古典增长理论的基石，全要素生产率对于打破资本报酬递减，从而保持经济可持续增长的决定性作用被广为接受，并且得到越来越多经验研究的支持。例如，经济学家所做的此类研究已分别证明，全要素生产率可以解释国家之间在人均收入水平上的差别、苏联等计划经济的崩溃、日本经济"失去的 10 年"，以及许多高速增长国家减速的原因。[①] 毋庸置疑，全要素生产率也必然是一个重要的因素，可以用来解释为什么一些国家陷入了"中等收入陷阱"，一些国家面临着"中等收入陷阱"的挑战，而另一些国家可以避免或者摆脱了"中等收入陷阱"的困扰。

美国经济学家保罗·罗默在为中国制订和实施"十二五"规划提供建议时，不无针对性地提出，中央政府应该改变用 GDP 考核地方政府在促进经济发展方面的政绩的做法，代之以全要素生产率的改善进行相应的考核和评价，特别是建议把整个经济分解为若干部分，进行全要素生产率的统计和核算。[②] 从理论上说，既然中国的地方政府不仅有着推动地方经济发展的强烈动机，而且在执行中央的经济和社会发展目标要求时，有强大的力度和良好的效果，因此，这个建议就激励和引导地方政府转向更加可持续的经济增长模式来说，无疑是十分有益的。

从历史上看，新加坡的经验也证明，政府是否认识到全要素生产率的重要性以及改善途径，对于经济增长方式转变并非无足轻重。在经历了扬和克鲁格曼等对新加坡增长奇迹的质疑和批评，以及经济学家关于东亚经济增长模式和全要素生产率表现的大争论之后，新加坡政府尽管并不认可经济学家对其增长模式的批评，但采取了"宁可信其有"的正确态度，特别是更加认识到全要素生产率对于经济可持续增长的重要性，因此设下了全要素生产率每年提高 2% 的目标。[③] 或许也正是因为如此，新加坡的经济发展最终没有让那些经济学家的预言成为现实。

无论就农业与非农产业之间的资源重新配置效率来说，还是就工业部门内部和企业内部的微观生产效率来说，中国仍然有提高全要素生产率的巨大空间。不过，显著提高全要素生产率的确需要一系列人力资本条件和制度环境。显然，这些因素以及相应的改革，应该是一个独立的研究课题。

---

① 这类研究中最具有代表性的重要文献包括：斯蒂芬·L. 帕伦特、爱德华·C. 普雷斯科特的《通向富有的屏障》；Paul Krugman 的"The Myth of Asia's Miracle"；Fumio Hayashi 和 Edward C. Prescott 的"The 1990s in Japan：A Lost Decade"；Barry Eichengreen，Donghyun Park 和 Kwanho Shin 的"When Fast Growing Economies Slow Down：International Evidence and Implications for China"。

② 参见保罗·罗默. 中国新增长模式最优化探析［M］//林重庚，迈克尔·斯宾塞. 中国经济中长期发展和转型——国际视角的思考与建议. 余江等译. 北京：中信出版社，2011：572-587.

③ 参见 Jesus Felipe 的"Total Factor Productivity Growth in East Asia：A Critical Survey"。

How Can Chinese Economy Achieve the Transition toward Total Factor Productivity Growth?

Cai Fang

Abstract: With the arrival of the "Lewis turning point" characterized by labor shortage and wage increase, and with the disappearance of "demographic dividend" as reflected in a halt in the decline of dependency ratio, Chinese economy has entered into a transition from the phase of dualistic economy to that of neo-classical growth. During the transition, the phenomenon of decreasing returns to capital begins to appear, and the large-scale investment guided by the government becomes unsustainable to maintain the economic growth rate. Our study from the perspectives of economic growth theory, international experience and Chinese realities reveals that China should make necessary policy adjustments to develop a domestic "flying geese" model and nurture a "creative destruction" policy environment to obtain efficiency in resource reallocation, and should gain a higher efficiency from technological advance and institutional improvement to promote the transition of Chinese economy towards a growth model sustained by total factor productivity.

稳增长与调结构面临的问题 *

吕 政

(中国社会科学院学部委员、经济学部副主任，北京 100732)

【摘 要】中国经济发展条件出现了重要变化，经济增长趋势将从高速增长转向中速增长。要实现经济稳定增长，必须保持适度的固定资产投资规模和扩大国内需求。结构调整既要继续发挥比较优势，更要增强竞争优势。在积极发展战略性新兴产业的同时，更要立足现有产业，瞄准与工业发达国家的差距，在技术密集型产业领域缩小差距。服务业的发展主要取决于经济发展阶段的客观条件，也受政策环境的制约。解决城乡二元经济结构问题的关键是使从农村转移出来的劳动力在城镇有稳定的就业机会并被纳入城镇社会保障体系。

【关键词】经济增长；结构调整

经过 30 多年的发展，中国经济增长趋势出现了新的变化，GDP 增长率将从 10% 左右转向 7%~8% 的中速增长，工业增加值将从 16% 以上的高速增长转向 10% 左右的较快增长。经济发展条件的变化决定了今后继续保持过去 10 年的高速增长是不可能的。企业、政府以及社会的各个方面都需要调整对未来经济增长的预期，解决经济发展过程中的突出矛盾，探索在经济增长速度趋缓之后的应对办法。

一、固定资产投资规模与结构问题

保持适度的固定资产投资规模仍然是推动经济增长的重要动力。2002~2011 年的 10 年间，中国每年积累率平均在 43% 以上，2006 年以来超过了 45%。这是过去 10 年中国经济，特别是能源原材料等重化工业持续高速增长的主要原因。从积极的方面考察，较高的

---

* 本文选自《经济与管理研究》2013 年第 1 期。

积累率扩大了工业生产能力，加快了城镇化的进程，加强了基础设施建设，增加了政府财政收入，增强了国家的综合实力。然而积累率过高带来的问题也很突出，比如抑制了城乡居民的消费规模和水平，带动了重化工业生产能力的过度扩张，抬高了土地等资源性产品的价格和制造业的生产成本。如何在降低积累率、提高消费率的同时，保持适当的积累率是宏观经济决策和调控必须解决的问题。

按照一般经济规律，经济增长率等于积累率除以投入产出系数。由于投资的有机构成的提高，中国投入产出系数从 20 世纪 90 年代中期以前的 3 左右上升到过去 10 年平均的 5 左右。在积累率接近 50%的情况下，中国经济增长率也在 10%左右。实际的经济增长率与理论增长率基本一致。这一经验数字表明，到 2020 年要实现经济总量比 2010 年翻一番的目标，经济年均增长率应保持在 7%~8%的水平，积累率也应当保持在 36%~40%。固定资产投资的增长速度按不变价格计算，应当保持在 18%左右。

在固定资产投资规模持续增长的同时，必须把握好投资方向和优化投资结构。由于过去 10 年间工业生产能力的迅速扩张，中国目前除清洁能源和高附加值产品外，大多数工业行业的生产能力已相对过剩。继续扩大一般制造业的生产能力，将遇到市场需求约束的限制。在基础设施建设中，高速公路建设进入后期，高速铁路建设虽然处于高峰期，但受到融资体制未来盈利和偿还贷款能力的制约，港口建设也进入低增长的阶段；城市公共基础设施建设还有广阔的投资空间，但大多属于非盈利性质的投入，其规模和速度取决于地方政府的投融资能力。因此，固定资产投资方向和结构，首先要着眼于增强经济发展后劲，着眼于促进产业升级，着眼于增强创造财富能力的领域。尤其要增强企业积累能力，增加对企业技术创新和技术改造的投入，使经济的可持续增长奠定在新的生产力基础上。必须摒弃城市扩张、拆迁，建设形象工程和标志性建筑，举办运动会、博览会等运动式、跃进式、突击式的固定资产投资模式。

二、扩大国内消费需求问题

社会扩大再生产理论揭示的经济规律是，生产决定消费，但消费也反过来决定生产。如果消费被限制在狭小的范围内，商品难以通过流通和分配环节进入消费，就会出现生产能力过剩，并将导致企业减产、停工甚至倒闭。正如马克思所指出的，商品卖不出去，摔碎的不是商品而是商品生产者。因此，追求经济增长必须改变重生产能力扩张、轻消费市场开拓的思想，遵循社会扩大再生产的经济规律，充分认识扩大国内需求对实现经济持续增长的战略意义。

调节收入分配关系。分配结构不合理，这是制约需求增长的重要因素。调节收入分配差距，提高中低收入群体的收入水平，是扩大消费需求的前提条件。调节的重点是国民收入初次分配：一是国家与企业的分配关系，继续实行结构性减税政策，特别是对小型和微型企业的减税，提高企业在国民收入初次分配中所得的比例；二是调节资本与劳动者之间的分配关系；三是抑制垄断行业的过高收入，缩小行业收入差距。

农民货币收入低是有效需求不足的主要原因。2011年中国9亿农民的纯收入为人均6977元，其中现金收入占全年纯收入的50%，为3488.5元。即使9亿农民当年的现金收入全部用于购买消费品，也只有31396亿元，仅相当于当年全社会消费品零售总额21万亿元的15%。因此，提高农民收入水平，是扩大居民消费需求的突出难点。

另外，改善消费环境就是规范生产经营主体的市场行为，健全流通秩序，形成合理的价格体系和定价机制，保证消费者能够方便、放心地买到质量合格、价格合理、物有所值的商品和服务。

降低流通费用，保持价格基本稳定。价格高低是影响消费的最直接因素。生产成本、流通成本以及市场供求关系决定商品价格。降低流通费用的途径是：优化生产力布局，减少不合理运输；理顺铁路、公路运输收费标准和机制；调整物流业的产业组织，建设社会化的现代物流体系，减少流通环节，避免层层加价；调整商业、服务业税费；规范和降低零售商业的场租费用。

三、保持劳动力成本低的比较优势问题

进入21世纪以来，中国劳动力成本逐年上升。沿海地区制造业企业工人的平均月工资已经由2000年的800~1000元上升到目前的2500元左右。按照汇率换算，由10年前相当于美国制造业平均工资的9%上升到2012年的15%左右。

中国劳动力工资水平上升是必然趋势。原因有几个：一是持续30年的计划生育政策，使中国人口总量已进入低增长时期，城乡青壮年劳动力的比例在下降，劳动力供求关系正在发生变化；二是农村政策的调整，农民收入的提高，不外出务工的农民在当地非正规就业的机会和收入水平都在增加；三是社会必要劳动费用上升，即购买家庭必需生活资料的费用支出和用于子女教育的费用逐年上升。在这一背景下，企业继续维持过低的工资水平，将难以保证劳动力的供给。因此，中国劳动力成本便宜的比较优势正在发生变化，劳动密集型产业的比较优势将逐渐削弱。这是日本、韩国，以及中国台湾、中国香港等地区工业发展过程中都曾出现过的现象。

如何应对劳动力成本上升的问题，一种主张是调整计划生育政策，以延长"人口红利"对经济增长的推动力。对计划生育政策实行微调是必要的，但必须看到中国现阶段和今后较长一个时期的主要矛盾仍然是人口多与资源供给不足、环境保护压力大的矛盾。到2030年中国人口顶峰预计达到14.5亿人，其中劳动年龄人口仍然超过7亿人。不能离开技术进步、产业结构调整和劳动生产率提高来讨论人口政策。按现行汇率换算，中国工业增加值略高于美国、日本和德国，但美国制造业的劳动力总数为2100万人，日本为2000

万人，德国为 1900 万人，中国超过 1 亿人，是它们的 5 倍以上。这说明中国工业结构在国际分工体系中以附加价值低的产业为主。推进产业结构升级、提高劳动生产率是解决劳动力成本上升的根本出路。

另外，与发达国家之间的产业结构互补性并没有出现根本性的变化，发达国家的再工业化也不可能重新恢复劳动密集型产业。与发展中国家相比，中国工业的配套体系、产业链的完整性，能源和交通运输等基础设施条件是工资更低的发展中国家现阶段还难以达到的。因此，从客观条件看，中国在未来 10 年或更长一个时期，继续发挥劳动力成本相对较低的比较优势是必要的和可能的。政府应当创造有利于劳动密集型产业发展的体制、机制和政策条件，企业应当通过改善劳动组织、增强技术创新能力、提高劳动生产率、培育品牌等途径，化解劳动力成本上升的困难。

四、推进产业升级问题

产业升级包含两个方面的任务：一是对传统产业进行改造，提高传统产业的生产技术水平，推进传统产业产品的升级换代，提高产品附加值；二是以高新技术产业替代传统产业，提高战略性新兴产业在工业中的比重。

现阶段产业升级的重点，首先是推进现有产业的技术和产品的升级，找准与美国、德国、日本等工业先进国家的差距，实现技术赶超。在钢铁工业、有色金属工业、非金属材料工业、石油化学工业、高性能和智能化机械装备制造业、高速铁路装备制造业、精密仪器制造业、电子通信设备制造业、精细化工制造业、新药研发和生产等高附加值产业领域缩小与发达国家的差距，并显著增强参与国际竞争的能力，依靠产业升级改善国际贸易条件。

在与日本、韩国等国家和地区之间的进出口贸易中，中国每年有 2000 多亿美元的贸易逆差。中国的出口以劳动密集型产品和农副产品为主，进口以高附加值的机械、电子和精细化工产品为主。在这些行业，如果国内的生产技术水平和产品性能能够达到工业先进国家和地区的水平，减少对进口的依赖，贸易逆差就会显著缩小，国际贸易条件将不会因劳动密集型产品出口竞争力下降而恶化。例如，目前中国进口一架波音中型客机需要 1.05 亿美元。中国服装产品出口的平均单价为 3.5 美元，要出口 3000 万件衬衫才能买一架波音中型客机。生产 3000 万件衬衫要 1 万名工人工作 1 年，同时还需要 4200 万米的服装面料。在纺织服装行业工人工资和能源原材料成本继续上升的情况下，企业的利润不断下降甚至出现亏损。要改变在国际分工体系中的这种局面，出路有两个：一是纺织服装行业在提高出口产品品质和培育自主品牌的基础上提高出口单价；二是实现国产民用干线飞机从研发到批量生产的突破，逐步减少民用干线飞机的进口。

战略性新兴产业是对未来经济发展、产业结构升级和提高国际竞争力有全局性影响的产业。战略性新兴产业的特点是：技术密集，以技术创新为支撑，产品附加价值高，产业关联度高，带动性强，技术渗透性强。发展战略性新兴产业需要在以下 10 个方面创造条件：①对未来科技进步方向做出准确判断；②依靠自主研发获得关键的技术；③具有将科技创新成果工程化、产业化和市场化的动力和能力；④具有先进制造业的配套能力；⑤政府的扶持力度与民间投资积极性；⑥核心龙头企业的技术集成能力；⑦专业化的中小企业配套体系；⑧以企业为主导的产学研结合的机制和组织方式；⑨高科技人才的凝聚力；⑩企业家追求创新发展的价值理念。

在一定意义上说，发展战略性新兴产业比神舟工程、登月工程、航母工程和建空间站还要难。因为发展战略性新兴产业不仅需要高新技术做支撑，更要把高新技术产业化、市场化和规模化，并具有参与国际竞争的能力。战略性新兴产业在起步阶段技术成熟度较低、市场不确定因素多，企业投资性现金流出多、经营性现金流入少，企业规模较小，抗市场风险能力、短期偿债能力差。发展战略性新兴产业需要国家财政、金融扶持和市场化的风险投资相结合，帮助新兴产业的初创企业完成技术成果研发、商业化，并最终形成具有市场竞争力的产业。

五、促进服务业的发展问题

中国服务业的增加值平均每年增长 10%左右，与国民经济增长速度基本同步。中国服务业在国民经济构成中约占 44%，比美国低 30 个百分点。这个比例反映了不同发展阶段的客观现实。服务业的发展有其客观规律，政府政策只能因势利导，而不应拔苗助长。

第一，服务业的发展规模和水平，首先取决于第一、第二产业的劳动生产率和增加值率的高低。在第一、第二产业投入产出效率较高的情况下，在第一、第二产业就业的人口及其家庭才有更高的支付能力去购买服务业提供的服务；第一、第二产业经济效益好，才能上缴更多的税收，使政府有更强的财政支出能力扩大公共服务建设，增加对第三产业的需求。总之，第一、第二产业的发展是服务业的物质基础。

第二，服务业的发展取决于城市化程度。1980~2011 年中国城镇化从 19%上升到 51.3%，服务业的比重也从 18%上升到 44%，两者基本上是同步的。人口的集聚是服务业实现其规模效应的基础，这也是北京、上海、广州等中心城市服务业比重高的主要原因。

第三，生产与生活方式的社会化分工和商品化程度决定了服务业的发展程度。当广大农村的几亿农民仍然在许多方面保持自给自足的生产和生活方式的时候，服务业发展必然要受到制约。所以，促进第三产业的发展，途径是提高第一、第二产业的效率，加快城镇化的进程，提高社会化分工的程度。

第四，取决于政府政策。城市管理要有利于扩大就业，为各种层次服务业的发展创造条件。政府应建立公平、规范、透明的市场准入标准，探索适合新型服务业态发展的市场管理办法,调整税费和土地、水、电等要素价格政策,制止滥收费,营造有利于服务业发展的政策和体制环境。必须处理好市场监管与增强市场活力的关系,不应当为了城市形象而限制个体工商户自谋职业的机会和空间。

六、城乡二元经济结构问题

改革开放以来,党和政府调整了传统工业化限制农业劳动力流动的政策,加快了农村非农产业的发展,促进了农业劳动力向非农产业和城镇的转移。中国城镇化的进程显著加快,有2亿多农村劳动力转移到城镇,目前城镇人口已超过农村人口。但是农民向城镇和非农产业的转移仍然是不稳定的。城镇化滞后于工业化,城乡二元经济结构问题十分突出。

1. 中国农业劳动力转移的特点

20世纪80年代到90年代中期,农村劳动力转移主要依靠兴办乡镇企业吸收剩余农业劳动力,其特点是离土不离乡。实践证明,分散的乡镇企业不符合现代工业发展的要求。20世纪90年代中期以后,大批乡镇企业停产倒闭,或向县及县以上的中心城市搬迁和集中。

20世纪90年代中期以来,农村劳动力转移的特点是离乡但不离土,农村还有家产、土地和妻儿。转移出来的2亿多农民,并没有真正融入城市,大多是游离于乡村与城市、农业和非农产业之间的群体。他们在城市没有长期稳定的工作岗位,没有像样的住房,没有被纳入城市教育、医疗和社会保障体系。因此,把农民工统计为城镇人口不是真正意义上的城镇化。

2. 农民"穿衣戴帽"进城的利与弊

所谓"穿衣戴帽"进城,就是农业劳动力可以自由进入城市就业务工,但仍保留农村户籍,保留农村的承包田和宅基地。这样做的好处:一是进城农民还拥有农村的生产资料和生活资料,当其在城镇失去工作岗位或丧失劳动能力的时候,不至于成为完全失去生产资料的无产者,还能回到原籍,因此有利于在农业劳动力转移过程中保持社会稳定;二是城市用人单位可以压低农民工的工资,特别是工业企业,由于城乡两种不同的社会保障体系以及非农产业与种植业经济收益上的差距,使降低农民工工资和社会保障水平成为可能,这也是中国劳动力便宜的比较优势得以维持的体制性基础。

农民"穿衣戴帽"进城的弊端:一是继续维持城乡人口的二元结构,工业化与城镇化仍然不同步;二是降低了土地利用效益,宅基地难以集约利用,农村住宅空置,进城农民居无定所;三是增加了农村耕地流转的难度,土地规模化经营难以推进,继续保留小农经济生产方式;四是难以造就高素质的产业工人队伍。

3. 农村人口稳定转移和城镇化的条件

如何在保持社会稳定的前提下,实现工业化与城镇化的同步推进,这不仅是户籍制度问题，更难解决的是城镇稳定的就业机会和建立全覆盖的社会保障体系问题。促进农业人口向城镇转移的经济基础和制度安排，主要应解决两大难题：一是城镇非农产业的发展，保障农村剩余劳动力有稳定的就业机会；二是为进城务工农民建立与城镇户籍人口同等的社会保障体系。

4. 推进城乡一体化不能超越经济发展阶段

中国仍处于社会主义初级阶段，城乡差别将长期存在。在中国现阶段生产力发展水平和社会经济体制条件下，不可能实现城乡居民在就业、教育、医疗、养老、住房以及公共基础设施共享等领域的真正意义上的城乡一体化。城乡一体化必须量力而行，尤其要避免在城乡一体化的口号下占用基本农田。

此外，目前全国农村户口约22500万户。从农村到城镇务工的农民约23000万人。农村青壮年劳动力的转移意味着无人种田。出路是：在保持家庭土地承包权不变的前提下推进土地流转，实现规模化耕种；促进农业社会化生产和社会化服务体系建设；促进农业机械化；加强农田基础设施建设，改善农业生产条件；促进科学种田；继续坚持惠农政策。

The Problems Confronted by Stabilizing Economic Growth and Adjusting Economic Structure

Lv Zheng

(Economics Department, Chinese Academy of Social Science, Beijing 100732, China)

Abstract: China's economic development condition has changed so greatly that the tendency of economic growth has shifted from high-speed to mid-sbeed. To ensure steady and robust economic development, fix capital investment must be kept in a moderate degree, and domestic demand must be expanded effectively. Adjusting economic structure is not only based on comparative advantage, but also on strengthening competitive advantage. While energetically fostering strategic emerging industries, the big gap in the existing industries between China and the developed countries must be narrowed through benchmarking. The development of service mainly lies in the objective situation of the economic development, and is also restricted by the policy environment. The Key to solving the problem of the dual structural in urban and rural economy is that the work forces transferred from rural areas have steady employment opportunities and be covered by the social security system.

Key words: Economic growth; Structure adjusting

中国汽车产业的自主创新
——探析"以市场换技术"战略失败的体制根源*

赵晓庆

（浙江大学管理科学与工程系，浙江杭州　310058）

【摘　要】中国汽车市场被国外品牌垄断，核心技术也被国外企业控制。那么，为什么中国的"以市场换技术"战略没有引导出汽车产业的自主创新？以中国汽车产业创新过程的案例分析为主，结合多案例比较分析，可知：①政府协调失败导致过度分散的产业组织结构和无序竞争，对企业形成过大的绩效压力，这是导致中国汽车企业放弃自主开发的基本原因。②中国汽车产业自主创新的失败源于缺乏产业创新体制：一是由于没有建立国家层面的科研院所，所以缺乏在政府战略协调下支持自主开发的科研体系；二是由于在20世纪80年代和90年代的大部分时间缺乏自由的市场进入的创新激励机制，所以更具创新意识的民营企业没有机会较早进入市场，并通过替代国有企业实现自主创新。

【关键词】中国汽车产业；以市场换技术；开放式自主开发战略；创新体制；创新政策

一、引论

2012 年，中国汽车产销量已经超过了 1900 万辆，成为世界上最大的汽车生产国，但如此巨大的产量和市场却未能孵化出强大的自主品牌，中国市场目前仍被国外品牌垄断，核心技术也仍被国外企业控制。

从 20 世纪 80 年代中期开始进行中外合资以后，中国汽车产业就逐渐放弃了自主开

* 本文选自《浙江大学学报（人文社会科学版）》2013 年第 43 卷第 3 期。
基金项目：国家社会科学基金资助项目（07&ZD022）。

发，主要依赖引进技术进行国外汽车品牌的组装生产。这样的结果完全违背了中国政府选择合资模式的初衷，中国政府的产业发展战略是以合资为手段，通过"以市场换技术"，引进国外先进技术，然后通过消化吸收，形成自主创新能力。但实际上，合资逐渐在汽车产业中泛滥，成为了中国汽车产业的主导力量，一直持续到现在，而作为目的的自主创新却没有实现。或者说，作为手段的合资（或 FDI），不仅没有引导出自主开发，反而"挤出"了自主创新。那么，合资生产一定会导致企业放弃自主开发和自主品牌吗？为什么同样以组装国外产品和合资开始的韩国汽车产业能够很快转换到自主开发，形成自主品牌为主的局面？同样进行合资生产的中国通信设备产业为什么能够坚持进行自主开发，从而形成强大的本土企业华为与中兴，并通过自主开发提出 3G 移动通信标准 TD-SCDMA？

对这些问题，许多学者进行了分析。Gallagher 认为，中国汽车产业从 1984~2000 年技术基本停滞，FDI 和合资模式对中国汽车产业的创新能力提高没有做出贡献，主要有三个原因：①国外企业只是把合资作为市场基地，作为它们实现利润最大化的生产基地，不认为自己有责任教授中方伙伴如何提高创新能力；②中国政府的汽车产业政策不稳定，缺乏连贯和明确的创新业绩目标，而韩国汽车产业的成功证明了协同连贯的发展战略是非常重要的；③中国企业在创新能力上缺乏投资积极性，表明它们的基本目标也是短期利润，如中国领先的上海汽车公司直到 2002 年才建立自己的研发中心。路风认为，中国汽车产业没有实现自主创新的原因是没有坚持引进技术与自主开发"两条腿走路"的方针，而深层次的原因是领导者与管理者缺乏抱负、勇气与进取精神，缺乏企业层次上的战略远见和国家层次上的政治决心。金履忠仔细分析了合资带来的不良后果，认为中国汽车产业有三条可供选择的发展道路：一是在原有基础上改进提高；二是引进资金购买技术；三是与跨国公司合资生产。遗憾的是第一条道路没有考虑；第二条道路天津夏利走通了，又不推广；于是与跨国公司的合资成为轿车工业的主流，而合资使中国汽车企业管理者丧失了不甘落后的骨气、为国争光的志气和敢于与跨国公司竞争的勇气。贾新光则认为，企业对合资的依赖源于政府的市场保护，政策保护使中国的汽车产业成为一个暴利行业，诱发了各种利益主体的寻租行为，弱化了企业的创新动机，导致产业发展与政策目标渐行渐远。学者们对中国汽车产业没有实现规模化发展的原因，分别从国内的产业协调失败及中国分散决策的行政体制和地方保护政策等方面进行了深入分析。在关于政府与市场机制对发展中国家技术发展的作用方面，人们逐渐认识到，起关键作用的不是自由市场竞争，而是被政府强化了的市场机制。这些学者从企业和国家产业发展战略、远见、政策、体制、文化等多方面进行了深入研究。但对于为什么中国汽车产业没有如韩国那样从国外品牌汽车组装开始很快转换到自主开发，没有令人信服的解释。对于为什么中国汽车产业没有如通信设备产业那样实行"以市场换技术"战略，并很快实现自主开发，培育出强大的民营企业，也无法解释。显然，中国汽车产业不是个别企业陷入合资依赖，而是整体如此，这就不是个别领导人或管理者的原因，而应该有更根本与内在的根源。

因此，探讨中国汽车产业发展战略为什么失败，在此过程中我国的创新政策和创新体制起到了什么样的作用，在发展中国家实现技术赶超的过程中政府与市场竞争分别起到什么作用，具有十分重要的意义。本文的目的就是通过对中国汽车产业的分析，对这些问题提供系统的阐释。本研究结合单案例分析和多案例比较的研究方法，进行探索性的问题求解和理论构建。选择中国汽车产业进行单案例分析，是因为汽车产业是"以市场换技术"创新战略失败的典型例子；而选择中国与韩国汽车产业，以及中国汽车产业与中国通信设备产业进行案例比较，是因为韩国汽车产业与中国通信设备产业是两个自主创新战略成功的典型例子。而将中国汽车产业与这两个产业进行比较，可以避免因国家不同和产业不同带来的偏差。但由于篇幅所限，本研究以单案例分析为主，多案例比较为辅，对韩国汽车产业和中国通信设备产业的创新发展过程，则不拟进行详细分析。本研究从多个来源搜集数据与资料，通过"三角验证"处理不同证据，提高研究信度和效度。本研究的数据主要是产业层面和国家政策层面的公共资料，包括相关研究书籍与论文、产业研究与调查报告、产业领导人回忆录与访谈录、新闻报道等。笔者也做了几次中国汽车企业管理人员的访谈，但因为研究的是过去几十年的产业历史，现在的访谈能够提供的信息较少，所以访谈仅作为公开资料的补充与验证。数据与资料分析采取定性的事实呈现与概念分析相结合的方法，从事实中寻找问题的理论解释和动态理论模型的构建方法。

二、合资企业放弃自主开发的原因

新中国成立后，在苏联的帮助下，中国建立了第一个汽车生产企业：第一汽车制造厂，生产出了解放牌卡车。随后，20世纪50~60年代，一汽开发并生产出东风牌轿车和红旗牌高级轿车，上海汽车厂开发生产出上海牌轿车，北京汽车厂开发生产出北京牌吉普车。到1978年改革开放时，中国虽然建立了一定规模的汽车产业，并具有一定的自主开发能力，但产业技术能力与规模都远远落后于当时的世界先进水平，这是中国在封闭状态下的低水平自主开发导致的结果。看到中国汽车产业的巨大差距，国家和汽车产业的领导人都非常着急，于是通过合资引进国外先进技术，"以市场换技术"的产业发展思想和战略逐渐形成。因此，中国就匆忙走上了汽车产业的合资之路。几十年来，关于汽车产业合资之路的争论从未停止，各种对中国政府与汽车产业领导人的批评也广为流传。今天回过头来看合资过程中的故事，我们应该看到，中国汽车产业的决策者和领导人其实都头脑清醒，立场坚定，满腔热情，希望就此建立起自主强大的中国汽车产业，但后来出现的市场丢了、核心技术没有换来、自主创新能力没有形成的局面是他们始料未及的。

1984年1月，第一家中外合资企业北京吉普汽车公司正式开业。当时汽车产业的主要领导人饶斌对北京吉普公司的第一要求是出新车，即通过散件组装（CKD和SKD），希望三年后开发出第二代轻型越野车，并将学到的技术与管理经验通过北汽传到全行业。1985年，李鹏总理在中国汽车行业规划会上强调指出：发展汽车工业不能总是生产人家的车，主要应通过引进国外技术，搞自制，发展民族汽车产业。1987年5月，在湖北十堰召开了"中国汽车工业发展战略研讨会",中国汽车产业领导人饶斌、耿昭杰、陈清泰等都清醒地提出:我国汽车工业应采取"自主开放型"的发展模式,既要抛弃"封闭型",也要避免"依赖性"。应该说,当时中国汽车产业的领导人对中国面临的状况有十分清醒的认识,对世界各国汽车产业发展的利弊也有深入了解,对中国汽车产业通过合资可能沦为国外技术依赖性产业的危险也有充分认识,也都希望通过合资中以我为主,坚持引进产品国产化和自主技术开发,避免走上依赖性的死路。但后来的产业发展却未能走向他们设想的"自主开放"之路,而是走向了开放依赖的死路。那么,中国汽车产业为什么没有实现"自主开放"的发展战略?哪些因素在阻碍这一发展战略的推进?是政策、体制,还是技术?

其实,合资之初的中国企业也希望利用合资外方的技术实力,在合资生产的同时,自主或者合作开发新产品。在北京汽车公司与美国 AMC 公司合资之初,中方就提出利用 AMC 公司产品 CJ 的总成与技术,联合开发北京汽车公司产品 BJ212 的二代产品。1984年 7 月,中方技术人员设计出一款模型车,希望与 AMC 共同开发。AMC 派专家来华对这款车进行了论证,一共找出了 200 多个问题,并认为这款车技术落后,在国际上没有市场。显然,AMC 对共同开发根本就没有兴趣,它们并不想帮助北京汽车公司解决这些问题,而是用这些问题来吓唬中方,以达到令中方放弃自主或联合开发新车的目的。AMC的吓唬起了作用,很快北京吉普公司的发展战略发生了重大转变,决定暂时停止新车开发,引进 AMC 的新型切诺基,从 CKD 组装开始,逐步实现国产化,最后达到开发新产品的目的。1985 年,中汽公司董事长饶斌提出,北京吉普公司三年完成切诺基全部零部件的国产化,然后进行自主开发。而 AMC 公司认为,中国汽车工业非常落后,至少需要 10 年时间才能基本完成国产化。的确,直到 1995 年,切诺基才实现 80%的国产化,但此后,切诺基的市场逐渐被其他合资汽车品牌蚕食,一直处于产销不足的状态。2000年以后,北汽又开始与韩国现代集团进行合资生产,新车开发就变得遥遥无期了。同样,上海大众的桑塔纳轿车的国产化也相当缓慢,到 1993 年才达到 82%。在此过程中,为了集中精力完成桑塔纳的国产化,几乎主宰了中国一个时代的上海牌轿车于 1991 年停产。

在北京吉普汽车公司和上海大众成立的同时,国务院某领导叫停了一汽的红旗轿车,这是因为红旗轿车质量问题严重,技术落后,该领导提出一汽近期不再发展高级轿车,应该搞经济型轿车。于是,在 1987 年的十堰会议上,一汽提出了轿车产业发展战略:引进国外技术,改造红旗轿车生产基地,形成中高级轿车的生产能力,同时与国外公司合资生产国外品牌轿车,以规模化生产的国产轿车和适当的保护政策挡住轿车进口。在 20 世纪 80 年代初,一汽就引进了克莱斯勒公司的 488 发动机生产线,他们的设想是再引进一条克莱斯勒公司旧的道奇 600 轿车生产线,在此基础上生产新一代经济型小红旗轿车;然后在克莱斯勒 C 系列高级轿车的基础上,完成对高级轿车大红旗的改造升级。显然,这是一条集成国外先进技术为我所用的开放自主型发展战略。但后来事情发生了变化,1988 年,一汽转而与德国大众公司合资生产奥迪 100 高级轿车。到 1996 年,一汽奥迪的国产化率达到 90%,同年,以奥迪 100 车型为基础搭载克莱斯勒 488 发动机的小红旗下线。十几年后，红旗品牌再次亮相，但为时已晚，已无法挡住国外品牌汹涌进入的大潮，小红旗也就很快被放弃了。2005年，一汽展出了红旗HQD（后改名为HQE）概念车，希望以此为基础，开发出新一代红旗高级轿车。而同时，一汽又启动了红旗C601项目，这个项目是在奥迪A6的C5平台上，开发全新造型的红旗轿车。经过三轮样车开发，C601项目在2008年6月被叫停，一个猜测是大众改变主意，不再愿意将此平台提供给一汽，这再次证明将开发自主品牌轿车寄托于外方合作伙伴的战略行不通。经过不同项目来来回回的折腾，2007年，一汽才真正开始红旗HQE的开发。HQE采用一汽自主开发的平台，搭载的V12发动机也是一汽自主开发的。2008年，红旗HQE开发成功，这是一汽在20世纪60年代开发成功经典的红旗CA770后，第一次通过正向开发流程开发成功的产品。这意味着一汽从1988年开始合资生产到产品自主开发完成，花费了20年时间。1965年开发的红旗CA770被国内外专家公认为是"东方艺术与汽车技术完美结合的典范"，但几十年的搁置使红旗轿车的基因和品位丧失殆尽。虽然红旗CA770被停产，但一汽设计人员在很长一段时间内仍坚持自主开发。1987年，他们在CA770的基础上开发出CA770D高级轿车，但没有获准生产。从1982年开始，一汽先后以日产280C车型、奔驰W123系列、道奇600、奥迪100C3车型、林肯Towncar、丰田皇冠Majesta为基础，开发红旗或小红旗轿车，但因谈判不成功或者开发成功后无法获得市场认可，均以失败告终。从一汽的合资与产品开发经历看，其领导人和技术人员不可谓不努力在国外先进技术的基础上进行自主开发，但为什么均以失败告终？难道是我国与国外先进技术水平差距太大，使我们不可能在短时期内消化先进技术，形成自主开发能力？而韩国汽车产业发展的经验告诉我们，技术的追赶没有想象中的困难。韩国现代汽车在开始组装汽车的几年后就开发出自主品牌轿车，并在20年后成为世界先进的汽车生产商。而中国汽车工业在合资20多年后，还以生产国外品牌车为主。

因此，中国众多汽车企业通过合资生产逐渐陷入依赖性发展的过程告诉我们，不是哪一个人的思想，或者哪一个企业的管理方式使之陷入依赖的境地，而是合资生产战略必然导致我国汽车产业市场换技术和自主开放式发展战略的失败。为什么会这样？应该说，合资之初，中国汽车产业领导人和各汽车企业员工对中国汽车产业发展战略与道路的设计相当理性，似乎是雄心、理性和现实的完美结合，为什么就不能实现？仔细分析上述中国汽车产业合资过程，可以发现，在合资之初，中国企业都有明确的产业发展战略，都有意识地让合资与自主开发成为相互促进的行为。但事与愿违的是，中国企业在合资外方的推托、批评、技术威胁等方式的打击下，认识到技术能力与国外企业的巨大差距，于是合资与自主开发并行的战略调整为先合资生产，然后进行零部件的国产化，最后实现自主开发的战略。一开始，中国汽车产业领导人的想法是通过三年到五年实现基本国产化，然后转换到自主开发。但实际上，国产化花了近10年才完成，而在此过程中，中国企业的自主开发能力已丧失殆尽。到2000年，当自主开发又被提上议事日程时，这些企业已不知自主开发为何物，只好在国外技术平台上拼凑出各种所谓的自主品牌。图1显示了中国企业如何逐步放弃自主开发，陷入依赖性产业的路径。

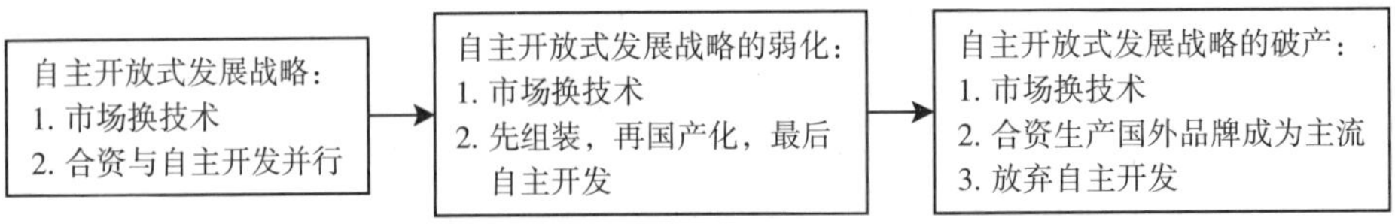

| 自主开放式发展战略： 1. 市场换技术 2. 合资与自主开发并行 | → | 自主开放式发展战略的弱化： 1. 市场换技术 2. 先组装，再国产化，最后 自主开发 | → | 自主开放式发展战略的破产： 1. 市场换技术 2. 合资生产国外品牌成为主流 3. 放弃自主开发 |

图 1　中国汽车产业发展战略的演变

为什么面对合资外方的阻挠和威胁，中国企业就不能坚持以我为主、自主开发的既定战略呢？著名的创新战略管理专家 Burgelman 在研究中发现，企业的正式战略和实际的战略行动有时会出现差异。企业的正式战略反映了企业高层管理者对过去与未来成功基础的认知，具有相对的稳定性，对环境变化不是很敏感。而战略行动受环境变化和企业短期绩效的影响很大，特别是企业中层和基层管理者会根据环境变化和短期绩效的要求，不断修正自己的行动，造成与正式战略的偏离。显然，上述分析与图 1 说明了中国汽车企业一旦开始合资生产，就会逐渐偏离既定的自主开放式发展战略，合资生产与国产化成为企业实际的战略行动。那么，中国汽车企业在合资后，战略行动为什么会偏离自主开放式战略？Burgelman 的理论表明，正式战略要发挥作用，必须有与其一致的组织流程与结构，而组织流程与结构主要由企业的资源分配流程和激励机制构成。同时，Christensen 和 Raynor 的研究表明，企业基层管理者和员工的行动主要受到资源分配流程和激励机制的引导和约束：资源流向哪里，员工的行动就向哪里聚集；组织激励机制以什么标准评价、奖励和提升，员工就会以什么方式行动。当组织流程、资源分配结构和激励机制与正式战略不一致时，战略行动就会在组织流程与激励机制的引导下偏离正式战略。因此，影响中国企业决策的约束条件是中国汽车产业的组织结构与激励机制，这些是导致中国汽车产业自主开放式战略破产的深层次原因。

中国轿车的产业组织结构最初（20 世纪 80 年代中期）是"三大"布局，即一汽的中高级轿车、上汽的中级车和二汽的微型车；后来变为"三大三小"布局，在"三大"后，加上"三小"：北京、天津和广州汽车公司；后来又变为"三大三小二微"，加上了兵工系统的长安和另一个生产微型汽车的企业；到 20 世纪 90 年代后期，又演变为"3+6"的产业格局，即三大汽车公司和六家中型汽车公司垄断的局面。但这些产业布局都是中国政府对汽车产业规模化发展的设想，实际这样的产业格局从未实现。从 20 世纪 80 年代开始，中国汽车产业就形成了"诸侯割据，群雄并起"的局面。到 2000 年，经过多次调整，中国还有 118 个整车企业和 1682 个零部件企业；到 2011 年，中国仍有 130 多家整车企业，前四家仅占销量的 62.9%。导致汽车产业规模化发展无法实现的原因是中国政府的产业管制部分失效，这是中国行政制度的分散决策模式和地方分权体制的必然结果。地方分权的体制使中央政府的监管限制难以执行，地方政府的投资与发展热情更是无法制止，导致汽车产业的分散和微型化。中国政府对国有汽车企业的考核机制和激励政策也是导致企业放弃自主开发、追求短期利润的一个原因。国有企业以经营业绩为主的考核指标，地方政府对企业产值和利税过高的期待，都是导致企业领导人追求任期内业绩的原因。同时，合资企业享受的各种优惠条件（如税收、土地使用）也远高于本土企业。在这些因素的共同作用下，理性的企业管理者就必然对自主开发从"不能"走向"不愿为"的依附式道路。

发展中国家经济发展的失败源于两种协调失败：一是协调新旧产业之间的资源配置，消除由技术与市场的不确定性导致的新兴产业投资不足；二是协调国内企业的投资行为，防止新兴产业的过度进入。因为相互协调的政策是产业实现自主创新的关键。发展中国家为了发展新兴产业，首先需要解决投资不足的问题，这是因为在发展之初，发展中国家在重工业和高科技产业领域没有比较优势，更没有竞争优势，无法与发达国家的企业竞争。因此，政府必须通过较高的关税、进口限制和资金支持，消除或减弱由技术与市场的不确定性导致的投资不足，保护国内新兴产业的发展，避免第一种协调失败。但由于政府进行市场保护和资金支持会产生相关产业的高额利润，因此会激励大量企业的进入，这样就无法形成规模经济效应，导致企业没有能力与意愿投资于创新行为，这就使第二种协调失败。韩国政府对汽车产业的两种协调都非常到位，不仅通过严格的进口限制和产业进入限制，使现代汽车等几家汽车企业迅速发展，形成规模经济，还通过"建设性的危机制造"，迫使企业加大出口力度，提升自主创新能力。与中国类似，韩国汽车产业也是在组装国外品牌汽车的基础上发展起来的。20世纪60年代，韩国大宇、起亚、现代等公司先后开始组装国外汽车，都通过合资或者向国外公司出售股份换取先进技术。1973年，韩国政府制定了汽车工业发展规划，扶持三家（大宇、起亚、现代）汽车企业发展国产轿车，并要求企业两年内开发出自主品牌轿车，生产能力达到5万辆，还规定了出口的期限与比例，由此制造出重大的企业危机。同时，政府制定了七项扶持自主开发和本土车型发展的政策，包括资金支持、税收优惠、进口限制、对组装国外品牌的限制和对市场进入的限制，这些支持与协调政策措施使危机成为对企业的建设性激励，诱发了企业的创新动力。因此，韩国汽车产业的成功告诉我们，合资不一定会引发自主开发的失败，关键是有一套协调一致的扶持与限制政策，激励企业从合资转换到自主开发。

与韩国相比，中国政府的汽车产业政策在进口限制和政策支持方面做得很好，避免了第一种协调失败。但第一种协调政策形成的市场保护致使中国的汽车产业成为一个暴利行业，诱发了各级地方政府和企业试图通过合资这条捷径挤进汽车产业，趁市场高速增长的机会发展地方经济和赚取利润。第二种协调的缺失使中国汽车企业无法成为事实上的市场垄断者，资源没有集中，合资的约束加剧了中国企业创新动力的丧失；另外，中国巨大的市场规模使中国政府没有对企业施加出口的压力，企业没有动力去开拓国际市场和尽快实现自主开发。当中国企业走上合资道路后，虽然它们最初都有自主开发的愿望，而且在一定程度上也付诸了行动，但技术能力的差距和短期绩效的压力使它们先后放弃了自主开发。对一个理性的企业管理者而言，在一个竞争激烈的市场上，尽快占领市场，获得短期绩效以利于企业生存与发展是企业决策的基本动力。当中国汽车企业管理者认识到，由于技术能力的巨大差距和资金的缺乏，自主开发存在很大不确定性，成功的概率不大，即使开发成功，其产品也很难与合资生产的国外品牌竞争，因此，通过合资生产使企业尽快发展壮大就是其合理的理性抉择。

为什么韩国政府能够有效地进行对汽车产业的两种协调，而中国政府却无法实现第二种协调？这是源于中韩之间的管理制度差异，韩国是集中化的经济与产业治理模式，而中国是非中心化的经济与产业治理模式。韩国与日本一样，政府功能非常强大，产业管理功能集中于一个政府部门，能够形成产业与贸易政策的整合。中国政府沿用了日本与韩国对产业的政策干预方式，但没有相应的制度来保证这样的干预有效。中国特有的条块分割的行政体制和分权化的财政体制，形成了部门之间、地方政府之间的竞争，弱化了中央政府的协调与规制效能。中国地方政府有很大自主权，中国国家计划委员会相较于韩国经济计划部门，对经济的整合能力比较弱，如中国国家计划委员会发布的优先项目很多，明显是各部门申报项目的加总，而没有根据国家愿景进行精选。中国汽车产业的多头管理（最多涉及九个管理部门）造成了政策执行困难，各管理部门分别在汽车的生产、流通和使用、质量、贷款融资、税收、环保等方面出台了一系列政策、法规和条例，这样就形成了政出多门、难以协调的局面。因此，中国汽车企业在合资后，在合资外方的技术威胁、国内市场的无序竞争、政府协调的失败、短期绩效的压力等多重因素的作用下，无奈地走向了对国外技术与品牌的依赖之路（见图2）。

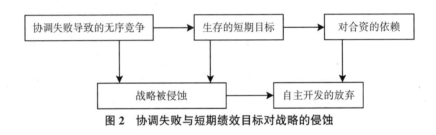

图2 协调失败与短期绩效目标对战略的侵蚀

三、中国自主品牌在夹缝中生存

其实，在20世纪80年代和90年代初，除了合资外，中国汽车企业也通过引进技术生产出了中国的本土品牌汽车，主要有天津的夏利、重庆的长安微型面包车和奥拓微型车。这些中国品牌的车型虽然风光过一段时间，但在20世纪90年代后期和2000年以后，在众多合资企业生产的国外品牌车的挤压下，始终没有能够发展壮大，一直处于低端市场，最后也不得不走上合资生产国外品牌车的道路。

1984年，长安引进了日本铃木公司的微型客车生产技术，拥有了1万辆长安牌微型车生产能力；1988年，长安再次引进铃木公司的微型轿车生产技术，形成奥拓轿车生产能力。显然，与合资方式不同的是，长安引进了国外技术，同时又保留了自主品牌，这种方式应该更符合自主开放的汽车发展战略。后来的发展路径也证明了这样的技术引进方式使长安能够掌握自己的命运，能够更早地进行自主开发。1998年，长安明确了合资合作与自主开发"两条腿走路"的战略。2000 年，长安与意大利 IDEA 汽车设计公司联合开发出下一代微型车 CM8；2003 年，长安在上海车展上推出了第一款自主开发的 MPV 捷迅；2005 年，自主开发的 CV9 上市；此后几年间，长安自主开发的"八车二机"（包括微车、轿车和 MPV 以及两款发动机）投放市场。由此，长安建立了重庆、上海、意大利都灵、英国诺丁汉、美国底特律等多个研发中心，德国和奥地利两个工作站，初步形成了国际研发体系和自主创新能力。2010 年，长安集团自主品牌汽车销量达到 176.35 万辆，是整体销量的 74.2%，为所有中国汽车集团之最。

除了天津夏利和长安以外，自 20 世纪 90 年代后期和 2000 年以后，自主汽车品牌奇瑞、吉利、比亚迪等相继崛起，似有群体突破的可能。这些从零起步的中国本土企业，不管是技术能力、资金还是管理流程，都不如"三大"汽车企业，但却在短时间内完成了整车的自主开发，一方面是因为它们没有国有大企业合资的机会，另一方面是它们无视国外企业的技术恐吓。比亚迪的创始人王传福就认为：汽车规模大到一定时候才有效益，才有能力开发新产品的说法，是国外企业营造的一种产业恐吓。比亚迪和吉利都通过创新与生产成本最小化战略打破了传统的汽车规模经济限制，开发出具有一定竞争力的自主品牌。到 2010 年，自主品牌轿车的市场份额达到 31%，在行业内人士开始欢欣鼓舞的时候，2011 年的市场份额又下降到 28% 左右。更为严峻的是绝大部分自主品牌处于 12 万元以下的低端市场，没有真正具有国际市场竞争力的产品。通过引进技术形成的自主品牌，包括长安与天津夏利，都是比较低端、比较落后的技术与车型。虽然在 20 世纪 90 年代占领了一定的国内市场，但随着合资生产的国外品牌轿车的涌入，这些自主品牌车逐渐被边缘化，无法进入中国的主流市场。而业内担心的是，随着竞争越来越激烈，合资企业可能会通过合资自主品牌汽车向低端扩展，那么，竞争力不强的本土自主品牌何以生存？2014 年是否会成为中国本土自主品牌的淘汰之年？

中国自主品牌近年来有了较大发展，但发展上升的瓶颈也日益凸显。显然，这也是中国政府汽车产业政策协调失败的结果。中国汽车产业在通过合资生产实施市场换技术战略的同时，未能及时转换到自主开发。虽然有个别企业形成了自主品牌，但仅限于低端市场，而且没有得到政府的保护与支持。到 2000 年后，自主开发与自主品牌开始快速发展的时候，国内市场已经被国外品牌垄断，形成了技术与市场锁定的局面，只留下了低端市场这个微小的市场空间。自主品牌在技术劣势、后发劣势、品牌声誉劣势的情况下，若没有政府的大力支持与保护，很难有发展的空间。

四、自主开发失败的体制因素：中国汽车产业的创新体制

前面的论述表明，中国汽车产业的大范围合资导致了自主开放式发展战略的失败。那么，为什么中国通信设备产业通过合资实施市场换技术战略，能够很快实现自主开发，并

形成强大的本土企业？中国通信设备在 20 世纪 80 年代完全依靠进口，到 20 世纪 80 年代后期开始依赖合资生产，除 80 年代建立的合资企业上海贝尔外，西门子在北京、NEC 在天津、北方电信在广东、朗讯在青岛、爱立信在南京陆续建立了程控交换机的中外合资企业。然而，2000 年以后，中国本土企业主导了国内程控交换机市场。此后，中国本土企业华为、中兴、大唐等迅速崛起，并开始进入国外市场。由电信科学技术研究院（大唐电信集团的前身）代表中国提出的 TD-SCDMA 标准于 2001 年被正式接纳为国际 3G 标准之一，实现了中国百年电信史上的重大突破。那么，相比中国目前仍被国外公司或中外合资企业垄断、核心技术仍被国外企业控制的汽车产业，通信设备产业如何实现了自主创新和技术赶超？我们的研究发现，这源于两个产业中创新体制的差异，包括科研体系与创新激励机制。当中国主要的汽车企业都通过合资模式致力于掌握生产技术与管理流程时，汽车产业中没有替代国有企业的组织来通过吸收先进技术完成自主开发，这是因为中国的汽车产业科研体系缺乏独立于企业的公共技术开发机构；同时，政府部门长期对民营企业进入整车生产的限制，也使更具竞争与创新意识的民营企业没有机会较早进入并替代国有企业实现自主开发。

中国的工业体制是在苏联援建的基础上建立起来的，因为苏联实行生产与科研开发分离的体制，所以中国一开始也实行同样的分离体制。在中国通信设备产业中，生产企业完全进行生产活动，基本上没有技术开发的能力；而在企业之外建立了科研能力强大的电信科学技术研究院（下设十几个研究所），专门从事技术研发活动。同时，邮电部下设的邮电工业总公司（后改为普天集团）起到了行业研发协调的作用。实际上，20 世纪 90 年代初期中国大型程控交换机 04 机的开发成功，就是在多个研究所研发的基础上，在邮电工业总公司的资金支持和协调下，由解放军信息工程学院与洛阳电话设备厂合作完成的。当时，通信设备合资企业还只有上海贝尔一家。到 20 世纪 90 年代中期以后，当合资企业在中国大范围出现时，中国本土企业巨龙、华为、中兴、大唐已经通过自主开发迅速崛起，在初期政府政策的保护与支持下赢得了市场。另外，中国通信设备产业早在 20 世纪 80 年代后期就形成了市场自由进入的竞争机制，而政府的通信设备市场保护政策也只是在 90 年代中期实行了短短的两三年时间，很快就形成了开放竞争的局面。这样的局面使更具有市场敏感性和竞争意识的华为与中兴等民营企业或新兴国有企业脱颖而出，初期在政府优先采购政策的支持下，获得了发展的空间和机会，然后在政府结束市场保护政策后，通过市场创新形成了强大的竞争能力。因此，中国通信设备产业的创新体制包括协调一致的科研体制和有效的创新激励机制：一方面，在政府部门的协调下，通过强大独立的科研院所和高校克服了技术能力的限制，实现了在合资与技术引进基础上的自主开发；另一方面，通过政府对本土企业的支持、市场的自由进入和市场竞争机制，形成了克服市场障碍的激励机制。

与通信设备产业相比，中国汽车产业科研体系的不足使政府在产业通用核心技术开发、协调联合技术开发等方面存在缺位。自改革开放以来，中国政府协调与管理汽车产业的体制发生了多次变化。改革开放之前，中国汽车产业的主管部门是第一机械工业部的汽车局，这种政企不分的现象不利于企业的发展。于是在 1980 年，中央决定成立汽车工业总公司，实行公司化管理，协调全国的汽车产业布局与发展。但是，到 1987 年，国务院决定撤销中国汽车工业总公司，成立中国汽车工业联合会，其目的是希望对汽车工业的管理要从实到"虚"，创造宽松的环境，放手让各汽车企业自己发展。1990 年，国务院批复机械电子工业部的报告，同意恢复成立中国汽车工业总公司，授权对汽车产业行使行业管理职能。这次总公司的恢复是因为中国汽车产业出现了"群雄并起、诸侯割据"的混乱局面，中央希望借此能够规范行业的发展。但面对翅膀已经长成的汽车企业和争相进入汽车产业的各级地方政府，新成立的中汽总公司难以实施统一的规范与协调，一直处于尴尬的境地。1994 年，国务院将汽车行业的管理职能从中汽总公司转移到新组建的机械工业部汽车工业司。2000 年，为了进一步实现政企分离，国务院撤销机械工业部，把全国各工业行业的管理统一到国家经济贸易委员会。由此可知，中国汽车产业的管理体制始终在政府统一协调与各企业、各级政府自行发展之间徘徊；在放就乱、管就死之间犹豫，没有形成协调一致的发展战略和联合科研开发的机制。

20 世纪 50 年代，在建设完成长春一汽后，第一机械工业部汽车局设立了一个汽车工业试验研究所，1958 年下放到长春，改为长春汽车研究所，但研究所与生产厂家一直是两张皮，基本上没有为一汽的新产品开发做出什么贡献。一汽自身有一个工艺处和汽车工厂设计处，一汽后来开发的卡车、东风牌和红旗牌轿车都是他们自己完成的。吸取一汽在研发方面的教训，后来在二汽建设中成立了企业技术中心，明确了新产品开发在企业发展中的重要性。后来又先后成立了济南重型汽车研究所和重庆汽车研究所，同时在 20 世纪 80 年代中期把长春汽车研究所划转给一汽，这样使中国几大汽车企业都有了自己的研发机构，改变了科技开发与生产分离的状况，但也形成了汽车产业没有独立的公共研究机构的局面。1988 年，中国汽车技术研究中心在天津建成，但这个研究中心主要是从事汽车的检测和技术情报收集工作，产品研发还是在各企业中进行。

因此，在改革开放前，中国汽车产业虽然也有一些科研院所，但主要的技术与产品开发活动都是由企业完成的（包括一汽的卡车和红旗轿车、上海牌轿车等）。同时，汽车行业管理"虚"的管理体制使中国汽车工业联合会无法承担起整合科研资源、实现自主开发的责任。从 20 世纪 80 年代后期开始，当中国主要汽车企业的精力都放在合资生产，放在消化国外生产技术和进行国产化时，自主开发就必然被忽略或放弃了。在此情况下，虽然通信设备产业中的合资企业也放弃了自主开发，但通信设备产业中独立的研究院所可以继续从事自主开发，而汽车产业中却没有科研院所能够承担起自主开发的重任（除个别情况，如无锡油泵油嘴研究所）。其实，从 1992 年起，国家经贸委、国家教委和中国科学院就已开始实施"产学研联合开发工程"，探索产学研合作模式与机制。但汽车产业的产学研合作大多是零星的产品改进，在整车开发和关键总成上没有大的成效。政府在协调企业联合开发核心零部件方面力度不够，原中汽总公司、机械部曾组织汽车模具、ABS、安全气囊等多个联合开发项目，但都没有成功。1999 年，武汉理工大学胡树华教授提出构建"国家汽车创新工程"的思路；2003 年，郭孔辉院士提出开展"新一代汽车先导技术与创新能力建设"的建议。通过汽车界权威学者为国家汽车创新工程大力奔走呼吁,中国科技部等部门才开始通过"863"等产学研合作科技项目,实施汽车自主创新工程。但这个时候,中国汽车产业的合资主导模式已经形成,国外品牌与技术锁定的局面已经难以打破。由此,在中国汽车产业中,克服技术能力障碍的机制没有形成,导致汽车产业长期陷入依赖引进技术和国外品牌的泥潭。

另外,在汽车产业中,基于规模经济的考虑,中国政府长期实行市场进入限制的政策,民营企业无法进入,使保守的国有企业与中外合资企业长期垄断市场,阻碍了中国企业市场能力的形成和市场创新的开展。1994 年,吉利创始人李书福萌生了进入汽车产业的念头。1996 年,吉利开始仿制中华牌轿车,但由于产业的进入限制,仿制只能秘密地进行。1997 年,吉利收购了四川一个濒临破产的国有汽车企业,这个企业只被允许生产轻型客车,但不管怎样,吉利终于可以生产汽车了。1998 年,吉利的豪情牌轿车下线。直到 2001 年,吉利才进入国家经贸委发布的中国汽车生产产品公告,成为中国首家获得轿车生产资格的民营企业。其实,根据我们访谈了解的情况,中国最大汽车零部件民营企业万向集团早在 20 世纪 90 年代中期就想进行整车生产,但苦于得不到国家批准,失去了发展的机会。虽然民营企业吉利、比亚迪和新兴国有企业奇瑞等在 20 世纪 90 年代末期陆续进入汽车产业,但留给它们的发展与创新空间已很狭小。国内主流市场已经被合资企业生产的国外品牌垄断与锁定,在没有政府强力支持与政策保护的情况下,技术、资金、品牌声誉都不足的民营企业与新兴国有企业很难有突破技术和市场锁定的机会。

政府部门对汽车产业的准入控制阻碍了汽车市场竞争的形成,阻止了更有创新愿望和市场活力的民营企业的进入。这样的准入控制,一方面根本无法阻止各地政府通过合资进入汽车产业,使合资模式在全国泛滥,偏离了中央政府希望合资仅仅在局部开展的战略构想,削弱了中央政府对汽车产业发展的协调能力;另一方面准入控制却将民营企业挡在市场之外,剥夺了它们利用国有企业依赖合资留下的创新空间进而完成自主创新这一未竟事业的机会。

中国企业的自主创新面临两个瓶颈(障碍):一是技术能力障碍;二是市场能力障碍。对中国通信设备产业自主创新过程进行分析后发现,成功的关键是克服自主创新障碍的多主体动态协同作用的创新体制。其中,政府、跨国公司(及其与中国企业的合资公司)、国有企业与科研院所及民营企业四类主体在自主创新中起到了核心作用,它们各自的主要作用如图 3 所示。

通信设备产业多主体动态协同作用的创新体制表现在两个方面:一是在前期首先通过合资与技术引进获取国外先进技术,然后在政府战略协调下,实现科研院所和国有企业的联合自主开发;二是后期政府政策及时从市场保护转换到自由市场进入,民营企业进行了基于市场需求的自主创新,实现了从合资企业主导到国有企业主导,再到民营企业主导的转换。但我们对中国汽车产业的分析表明,汽车产业缺乏多主体动态协同作用的创新体制。

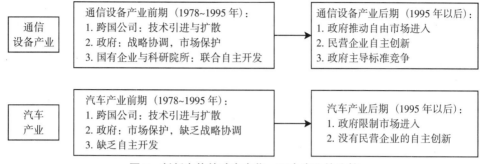

| 通信设备产业 | 通信设备产业前期（1978~1995 年）：
1. 跨国公司：技术引进与扩散
2. 政府：战略协调，市场保护
3. 国有企业与科研院所：联合自主开发 | 通信设备产业后期（1995 年以后）：
1. 政府推动自由市场进入
2. 民营企业自主创新
3. 政府主导标准竞争 |
| 汽车产业 | 汽车产业前期（1978~1995 年）：
1. 跨国公司：技术引进与扩散
2. 政府：市场保护，缺乏战略协调
3. 缺乏自主开发 | 汽车产业后期（1995 年以后）：
1. 政府限制市场进入
2. 没有民营企业的自主创新 |

图 3　创新主体的动态变化：两个产业的比较

五、政　策　建　议

　　显然，在中国的传统汽车市场，合资与国外品牌的垄断已成定局，中国本土自主品牌很难有进入主流市场的空间与机会。那么，新能源车是否是中国自主品牌崛起的一个机会？在新能源车领域，表面上看很热闹，但除个别企业外，大多数中国汽车企业还是抱着一种观望或小打小闹的态度。到 2012 年 5 月，进入市场的新能源汽车远远低于政府制定的目标。"新能源车弯道超车"论也被许多政府官员、企业家和学者质疑。国家工信部与科技部在新能源车的发展道路上存在明显的分歧。国家"863 计划"电动汽车重大专项的成就与成效被质疑，许多企业家与学者认为政府不能包办，应该由市场来选择新能源车的发展道路。看来，新能源车的机会还是很难掌握，国家的新能源汽车发展战略仍然缺乏明确的思路，中国政府部门和公共科研机构在整合科技与商业资源方面仍缺乏协调一致的体制、政策与组织，在政府整合与市场资源配置方面仍然存在严重的分歧。

　　本文对中国汽车产业失败的分析设定了一个分析战略性产业发展与自主创新问题的基本框架，为我们厘清政府政策与市场机制的关系确定了一个基本思路。我们希望这个框架和思路能够帮助中国政府在制定战略性产业发展政策及其执行的过程中，不致重蹈汽车产业的覆辙，真正实现自主创新的目标。因此，针对中国战略性产业的自主创新与发展，我们提出如下政策建议：

　　第一，针对战略性产业，形成政府主导、以公共研究机构为核心的集中整合资源的创新体制。对发展中国家来说，企业创新能力的动态提升过程是无法仅靠企业独自完成的，而且在初始阶段，也无法由企业主导的产学研合作来实现。因此，在初始阶段，必须依靠政府引导，通过公共科研院所主导的产学研联盟来实现自主创新能力的提升。

　　资源的集中整合是自主创新第一阶段的特点。战略性高技术产业的创新与发展需要大规模资源（包括技术、资金、人才、市场信息）的聚合与优化配置。这样一个异常复杂的任务不是市场机制能够完成的，需要高度集中化的机构才能实现。依靠政府集中力量建立公共研究机构能很好地集聚政府、产业和科研部门的力量，实现技术和产业的重点突破。例如，韩国是在政府支持下，通过三星和现代等大型企业整合国内外资源，突破国外公司对核心技术的控制来实现产业升级的。而中国台湾地区通过工业技术研究院整合国内外资源，掌握核心技术后再分离出来成立企业，并逐步引导其他民营企业进入高科技产业。

在自主创新的第一阶段，政府与公共研究机构必须起到主导和直接的作用。政府应该提前在创造性模仿阶段就开始着手规划与制定产业和技术政策，确定长期重点发展的产业和技术领域，并通过公共科研机构和大学提前进行研发。因此，中国应针对战略性新兴产业，建立独立的公共研究机构，整合国内外创新资源，形成政府主导，以政府公共研究机构为核心，集中整合大学、科研院所和企业创新资源的创新体制。

第二，形成政府主导与市场机制主导的动态转换关系，以开放的市场竞争刺激本土企业的创新与发展。正确处理好政府政策与市场机制的关系是战略性产业发展的关键。我们强调政府的作用，并不是否认市场机制配置资源的基础性作用。虽然在自主创新的第一阶段，政府在一段时间内的市场保护和进口限制是必要的，但应该尽快取消市场的进入限制，鼓励民营企业和新兴国有企业进入市场；政府的市场保护期限不能太长，一旦本土企业有了一定的技术能力、市场地位和竞争能力，就应当及时取消保护政策，让激烈的市场竞争刺激本土企业的创新与发展。中国通信设备产业的发展就很好地说明了这一点，没有初始阶段的市场保护，很难有本土企业的成长，但后来如果没有及时取消保护政策，虽然巨龙公司可能不会迅速衰落，但就没有华为和中兴进一步的发展壮大并最终进入国际市场。因此，到这一阶段，后进国家部分强大的企业（如中国的华为、中兴、海尔、联想等）已经具备掌握和控制核心技术并领先于世界水平的能力，政府只需要积极支持，不需要进行过多的干预。因此，针对每个战略性产业，应该区分初始阶段和中后期阶段的战略重点和创新体系特点，及时从初始阶段的政府主导转换到中后期阶段的市场机制主导，使企业成为创新的主体。

参考文献

[1] K. S. Gallagher. China Shifts Gears: Automakers, Oil, Pollution, and Development [M]. Cambridge, MA: The MIT Press, 2006.

[2] 路风. 走向自主创新 [M]. 桂林：广西师范大学出版社，2006.

[3] 金履忠. 争鸣"以市场换技术"得不偿失 [J]. 实用汽车技术，2007（2）：23-28.

[4] 贾新光. 大洗牌：中国汽车谁主沉浮 [M]. 北京：机械工业出版社，2010.

[5] Y. Huang. Between Two Coordination Failures: Automobile Industrial Policy in China with a Comparison to Korea [J]. Review of International Political Economy, 2002, 9 (3): 538-573.

[6] H. Wang. Policy Reforms and Foreign Direct Investment: The Case of the Chinese Automobile Industry [J]. Journal of Economics and Business, 2003, 6 (1): 287-314.

[7] E. Thun. Changing Lanes in China Foreign Direct Investment, Local Governments, and Auto Sector

Development [M]. Cambridge: Cambridge University Press, 2006.

[8] M. Aoki, H. K. Kim & M. Okuno-Fujiwara (eds). The Role of Government in East Asia Economic Development: Comparative Institutional Analysis [M]. Oxford: Clarendon Press, 1997.

[9] K.M. Eisenhardt. Building Theories from Case Study Research [J]. The Academy of Management Review, 1989, 14 (4): 532–550.

[10] R.Yin. Case Study Research: Design and Methods [M]. Thousand Oaks: Sage Publications, 2003.

[11] M. Dieleman & W.M. Sachs. Coevolution of Institutions and Corporations in Emerging Economies: How the Salim Group Morphed into an Institution of Suharto's Crony Regime [J]. Journal of Management Studies, 2008, 45 (7): 1274–1300.

[12] 贾可. 寻找失落的红旗 [J]. 汽车商业评论, 2008 (7): 15–18.

[13] 白建安. 往事并不如烟 [J]. 汽车商业评论, 2008 (7): 34–37.

[14] R.A. Burgelman. Strategy Is Destiny: How Strategy-Making Shapes a Company's Future [M]. New York: Free Press, 2002.

[15] C.M. Christensen & M.E. Raynor. The Innovator's Solution: Creating and Sustaining Successful Growth [M]. Boston: Harvard Business School Press, 2003.

[16] 陈祖涛. 我的汽车生涯 [M]. 北京: 人民出版社, 2005.

[17] 丁彬. 集中度指标再抬高, 汽车业静候重组大考 [N]. 第一财经日报, 2012-04-23.

[18] 唐杰, 杨沿平, 周文杰. 中国汽车产业自主创新战略 [M]. 北京: 科学出版社, 2009.

[19] L. Kim. Imitation to Innovation: The Dynamics of Korea's Technological Learning [M]. Boston: Harvard Business School Press, 1997.

[20] 《汽车商业评论》杂志. 盛世危局: 中国汽车产业的关键时刻 [M]. 北京: 科学出版社, 2011.

[21] 杨志刚. 复杂技术学习与追赶: 以中国通信设备制造业为例 [M]. 北京: 知识产权出版社, 2008.

Indigenous Innovation in China's Automobile Industry: Institutional Causes for the Failure of the Strategy of "Trading Market for Technology"

Zhao Xiaoqing

(Department of Management Science and Engineering, Zhejiang University, Hangzhou 310058, China)

Abstract: China's automobile industry has gradually given up self-development since the advent of sino-foreign joint venture in 1980s. At present, the automobile industry mainly depends on the assemblage and manufacturing of foreign brands with the help of imported technology. This goes against Chinese government's original intention, which was to trade the Chinese market for advanced technology through joint venture and assimilate the technology to eventually enhance China's capability for indigenous innovation. However, as a result of the over-reliance on joint venture, China's auto market has long been monopolized by foreign brands and the core technology of her automobile industry is predominantly foreign. The goal of indigenous innovation is still a far cry. In this paper, we attempt to answer the following questions: Why didn't the strategy of open and independent development based on "trading market for technology" work? Why didn't our automobile industry quickly shift from the assemblage of foreign auto brands to self-development, like the case of Korea? Why did China's communication equipment industry, which also implemented the similar "trading" strategy, quickly start independent research and technological innovation and build up powerful private enterprises? Apparently, there should be more fundamental and internal roots leading to the complete reliance of China's automobile industry on joint venture.

This paper mainly adopts a single-case analysis, complemented with a comparative analysis of multiple cases. The reason for the single-case analysis is that China's automobile industry is a typical failure in the strategy of "trading market for technology". Korea's automobile industry and China's communication equipment industry have been chosen for comparative analysis because both of them are successful cases of the strategy.

(1) It is China's industrial structure and incentive system that constrains the strategic decision-making of auto companies. The various factors which accompany joint ventures, such as technical threats from foreign partners, disorderly competition at home, coordination failures of the government, and pressure on short-term performance, etc., have forced the auto companies to give up self-development and turn to foreign brands and technologies. Among these factors, the coordination failures of the government resulting in an excessively-scattered industrial structure and disorderly competition, have brought pressure to the performance of the enterprises and are the two fundamental causes which explain the strategic failure.

(2) The innovation system of China's automobile industry also contributed to the failure of its indigenous innovation. This is mainly manifested in two aspects. First, the failure to establish government-led research institutes results in the lack of a scientific research system which supports self-development. When China's major auto companies were intent on acquiring foreign production technology and management models through joint venture, the automobile industry had no organizations to replace state-owned enterprises in learning advanced technologies and achieving self-development, as it lacked company-independent research institutes of public technology. Second, in the later stage of development, public policies did not change from market protection to free market entry. Therefore, more innovation-conscious private enterprises

could not take the place of state-owned enterprises in initiating indigenous innovation because they did not have the opportunity to enter the market earlier, and thus did not realize the transformation from joint-venture dominance to local-company dominance.

Key words: China's automobile industry; Trading market for technology; Open and independent development strategy; Innovation system; Innovation policy

进入管制与中国服务业生产率
——基于行业面板的实证研究*

刘丹鹭

（中国社会科学院财经战略研究院，北京　100045）

【摘　要】本文研究了我国服务业管制政策对行业生产率的影响。运用一个基于服务产品的垄断—竞争模型，本文分析了管制对生产率的作用机制：管制强化了垄断，不利于高效率企业的进入和在位企业的创新。经过对 2003~2010 年的省级面板数据检验发现，当放松管制体现为国有以及集体企业垄断力量的下降时，它与全要素生产率增长有显著的正面关系；当放松管制体现为私营以及外资企业实际进入和市场自由化时，它与生产率增长存在负面或不相关的关系。以上结果可能是我国服务业垄断性过强、市场化程度不够的表现。

【关键词】管制；进入壁垒；生产率；服务业

一、引言

自 1992 年国务院颁布《关于加快发展第三产业的决定》以来，加快服务业发展已成为国家产业政策的重要导向。特别是在当前工资成本上升及资源环境压力的背景下，我国需要加快生产性服务业发展以提高制造业竞争力，努力形成以服务业和生产率进步为主导的经济发展模式。然而，较长时期以来我国服务业增加值比重的增速远低于服务业就业比重的增速。1992 年服务业增加值占 GDP 比重为 38.2%，2009 年上升为 39.7%；1992 年服务业就业占总就业比重为 19.8%，2009 年上升为 34.1%，前者上升幅度远小于后者，说明服务业劳动生产率相对下降。因此，提升服务业生产率是一个非常迫切的问题。

是什么阻碍了服务业生产率的增长？一项针对服务业展开的调查表明，当前对我国服

* 本文选自《经济学家》2013 年第 2 期。

基金项目：中国博士后科学基金面上资助项目（2012M520510）；教育部人文社会科学重点研究基地重大项目（11JJD790036）。

务业影响最大的三类因素分别是制度环境即市场经济体制、政府职能和行业监管。在诸多制度约束中，政府的管制是其中的关键因素；而在政府的诸多管制政策中，首当其冲的是对民营经济的进入管制政策。

企业的进入退出是影响整体市场结构和产业绩效的重要因素。放松进入管制，等于强化了竞争机制。竞争淘汰低效率企业，帮助高效率的企业进行扩张，企业也将因为竞争的威胁而不断创新。一般研究都基本赞同管制与生产率存在此消彼长的关系，如 Collier 和 Dollar（2001）、Nicoletti 和 Scarpetta（2003）、Poschke（2010）；作为管制较多的发展中国家，我国的实证研究大多从加强管制和提高进入壁垒对绩效的损害角度说明放松管制的重要性。这些研究存在着可以改进的地方：首先，大部分文献的假定是基于制造业提出的，商品一般是同质产品，市场是完全竞争的市场，而服务是差异产品，市场是垄断竞争的市场，这就使研究的假设存在差异；其次，相较于发达国家的市场，作为发展中国家，中国的服务业进入壁垒更高、在位企业垄断性更大，但很少有文献研究发展中国家的服务业管制。虽然国内的学者基本都认为制度是影响服务业发展的因素，但还没有研究对其影响做出检验。本文的创新主要体现在两个方面：一是在分析时强调了服务的特性；二是实证检验了服务业管制对行业效率的影响。

二、服务业管制的现状分析

（一）概述

管制一是相对于自由化而言，表现为自由化程度上的控制；二是相对于私有化而言，表现为对不同所有制企业的控制。不论是从自由化程度来看，还是私有化程度来看，制造业的改革进程都领先于服务业。大体来说，我国对服务业的管制呈现出以下两个特征：

第一，对服务业的管制较严格。从准入条件来看，首先，存在针对行业的歧视政策。[①] 从税收制度来看，服务业税负较重，税收结构不合理。增值税和消费税较低，营业税与企业所得税较重。增值税和消费税涉及的行业仅有批发和零售业，难以对整体服务业产生较大影响，而营业税和企业所得税等流转税却是对所有行业征收的税种。2008 年，服务业企业所得税收入是制造业的 2.7 倍左右（见表 1）。较重的流转税增加了服务业的交易成本，打击了新企业进入的积极性。其次，准入标准和体系不完善。有些新兴行业如电子商务业，准入标准缺失；有些行业如文化娱乐业又监管过度。

---

① 如 1999~2005 年实行的旧公司法，对服务业做了特殊规定。有限责任公司的注册资本最低限额为：以生产经营为主和以商品批发为主的公司为人民币 50 万元，以商业零售为主的公司为人民币 30 万元，科技开发、咨询、服务性公司为人民币 10 万元，并要求一次缴清。2006 年实行的新公司法大幅下调最低注册资本，并排除了行业歧视。

表 1 2008 年全国税收分税种收入

单位：亿元

	税收收入	国内增值税	国内消费税	营业税	企业所得税
制造业	21509.686	10550.621	2546.271	82.271	2672.326
比重（%）	100.00	49.05	11.84	0.38	12.42
服务业	27091.599	3477.663	21.978	5963.238	7252.594
比重（%）	100.00	12.84	0.08	22.01	26.77

资料来源：2009 年《中国税务年鉴》。

第二，私有资本进入的障碍较大。在行业各项资格认证、许可证审批以及融资、财税等的扶持方面，政策向国有大中型企业倾斜。在医、教、文、卫、体、水电、交通等公共服务领域，民营资本基本无法进入；在生产率较高的生产性服务领域，对民营资本管制也较多。例如，服务业上市公司中，除了信息技术业外，民营控股的公司的绝对数和比例均显著低于国有控股公司，在交通运输仓储业和金融业中甚至低于 10%（见表 2）。

表 2 2009 年服务业上市公司控制类别统计

单位：家

证监会分类	国有控股	占比（%）	民营控股	占比（%）
交运仓储业	56	66.67	8	9.52
信息技术业	46	34.59	81	60.90
批发和零售业	54	56.25	34	35.42
金融业	16	47.06	3	8.82
房地产业	40	50.63	38	48.10
社会服务业	39	72.22	14	25.93
传播与文化业	9	64.29	5	35.71
综合类	35	49.30	31	43.66

资料来源：CCER 金融研究数据库。

（二）行业层面

表 3[①] 首先揭示一个特征：服务业各部门就业按所有制分很不均衡。2008 年，制造业的主要劳动力已经转移到私营企业，占 81.08%，而服务业私营企业劳动力占比仅有 18.67%。从行业来看，私营企业就业比重较高的行业是信息传输、计算机服务和软件业，批发和零售业，住宿和餐饮业，金融业，房地产业，租赁和商务服务业，以及居民服务和其他服务业；而在水利、环境和公共设施管理业，教育，卫生、社会保障和社会福利业，文化、体育和娱乐业等行业中，私营企业就业比重显著低于其他行业水平，有

---

① 由于缺少分行业增加值数据，本文仅用就业来表示服务业各行业的发展情况。劳动力是服务业的主要生产要素，就业指标可以在一定程度上反映整体情况。

的甚至不足 5%。

表 3 还揭示出另外一个特征：凡是非国有集体职工比重高的，其劳动生产率相对也较高。在批发和零售业、住宿和餐饮业、居民服务和其他服务业中，非国有集体职工比重（分别为 57%、64%、36%）要远远高于劳动生产率滞后的行业。如果仅仅是行业差异，那又如何解释一般认为是低劳动生产率的传统服务业（如批发和零售业、住宿和餐饮业、居民服务和其他服务业）的生产率远远高于商务服务、科研服务等现代服务业的情况？因此本文推断，服务业中诸如限制民营资本准入的管制以及行政进入壁垒，扭曲了各行业的生产效率。

表 3　2008 年各行业统计

行业	国有集体职工比重（%）	其他单位职工比重（%）	增加值（亿元）	劳动生产率（万元/人）
#合计	58.61	41.39	314045.43	27.27
#制造业	18.92	81.08	102539.49	30.80
#服务业	81.33	18.67	131339.99	22.22
交通运输、仓储和邮政业	71.30	28.70	16362.50	28.08
信息传输、计算机服务和软件业	40.37	59.63	7859.67	54.50
批发和零售业	43.02	56.98	26182.34	53.76
住宿和餐饮业	35.90	64.10	6616.07	37.14
金融业	58.98	41.02	14863.25	45.54
房地产业	29.92	70.08	14738.70	93.88
租赁和商务服务业	59.16	40.84	5608.22	22.69
科研、技术服务和地质勘查业	81.17	18.83	3993.35	16.63
水利、环境和公共设施管理业	92.99	7.01	1265.50	7.06
居民服务和其他服务业	64.43	35.57	4628.05	92.20
教育	98.41	1.59	8887.47	5.96
卫生、社会保障和社会福利业	97.83	2.17	4628.75	8.63
文化、体育和娱乐业	89.93	10.07	1922.40	16.14
公共管理和社会组织	99.76	0.24	13783.72	10.67

资料来源：2008 年《中国统计年鉴》。

三、理 论 分 析

由于服务业部门存在异质性，本文主要考虑了两种市场结构：完全竞争的市场和不完全竞争的市场。

（一）基本设定

基本的模型设定类似于 Helpman 使用的垄断竞争模型。假设服务行业 J 中供应 N 种差异化的产品，用 j 表示，j = 1，…，N。消费者消费该服务产品的效用函数为 CES 形式，即 $u = 1/\alpha \log\left[\sum_{j \in J} z_j^\alpha\right]$，$0 < \alpha \leqslant 1$。

α 是衡量产品差异程度的参数，也可以看作衡量竞争程度的参数。α 越大，代表行业 J 中产品差异程度越小，竞争越激烈，垄断性越弱。定义 $\varepsilon \equiv 1/(1 - \alpha)$，ε 代表需求弹性，$\varepsilon > 1$。CES 效用函数产生的需求函数为：$x_i = A p_j^{-\varepsilon}$，$p_j$ 是产品 j 的价格，A 为市场容量即需求水平，满足：

$$A = \frac{E}{\int_{j \in J} p_j^{1-\varepsilon} dj}$$

其中，E 是总支出。对于行业 J 来说，A 是内生的，但相对于各企业来说，它是外生的变量。

设 $1/\theta_j$ 为生产 1 单位产品的可变成本，f 为固定成本，θ_j 是企业 j 的生产率。因为服务产品生产消费的一体性，企业在短期内无法预知或改变产量，只能通过操纵价格来实现利润最大化。由于产品存在差异，各企业如同垄断者一般独立定价。定价满足：

$$p_j = mc/\alpha = 1/\alpha\theta_j$$

从而可得企业 j 的利润函数：

$$\pi = \beta\psi_j - f \tag{1}$$

其中，$\beta \equiv A(1 - \alpha)(1/\alpha)^{1-\varepsilon}$，$\psi_j \equiv \theta_j^{\varepsilon-1}$。$\psi_j$ 是生产率 θ_j 的变形。

(二) 完全竞争市场下的进入

完全竞争市场下，$\alpha = 1$。N 个在位企业 j（j = 1，…，N）和一个潜在竞争企业 j* 都生产同质产品。在没有进入者的情况下，N 个在位企业按照价格等于边际成本的法则定价，即 $p_j = 1/\theta_j$，其中 $\theta_1 = \cdots = \theta_j = \theta_N$。因为在位企业都相同，下面我们只考虑一个典型的在位企业 j。进入者进入市场必须付出成本 ε，不进入则获得零利润。市场内企业进行 Betrand 竞争：定价低的企业占领全部市场获得利润，定价高的企业被挤出市场，获得零利润。进入成本的存在使潜在竞争企业只有在生产率高于在位企业时才有可能选择进入（即价格低于在位企业），因此，设定潜在竞争企业的生产率大于在位企业，$\psi_j^* > \psi_j$。

进入威胁的存在使在位企业不得不扩张生产率，进行创新，阻止竞争者进入。进入博弈包括两个阶段：第一阶段，在位企业首先进行创新。第二阶段，观察到在位企业的创新成果，潜在竞争企业选择进入与否。如果在位企业创新成功，则不进入；如果创新失败，则潜在竞争企业以 p 的概率进入市场。一旦潜在竞争企业成功进入，则在位企业失去所有市场；如果没有进入者，企业按照原先方式定价。如果假设企业 j 的初始生产率为 φ_j^0。企业首先进行提高生产水平的创新投入，然后再进行生产。如果创新成功，企业生产率提升为 φ_j^1，$\varphi_j^0 < \varphi_j^* < \varphi_j^1$。假设创新成功的概率为 z（z 可视为创新强度），需要消耗固定成本 $f = 1/2z^2$，如果创新失败或没有创新，企业生产率依旧维持在初始水平 φ_j^0。

如果在位企业没有创新或创新不成功，则潜在竞争企业进入可能性为 p。p 可以看成衡量进入壁垒或管制程度的指标，p 越大，则进入壁垒越低，管制越松。

根据式（1），在位企业的利润函数是：

$$\max_z \pi = \beta\left[z\,\varphi_j^1 + (1-z)(1-p)\varphi_j^0\right] - 1/2z^2 \tag{2}$$

一阶条件得：

$$z^* = \beta\varphi_j^1 - \beta(1-p)\varphi_j^0 \tag{3}$$

式（2）是说，在两种情况下在位企业有可能获得正利润：一是在位企业创新成功，生产率提高，新企业选择不进入，该事件概率为 z；二是在位企业创新失败，生产率不变，但此时新企业没有进入，因此在位企业能够获得利润，该事件发生的概率为 $(1-z)(1-p)$。

式（3）对 p 求导可得：

$$\partial z/\partial p = \beta\varphi_j^0 > 0 \tag{4}$$

式（4）是说，当潜在企业进入的威胁越大（即进入壁垒越低、管制越松），为了防止市场丢失，在位企业创新投入就越大，创新成功概率就越高，生产率提高的可能性就越大。因此，在完全竞争的情况下，管制程度越松，越有利于生产率增长。

（三）不完全竞争市场下的进入

不完全竞争下，$\alpha \neq 1$。进入促进在位企业创新的分析不适用于垄断竞争的市场。对在位企业来说，差异产品的存在使市场内在位企业的价格（即生产率）参差不齐，在位企业根本无须提升生产率也能获取利润；对进入者来说，比之完全竞争时要求的生产率水平，进入条件也放松了，即使生产率低于在位企业，只要产品差异存在并且进入成本较低，就可以进入并获得利润。因此，对产品差异较大即自然垄断性较强的行业，管制虽然影响到潜在进入企业，却无法影响在位企业，因为在位企业受到垄断保护，实力也较强，不受进入威胁影响。这就是说，进入管制可能和在位企业创新没有明显关系。这还意味着一种反面情况，即在行业差异性较强的情况下，如果进入管制较严，进入者只需突破管制性壁垒，就可能以低效率的方式存在于市场上。因此，在不完全竞争的情况下，进入对生产率的正面影响有可能不明显甚至是有负面的影响。

四、实 证 分 析

（一）衡量生产率：第三产业的产出、资本投入和劳动投入

2004 年，统计部门根据第一次全国经济普查对服务业数据进行了修订，为了保持统计口径的一致，本文采用 2003~2010 年的数据进行计算，其中，2003~2004 年的数据采用《中国国内生产总值核算历史资料（1952~2004）》的修订数据。①产出用增加值表示，各省的第三产业及分行业的增加值按照统计年鉴中各自的增加值指数换算成 2003 年不变

价。②在以往对生产率计算的文献中，由于有些省份第三产业的物质资本积累小于净投资，利用永续盘存法计算出的资本存量为负，这样将造成 lnK 数值缺失，为了避免这种情况发生，K 用全社会固定资产投资代替，并按照各省固定资产投资价格指数平减，得到 2003 年不变价格固定资产。数据可从各年第三产业统计年鉴中获得。③L 为统计年鉴中 2004~2010 年的指标"各地区按行业分城镇单位就业人员数（年底数）"。

服务业的生产函数为规模报酬不变的 C–D 生产函数：$Y = Ae^{\lambda t}K^{\alpha}L^{1-\alpha}$。将等式两边同除以 L 并取对数得：

$$\ln(Y_{it}/L_{it}) = \ln A + \lambda t + \alpha\ln(K_{it}/L_{it}) + \varepsilon_{it} \tag{5}$$

其中，$\varepsilon_{it} = \mu_{it} + \theta_i$。$\theta_i$ 即固定效应，用来控制该地区不随时间变化的因素差异影响。实证表明使用固定效应模型优于随机效应模型[①]。对式（5）进行回归，可得资本的产出弹性 $\hat{\alpha}$ 和劳动的产出弹性 $1 - \hat{\alpha}$。将其代入全要素生产率（TFP）的计算公式：

$$TFP = \exp[\ln Y - \hat{\alpha}\ln K - (1 - \hat{\alpha})\ln L] \tag{6}$$

t 年的全要素生产率增长率为：

$$GTFP_t = (TFP_t - TFP_{t-1})/TFP_{t-1} \tag{7}$$

t 年的劳动生产率[②]增长计算公式为：

$$GLP_t = (LP_t - LP_{t-1})/LP_{t-1} \tag{8}$$

（二）衡量管制壁垒

进入壁垒用企业的实际进入情况反映。企业进入市场，表现为资本的进入及劳动的进入。根据前文的分析，我国服务业以制度性进入壁垒为主，体现为非国有、集体所有企业的准入障碍。故本文用行业新增其他单位（除去国有、集体单位）职工占所有职工人数之比，以及新增其他单位职工增长率来表示劳动力方面的进入管制，用行业新增私营或港澳台外资固定资产投资占全社会投资之比以及新增私营或港澳台外资固定资产投资增长率来表示资金方面的进入管制。数据主要来自国家统计局数据库以及各年第三产业统计年鉴。

估计进入管制对服务业生产率影响的模型是：

$$y_{it} = \alpha + \beta_0 E_{it} + \beta_1 E_{it-1} + \beta_2 t + \gamma_i + u_{it} \tag{9}$$

其中，y 代表生产率增长。i 代表各地区（i = 1，…，31）。E 是衡量管制程度或者是进入壁垒的指标，因为政策发挥效应有一定的滞后性，本文加入了 E 的滞后项。t 是代表年份的哑变量，用来控制该年份可能的经济波动对生产率的影响。γ_i 控制该地区不随时间变化的差异因素对服务业生产率的影响的固定效应。

---

① 以第三产业为例，Hausman 检验值为 38.42，P 值约为 0，因此，拒绝随机效应和固定效应一致的原假设，使用固定效应模型。其他行业也是如此。

② 由于资本存量计算方法可能对结果产生影响，因此本文也使用了不含资本要素的劳动生产率指标。

（三）回归结果

验证进入管制对生产率的影响，对式（9）进行回归①。表4和表5分别展示了使用劳动力指标和固定资产投资指标衡量的结果。表4显示，在使用劳动力指标时，其他单位职工的增长对两种生产率增长有不显著的负面影响。在使用投资指标的表5（a）和表5（b）中，除了新增港澳台外资固定资产投资增长率对生产率增长有一定的正面影响外（其滞后项依旧为负），其他指标都显示出显著或不显著的负面影响。

表4　管制对服务业生产率增长之影响（劳动力指标）

变量	GLP	GLP	GTFP	GTFP
新增其他单位职工占比	−1.257		−0.620	
（滞后一期）	−1.200		−0.696	
新增其他单位职工增长率		−0.000217		−0.0327
（滞后一期）		−0.000133		−0.0466
常数项	0.120***	0.0905	0.0490**	0.0508**
时间项	包括	包括	包括	包括
样本数	151	17	151	149
R^2	0.105	0.516	0.205	0.221

注：括号内为标准差。*** 表示 $p < 0.01$，** 表示 $p < 0.05$，* 表示 $p < 0.1$。下同。

表5（a）　管制对服务业生产率增长之影响（投资指标）

变量	GLP	GLP	GTFP	GTFP
新增私营固定资产投资占比	−0.168		−0.706***	
（滞后一期）	−0.396		−0.0880	
新增港澳台外资固定资产投资占比		−0.464		−0.741
（滞后一期）		−1.458**		−0.949**
常数项	0.0988***	0.0813***	0.0381*	0.0126
时间项	包括	包括	包括	包括
样本数	90	90	90	90
R^2	0.034	0.133	0.567	0.541

表5（b）　管制对服务业生产率增长之影响（投资指标）

变量	GLP	GLP	GTFP	GTFP
新增私营固定资产投资增长率	−0.0267		−0.101***	
（滞后一期）	−0.0600		−0.0176	
新增港澳台外资固定资产投资增长率		0.00153		0.000243
（滞后一期）		−0.0550**		−0.0307*
常数项	0.0990***	0.0820***	0.0367*	0.0100

① 考虑到衡量管制的指标及其滞后项的共线性，本文分别对其进行回归。

变量	GLP	GLP	GTFP	GTFP
时间项	包括	包括	包括	包括
样本数	90	90	90	90
R^2	0.039	0.153	0.576	0.543

（四）稳健性检验

本文还使用了樊纲等测算的 2003~2007 年的市场化指数变化来衡量管制的松紧程度，结果总结为表 6。在表 6 中，市场化指数变化依旧对服务业生产率增长有不显著的负面影响。因为放松管制不一定体现为民营资本的进入，也有可能体现为国有企业的退出。本文又以新增国有及集体职工占比变化以及新增国有及集体固定资产投资变化为解释变量，对式(9)进行回归，得出表 7 和表 8。

表 6 市场化指数变化对服务业生产率增长的影响

变量	GLP	GLP	GTFP	GTFP
市场化指数变化	−0.44		−0.00796	
（滞后一期）		−0.0396		−0.0202
常数项	4.22***	0.0926**	0.0822***	0.0476*
时间项	包括	包括	包括	包括
样本数	124	124	124	124
R^2	0.074	0.067	0.078	0.079

表 7 管制对服务业生产率增长的影响（劳动力指标）

变量	GLP	GLP	GTFP	GTFP
新增国有及集体职工增长率	−0.0123		−0.0488**	
（滞后一期）	0.0146		0.0451	
新增国有集体职工比重		−0.0167		−0.0598*
（滞后一期）		−0.164		0.189
时间项	包括	包括	包括	包括
常数项	0.0621**	0.0605**	−0.0472**	−0.0430**
样本数	151	186	155	151
R^2	0.099	0.068	0.179	0.203

表 8 管制对服务业生产率增长的影响（投资指标）

变量	GLP	GLP	GTFP	GTFP
新增国有及集体固定资产投资增长率	0.00981		−0.360***	
（滞后一期）	0.0406		−0.245***	
新增国有及集体固定资产投资比重		0.0586		−0.0973***
（滞后一期）		0.0896		0.0516

续表

变量	GLP	GLP	GTFP	GTFP
常数项	0.0510	0.0516	2.939***	−0.00423
R^2	0.023	0.013	0.422	0.592
样本数	90	90	90	90

表7和表8中，放松管制的指标和全要素生产率增长（GTFP）有显著的负面关系。国有垄断力量的下降（增加），服务业全要素生产率增加（降低），而国有垄断势力的减少对服务业劳动生产率（GLP）的影响不明显。全要素生产率代表了技术进步，而技术进步又以创新为前提条件，这个结果与第三部分的结论之一是吻合的：管制越松，越有利于企业创新和生产率增长。

五、进一步分析和结论

本文的实证分析发现，当放松管制体现为私营以及外资企业实际进入和市场自由化时，它对生产率增长具有负面或不相关的作用。当用港澳台外资的新增固定资产投资衡量放松管制程度时，存在正面但不显著的关系。但这些结果并不能说明放松管制不利于服务业生产率的增长，或者不应当引入竞争机制。因为当放松管制体现为国有以及集体企业垄断力量的下降时，它与生产率的增长有显著关系。如上结果表明现阶段我国服务业发展的复杂问题，有以下几种可能存在：

第一，服务业在市场化进程中出现了结构性失衡。如果高生产率行业管制严、进入壁垒高，而低生产率的劳动密集型行业管制松、进入壁垒低，那么进入壁垒的降低和管制的放松将加速低进入壁垒的行业发展，大部分劳动力和资本也将流入这些行业。结构上看，服务业中高生产率的行业占比高，其整体生产率就高。我国服务业中，国有企业多集中在生产率高的行业，私营企业多集中在生产率低的行业。市场化进程主要在生产率低的行业发生。这种模式的进入必然使生产率结构性偏低。由2010年的统计看，市场化程度较高的几个行业，如信息软件业、批发零售业、住宿餐饮业、租赁和商务服务业，占增加值比重不足35%，但在当年吸纳其他单位就业人员的行业中，这几个行业占了47%。而这些行业中，民营资本的进入主要发生在生产率低的行业。以批发零售业为例，该行业市场化程度较高，如其他单位就业人员占比在服务业13个部门中居于首位，为21.87%，私人投资仅次于房地产业，居第二位（3838亿元），而批发零售业一般认为是生产率较低的劳动密集型行业。

第二，服务业某些行业的现有垄断势力过强，或者受到极强的保护。一方面，现有垄断势力维持着低效率的生产，但因为受到各种保护，其他资本进入市场对在位垄断势力没有威胁作用，现有垄断势力没有动力提高生产率，市场内部不创新；另一方面，如果强化制度性壁垒，可能就从另一方面弱化了市场性壁垒。现有垄断势力低效率的现状使进入企业只需跨越进入管制这道障碍，便可以在市场内以低效率和国有企业并存，于是新进入企业的生产效率也不高。两方面的作用弱化了新企业进入对生产率的促进作用。

第三，对于民营资本的管制可能并未放松。虽然民营资本确实有所增加，但它们的生存环境进一步恶化；对国有垄断力量的保护却增强了。这种保护，可能以另一种形式发生，却无法体现在数据上。譬如最近提出的"公益型国企"和"竞争型国企"。垄断势力保护带来的效率损失中和了市场化的效率提升。这表明，如果左手放松对民营资本的管制，右手加强对国有资本的垄断保护，这样的政策就难以发挥预期效果。表现在实证结果上，就可能是：垄断力量下降促进生产率提升，自由化程度上升反而对生产率没有影响。

第四，完全自由进入在服务业中可能无法实现社会福利的最大化。市场经济必须建立在公正透明的法治基础上，完全放开进入管制，在现有环境下经常体现为监管空白或监管不到位。例如，对于新兴的行业——电子商务业及物流业，就存在市场准入标准过低、企业资质良莠不齐、市场竞争无序的混乱局面。在如此背景下大量缺乏资质的民营资本进入，对行业效率的提升无疑是没有帮助的。因此，设立进入行业达到的最低质量标准，能够增加社会福利。

以上几个问题的存在正是我国服务业国有垄断性过强、市场化程度不够、国有企业改革相对缓慢、民营资本经营环境较差的体现。因此，本文的研究意义和政策内涵是：首先，明确政府在服务领域的主要职能，缩短过长战线，退出一般竞争性领域，对于能够引入竞争的行业，引导民间资本进入；对于难以开放的行业，推动现有国有企业的市场化改革，引入内部的竞争机制，提升生产效率。其次，优化民间资本服务业的经营环境，放宽对民间资本不合理的市场化准入限制，加强对服务业企业的融资支持，逐渐消除对民间资本的歧视和不公平待遇。最后，应完善相关法规、行业质量标准和竞争秩序的制定，发挥行业协会及其他社会组织的作用，随着法治建设水平的提高，逐步为服务业健康发展提供有力的保障。

参考文献

[1] 国务院发展研究中心市场经济研究所课题组. 经济结构优化调整中着力促进服务业发展的制度环境研究 [J]. 经济研究参考，2011 (40)：2-44.

[2] Aghion P., R. Blundell and R. Griffith. Entry and Productivity Growth: Evidence from Microlevel Panel Data [J]. Journal of the European Economic Association, 2004 (2)：265-274.

[3] Cillier P., D. Dollor. Can the World Cut Poverty in Half? How Policy Reform and Effective Aid Can Meet International Development Goals [J]. World Development, 2001, 29 (11)：1787-1802.

[4] Scarpetta N., G. Nicletti. Regulation, Productivity and Growth: OECD Evidence [J]. Economic Policy, 2003, 18 (36)：9-72.

[5] Poschke M. The Regulation of Entry and Aggregate Productivity [J]. The Economic Journal, 2010 (120)：1175-1200.

［6］杨骞，刘华军. 中国烟草产业行政垄断及其绩效的实证研究 ［J］. 中国工业经济，2009（4）：51-61.

［7］孙燕铭. 我国政府干预下的市场壁垒对产业绩效的影响 ［J］. 经济理论与经济管理，2010（10）：46-52.

［8］顾乃华. 服务业低效率体制的成因以及后果 ［J］. 社会科学研究，2006（5）：73-77.

［9］Helpman E. Trade，FDI and the Organization of Firms ［J］. American Economic Association，2006，44（3）：589-630.

［10］徐现祥，周吉梅，舒元. 中国省区三次产业物质资本存量估计 ［J］. 统计研究，2007（5）：6-13.

［11］樊纲等. 中国市场化指数——各地区市场化相对进程 2009 年报告 ［M］. 北京：经济科学出版社，2010.

［12］汪伟，史晋川. 进入壁垒与民营企业的成长 ［J］. 管理世界，2005（4）：132-140.

［13］Ponsatí C.，J. Sákovics. Queues，Not Just Mediocrity：Inefficiency in Decentralized Markets with Vertical Differentiation ［J］. International Journal of Industrial Organization，2008，26（4）：998-1014.

Access Control and the Productivity of China's Service Industry
—Empirical Study Based on Industry Panel

Liu Danlu

(Research Institute of Financial and Economic Strategies,
Chinese Academy of Social Sciences, Beijing 100045, China)

Abstract：This article studies the influence of China's services control policy on industry productivity. Adopting a monopoly—competition model based on service products, this article analyzes the mechanism of control on productivity：Control enhances monopoly, and it does harm to the access of highly—efficient firms and the innovation of the existing firms. The test on the provincial panel data from 2003 to 2010 shows that：If deregulation means the decrease of monopolistic power of state —owned and collective enterprises, it has an obviously positive relationship with the growth of TFP；and if deregulation means market liberalization and actual access of private and foreign —funded firms, it has negative or irrelevant relationship with productivity. The results above could be the reflections of excessively strong monopoly of China's service industry and insufficient marketization.

Key words：Control；Access barrier；Productivity；Service industry

产业转移的潜在收益估算
—— 一个劳动力成本视角*

吴要武

（中国社会科学院人口与劳动经济研究所，北京　100028）

【摘　要】 改革开放以来，东部地区一直是中西部劳动力跨省迁移的目的地。随着劳动力短缺和工资成本持续上升，劳动密集型产业在东部地区失去比较优势，开始向中西部地区转移。把跨省迁移者与省内迁移者的收入差异视为厂商转移资本的（最大）收益，本文估算了中西部地区跨省迁移者与省内迁移者的收入差异，进而估算东部产业向中西部地区转移时可能的收益空间。尽管跨省迁移者与省内迁移者的收入差异显著，但推算的总收益规模为805亿~1573亿元，对引导东部劳动密集型产业向中西部转移来说，这个收益似乎不如原先设想得那么大。这意味着，政府和学术界期待的在地区间实现产业转移的模式，不能单纯依靠市场力量来实现。

【关键词】 倾向得分匹配；产业转移；劳动力流动

一、引 言

2003年春，东南沿海地区开始出现劳动力短缺，2005年，"招工难"已经蔓延到中西部城市。人力资源和社会保障部每年的企业监测调查数据显示，企业缺工越来越严重，2009年，约75%的企业自称没有招满所需的劳动者（蔡昉，2010）。传统的劳动密集型产业遭遇缺工现象最严重。与此同时，农村劳动力向城镇转移速度也开始变慢：经过30年的高速增长和人口年龄结构变化，农村似乎没有"剩余劳动力"来填满企业的用工需求了。与短缺相伴随的是农民工实际工资水平快速提高（卢锋，2011）。劳动密集型产业的成本构成中，工资开支占主导地位，因此，厂商对工资水平变化敏感。工资持续上涨，使

---

* 本文选自《经济学（季刊）》2013年第13卷第1期。

劳动密集型产业在东部地区逐渐失去比较优势。

高速增长形成的经济格局是地区发展不平衡，东部沿海经济发达，劳动密集型企业众多，工资水平高于中西部地区，一直是农民工迁移的目的地。当劳动密集型产业在东部地区失去比较优势并退出的时候，可能的出路有两个：向发展水平更低的东南亚、南亚国家转移；向发展水平相对落后的中西部地区转移。劳动密集型产业支撑了中国经济的长期高速增长，无论是中央政府还是学术界，都希望产业转移在东部和中西部之间完成，使传统增长模式能持续更长一段时间，而不是轻易转入其他发展中国家（蔡昉等，2009）。

在传统的条块分割和地区间"锦标赛"竞争体制下，所在地政府从厂商那里得到税收、就业、增长和政绩，因此，在吸引资本流入上竞争激烈（周黎安，2007、2008），表现为"引进来"和"留得住"。由于东部地区政府有更高的效能，如果挽留厂商在本地生产经营下去，那么，资本就很难向中西部地区流动。今天，东部的地方政府面对失去优势的劳动密集型产业，开始允许这些产业退出（房慧玲，2010），中西部地区就有了接受这些转移产业的可能。当前跨省迁移者主要是年轻劳动力，劳动密集型产业进入中西部时，不仅能吸引迁移劳动力回流，还可以雇用中西部那些年龄较大、现行条件下难以迁移的劳动力。这能缓解厂商面临的劳动力短缺，又可以支付比东部地区更低的工资，对劳动密集型厂商来说是个激励。另外，劳动密集型产业转移到中西部，中西部流出的劳动力也有激励返回家乡：节省跨省迁移成本，降低与家人分离的心理成本，还降低了生活成本。即使名义工资不变或下降一部分，实际福利水平仍高于跨省迁移。

2008年以前，一些东部省份就开始推行"腾笼换鸟"政策，以提高土地租金、选择性供应土地、调整政府收费标准、提高环境门槛等手段，把低附加值的劳动密集型产业"挤出"本地区，为引进高附加值产业腾出空间[1]，后者会吸纳更多技术劳动者，却排斥非技术劳动者。那么，仅靠工资差距能吸引这些低技术产业向中西部地区大规模转移，进一步开发中西部农村劳动力吗？对厂商来说，转移到中西部可以在多大程度上降低成本呢？

根据农村迁移劳动者的地区收入差距，估计东部劳动密集型产业向中西部转移带来的潜在收益，从而评估产业在地区间转移的可行性，这是本文的研究目的。

二、数　据

本文使用的数据为2005年1%人口抽样调查数据，这次调查实际完成样本约1698.6万人，占全国人口的1.31%。问卷询问了迁移者的出发地、户口性质和收入，使我们可以

---

[1] 广东省在2005年就推出了《关于我省山区及东西两翼与珠江三角洲联手推进产业转移的意见》，2008年5月又出台了《关于推进产业转移和劳动力转移的决定》（被称为"双转移"）。对这些政策效果的研究，可参见房慧玲（2010）。

准确识别迁移者的类型，如乡城迁移者、城城迁移者。问卷中的迁移者出发地信息，能识别迁移者来自哪里，将他们调整回出发地，可以区分跨省迁移者、跨县迁移者和县内迁移者。

虽然数据结构为观测性截面数据，就比较不同迁移群体的迁移收益这个目的来说，这个微观数据的优势是显而易见的。不仅样本巨大且覆盖全国，尤其重要的是，这是唯一询问了劳动者收入信息的人口抽样调查，收入信息能支持本文计算迁移收益。由于区域经济差异显著，出发地与目的地省份有着非常不同的社会经济特征，分省讨论迁移特征才能准确把握这种差异。大样本数据可支持分省考察，即使在省一级，各类迁移者的观测值最少也有上千人，避免了小样本问题。数据的大样本特征也是满足倾向得分匹配估计方法的适用条件之一（Sekhon，2008）。数据产生过程（DGP）的一致性具有如下优点：无论是跨省迁移者还是省内迁移者，他们都在同一时间填写同一个问卷，有同样的来源和定义，解决了两个群体间的可比性问题（Cameron 和 Trivedi，2005）。

本文将乡城迁移者样本挑出，专门研究这个群体。尽管乡城迁移者样本超过 70 万人，但分布到各省后，需要区分为跨省迁移者、（省内）跨县迁移者和县内迁移者，部分人口较少的省份还是会遭遇小样本问题，如西藏自治区。北京、上海和天津这三个直辖市，农业人口已经很少，乡城迁移者的数量更少，"省内迁移"的含义不同于其他省份。本文在计算迁移收益时，排除了这三个直辖市和西藏自治区。青海、宁夏、海南等省份，人口并不比西藏多，但各类迁移者样本最少也有数千人，因此，保留了上述省份。本文最终使用了 27 个省份的数据，分省观察。

乡城迁移者的分布与特征。中西部地区寻求非农就业的农村迁移者，一部分迁移到东部省份寻找非农就业；另一部分在本地区（省内）寻求非农就业。表1报告了全国乡城迁移者的分布状况。东部非农就业机会多，农村劳动者主要在本县或本省寻找非农就业，迁往省外者只有 21%；中西部非农就业机会少，主要迁往省外寻求就业机会，中部地区迁往省外者为 63%；西部地区为 54%。在所有跨省迁移者中，来自中西部地区者占 85%。可

表1 全国乡城迁移者的分布

单位：%

出发地	县内迁移	省内迁移	跨省迁移	总计
东部	31.2	47.5	21.3	100
	(43.4)	(53.1)	(15.2)	(33.2)
中部	18.0	19.0	63.0	100
	(28.6)	(24.3)	(51.4)	(37.9)
西部	23.1	23.2	53.7	100
	(28.0)	(22.6)	(33.4)	(28.9)
全国	23.9	29.7	46.4	100
	(100)	(100)	(100)	(100)

注：括号内为按列计算的各类迁移者的分布。

资料来源：2005 年 1%人口抽样调查数据。

以推断,一旦中西部出现了大量非农就业机会,这些来自中西部的劳动力就会返回家乡。

理论上,可以把中西部地区非农就业者的收入视为跨省迁移者的机会成本,但在经验比较时,却面临着异质性难题:跨省迁移者和在省内迁移者之间可能存在着观测到的和观测不到的差异。描述性统计信息显示出这种观测到的差异(见表2)。

表2 不同类型迁移者的基本信息

	县内迁移	跨县迁移	跨省迁移	总计
年龄(岁)				
东部	32.2	29.1	29.4	30.1
中部	31.3	31.6	27.8	29.2
西部	30.9	29.8	27.8	29.0
全国	31.6	29.9	28.1	29.4
男性(%)				
东部	45.9	50.4	54.5	49.9
中部	46.7	49.5	52.2	50.7
西部	45.3	49.2	52.1	49.8
全国	46.0	49.9	52.5	50.2
平均受教育水平(年)				
东部	8.22	8.60	8.69	8.50
中部	8.16	8.12	8.42	8.32
西部	7.75	7.85	8.14	7.98
全国	8.07	8.32	8.37	8.28
有配偶(%)				
东部	74.52	62.52	68.06	67.17
中部	75.79	75.34	63.17	67.30
西部	77.24	72.97	64.01	68.65
全国	74.52	62.52	68.06	67.17
月工资(元)				
东部	957	1042	1150	1047
中部	709	760	980	916
西部	714	751	903	843
全国	826	921	978	936

资料来源:2005年1%人口抽样调查数据。

中西部地区的跨省迁移者更年轻,平均年龄只有27.8岁,省内迁移者则为29~32岁。男性更可能跨省迁移,中西部地区的跨省迁移者,男性占52%,而县内迁移者中,男性只占45%~47%。跨省迁移者的受教育水平更高,中西部地区分别为8.4年和8.1年,比省内迁移者约高出0.3年。婚姻状况会影响迁移距离,有配偶的劳动者需要更多的家庭照料,跨省迁移意味着更少的家庭照料和更高的心理成本,因此,跨省迁移者中有配偶的比例显著低于省内迁移者,但省内跨县迁移者与县内迁移者群体,有配偶的比例则相对较为接近。从这些可观测的差异就能判断，在评估不同迁移群体的收入差距时，必须处理异质性导致的估计偏差。

表2最下面的一栏报告了各类迁移者的月平均工资。与前述信息相一致：东部地区的县内迁移者与省内迁移者，虽然平均工资低于跨省迁移者，但明显高于中西部地区，也高于中西部地区的跨省迁移者；中西部地区的跨省迁移者平均月工资要比省内迁移者和县内迁移者高出150~270元。从这些描述性信息可得出如下判断：第一，农民工的地区收入差距显著；第二，如果发生产业转移，存在劳动力资源优化配置的可能性。

三、经验分析框架

跨省迁移者和省内迁移者在可观测特征上存在显著的差异，那么也可能存在无法观测的差异。在比较跨省迁移者与省内迁移者的收入时，要对这两类差异进行谨慎处理，以减轻估计偏差。当现有观测性数据结构特征使本文难以构建一个"控制干预"的自然实验框架时，倾向得分匹配估计是接近准确区分的可选择经验策略。

(一) 倾向得分匹配方法

为了弄清跨省迁移者相较于省内迁移者真实的收入优势，本文面临的最大挑战是寻找反事实假设：如果这些跨省迁移者选择了省内迁移，他们的收入将会是多少？观测性截面数据只显示一个状态，跨省或省内迁移，严格的反事实假设是找不到的，只能借助于一些无法检验的假设，构建出近似的控制组和干预组。利用大样本截面数据，本文采用倾向得分匹配估计方法（Rosenbaum 和 Rubin，1983），其适用性建立在两个假定上：非混淆性和共同支持条件。在本文研究背景下，非混淆性假定的含义为：两个相对同质群体的收入差异，仅仅归因于他们在决定迁移目的地时选择了"跨省"还是"跨县或省内"。共同支持条件在这里的含义是："控制组"（跨县迁移者）和"干预组"（跨省迁移者）在匹配得分范围上要有一定的重合区域，这些重合区域内的样本才是可比的。把跨省迁移视为接受干预，省内迁移视为未接受干预，则两个群体里有共同接受干预得分的样本，假定其误差项的分布是相同的，可以把未接受干预者视为接受干预者的控制组（Di Nardo 和 Lee，2011）。

首先对迁移群体及其所处环境进行分析，通过弄清他们在特殊约束条件下可能的选择，来讨论倾向得分匹配方法的适用性。传统二元经济条件下，农业和非农业存在显著的收入差距，家庭作为市场决策主体时，愿意把劳动力成员配置在非农行业。由于本地缺少非农就业机会，迁移到其他地区是大多数人的选择。经验证据显示，迁移（出）群体与留守务农或在本地从事非农就业的群体存在异质性（Zhao，1999）。

如果去掉留守务农的样本和从事本地（乡内）非农就业的样本，把迁移出去的样本作为待分析目标群体，这个群体是相对同质的。可进一步假设，那些做出迁移决定后的群体，面对的下一步决策是选择目的地：外省，本省其他县市，或本县其他乡镇。在迁往外省的群体中，存在两类人：第一类是只会迁往外省（比如偏好风险）；第二类是对迁往外省还是本省没有主观偏好（风险中性），仅仅是机会等偶然事件（如信息获得）使他们选择了迁往外省。在省内迁移者群体中，也会有两类人：第一类对省内迁移还是迁往外省没有偏好（风险中性），选择省内迁移来自机会等偶然因素；第二类厌恶迁移距离，不愿意跨省迁移。

可以假定，跨省迁移者中的第二类人（群）和省内迁移者的第一类人（群）是更接近同质的，因此是可以比较的：假定跨省和省内两个倾向得分相同的次级群体，对迁移方向的选择是近似于随机决定的。这时，可以认为满足了"非混淆性假定"：跨省迁移者与省内迁移者之间可比较的收入差异，即跨省迁移收益。"省内迁移"或"跨省迁移"是干预状态 D(0，1)，这是本文选择方程中的被解释变量，方程形式设定为 Logit 模型。

（二）解释变量的选择

在倾向得分匹配估计中，一个重要环节是为跨省迁移与否（D）选择解释变量 X。这些变量要尽可能接近外生，"前定于"迁移决策；对迁移选择有影响；还要与目的地的收入水平相关。根据劳动力市场理论和中国的经验事实，本文选择以下解释变量：劳动者的年龄、性别、婚姻状况、家庭内关系（比如户主、配偶等）和民族等人口学因素；受教育程度等人力资本因素。这些因素不仅会影响劳动者的迁移决策，也会影响其在目的地市场上的表现。

另一个影响迁移的因素是出发地的社会经济环境。社会环境意味着潜在迁移者所面对的机会成本、文化和对待风险的态度，还意味着社会关系网络和迁移的历史传统，这会影响迁移者目的地的搜寻成本和成功入职的概率及保留工资。在微观数据里，本文将出发地地级市作为控制变量引入选择方程。这些解释变量大多为二分变量，只有年龄和受教育水平可视为连续变量——也是有限的，但大样本可较好地避免维度难题。

在倾向得分匹配估计中，虽能预期解释变量会朝某个方向影响迁移选择，但真实的方程形式应该是什么样的，却无法先验地设定。如年龄、受教育年限等连续变量的形式应该是一阶还是高阶，一些二分变量是否与其他变量产生交互项等，会影响匹配质量，在模型设定时要考虑这些连续变量的阶数。本文选择方程的基本形式为线性，然后扩展为线性高阶。

（三）对共同支持条件的检验

在干预组和控制组里，各有一部分样本有共同的观测性特征，这些特征影响着迁移决策及概率大小。考虑到大样本带来的运算困难，在对跨省迁移者和省内迁移者做比较时，根据预测得到的倾向得分 P(X) 进行匹配，有相同得分（P(X)）的跨省或省内迁移者就相互构成反事实假设（Black 和 Smith，2004）。通过迁移决策（Logit）模型估计每个人的迁移概率（得分）并观察其重合区域，这部分样本满足共同支持条件，通过分析跨省迁移者和省内迁移者样本的得分（P(X)）分布，可以评估共同支持范围和匹配估计的质量。

图 1 报告了全国 27 个省份跨省迁移者与省内迁移者的倾向得分分布状况。不同省份选择跨省迁移与省内迁移的得分有显著差异，但各省的两组迁移者得分都在一定范围内。总的来说，干预组呈右偏峰（向 1 方向偏斜），控制组呈左偏峰（向 0 方向偏斜），符合共同支持条件。两组得分分布与我们的经验认知相一致，比如，福建、江苏和浙江三个跨省迁移目的地省份，跨省迁移者与省内迁移者的得分几乎是沿 X 轴对称的钟形曲线；广东省的跨省迁移者得分偏向 0，说明广东省农村劳动者不愿意到省外寻找非农就业机会。从视觉图可看出，本文数据满足倾向得分匹配的共同支持条件。

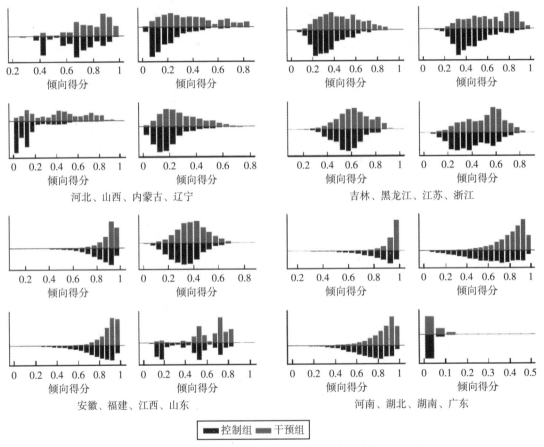

图 1　全国 27 个省份倾向得分分布状况①

————————

① 为了使视图效果清晰简洁，作者采取 4 个省份一组的方法进行拼接。根据省份代码排序，每个窗格内的省份顺序为"左上→右上→左下→右下"。

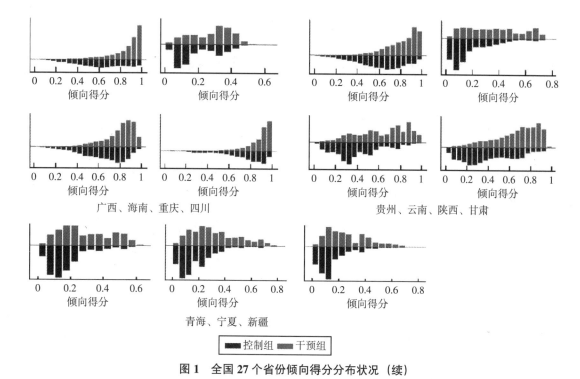

广西、海南、重庆、四川　　　　　　　　贵州、云南、陕西、甘肃

青海、宁夏、新疆

■ 控制组 ■ 干预组

图1　全国27个省份倾向得分分布状况（续）

27个省份视觉图还证实了分省处理的必要性：由于区域经济发展不平衡，各省迁移群体的得分范围是显著不同的。如河北省的得分主要分布在0.4~1；海南省的得分在0~0.5；广东省的得分只有0~0.2。如果不进行分省处理，地区经济不平衡导致的丰富变异就会随着样本的增大而减少甚至消失：干预组和控制组的得分都会朝着接近对称的钟形曲线偏斜，主要分布在0.6~0.8。

共同支持条件要求舍弃那些共同支持域以外的样本，在两组样本中，它们更可能是存在异质性偏差的样本。已有的研究显示，即使存在选择性偏差，当比较两组样本中得分相同的样本时，倾向得分匹配估计也有效减轻了偏差（Dehejia和Wahba，2002）。

结合以上分析，本文构建如下经验方程，估计跨省迁移的收入优势：

$$\tau_{ATT}^{PSM} = E_{P(X)|D=1}\{E[Y(1)|D=1, P(X)] - E[Y(0)|D=0, P(X)]\} \tag{1}$$

等式左端是指满足共同支持条件下经过得分值加权后两个迁移群体的平均收入差距。等式右端，P（X）是指倾向得分，具有相同倾向得分的两组迁移者构成了反事实假设组。D＝1表示跨省迁移；D＝0表示省内迁移（或跨县）；Y（1）表示跨省迁移者的收入；Y（0）表示省内迁移者的收入。调整一下控制组，可以便利地扩展到跨省与跨县迁移者对比。

四、迁移者的收入差距——回归分析结果

本文首先采用OLS方法估计跨省迁移收益，为PSM方法提供一个参照。将迁移者的月工资对数值作为被解释变量；将是否跨省迁移作为主变量（Interesting Variable）；控制变量分别为年龄、性别、民族、家庭内关系和受教育年限。在地级市层面进行聚类回归。表3左边窗格报告了主变量"跨省迁移"的估计系数和标准差。

表3 跨省迁移者的相对收益（OLS估计结果）

省份	跨省与省内迁移者			跨省与跨县迁移者		
	系数	标准差	观测值	系数	标准差	观测值
河北	0.373	0.008	28052	0.337	0.009	25601
山西	0.381	0.012	14331	0.338	0.013	10176
内蒙古	0.333	0.012	17331	0.285	0.012	13339
辽宁	0.413	0.011	18356	0.374	0.011	14988
吉林	0.412	0.010	15584	0.374	0.011	12991
黑龙江	0.398	0.008	22345	0.358	0.009	20256
江苏	0.177	0.005	47955	0.148	0.005	44792
浙江	0.038	0.008	29001	−0.013	0.009	21664
安徽	0.334	0.007	66517	0.283	0.008	63517
福建	0.205	0.007	29004	0.165	0.008	23904
江西	0.409	0.008	44745	0.375	0.010	41564
山东	0.281	0.006	40665	0.222	0.006	34014
河南	0.444	0.009	51624	0.398	0.010	50220
湖北	0.431	0.006	56068	0.402	0.006	52537
湖南	0.323	0.005	71255	0.294	0.006	67038
广东	−0.038	0.012	106695	−0.082	0.012	90333
广西	0.337	0.007	46037	0.289	0.008	42668
海南	0.451	0.014	8476	0.427	0.015	6556
重庆	0.280	0.007	31237	0.198	0.010	27181
四川	0.355	0.006	74430	0.281	0.007	70388
贵州	0.302	0.009	24671	0.270	0.010	22503
云南	0.366	0.011	20400	0.312	0.011	15960
陕西	0.420	0.009	21090	0.382	0.010	17231
甘肃	0.373	0.012	12563	0.318	0.013	10387
青海	0.348	0.025	5095	0.301	0.025	4507
宁夏	0.347	0.022	4320	0.332	0.023	3019
新疆	0.418	0.021	4916	0.391	0.022	4137

注：被解释变量为月工资对数值；在此报告了主变量（跨省迁移）的系数和标准差。左边窗格：跨省迁移者为1，省内迁移者为0。右边窗格：跨省迁移者为1，跨县迁移者为0。控制变量包括年龄、性别、民族、与户主关系、受教育年限（未报告）；在地级市层面聚类回归。

首先，中部地区省份从跨省迁移中获得了最大的收益。吉林、江西、河南、湖北等中部省份，"跨省迁移"的系数达到 0.4 甚至更高，山西和安徽的跨省迁移者收益也在 0.3 以上。

其次，西部地区的人口大省也从跨省迁移中获得了显著收益。四川、贵州、广西和陕西是西部的人口大省和重要劳动力输出地，这些省份的跨省迁移系数介于 0.28~0.42；甘肃、青海、宁夏和新疆等人口较少省份，跨省迁移的收益在 0.34~0.42。

最后，东部一些经济相对落后的省份，也是跨省迁移的输出地。河北、辽宁和海南等省，地理上属于东部地区，但发展水平相对落后，也是农村劳动力的输出地。这些省跨省迁移的系数介于 0.33~0.46，迁移收益接近于中部省份。那些劳动力迁移目的地省份，如江苏、浙江、福建和广东，其跨省迁移的系数远低于其他省份，江苏与福建分别为 0.18 和 0.21，浙江只有 0.04，而广东甚至为负值，即-0.04。

表 3 右边的窗格报告了跨省迁移者相对于跨县迁移者的收益。这两个群体有着更接近的特征。改变控制组后，几乎每个省的跨省迁移系数都出现了显著下降：东部省份的跨省迁移收益更小；中部地区的收益介于 0.28~0.4；西部地区介于 0.2~0.39。在东部地区，相对于跨县迁移者，广东省跨省迁移系数为-0.08；浙江不显著异于 0；江苏和福建两省份的系数分别为 0.15 和 0.17。显然，东部各省从跨省迁移中得到的收益要小于中西部省份。

本文还进一步观察了省内迁移者中跨县迁移与县内迁移的收益，除了广东、浙江等少数东部省份，跨县迁移与县内迁移的收益远低于跨省迁移的收益。这意味着迁移的距离与收益正相关，其背后的经济含义是，迁移改善了劳动力资源的配置效率。一个同方向的推论是，离开家庭必须得到相应的补偿。

五、倾向得分匹配估计结果

（一）样本特征与匹配算法

匹配算法的选择首先取决于样本分布特征。在中西部各省，劳动者以向省外迁移为主，省内迁移人数远少于跨省迁移，匹配时，面临着干预组和控制组观测值的数量差异问题。以河南为例，跨省迁移（出）者有 41239 个观测值，而省内跨县迁移者只有 1803 个观测值。如果采用一一匹配方法，1803 个跨县迁移者几乎都能与跨省迁移者匹配起来，但跨省迁移者的绝大多数样本都会被舍弃。从直觉上判断，即使有可信的依据，也不能舍弃大多数观测样本。估计偏差与估计效率之间具有替代性，需要兼顾结果的无偏性和有效性。解决这个难题的办法是采取替换匹配：将控制组观测样本固定，重复与干预组样本进行匹配。

由于跨省与省内迁移者的得分分布存在差异，为确保两组样本都满足共同支持条件，笔者对匹配得分范围进行控制，只有得分值都介于某个范围内的两组样本才可进行比较（$a < \hat{P}(X) < b$）。匹配算法的细致选择对小样本数据更有意义，对大样本数据来说，无论选择什么样的算法，都会收敛于精确匹配（Smith 和 Todd，2005）。

（二）不同算法下的匹配估计结果——以省内迁移者为参照组

为了减少异质性对估计结果的影响，笔者首先从迁移的成本—收益理论出发设定控制组和干预组，将省内迁移者区分为"跨县"和"县内"两类。一方面，跨县迁移者更接近于跨省迁移者；另一方面，就研究目的来说，当东部产业转移到中西部地区时，回流的劳动力未必总能在县内找到与自己知识技能相匹配的岗位，那么，跨县迁移或许是更现实的选择。因此，本文采取两种方法：跨省迁移者与省内（所有）迁移者做比较；跨省迁移者与跨县迁移者做比较。

算法选择：本文先尝试无替换匹配，然后主要使用替换匹配。接着，将匹配算法扩展到共同支持条件：只对两组共同支持的得分范围内样本进行匹配。从图1可以看出，两组得分常呈反方向偏斜，改善匹配估计一致性的办法之一是修剪得分两端的样本，大样本特征允许笔者修剪掉5%的样本。如果无法观测的（跨省或省内）迁移偏好与匹配得分高低是一致的，则修剪掉得分两端样本会进一步减轻异质性偏差。

表4中的模型（1）和模型（2）都是非替换算法，模型（1）设定形式为线性方程，模型（2）在模型（1）中增加连续变量"年龄"和"受教育年限"的平方。匹配方法采用邻近匹配。结果显示，中西部地区的跨省迁移者收入水平显著高于省内迁移者，大多数在30%以上；在东部不发达省份，如河北、辽宁、海南等，跨省迁移者的收入优势与中西部省份相当，但东部发达省份，如江苏、浙江、福建、山东和广东等，跨省迁移者的收入优势显著下降，广东省为-7%~-5%，浙江省约为2%。将匹配方程分别设定为线性与设定为高阶时，在非替换算法下没有显著差异。

表4　跨省迁移者与省内迁移者的收入差异（Outcome：对数工资）

省份	（1）	（2）	（3）	（4）	（5）	（6）	（7）	（8）
河北	0.339	0.338	0.370	0.371	0.363	0.343	0.344	0.346
	(0.012)	(0.012)	(0.024)	(0.024)	(0.023)	(0.023)	(0.023)	(0.022)
山西	0.317	0.306	0.308	0.308	0.256	0.309	0.309	0.294
	(0.012)	(0.012)	(0.028)	(0.028)	(0.038)	(0.028)	(0.028)	(0.028)
内蒙古	0.295	0.279	0.296	0.296	0.288	0.272	0.272	0.260
	(0.012)	(0.012)	(0.028)	(0.028)	(0.028)	(0.026)	(0.026)	(0.027)
辽宁	0.326	0.317	0.320	0.320	0.322	0.275	0.273	0.269
	(0.015)	(0.015)	(0.024)	(0.024)	(0.025)	(0.025)	(0.025)	(0.026)
吉林	0.393	0.390	0.419	0.413	0.397	0.393	0.393	0.361
	(0.013)	(0.013)	(0.024)	(0.023)	(0.025)	(0.022)	(0.022)	(0.023)
黑龙江	0.364	0.361	0.398	0.396	0.393	0.425	0.421	0.419
	(0.011)	(0.011)	(0.021)	(0.021)	(0.022)	(0.021)	(0.021)	(0.022)

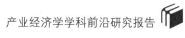

续表

省份	（1）	（2）	（3）	（4）	（5）	（6）	（7）	（8）
江苏	0.121	0.124	0.125	0.124	0.123	0.115	0.115	0.117
	(0.006)	(0.006)	(0.014)	(0.014)	(0.015)	(0.014)	(0.014)	(0.015)
浙江	0.021	0.019	−0.014	−0.013	−0.012	−0.001	−0.001	−0.003
	(0.009)	(0.009)	(0.020)	(0.020)	(0.022)	(0.020)	(0.021)	(0.022)
安徽	0.339	0.342	0.350	0.350	0.353	0.343	0.343	0.346
	(0.011)	(0.011)	(0.018)	(0.018)	(0.018)	(0.018)	(0.018)	(0.018)
福建	0.169	0.157	0.157	0.157	0.143	0.156	0.157	0.160
	(0.008)	(0.008)	(0.016)	(0.016)	(0.018)	(0.016)	(0.016)	(0.018)
江西	0.343	0.335	0.379	0.378	0.372	0.391	0.390	0.379
	(0.012)	(0.012)	(0.022)	(0.022)	(0.022)	(0.022)	(0.022)	(0.022)
山东	0.232	0.233	0.216	0.216	0.217	0.215	0.215	0.217
	(0.006)	(0.006)	(0.017)	(0.017)	(0.018)	(0.017)	(0.017)	(0.018)
河南	0.421	0.419	0.449	0.448	0.445	0.444	0.443	0.441
	(0.017)	(0.017)	(0.031)	(0.030)	(0.030)	(0.030)	(0.029)	(0.029)
湖北	0.394	0.393	0.381	0.380	0.378	0.378	0.378	0.374
	(0.008)	(0.008)	(0.017)	(0.017)	(0.017)	(0.017)	(0.017)	(0.017)
湖南	0.282	0.282	0.275	0.275	0.270	0.281	0.281	0.267
	(0.008)	(0.008)	(0.015)	(0.015)	(0.014)	(0.016)	(0.016)	(0.014)
广东	−0.070	−0.058	−0.064	−0.064	0.001	−0.052	−0.052	−0.035
	(0.017)	(0.017)	(0.025)	(0.025)	(0.080)	(0.025)	(0.025)	(0.085)
广西	0.349	0.352	0.353	0.353	0.352	0.352	0.352	0.361
	(0.010)	(0.010)	(0.020)	(0.020)	(0.019)	(0.021)	(0.021)	(0.019)
海南	0.416	0.419	0.418	0.417	0.426	0.423	0.423	0.408
	(0.015)	(0.015)	(0.041)	(0.041)	(0.043)	(0.043)	(0.043)	(0.045)
重庆	0.282	0.281	0.241	0.241	0.235	0.248	0.248	0.244
	(0.010)	(0.010)	(0.027)	(0.027)	(0.026)	(0.026)	(0.026)	(0.026)
四川	0.392	0.398	0.379	0.379	0.372	0.390	0.390	0.386
	(0.009)	(0.009)	(0.018)	(0.018)	(0.017)	(0.018)	(0.018)	(0.018)
贵州	0.316	0.320	0.356	0.356	0.345	0.353	0.353	0.336
	(0.012)	(0.012)	(0.025)	(0.025)	(0.024)	(0.025)	(0.025)	(0.024)
云南	0.382	0.363	0.374	0.372	0.365	0.344	0.343	0.338
	(0.009)	(0.009)	(0.026)	(0.026)	(0.026)	(0.025)	(0.025)	(0.025)
陕西	0.342	0.342	0.431	0.430	0.421	0.421	0.419	0.403
	(0.010)	(0.010)	(0.025)	(0.025)	(0.024)	(0.026)	(0.026)	(0.024)
甘肃	0.304	0.303	0.369	0.367	0.353	0.398	0.399	0.380
	(0.013)	(0.013)	(0.028)	(0.028)	(0.028)	(0.028)	(0.028)	(0.028)
青海	0.456	0.409	0.478	0.474	0.476	0.489	0.488	0.447
	(0.029)	(0.029)	(0.055)	(0.055)	(0.055)	(0.052)	(0.052)	(0.052)

续表

省份	（1）	（2）	（3）	（4）	（5）	（6）	（7）	（8）
宁夏	0.370	0.368	0.382	0.382	0.379	0.389	0.391	0.378
	(0.027)	(0.027)	(0.048)	(0.048)	(0.050)	(0.048)	(0.049)	(0.049)
新疆	0.404	0.352	0.376	0.378	0.371	0.371	0.372	0.369
	(0.036)	(0.036)	(0.057)	(0.057)	(0.059)	(0.056)	(0.057)	(0.058)

注：括号内为标准差；参照组为"省内迁移者样本"。

模型（3）至模型（8）采用替换算法，其中模型（3）至模型（5）为线性模型。首先看线性模型设定下的收入差异：模型（3）为邻近匹配，大多数省份的结果与模型（1）有同样的符号和显著性，且系数接近。浙江省的系数为−0.014，与模型（1）的符号相反，但统计上不显著。模型（4）在模型（3）的设定形式上增加了共同支持条件，与模型（3）相比，系数和标准差几乎完全一致。模型（5）在模型（4）的基础上修剪掉得分两端 5% 的样本，25 个省份的结果与模型（4）没有显著差异，但山西省的系数由 0.308 下降到 0.256，下降幅度显著；广东省则由−0.064 提高到 0.001，但这个系数在统计上不显著。

模型（6）至模型（8）的算法与模型（3）至模型（5）分别对应，只是在线性方程中添加了两个连续变量"年龄"与"受教育年限"的平方项。可以看出，无论是在模型设定中添加连续变量的高阶项，还是改变算法，每一个省份的估计结果都没有发生显著改变。这意味着，将省内迁移者作为跨省迁移者的参照组时，匹配后的收入差异是稳定的。

（三）跨省迁移者与跨县迁移者的比较

接着将跨县迁移者作为控制组，估算跨省迁移者的收入优势。省内跨县迁移者特征会更接近跨省迁移者，将它作为控制组能进一步减少异质性偏差。表 5 报告了不同算法下跨省迁移者与跨县迁移者的收入差异，对倾向得分的估计全部采取线性方程；模型（1）~（10）的差异主要是算法。为了减少匹配估计的潜在偏差，只采用控制组和干预组中满足共同支持条件的样本。

表 5　跨省迁移者的收入优势（Outcome：对数工资；Treatment：1，跨省迁移；0，跨县迁移）

省份	（1）	（2）	（3）	（4）	（5）	（6）	（7）	（8）	（9）	（10）
河北	0.331	0.322	0.309	0.325	0.318	0.306	0.320	0.329	0.315	0.324
	(0.017)		(0.022)	(0.070)	(0.030)	(0.028)	(0.015)	(0.017)	(0.030)	(0.027)
山西	0.290	0.293	0.259	0.241	0.262	0.251	0.279	0.290	0.241	0.260
	(0.019)		(0.021)	(0.087)	(0.028)	(0.023)	(0.018)	(0.019)	(0.029)	(0.019)
内蒙古	0.240	0.242	0.235	0.229	0.213	0.209	0.237	0.240	0.213	0.241
	(0.021)		(0.023)	(0.096)	(0.029)	(0.025)	(0.020)	(0.021)	(0.029)	(0.026)
辽宁	0.262	0.260	0.249	0.258	0.244	0.248	0.266	0.262	0.244	0.255
	(0.019)		(0.020)	(0.065)	(0.025)	(0.022)	(0.018)	(0.019)	(0.026)	(0.022)
吉林	0.336	0.338	0.333	0.339	0.348	0.342	0.341	0.340	0.340	0.336
	(0.019)		(0.020)	(0.087)	(0.027)	(0.024)	(0.018)	(0.020)	(0.027)	(0.023)

续表

省份	(1)	(2)	(3)	(4)	(5)	(6)	(7)	(8)	(9)	(10)
黑龙江	0.374	0.380	0.364	0.350	0.354	0.370	0.373	0.378	0.352	0.391
	(0.017)		(0.020)	(0.082)	(0.027)	(0.023)	(0.016)	(0.017)	(0.028)	(0.027)
江苏	0.107	0.104	0.104	0.101	0.081	0.103	0.116	0.106	0.087	0.096
	(0.006)		(0.007)	(0.014)	(0.013)	(0.010)	(0.006)	(0.006)	(0.016)	(0.008)
浙江	−0.052	−0.055	−0.052	−0.067	−0.035	−0.073	−0.042	−0.053	−0.041	−0.067
	(0.012)		(0.013)	(0.022)	(0.021)	(0.017)	(0.012)	(0.012)	(0.022)	(0.012)
安徽	0.312	0.302	0.305	0.286	0.281	0.294	0.324	0.307	0.284	0.296
	(0.014)		(0.015)	(0.020)	(0.021)	(0.018)	(0.013)	(0.014)	(0.022)	(0.016)
福建	0.131	0.129	0.129	0.121	0.124	0.115	0.137	0.130	0.131	0.111
	(0.009)		(0.010)	(0.020)	(0.017)	(0.013)	(0.009)	(0.009)	(0.018)	(0.010)
江西	0.325	0.309	0.302	0.278	0.277	0.283	0.319	0.320	0.292	0.300
	(0.017)		(0.020)	(0.028)	(0.028)	(0.024)	(0.016)	(0.017)	(0.030)	(0.023)
山东	0.181	0.180	0.189	0.164	0.172	0.168	0.180	0.181	0.171	0.180
	(0.008)		(0.008)	(0.016)	(0.017)	(0.013)	(0.007)	(0.008)	(0.018)	(0.009)
河南	0.343	0.384	0.390	0.389	0.392	0.384	0.333	0.346	0.392	0.382
	(0.019)		(0.025)	(0.026)	(0.033)	(0.028)	(0.017)	(0.019)	(0.033)	(0.018)
湖北	0.367	0.377	0.374	0.359	0.366	0.362	0.357	0.369	0.365	0.360
	(0.010)		(0.011)	(0.016)	(0.018)	(0.014)	(0.010)	(0.010)	(0.018)	(0.010)
湖南	0.241	0.256	0.261	0.243	0.249	0.253	0.232	0.245	0.241	0.253
	(0.009)		(0.011)	(0.015)	(0.016)	(0.013)	(0.008)	(0.009)	(0.015)	(0.010)
广东	−0.050	−0.103	−0.104	−0.122	−0.109	−0.124	−0.006	−0.059	−0.281	−0.107
	(0.017)		(0.017)	(0.030)	(0.025)	(0.021)	(0.017)	(0.017)	(0.117)	(0.021)
广西	0.324	0.341	0.338	0.321	0.322	0.324	0.309	0.326	0.318	0.332
	(0.015)		(0.018)	(0.016)	(0.024)	(0.021)	(0.013)	(0.015)	(0.023)	(0.012)
海南	0.421	0.418	0.412	0.439	0.422	0.435	0.425	0.421	0.427	0.411
	(0.019)		(0.021)	(0.062)	(0.044)	(0.033)	(0.019)	(0.019)	(0.046)	(0.023)
重庆	0.208	0.219	0.211	0.181	0.214	0.204	0.205	0.209	0.210	0.199
	(0.015)		(0.017)	(0.037)	(0.029)	(0.023)	(0.014)	(0.015)	(0.029)	(0.015)
四川	0.297	0.314	0.306	0.313	0.306	0.305	0.305	0.294	0.292	0.294
	(0.012)		(0.016)	(0.020)	(0.021)	(0.018)	(0.011)	(0.012)	(0.021)	(0.022)
贵州	0.320	0.350	0.353	0.358	0.359	0.352	0.301	0.325	0.349	0.350
	(0.018)		(0.021)	(0.067)	(0.027)	(0.023)	(0.016)	(0.018)	(0.027)	(0.020)
云南	0.349	0.357	0.345	0.323	0.328	0.347	0.347	0.351	0.317	0.333
	(0.015)		(0.016)	(0.048)	(0.026)	(0.020)	(0.014)	(0.015)	(0.026)	(0.017)
陕西	0.378	0.385	0.368	0.355	0.361	0.378	0.365	0.380	0.387	0.380
	(0.016)		(0.018)	(0.092)	(0.028)	(0.023)	(0.015)	(0.017)	(0.025)	(0.020)
甘肃	0.323	0.325	0.331	0.346	0.321	0.318	0.305	0.324	0.330	0.332
	(0.021)		(0.023)	(0.070)	(0.030)	(0.025)	(0.019)	(0.021)	(0.029)	(0.021)

续表

省份	(1)	(2)	(3)	(4)	(5)	(6)	(7)	(8)	(9)	(10)
青海	0.377	0.372	0.345	0.338	0.322	0.349	0.376	0.381	0.322	0.374
	(0.036)		(0.043)	(0.209)	(0.053)	(0.043)	(0.036)	(0.036)	(0.054)	(0.043)
宁夏	0.346	0.338	0.343	0.320	0.304	0.341	0.360	0.349	0.308	0.333
	(0.040)		(0.048)	(0.260)	(0.056)	(0.049)	(0.039)	(0.040)	(0.058)	(0.047)
新疆	0.346	0.341	0.417	0.406	0.377	0.369	0.347	0.347	0.416	0.378
	(0.048)		(0.058)	(0.293)	(0.062)	(0.056)	(0.046)	(0.049)	(0.063)	(0.049)

注：括号内为标准差；参照组为"省内跨县迁移者"。

模型（1）采用核匹配（Heckman 等，1997、1998），默认值为 cubit 算法。除了广东和浙江的系数显著为负值，其他 25 个省份的系数都显著为正，范围在 10.7%~42.1%，即进行倾向得分匹配后，跨省迁移者的月收入比省内跨县迁移者高出 10%~43%。模型（2）采用局部线性匹配（Llr），选择的带宽为默认值 0.06，除了河南与广东省的系数略大于模型（1），其他 25 个省的系数与模型（1）没有显著差异。模型（3）采用半径匹配，选择的半径为默认值 0.001。模型（4）采用 Abadie 和 Imbens（2006）所建议的半径匹配方法，以期得到更准确的标准差，这里选择的 m 值为 3。模型（4）的系数与模型（3）相比没有显著差异，但标准差更大。与模型（2）相比，模型（3）和模型（4）的系数的大小和方向基本一致。

模型（5）与模型（6）采用最近邻居匹配，模型（5）选择最近的 1 个邻近值，模型（6）选择 2 个邻近值。这时，不仅系数和标准差都很接近，而且广东和浙江这两个省份也没有出现波动。模型（7）与模型（8）采用核估计，模型（7）采用正态核估计，模型（8）为双权重核估计（Biweight）。除广东和浙江的估计（绝对）值比模型（5）、模型（6）显著减少外，其他 25 个省份的估计值都非常接近于模型（5）和模型（6）。模型（9）在模型（5）的模型设定形式下修剪掉 5% 的样本，这是控制异质性和减少估计偏差的通常做法。修剪掉 5% 得分最高和最低的样本后，绝大多数省份的系数相比模型（5）都没有显著变化，只有广东省的系数为-0.28，显著小于模型（5），但模型（9）的标准差提高到 0.12。

在倾向得分匹配估计中，缺少一个满意的标准差计算公式，讨论倾向得分匹配条件下的标准差是近年来的一个理论热点。微观经济计量学者大多倾向于靴鞋（Bootstrap）方法，对样本进行重复抽样，以得到更稳健的渐进标准差。根据数据的大样本特征，本文选择抽取 50 次，见模型（10）。选择算法为"共同支持条件、5 个最近邻居"，对倾向得分的估计采取 Logit 模型。靴鞋算法和 AI 算法得到的标准差，大于其他算法且施加同样约束条件下的标准差，其结果仍都是高度显著的。

从表 5 显示的结果看出，除了广东和浙江两省在某些算法下，出现了明显波动外，其他省份得到的结果一直是稳健一致的。

（四）非线性模型设定形式下的匹配结果

倾向得分匹配的优势之一是不必假定估计方程为线性函数，可以通过在线性函数中添加连续变量的平方项或高次方项，考察与线性函数估计结果的差异。如果没有显著差异，说明倾向得分匹配估计结果对函数设定形式不敏感；如果有显著差异，则采用非线性形式，这时，线性方程的结果可能出现了过度拟合，而非线性形式能更准确拟合结果的变化。这也是稳健性分析的常用策略。

本文将连续变量"年龄"和"受教育年限"的平方项添加到倾向得分估计方程中。跨省迁移相对于跨县迁移的收入差异报告在表 6 中，除了增加两个高阶项，变量选择与算法和表 5 的模型（1）至模型（10）分别——对应。把各个省份不同算法下得到的估计系数设定"最小—最大"值，发现其结果与线性模型估计结果一致，即使是那些偏离正常范围的系数也是一致的。比如，半径匹配算法下的广东省，收入差异由其他算法下的显著为负变成不显著异于 0，在两种模型设定条件下，估计系数和标准差完全相同。

表 6　跨省迁移者的收入优势
（Outcome：对数工资；Treatment：1，跨省迁移；0，跨县迁移）

省份	（1）	（2）	（3）	（4）	（5）	（6）	（7）	（8）	（9）	（10）
河北	0.330	0.326	0.336	0.348	0.344	0.330	0.320	0.329	0.343	0.305
	(0.017)		(0.023)	(0.056)	(0.031)	(0.028)	(0.015)	(0.017)	(0.030)	(0.018)
山西	0.287	0.291	0.273	0.275	0.282	0.285	0.277	0.288	0.259	0.281
	(0.019)		(0.021)	(0.086)	(0.029)	(0.024)	(0.018)	(0.019)	(0.029)	(0.023)
内蒙古	0.232	0.232	0.227	0.244	0.232	0.238	0.231	0.232	0.241	0.223
	(0.021)		(0.023)	(0.103)	(0.029)	(0.025)	(0.020)	(0.021)	(0.029)	(0.021)
辽宁	0.250	0.248	0.236	0.226	0.213	0.248	0.258	0.251	0.211	0.242
	(0.019)		(0.019)	(0.057)	(0.025)	(0.022)	(0.018)	(0.019)	(0.026)	(0.020)
吉林	0.326	0.328	0.323	0.321	0.340	0.333	0.332	0.326	0.329	0.333
	(0.020)		(0.020)	(0.074)	(0.027)	(0.023)	(0.018)	(0.020)	(0.027)	(0.020)
黑龙江	0.375	0.378	0.347	0.338	0.320	0.356	0.373	0.378	0.298	0.370
	(0.017)		(0.020)	(0.110)	(0.025)	(0.022)	(0.016)	(0.017)	(0.026)	(0.020)
江苏	0.102	0.098	0.095	0.090	0.067	0.097	0.112	0.101	0.067	0.094
	(0.006)	(0.007)	(0.020)	(0.013)	(0.010)	(0.006)	(0.006)	(0.015)	(0.008)
浙江	−0.052	−0.054	−0.051	−0.062	−0.022	−0.054	−0.046	−0.052	−0.027	−0.060
	(0.012)		(0.013)	(0.024)	(0.021)	(0.017)	(0.012)	(0.012)	(0.022)	(0.013)
安徽	0.312	0.306	0.305	0.301	0.300	0.288	0.321	0.307	0.303	0.298
	(0.014)		(0.015)	(0.018)	(0.022)	(0.018)	(0.013)	(0.014)	(0.022)	(0.015)
福建	0.124	0.125	0.125	0.127	0.132	0.119	0.130	0.124	0.138	0.125
	(0.010)	(0.125)	(0.010)	(0.018)	(0.017)	(0.013)	(0.009)	(0.010)	(0.017)	(0.009)
江西	0.315	0.293	0.292	0.300	0.303	0.286	0.315	0.308	0.292	0.279
	(0.017)		(0.021)	(0.027)	(0.028)	(0.025)	(0.016)	(0.018)	(0.030)	(0.028)

省份	(1)	(2)	(3)	(4)	(5)	(6)	(7)	(8)	(9)	(10)
山东	0.177	0.177	0.181	0.159	0.165	0.161	0.178	0.177	0.158	0.168
	(0.008)		(0.008)	(0.016)	(0.017)	(0.013)	(0.007)	(0.008)	(0.018)	(0.011)
河南	0.344	0.381	0.382	0.391	0.389	0.382	0.334	0.345	0.393	0.373
	(0.019)		(0.025)	(0.027)	(0.033)	(0.029)	(0.017)	(0.019)	(0.033)	(0.020)
湖北	0.358	0.364	0.363	0.341	0.350	0.355	0.353	0.360	0.351	0.362
	(0.010)		(0.011)	(0.015)	(0.018)	(0.014)	(0.010)	(0.011)	(0.018)	(0.012)
湖南	0.239	0.252	0.258	0.248	0.252	0.249	0.231	0.242	0.244	0.249
	(0.009)		(0.011)	(0.013)	(0.016)	(0.013)	(0.008)	(0.009)	(0.015)	(0.010)
广东	−0.051	−0.107	−0.103	−0.131	−0.120	−0.131	−0.007	−0.060	−0.144	−0.121
	(0.017)		(0.017)	(0.030)	(0.025)	(0.021)	(0.017)	(0.017)	(0.078)	(0.020)
广西	0.320	0.331	0.324	0.305	0.305	0.316	0.307	0.323	0.307	0.323
	(0.015)		(0.018)	(0.018)	(0.026)	(0.022)	(0.013)	(0.015)	(0.023)	(0.014)
海南	0.417	0.413	0.406	0.422	0.409	0.421	0.423	0.417	0.424	0.408
	(0.019)		(0.021)	(0.073)	(0.042)	(0.032)	(0.019)	(0.019)	(0.044)	(0.021)
重庆	0.211	0.221	0.216	0.190	0.227	0.217	0.207	0.211	0.219	0.220
	(0.015)		(0.017)	(0.047)	(0.029)	(0.022)	(0.014)	(0.015)	(0.029)	(0.013)
四川	0.296	0.311	0.300	0.325	0.312	0.309	0.303	0.293	0.300	0.287
	(0.012)		(0.017)	(0.020)	(0.023)	(0.019)	(0.011)	(0.012)	(0.023)	(0.020)
贵州	0.337	0.376	0.364	0.355	0.354	0.370	0.311	0.344	0.350	0.370
	(0.018)		(0.022)	(0.027)	(0.030)	(0.025)	(0.016)	(0.019)	(0.029)	(0.020)
云南	0.351	0.361	0.353	0.314	0.332	0.332	0.346	0.352	0.322	0.339
	(0.015)		(0.017)	(0.048)	(0.025)	(0.020)	(0.014)	(0.015)	(0.024)	(0.017)
陕西	0.376	0.384	0.368	0.348	0.354	0.374	0.364	0.379	0.354	0.387
	(0.016)		(0.018)	(0.090)	(0.028)	(0.023)	(0.015)	(0.017)	(0.024)	(0.021)
甘肃	0.321	0.321	0.321	0.349	0.326	0.316	0.303	0.322	0.329	0.317
	(0.021)		(0.023)	(0.095)	(0.030)	(0.025)	(0.019)	(0.021)	(0.030)	(0.020)
青海	0.368	0.373	0.362	0.362	0.332	0.379	0.369	0.367	0.327	0.352
	(0.037)		(0.043)	(0.213)	(0.053)	(0.044)	(0.036)	(0.037)	(0.053)	(0.043)
宁夏	0.348	0.357	0.297	0.283	0.295	0.323	0.352	0.350	0.290	0.358
	(0.040)		(0.047)	(0.221)	(0.055)	(0.047)	(0.039)	(0.040)	(0.056)	(0.044)
新疆	0.352	0.339	0.430	0.393	0.329	0.363	0.352	0.351	0.371	0.394
	(0.048)		(0.057)	(0.304)	(0.059)	(0.053)	(0.046)	(0.048)	(0.059)	(0.053)

注：括号内为标准差；参照组为"省内跨县迁移者"。

这意味着，匹配算法对方程设定形式不敏感，得到的结果是稳健一致的。①

比较一下 OLS 估计和匹配估计的结果发现，在 27 个省份中，以省内迁移者为控制组

---

① 考虑到跨省迁移可能存在选择性，作者尝试了奇点比（Odds-ratio）算法，计算出来的 ATT 结果与倾向得分匹配算法没有显著差异。限于篇幅，未再报告其结果。

时，有 13 个省份的 OLS 估计值大于匹配估计的最大值，主要是东中部省份；有 5 个省份的 OLS 估计值小于匹配估计的最小值，全部是西部省份；介于匹配估计范围内的省份有 9 个。以跨县迁移者作为控制组时，有 14 个省份的 OLS 估计值大于匹配估计的最大值，全是东中部省份；有 5 个省份的估计值小于匹配估计的最小值，全是西部省份；有 8 个省份的估计值介于匹配估计的最小值和最大值之间。

如果把匹配估计范围视为更可信的收入差异，则 OLS 估计高估了大部分东中部地区的跨省迁移收益，低估了西部地区的跨省迁移收益。

（五）平衡性检验

匹配的效果如何呢？这决定了对收入差异估计的可信性。平衡性检验是一个必要的诊断。平衡性检验使用的模型设定为线性方程中添加两个连续变量的平方项，施加了共同支持条件后的最近邻居匹配，邻居数目在此为 1。按照惯例，应该把模型设定中的所有变量匹配前后的数值和 T 值都列示出来，以便读者判断。但由于本文分别观测了 27 个省份，限于篇幅，无法列示所有省份，因此在东、中、西三个地区分别任意选择一个省份，即浙江、江西和陕西。从图 1 可以看出，这三个省份的得分并没有特异之处。平衡性检验结果报告在表 7 中。

表 7 部分省份的匹配平衡性检验

	匹配前后	浙江			江西			陕西		
		跨省	省内	T 值	跨省	省内	T 值	跨省	省内	T 值
年龄	U–M	31.05	33.07	−13.99	28.04	31.49	−26.67	28.33	30.17	−11.02
	M	34.40	34.12	2.41	29.04	28.90	2.36	28.33	27.74	4.88
年龄 2	U–M	1173	1368	−18.8	920	1315	−44.33	978	1194	−17.79
	M	1274	1255	2.21	912	903	2.53	879	845	4.22
男性	U–M	0.534	0.496	8.18	0.531	0.467	13.27	0.536	0.484	9.66
	M	0.621	0.626	−0.88	0.570	0.578	−2.37	0.588	0.561	4.07
未婚		—	—		—	—		—	—	
有配偶 1	U–M	0.742	0.727	3.55	0.634	0.732	19.48	0.561	0.734	−32.57
	M	0.767	0.764	0.74	0.613	0.617	−0.97	0.530	0.511	2.71
有配偶 2	U–M	0.014	0.023	−6.17	0.005	0.021	−16.73	0.009	0.022	−8.51
	M	0.012	0.010	1.34	0.004	0.003	1.74	0.006	0.005	1.5
离婚	U–M	0.007	0.011	4.83	0.003	0.006	−3.89	0.006	0.007	−0.66
	M	0.007	0.007	−0.51	0.003	0.004	−0.98	0.006	0.005	1.23
丧偶	U–M	0.008	0.020	−9.35	0.004	0.037	−30.03	0.010	0.023	−8.71
	M	0.003	0.003	0	0.001	0.001	−1.19	0.002	0.002	−0.16
汉族	U–M	0.995	0.994	2.19	0.997	0.998	−1.95	0.992	0.994	−2.09
	M	0.995	0.997	−1.77	0.997	0.997	−0.44	0.993	0.994	−0.34
教育	U–M	9.32	8.65	19.84	9.02	8.40	20.07	9.78	9.06	19.31
	M	9.58	9.55	0.62	9.19	9.30	−5.55	10.11	10.12	−0.28
教育 2	U–M	97.8	89.2	14.2	89.8	82.5	13.54	106.2	94.3	17.53
	M	101.1	100.0	1.57	92.1	93.7	−4.44	110.3	110.6	−0.39

续表

	匹配前后	浙江			江西			陕西		
		跨省	省内	T值	跨省	省内	T值	跨省	省内	T值
户主本人		—	—		—	—		—	—	
配偶	U−M	0.235	0.267	−8.16	0.174	0.242	−17.91	0.176	0.268	−20.43
	M	0.229	0.238	−1.69	0.153	0.155	−0.83	0.146	0.154	−1.68
子女	U−M	0.165	0.182	−4.71	0.092	0.198	−34.2	0.103	0.253	−35.85
	M	0.029	0.028	0.22	0.016	0.014	2.85	0.014	0.015	−0.35
父母	U−M	0.027	0.036	−5.86	0.018	0.049	−20.53	0.021	0.023	−1.04
	M	0.009	0.008	0.97	0.004	0.004	−0.24	0.004	0.003	1.09
岳父母或公婆	U−M	0.006	0.008	−3.2	0.004	0.008	−6.7	0.007	0.005	3.16
	M	0.001	0.001	1.04	0.0005	0.0003	1.62	0.0003	0.0002	0.45
祖父母	U−M	0.001	0.001	−2.79	0.0002	0.0016	−6.24	0.0008	0.0005	1.21
	M	0	0		0	0		0	0	
媳婿	U−M	0.014	0.029	−11.33	0.007	0.036	26.15	0.011	0.027	−10.56
	M	0.012	0.012	0.22	0.005	0.004	1.16	0.009	0.008	0.38
孙子女	U−M	0.009	0.019	−9.48	0.004	0.038	−32.3	0.005	0.020	−11.58
	M	0.001	0.000	1	0.0005	0.0003	1.13	0.0007	0.0004	0.9
兄弟姐妹	U−M	0.022	0.010	10.85	0.018	0.010	6.64	0.013	0.009	3.2
	M	0.027	0.018	5.29	0.020	0.021	−1.38	0.014	0.011	2.26
其他	U−M	0.156	0.099	18.7	0.343	0.136	47.37	0.326	0.074	66.54
	M	0.184	0.175	1.88	0.403	0.380	6.46	0.408	0.391	2.44
地级市[①]		是	是		是	是		是	是	

注："有配偶1"为"初婚有配偶"；"有配偶2"为"再婚有配偶"；除"年龄"和"受教育年限"为连续变量，其他变量都是虚拟变量。

干预组和控制组的匹配前结果都存在显著差异。比如，浙江匹配前的跨省迁移者平均年龄为31.05岁，而省内迁移者为33.07岁，相差2岁，T值为−14，差异非常显著；匹配后的样本，平均年龄分别为34.4岁和34.12岁，差异减少到约0.3岁，虽然T值为2.41且仍显著，但无论差异规模还是统计显著性都大为下降。[②] 跨省迁移者与省内迁移者的性别结构差异显著，匹配后，T值由8.2下降到−0.9；受教育年限由相差0.7年下降到匹配后的0.03年。简言之，浙江省参与匹配的变量有29个，其中28个变量的两组均值在匹配前差异在95%水平上显著，匹配后只有8个仍然显著，但差异显著缩小，T值也明显下降。江西和陕西也呈现同样的趋势。

江西和陕西的匹配结果与浙江一致：匹配使干预组和控制组的各个变量的差异变得不显著或减少了差异程度。每个省份都控制了地级市的固定效应，在各个地级市内，匹配前

① 不同省份的地级市数量在这里是不同的。

② 由于样本巨大，两组样本间的微小差异都能被捕获，并且在统计上显著。这时，要更加重视匹配后系数差异的大小。

结果差异显著，而匹配后则显著性下降或者差异消失。从对 27 个省份的平衡性状况的检验结果看，匹配效果良好。当模型设定为线性方程时，匹配平衡性结果没有显著改变。当我们采用其他算法进行平衡性检验时，平衡性结果同样良好。[①]

检验平衡性效果的方法还包括匹配前后的分位值比较、Pseudo-R² 值比较等，无一例外，匹配后的分位值、Pseudo-R² 值都出现了显著下降。平衡性检验结果的稳健证实了采用倾向得分匹配算法的有效性，也是对共同支持条件的间接检验。

（六）修剪（Trimming）

观测性截面数据的结构特征决定了非混淆性一直是本文关注的重点。从倾向匹配得分的视觉图看出，跨省迁移者为右偏峰，跨县迁移者为左偏峰。根据对迁移决策的经验，一部分人承受风险的能力强，心理成本低，偏好跨省迁移，假定他们的匹配得分更接近于 1；另一部分人相反，不愿意远距离迁移，心理成本高，更愿意在省内寻找非农就业机会，假定其匹配得分更接近于 0。

显然，倾向得分匹配中的"修剪"技术通过剪去两组得分最高和最低的样本，将两组对象的比较限定于特定的区域，以减少异质性并改进匹配的质量（Heckman 等，1998）。大样本条件下，即使修剪掉一部分样本，也不会显著影响匹配效率。笔者将干预组和控制组得分分布最高和最低的 5%样本剪去。[②] 结果（见表 5 和表 6 的模型（9））显示，修剪掉 5%样本并未显著改变估计结果。这意味着，倾向得分匹配估计的结果是相当稳健的，不仅对模型设定形式不敏感，对变量选择和共同支持条件不敏感，甚至对修剪得分两端样本同样不敏感。一般来说，如果观测值趋于无穷大，异常值可以忽略不计。本文很多省份的观测值超过 10000，经验上已接近于无穷大了。

六、迁移收益的估算

对农民工来说，严格的户籍制度和地区分割的社会保障体系是难以克服的障碍，一旦东部劳动密集型产业向中西部转移，这些劳动力也会随着产业转移而返回家乡。本文推算企业获得产业转移收益的依据如下：中西部省份跨省迁移农民工的数量和农民工的迁移净收益。两者的乘积即是潜在迁移收益。

本文采取 10 种算法计算跨省迁移收益，尽管大多数省份不同算法得出的结果都很接近且稳健，但没有先验的理论或经验规则能帮助判断哪个是最优算法（Becker 和 Ichino，2002）。出于稳妥，笔者用不同算法得出的跨省迁移收益系数构建一个"最小—最大"区

[①] 其他省份的检验结果与这三个省份一致：与匹配前相比，匹配后的差异显著减少。

[②] 一般情况下，修剪掉 2%~3%的样本，就能有效减少异质性。

间，以此来计算各出发地省份迁移者的迁移收益。

但谁会返回出发地呢？本文假定了多种方案。一个较为保守的假定是，那些与省内迁移者有相同匹配得分的人会返回。中西部省份满足共同支持条件的两组样本都在 90% 以上，迁移者回流时不再考虑这个因素。一个可以操作且符合经验的假定是，已婚有配偶的劳动者更可能返回，因为家庭照料的负担要比无配偶者重，迁移的心理成本更高。

国家统计局对农民工监测调查结果显示，2009 年全国共有农民工 14533 万人。假定跨省迁移者的比例仍保持在 2005 年的水平上（47.3%），则全国共有 6878 万名跨省迁移农民工。在这些跨省迁移者群体里，笔者计算了 2005 年各省迁移者有配偶的比例并假定这个比例不变，然后计算出各省跨省迁移者已婚有配偶的人数，共有 4405 万人，以此作为回迁的低方案。再假定所有中西部的跨省迁移者都返回家乡，作为回迁的中高方案。

依据线性匹配设定条件下不同算法得到的估计值（最小值—最大值），计算中西部跨省迁移者的相对收益水平。以中西部省内跨县迁移者月收入乘以跨省迁移的净收益率（见表 5），得到月净收益；假定跨省迁移者年外出 10 个月[1]，乘以月净收益，然后得到年净收益。表 4 以省内迁移者为参照组，得到的收益差距大于以跨县迁移者为参照组时的收益差异。以跨县迁移者为参照组计算"最小—最大"收益时的差异，假定已婚者回迁，这两个数值的乘积为本文选择的低方案。假定中西部跨省迁移者全部回迁，收益差异同低方案，这是中方案。以省内迁移者为参照组计算的跨省迁移收益和中西部跨省迁移者全部回迁，作为高方案。

不同的回迁人数乘以不同的迁移收益，得到的结果报告在表 8 中。如果东部产业向中西部转移时，中西部省份的跨省迁移者只有已婚者回迁，按照最低的收益差异计算，有 805 亿元；按照最高的收益差异计算，有 910 亿元（低方案）。如果中西部所有的迁移者都回迁，则收益差异分别达到 1275 亿元和 1441 亿元（中方案）。按照高方案预测，则收益差异分别达到 1442 亿元和 1573 亿元。

表 8　对中西部跨省迁移者回迁收益的推算

单位：亿元

省份	低方案		中方案		高方案	
	最小	最大	最小	最大	最小	最大
山西	4.7	5.8	8.0	9.8	8.4	10.4
吉林	9.9	10.4	15.5	16.2	16.0	18.5
黑龙江	21.2	23.6	30.0	33.5	30.2	35.6
安徽	143.1	165.0	198.0	228.3	232.0	241.5
江西	69.7	81.7	108.8	127.7	128.2	149.7
河南	99.9	117.6	170.4	200.5	204.4	219.1

---

[1] 根据"全国农村固定观测点"提供的数据，2009 年省外就业者年均外出时间为 282 天，与以往年份相比相对稳定（蔡昉，2011）。

省份	低方案		中方案		高方案	
	最小	最大	最小	最大	最小	最大
湖北	76.1	80.3	134.1	141.6	135.9	143.2
湖南	83.8	94.2	139.3	156.7	155.2	163.9
内蒙古	6.4	7.4	9.5	11.1	12.0	13.6
广西	41.8	46.1	93.7	103.4	101.7	105.2
重庆	34.6	41.9	46.8	56.7	59.1	71.0
四川	132.9	142.9	180.4	194.0	214.9	229.9
贵州	37.4	44.6	62.4	74.4	66.7	75.1
云南	8.5	9.5	16.1	18.1	16.5	18.7
陕西	22.3	24.3	40.5	44.1	39.1	49.3
甘肃	11.0	12.4	17.8	20.2	17.5	23.0
青海	0.5	0.6	1.0	1.2	1.2	1.4
宁夏	0.9	1.0	1.4	1.6	1.8	1.9
新疆	0.8	1.0	1.4	1.7	1.4	1.6
小计	805.4	910.5	1275.0	1440.7	1442.3	1572.7

表 8 的预测结果显示，由于存在着地区工资差异，劳动密集型厂商向中西部转移资本时，确实有一个配置收益空间。但对东部厂商来说，这个潜在收益足够大吗？从经验上判断，这个数值似乎不太大，只能吸纳一部分厂商，甚至是一小部分。如果厂商迁入中西部后，开发了一批大龄或现有条件下无法跨省迁移的劳动力——这也是产业转移带来的额外收益，厂商的收益会因此增大，推算的上述结果就低估了厂商的实际收益。但即使收益上限再增加一倍甚至两倍，对东部民营厂商来说，这个利润空间仍然是有限的。

七、结论及其含义

东部地区的劳动力短缺日益严重，2009 年，约 75%的企业无法招满所需劳动者（蔡昉，2010）。产业升级和以资本替代劳动是个长期出路。这个调整过程主要通过市场完成，其道路就是渐进的。那些在东部地区失去比较优势的劳动密集型产业如果向中西部转移，无疑会延长传统增长模式对增长的贡献时间，还能开发出一批现有条件下无法跨省迁移的大龄劳动力。本文采用倾向得分匹配方法，计算出东部地区和中西部地区农民工的工资差距为 30%~40%。这个工资差距对劳动密集型产业来说意味着更大的利润空间，会激励它们向中西部地区转移企业。

但根据本文的推算，最大潜在收益约为 1573 亿元。如果这个收益在企业与返乡劳动者之间分享，那么，这个收益规模对东部的劳动密集型企业能提供足够强的激励吗？从经验上看，能吸引的厂商会很有限。中央政府和中西部地方政府期盼的产业地区间转移，单凭市场力量的驱动，很可能不是一个现实的图景。将中西部农村劳动力转移到非农产业中，直到两个产业的边际产出水平相当，这是改进劳动力资源配置的需要，也是下一阶段保持经济增长的需要。这个"配置效率"相当于产业转移带来的溢出效益，不是厂商能独享的，中西部地方政府是更大的受益者，因此，中西部的地方政府还应该出台同方向的配套激励政策，比如，优惠的土地价格，有保障的电力、水资源供应，更有效的公共服务等，才能提高转移产业的收益，吸引更多厂商向中西部地区转移。

参考文献

［1］Abadie A., G. Imbens. Large Sample Properties of Matching Estimators for Average Treatment Effects ［J］. Econometrica, 2006, 74 (1): 235–267.

［2］Becker S., A. Ichino. Estimation of Average Treatment Effects Based on Propensity Scores ［J］. Stata Journal, 2002 (1): 1–19.

［3］Black D., J. Smith. How Robust Is the Evidence on the Effects of College Quality? Evidence from Matching ［J］. Journal of Econometrics, 2004 (121): 99–124.

［4］蔡昉. 中国人口与劳动问题报告——后金融危机时期的劳动力市场挑战 ［M］. 北京：社会科学文献出版社, 2010.

［5］蔡昉. 中国人口与劳动问题报告——"十二五"时期挑战：人口、就业和收入分配（专题报告二）［M］. 北京：社会科学文献出版社, 2011.

［6］蔡昉, 王德文, 曲玥. 中国产业升级的大国雁阵模型分析 ［J］. 经济研究, 2009 (9): 4–14.

［7］Caliendo M., S. Kopeinig. Some Practical Guidance for the Implementation of Propensity Score Matching ［J］. Journal of Economic Surveys, 2008, 22 (1): 31–72.

［8］Cameron C., P. Trivedi. Microeconometrics: Methods and Applications ［M］. Cambridge University Press, 2005.

［9］Dehejia R., S. Wahba. Propensity Score-Matching Methods for Non-experimental Causal Studies ［J］. The Review of Economics and Statistics, 2002, 84 (1): 151–161.

［10］Di Nardo J., D. Lee. Program Evaluation and Research Design ［J］. Handbook of Labor Economics, 2011 (4A): 463–536.

［11］房慧玲. 广东"双转移"的重头戏：推动加工贸易转移——关于广东加工贸易转移研究 ［J］. 南方经济, 2010 (2): 74–82.

［12］Heckman J., H. Ichimura, P. Todd. Matching as an Econometric Evaluation Estimator: Evidence from a Job Training Programme ［J］. Review of Economic Studies, 1997 (64): 605–654.

［13］Heckman J., H. Ichimura, P. Todd. Matching as an Econometric Evaluation Estimator ［J］. Review of Economic Studies, 1998 (65): 261–294.

［14］卢锋. 中国农民工工资定量估测（1978~2010）［D］. 北京大学国家发展研究院工作论文, 2011.

［15］Rosenbaum P., D. Rubin. The Central Role of the Propensity Score in Observational Studies for Causal Effects ［J］. Biometrika, 1983, 70 (1): 41–55.

［16］Sekhon, J. Multivariate and Propensity Score Matching Software with Automated Balance Optimization: The Matching Package for R ［J］. Journal of Statistical Software, 2008, 5 (2).

［17］ Smith, J., P. Todd. Do Matching Overcome LaLonde's Critique of Non-experimental Estamators? ［J］. Journal of Econometrics, 2005, 125: 305-353.

［18］ Zhao Y. Labor Migration and Earnings Differences: The Case of Rural China ［J］. Economic Development and Cultural Change, 1999, 47 (4V)V: 767-782.

［19］ Zhao Z. Using Matching to Estimate Treatment Effects: Data Requirements, Matching Metrics, and Monte Carlo Evidence ［J］. Review of Economics and Statistics, 2004, 86 (1): 91-107.

［20］ 周黎安. 中国地方官员的晋升锦标赛模式研究 ［J］. 经济研究, 2007 (7): 36-50.

［21］ 周黎安. 转型中的地方政府: 官员激励与治理 ［M］. 上海: 上海人民出版社, 2008.

An Evaluation on the Latent Benefit of Industrial Shift: A Dimension of Labor Cost

Wu Yaowu

(Chinese Academy of Social Science, Beijing 100028, China)

Abstract: The east regions have been the destination of internal migration in China since its reform and opening up to the outside world in late 1970s. This is especially true for those rural migrants from the middle and west regions. However, with the rising wage and the shortage of workers, labor-intensive firms have gradually lost their comparative advantage in the east regions, due to the facts that more and more rural migrants from the middle and west regions have started to seek job opportunities in their own local areas. This paper estimates the wage differences between rural migrants who are across-province and those within province. I then roughly project the overall benefit for industrial shift among these areas. Even though the wage difference estimated is substantial, and the total benefit of shift is estimated around 80-157billion RMB, it does not seem to be large enough to attract firms and industries in east regions to move west-forward. This implies that (beyond the expectation and prediction of researchers and policy-makers), industry and firm transfer may not happen automatically through market power without governmental interventions.

纵向限制的经济学分析及其对中国的启示 *

吴汉洪　　郭静静

（中国人民大学经济学院，北京　100872）

【摘　要】本文分析了纵向限制经济学理论的发展历程，对纵向限制行为所带来的促进竞争和反竞争的效果进行了详细阐述。以此为基础，从效果的角度总结了纵向限制行为对品牌内和品牌间竞争的影响，并通过案例解释了经济分析对国外司法实践的影响。最后，建议我国执法机构要在纵向限制反垄断行为中注重经济学分析以及尽快制定相关法律法规来规制企业的纵向限制行为。

【关键词】纵向限制；经济学分析；反垄断

一、引　言

纵向限制一直以来都是反垄断政策理论研究和司法实践所关注的焦点。与横向垄断行为相比，对纵向限制的研究一直存在理论上的分歧和争论，迄今为止，企业的纵向限制行为到底会带来怎样的效应，理论上虽未达成共识，但却为反垄断政策的制定打下了坚实的理论基础。

现实中，几乎所有的产业链上的各个层级都是不完全竞争的。因此，每一层级企业之间的竞争行为和相邻层级之间的纵向关系就可能是非常重要的。由上游产业或下游产业的不完全竞争等导致的外部性，使得产业链主导企业具有获得整个产业链中最大部分的利润或租金的动机。如果企业能够控制或约束产业链中的其他企业，那么就可以获得产业链中最大部分的利润。纵向限制实际上是垄断势力在纵向关联市场中的行为，其目的在于获取纵向相邻市场的租金或利润。

---

* 本文选自《社会科学战线》2013 年第 5 期。

基金项目：国家自然科学基金资助项目（71133006）。

由于纵向限制行为会造成产品价格的扭曲或者反竞争效应，因此，对纵向限制行为进行规制非常有必要。同时，分析纵向限制行为对消费者福利以及社会效率的影响，对执法机构做出合理的裁决具有决定性作用，因此，对纵向限制行为进行经济学分析具有十分重要的意义。

二、纵向限制的经济学分析

1. 纵向限制经济学理论的发展历程

纵向限制的竞争效果错综复杂，以至于在一般情况下，纵向限制的影响无法从经济学的角度得到一致的见解和理论支持。反垄断领域是经济学与法学的交叉领域，该领域内相关法律法规政策的出台都深受经济学分析的影响，并且运用了大量的经济学专业术语以及分析方法。反垄断领域纵向限制问题的经济理论发展主要来源于三个重要学派：哈佛学派、芝加哥学派和后芝加哥学派。[①] 这三个学派的观点在不同时期对国外竞争法尤其是美国的反垄断法均产生了重要影响，但是其政策主张却有很大不同。

（1）哈佛学派的纵向限制理论。

20 世纪中叶，哈佛大学经济学家梅森和贝恩认为，企业的市场效率由市场的结构来决定，即著名的 SCP 范式：市场结构决定市场行为，市场行为产生市场绩效。[②] 这种理论认为，市场结构是影响市场竞争状况的最重要因素，因为市场的力量来源于市场结构。除非市场结构变化，否则企业可以通过改变其市场行为来适应法律法规的要求，以避免法律的规制。

在纵向限制领域，哈佛学派提出了传统的杠杆理论，该理论认为，纵向一体化和纵向限制行为在垄断势力延伸于多个相关市场的行为中起到了杠杆的作用。而拥有垄断势力的上游制造商可以通过纵向限制将其垄断势力延伸至下游零售商。[③] 这不可避免地阻碍了竞争，导致社会福利减少。

这一学派还认为纵向限制不仅能够起到杠杆作用，还能提高潜在企业的进入障碍。[④] 当在位厂商采取纵向限制行为时，可能会增加潜在进入者生产或销售产品的成本，如增加原材料的购买成本、提高销售投入等，这使得潜在进入者的运营成本大大增加，形成进入壁垒。因此，哈佛学派认为，企业的纵向限制行为在一定条件下能够产生横向行为的类似

① 张俊. 美国纵向限制研究 [M]. 北京：北京大学出版社，2012：5.
② 丹尼斯·卡尔顿，杰弗里·M. 佩洛夫. 现代产业组织理论（第 4 版）[M]. 胡汉辉，顾成彦，沈华译. 北京：中国人民大学出版社，2004：4.
③ 张乃根. 经济分析法学 [M]. 上海：上海三联书店，1995：229.
④ Herbert Hovenkamp. The Rationalization of Antitrust [J]. Harvard Law Review, 2003 (16)：921.

效果，甚至会引起严重的反竞争效应。哈佛学派认为，只有纵向限制行为可以提高技术水平或减少企业技术投入时，才是合理的。若技术激励因素不明显，则纵向限制行为被认为会提高潜在企业进入阻碍，获取垄断利润。

（2）芝加哥学派的纵向限制理论。

芝加哥学派的纵向限制理论与哈佛学派的纵向限制理论截然相反。在纵向限制方面，芝加哥学派认为，由于信息的完备性，企业容易观察到竞争对手所采取的纵向限制手段，因此，会采取相应的手段来与之抗衡。因此，在位企业很难形成垄断势力的延伸。据此分析，他们认为，纵向限制行为并不会产生如哈佛学派所宣称的扩大垄断的情形。由于企业纵向限制行为的目的不是限制竞争对手的行为，而是为了增加销售量，因此，这些行为会增加社会的福利，上下游的企业也都会因此实现利润最大化。他们认为，虽然在位企业在短期内会产生阻止进入的效果，但是从长期来看，纵向限制行为并不能保证其获得超额垄断利润。因此，芝加哥学派认为所有的纵向限制行为对效率均没有损害。

芝加哥学派关于纵向限制行为的另一种解释是交易费用理论。如果不存在交易费用，纵向限制行为显然会限制市场的竞争。但是，市场中是存在交易费用的，因此，纵向限制会降低交易费用，减少社会成本，因此可能会产生积极效果。

（3）后芝加哥学派的纵向限制理论。

后芝加哥学派认为零售商会为产品的销售而努力，例如运用广告等来增加产品的销售量。但是这些努力会增加零售商的固定成本，甚至可能会成为沉没成本。零售商也可能会通过这些行为使产品差异化转化成市场势力，从而起到限制竞争的作用。[①]

后芝加哥学派的学者提出了在不确定性的情况下生产和销售的线性空间模型，并将其运用到独占地域协议和维持转售价格这两种情况中。当零售商为风险爱好者时，制造商会选择独占地域协议，而不是转售价格维持。但是在竞争条件下，利润却总是要好于采取纵向限制行为时的利润。若零售商为风险厌恶者，制造商便倾向于采取纵向限制行为。此外，还有很多学者从不同的角度阐述纵向限制理论，如不确定性、信息不对称、激励、纵向外部性等。如有的学者指出独家交易会促进制造商之间的竞争，从而使得产品批发价格降低，而批发价的下降会连锁地降低产品的零售价格，对消费者有利。有学者分析了需求不确定情况下，转售价格维持的效果与竞争的效果是一样的，并且好于独占地域协议；若销售成本不确定，则结果是：竞争优于独占地域协议，而独占地域协议又优于转售价格维持。还有学者指出，在不完全竞争的情况下，为了缓解竞争，制造商可能采取独占地域等纵向限制，这也会削弱下游零售商之间的竞争。因此，制造商有采取纵向限制行为的动机。

后芝加哥学派还指出，由于制造商和零售商之间利益可能不一致，两者各自的决策成本较高，这会产生一定的外部性。若采用纵向限制行为，则会减少外部性的产生。纵向限制协议会有利于制造商和零售商的利益，但对社会的影响却不能确定。企业希望通过纵向

---

① 奥利佛·E. 威廉姆森. 反托拉斯经济学 [M]. 张群群，黄涛译. 北京：经济科学出版社，1999：153.

限制来实现利润最大化，但社会却偏好于竞争。因此，后芝加哥学派认为，纵向限制可能会产生有利效果，如修正下游扭曲价格以及降低交易成本等，但也会产生不利影响，如限制潜在进入者以及损害竞争等。关键在于衡量这两者之间的净效应，即比较垄断行为所带来的反竞争效应和效率提高效应。[①]

2. 纵向限制促进竞争效果分析

（1）解决双重垄断加成问题。

双重垄断加成是指当生产商和分销商均为垄断企业的情况下，制造商为了获得垄断利润而制定价格，销售商为了获得利润会在垄断价格的基础上再进行一次垄断加成，使消费者面对两次加价。双重垄断加成会激励企业使用纵向限制提高效率从而增加联合利润。

如果将上下游两个厂商置于统一管理之下，那么就会按照成本只加一次价的方式来制定最终价格。可以采用不同种类的纵向限制来控制外部性。由于市场价格太高（或者销售量太低），因此解决问题的一种可能方式是实施维持转售价格。制造商完全可以对零售商强制规定转售价格或者确定一个价格上限。当然，维持转售价格只有在最终价格可观察时才能奏效。

规定数量限额也可能产生相同的结果，因为这种方式能够迫使零售商把销售额提高到相当于一体化结构的最优水平。制造商通过对分销商施加数量约束，引导分销商通过降低价格来扩大销售量。

对于制造商来说，还有一种可能减轻双重垄断加成危害的可利用方法，那就是非线性定价法（每单位采购产品的价格由固定部分 F 和可变部分 w 构成），以便零售商对在市场上实现的全部销售利润都享有"剩余索取权"。如果制造商将自己的成本设定为零售商进货价格的可变部分，即 $w = c$，那么零售商就会实际像纵向合并厂商那样行事，选择最优最终价格。这样，零售商就可赚取最大的利润。不过，制造商能够以收取特许经营费 F 的方式来攫取零售商的部分或全部利润。一般来说，利润分配取决于制造商和零售商的相对讨价还价实力。如果制造商拥有全部的讨价还价实力（或者很多潜在零售商为了从制造商那里获得产品的经销权而展开竞争，并且竞相报出高价，直到胜出的报价消化全部的预期利润为止），那么就能攫取零售商所能赚得的利润。

（2）解决搭便车问题。

第一，解决分销商之间的搭便车问题。当分销商需要耗费大量支出（广告、展示场地、培训销售队伍、培训采购代理、维持质量水平）来销售产品时，就可能会产生搭便车的现象，因为销售努力有利于其他分销商。分销商不能得到自己销售努力带来的所有收益，因此存在减少这些努力的动机，从而使得制造商的产品销售减少。搭便车问题的产生是因为无法分别补偿各分销商的销售努力；只有当其销售某一特定产品时，其销售努力才能获得补偿。

---

① 丹尼斯·卡尔顿，杰弗里·M. 佩洛夫. 现代产业组织理论（第 4 版）[M]. 胡汉辉，顾成彦，沈华译. 北京：中国人民大学出版社，2004：4.

制造商可以使用各种纵向限制来处理搭便车问题。最常用的一种纵向限制方式为排他性地域，即每个区域内只有一个单独的分销商销售产品：分销商获得在该区域垄断的权力。排他性区域通常涉及制造商的承诺，即不允许其他分销商在距离现有分销商特定区域的一定范围内销售。

维持转售价格可以用来控制分销商之间的搭便车行为。制造商通过向分销商设定收取的最低转售价格，会激励分销商在其他方面为争夺消费者而进行竞争。最低转售价格限制引导了分销商之间销售努力的竞争，使其不再进行削价竞争。与没有最低价格限制相比，最低限价促成了更多的销售努力。

第二，解决制造商之间的搭便车行为。竞争性制造商相互之间也可能搭便车。假设两个竞争性制造商都使用同一个分销商来销售他们的产品，一个制造商花费大量资金做广告，引导消费者在分销商处购买它的产品，另一个制造商可以从增加的顾客流中得到好处。事实上，由于搭便车的制造商不用做广告，使其相对于做广告的制造商成本更低，可以在更低的价格上销售产品。而后，分销商可以告诉第一个被制造商的广告吸引到店购物的消费者以更低的价格购买第二个制造商的产品会更好。除广告之外，制造商之间的搭便车行为还可能存在于制造商对分销商培训时，如对产品售后维修的培训或对产品销售的培训。通过采取独家交易可以解决制造商之间的搭便车问题，即制造商禁止其分销商销售竞争性制造商的产品。

（3）消除机会主义行为，促进专用性投资。

制造商与零售商之间签订长期合约会对双方进行合作生产所需要的专用性投资[①]产生正效应。很多投资脱离了某种关系后会丧失其大部分价值，因为它们是专为某个合作伙伴"量身定制"的。在这种情况下，关系劈裂或中断常常会导致投资不足的问题。如果一个经销商担心自己为树立一个品牌形象而作出促销努力来年可能让位于同一街区、经销同一品牌的其他商店从中受益，那么在大规模投资于这种业务之前必然会进行反复思考。同样，如果经销商有可能改换经销其他品牌，那么生产商不敢投资于可能改善经销商业绩的资产。签订像独占地域协议和独家交易这样的条款对于避免这样的机会主义行为很有帮助。这些条款可以减少或消除投资不足的问题，从而提高效率。[②]

（4）质量证明。

Marvel 和 McCafferty 认为，某些零售商可以向顾客提供质量证明。这些零售商通过采购某些商品，无形中保证了在顾客眼里的产品质量。实际上，对于这种论点来说，重要的不是零售商是否真正提供了质量证明或者消费者真的认为由某家受偏爱的商店进的货就是好，而是这样的证明服务会发生某些社会成本，具有一种公共物品的特征：其他商店可能得益于这样的服务，并且（假定它们因为没有提供这种服务而经得起讲价）能够把被证明产品的消费者吸引过来。这个论点可以说明像维持转售价格和选择性分销这样的纵向限制

---

① 专用性投资是指某项投资只能用于特定的目的，一旦将该项投资用于其他项目，则会变成沉没成本。
② 马西莫·莫塔. 竞争政策——理论与实践［M］.沈国华译.上海：上海财经大学出版社，2006：286.

行为的合理性。

在选择性分销的情况下，只有某种具有特点的商店才有资格经销产品。如奢侈品的经营。尽管有人会用"效率"观点来反对某些纵向限制行为，但是我们必须承认，如果不允许制造商以这种方式来保护自己的产品形象，那么不但有损于制造商本人，还会殃及看重产品奢侈特征的消费者。不过，质量证明假说只有在零售商不能独享自己提供的服务时才能成立。同样，通过奢侈形象投资来提供质量证明的商店不能独享投资回报的程度也不清楚。一方面，如果商店经销的商品都是些不值钱的小商品，那么消费者就不可能先去这样的商店验证他们所经销的商品，然后驱车去折扣店看看是否也能买到同样的商品。另一方面，某种商品在某类商店出售的消息会迅速传开，这有可能败坏这种商品的奢侈品形象。由上述分析可得，质量证明假说不一定适用所有的商品。

3. 纵向限制反竞争效果分析

（1）杠杆效应与排斥。

杠杆效应的核心观点认为，在位企业的垄断势力可以延伸到产业链的上游或下游相关市场中，而且获得超额垄断利润是在位企业延伸垄断势力的动力，纵向限制便提供了延伸垄断势力的工具——杠杆。①

大量研究表明，除了杠杆效应，纵向限制会产生排他效果，阻止其他厂商进入市场，造成一定的消费者福利和社会福利的损失。

假设某一行业有一个在位垄断厂商、一个潜在进入者（效率高于在位者）和一个唯一的买主。买主如果接受独家交易合同，那么就要承诺即使有进入者进入该行业，也从垄断厂商那里进货。这样就会阻止进入者进入，而买主最终得支付垄断价格。而倘若拒绝这份合同要约，买主就会引发进入，并且能够从较低的价格中受益。当然，在位者也许会向买主许诺提供补偿，以说服他接受独家交易权。不过，在位者愿意提供的补偿不会大于其垄断利润，而买主如果接受独家交易合同，就会损失低价采购所能产生的全部消费者剩余。

然而，在某些情况下，在位者愿意提供足够大的补偿来说服买主接受独家交易。这些情况往往存在有关在位者与考虑接受独家交易权的买主之间关系的外部性。如果能够把进入者排斥在行业之外，那么在位者不但能在被考察市场上赚取垄断利润，而且能设法在其他市场上赚取利润。如果存在这种情况，厂商就可能提供足够大的补偿来激励买主接受独家交易权。

（2）造成价格歧视。

价格歧视是指企业对购买同一种商品的不同顾客收取不同价格的行为。这一概念同样适用于在对不同顾客供应同一种产品的供货成本不同的情况下，仍对顾客收取单一价格的做法。

有些厂商会把搭售作为价格歧视的手段来增加利润。将两种或两种以上商品捆绑销

---

① 郁义鸿，管锡展. 产业链纵向控制与经济规制 [M]. 上海：复旦大学出版社，2006：80.

售，需要其中任何一种产品的消费者均有可能购买该商品组合，这会使得厂商从消费者那里攫取更多的剩余价值，从而增加利润。有时，消费者会以不同的频度来使用某种产品。在这种情况下，厂商也许希望掌握一种测试手段来根据消费者的使用频度对他们进行分类，并让消费者支付不同的价格，以便从他们那里攫取尽可能多的剩余。

非线性收费也会导致价格歧视问题。最简单的非线性收费形式为两部收费，如果生产商采取非线性收费措施，那么经销商就有实施价格歧视的动力。如生产商对经销商采取两部收费法，经销商的单位产品销售价格等于单位产品的特许权费加厂商规定的单位价格。经销商获取的利润取决于销售的数量，因此经销商会采取数量折扣。通常，非线性收费属于二级价格歧视。

数量折扣也是非线性两部收费的一种形式，需要说明的是，只有观察到谁销售了生产商的产品，才能成功地执行特许权费条款。

（3）合谋。

理论分析表明，纵向限制可以实现合谋。转售价格维持的使用可能具有很大的影响，当零售成本随时间改变而改变时，若卡特尔成员难以观察到由此引起的商品批发价格的变化，那么卡特尔将会产生不稳定性，因为每个成员很难辨别是不是由于欺骗卡特尔而导致的成本变化所引起的零售价格的变化。转售价格维持能通过消除零售价格变动而提高卡特尔的稳定性。[1]

采用转售价格维持使卡特尔成员的价格降低行为更容易被发现，因此有利于实施处罚，促进共谋。因为，若不实施转售价格维持，零售价格容易受到批发价格以及外在条件对产品需求冲击的影响，因此生产商观察到零售价格后也不能完全推断出批发价格，而且对共谋协议的背离也不易识别。在存在 RPM（Resale Price Maintenance，转售价格控制）时，RPM 会导致统一的零售价格，就使得生产商能立即发现偏离，因此使得共谋更容易维持。然而，由于零售商不能对需求条件或零售成本的变化做出反应，价格的统一性并不是有效的，生产商因此不得不在这种无效率和共谋收益之间权衡。

共同代理[2]也会产生合谋问题，共谋问题会有两种表现形式。一方面，假设两个制造商与共同零售商签订一份两部定价合同，并授予其价格决定权。在这种情况下，当批发价格确定之后，共同代理人会选择串谋价格，因为上游制造商实际上已经命令他尽可能获得最大的联合利润。制造商仍要就批发价格展开竞争，但没有动机把批发价定得高于他们的边际成本。结果，零售商就会像制造商在最终市场上直销那样行事，并且尽可能使得利润最大化。另一方面，即使制造商没有将价格决定权给予共同代理商，制造商也可能选择串谋。因为制造商在决定最终转售价格时，都会考虑到共同零售商的最终利润不但取决于销售自己的产品，也取决于销售竞争对手的产品。这样，制造商在确定价格以获得最大利润

① Mathewson, Frank, Ralph Winter. The Law and Economics of Resale Price Maintenance [J]. Review of Industrial Organization, 1998, 13（1/2）：65.
② 共同代理是指多个生产商选择同一个分销商或经销商进行竞争性产品的销售。

时，会考虑到价格决策对零售商销售竞争对手产品所获得的那部分利润产生外部性，这有利于制造商卡特尔的形成。

三、对上述问题的思考

1. 纵向限制对品牌内竞争与品牌间竞争影响的效果分析

总的来说，纵向限制行为的效果分析主要是对品牌内竞争和品牌间竞争的影响分析。其效果有四种组合：第一，限制品牌内竞争，限制品牌间竞争；第二，限制品牌内竞争，促进品牌间竞争；第三，促进品牌内竞争，限制品牌间竞争；第四，促进品牌内竞争，促进品牌间竞争。

显然，对于第一种效果，法律应当予以禁止，因为这会损害消费者福利和社会效率。对于第四种效果，法律应该予以放行，因为这有利于社会效率和消费者福利的提高。

对于限制品牌内竞争，促进品牌间竞争的情况，我们认为，法律也应当放行。例如，上游制造商对零售商实施维持转售价格，无疑会限制品牌内的竞争，但同时又使制造商的产品更具吸引力而促进了品牌间的竞争。这种行为的最终结果提高了消费者福利，因此法律应当对其豁免。

对于促进品牌内竞争，限制品牌间竞争的情况，执法机构应当采用合理原则运用经济学分析来比较分析这两种效果。上游生产商通过一定的纵向垄断协议行为可以使得零售商产生促销努力，这会促进品牌内竞争。但是，品牌内竞争的加强也会对品牌间的竞争产生影响，因为品牌内竞争的加强会提升品牌的质量及声誉，加强消费者对该品牌的认可度，这同时也造成品牌间的差异程度，品牌差异度对于某企业市场势力的形成具有一定的促进作用，这在一定程度上会限制品牌间竞争。

2. 经济分析对国外司法实践的指导

在国外，经济分析在纵向限制案件的判决中起着十分重要的作用。欧盟和美国在其对纵向垄断协议的相关规定中均提到了经济学分析。[①]欧盟的竞争法豁免制度以效率为导向，从社会的经济效益出发，鼓励技术进步和创新。欧盟根据经济理论的分析结果，对有利于社会效率提高的纵向限制行为进行豁免，这在节省执法成本的同时提高了执法效率，并且能鼓励企业进行技术创新与研发。对于一些特殊的行为，则进行个案豁免。美国对纵向垄断协议的规制，也从最初严格的"本身违法原则"，演变到目前宽松的"合理原则"。当然这也是受到美国后芝加哥学派经济理论的影响。美国反垄断法对纵向垄断协议没有具体的豁免制度。任何纵向垄断协议都可能受反垄断法的规制。对于具体的纵向垄断协

---

① 钱弘道. 经济分析法学 [M]. 北京：法律出版社，2003：20.

议，均要根据判例具体分析。下面以欧盟的一个案例来阐述经济分析在纵向垄断协议案件中的重要性。

1991 年 Mars 集团向欧盟委员会提起申诉，指控冰激凌行业的两家主要公司 Langnese-Iglo（LI）和 Scholler 与零售商的独家协议妨碍了其在德国冰激凌市场的销售。在署名日期为 1992 年 12 月的 Langnese-Iglo 和 Scholler 案的裁决书中，欧盟委员会裁定这两份协议确实违反了相关规定，并且禁止这两家公司实施这两份协议。一审法院于 1995 年 6 月驳回了这两家公司的起诉。而且，一审法院的判决最后得到了欧洲法院的支持。[①]

在这个案件分析中，相关市场的界定对于评价厂商是否拥有足够大的市场势力以及受独家协议约束的店铺面积比例是否充分大具有十分重要的作用。在相关产品市场的界定中，欧盟从消费者需求的角度进行了分析。在对地域范围的界定中考虑跨地域消费成本以及国家特点。在此基础上，欧盟确定了两家公司所拥有的市场份额，Scholler 公司占据 20%以上的市场份额，而 LI 公司占据 45%以上的份额。根据欧盟委员会的分析，由于建立分销系统和创立品牌声誉，必须承担巨额的固定沉淀成本，因此，进入相关冰激凌市场并不容易。此外，大部分已有商店因签订了独家协议而已经成为 Scholler 公司和 LI 公司的特约经销商，而新的进入者，尤其是知名度较低或者只提供部分产品系列的新进入者不可能以零售商独家供货商的身份来取代已经在位的公司。同时，欧盟委员会也指出独家交易会促使冰激凌制造商向零售商店提供冰柜，并导致了冰激凌市场的增长。通过合理地分析独家交易合同的弊与利，欧盟委员会作出了最后的判决。

四、对中国纵向限制行为进行规制的相关建议

1. 重视对纵向限制行为的经济分析

随着经济学理论的不断发展，经济分析在法律相关问题的研究中起着越来越重要的作用。由于传统的法学研究缺乏统计学、经济学方面的训练，只能用语言而不能用详尽的实际统计资料来讨论法律效果问题，从而使法律效果这个在法学中处于十分重要地位的法律分析常常误入歧途。纵向限制领域的反垄断问题本身就是经济学与法学的交叉问题，效率已经成为该问题法律分析和解释法律的目的或意图，而效率的解释必须依赖于经济分析。正是在这个基础上，经济分析在纵向限制相关法律问题中的作用不可低估。世界各主要市场经济体在处理此类案件的过程中，均以完善的经济学分析为依据，对具体的指标进行量化分析，为法院判断提供切实可靠的依据。由于我国市场经济发展起步较晚，因此，现阶段处理纵向限制领域相关问题过程中要重视经济分析的作用，并借鉴美国和欧盟在执法过

---

① 马西莫·莫塔. 竞争政策——理论与实践 [M]. 沈国华译. 上海：上海财经大学出版社，2006：331.

程中所采用的经济分析方法，提高执法效果，作出客观合理的裁决结果。

2. 构建中国的纵向限制反垄断领域的法律法规

从我国纵向限制的立法情况看，其中的反垄断法双语结构令人担忧。而且反垄断执法机构的自由裁量权过大。为了遏制这种情况，就有必要细化纵向限制的相关法律法规。

针对我国目前纵向限制法律规范存在的问题，最好的解决办法就是制定、发布纵向限制指南。这样做不仅鼓励企业在采取纵向限制行为之前进行利弊权衡，同时也使得执法机构能更好地运用法律法规来规制纵向垄断协议。现阶段，我国的反垄断执法机构应借鉴美国和欧盟等主要市场经济体纵向限制理论分析与法律规范的先进经验，前瞻性地制定纵向限制指南，其中的疏漏实难避免，但希望可以引发更多理论界、实务界对纵向限制法律规范的思考。

服务业能成为中国经济的动力产业吗 *

李 钢

(中国社会科学院工业经济研究所，北京 100836)

【摘 要】本文通过分析发达国家"二战"后产业结构演化的内在动因以及与目前中国经济发展阶段相同时三次产业对经济增长的贡献，提出"二战"后发达国家第三产业比例不断提升主要是由于第三产业价格上涨速度快所致，而第三产业实际产出增长更快并不是重要的因素；与中国经济发展水平相同时美、日两国第二产业占比仍处于上升阶段，两国第二产业对经济增长的贡献都在 60% 左右，是经济增长的真正动力产业。本文分析了中国在 1978 年以后产业结构变化状况，提出中国 1978 年以来不变价与当年价计算的产业结构有巨大的差异；从 1978~2009 年按当年价计算的产业结构变化状况是第一产业主要向第三产业进行了转移，而按不变价计算则是第一产业主要向第二产业进行了转移；中国从 1978 年以来经济增长的主要动力产业是第二产业，对经济增长的贡献为 68.8%。本文的研究表明：中国到 2020 年经济增长的主要动力产业仍旧是第二产业；第三产业难以成为中国经济增长的动力产业。第三产业比例的提高对真实经济增长的意义不大，因而中国没有必要把提高第三产业的比例作为产业结构升级的着力点，而是必须进一步推动中国第二产业国际竞争力提升，以此充分利用中国日益形成的质量型人口红利，从而带动中国经济有质量的高速增长。

【关键词】经济增长；产业结构；三次产业

一、引言

加快转变经济发展方式，是关系国民经济健康发展紧迫而重大的战略任务；经济增长

---

* 本文选自《中国工业经济》2013 年第 4 期。

基金项目：国家社会科学基金重点项目"我国劳动力素质升级对产业竞争力提升与产业升级的影响研究"（批准号 12AJY005）；国家社会科学基金重大招标项目"产业竞争优势转型战略与全球分工模式的演变"（批准号 09&ZD035）。

方式的转变内涵是丰富的，从产业结构上来看，主要是推动产业结构的优化。但什么是产业结构的优化？有人认为产业结构优化的主要内容是从主要依靠第二产业，到第一、二、三产业协调发展；具体而言就是要通过加快发展第三产业，从而提高第三产业在国民经济中的比例。三次产业结构演化的原因大体可分为三种解释，即各产业需求收入弹性的差异、价格变化的差异及统计口径变化。虽然三个原因都能导致产业结构的变化，但由不同原因导致的产业结构变化对现实经济含义有巨大的不同。如果产业结构演化主要是由于产业需求收入弹性不同导致的，产业结构演化将具有微观基础并且反映了真实产业力量对比变化，这种产业结构的演化方向将有真实的导向作用。但如果产业结构的演化主要是后两种原因导致的，产业结构演化趋势也就仅是"数字游戏"，从而并不具有产业发展的导向作用；产业结构的演化会自然发生，并不应成为产业政策的着力点。根据中国实际情况（已经基本完成第一次产业向第二产业的演化过程），本文主要分析发达国家第二产业比例下降及第三产业比例上升的主要原因，并分析计算中国今后一段时间（到 2020 年）经济增长的动力产业（主要贡献产业）。

二、发达国家经济增长动力产业分析

1. 长期看按不同价格水平计算的产业结构有较大差异

GDP 的本质是衡量一国的总产出。由于各类商品物理量量纲繁多，难以直接相加，因而只能汇总各种商品的价值量。价值量的计算要通过价格这一中间量，特别是计算产业结构时，各种产业商品价格的相对变动会极大地影响产业的比例。在计算一国产业结构时，可以使用不同时点上价格的比例关系（以下简称不同时点上的价格），即过去（可以称为可比价或者不变价）、当年及未来某个时点。对于一个国家某一静止时点而言，按现价计算的产业结构的确能够反映这个国家目前的经济结构，因而也是有意义的。但对于一个经济体而言，有意义的经济增长是扣除了价格因素后实际的经济增长；对于经济增长而言价格的因素需要剔除，因而在考虑与经济增长相关的产业结构实质含义时，我们需要剔除价格这一因素。目前，各国仅公布按现价计算的产业结构，因而需要用不变价来重新计算一国产业结构。在理论上确定过去某一个时点作为价格的基准点是十分困难的，因为不同基点的选择会导致以后年份产业结构数值的变化；但在实践上又是一件较为容易的事情，因为统计部门往往选择某一个整数年作为公布不变价的时点（如美国选择 2005 年），有些国家往往又会选择一个特定的年份（如中国选择 1978 年）。在进行不同国家产业结构比较时，对同一年份的产业结构直接进行比较也会产生一些问题，因为不同国家之间，三次产业之间的价格比例关系会有较大差异。各个国家之间产业结构差距既有可能是各产业产出之间的差异造成的，也有可能是各国三次产业比价关系的不同造成的。以中美之间 2005 年三次产业结构差异来说，2005 年中国第三产业的比例为 40.51%，比美国第三产业的比例 76.35%低 35.84 个百分点；而李钢等（2011）根据全球国际比较项目（以下简称 ICP）分行业数据计算显示，若按美国不同产业比价关系计算中国 2005 年第三产业的比例应为 54.35%，仅比美国低 22 个百分点。李钢等的研究表明，中美之间服务业占 GDP 比例的差异中近 40%可以用两国三次产业的比价关系来解释，而 60%左右是由于两国三次产业产出的差异引起的。因而对于后起国家而言，若仅从发达国家目前当年价所计算的产业结构来判断产业发展的方向及产业政策的着力点，就有可能出现方向性的错误。因而有必要采取分行业购买力平价对一国的产业结构进行计算，而此方法相当于采取发展中国家未来某个时间的三次产业价格比值进行计算。如果我们假设中国在未来某一年份（如 2040 年）能达到美国 2005 年的经济发展水平，就能以购买力平价数对中国产业结构进行计算，其实质可以看作用中国未来某个时点的价格来计算产业结构。如果都采取 ICP 项目分行业数据来计算一国产业结构，就可以较好剔除不同国家三次产业产品比价关系不同的问题，从而可以较好地进行国际比较。不同价格计算的产业结构比较见表 1。

表 1　不同价格计算的产业结构比较

	不变价	现价法	购买力平价
时间节点	某一时间节点上的价格；一般是指过去某一时间节点，如 1990 年的不变价，就是指 1990 年的各种产品的价格	当年价，如 2010 年的产业结构就是利用 2010 年当年的价格计算产业结构	以美国某一年份的价格比例关系为基础，例如 2005 年购买力平价就是以 2005 年美国的价格比例关系为基础
实质	以过去某一时点（如 1978 年）不同产业的产品价格比例关系为基础计算中国的产业比例关系	以当年不同产业的产品价格比例关系为基础计算中国的产业比例关系	以未来某一时点不同产业的产品价格比例关系为基础计算中国的产业比例关系
优点	剔除了价格因素的变化，可以认清一国产业结构变化的实质。特别是在研究经济增长时有不可替代的作用	便于理解，符合大家一般的认知	为进行国际间产业结构比较提供了基础
缺点	不好理解，有一定的计算工作量，不能直接进行国际比较。用不变价计算的 GDP 难以反映产品质量的变化；难以直接计量新产品对于旧产品的替代	没有反映价格因素的变化，在进行长周期及国际比较时结果失真	不好理解，计算工作量很大，数据不连续
与现价法的比较	第二产业比例提高，第三产业比例下降	—	第二产业比例下降，第三产业比例提高

目前，主要发达国家（美、日、英、法、德）都已经进入后工业化时期，第三产业在国民经济中的比重一般都已在 70%以上，甚至有些已经接近 80%。一般认为，发达国家在完成工业化后，第三产业的比例都有大幅提高；但上述对产业结构的判断，是以当年价为基础计算的产业结构。而当用不变价进行计算时，会得出不同的结论。西蒙·库兹涅茨（1999）曾经提出"按当年价格计算的产值的份额与按不变价计算的产值的份额间的差别，从长期来看应该是重大的"；但他根据收集到的不变价与当年价数据对比分析并没看到明显的变化。在库兹涅茨进行研究时，往往将 I 部门及 S 部门（大致相当于中国目前的第二

产业及第三产业）合并与 A 部门（大致相当于中国目前的第一产业）进行比较①。因为相对第一产业，第二产业价格上涨速度较慢，而第三产业价格上涨速度较快，将第二产业及第三产业合并后作为一个产业与第一产业价格上涨的速度会接近，所以若将第二、三产业合并后与第一产业进行比较，看到的结果会是当年价格与不变价计算的产业结构差距会较小，这也就是库兹涅茨研究中，日本等国用当年价格与不变价计算的产业结构差别较小的原因。日本 1956~2007 年不变价与当年价计算的产业结构如图 1 所示，可以看出 1956~2007 年以当年价与可比价（1958 年）计算的第一产业的比例差距很小，第二产业与第三产业合计占 GDP 的比例也基本没有变化，这一点与库兹涅茨的研究结论一致。但也可以从图 1 中看出，以不变价与当年价计算的第二产业及第三产业的比例有较大的差距。以日本 2007 年三次产业结构为例，2007 年按当年价计算的三次产业比例是 1.4∶28.5∶70.1，而按可比价计算的三次产业比例是 1.7∶49.3∶49.0；从上面数据可以看出虽然按可比价与当年价计算的第一产业比例很接近，但按两种方式计算出来的第二产业与第三产业却有较大差异。2007 年第二产业占 GDP 的比例按当年价计算为 28.5，而按可比价计算比例却为

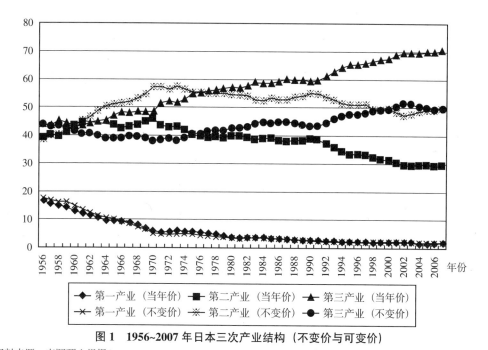

图 1　1956~2007 年日本三次产业结构（不变价与可变价）

资料来源：李颖硕士根据 http://www.stat.go.jp/english/index.index.htm 收集整理。

---

① 西蒙·库兹涅茨（1999）的研究中有些数据是将第二产业和第三产业合并，与第一产业进行比较的主要原因应是数据可获得性；另一个可能的原因是在当时并没有估计到第三产业会成为发达国家主体产业，占到 70% 甚至更高的比例，从而也并没有特别关注 I 部门与 S 部门价格比值的变化。在《各国经济增长》一书中库兹涅茨的提法是"传统部门和较现代化的 I 部门+S 部门"。

49.3，按可比价计算高于按当年价 20.8 个百分点。2007 年第三产业占 GDP 的比例按当年价计算为 70.1，按可比价计算为 49.0，低于按当年价 21.1 个百分点。上面数据说明，从长期看可比价与当年价计算日本三次产业结构的确有较大的差距。

表 2 是美国 1889~1899 年及 1953 年按不同年份的价格体系计算出来的三次产业结构；从表 2 可以看出按不同时点价格体系所计算出来的同一年份三次产业比例会有较大的区别。以美国 1953 年的产业结构为例，按 1929 年价格 S 部门占 45.7%，而按 2005 年的价格体系计算约为 69.6%，提高了近 24 个百分点。若考虑到在表 2 中交通运输业是计算在 I 部门，而不是 S 部门，美国 1953 年的产业结构已经与美国 2005 年十分接近[①]，这表明美国 1953~2005 年第三产业比例的提高主要是由第三产业价格上升更快导致的。

表 2 美国按不同年份价格计算的三次产业比例

单位：%

	价格	A 部门	I 部门	S 部门
1889~1899 年三次产业比例	1859 年价格	17.0	52.6	30.4
	1889~1899 年（当年价）	17.9	44.1	38.0
	1929 年价格	25.8	37.7	36.5
1953 年三次产业比例	1929 年价格	5.9	48.4	45.7
	1953 年价格	5.5	47.2	48.3
	1963 年价格	4.3	45.3	50.4
	2005 年价格	1.3	29.1	69.6

资料来源：最后一行本文作者自行计算；其他数据来源于西蒙·库兹涅茨（1999）。

总之，日本与美国不变价与当年价计算的产业结构从长期来看的确有较大的差异，从而证实了西蒙·库兹涅茨（1999）提出"按当年价格计算的产值的份额与按不变价计算的产值的份额间的差别，从长期来看应该是重大的"理论判断；这一结果也说明当年库兹涅茨根据能收集到的不变价与当年价数据对比分析并没发现明显差异并非是其理论判断不对，而是受所收集数据的时间跨度较短，及其所计算的产业结构分类较粗所致。

2. 长期看按当年价计算的产业结构往往会低估第二产业的比例

按当年价与可变价计算产业结构的差异，从直接原因上看是由于不同产业的价格上涨速度不同所导致的；从更深层原因来看是由于不同行业劳动生产率差异所导致。库兹涅茨（1999）提出"A 部门份额的下降以及 I 部门和 S 部门某些细分部分份额的上升比我们现

[①] 2005 年美国三次产业结构的比例是 2：22：76，其中第三产业中交通运输部门占 GDP 的比例是 6%，按表 2 中口径调整后 I 部门占 28%，S 部门占 70%。西蒙·库兹涅茨的《各国经济增长》中 I 部门统计口径包括了交通运输及通信产业，而在中国目前的第二产业中不包括交通运输及通信产业。由于本部分主要是进行同一国家不同时期产业结构的比较，因而为了表述方便，本部分论述使用了第二产业而不是 I 部门。如果是为了进行不同国家间的比较，需要对上述统计口径的差异进行调整。同时我们认为将交通运输及通信产业合并在第二产业中也有其道理，交通运输及通信产业都是可以大规模利用第二产业的产品，从而可以通过提高资本有机构成而提高劳动生产率的行业。因而这两个行业的快速发展，从本质上讲是第二产业的溢出所导致的。

在发现的会更大些",这其中的原因是"工艺技术的变动会在 I 部门比在 A 部门导致净产值相对价格大量的削减"。Balassa(1964)和 Samuelson(1964)也各自提出由于可贸易部门劳动生产率提高速度会高于不可贸易部门;若假设劳动力可以自由流动及充分就业的条件下,不可贸易部门的工资要向可贸易部门趋同,但由于非贸易部门劳动生产率并没有像可贸易部门提高的一样快,最后结果就是非贸易部门的价格上涨得更快。由于第三产业不可贸易部门的比例要高于第二产业,从而巴拉萨—萨缪尔森效应会导致第三产业的价格上涨速度高于第二产业。长期来看,当年价计算的产业结构往往会低估第二产业的比例。美国 1859~2005 年的 146 年间,第二产业是价格上涨最慢的部门,从而用当年价计算的第二产业比例会低于用不变价计算的比例。从表 2 中可以看出,随着采取价格体系年份后移,同一年份第二产业的比例不断下降。以 1859 年价格体系计算的 1889~1899 年的第二产业比例则为 52.6%,但用 1929 年价格体系计算的相同年份的第二产业的比例下降到了 37.7%,下降了 14.9 个百分点。再以 1953 年第二产业比例为例,按 1929 年价格计算为 48.4%,按 1953 年价格计算下降到 47.2%,按 1963 年价格计算下降到 45.3%,按 2005 年价格计算下降到 29.1%。

在全球化背景下,发达国家第三产业价格上涨快于第二产业更深层的原因还在于发达国家普遍存在着商品贸易赤字,从而使发达国家资本取得超额利润的同时,发达国家的民众得以分享全球化的巨大利益。以美国为例,由于制造业特别是低端制造业大量进口,实质相当于大量海外劳工进入美国制造业,并且这些劳动者仅能取得所在国工资收入,从而会人为压低美国第二产业产品(特别是传统的劳动密集型产品)价格。美国 20 世纪 50 年代后期开始的第一波按不变价与可变价计算的第三产业比例差异扩大是由于制造业向日本及之后的亚洲"四小龙"产业转移所导致的;而 20 世纪 80 年代中后期开始的第二波按不变价与可变价计算的第三产业比例差异扩大是由制造业向以中国为代表的新兴工业化国家转移所导致(如图 2 所示)。

这里还要特别指出的是,按就业结构所计算的产业结构也并不能反映产业结构的真实变化。虽然就当期而言,就业量与钢产出吨数、粮食生产吨数类似,是一个"物理量",与价格无关,因而就业量所计算出的产业结构与各产业之间的相对价格水平无关,但如果用长期动态的眼光来看,按各产业就业量所计算出来的产业结构也无法剔除价格因素,甚至价格因素是产业就业结构演化的重要因素。巴拉萨—萨缪尔森效应将会使技术进步慢的行业价格上涨快,由于价格的上涨才能使该行业承担劳动力上涨的成本,也才能雇用更多的劳动力。因而若用可比价的观点来看,不同年份就业结构应该用劳动生产率进行调整;不同年份的就业量都应按与基期相同的人均产出量进行调整,从而能更好地反映产业结构的变化。另外,由于各产业人均人力资本不相同,按就业结构来计算的产业结构不能反映各产业人员素质的差异;各产业人均固定资本也有较大的差异,而固定资本可以看成过去人类劳动的固化,按就业结构来计算的产业结构也不能反映各产业所拥有的人类固化劳动的差异。这些因素都会使按就业量计算的产业结构低估第二产业的比例;这些因素也表明不能根据"二战"后发达国家就业结构的变化来说明第三产业是发达国家经济增长的动力

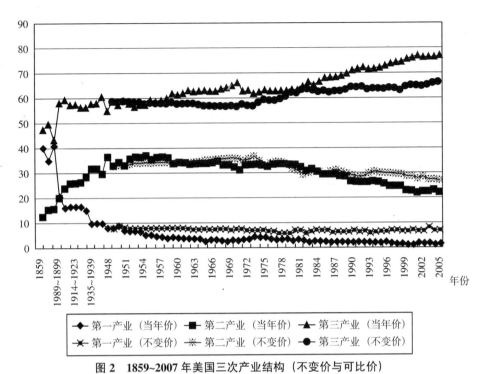

图 2　1859~2007 年美国三次产业结构（不变价与可比价）

资料来源：①1799 年、1839 年、1859 年数据来源于吴敬琏（2008）；②1869~1944 年的数据来源于 B.R.米切尔（2002）；③其他年份当年价数据来源于 http://www.bea.gov/；④不变价数据由本文作者根据分行业增长率及上述数据进行计算得出。

产业，而应看到第三产业就业量的增长是以第二产业快速的技术进步为基础的。

3. 发达国家在中国目前经济发展水平时经济增长的动力产业

本文的动力产业是指对一国经济增长贡献最大的产业，可以通过计算三次产业对经济增长的贡献率进行确定；对经济增长贡献最大的产业就是一国在该时期的动力产业。2011年中国人均 GDP 按年末汇率计算为 5555 美元，折算为 2005 年美国价格水平为 4870 美元，大体相当于美国 1900 年人均 GDP 水平，若按购买力平价折算（即按 3.5 元人民币=1美元的比例折算到 2005 的美元价格水平）为 8210 美元（2005 年美元价），大体相当于美国 1940 年左右的人均 GDP 水平（按美元 2005 年不变价计，美国 1939 年人均 GDP 为8166 美元，1940 年为 8822 美元）。以 1940 年为基准，前后各推算 10 年左右即 1929~1953 年[①]，大致相当于中国今后 5~10 年的发展阶段。表 3 是这个时期各个产业对经济增长的贡献率，从表 3 中可以看出在美国这一时期贡献率最大的仍旧是 I 部门，对经济增长的贡献占到了 60.1%，而服务业对经济增长的贡献仅占 36.8%。

2011 年中国人均 GDP 与日本 1961 年人均 GDP 相当（我们根据美国的 GDP 平减指数

---

① 本文之所以确定 1929 年及 1953 年，而不是 1930 年及 1950 年，是为便于利用已有的研究资料。

表3　1929~1953年美国三次产业对经济增长的贡献率

单位：%

	A 部门	I 部门	S 部门	合计
1929 年产业结构（当年价）	9.80	32.00	58.20	100
1953 年产业结构（1929 年可比价）	5.90	48.40	45.70	100
1929 年总产出 100	9.80	32.00	58.20	100
1953 年总产出（以 1929 年总产出为 100）	14.16	116.16	109.68	240
1929~1953 年各产业对经济增长的贡献	4.36	84.16	51.48	140
对经济增长的贡献率	3.10	60.10	36.80	100

　　资料来源：第一、第二行来源于西蒙·库兹涅茨（1999）；1953 年总产出是 1929 年的 2.4 倍，这一结果是根据 http：//www.bea.gov/中的数据计算得到的；其他数据为本文作者计算得出。

计算 2005 年的 8210 美元相当于 1961 年的 1937 美元；日本 1961 年人均 GDP 为 1518 美元）。从表 4 中可以看出日本在这一时期贡献率最大的也是第二产业部门，对经济增长的贡献占到了 60.5%；而服务业对经济增长的贡献仅占 37.1%。日本在该时期与美国所处的阶段类似，从表 4 中计算的数据看，这一时期日本三次产业对经济贡献与美国很接近，贡献最大的也是第二产业，占到 60% 左右；然后是第三产业，占到 40% 左右；第一产业的贡献很小，已经趋近于零。

表4　1956~1970年日本三次产业对经济增长的贡献

单位：%

	第一产业	第二产业	第三产业	合计
1956 年产业结构（当年价）	17.72	38.50	43.78	100
1970 年产业结构（1956 年可比价）	6.54	54.58	38.88	100
1956 年总产出 100	17.72	38.50	43.78	100
1970 年总产出（以 1956 年总产出为 100）	24.20	201.90	143.90	370
1956~1970 年各产业对经济增长的贡献	6.48	163.43	100.09	270
对经济增长的贡献率	2.40	60.50	37.10	100

　　资料来源：本文作者根据图 1 数据计算得出。

三、1978 年以来三次产业对中国经济增长的贡献

1. 按当年价计算的中国产业结构

　　中国的产业结构在 1978~2009 年有了较大的变化，三次产业的比例从 1978 年的 28.2∶47.9∶23.9 变化为 10.3∶46.3∶43.4；2009 年中国第三产业的比重达到 43.4% 后，

2010 年及 2011 年第三产业的比重不仅没有提高，反而有小幅下降（见图 3）。中国学者普遍认为，目前中国第二产业的比例过高，而第三产业的比例过低，中国产业政策应从大力提高第三产业的比例入手。当然也有部分学者提出中国目前应担忧的是实体经济是否有可持续增长力；在新的形势下如何保持进而提升中国第二产业（特别是制造业）的国际竞争力；中国制造业占 GDP 的比例不是高了，而是低了（李钢等，2009）。

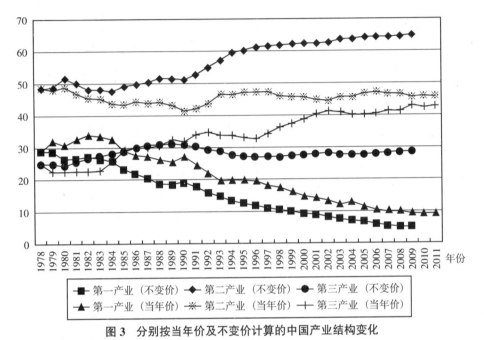

图 3　分别按当年价及不变价计算的中国产业结构变化

资料来源：当年价数据来源于《中国统计年鉴》（2012）；不变价数据作者计算。

近两年来，中国第二产业比例上升并非是特例，其他国家相应的发展阶段也出现了类似的状况。总体而言，随着经济水平的发展，一国的产业结构从一、二、三演化为二、三、一，再演化为三、二、一（均以当年价计），但第三产业比例并不是直线上升的，可能会波动，甚至较长时间呈下降趋势。如前文所述，2011 年中国人均 GDP 按购买力平价折算相当于美国 1940 年的水平；与日本 20 世纪 50 年代末到 60 年代初经济水平大体相当。日本在 1953~1973 年也出现了按不变价计算的第三产业比例下降的局面；1958~1961年按当年价计算第三产业比例下降的局面。美国以不变价计算的第三产业的比例从 1947年的 58.8% 下降到 1969 年的 56.5%，22 年间下降了 2.3 个百分点，而同期第二产业的比例却提高了 3 个百分点。即使以当年价计算，美国第三产业的比例在 1970~1980 年也呈现下降的局面；美国 1970 年第三产业的比例达到 66.4%（当年价），之后呈现下降趋势，直到1985 年第三产业的比例才超过 1970 年的比例。

2. 按不变价计算的中国产业结构

如前文所述，无论从理论上还是从国际经验上来看，长期而言一国按不变价计算的产业结构与按当年价计算的产业结构可能会出现重大的差异；而对一国经济增长而言，更加有意义的是按不变价计算的产业结构。下面我们按中国 1978 年的不变价（以下本文再提到中国不变价时，若没有特别说明都是指 1978 年的不变价）重新计算了中国 1978~2009 年的产业结构。以 2009 年中国产业结构为例，中国三次产业结构从 10.3∶46.3∶43.4（当年价）改变为 5.4∶65.6∶29.0（不变价）；第一产业下降了 4.9 个百分点，第二产业提高 19.3 个百分点，第三产业下降了 14.4 个百分点。我们知道，第二产业中包括工业与建筑业，这两个细分行业 2009 年占 GDP 的比例不变价与当年价分别提高了 21.9 个百分点与下降了 2.4 个百分点。也就是说，第二产业，具体而言是工业由于价格上涨幅度低于其他产业，以不变价计算的产业结构会高于以当年价计算的产业结构。

以不变价计算的产业结构，2009 年与 1978 年相比第三产业提高了 5 个百分点；以当年价计算的产业结构，2009 年与 1978 年相比第三产业提高了 19.4 个百分点。从这一数据可以看出，1978~2009 年第三产业呈上升趋势，但按当年价计算的比例高估了第三产业上升的幅度。第三产业上升仅有 26% 是由于"统计产出"增加导致的，而 74% 是由于三次产业价格比例的变化（也就是第三产业价格上涨快于整个 GDP 价格上涨的速度）所导致的。第三产业价格上涨速度高于第二产业主要原因是第三产业（特别是传统服务业）劳动生产率提高缓慢，甚至有学者将其称为劳动生产率提高的"停滞部门"（Baumol W.J.，1967）。

主要由于价格上涨因素导致服务业比例上涨并非是中国的特例。以日本 1956~2007 年为例，第三产业占 GDP 的比例从 44% 提高到了 70%，但这其中有 81% 是由于服务业价格上涨所致。再以美国为例，1947~2011 年美国服务业占 GDP 的比例从 59% 提高到 79%，提高了 20 个百分点，但这其中有 59% 是由于服务业价格上涨所致。按 2005 年美元不变价计算，1947 年美国的第三产业占 GDP 的比例已经达到 71%（2005 年不变价），在此之后22 年间美国第三产业的比例处于波动状态，并没有提高，到 1969 年美国第三产业比例仍旧为 71%（2005 年不变价）。20 世纪 70 年代以后，美国第三产业比例才开始不断提高，到 1980 年美国第三产业的比例提高到 76%。

本文使用了"统计产出"增加而不是"实际产出增加"，是因为第三产业增长很大程度因为某些原本计算在第二产业的产出从第二产业中分离出来，计算在了第三产业中；以及原本未被计算的家务劳动社会化所导致统计的产出的增长。虽然在理论上说，第二、三产业是可以较为清晰的分开，但在实际统计中不同国家第二产业都在一定程度上包含了第三产业的内容；总体的趋势是第三产业占比越高的国家，第三产业越发达的国家，第二产业所包含的第三产业比例越少。以中国为例，在按生产法进行核算时，是以企业为单位进行统计申报的，企业的行业分类是以该企业主营业务范围来进行分类；制造业企业内部或多或少都包含了服务业的内容，而这部分只能统计在第三产业中。例如，同一设计服务，企业内部设立的设计部门的工作，仅能计入企业管理费用，这一部分增加值（以员工工资形式体现）仅能计入第二产业；而企业外部设计院（或公司）从事这一工作所取得的收入（增加值部分）将计入第三产业。总体而言，发达国家统计在第二产业中的服务业比例较低，而中国这一比例较高。美国 1800 年第三产业的比例就高达 48%，而中国 1980 年的第三产业的比例仍旧仅为21%，两者差异很重要的原因是由于很多企业内部提供了大量的服务产品，而这一部分服务产品并没有计入第三产业中。另外，随着经济的发展，人们生活水平的提高，原来的家务劳动开始由市场提供。因而经济发展水平越低，低估的劳务比例会越高，随着经济水平的发展，家务劳动进入市场的比例会提高[①]（西蒙·库兹涅茨，1999）。

3. 改革开放以来中国经济增长的动力产业是第二产业

如前文所述，在研究中国经济增长的动力产业时，需要用不变价进行计算。我们计算了中国三次产业对经济增长的贡献。1979~2009年三次产业对经济增长的贡献分别占到2.5%、68.8%、28.7%（见表5），这说明1978~2009年中国经济增长的主要驱动力是第二产业（特别是工业）。

表5 1979~2009年可比价计算的三次产业对GDP增长的累计贡献

单位：%

年份	第一产业	第二产业	工业	建筑业	第三产业
1979	22.8	52.2	51.0	1.0	25.0
1980	−5.3	86.3	74.2	12.7	19.0
1990	36.3	44.2	43.1	1.3	19.5
2000	2.7	66.8	65.8	2.4	30.4
2009	2.5	68.8	57.4	7.6	28.7

资料来源：作者根据图3中数据及分行业增长率进行计算。

四、第二产业仍旧是中国经济增长的动力产业

如前文所述，按购买力平价计算中国目前相当于美国1940年经济发展水平。我们分四种情景假设中国到2020年的发展水平，即2012~2020年GDP年均增长率分别是6%、7%、8%、9%，则到2020年中国经济发展水分别相当于美国1951年、1956年、1962年、1965年的经济发展水平；届时中国人均GDP分别约为1.38万美元、1.51万美元、1.64万美、1.78万美元。我们测算了同期制造业与GDP增长的比例。除经济增长速度为6%的情景以外，其他情景下美国在该时段制造业的增长速度均高于GDP的增长速度（见表6）。

在不同情景下，我们假设第二产业、工业与美国同期制造业增长速度相当，从而可以计算在不同情景下，第二产业及工业对经济增长的贡献率。从表7可以看出，2011~2020

---

① 库兹涅茨在此论述这一问题，主要是为了说明随着经济增长家庭劳务会"在度量中充分地得到反映"，从而经济增长率一般会被高估。

表6   不同情景下美国制造业及经济总量的增长速度

经济增长速度 (%)	中国到2020年人均GDP (2050年美元价)	相当于美国年份	美国GDP总量 (2005年不变价, 10亿美元)	相对1940年GDP累计增长 (%)	美国制造业指数	美国制造业增长速度与经济增长的比例
	8210	1940	1165.9		47	
6	13870	1951	2159.3	185	86	0.99
7	15093	1956	2547.6	219	107	1.04
8	16411	1962	2894.4	248	125	1.07
9	17831	1965	3607.0	309	156	1.07

注：制造业指数是以美国1958年等于100计算。

资料来源：数据来源于B.R.米切尔（2002），其中1940年制造业数据是根据B.R.米切尔（2002）调整所得；美国GDP总量数据来源于http://www.census.gov；其他数据由本文作者自行计算。

年年均增长率在6%、7%、8%、9%不同情景下，第二产业及工业对经济增长的贡献有较大的差距；第二产业对经济增长的贡献最低为56%，最高接近93%；工业对经济增长的贡献最低为48%，最高为79%。

截至2020年，中国经济总量将大体与美国相当，但中国经济发展水平仍旧仅相当于美国20世纪50年代后期60年代初期的水平，人均GDP也仅相当于目前美国人均GDP的1/4左右，与美国仍旧有巨大的差距，后发优势仍旧十分明显。日本20世纪90年代经济增长大幅放缓时按购买力平价计算人均GDP已经相当于美国的70%，而到2020年中国人均GDP按购买力平价计算也仅相当于美国的25%；如果日本等国家经济发展过程代表了经济发展的客观规律，中国经济增长率显著下降的时间点应该是在2032年左右（金碚和李钢，2011）。因而，今后10年中国经济平均保持7%~8%增速可能性较大[①]。从表7中可以看出，若中国经济到2020年保持7%左右的速度，到2020年中国GDP总量将达到87万亿元（2011年可比价），将是2011年GDP总量的1.84倍；人均GDP将为1.51万美元（2005年美元可比价，汇率按3.52折算），按可比价计算将相当于美国1956年人均GDP水平。1940~1956年，美国制造业增长速度是美国GDP增长速度的1.04倍，按此比例可以计算出中国2011~2020年第二产业对经济增长的贡献为71%，工业对经济增长的贡献为61%；与1979~2009年第二产业对经济增长的贡献（69%），工业对经济增长的贡献（57%）比较接近。这一方面表明，中国在今后10年经济增长的动力产业不会发生重大的变化，第三产业尚难成为经济增长的主要动力产业；另一方面也表明，经济发展的阶段尚未发生实质性的变化，加快推动工业化仍旧是经济发展的主线。中国没有必要人为放缓经济增长速度，更没有必要把提高第三产业的比例作为产业结构优化的着力点。

①"十二五"规划经济增长目标为7%，但根据过去经验与中国发展的实际，"十二五"期间经济增长高于7%的可能性极高；而在"十三五"期间，中国经济增长目标有可能进一步放缓，而经济增长在6%~7%的可能性很大。因而我们判断，2011~2020年中国经济增长7%的可能性很大。当然，从表中数据也可以看出，本文结论的稳健性很高，经济增长率6%~9%，不同的情景下，中国经济主要动力产业都是第二产业，特别是第二产业中的工业。

表7 不同情景下中国第二产业对经济增长的贡献

	年均增长率（%）	GDP（万亿元）	第二产业增加值（万亿元）	工业增加值（万亿元）	第二产业对经济增长的贡献（%）	工业对经济增长的贡献（%）
2011年		47.28	22.04	18.85		
2011~2020年假设不同情景的增长率	6	79.87	40.34	34.49	56	48
	7	86.92	50.25	42.97	71	61
	8	94.51	58.62	50.14	77	67
	9	102.68	73.17	62.58	92	79

资料来源：2011年数据来源于《中国统计年鉴》（2012），其他数据由本文作者计算。

五、结论与展望

1. 三次产业价格比例变化是发达国家第三产业占GDP比例提高的主要原因

从国际经验及中国产业结构演化的史实来看，产业结构演化的三种原因（需求收入弹性的差异、产业相对价格的变化、统计口径的变化）都可以在一定程度上来解释各国产业结构演化的现象，但对于不同时期产业结构演化的解释力是不同的。总体而言，在产业结构巨变的第一个历史时期，即第一产业比例大幅下降（发达国家主要在20世纪50年代以前完成此结构转换），不同行业需求收入弹性差异是导致产业结构巨变的重要原因；产业结构巨变的第二个历史时期，即第二产业比例下降，第三产业比例大幅提高（发达国家在20世纪90年代以前完成此结构转换），产业相对价格的变化是产业结构变化的主要原因。以美国为例，1953~2007年美国第三产业占GDP的比例从58%提高到77%，提高了19个百分点，但产业相对价格的变化可以解释其中的55%以上，而其他两个原因（产业的真实增长及统计口径的变化）仅能解释不到45%。如果按西蒙·库兹涅茨在《各国经济增长》中产业部门的分类，则在1953年以后按可比价计算的服务部门的比例基本没有变化，这一结论也与韩国1975~2007年服务业比重提高的97.4%、日本1970~2005年服务业比重提高的70.2%可以归因于价格因素相一致（胡翠和许召元，2012）。本文的研究也表明，西蒙·库兹涅茨提出"按当年价格计算的产值的份额与按不变价计算的产值的份额间的差别，从长期来看应该是重大的"理论判断是正确的；但由于受所收集数据的时间跨度较短，及其产业结构分类较粗所导致的"不变价与当年价数据对比分析并没看到明显的变化"的结论是不正确的。还需要说明的是，1940年的美国与1960年的日本与目前中国经济发展水平相当，当时这两个国家第二产业占GDP的比例仍旧处于上升阶段。美国1970年以后第三产业比例快速提高是有其特殊原因的。1947年美国第三产业比例已经为71%（2005年不变价），此后一直保持不变；到20世纪70年代，美国第三产业比例开始不断提高，到1980年美国第三产业的比例提高到76%；而与此同时美国国际贸易开始出现20亿美元贸易赤字。1971 年以前，1876~1970 年的 94 年间，除 1935 年、1936 年两年出现贸易赤字以外，其他年份美国均维持了长时间的贸易盈余。1971 年以后，除个别年份外，美国国际贸易始终处于净进口的状态。因而，美国 1970 年以后第三产业比例快速提高是以全球化后制造业向发展中国家转移、美元成为国际储备货币为基础的。中国目前的经济发展阶段与实力，不具备美国 20 世纪 70 年代向国外大规模产业转移的条件；同样，人民币目前也不具有成为国际储备货币的条件。

2. 与中国目前经济发展水平相同时，第二产业对发达国家经济增长贡献最大

中国 2011 年人均 GDP 为 5555 美元，已经进入中上等收入国家行列，但本文的研究表明中国目前大体仅相当于美国 1940 年、日本 1960 年的经济发展水平，在此阶段美国、日本第二产业仍旧是经济增长的主要动力产业。以美国为例，1929~1953 年 I 部门对经济增长的贡献约为 60%，而 S 部门仅为 37%；再以日本为例，1956~1970 年第二产业对经济增长的贡献为 61%，而第三产业仅为 37%。从日本与美国的数据来看，一方面在经济水平相当的发展阶段，不同国家的主导动力产业的确有可比之处；另一方面在中国目前经济发展阶段，第二产业仍旧是经济增长的主要贡献产业。目前，国内有学者提出中国应加快发展服务产业，特别是生产性服务业，这固然有其合理的一面，但发达国家产业发展的事实表明：第二产业，特别是工业，仍旧是目前中国经济发展的动力产业。即使是生产性服务业的发展也必须以工业的发展为基石。以美国为例，1839~1899 年制造业在 GDP 中的比例提高了 11.1 个百分点，与此同时运输和通信业提高了 3.1 个百分点；1899~1953 年制造业在 GDP 中的比例提高了 8.5 个百分点，与此同时运输和通信业提高了 5.3 个百分点；1953~1967 年制造业在 GDP 中的比例下降了 2.5 个百分点，与此同时运输和通信业也下降了 0.7 个百分点。以上的数据表明，以交通运输业为代表的生产性服务业发展与实体经济的核心制造业同步发展，脱离制造业是难以快速发展交通运输业等生产性服务业的。

3. 中国 1978 年以来按不变价与当年价计算的产业结构有巨大的差异

1978 年以后，中国三次产业结构发生了巨变，按当年价计算的三次产业结构从 1978 年的 28∶48∶24 变为 2010 年的 10∶47∶43，第一产业大幅下降，第二产业维持不变，第三产业大幅提高；按当年价计算的产业结构所描述的状况是第一产业主要向第三产业进行转移。但按不变价计算的产业结构却是从 1978 年的 28∶48∶24 变为 2009 年的 5.4∶65.6∶29；按不变价计算的产业结构所描述的状况是第一产业主要向第二产业进行了转移。这表明，第三产业占比（现价法）提高主要是第三产业价格更快上涨所致，这与程大中（2009）的研究结论"服务消费支出的增长，主要受服务价格上升的影响"相一致，也与胡翠和许召元（2012）的研究结论"价格的影响超过了服务业比重总的上升幅度"相一致[①]；与本文前述

[①] 在胡翠、许召元文章中没有明确提出，但从其表 1 中可以看出，1981~2005 年扣除价格因素后服务业的比重将下降 3.99 个百分点，也就是说按不变价计算的服务业占 GDP 的比例是下降的。该文的研究结论与本文是一致的，即中国改革开放后服务业占 GDP 的比例提高主要是由于价格因素所致，而不是真实增长更快。但其计算的具体结果与本文有一定的差异，主要原因一是时间范围有所不同，二是计算的方法有所区别。

的研究"发达国家'二战'后第三产业比例提高主要是三次产业价格比例变化"相一致。中国 1978 年以来产业结构的变化证实了西蒙·库兹涅茨提出"按当年价格计算的产值的份额与按不变价计算的产值的份额间的差别，从长期来看应该是重大的"理论判断是正确的；也表明巴拉萨—萨缪尔森效应在中国也是存在的，不可贸易部门（第三产业）价格上涨速度的确要快于可贸易部门（第二产业）。与当年价计算的产业结构相比，按可比价计算的第一产业占比下降幅度更大，第三产业占比上升幅度明显下降，而第二产业占比上升幅度明显加大。

4. 中国 1978 年以来经济增长的主要动力产业是第二产业

从 1978 年以后，中国经济快速增长，2010 年为 1978 年的 20.7 倍，年均增长 9.9%。中国经济如此快速增长的主要动力产业是什么？若按当年价计算，1978~2010 年三次产业对经济增长的贡献分别为 9.9%、46.7%、43.3%，第三产业与第二产业对经济增长的贡献差距不大。但若按可比价进行计算，1978~2009 年三次产业对经济增长的贡献分别为 2.5%、68.8%、28.7%。与当年价计算三次产业对经济增长的贡献相比，可以看出：一是第一、三产业对经济增长的贡献大幅下降，其中第一产业下降了 7.2 个百分点，第三产业下降了 14.6 个百分点；二是第二产业对经济增长的贡献大幅提高了 22.1 个百分点；三是第二产业成为经济增长的主要动力产业。还要特别说明的是，由于中国在改革开放后，人均 GDP 大幅提高，家庭服务进入市场的比例会大幅提高（西蒙·库兹涅茨，1999），"服务专业化和外移"（江小涓，2011）也会大幅提高，这些都会高估服务业对经济增长的贡献，因而服务业对经济增长的贡献比按可比价计算贡献还要小。

5. 2020 年之前中国经济增长的主要动力产业仍将是第二产业

2005 年中国进入工业化中期的后半阶段，目前正处于从"工业大国"向"工业强国"转变的阶段（黄群慧，2012）；"中国总体上处于第二产业尤其是制造业快速增长时期"（金碚，2012），工业仍然是中国经济增长最重要的产业。与中国到 2020 年的不同经济增长率相对应，第二产业对经济增长贡献有所差异，但对中国经济增长贡献率均大于 50%；与 7% 的经济增长率相对应，第二产业对经济增长的贡献率为 61%，虽然低于 1978~2009 年的贡献率 67%，但仍旧是经济增长最重要的动力产业；至少到 2020 年，第三产业难以成为中国经济增长的动力产业。发达国家经济发展过程表明，第三产业比例的提高是经济放缓的副产品。2012 年经济放缓引起社会各方面的关注，说明中国目前尚难承受经济增长大幅放缓压力，目前中国没有必要人为放缓经济增长速度。研究表明，第三产业产值比例（当年价）及就业比例提高是第三产业技术进步率慢于第二产业的结果（Baumol，1967），对真实经济增长的意义不大，因而中国不应把提高第三产业的比例作为产业结构升级的着力点，而是必须进一步推动中国第二产业（特别是工业）国际竞争力提升，以此来带动中国经济的增长。中国社会科学院工业经济研究所的研究表明，改革开放 30 多年来中国劳动力素质大幅提升，并且今后 10 年劳动力素质还将不断提升；因而虽然中国传统的数量型人口红利在不断减弱，但质量型人口红利会不断增强；质量型的人口红利将进一步推进中国产业结构优化，实现中国产业国际竞争力从数量型向质量型、从粗放型向集约型的战略性转变（李钢、刘吉超，2012）；而工业将是中国充分利用质量型人口红利的主战场，是推动中国经济高质量增长的主导产业。

本文认为 2020 年前中国经济增长的主要动力产业仍旧是第二产业，这其中更深层次原因是第二产业是技术进步较快的行业，从而能有效提高生产效率；第二产业不断提高的劳动生产率不仅会提高本行业的劳动者收入，而且会间接提高其他行业劳动者收入。这就是为什么发达国家传统服务业劳动者效率并不高于发展中国家，但其工资会远高于发展中国家的重要原因。因而第二产业的发展不仅对于经济增长意义重大，而且对于经济发展，对于提高劳动者收入也是意义重大；即使对于经济发展而言，第二产业对于经济发展的意义都可能是最重要的，这是今后需要着重关注与研究的问题。

参考文献

［1］Balassa Bela. The Purchasing Power Parity Doctrine：A Reappraisal ［J］. Journal of Political Economy，1964，72（6）.

［2］Samuelson Paul A. Theoretical Notes on Trade Problems ［J］. Review of Economics and Statistics，1964，46（2）.

［3］Baumol W. J. Macroeconomics of Unbalanced Growth ［J］. American Economic Review，1967，57（3）.

［4］李钢，廖建辉，向奕霓. 中国产业升级的方向与路径 ［J］. 中国工业经济，2011（10）.

［5］［美］西蒙·库兹涅茨. 各国经济增长 ［M］. 常勋译. 北京：商务印书馆，1999.

［6］吴敬琏. 中国增长模式选择 ［M］. 上海：上海远东出版社，2008.

［7］［英］B.R.米切尔. 帕尔格雷夫世界历史统计 ［M］. 贺力平译. 北京：经济科学出版社，2002.

［8］李钢，金碚，董敏杰. 中国制造业发展现状的基本判断 ［J］. 经济研究参考，2009（41）.

［9］金碚，李钢. 从血拼式竞争到高质量增长 ［A］//金碚. 企业竞争力报告 ［M］. 北京：社会科学文献出版社，2011.

［10］胡翠，许召元. 中国服务业比重变化的因素分解 ［J］. 数量经济技术经济，2012（4）.

［11］程大中. 收入效应、价格效应与中国的服务性消费 ［J］. 世界经济，2009（3）.

［12］江小涓. 服务业增长：真实含义、多重影响和发展趋势 ［J］. 经济研究，2011（4）.

［13］黄群慧. 中国的工业大国国情与工业强国战略 ［J］. 中国工业经济，2012（3）.

［14］金碚. 全球竞争新格局与中国产业发展趋势 ［J］. 中国工业经济，2012（5）.

［15］李钢，刘吉超. "入世"十年中国产业国际竞争力的实证分析 ［J］. 财贸经济，2012（8）.

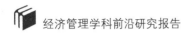
Will Tertiary Industry Become the Driving Force of China's Economic Growth

Li Gang

(Institute of Industrial Economics CASS, Beijing 100836, China)

Abstract: This paper analyzed the intrinsic motivation of industrial structural evolution of developed countries since the World War II and the contribution of tertiary industry when their economy is equivalent to China's in current stage. The author believed that the continuous rising proportion of tertiary industry is mainly due to the fast price rising instead of real output increase. When equivalent to China's economic development level, the proportion of tertiary industry of the U.S. and Japan keeps rising, with contribution rate exceeds 60%. This paper analyzed China's industrial structure since 1978 and believed that there is a big difference in industrial structure when calculated respectively in constant price and current price. From 1978 to 2009, when calculated by current price, industrial structure transferred from primary industry to tertiary industry, while from primary industry to secondary industry when calculated by constant price. The secondary industry has been the driving force of China's economic growth since 1978 with a contribution rat of 68.8%. Calculations of this paper show that the secondary industry will remain the major power of economic growth until 2020, and tertiary industry is not likely to be the momentum of China's economic growth. A rise in the proportion of the tertiary industry is insignificant to real economic growth, therefore it should not be the focus of industrial upgrading, instead, efforts should be made to enhance the international competitiveness of China's secondary industry.

Key words: Economic growth; Industrial structure; Tertiary industry

生产性服务业推动制造业升级战略意义、实现路径与政策措施*

夏杰长　张晓兵

（中国社会科学院财经战略研究院，北京　100028）

【摘　要】 加快发展生产性服务业是助推制造业升级、攀升全球价值链的必由之路，也是先进制造业和现代服务业"双赢"发展的战略选择。我国正处在工业化中后期加速发展阶段，必须坚持生产性服务业与现代制造业双轮驱动的发展道路。产业分工、融合、集聚是生产性服务业促进制造业升级的主要路径。政府和市场是促进生产性服务业发展的两个基本力量，既要充分尊重市场机制基础性作用，也要通过完善财税政策、金融政策、土地管理政策和营造良好的环境来推进生产性服务业大发展。

【关键词】 工业化；城镇化；生产性服务业；政府政策

生产性服务业是指直接或间接为生产或服务过程提供中间服务的服务性产业，是面向企业或生产行为的服务产业，它具有高附加值、高知识含量、高人力资本和高集聚度等基本特征，其主要内容包括交通运输业、现代物流业、金融保险业、科技研发业、工业设计业、管理咨询业、商务服务业、人力资源服务业、检测认证服务业、法律服务业等。我国正迎来服务业大发展的时代，但目前我国服务业仍然以传统服务业为主，附加值较低，技术含量不高、渗透力不强，代表现代服务业发展趋势与方向的生产性服务业还比较落后，对制造业升级的作用发挥还很有限。如何通过大力发展生产性服务业推进制造业升级，攀升全球价值链，是摆在我们面前现实而又紧迫的议题。

---

* 本文选自《中国社会科学院研究生院学报》2013 年第 2 期。

基金项目：国家社科基金青年项目《"十二五"时期加快发展现代服务业的区域对策研究》（11CJY070）和中国社会科学院创新工程项目《中国中长期服务经济发展战略研究》的阶段性成果。

一、以生产性服务业助推制造业升级的战略意义

1. 以生产性服务业推进制造业升级符合我国工业化进程的客观要求和现实基础

产业升级主要是指产业结构的改善和产业素质与效率的提高。据此，我们可以从多角度、多视野分析制造业升级的内容和形式：一是产业链上向技术含量高、附加值高的领域延伸；二是产品技术的换代升级；三是创建新产业。在以上三种形式的产业升级当中，对中国企业来讲，最重要、最紧迫的是实现产业链的升级，因为在国际分工中我们长期处于低端制造环节。比如"芭比娃娃"玩具，目前几乎全由中国加工生产，但中国企业得到的加工费每件只有 0.35 美元，而拥有知识产权和品牌的美国公司每件可以得到 7.9 美元。①

我国已经进入了工业化中后期加速发展阶段，但对这个阶段制造业转型升级的方向选择，学术界却存在着较大的甚至是原则性的争议。有些学者主张制造业转型升级必须依靠大力发展生产性服务业来推动，因为它不仅是产业转型升级的最重要支撑，也是劳动力转移的主要载体，大力发展以生产性服务业为主要内容的现代服务业是解决劳动力转移的最重要途径。而有些学者则认为，制造业升级的方向依然要以重化工业为主，在中国工业化过程中，不应过分强调提高服务业在国民经济中的比重，发展重化工业和对传统制造业的改造升级仍然是中国面临的主要任务。我们认为，第一种观点更符合我国的实际情况和工业化进程的客观规律，因为大力发展生产性服务业更能化解我国经济发展方式转变过程中的诸多矛盾。比如，增长和劳动就业非一致的矛盾，服务业就业弹性明显高于制造业，服务业单位投资所创造的劳动就业岗位数约是重化工业的 2.5 倍；② 服务业对能源消耗也远低于制造业，更加符合可持续发展的要求，服务业每创造 1 万元 GDP 的能耗只是制造业的25%。③

2. 大力发展生产性服务业是解决我国制造业大而不强"顽症"的重要途径

"中国制造"迅速崛起，正成为全球经济不可或缺的一部分，直接影响着全球活动。2011 年，中国第二产业实现增加值 220592 亿元，占 CDP 的比重为 46.8%，按年末汇率计算，约折合 35009.6 亿美元；而美国制造业增加值为 18370.31 亿美元，占 GDP 的比重为12.2%。从历年数据看，中国制造业占全部第二产业增加值的比重约为 70%（如 2009 年该数值为 69.85%）。从这一数据估算，我们可以估计出 2011 年中国制造业增加值约为154094 亿元人民币，折合 24456 亿美元，相当于美国的 1.33 倍。④ 但是，我们也要看到，

---

① 陈清泰. 自主创新和产业升级 [M]. 北京：中信出版社，2011：106.

② 李江涛. 推进城镇化建设亟待发展的十大产业 [N]. 中国经济时报，2012-12-04.

③ 夏杰长. 大力发展现代服务业是扩大内需的重要途径 [J]. 经济学动态，2009（2）.

④ 李勇坚，夏杰长. 对中国制造业已全面超越美国的思考 [EB/OL]. www.naes.org.cn/article/13，2012-12-24.

中国的制造业多是大而不强，主要依赖于低廉劳动力成本优势，以量取胜，大多处在产业链低端环节，转型与升级已势在必行。而生产性服务业是促其转型升级的重要动力，它以其强大的支撑和渗透功能成为制造业增长的牵引力和推进器，是制造业起飞的依托和支撑。

现在，越来越多的国家及其企业把发展生产性服务业作为提升产业竞争力和全球经济控制力的途径，并借助生产性服务业推动产业转型升级。目前，在美国、日本等发达国家，以通信、物流、金融服务等为主的生产性服务业已经占到全部服务业的50%以上，并且不断强化生产性服务业对其他产业的渗透与融合。许多著名跨国公司已经开始把主要业务由制造业向服务业衍生和转移，服务业在企业的销售额和利润中所占比重越来越高。[①]国际经验昭示我们，加快发展生产性服务业既有助于提升工业化水平与质量，促进制造业升级，也是实现服务业现代化和高端化的必由之路，对中国而言不失为一个"双赢"的战略选择。

二、分工、融合、集聚：生产性服务业助推制造业升级的主要路径

1. 深化分工和合作，走现代制造业和生产性服务业"双轮驱动"的道路

我国正处在工业化中后期加速发展阶段。从国际经验看，这个阶段基本是走现代制造业和生产性服务业"双轮驱动"和融合发展的道路。这意味着我们既不能沿用传统制造业和重化工业的老路子，也不能脱离工业孤立地发展生产性服务业，而是要在分工与互动中选择现代制造业与生产性服务业"双轮驱动"的战略，特别要围绕制造业这个"实体经济"大力发展生产性服务业，把高端服务元素坚实地嵌入制造业之中，通过生产性服务业促进制造业转型升级和竞争力提升。

我国拥有庞大的制造业规模，随着制造业发展水平的提升，专业化程度的提高，客观上存在生产性服务业和制造业分离的要求。制定相应政策，创造有利环境，使制造企业有动力、有能力将生产性服务分离出来，是构建服务经济的关键。而实现这一战略目标的重要途径就是要细化专业分工，鼓励制造业的服务环节从企业剥离，推进业务外包，即制造企业将一系列以前由内部提供的生产性服务活动进行垂直分解，将研发、设计、内部运输、采购等生产性服务外包给专业供应商。这种专业化分工最大限度地发挥了各自的比较优势，实现了资源与要素的最优配置，培育了对方的市场需求并激发了各自的效率，无论于制造业还是生产性服务业，其市场潜力都得以扩充，生产效率都得以提升。这种深度的专业化分工客观上促进了制造业与生产性服务业的"共赢"。

① 夏杰长. 生产性服务业将成"重中之重"[J]. 中国投资，2011 (5).

2. 加强产业融合，强化生产性服务业对制造业的渗透与支撑

现代产业发展的一个重要特征就是产业融合。当今世界，服务业与制造业、现代农业之间的关系越来越密切，并在融合与互动中不断发展。在现代产业体系中，物质生产需要有相关生产性服务业态的投入，它的发展壮大必须有赖于以生产性服务业特别是金融资本和人力资本为先导，通过运用先进技术及研发、物流、营销等各环节的协调互动转化为物质财富。随着信息技术日益深入和广泛的运用，全球制造业正在从"生产型制造"向"服务型制造"转变，即所生产的产品越来越"软化"和"个性化"，生产性服务业已经成为制成品最重要的投入之一。同样地，服务方式的实现、服务行为的完成也离不开制造业、制成品这个物质载体。服务与产品互为依赖，共同满足人类需求。因此，服务业与制造业是休戚与共、共生共容、互为融合的关系。我国正致力于走新型工业化道路和推进产业升级，最重要的出路就在于大力发展生产性服务业，并促进生产性服务业与制造业融合与互动发展，这是我们产业政策的一个新的着力点，是要长期坚持的一个战略选择。

3. 推动产业集聚，打造一批生产性服务业集聚区或功能园区，以服务业集聚策动制造业升级

集聚发展是生产性服务业的重要特点和趋势，我们必须顺势而为。我国各级政府现在也十分强调服务业集聚发展，正在打造各种类型的服务业集聚区。这种把大量服务业企业及相关机构集中于某个特定区域的模式反映了现代服务业发展的内在要求，在某种程度上决定了其所在城市的产业辐射力和竞争力。而且，综观国内外制造业发展经验，凡是生产性服务业发达、集群程度高的地区，其制造业也相对比较发达，竞争力比较强。我国东南沿海地区与中西部地区相比，并无资源上的优势，但是制造业发达程度远超过中西部地区，就在于它有比较完善的生产性服务业体系以及专业化水平较高的生产性集聚区和功能区。正是这种生产性服务业的集聚发展，通过规模化的知识密集型生产服务要素的嵌入策动了制造业的升级。

服务业空间上的集聚是外部经济、规模经济和范围经济的必然选择。但是，集聚发展切忌陷入"为集聚而集聚"的道路中去。集聚只是手段而不是目的。走集聚发展的道路要避免从空间上将一系列看似关联的企业集中到一起，而各个企业之间并没有相互联系，没有产生协同效应。[1] 真正的集聚发展是在地理上集中具有相互关联性的企业、专业化供应商、服务供应商、相关产业的厂商、相关研发机构和相关产业协会等构成的群体，它是在某一特定领域中大量产业联系密切的企业以及相关支撑机构在空间上集聚，并形成强劲、持续竞争优势的现象。

走集聚发展道路，一定要避免"形聚而神不聚"的形式主义。首先，要尊重企业的自主选择，不要"拉郎配"，政府意志不能代替市场行为。其次，要发挥政府引领和导向作用，加强服务业集聚区建设规划引导，重视对生产性服务业集聚区或功能园区公共信息平

① 李文秀，夏杰长. 基于自主创新的制造业与服务业融合：机理与路径 [J]. 南京大学学报（哲学人文社会科学版），2012（2）.

台、技术平台、重大通信基础设施的建设，建立集聚区标准与考核评价体系，等等。将生产性服务产业功能园区基础设施建设纳入财政预算，每年安排一定比例的资金支持功能园区的基础设施建设。特别要支持大型服务产品交易市场、服务产品信息发布平台的基础设施建设，加快推进服务产业集群的发展。

建议使用国家服务业引导资金或国家服务业建设专项资金，在制造业优势比较明显的地区着力培育一批创新能力强、创业环境好、特色突出的重点生产性服务业集聚区或功能区，促进服务资源向这些集聚区或功能区汇集。引导形成以龙头企业为核心，中小企业协同发展的高端生产性服务业集群。通过这些重点集聚区、功能区的示范和引领作用，打造高端生产性服务业增长极，培育地方经济增长和税源增长的新依托，改变传统上单纯过度依托工业园区带动地方发展的老路子。

三、促进我国生产性服务业发展的政策措施

无论是从规模还是从发展的质量来分析，我国生产性服务业与发达国家及部分发展中国家都有较大差距，推动生产性服务业大发展，实施生产性服务业优先发展战略既重要又紧迫。政府和市场是促进生产性服务业发展的两个基本力量，要在充分尊重市场机制基础性作用的前提下，采取科学而有力的政策措施推动我国生产性服务业大发展。

（一）推动生产性服务业大发展的财税政策

在国家财力不断增长的情况下，财政投资应适当向生产性服务业倾斜并引导其他社会资本投向服务业。当然，财政资金对生产性服务业的投入必须按照公共财政和市场经济的要求，遵循"有所为、有所不为"的原则，充分发挥其"四两拨千斤"的作用，重点投向关键领域、薄弱环节、外部性显著的生产性服务行业或业态。当然，发展服务业单纯依靠政府投资是不够的，应逐步由政府一元化投入转变为政府、企业、个人、社会多元化的投入。为此，必须打破行业垄断，降低门槛，简化手续，广泛动员外资及民间资本等各种社会力量投入生产性服务产业。

完善政府采购制度，促进生产性服务业发展。我国政府采购不但占财政支出比重较低，而且结构也很不合理，主要是公共工程的招投标和办公用品的采购，而服务类的采购比重畸轻。政府采购应适度扩大规模，向工程类特别是服务类拓展和倾斜。我们必须改变以前那种重货物类采购、轻服务类采购的格局，要把更多的服务业领域纳入政府采购的范围，引进市场竞争机制，面向全社会服务行业公开、公正、公平招投标，从而扩大全社会对生产性服务业的市场需求。

通过财税政策引导金融保险服务业、软件与信息服务业、科技研发业、现代物流业、工业设计业、管理咨询业、商务服务业、检测认证业、法律服务业等高端生产性服务业优

先发展，优化服务业内部结构，推进服务业现代化。建议依照 2009 年财政部、国家发展和改革委员会、国家税务总局等《关于技术先进型服务企业有关税收政策问题的通知》（财税〔2009〕63 号）对服务业进行分类，明确知识密集度和技术含量较高的现代服务业企业参照高新技术企业管理，实施优惠和倾斜的税收政策。

生产性服务业具有附加值较高、专业性较强、人力资本层次多样的特点。高端、合格、实用的多元化人才是生产性服务业高质快速发展的重要前提。高等教育当然是培养人才的主力军，但是并不意味着要高等教育培养清一色的高精尖人才，也需要大力发展职业教育，为生产胜服务业培养适用型人才。在严峻的劳动就业形势下，特别是结构性失业较严重的背景下，努力培养有"一技之能"、"一技之长"的专门人才尤为重要。应统筹财政性教育资金，同等对待职业技术教育和高等教育。要发挥财政资金、税收优惠导向作用，积极引导社会资本投入职业教育，推动职业教育大繁荣。结合收入分配和社会保障制度改革，对低收入家庭就读职业教育给予一定的补助，引导就学向职业教育倾斜，提高全社会的就业能力和就业水平。

积极稳妥推进现代服务业营业税改征增值税试点工作。现行增值税是以制造业的行业特点为基础的，若将其简单地复制到目前征营业税的服务业，显然过于简单。因为服务业的生产经营过程与制造业有着根本的区别。制造业的生产主要依赖原材料、燃料、动力、半成品等物质资料。在现行增值税制度下，进行抵扣后，征税对象基本就是产品的增值额。但在服务业中，大量的生产经营活动并非主要依靠物质消耗，而是"品位"、"创意"等非物质性的人力资本、无形资产的消耗。如果服务业当中的劳动力成本无法进行抵扣，就可能使得部分现代服务业的负担较改革前更重，这显然违背了改革的初衷。为了鼓励现代服务业的发展，建议必须尽快将无形资产、人力资本等纳入进项税额抵扣范围。此外，目前"营改增"改革方案对服务出口免税政策没有明确规定。我国的服务产品是含税出口的，与其他对服务业征收增值税的国家相比，我国服务业在国际市场中处于劣势。要提高我国服务业特别是生产性服务贸易的国际市场竞争力，必须尽快研究出台服务业的免抵退税具体办法和实施细则。

（二）构建支持服务业发展的金融政策体系

建立完善多层次、多元化金融服务体系。鼓励发展天使投资、创业投资，支持融资性担保机构发展。通过多层次资本市场体系建设，满足不同新兴服务业的融资需求。需要强调的是，大量民营服务业在发展初期普遍是小型甚至是微型企业，建议借鉴韩国的经验，设立"服务业特别基金"，为符合国家产业政策的小微型服务企业发展提供资金支持，破解融资瓶颈。还要针对服务业特别是小微型服务企业抵押物较少、经营规模不大的特点，逐步建立起有利于服务业和小微型企业发展的"草根金融"体系，比如探索发展服务业小型、微型企业的联保贷款业务等。

积极稳妥推进金融创新。金融是服务业的重要组成部分，既支持服务的生产，也可以通过金融创新，如消费金融业务，扩大服务消费需求。许多服务业的核心资本是人力资本，没有多少可以抵押的实物资产，迫切需要金融提供适合的融资方式助其起步和发展。在发展现代服务业过程中，金融创新有许多方式和途径。比如，拓宽金融机构对现代服务业企业贷款抵押、质押及担保的种类和范围，允许服务企业以"知识产权、商誉、品牌、企业家形象"等无形资产抵押，适度提高抵押的权重，在控制金融风险的前提下加大金融机构对现代服务业的支持力度，破解服务业融资难的"瓶颈"；积极发展包括中小企业集合债券、短期融资券、中期票据等各类债务融资工具，为现代服务业企业提供灵活的融资方式。此外，要逐渐完善海关管理办法，加大对服务贸易的外汇管理支持力度，促进服务贸易便利化，推动服务业积极有序扩大对外开放。

（三）实施有利于生产性服务业发展的土地管理政策

土地管理政策是生产性服务业促进政策中的一项重要内容。2007年《国务院关于加快发展服务业的若干意见》和2008年《国务院办公厅关于加快服务业发展若干政策措施》都提出了"调整城市用地结构、合理确定服务业用地比例，对列入国家鼓励类的服务业在供地安排上给予倾斜"等意见。这些意见很好地引导了服务业快速发展，作用较为显著。但毕竟这只是一些原则性的意见，还需要研究更有针对性和可操作性的政策意见。生产性服务业主要在大中城市发展，而大中城市又是土地最为紧张的地区，随着经济建设规模越来越大和城市化进程越来越快，发展生产性服务业与土地紧缺的矛盾日益凸显。这就需要创新一些土地管理政策，包括积极支持以划拨方式取得土地的单位利用工厂厂房、仓储用房、传统商业街存量房产等土地资源，兴办信息服务、研发设计、创意经济等生产性服务业，土地用途和使用权人可暂不变更；在符合城市规划、土地利用总体规划的前提下，充分利用集体建设用地流转政策，鼓励生产性服务业项目利用集体建设用地进行开发建设；建立灵活的土地出让机制，发挥土地收储的调控性作用，对园区或集聚区内的重点项目及列入鼓励类的新兴服务业重大项目，在供地安排上给予优先选择权，实现对生产性服务业发展用地有效供给。

（四）改善生产性服务业发展的软环境

服务业具有无形性、多样性和信息不对称性等特点，道德风险和逆向选择的可能性更大，良好的信用环境是服务业发展的重要基础支撑。只有健全社会信用体系、加强服务业信用管理、尊重和保护知识产权、制定和实施服务业标准，才能降低服务产品和服务行为的交易成本、提高交易效率，实现现代服务业快速、健康、有序发展。

人才是生产性服务业发展的关键。生产性服务业一般是知识密集型和技术密集型产业，最主要的"投入"就是人力资本。培养、引进高素质的生产性服务业人才是政府义不容辞的责任。应改革传统的人才培养方法，重点发展特色职业教育，支持各类高等教育、职业教育和培训机构开展复合型、技能型人才的教育与培训。按照"不求所有，但求所用"的原则，积极推进技术入股、管理人员持股、股票期权激励等新型分配方式，建立人才柔性流动机制，鼓励更多的高端服务业人才向生产性服务业企业或园区集聚。

信息基础设施也是生产性服务业发展的重要软环境和软要素，要通过完善信息基础设施建设加强生产性服务业对其他产业的渗透与融合。信息技术设施的速度、成本、通达性等对生产性服务业和产业升级发展至关重要。信息技术设施具有明显的外部性，美国、印度、爱尔兰等信息技术设施发达的国家无不通过强有力的国家扶持政策来实现其超前发展。① 对我国而言，加强信息技术基础设施建设，可以从以下两个方面着手：一是要加大对信息基础设施建设的投入力度，以提高信息传输速度、增强网络容量、降低使用成本、解决兼容性以及交互性问题。二是切实贯彻落实《国务院关于印发进一步鼓励软件产业和集成电路产业发展若干政策的通知》（国发〔2011〕4 号），制定信息基础设施领域高技术服务企业认定标准，结合行业技术经济特点，对企业研发投入、高技术产品销售收入占比、就业人员学历职称要求等方面由科技部、财政部和国家税务总局做出具体规定，确保从事信息基础设施建设的企业能够全面享受现有的税收优惠政策措施，以吸引社会资本更多地投向信息基础设施建设。

Producer Services Promote Manufacturing Industry Upgrading–Strategic Significance，Implementation Path and Policy Measures

Xia Jie-chang   Zhang Xiao-bing

Abstract：It is essential to accelerate the development of producer services for promoting manufacturing industry upgrading and increasing its global value chain. The accelerated development of producer services is a win-win strategie choiee for both advanced manufacturing industry and modern services. China must adhere to the development path driven by both producer services and modern manufacturing industry，because China is just in the late stage of accelerated development of industrialization. Furthermore，industrial division，convergenee，and agglomeration are the main implementation paths of the manufacturing industrial upgrading which is promoted by the producer services. The government and the market are two main fundamental forces promoting the development of producer services. On one hand，the basie role of market mechanisms should be adequately respceted；on the other hand，a series of government policy

---

① 霍景东，夏杰长. 离岸服务外包的影响因素：理论模型、实证研究与政策建议——基于 20 国的面板数据的分析 [J]. 财贸经济，2013（1）.

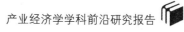
measures should also be implemented to promote the rapid development of producer services in terms of fiseal policy, monetary policy, land management policy and creating a favorable institutional environment.

Key words: Industrialization; Urbanization; Producer services; Government policy

产业结构转型和劳动力市场调整的微观机理研究：理论与实践 *

薛继亮

（内蒙古大学经济管理学院，内蒙古呼和浩特　010021）

【摘　要】劳动力市场变化影响产业结构转型，产业结构转型又反过来影响劳动力市场的变化。本文通过构建劳动力市场变化与产业结构转型的联立方程，运用 2001~2011 年中国各省市面板数据实证分析了劳动力市场变化与产业结构转型的内生性，结果发现：资本、劳动和市场因素将会促进产业结构升级；经济因素、宏观因素和政策因素对劳动力市场的变化起到决定作用，劳动力与资本供给达到平衡才能更好地促进产业结构转型；此外，劳动力市场变化与产业结构转型是相互作用的，可以通过产业和劳动力的集聚与分散效应，实现劳动力市场完善与产业结构转型的协调发展。

【关键词】产业结构转型；劳动力市场；微观机理

一、引言

自从 2004 年珠三角地区显现出"民工荒"之后，"民工荒"表现出一种长期性和持续性的发展趋势，并蔓延到内地省份。这一现象的出现，引发并加快了人力资源的短缺推进产业的转型与升级问题的研究。从这一问题的本质来看，人力资本的结构与产业转型升级的矛盾开始逐渐显现出来。在新一轮国际产业转移中，产业资源在全球范围内进行优化配置和战略性重组，中国参与国际分工和国际竞争，首先面临的是演进模式转变和发展战略选择的问题。从我国在国际间的贸易交换及经济竞争来看，国内劳动力的人力资本状况是

* 本文选自《上海财经大学学报》2013 年第 15 卷第 1 期。

基金项目：内蒙古大学高层次人才引进科研项目（30105-125142）；教育部人文社会科学研究项目《西部产业竞争力提升战略研究》（09XJA790007）。

决定国际产业分工与交换的先决条件。在当前国际国内条件下，以及自然环境资源约束下，中国必须要通过产业升级转型来实现社会经济发展方式的转变，而要实现这一目标，必须要对人力资本与产业转型和升级的机制，以及政府的宏观管理进行研究。只有这样，中国才能调整比较优势战略，实施竞争优势战略，突破雁行模式的束缚，实现产业结构的跨越式发展。因此，探索人力资本与产业转型升级的内在规律，并借鉴国外发达国家的经验和科学理论的指导，可以为中国的社会经济发展提供政策指导。

二、文 献 梳 理

经济转型升级的核心在于产业结构的高度化和合理化。在目前中国第一次人口红利即将耗尽（蔡昉，2011）以及劳动力素质偏低的情况下，协调好产业结构与就业结构之间的关系，保障产业结构转型升级和劳动力市场调整能够实现产业结构升级和就业结构的同步转换，这是我国实现经济转型升级必须要面对的现实问题。H.钱纳里（1975）提出的标准结构揭示了人均 GNP 与结构变动的关系，并进一步指出，这种结构变动涉及包括劳动力在内的资源配置发生显著变化。美国经济学家西蒙·库兹涅茨（1975）在配第、克拉克等人的研究基础上，对产业结构的变动规律作了进一步探讨，认为产业结构变动受到人均国民收入变动的影响，并论述了劳动力和国民收入在产业间分布变化的一般规律。Ramos、Surinach 和 Artis（2009）认为与产业结构转化、技术进步相匹配的人力资本，即在数量上、结构上和类型上的人力资本匹配才是经济增长的源泉。

国内对产业结构和就业结构之间的作用机理研究越来越深入，对两者关系的一致观点是产业结构和就业结构之间具有既相互促进又相互掣肘的关系。林毅夫（1994）、李周等（1999）的研究发现中国可以实施比较优势战略，通过发展劳动密集型产业实现资本积累后再发展资本密集型产业这样一个路径实现经济发展。黄玖立和冼国明（2009）基于1990~1997 年中国 28 个省区 31 个工业部门的经验研究发现，初始人力资本水平推动了中国省区的产业增长，这种推动作用是通过产业的技能劳动投入特征实现的。朱承亮等（2009）、张若雪（2010）构造计量模型来分析人力资本对产业升级的促进作用，杨爽和范秀荣（2008）通过构造人力资本产业结构转换适配度指数和产业结构高度指数，发现人力资本和产业越匹配，产业结构越合理，能有效地推动产业升级。李琳等（2010）对湖南三次产业产值结构、就业结构与产值结构等层面分阶段进行横、纵向对比分析，发现湖南产业结构演变历程基本符合世界产业结构演进的一般规律，产业结构渐趋合理。陈心颖（2012）根据福建省改革开放以来的产业结构与就业结构整体协同度和三次产业与就业结构的结构偏离度的分析，发现政策性壁垒、资本—劳动力替代过度和劳动力素质偏低是造成福建省当前就业结构滞后于产业结构的主因。

综上所述，对于中国产业结构升级的战略选择研究，主要局限于比较优势和赶超战略的取舍上，对于通过将我国丰富的人力资源优势转化为人力资本优势，推进产业结构升级则缺乏战略性的思考。同时关于人力资本收益和产业转型的微观机理更没有研究清楚，使得我国劳动力市场和产业发展难以有效地整合在一起，对政府宏观管理也提出了挑战。基于目前的研究现状，本文立足于人力资本与产业结构升级的内在关系，将研究定位于从中国产业结构升级的基础上来研究人力资本，希望能在已有研究成果的基础上，提出一些有价值的思想和观点。

三、模型设定及变量介绍

（一）模型设定

根据文献回顾，产业结构变迁和劳动力市场变化具有双向互动关系，可以将它们之间的这种作用机理建立联立方程组，其简约表达式为：

$$LM = F(IS，X_{LM}) \tag{1}$$

$$IS = G(LM，Y_{IS}) \tag{2}$$

其中，LM 表示劳动力市场变化，IS 表示产业结构变迁，X_{LM} 表示影响劳动力市场变化的相关因素，Y_{IS} 表示影响产业结构变迁的相关因素（肖智等，2012）。

实际上，劳动力市场变化主要受到经济因素、宏观因素和政策因素等方面的影响，为此，从这三方面构建劳动力市场变化的计量模型，如式（3）。劳动力市场变化的核心是劳动力在区域间、行业间等的流动，其根本动机是经济因素，考虑到我国城乡二元经济社会结构，本文在指标构造上引入了农村净收入（X1）、城市净收入（X2）、失业率（X3）三个指标；考虑到中国快速工业化的发展背景，宏观因素指标考虑 GDP（X4）；政策因素主要考虑中国经济发展开放的现实，采用外商直接投资（X5）的开放政策和社会公共福利投资（X6）两个指标。其中 α_0 为常数项，α_i 表示变量系数，ε 是随机误差项。

$$LM_{it} = \alpha_0 + \alpha_1 IS_{it} + \alpha_2 X1_{it} + \alpha_3 X2_{it} + \alpha_4 X3_{it} + \alpha_5 X4_{it} + \alpha_6 X5_{it} + \alpha_7 X6_{it} + \varepsilon_{it} \tag{3}$$

虽然一些学者已经得出产业变迁在经济发展高度化中具有重要的作用，但关于产业结构变迁影响因素的研究不多，也没有得出相对一致的规律。Messina（2005）发现人均国内生产总值、政府部门规模、城市化程度等对于产业发展具有正向作用。郭文杰和李泽江（2009）的研究也发现城市化中的农村劳动力转移有助于产业发展。为此，本文从资本、劳动、政策和市场四个方面对产业结构变迁进行计量模式的构建，如式（4）。产业结构变迁模型中用固定资产投资（Y1）、外商直接投资（Y2）来概括资本对产业结构变迁的影响，从劳动力市场变化（LM）和人力资本（Y3）两个角度分析劳动对产业结构变迁的影响。政策指标主要考虑政府支出（Y4）和城市化水平（Y5）两个因素。市场因素对产业结构变迁更为重要，这里主要考虑国际市场（Y6）和国内市场（Y7）对产业结构变迁的影响。其中，β_0 为常数项，β_i 为变量系数，ξ 为随机误差项。

$$IS_{it} = \beta_0 + \beta_1 LM_{it} + \beta_2 Y1_{it} + \beta_3 Y2_{it} + \beta_4 Y3_{it} + \beta_5 Y4_{it} + \beta_6 Y5_{it} + \beta_7 Y6_{it} + \beta_8 Y7_{it} + \xi_{it} \qquad (4)$$

综上所述，劳动力市场变化与产业结构变迁在本质上是一个相互影响的内生化过程，为了分析劳动力市场变化与产业结构变迁的相互关系，采用联立方程建立回归模型如下：

$$\begin{cases} LM_{it} = \alpha_0 + \alpha_1 IS_{it} + \alpha_2 X1_{it} + \alpha_3 X2_{it} + \alpha_4 X3_{it} + \alpha_5 X4_{it} + \alpha_6 X5_{it} + \alpha_7 X6_{it} + \varepsilon_{it} \\ IS_{it} = \beta_0 + \beta_1 LM_{it} + \beta_2 Y1_{it} + \beta_3 Y2_{it} + \beta_4 Y3_{it} + \beta_5 Y4_{it} + \beta_6 Y5_{it} + \beta_7 Y6_{it} + \beta_8 Y7_{it} + \xi_{it} \end{cases} \qquad (5)$$

（二）样本变量解释及数据来源

劳动力市场变化变量 LM_{it} 表示第 i 地区第 t 年劳动力在三次产业的就业情况。本文以第二产业劳动力数量为代表，并对其取对数；变量 $X1_{it}$、$X2_{it}$ 分别表示第 i 地区第 t 年的农村居民和城镇居民的净收入，并取其对数；变量 $X3_{it}$ 表示第 i 地区第 t 年的失业率；变量 $X4_{it}$ 表示第 i 地区第 t 年的 GDP，并取其对数；变量 $X5_{it}$、$Y2_{it}$ 表示第 i 地区第 t 年的外商直接投资数，并取其对数；$X6_{it}$ 表示第 i 地区第 t 年的社会公共福利投资，即教育、卫生、社会保障、社会福利、文化、体育和娱乐投入之和，并对其取对数。

在产业结构变迁模型中，变量 IS_{it} 表示第 i 地区第 t 年第二产业的产值占 GDP 的比重；变量 $Y1_{it}$ 表示第 i 地区第 t 年的固定资产投资额，并取其对数；变量 $Y3_{it}$ 表示第 i 地区第 t 年的人力资本，可以用平均受教育程度总和来衡量地区人力资本水平，并取其对数；变量 $Y4_{it}$ 表示第 i 地区第 t 年的政府支出，用一般预算支出表示，并取其对数；变量 $Y5_{it}$ 表示第 i 地区第 t 年的城市化水平，用城市人口与地区总人口的比值表示；变量 $Y6_{it}$ 表示第 i 地区第 t 年的国际市场规模，用进出口总额表示，并取其对数；变量 $Y7_{it}$ 表示第 i 地区第 t 年的国内市场规模，用社会零售商品消费总额表示，并取其对数。

本文的数据来自 2002~2012 年《中国统计年鉴》以及各省历年统计年鉴，为了模型的显著性，本文对部分数据进行了对数处理，这样还可以最大可能消除序列的自相关问题。

四、劳动力市场变化的数据特征

从三次产业就业人数绝对量和相对量变动来看（见图 1），第一产业的劳动力占总劳动力的比重自改革开放以来就不断下降，从 1978 年超过 70% 下降到 2011 年的不足 35%；与之相对的，第二产业和第三产业的就业人员不断增加，分别从 1978 年的 17.3% 和 12.2% 提升到 2011 年的 29.5% 和 35.7%。

考虑到中国三大产业结构的变迁和劳动力投入的变动趋势，就业结构的变动趋势和产出结构的变动趋势是一致的，但还是存在较大的差异，主要表现在第一产业在 GDP 结构中所作出的贡献和其吸纳的劳动力数量是不成比例的。因此，在中国第三产业吸纳劳动力有限的情况下，探索中国产业结构变迁和劳动力市场调整是具有意义的。这关系到中国制

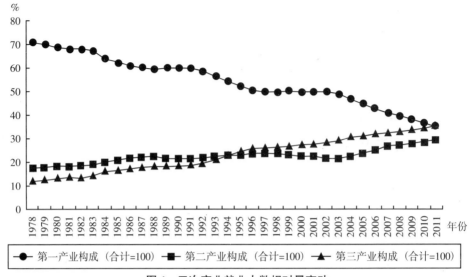

图 1　三次产业就业人数相对量变动

资料来源：历年《中国统计年鉴》。

定合适的产业政策，完成劳动力从农业到第二产业和第三产业的转移，并且保证他们有工作，并能在工业化和城镇化中得到改革的红利。基于这样的思考，本文将构建包含多个变量的联立方程探索劳动力市场变化和产业结构转型升级（变迁）之间的微观机理，把它们之间的相互作用机理准确估计并解释出来。

五、模型估计与解释

在估计劳动力市场变化和产业结构转型升级（变迁）之间的微观机理的方法选择上，本文选择混合模型，通过 Cross-Section Weights 来消除 31 个省、市、自治区间的异方差，采用两阶段最小二乘法对联立方程进行估计，并利用工具变量解决联立方程的内生性问题。结果如表 1 所示。

从表 1 的劳动力市场变化和产业结构变迁的联立方程的估计来看，劳动力市场变化和产业结构变迁是相互影响的，具有内生性，并且它们对彼此的影响系数在 1% 的显著性水平上显著。实际上，劳动力市场规模的扩大会促进第二产业的发展，促进产业结构高度化；同时产业结构的变迁还会带来劳动力市场的变化，通过产生劳动力集聚效应和规模效应带来劳动力市场规模的扩大。

（一）劳动力市场变化方程的估计与解释

从劳动力市场变化方程的估计结果来看，只有城市净收入（X2）的估计结果不显著。

表 1　模型估计结果

劳动力市场变化方程				产业结构变迁方程			
	系数	标准差	T检验	Prob.		系数	标准差	T检验	Prob.
C	1.939909	0.132674	14.62161	0.0000	C	0.546676	0.039058	13.99657	0.0000
IS	1.133596	0.044463	25.49509	0.0000	LM	0.133108	0.011783	11.29643	0.0000
X1	−0.029145	0.042953	−3.678529	0.0980	Y1	0.008794	0.009540	2.921812	0.0574
X2	−0.016542	0.031908	−0.518423	0.6046	X5	−0.013027	0.004830	−2.697200	0.0074
X3	−0.074013	0.009826	−7.532706	0.0000	Y3	0.044326	0.007901	5.610444	0.0000
X4	0.284348	0.020421	13.92405	0.0000	Y4	0.027223	0.010489	2.595380	0.0099
X5	0.028264	0.006432	4.394086	0.0000	Y5	0.138664	0.029738	4.662820	0.0000
X6	−0.274631	0.023584	−11.64464	0.0000	Y6	0.027835	0.004200	6.627265	0.0000
					Y7	0.002080	0.011732	0.177297	0.8594
R²	−16.476257	因变量均值		0.396200	R²	−2.896372	因变量均值		0.691889
因变量标准差	0.116449	残差平方和		2.132865	因变量标准差	0.024645	残差平方和		0.018932

农村净收入（X1）的估计结果在10%的显著性水平上显著。其他变量失业率（X3）、GDP（X4）、外商直接投资（X5）、社会公共福利投资（X6）都在1%的显著性水平上显著。这样的一个回归结果符合我国劳动力市场的变化，具体体现在经济因素将是个体劳动力寻找工作动机和流动动机的根本原因。在农村劳动力迁移冲击劳动力市场的情况下，农村净收入（X1）提高1%，将促使劳动力市场在−0.029%的程度上变化。农村净收入提高，会缩小城乡收入差距，农村劳动力的迁移动机就会受到抑制，劳动力的流动性就会降低，从而会抑制劳动力市场的变化。失业率（X3）提高1%，将促使劳动力市场在−0.074%的程度上变化，潜在的就业风险会阻碍劳动力市场的变化。

GDP（X4）指标是中国劳动力市场变化的一大动力。各地区的经济发展水平将直接影响到劳动力市场变化。GDP提高1%，劳动力市场变化将会提高0.284%，这个规律和经济学中的奥肯定律具有很大的相似性。从政策因素来看，外商直接投资越大说明了开放程度越高，劳动力市场变化就越大。外商直接投资（X5）每提高1%，劳动力市场变化将会提高0.028%。此外，由于社会公共福利呈现出当地化的现象，大多倾向于当地居民，对劳动力迁移没有吸引力，导致抑制劳动力市场的现象出现。社会公共福利投资（X6）每提高1%，劳动力市场变化将会降低0.0275%。

（二）产业结构变迁方程的估计与解释

从产业结构变迁方程的估计结构来看，可以发现国内市场（Y7）对产业结构变迁的影响不显著，固定资产投资（Y1）对产业结构变迁影响的估计结果在10%的显著性水平上显著。外商直接投资（X5）、人力资本（Y3）、政府支出（Y4）、城市化水平（Y5）和国际市场（Y6）对产业结构变迁影响的估计结果在1%的显著性水平上显著。固定资产投资（Y1）每提高1%，将会带来产业结构高度提高0.009%，相反外商直接投资（X5）每提高

1%，将会带来产业结构高度降低 0.013%，这说明相对于开放经济，封闭型经济可能更有利于第二产业的发展。

人力资本（Y3）因素对于产业结构高度化具有正向的作用，人力资本（Y3）每提高 1%，将会带来产业结构高度提高 0.044%。政府支出（Y4）和城市化水平（Y5）的提高会促进产业结构高度化。政府支出（Y4）每提高 1%，将会带来产业结构高度提高 0.027%。城市化水平（Y5）每提高 1%，将会带来产业结构高度提高 0.139%。国际市场（Y6）带来的进出口的增加会促进中国的产业结构高度化，这是因为进出口的增加带来市场规模的扩大，从而可以促进产业结构的高度化，这也印证了新经济地理学中市场效应对经济发展有重要作用的观点。但是国内市场却对产业结构高度化的影响不显著，这说明了在我国未来经济发展的战略选择上，还要继续扩大内需。

（三）劳动力市场变化和产业结构转型的区域影响因素分析

从劳动力市场变化和产业结构转型的区域影响因素的估计结果来看，中国 31 个省、市、自治区对劳动力市场变化和产业结构转型的影响都是显著的（见表2）。从劳动力市场变化方程的估计结果来看，河北、江苏、浙江、山东、河南、福建和天津等东部地区的劳动力市场变化最大，说明了这些地区积极的开放政策与经济和产业发展战略起到了重要作用；相反，贵州、云南、西藏、陕西、甘肃、青海、宁夏和新疆等地区的劳动力市场变化却不明显，这与这些地区的经济发展水平较低和产业规模较小有关系。

从产业结构变迁方程的估计结果来看，北京、天津、上海、江苏、浙江和广东等东部地区的产业结构变化最大。这说明了这些地区的工业基础较好、出口导向型经济发展策略以及产业发展战略起到了重要作用；同时，中西部地区对产业结构变迁和东部地区的影响差异不大，没有表现出明显的梯度差异。

从地区对劳动力市场变化和产业结构转型的影响差异来看，中西部地区劳动力市场的变化滞后于东部地区劳动力市场的变化，这是中国目前从西往东的劳动力迁移规律决定的。大量劳动力流向东部地区，劳动力市场和产业结构协调发展，带来了东部地区经济的快速发展。大量优质劳动力流向东部，虽然没有对西部地区的产业发展带来劳动力短缺的情况，但也在一定程度上抑制了西部地区的产业转型升级。

表2 各省对方程的影响因素

	劳动力市场变化方程				产业结构变迁方程			
	系数	标准差	T 检验	Prob.	系数	标准差	T 检验	Prob.
北京	0.396200	0.034935	11.34115	0.0000	0.805200	0.002271	354.6070	0.0000
天津	0.967400	0.011778	82.13538	0.0000	0.842100	0.013498	62.38822	0.0000
河北	1.142500	0.028743	39.74821	0.0000	0.693400	0.007116	97.43609	0.0000
山西	0.815400	0.011501	70.89524	0.0000	0.792200	0.009970	79.46033	0.0000
内蒙古	0.523700	0.009606	54.51631	0.0000	0.663100	0.022924	28.92549	0.0000
辽宁	0.645000	0.010350	62.31957	0.0000	0.750600	0.009324	80.49868	0.0000

	劳动力市场变化方程				产业结构变迁方程			
	系数	标准差	T检验	Prob.	系数	标准差	T检验	Prob.
吉林	0.553300	0.008983	61.59156	0.0000	0.673200	0.015185	44.33401	0.0000
黑龙江	0.649700	0.015821	41.06592	0.0000	0.736300	0.004459	165.1337	0.0000
上海	0.747100	0.028293	26.40557	0.0000	0.870500	0.004198	207.3501	0.0000
江苏	1.150700	0.034483	33.36973	0.0000	0.806900	0.011174	72.20918	0.0000
浙江	1.228700	0.042862	28.66650	0.0000	0.823400	0.012368	66.57578	0.0000
安徽	0.811200	0.038210	21.23010	0.0000	0.640400	0.017690	36.20079	0.0000
福建	0.996000	0.028305	35.18786	0.0000	0.705100	0.015710	44.88180	0.0000
江西	0.706100	0.053339	13.23801	0.0000	0.650200	0.023077	28.17555	0.0000
山东	1.020800	0.010515	97.08441	0.0000	0.765000	0.010656	71.78749	0.0000
河南	1.025900	0.020683	49.60098	0.0000	0.689100	0.017434	39.52591	0.0000
湖北	0.580800	0.021715	26.74607	0.0000	0.664800	0.011309	58.78446	0.0000
湖南	0.623700	0.014705	42.41376	0.0000	0.625400	0.014592	42.85935	0.0000
广东	0.891900	0.040058	22.26518	0.0000	0.809100	0.013942	58.03184	0.0000
广西	0.539800	0.070848	7.619176	0.0000	0.581300	0.017996	32.30137	0.0000
海南	0.313800	0.004140	75.80506	0.0000	0.392300	0.017946	21.86063	0.0000
重庆	0.649400	0.026918	24.12470	0.0000	0.694200	0.018616	37.29047	0.0000
四川	0.735000	0.114769	6.404169	0.0000	0.629600	0.019256	32.69584	0.0000
贵州	0.345700	0.014119	24.48505	0.0000	0.614700	0.010683	57.54140	0.0000
云南	0.491556	0.004464	110.1117	0.0000	0.644100	0.010642	60.52518	0.0000
西藏	0.313800	0.008288	37.86058	0.0000	0.524900	0.025296	20.74997	0.0000
陕西	0.615800	0.025569	24.08418	0.0000	0.735900	0.013765	53.46256	0.0000
甘肃	0.491800	0.020420	24.08424	0.0000	0.665400	0.007762	85.72863	0.0000
青海	0.554700	0.019125	29.00410	0.0000	0.730900	0.016554	44.15134	0.0000
宁夏	0.764900	0.011410	67.03745	0.0000	0.712500	0.010787	66.05013	0.0000
新疆	0.411200	0.006436	63.89532	0.0000	0.636800	0.013959	45.61904	0.0000

六、小结

本文通过构建劳动力市场变化与产业结构转型的联立方程，运用2001~2011年中国各省市面板数据实证分析了劳动力市场变化与产业结构转型的内生性。研究结果发现，资本、劳动力和市场因素将会促进产业结构升级。经济因素和政策因素对劳动力市场的变化起到了决定作用。同时，劳动力与资本供给达到平衡才能更好地促进产业结构转型。劳动力市场变化与产业结构转型是相互作用的，通过产业和劳动力的集聚与分散效应，将实现劳动力市场完善与产业结构转型的协调发展。

因此，要想实现劳动力市场变化与产业结构转型的协调发展，需要合理引导劳动力流动，使之能够满足产业结构调整带来的劳动力需求。同时，中国产业政策和投资结构正在发生明显变化，产业结构的变动可能会形成结构性失业。而产业政策的变化可能会形成摩擦性失业，这是劳动力市场需要重点关注的可能出现的情况（莫荣和罗传银，2011）。此外，还要关注东部地区和中西部地区因为劳动力迁移带来的劳动力份额的改变并由此所带来的结果，这就需要政府采取一定的引导政策，在东部地区可以同时采取促进产业结构调整和劳动力可持续流入的政策，而在中西部地区，推进产业结构升级则是第一要务。

参考文献

［1］Artis Manuel，Ramos Raul and Surinach Jordi. Job Losses，Outsourcing and Relocation：Empirical Evidence Using Microdata（August 2007）［EB/OL］. IZA Discussion Paper No.2978. Available at SSRN：http：//ssrn.com/abstract=1011147.

［2］H.钱纳里，M.赛尔昆. 发展的型式［M］.北京：经济科学出版社，1988.

［3］［美］库兹涅茨. 各国的经济增长［M］.常勋等，译.北京：商务印书馆，1985.

［4］陈心颖.产业结构、就业结构与经济转型升级——福建省的观察数据［J］.福建论坛（人文社会科学版），2012（5）：148–152.

［5］郭文杰，李泽红.劳动力流动、服务业增长与经济结构转换——基于中国省际面板数据的实证研究［J］.数量经济技术经济研究，2009（11）：51–62.

［6］黄玖立，冼国明.人力资本与中国省区的产业增长［J］.世界经济，2009（5）：27–40.

［7］李琳，阳吉运，高希.基于就业结构视角的湖南产业结构动态演变分析［J］.经济地理，2010（8）：1339–1343.

［8］林毅夫.战略抉择是经济改革与发展成功的关键［J］.经济科学，1994（3）：3–7.

［9］林毅夫，蔡昉，李周.比较优势与发展战略——对“东亚奇迹”的再解释［J］.中国社会科学，1999（5）：4–20.

［10］莫荣，罗传银.我国当前的就业形势和产业政策［EB/OL］.中国国情，中国网.2011–05–23. guo-qing.china.com.cn.

［11］肖智，张杰，郑征征.劳动力流动与第三产业的内生性研究——基于新经济地理的实证分析［J］.人口研究，2012（2）：97–105.

［12］吴培冠，黄敏.人力资本与经济增长关系综论［J］.湖南师范大学社会科学学报，2009（5）.

［13］彭焕才.从“民工荒”看新生代农民工人力资本投资［J］.湖南师范大学社会科学学报，2012（5）.

On Microscopic Mechanism of the Transformation of Industrial Structure and the Adujstment to Labor Market: Theory and Practice

Xue Ji-liang

(School of Economics and Management, Inner Mongolia University,
Inner Mongolia Hohhot 010021, China)

Abstract: The change in labor market affects the transformation of industrial structure, and conversely, the transformation of industrial structure influences the change in labor market. This paper constructs the simultaneous equations involving the change in labor market and the transformation of industrial structure and uses the provincial data in China from 2001 to 2011 to empirically analyze the endogenous relationship between the change in labor market and the transformation of industrial structure. The results are shown as follows: firstly, capital, labor and market factors can promote the upgrading of industrial structure; secondly, economic factors, macro-level factors and policy factors play a decisive role in the change in labor market, and in order to better promote the transformation of industrial structure, it should achieve a balance between labor and capital supply; thirdly, the change in labor market and the transformation of industrial structure interact, and the coordinated development of the perfection of labor market and the transformation of industrial structure can be achieved by the accumulation and dispersion effects of industries and labor.

Key words: Transformation of industrial structure; Labor market; Microscopic mechanism

基于演化博弈的战略性新兴产业集群协同创新策略研究 *

李煜华　　武晓锋　　胡瑶瑛

（哈尔滨理工大学管理学院，黑龙江哈尔滨　150040）

【摘　要】战略性新兴产业集群以创新为主要驱动力，协同创新是战略性新兴产业集群提高自主创新能力和创新效率的重要途径。在对战略性新兴产业集群创新主体关系和创新方式进行分析的基础上，运用演化博弈理论，构建了集群内企业和科研院所创新博弈的复制者动态模型，分析了其在创新过程中的动态演化过程。在此基础上，得出协同创新预期收益、协同创新风险和协同创新知识位势是影响战略性新兴产业集群协同创新的重要因素，并据此提出了相应的协同创新策略。

【关键词】协同创新；战略性新兴产业；演化博弈；产业集群

一、引言

步入 21 世纪以后，全球科技产业进入到一个前所未有的创新密集期。以创新为关键特征的新兴产业成为推动世界经济发展的主导力量[1]，新兴产业集群成为提升国家竞争力的重要载体。作为创新集群的代表，战略性新兴产业集群可以加速实现技术创新和技术产业化，并能带动产业升级和区域创新。因此，其在主要发达国家得到快速发展。当前，我国战略性新兴产业正处于萌芽期，由于技术的不确定性和风险性，再加上当前集群内企业、高校和科研机构等科技力量自成体系、重复分散，在集群创新过程中运行效率不高，

* 本文选自《科技进步与对策》2013 年第 30 卷第 2 期。

　　基金项目：国家自然科学基金项目（70773032）；教育部人文社会科学研究一般项目（10YJC630133）；黑龙江省哲学社会科学重大决策咨询项目（11G004）；哈尔滨理工大学青年拔尖创新人才培养计划项目（082C05）；黑龙江省哲学社会科学研究规划项目（12C029）；黑龙江省教育厅人文社会科学研究项目（12522041）。

客观上要求集群创新通过联合投资分散技术创新带来的风险、共担技术投资的不确定性以及共享技术创新带来的收益，以集群的整体力量促进技术创新[2]。而从目前来看，高校、科研机构、企业之间的自觉协同创新尚未成型，迫切需要在集群协同创新机制上有突破性进展[3]。为此，探讨建立战略性新兴产业集群的协同创新机制具有重要意义。

国内学者对产业集群协同创新的研究已取得一定的成果。杨耀武和张仁开[4] 构建了产业、技术和区域三维整合的产业集群协同创新框架模型；张哲[5] 对产业集群创新要素进行了分类与综合分析，初步构建了产业集群协同创新动力系统；易明[6] 从关系和互动角度对协同创新的治理机制进行了研究。张琼瑜[7] 从协同论的角度对高新技术产业集群创新的协同机理进行了研究。上述研究对集群协同创新进行了有意义的探索，但总体而言，对战略性新兴产业集群协同创新的研究尚处于起步阶段，大多基于区域经济、集群和创新要素等角度，从战略性新兴产业内部创新主体关系对协同创新影响进行的研究较少。因此，本文在借鉴这些成果的基础上，从战略性新兴产业集群内部创新主体间博弈关系的角度出发，对集群主体的协同创新关系进行了研究。

二、战略性新兴产业集群创新主体与创新方式

战略性新兴产业集群是指先导性技术产业化下促成的大量关联密切的先导技术型企业与相关中介机构、大学等不同群落在一定地域范围内集聚所形成的健全且具灵活性的、充满创新活力的有机产业体系[8]。当前，战略性新兴产业集群在我国正处于萌芽阶段。任何集群的出现首先与创新内在相关[9]。波特[10] 认为，如果一个集群在一段时间内不能在主要的新技术领域或需要扶持的公司和机构方面构筑其创新能力，它就会丧失竞争力。战略性新兴产业集群的长远发展，取决于集群内创新资源的有效配置以及创新效率的提高。

（一）战略性新兴产业集群创新主体间的关系

战略性新兴产业集群的创新，需要在集群内部的企业、高校、科研机构、政府机构和中介机构间实现创新资源的有效流动与配置。而在此过程中，集群内部创新主体需要经历一个反复长期的博弈演化过程。企业是战略性新兴产业集群内各种创新资源的主要拥有者和创新利益的主要享有者，而集群内的高校和科研机构拥有人才、信息和科研成果等大量异质性创新资源，科研院所与集群创新企业间的互动可以有效提高企业创新能力，并从根本上提高集群整体创新能力。战略性新兴产业集群在我国尚处于萌芽阶段，需要政府发挥政策引导与协调监督作用，营造有利于协同创新的宽松环境。中介服务机构可以为集群创新提供信息、管理和投资等方面的专业服务，提高科技创新效率。战略性新兴产业集群内企业、高校、科研机构、政府机构和中介机构在创新过程中相互联系、相互影响，共同推进集群创新的发展。创新主体间的关系见图1。

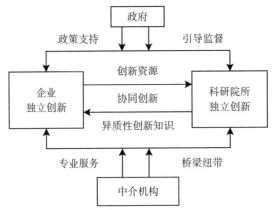

图 1　战略性新兴产业集群创新主体间的关系

（二）战略性新兴产业集群创新方式

战略性新兴产业因核心技术独创性强、创新程度高和研发投入较大，因此集群成员选择独立创新将有利于技术保密，增强创新技术的专有性，使自己在行业竞争中处于领先地位。另外，集群内企业之间的紧密互动、内部创新资源的易获得性和低成本性以及在知识和信息上的共享，都会大大降低技术和市场不确定性带来的风险[5]。因此，战略性新兴产业集群主体的创新可以分为独立创新与协同创新两种方式，它们各有利弊，不同的集群成员会作出不同的选择。从产业中观层面看，多主体协同创新是促进战略性新兴产业集群良性发展的理想模式。

三、企业与科研院所创新演化博弈模型

演化博弈论从有限理性出发，以参与人为研究对象，基于演化稳定策略的基本概念，强调博弈的动态过程，而在多重均衡中究竟能达到哪种均衡则依赖于演化的初始条件及演化路径。由于战略性新兴产业集群中存在创新的不确定性与风险性，集群主体的创新行为多是一种缓慢演化的过程。因此，可用生物演化的复制动态机制模型对其进行分析。在具体的创新博弈过程中，每个集群成员根据自身在群体中的相对适应性来选择和调整各自的策略。具备有限信息的集群主体根据创新既得利益不断在边际上调整策略，以追求自身利益的改善，最终达到动态平衡[11]。

首先，假定在不考虑集群中政府和中介服务机构作用的前提下，企业和科研院所进行创新博弈。其次，假定企业出于协同创新利益的考虑，首先会尝试协同创新，但在与科研院所的博弈中，会表现出两种行为方式：一是坚持实行协同创新；二是实行独立创新。最后，假定科研院所首先尝试协同创新，在与企业的实际博弈中也会有这两种行为方式。企业群体和科研院所群体关于创新策略选择的演化博弈决定战略性新兴产业集群协同创新的动态演进过程。

对创新博弈影响要素进行如下假设：i_s 为集群中企业 s 采取独立创新策略时的预期收益；a_s 为企业 s 所拥有的创新资源；c_s 为企业 s 的协同创新收益系数，表示企业的协同创新能力；v_s 为风险系数，表示企业 s 采取协同创新策略时的风险；$a_t c_s$ 为企业 s 采取协同创新策略时的预期收益；$a_s v_s$ 为企业 s 采取协同创新策略时的初始成本。

同理，i_t 为集群中科研院所 t 采取独立创新策略时的预期收益；a_t 为科研院所 t 所拥有的创新资源；c_t 为科研院所 t 的协同创新收益系数，表示科研院所的协同创新能力；v_t 为风险系数，表示科研院所 t 采取协同创新策略时的风险；$a_s c_t$ 为科研院所 t 采取协同创新策略时的预期收益；$a_t v_t$ 为科研院所采取协同创新策略时的初始成本。根据上述假设，企业与科研院所创新博弈的支付矩阵见图 2。

收益		科研院所	
		协同创新	独立创新
企业	协同创新	$i_s + a_t c_s - a_s v_s$, $i_t + a_s c_t - a_t v_t$	$i_s - a_s v_s$, i_t
	独立创新	i_s, $i_t - a_t v_t$	i_s, i_t

图 2　企业与科研院所创新博弈的支付矩阵

首先，假设在集群中选择协同创新策略企业的比例为 m，选择独立创新策略企业的比例为 1−m；其次，假设在集群科研院所中，选择协同创新策略科研院所的比例为 n，选择独立创新科研院所的企业比例为 1−n。那么，企业选择协同创新策略的收益为：

$$u_{sc} = n(i_s + a_t c_s - a_s v_s) + (1-n)(i_s - a_s v_s) \tag{1}$$

企业选择独立创新策略的收益为：

$$u_{si} = ni_s + (1-n)i_s \tag{2}$$

则企业创新的平均收益为：

$$\bar{u}_s = mu_{sc} + (1-m)u_{si} \tag{3}$$

同理，可得科研院所创新的平均收益为：

$$\bar{u}_t = mu_{tc} + (1-m)u_{ti} \tag{4}$$

分别构造企业和科研院所创新的复制动态方程组为：

$$\begin{cases} dm/dt = m(1-m)(na_t c_s - a_s v_s) \\ dn/dt = n(1-n)(ma_s c_t - a_t v_t) \end{cases} \tag{5}$$

企业和科研院所创新博弈的演化过程可以由复制动态方程组（5）来描述。在式（5）中，分别令 $dm/dt = 0$、$dn/dt = 0$，由此可得，当 m = 0、1 或 $n = a_s v_s / a_t c_s$ 时，集群中采取协同创新企业的比例是稳定的；当 n = 0、1 或 $m = a_t v_t / a_s c_t$ 时，集群中采取协同创新策略科研院所的比例是稳定的。基于上述分析可以得到企业和科研院所创新演化博弈模型的均衡点为（0，0）、（1，0）、（0，1）、（m^*，n^*），其中 $m^* = a_t v_t / a_s c_t$，$n^* = a_s v_s / a_t c_s$。

四、企业与科研院所创新博弈动态演化过程

战略性新兴产业集群中企业与科研院所协同创新的演化稳定性可通过对雅克比矩阵的局部稳定性分析得到。方程组（5）的雅克比矩阵为：

$$J = \begin{pmatrix} (1-2m)(na_tc_s - a_sv_s) & ma_tc_s(1-m) \\ na_sc_t(1-n) & (1-2n)(ma_sc_t - a_tv_t) \end{pmatrix} \tag{6}$$

则

$$|J| = \begin{vmatrix} (1-2m)(na_tc_s - a_sv_s) & ma_tc_s(1-m) \\ na_sc_t(1-n) & (1-2n)(ma_sc_t - a_tv_t) \end{vmatrix} \tag{7}$$

矩阵 J 的迹为：

$$tr(J) = (1-2m)(na_tc_s - a_sv_s) + (1-2n)(ma_sc_t - a_tv_t) \tag{8}$$

本文根据雅克比矩阵的局部稳定分析法对 5 个平衡点进行稳定性分析。

（1）当 $a_tc_s < a_sv_s$、$a_sc_t < a_tv_t$ 或 $a_tc_s < a_sv_s$、$a_sc_t > a_tv_t$ 或 $a_tc_s > a_sv_s$、$a_sc_t < a_tv_t$ 时，即集群内企业和科研院所中至少有一方的协同创新预期收益小于其协同创新风险成本时，雅克比矩阵的稳定性见表 1。然后，将两个群体类型比例变化复制的动态关系分别通过图 3 （b）、图 3 （c）和图 3 （d）表示出来，从演化动态轨迹示意图可知，从任何初始状态出发，系统都将收敛于 O（0，0）点。也即，在集群内企业与科研院所至少一方协同创新成本大于其收益的情况下，只有集群成员选择独立创新才是演化的稳定策略。

表 1　三种情况下的局部稳定点分析结果

均衡点	$a_tc_s < a_sv_s$，$a_sc_t < a_tv_t$			$a_tc_s < a_sv_s$，$a_sc_t > a_tv_t$			$a_tc_s > a_sv_s$，$a_sc_t < a_tv_t$		
	|J|符号	tr(J)符号	结果	|J|符号	tr(J)符号	结果	|J|符号	tr(J)符号	结果
m = 0，n = 0	+	−	ESS	+	−	ESS	+	−	ESS
m = 1，n = 0	−	不确定	鞍点	+	+	不稳定	−	不确定	不稳定
m = 0，n = 1	−	不确定	鞍点	−	不确定	鞍点	+	+	鞍点
m = 1，n = 1	+	+	不稳定	−	不确定	鞍点	−	不确定	鞍点

（2）当 $a_tc_s > a_sv_s$、$a_sc_t > a_tv_t$ 时，即当集群内企业和科研院所采取协同创新策略时的预期收益大于其成本时，雅克比矩阵的稳定性分析见表 2。

表 2　$a_tc_s > a_sv_s$、$a_sc_t > a_tv_t$ 时的局部稳定分析结果

均衡点	|J|符号	tr(J)符号	结果
m = 0，n = 0	+	−	ESS
m = 1，n = 0	+	+	不稳定

均衡点	|J|符号	tr(J) 符号	结果
m = 0, n = 1	+	+	不稳定
m = 1, n = 1	+	−	ESS
m = m*, n = n*	−	0	鞍点

进一步将两个群体类型比例变化复制的动态关系用一个坐标平面图表示，见图 3(a)。从中可以对集群中企业和科研院所创新博弈的动态过程进行分析，由两个不稳定的均衡点 A 和 C 与鞍点 D 连成的折线为系统收敛于不同状态的临界线，初始状态在折线右上方时，系统将收敛于 B(1，1) 点，也即企业和科研院所都将采取协同创新策略；初始状态在折线左下方时，系统将收敛于 O (0，0) 点，即企业和科研院所都将采取独立创新策略。由于我国战略性新兴产业集群正处于萌芽阶段，集群内企业和科研院所的创新博弈演化还需经历一个长期过程，因此在这一阶段的创新博弈过程中，系统将保持协同创新与独立创新共存的局面。

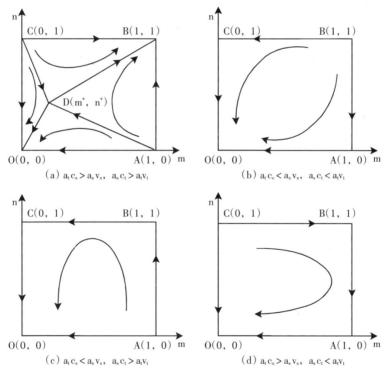

图 3　集群成员创新动态演化

五、基于参数变化的协同创新策略

在协同创新相关系数变化的影响下，战略性新兴产业集群中企业与科研院所能否实现协同创新，在很大程度上取决于协同创新的预期收益系数、协同创新风险系数和双方的创新资源水平。因此，本文主要分析在参数变化影响下企业与科研院所创新博弈的演化过程，并提出相应的协同创新策略。

（1）集群主体协同创新预期收益系数。在其他参数不变的情况下，当 c_s 和 c_t 提高，即集群中企业和科研院所创新活动产生的预期收益变大时，从动态演化图看，折线上方的 ADCB 部分的面积将较大，系统收敛于均衡点 B 的概率也会随之增大，会有越来越多的集群主体选择协同创新策略；反之，则会有越来越多的集群主体选择独立创新策略。因此，在一项创新活动开始之前，对协同创新利益的预期会促使集群中企业和科研院所对是否选择协同创新作出选择。当协同创新取得初步进展后，在创新收益的驱使下，集群成员会继续选择协同创新，并由此形成良性循环。在战略性新兴产业集群中，集群内企业与科研院所可以达成产业技术创新战略联盟，通过建立共同创新目标，协同开展创新，进而实现预期协同创新收益。

（2）集群主体的协同创新风险系数。在其他参数不变的情况下，$a_s v_s$ 和 $a_t v_t$ 越小，则集群创新主体协同创新所付出的初始成本就越小，从动态演化图上看，折线上方的 ADCB 部分的面积将越大，演化系统收敛于 B 点的概率也就越大，博弈主体就越会选择协同创新策略；反之，博弈主体就越趋向于选择独立创新策略。战略性新兴产业集群创新过程中的风险性在很大程度上要求集群成员加强合作创新，而在实际合作过程中，企业和科研院所在合作动机、资源占有、合作过程、知识转移和利益分配等方面会产生分歧，并由此产生协同创新风险，因此需要相应的机制作为保障。企业和科研院所应建立相互依赖和相互理解的有效沟通机制，加强双方的信任关系，形成适当的信任机制。在明确各方职责和权利的基础上，建立行之有效的运行机制，不断积聚技术、人才和信息等资源，并进行有效整合，建立利益分配与风险共担机制，使合作双方在共享创新收益的同时，共同承担创新过程中的风险。

（3）集群主体的创新资源水平。集群主体的创新资源水平直接影响其对创新策略的选择，令 $k = a_s/a_t$，在图 3（a）中，四边形 ADCB 的面积为：

$$s = 1 - \frac{1}{2}\left(\frac{v_s}{c_s}k + \frac{v_t}{c_t}\frac{1}{k}\right) \tag{9}$$

$$\frac{ds}{dk} = -\frac{1}{2}\left(\frac{v_s}{c_s} + \frac{v_t}{c_t}\frac{1}{k^2}\right) < 0 \tag{10}$$

从上式可知，四边形 ADCB 的面积为 k 的减函数。于是，企业和科研院所之间创新资源和能力差距越小，四边形 ADCB 的面积越大，系统收敛于 B 的概率就越大，就会有越多的企业和科研院所采取协同创新策略；反之，四边形 ADCB 的面积越小，集群中企业和科研院所就越倾向于采取独立创新策略。这说明，在企业和科研院所的协同创新中，创新资源和创新能力不宜有较大差距，否则协同效应就会大大降低。战略性新兴产业集群中企业或科研院所在选择创新合作伙伴时，应考虑双方的知识位势因素，最好选择创新资源与能力互补的合作伙伴[12]；而在企业与科研院所具体的创新合作过程中，更要注重双方创新资源的充分共享和创新能力的互补，从而使协同创新贯穿于整个创新活动中。

六、结语

本文从产业集群成员关系的角度出发，探讨了战略性新兴产业集群协同创新策略，并运用演化博弈理论，构建了战略性新兴产业集群中企业与科研院所创新演化的博弈模型，对创新博弈的演化过程进行了分析，并提出战略性新兴产业集群的协同创新策略。本文的不足之处在于，只讨论了集群中企业与科研院所的博弈，在以后的研究中应引入政府和中介机构，探讨政策环境和社会服务支持下战略性新兴产业集群的协同创新策略，进一步研究集群环境对协同创新的影响。

参考文献

[1] 朱瑞博. 中国战略性新兴产业培育及其政策取向 [J]. 改革，2010（3）：9–28.

[2] 刘志阳，姚红艳. 战略性新兴产业的集群特征、培育模式与政策取向 [J]. 重庆社会科学，2011（3）：49–55.

[3] 张力. 产学研协同创新的战略意义和政策走向 [J]. 教育研究，2011（7）：18–21.

[4] 杨耀武，张仁开. 长三角产业集群协同创新战略研究 [J]. 中国软科学，2009（S2）：136–139.

[5] 张哲. 基于技术扩散的产业集群创新动力研究 [J]. 山东社会科学，2009（2）：111–113.

[6] 易明. 关系、互动与协同创新：产业集群的治理逻辑——基于集群剩余的视角 [J]. 理论月刊，2010（8）：166–169.

[7] 张琼瑜. 高新技术产业集群创新的协同机理研究 [J]. 当代经济，2011（10）：140–141.

[8] 肖江平. 如何构筑我国战略性新兴产业集群的政策支撑体系 [J]. 商业时代，2011（4）：125–126.

[9] Andersson T., et al. The Cluster Policies Whitebook [R]. International Organization for Knowledge Economy and Enterprise Development，2004：39–40.

[10] Porter M. E. Clusters and the New Economics of Competition [J]. Harvard Business Review，1998，76（6）：77–90.

[11] 易余胤，盛昭瀚，肖条军. 企业自主创新、模仿创新行为与市场结构的演化研究 [J]. 管理工程学报，2005（1）：14–18.

[12] 李莉，党兴华，张首魁. 基于知识位势的技术创新合作中的知识扩散研究 [J]. 科学学与科学技术管理，2007（4）：107–112.

我国经济增长中的产业结构问题 *

刘 伟 张 辉

（北京大学，北京 100871）

【摘 要】包括中国在内的发展中经济体在经济持续高速增长过程中，如果没有发生相应的经济结构转型，那么就很难实现国家经济地位的根本改变。通过分析我国改革开放以来经济增长中结构高度的演变，可以发现，我国从 1998 年开始进入产业结构高度演化的加速发展阶段，截至 2010 年我国已经完成了工业化进程的 2/3；我国经济的增长与产业结构的高度演进虽然有一定时滞性，但两者整体上是相互吻合的。

【关键词】经济增长；产业结构；全要素生产率；劳动生产率

如果说经济规模的扩张，如 GDP 的规模及增长，主要体现一国经济发展的数量变化，那么经济结构的演进，如产业结构、区域结构、需求结构、要素结构等方面的演变，则主要体现一国经济发展的质态变化。对于发展中国家来说，实现一定时期内 GDP 量的高速增长并不困难，真正的困难在于能否在增长中实现经济结构的演进。GDP 总量的规模扩大甚至领先并不意味着经济强盛，是否实现现代化的根本在于结构高度的现代化。本文讨论的是中国改革开放以来经济增长中结构高度的演变，进而分析结构演变对经济增长的作用，在此基础上阐释结构演进对中国经济可持续发展的意义以及实现结构转变需要创造的条件。

---

* 本文选自《中国高校社会科学》2013 年第 1 期。

基金项目：国家社会科学基金重点项目 "我国中长期经济增长与结构变动趋势研究"（09AZD013）。

一、我国经济增长中的产业结构高度演进

（一）结构高度的含义及测量方法

产业结构是指在特定的技术和制度条件下，一国或地区的各产业在国民经济中的比重及相互间的经济联系。从供给方面看，产业结构包括产品结构、部门投入产出结构、技术结构、产值结构、就业结构、要素结构等；从需求方面看，产业结构体现消费结构、收入分配结构、进出口结构等方面的特征。产业结构高度提升或称高级化进展，是指在经济发展中按照一定历史条件下现代化目标的需求，遵循经济发展的内在逻辑，产业结构顺向的升级进程，如三大产业间，第一产业、第二产业、第三产业在经济发展不同阶段，在国民经济中占优势比重并起主导作用的依次替代的程度；又如部门产品结构间，初级产品、中间产品、最终产品在经济发展不同阶段，在国民经济中占优势比重并起主导作用的依次替代的程度；再如技术结构上，劳动密集、资本密集、技术密集和知识密集产业在经济发展不同阶段，在国民经济中占优势比重并起主导作用的依次替代程度；等等。特别需要指出的是，产业结构高度表现的是产业间的比例关系，但比例关系的演变动因在于效率的改变，尤其是劳动生产率的提升，结构高度的变化是效率变化的函数，脱离劳动生产率及效率的提升，干预性地提高产业结构高度，加快结构升级，带来的只能是"虚高度"，这种"虚高度"必定会被经济发展的历史逻辑匡正过来，不过这种匡正会伴随资源配置的巨大损失（如 20 世纪 50 年代我国的"大跃进"强行提升工业特别是钢铁等重工业的比重）。所以，产业结构高度的测度需要从量的比例关系和质的劳动生产率提高两方面的统一中进行，结构变化本质上应是要素从劳动生产率较低的产业、部门、领域、地区向较高的方面转移。将比例关系和劳动生产率的乘积作为产业结构高度的测度指标，则产业结构高度 H 为：

$$H = \sum V_{it} \times LP_{it} \tag{1}$$

这里 i 处于一个开放的集合中，它可以为 1、2、3，代表三大产业，也可以为 1，2，…，m，代表 m 种部门，i 的集合可以不断增大。式中 V_{it} 是 t 时间内产业 i 的产值在 GDP 中所占比重，LP_{it} 是 t 时间内产业 i 的劳动生产率。这个公式所表达的产业结构高度的内涵，是指一个经济中劳动生产率较高的产业所占比重较大，则其产业结构高度值 H 就较大。根据这一公式，以完成工业化作为节点，一国产业结构高度 H 值越接近 1，表明其越接近工业化完成，发展中国家通常都小于 1，即未完成工业化，而发达国家则显著大于 1，即后工业化深入。

一般来说，劳动生产率是一个有量纲的数值，而产业的产值比重则是一个没有量纲的数值，因此，需要将"劳动生产率"标准化，标准化劳动生产率如式（2）所示。

$$LP_{it}^{N} = \frac{LP_{it} - LP_{ib}}{LP_{if} - LP_{ib}} \tag{2}$$

式中，LP_{it}^{N} 是国家或地区 N 标准化的劳动生产率，LP_{if} 是工业化完成时第 i 产业的劳动生产率，LP_{ib} 是工业化开始时产业 i 的劳动生产率，LP_{it} 是国家或地区 N 在时点 t 直接计算的产业 i 的劳动生产率（$LP_{it} = VA_i/L_i$），即产业 i 的增加值与就业人数的比值。同时，以钱纳里（Chenery，1986）的标准结构模型作为划分标准，工业化的起点为人均收入 706 美元，终点为人均收入 10584 美元（原文是以 1970 年美元计算，工业化起点为 140 美元，终点是 2100 美元，本文将其换算为金融危机之前的 2005 年美元，通过美国的 CPI 数据可知，1970 年美元换算成 2005 年美元的换算因子为 5.04，本文中所有其他美元数据都以 2005 年美元计算），在这一点之后经济将进入发达经济阶段（世界银行 2005 年划分的发达和不发达国家的人均收入的标准是 10725 美元，与本文 10584 美元的差异很小，可以忽略；此外，世界银行在不同时期给出的发达与不发达经济的人均收入拐点的标准是不断调整的，比如 2005 年为 10725 美元，进入 2011 年则为 12475 美元，一般来说按相应的换算因子折算，不同时期换算得到的人均收入标准，与世界银行调整的划分标准基本上是一致的，本文以金融危机前的 2005 年美元为基准，是考虑到金融危机对美元产生的冲击及不稳定性）。由此，我们得到工业化进程中起点和终点上的劳动生产率标准（见表 1）。

表 1 工业化进程中的劳动生产率的标准

	劳动生产率（1970 年美元）	劳动生产率（2005 年美元）	劳动生产率（2005 年人民币）
工业化起点：人均收入为 706 美元（2005 年美元）			
第一产业	70	352	2570
第二产业	292	1473	10755
第三产业	340	1714	12509
工业化终点：人均收入为 10584 美元（2005 年美元）			
第一产业	1442	7268	53058
第二产业	3833	19320	141036
第三产业	1344	6773	49441

工业化未完成的发展中国家的产业 i 的劳动生产率与完成工业化的国家和发达经济存在差距，在各产业标准化的劳动生产率加权平均基础上，求和计算所得到的产业结构高度，表明一个发展中国家产业结构与工业化完成状态的产业结构高度的离差，成为一种既可用于横向比较也可用于纵向比较的指标。

（二）我国产业结构高度达到的水平及特点

运用式（1）和式（2），代入相关国家基础数据，我们计算出以下典型国家和中国在 2010 年达到的产业结构高度（见表 2）。

首先，从表 2 中可以看出，无论第二产业结构高度还是我国产业结构总体高度，都表明我国仍是一个工业化未完成的发展中国家。表 2 显示，越是发达的经济体，其产业结构

表 2　2010 年典型国家产业结构高度（H）

	第一产业 LP$_{11}^N$	第二产业 LP$_{21}^N$	第三产业 LP$_{31}^N$	产业结构高度 H
中国	0.147	0.462	1.015	0.666
德国	6.149	4.145	16.556	13.184
法国	8.247	3.840	17.174	14.480
英国	6.565	3.826	12.340	10.503
美国	11.226	5.183	16.671	14.147
新加坡	−0.057	3.420	8.513	7.071
日本	4.164	4.126	14.825	11.669
韩国	2.011	2.812	5.971	4.718
泰国	0.196	0.590	0.803	0.633
巴西	0.329	0.364	1.161	0.904
印度尼西亚	0.295	0.709	0.576	0.596

高度越是大于 1，表明其后工业化和现代化水平越深入；越是不发达的经济体，其产业结构高度越是小于 1，表明其仍未实现工业化。这就从效率意义上验证了产业结构高度与经济发展水平和阶段是有内在联系的。我国截至 2010 年的产业结构高度 H 值为 0.666，表明按当代国际标准意义上的工业化完成水平，我国的工业化进程到 2010 年已实现了 2/3 以上。我们提出到 2020 年实现 GDP 总量人均水平较 2010 年按不变价格增长 1 倍的经济数量扩张目标的同时，基本实现工业化（新型）的结构升级目标。以现在的工业化水平和进展速度，是完全可能的。

其次，我国现阶段产业结构高度的重要特点是不同产业之间的劳动生产率（现代化的水平）不均衡。到 2010 年第三产业的现代化水平明显高于第一和第二产业（LP$_{31}^N$ 为 1.015），同时，第一产业的现代化水平与第二、第三产业存在显著差距（LP$_{11}^N$ 为 0.147），第二产业的现代化水平与国际社会比较不仅远低于发达国家，而且在发展中国家中也不算突出，LP$_{21}^N$ 仅为 0.462，显著低于发达国家（美国为 5.183，德国为 4.145，日本为 4.126），甚至低于泰国、印度尼西亚等（泰国为 0.590，印度尼西亚为 0.709）。虽然我国 GDP 总量已位列世界第二，占全球经济总量已近 10%，人均 GDP 水平也显著增加，但从产业结构高度所体现的经济发展质态来看，我国现阶段仍是一个工业化并未完成，但已进入工业化中后期加速发展阶段的发展中国家。

再次，我国产业结构高度水平在不同省市间也存在显著失衡。我们将 2010 年我国不同典型地区的三次产业的数据代入式（1）、式（2），结果如表 3 所示。表 3 表明，我国省际之间产业结构高度存在显著差距，各地区的产业结构高度与其经济发展水平是一致的，尤其与人均 GDP 水平相关性较高。东部沿海地区的产业结构高度显著地高于中西部地区，其中上海、北京、天津、江苏、广东 5 省市产业结构高度 H 值已大于 1，表明这些省市总体上已经基本实现当代工业化目标；山东、浙江、福建、辽宁 4 省产业结构高度 H 值已超过 0.9，接近于 1，表明这些省已接近基本完成工业化；而中西部地区的河南、湖北、陕西、四川、贵州等省产业结构高度 H 值显著小于 1，与实现工业化目标仍有较大距离。

表 3 　2010 年我国不同地区的产业结构高度 H

	第一产业 LP_1^N	第二产业 LP_2^N	第三产业 LP_3^N	产业结构高度 H
上海	0.485	1.292	3.905	2.783
北京	0.275	0.730	2.194	1.826
天津	0.277	0.830	1.769	1.253
江苏	0.440	0.589	2.005	1.166
广东	0.212	0.672	1.786	1.151
山东	0.255	0.681	1.511	0.946
浙江	0.316	0.412	1.615	0.931
福建	0.315	0.528	1.535	0.908
辽宁	0.347	0.700	1.342	0.907
陕西	0.146	0.656	1.077	0.760
河北	0.247	0.479	1.231	0.713
青海	0.136	0.659	0.715	0.626
湖北	0.347	0.484	0.758	0.569
河南	0.154	0.417	0.640	0.443
四川	0.147	0.415	0.488	0.402
贵州	0.039	0.335	0.211	0.236

最后，我国产业结构高度提升所推动的工业化进程，其实体产业效率基础较薄弱，不同产业间的效率差距显著，对产业结构高度提升的拉动作用在三大产业间存在显著差距。从表 2 和表 3 的数据看，到 2010 年尽管我国总体上已进入工业化后期，产业结构高度 H 值已达 0.666，甚至上海、北京、天津、江苏、广东已大于 1，山东、浙江、福建、辽宁也已接近 1，但第一产业的劳动生产率水平与当代工业化目标完成时应有的第一产业劳动生产率水平差距很大，全国第一产业的 LP_1^N 值仅为 0.147，与发达国家差距显著，从省际数据看，即使第一产业劳动生产率（LP_1^N）最高的上海，也仅为 0.485，没有任何省达到 1；第二产业的劳动生产率也普遍不高，全国第二产业 LP_2^N 仅为 0.462，远未达到 1，与发达国家更是有成倍的差距（2010 年美国 LP_2^N 为 5.183），从省际数据看，除上海 LP_2^N（1.292）超过 1 外，其他省市均小于 1，也就是说尚未达到当代工业化完成目标时应有的第二产业劳动生产率水平。从效率意义上说，我国第一、第二产业距离实现工业化目标的效率要求仍有很大距离。事实上，我国产业劳动生产率提高所拉动的产业结构高度的提升，第三产业在其中起到了很强的带动作用，到 2010 年全国总体上第三产业的劳动生产率 LP_3^N 超过 1（达 1.015），已高出当代实现工业化目标时所要求的第三产业劳动生产率水平，从而对提高我国产业结构高度起到了突出的作用。也就是说，我国现阶段第一、第二产业劳动生产率水平与产业结构高度所体现的工业化实现程度是不相称的，尤其是第一产业劳动生产率，显著落后于工业化实现程度所要求的水平，第二产业劳动生产率水平提升虽强于第一产业，但总体上也低于工业化进展阶段所要求的水平，除个别省市（上海）外，也都与实现当代工业化目标所要求的第二产业劳动生产率有较大差距。

（三）我国产业结构高度演变的过程及特点（1978~2010 年）

我们将 1978~2010 年我国的相关数据代入式（1）、式（2），得到 33 年间我国产业结构高度值 H 的演变状况（见表 4）。

表 4　中国 1978~2010 年产业结构高度演进

	第一产业 LP_{1i}^N	第二产业 LP_{2i}^N	第三产业 LP_{3i}^N	产业结构高度 H
1978	−0.015	0.015	−0.095	−0.020
1979	−0.007	0.018	−0.112	−0.018
1980	−0.008	0.018	−0.118	−0.019
1981	−0.004	0.014	−0.119	−0.021
1982	−0.001	0.014	−0.111	−0.018
1983	0.003	0.018	−0.102	−0.014
1984	0.011	0.022	−0.076	−0.006
1985	0.010	0.025	−0.025	0.006
1986	0.011	0.025	−0.016	0.009
1987	0.014	0.028	−0.007	0.014
1988	0.012	0.029	−0.005	0.014
1989	0.007	0.025	−0.004	0.011
1990	0.007	0.014	−0.037	−0.004
1991	0.007	0.025	0.007	0.015
1992	0.009	0.042	0.045	0.036
1993	0.012	0.062	0.051	0.048
1994	0.020	0.071	0.048	0.053
1995	0.028	0.082	0.037	0.056
1996	0.035	0.090	0.041	0.063
1997	0.035	0.099	0.075	0.079
1998	0.037	0.107	0.122	0.100
1999	0.036	0.122	0.170	0.126
2000	0.036	0.145	0.220	0.158
2001	0.039	0.162	0.284	0.194
2002	0.043	0.195	0.340	0.234
2003	0.048	0.230	0.391	0.273
2004	0.071	0.258	0.433	0.304
2005	0.084	0.288	0.498	0.346
2006	0.095	0.321	0.620	0.418
2007	0.107	0.352	0.762	0.498
2008	0.119	0.386	0.843	0.552
2009	0.133	0.420	0.918	0.603
2010	0.147	0.462	1.015	0.666

表 4 的数据显示，改革开放以来 33 年间我国产业结构高度的演进具有阶段性特征：一是 1985 年之前，我国产业结构高度提升速度不显著，基本上处在停滞、徘徊状态，尽管期间第二产业劳动生产率 LP_2^N 在不断上升，但经济总体上仍处在为工业化起飞做准备的阶段（起飞前的准备期），从 1985 年开始，我国进入工业化起飞期。二是 1985~1998 年，产业结构高度开始稳步提升，除个别年份（1989~1991 年）出现波动外，工业化进程是持续的，产业结构高度值年均增长约 0.6 个百分点。三是 1998~2004 年，产业结构高度演进进入加速期，年均产业结构高度值提升 4.7 个百分点，我国经济高速增长的同时，产业结构演变也在加速，尤其是第三产业的比重增加和劳动生产率水平的上升，对推动我国产业结构高度上升起到了突出的作用。四是 2005 年以后，由于人口红利临近消失拐点、劳动力成本上升等发展条件的变化，以及市场化进程的深入、国际化程度的提高等体制条件的变化，总体上劳动生产率提高的速度进一步提高，产业结构高度演进速度进一步加快，2005~2010 年产业结构高度年均提升 6.4 个百分点。[①]

　　总的来说，新时期以来，我国经济不仅有规模上的迅速增长（年均 GDP 增长率高达 9.8% 左右，截至 2012 年 GDP 总量已近 52 万亿元，按可比价计是 1978 年的 24 倍多），同时也有经济结构上的深刻变化，即质态演进上的发展，并且结构高度演进始终处于不断加速状态，如果在 2020 年实现新型工业化目标之前，我国发展方式转变能够相应加快，那么我国产业结构高度演进的速度会进一步提升。

二、产业结构演进对劳动生产率的影响

　　产业结构演变是效率改变的函数，而效率提升又取决于技术进步和制度创新，或者说在技术创新和以社会主义市场经济为导向的制度改革过程中，我国实现了经济高速增长，同时也提升了我国产业结构高度，而产业结构高度的提升又会反过来进一步从效率上影响经济增长。

（一）我国产业结构演变对劳动生产率增长的贡献及特点（1978~2011 年）

　　运用"转换份额分析"（Shift-share Analysis）的方法，可以将结构变迁效应从劳动生

---

　　① 这一部分的主要内容曾以《中国产业结构高度与工业化进程和地区差异的考察》为题目（作者为刘伟、张辉、黄泽华），发表于《经济学动态》2008 年第 11 期，但当时的数据是截至 2005 年之前，本文将分析年份延长到 2010 年，增加了新的数据并重新做了测算，发现了一些新的变化和特点。

产率增长中分解出来。[①] 令经济总体的劳动生产率为 LP^t，其中 LP_i^t 是指各个产业部门的劳动生产率，上标 t 表示时期，下标 i 表示不同的产业部门（$i=1，2，3$），分别代表第一、第二、第三产业，LP_i^t 表示产业 i 的中期劳动生产率，S_i^t 为 t 期第 i 产业的劳动所占份额。

总体劳动生产率可以表示为：

$$LP^t = \sum_{i=1}^{n} LP_i^t S_i^t \tag{3}$$

根据式（3），可以推知 t 期的总体劳动生产率相对于 0 期的增长率为：

$$\frac{LP^t - LP^0}{LP^0} = \frac{\sum_{i=1}^{n}(S_i^t - S_i^0)LP_i^0 + \sum_{i=1}^{n}(LP_i^t - LP_i^0)(S_i^t - S_i^0) + \sum_{i=1}^{n}(LP_i^t - LP_i^0)S_i^0}{LP^0} \tag{4}$$

式（4）中的分子项中的三项若分别除以 LP^0，则可分解为以下三项：

一是式（4）右边分子项中的第一项除以 LP^0（即 $\left[\sum_{i=1}^{n}(S_i^t - S_i^0)LP_i^0\right]/LP^0$）是静态结构变迁效应，度量的是劳动要素从劳动生产率较低的产业流向劳动生产率较高的产业所引起的总体劳动生产率的净提升。如果劳动要素从生产率越低的产业流向越高的产业 i，则第 i 产业在 t 期内份额变化值大于 0，其静态结构变迁效应也越大。

二是式（4）右边分子项中的第二项除以 LP^0（即 $\left[\sum_{i=1}^{n}(LP_i^t - LP_i^0)(S_i^t - S_i^0)\right]/LP^0$）是动态结构变迁效应，与第一项不同，它表现了劳动要素移动引起的动态效应，度量的是劳动要素从劳动生产率增长速度较慢的产业流向增长速度较快的产业所引起的总体劳动生产率的净提升。如果劳动要素从劳动生产率增长速度越低的产业流向增长速度越高的产业 i，那么第 i 产业在 t 期内的份额变化值大于 0，其动态结构变迁效应也越高。

三是式（4）右边分子项中的第三项除以 LP^0（即 $\left[\sum_{i=1}^{n}(LP_i^t - LP_i^0)S_i^0\right]/LP^0$）是生产率增长效应，它是由各个产业内部的技术效率变化和技术进步等因素所导致的各个产业内部的劳动生产率增长。

将我国 1978~2011 年的相关数据代入式（4），可计算出我国这一时期总体劳动生产率的增长率，同时也可根据式（4）分别求出三次产业的静态结构变迁效应、动态结构变迁效应和生产率增长效应（见表 5）。

---

① 最近运用这一方法分析新型工业经济和转型经济的结构变迁效应的研究主要有 Fagerberg（2000）、Timmer（2000）和 Peneder（2003）等。参见（1）Fagerberg Jan. Technological Progress, Structural Change and Productivity Growth: A Comparative Study. Structural Change and Economic Dynamics, 2000（11）: 393–411.（2）Timmer P. M., Szirmai A. Productivity Growth in Asian Manufacturing: The Structural Bonus Hypothesis Examined. Structural Change and Economic Dynamics, 2000: 371–392.（3）Peneder Michael. Industrial Structure and Aggregate Growth. Structural Change and Economic Dynamics, 2003（14）: 427–448.

表5　应用转换份额分析的结构变迁效应矩阵（百分比形式）①

1978~2011 年	列加总		静态结构变迁效应	动态结构变迁效应	产业内生产率增长效应
行加总	100	=	5.9 (e1)	35.0 (e2)	59.1 (e3)
			=	=	=
第一产业	8.4 (p1)		−1.3 (x11)	−10 (x12)	19.7 (x13)
第二产业	46.5 (p2)		3.1 (x21)	18.0 (x22)	25.5 (x23)
第三产业	45.1 (p3)		4.1 (x31)	27.0 (x32)	14.0 (x33)

从表5可以看出，包括静态和动态在内的结构变迁效应之和在1978~2011年我国劳动生产率增长中起到的作用程度为40.9%。从三大产业来看：首先，第一产业的结构变迁效应是负值，因为农村劳动力不断从农业部门流出，劳动份额呈现负向变化，不过与结构变迁效应相比，第一产业内的生产率增长效应更为显著（x13 > x11 + x12），即第一产业的劳动份额下降1%，而导致整体经济的劳动生产率的增长大于1%，说明第一产业内的制度变革和技术进步共同推动了劳动生产率的上升；其次，第二产业的结构变迁效应是正值，但低于第二产业内的生产率增长效应（x23 > x21 + x22），这说明第二产业劳动生产率增长在更大程度上取决于产业内技术效率和技术进步速度加快等因素，或者说，对于第二产业而言，产业内的技术效率上升和技术进步带动的劳动生产率上升程度大于因结构变迁导致产业间资源配置效率提高而引起的劳动生产率提升程度；最后，第三产业的结构变迁效应最为显著，因为第三产业吸纳了大量从农业流出的剩余劳动力，其就业人口从1978年的0.5亿上升到2011年的2.7亿，劳动份额从12%上升到35.7%，相对于剩余劳动力滞留于农村而言，其流入第三产业极大地提升了我国资源配置效率，农村剩余劳动力劳动生产率的提高也相应带动了经济总体劳动生产率的提升，第三产业的结构变迁效应大于产业内生产率增长效应（x31 + x32 > x33），表明在第三产业劳动生产率的提高中，结构变迁效应所产生的产业间资源配置效率的优化和提高起的贡献作用最突出，高于产业内的技术效率变化和技术进步带来的增长效应所起的拉动作用。

（二）结构变迁效应对劳动生产率提升的贡献率的变化趋势

上面我们分析了1978~2011年我国结构变迁效应对劳动生产率提升所起的作用以及不同产业中的不同特点，下面我们进一步考察结构变迁效应对劳动生产率提升作用程度在不同阶段的变化及趋势。所谓结构变迁效应贡献率，指的是当结构变迁效应和劳动生产率都为正值时，结构变迁效应占劳动生产率增长率的比例（当结构变迁效应为负值时，则其贡献率为零）。我们把1978~2011年划分为7个时段，1978~1985年、1985~1988年、1988~1991年、1991~1998年、1998~2002年、2002~2006年、2006~2011年②，我们在每一个波

---

① 表内数值后括号内的变量是用以指代该数值的矩阵变量。
② 基于我们对1978~2011年我国经济周期波动的判断，尽可能在每一时段内包含较系统的经济周期特点。

动周期内计算结构变迁效应的贡献率，以平滑结构变迁效应的波动性，使结构变迁效应的贡献率可度量。

首先，考察经济总体中结构变迁效应对总体劳动生产率提升所起的作用程度（贡献率），总体上看，结构变迁效应的贡献率由于受到宏观经济波动的影响，显现出明显的波动性，但从长期看，结构变迁效应的贡献率在波动中显现下降的趋势（见表6）。

表6 不同阶段结构变迁效应对劳动生产率增长率的贡献率变化

单位：%

年份	结构变迁效应贡献率
1978~1985	35
1985~1988	50
1988~1991	20
1991~1998	30
1998~2002	1
2002~2006	30
2006~2011	20

表6显示：①结构变迁效应贡献率在不同阶段的波动性较大，高时可达50%（1985~1988年），低时可趋近于零（1998~2002年）；②在长期中显示出逐渐降低的趋势。这一趋势的发生需要我们深入研究。

其次，考察第一产业的结构变迁效应对劳动生产率提升的贡献率变化特点（见表7）。

表7 第一产业的结构变迁效应变化趋势

年份	劳动生产率增长率	结构变迁效应	生产率增长效应
1978~1985	0.140	−0.055	0.195
1985~1988	−0.004	−0.014	0.010
1988~1991	−0.019	0.001	−0.020
1991~1998	0.062	−0.061	0.123
1998~2002	0.014	0.001	0.013
2002~2006	0.047	−0.032	0.079
2006~2011	0.090	−0.046	0.132

表7显示，在1978~1985年，由于农村经济改革推动了效率提升，农村劳动力开始流出，因此结构效应为负值，但农业内部生产率增长效应达到0.195，从而拉动整个农业劳动生产率增长率为正值（0.140）。在随后的两个阶段（1985~1988年、1988~1991年），农业部门剩余劳动力总体上仍是流出，所以结构效应为负值或很低（−0.014、0.001），而同期产业内的技术进步带来的生产率增长效应未有显著提升（0.010、−0.020），进而导致这一时期总体上第一产业劳动生产率增长率为负值。在两个经济低迷期（1988~1991年、1998~2002年），第一产业结构变迁效应是正值，表明这两个时期第一产业的劳动份额比

重在上升，这是结构演进意义上的发展的停滞。但自 1991 年后第一产业的劳动生产率增长率始终是正值，尤其是 1991~1998 年、2002~2006 年和 2006~2011 年，第一产业技术进步带来的生产率增长效应保持了较高水平。在一定的劳动生产率水平下劳动力从农业部门的流出，使农业的结构变迁效应对农业劳动生产率的影响表现为负值，即降低了农业劳动生产率。但与此同时，农业劳动生产率在上升，表明农业内的技术进步带来的农业生产率增长效应大于结构变迁带来的负效应，因此，可以说我国农业就业比重的下降（从 1978 年的 70% 以上降至 2011 年的 36.7%）是建立在农业劳动生产率持续提升的基础上的，或者说正是农业劳动生产率的提升为农业劳动力向非农产业转移创造了可能。

再次，考察第二产业结构变迁对劳动生产率提升的贡献率（见表 8）。

表 8　第二产业结构变迁效应对劳动生产率提升的贡献率

单位：%

年份	结构变迁效应贡献率	生产率增长效应贡献率
1978~1985	68.4	31.6
1985~1988	68.1	31.9
1988~1991	56.3	43.7
1991~1998	18.5	81.5
1998~2002	0	100
2002~2006	35.8	64.2
2006~2011	30.5	69.5

表 8 显示出第二产业结构变迁效应对劳动生产率提升的贡献率的波动。在 1991 年前的三个阶段，第二产业的结构变迁效应的贡献率超过 50%（依次为 68.4%、68.1%、56.3%），表明在这一时期，第二产业劳动生产率提升主要是依靠结构变迁效应拉动，即主要由结构变迁形成的资源配置结构优化而导致，这与改革开放所形成的制度变革推动结构变化加快有关，也与当时的短缺经济有关。在短缺的条件下，市场机制开始发育，计划经济有所松动，使得大量的资源迅速地流入第二产业，使其结构变迁效应迅速扩张，进而结构变迁效应对劳动生产率上升做出了首要贡献。进入 90 年代之后，第二产业的结构变迁效应贡献率开始下降，表明在这一时期，第二产业竞争加剧，供不应求的状况逐渐扭转，第二产业的技术研发、产业升级越来越为其发展的首要，而劳动力份额的流入形成的结构变迁效应贡献率逐渐降为次要，产业的市场有效需求越是不足，其劳动生产率的提升越是依赖于产业内的技术进步带来的生产率提升，依赖于技术创新带来的结构升级，不可能在原有技术、产品、产业结构不变的基础上依靠扩大要素投入量拉动劳动生产率提升。其中最为典型的是 1998~2002 年，受亚洲金融危机影响和内需不足的困扰，第二产业的结构变迁效应贡献率接近于零，产业内生产率增长效应占据了全部产业劳动生产率提升的贡献率份额。一般来讲，结构变迁效应和产业内生产率增长效应相互间存在这样的逻辑联系，结构变动加快，更多的资源从其他产业流入本产业，根本原因是本产业的效率和发展速度相对更高，而效率本身取决于产业的技术进步和市场需求状况，当产业的技术进步不断加

快，那么产业内的生产率增长效应会不断增大，这种产业内的生产率增长效应增大积累到一定程度，会使本产业的效率逐渐高出其他产业的效率，这样就会吸引要素从其他产业领域流入本产业，这种流入加速，就会提高本产业的结构变迁效应贡献率。经过一段结构变迁效应提升加速后，产业效率优势所导致的要素流入量增长会逐渐趋于均衡和稳定（这既受产业间竞争，进而趋于均衡的影响，也受市场供求状况的约束），相应的结构变迁效应会减弱，而与此相对应，产业内生产率增长效应会相对提升，尤其是在产业面对的市场有效需求饱和条件下，产业内的竞争会加剧，从而推动技术进步加快，促使产业内生产率增长效应增大。这种提升累积到一定程度又会反过来推动产业结构升级，提升产业的绝对和相对效率，进而又一轮拉动产业结构变迁效应的增长，两者之间在长期内形成这种相互依赖、相互联系的交替领先的格局。因此，我国第二产业的结构变迁效应对其劳动生产率的贡献率由 1978~1985 年的 68.4%，到 1985~1988 年的 68.1%，再到 1988~1991 年的 56.3%，自 1991~1998 年开始降至 18.5%，相应产业内生产率增长效应贡献率上升至 81.5%，直到 1998~2002 年生产率增长效应贡献率达到 100%，而后开始了逐渐下降，而结构变迁效应贡献率逐渐回升，2002~2006 年和 2006~2011 年，结构变迁效应贡献率分别回升到 35.8% 和 30.5%。

最后，考察第三产业结构变迁效应（见表 9）。

表 9　第三产业结构变迁效应的贡献率

年份	劳动生产率增长率	结构变迁效应贡献率（%）	生产率增长效应贡献率（%）
1978~1985	0.186	62.5	37.5
1985~1988	0.046	60.3	39.7
1988~1991	0.022	49.4	50.6
1991~1998	0.297	62.3	37.7
1998~2002	0.209	18.2	81.8
2002~2006	0.204	34.0	66.0
2006~2011	0.486	17.7	82.3

表 9 显示了第三产业结构变迁效应对产业劳动生产率增长的贡献率波动状况。波动规律与第二产业基本相同，结构变迁效应贡献率与产业内生产率增长效应贡献率相互之间总体上呈现交替领先的格局。在 1978~1998 年之前，第三产业的结构变迁效应贡献率占优，除 1988~1991 年与生产率增长效应贡献率基本持平外（49.4：50.6），其余年份都占 60% 以上。1998~2002 年，结构变迁效应贡献率呈显著下降趋势（18.2%），产业内生产率增长率成为主要拉动劳动生产率提升的力量（81.8%），而后结构变迁效应贡献率又开始回升，2002~2006 年回升到 34%，与第二产业不同的是进入 2006~2011 年，第三产业的结构变迁效应贡献率回升出现了较大波动（17.7%）。与第二产业的另一不同点在于，第三产业的结构变迁效应贡献率由占据首位到退居产业内生产率增长效应贡献率之后在时间上要晚些，第二产业是在 1991~1998 年出现的，而第三产业则是在 1998~2002 年开始的。也就是说，

第二产业市场有效需求不足在 1991~1998 年就已出现，因而迫使第二产业内部竞争加剧，技术进步和新产品开发及结构升级加快，从而产业内生产率的增长率在 1991~1998 年便成为拉动产业劳动生产率的首要力量，而第三产业出现市场有效需求不足，进而市场竞争加剧相对迟些，是在 1998 年之后的事情。因此，产业内生产率增长效应超越结构变迁效应成为拉动劳动生产率提高的首要力量，是在 1998 年之后。

三、产业结构演进对全要素生产率的影响（1986~2007 年）

（一）结构变迁对全要素生产率贡献的测度

全要素生产率（TFP）是把资本和劳动生产要素投入量对产出的贡献扣除之后，其他各种要素综合地对产出做出的贡献，这里的其他各种要素主要包括知识增进、技术改变、资源配置结构优化、规模经济提升等，全要素生产率的增长率为产出增长率减去资本和劳动投入量增长率对产出增长率的贡献后的余额。在一个非均衡的经济中，不同产业部门之间的要素边际生产率不相等，要素在不同产业部门间的流动促使要素从低生产率部门流向相对高生产率的部门，进而提高全要素生产率，这就是产业结构变迁通过优化资源配置结构形成的全要素生产率的增长。总产出的增长在扣除资本和劳动投入实现的部分后形成的全要素生产率，可以分解为两部分：一部分是各个产业部门的平均全要素生产率增长，另一部分则是结构变迁带来的全要素效率增长。因此，计算结构变迁对全要素生产率的贡献，基本方法便是对照总量水平（Aggregate Level）的全要素生产率（TFP）增长率和部门水平（Sectoral Level）的全要素生产率（TFP）增长率之间的差异。[①]

总量水平的 TFP 增长率 $G(A)$ 与部门水平的 TFP 增长率加权平均值 $\sum \rho_i G(A_i)$ 之差，就是结构变迁对经济增长的贡献，即在全要素生产率提升中产业结构演变所起的作用。因此，结构变迁效应 TSE（Total Structural Effect）的计算公式为：

$$TSE = G(A) - \sum \rho_i G(A_i) = \sum \rho_i \alpha_i G(k_i) + \sum \rho_i \beta_i G(l_i) \tag{5}$$

式（5）中 k_i、l_i 分别代表各产业部门的资本、劳动在资本与劳动投入总量中占的比重，式（5）右边第一项（$\sum \rho_i \alpha_i G(k_i)$）表示各产业部门的劳动要素的结构变迁对全要素生产率的贡献，第二项（$\sum \rho_i \beta_i G(l_i)$）表示各产业部门的资本要素的结构变迁对全要素生产率的贡献，进一步整理可得出产业结构变迁对全要素生产率的贡献：

---

① 参照 Syrquin（1984）使用的全要素生产率分解式，即 Syrquin M. Resource Allocation and Productivity Growth// Syrquin M., Taylor L., Westphal L. E., eds. Economic Structure Performance Essays in Honor of Hollis B. Chenery. Academic Press, 1984: 75-101.

$$TSE = \frac{1}{Y}\sum \dot{K_i}[f(K_i) - f(K)] + \frac{1}{Y}\sum \dot{L_i}[f(K_i) - f(L)] = A(f_K) + A(f_L) \tag{6}$$

式（6）中 $f(K_i)$ 和 $f(L_i)$ 分别表示第 i 产业部门的资本和劳动的边际产出，而 $f(K)$ 和 $f(L)$ 分别表示经济总体的资本和劳动的边际产出，$A(f_K)$ 和 $A(f_L)$ 分别表示资本和劳动要素市场的产业结构变迁效应，即分别表示资本和劳动在不同产业部门之间流动带来的全要素生产率的增长。如果资本和劳动要素在可以获得高于平均水平的边际报酬的产业中比重上升得快，则资本和劳动的结构变迁效应就相对较高；反之，要素在只能获得低于平均水平的边际报酬的产业中比重增长得快，要素的结构变迁效应相应就较低；当经济中不同产业部门的资本和劳动要素的边际产出趋同时，资本 $A(f_K)$ 和劳动 $A(f_L)$ 要素的产业结构变迁效应会趋向于零，结构总效应 TSE 会消失，总量水平的全要素生产率 TFP 增长率 $G(A)$ 和各产业部门的 TFP 增长率的加权平均值 $\sum \rho_i G(A_i)$ 会相等。[①]

运用式（6）求解我国结构变迁的全要素生产率增长效应，在数据上要求计算经济总体和各产业的资本及劳动的边际报酬，计算经济总体和资本及劳动的产出弹性，计算经济总体和各产业部门的资本及劳动的存量和变化，所需要的数据基本上可以从国家统计局公布的全国投入产出表中找到（目前有 1987 年、1990 年、1992 年、1995 年、1997 年、2002 年、2007 年共 7 张投入产出表），或者在《中国统计年鉴》中找到。[②] 具体测算结果见表 10。

表 10　不同因素对经济增长率的贡献

单位：%

年份	劳动增长的贡献率	资本增长的贡献率	全要素生产率增长贡献率	其中	
				产业结构变迁效应	净技术进步效应
1986~1990	10.7	84.2	5.1	—	—
1990~1992	9.1	79.5	11.4	58.2	41.8
1992~1995	5.9	80.4	13.7	42.3	57.7
1995~1997	5.6	74.3	20.1	34.9	65.1
1997~2002	3.5	68	28.5	11.3	88.7
2002~2007	1.2	59.9	38.9	10.8	89.2

（二）结构变迁对全要素生产率贡献的变动趋势

表 10 表明两个趋势：一是在我国经济增长中，要素投入增长的贡献率和全要素生产率增长的贡献率相比较，前者具有逐渐降低趋势，而后者则有逐渐提高的趋势。这说明在

---

① 具体公式的推导可参见刘伟，张辉. 中国经济增长中的产业结构变迁和技术进步 [J]. 经济研究，2008（11）. 该文计算年份截至 2002 年，主要是因为需要依靠国家统计局公布的投入产出表数据，而那时最新的投入产出表是 2002 年的，本文的分析则运用原有方法和公式，引入 2007 年（最新公布数据截止年份）投入产出表数据，做出进一步考察。

② 存在问题的是"资本存量"的计算，在这里引用薛俊波（2007）的计算方法，即永续盘存法，我们利用投入产出表数据计算历年的资本存量（参见薛俊波. 中国 17 部门资本存量的核算研究 [J]. 统计研究，2007（7）.），本文所用数据口径与薛俊波在投入产出表的基础上估算的资本存量基本一致。

我国新时期以来的经济增长趋势中，并非始终主要依靠劳动和资本投入量的扩大，而是在全要素生产率贡献率不断上升的过程中实现高速增长，进而我国的经济增长不仅是要素投入量的扩张，同时有全要素生产率提升的支持，这与克鲁格曼所批评的东亚部分国家或地区主要依靠要素投入拉动增长而效率并无提升的情况是不同的。克鲁格曼（1994）在其《亚洲奇迹的神话》中指出，大部分东亚国家和地区的经济增长主要依靠要素投入量增长，而不是依靠要素生产率提升，因此不可持续。1997年的亚洲金融危机形成的东亚泡沫，在一定程度上印证了这一观点，引起了国际国内学术界的高度关注，进而引发了对中国高速增长的要素效率是否提升的质疑。从我们的分析看，如果说我国经济增长在1998年之前具有主要依靠要素投入量扩大拉动的特征，那么1998年之后的增长则越来越体现为通过要素生产率提高来拉动，从长期趋势看，要素生产率的贡献是持续提高的，而要素量投入的贡献相对来说是趋于下降的。二是在全要素生产率内部，产业结构变迁效应呈现逐渐下降的趋势，而净技术进步效应相应地持续上升。产业结构效应提高主要依靠两个力量，一是产业间竞争形成的效率差别的推动或吸引，使产业结构变化可能加快；二是体制改革带来的市场机制发育促进并实现资源在产业间自由充分的流动。在我国进入新时期内，由于以往计划经济体制下资源配置结构不合理，脱离效率原则，所以，在体制改革展开特别是市场化进程开始之后，资源迅速地通过市场竞争机制从效率低的产业流向效率高的产业，进而在全要素生产率的贡献率中，产业结构效应作用突出；若在短缺经济下，对产品需求旺盛，产业内的竞争并不剧烈，技术创新和技术进步压力尚不严重，因此，产业内的净技术进步效应在全要素生产率增长贡献率中的作用相对较弱。不过，随着市场需求的变化，短缺经济状况的改善和克服，尤其是当有效需求出现严重疲软（如1997年亚洲金融危机冲击和2008年世界金融危机冲击下我国内需不足的矛盾十分突出）时，产业内竞争加剧，技术进步速度加快，净技术进步效应对全要素生产率增长所起的作用增强。特别需要指出的是，在全要素生产率增长内部这种产业结构变迁效应与净技术进步效应间的此消彼长的趋势，似乎反映出我国要素效率的提升从主要依靠市场化的改革带来的制度性力量逐渐转向主要依靠竞争带来的技术进步的力量。事实上，对于处于体制转轨中的非均衡的我国经济而言，产业结构变迁效应和净技术进步效率对全要素生产率的作用程度交替变化是正常的。当产业间效率差别显著、结构性非均衡突出时，产业结构变化有可能加速，当有一定的市场化改革的体制支持时，基于效率基础的结构升级更为加快，产业结构变迁效应作用更为显著；当经过一段产业间结构迅速变化，产业间要素的效率差距逐渐缩小，或者同时体制性活力不足，资源在产业间基于效率差别的流动会放缓，产业结构变迁效应就会降低，而对产业内技术进步要求更为迫切。尤其是在市场需求不足的条件下，产业内技术进步会加速，因而净技术进步效率会提升，当产业内净技术进步效应提升积累到一定程度，长期内不同产业间的要素生产率差异会出现新的不均衡格局，产业间效率水平在新的基础上会进一步扩大，如果存在合理的体制条件，特别是政府与市场能够协调，便会推动产业结构在新的水平下进一步升级，结构变迁效应会再次增大，直到新的均衡格局出现，净技术进步效应会重新加速并开始新的累积。我国经济中出现的产业结构变迁效应作用逐渐降低和净技术进步效应逐渐增强的趋势表明，一方面，当市场有效需求不足，产业间要素效率差异逐渐缩小，或者说缺乏显著效率突出的产业拉动整个产业结构升级时，不能也不应主要依靠投入量扩张拉动增长，否则便是结构不变的重复建设，势必导致低水平的产能过剩，而应主要依靠各产业内的技术进步，依靠产业内部效率的提升来促进经济发展；另一方面，当产业间要素效率明显存在差异，或不同产业由于产业内技术进步积累不同而出现新的产业结构差异，要素边际产出差距在新的技术结构下重新拉大，就应当也必须通过深化体制改革完善竞争秩序，以保证并推动产业结构加速升级。

四、我国经济增长中的突出的结构性矛盾

现阶段我国经济增长中面临的突出结构性矛盾主要表现在以下几方面：

第一，总体上看，我国经济增长的水平高于结构升级的水平，或者说结构演进相对滞后，对经济有效均衡增长产生了深刻影响。

尽管我国经济高速增长过程中产业结构发生了深刻的变化，但结构演进与经济增长要求之间仍有相当大的不适应。一方面，不仅与发达国家相比，更重要的是与同我国经济增长水平大体相当的发展中国家相比，我国产业结构高度与其均存在显著或比较显著的差异；另一方面，结构高度的相对滞后已深刻约束限制了经济总量的扩张，使我国投资需求有效增长遇到深刻的结构约束。表 11 显示的是我国现阶段产业结构与发达国家和发展中国家相比较的状况。

表 11   2010 年中国与世界不同国家国内生产总值构成

单位：%

国别	第一产业	第二产业	第三产业
高收入国	1.5	25.1	73.4
中等收入国	9.7	34.3	67.5
下中等收入国	10	34.1	55.8
低收入穷国	25.7	24.4	49.9
中国	9.5	44.6	45.9

资料来源：世界银行 WDI 数据库，转引自国家统计局《国际统计年鉴 2011》，其中部分国家的数据是 2009 年及 2008 年的数据。关于中国的数据中，第二产业比重为 44.6%，与我国国家统计局的《中国统计年鉴》中的 46% 略有差别，在进行国际比较时，我们统一采用国际组织公布的数据。

从经济规模和人均 GDP 水平看，我国已进入中上等收入阶段。2012 年我国 GDP 总量已近 52 万亿元，按汇率法折算已达 8 万亿美元左右，占全球 GDP 比重在 10% 左右，居世界第二位；人均 GDP 已达 3.8 万元左右，折算为美元已达 5800 美元左右，已超过当代世界中等收入国家平均线（3400 美元），若按购买力评估法（PPP 方法），据世界银行测算，

2009 年我国就已达到 6710 国际元，也已超过当代中等收入国家的平均水平（6340 国际元），按世界银行 2011 年划分标准，人均国民收入 1025 美元以下为低收入国（共 36 个国家），人均 1026~4035 美元为下中等收入国（共 54 个国家），人均 4036~12475 美元为上中等收入国（共 54 个国家），12476 美元以上为高收入国（共 70 个国家）。与我国经济增长水平相比，我国结构演进的高度相对滞后，特别是第三产业比重仅为 45.9%，不仅低于当代中等收入国的平均水平（67.5%），甚至低于当代低收入国（49.9%），与之相对应的则是我国第二产业比重显著高出经济发展阶段的正常水平：高收入国平均为 25%，中等收入国为 34.3%，我国则为 44.6%，在当代世界只有中低收入水平的东亚和太平洋国家达此高度（44%）。也就是说，虽然我国人均国民收入已达到上中等收入水平，但我国的产业结构仍与中低收入国家的结构更为接近。这种结构演进滞后于经济增长的状况，对我国经济增长中的投资与消费结构失衡、市场化滞后，特别是市场机制所需要的服务业发展落后、信息化对新型工业化和城镇化的促进融合作用不足等，都有着深刻的联系，从而制约着我国经济发展的可持续性。

第二，就业结构与增加值结构差距过高，二元结构性特征突出，表明我国经济的高速增长，在一定程度上是以加剧发展上的失衡为代价的，而这种失衡的加剧，又会成为制约经济可持续增长的重要因素。

从就业结构高度演进来看，我国经济增长过程中，就业结构发生着深刻的变化，特别是第一产业就业比重从改革初期的 70% 以上（相当于当代低收入穷国的状况）降至现阶段的 36% 左右，但总的来看，我国第一产业就业比重之高，第三产业就业比重之低，与我国经济增长所达到的水平不相称。如果说我国三大产业增加值结构高度滞后于经济增长水平，那么就业结构高度滞后程度就更大，表 12 显示的是我国产值结构与就业结构对照。

表 12　我国产值与就业结构变化

年份	增加值结构（%）			就业结构（%）			产值比重/就业比重		
	第一产业	第二产业	第三产业	第一产业	第二产业	第三产业	第一产业	第二产业	第三产业
1978	28.2	47.9	23.9	70.5	17.3	12.2	0.40	2.77	1.96
1992	21.8	43.4	34.8	58.5	21.7	19.8	0.37	2.00	1.76
2000	15.1	45.9	39	50	22.5	27.5	0.30	2.04	1.42
2011	10	46.6	43.3	36.7	28.7	34.6	0.27	1.62	1.25

表 12 显示，我国第一产业就业比重持续下降，第二产业就业比重基本稳定，第三产业就业比重上升幅度最大（2011 年比 1978 年提升了 22.4 个百分点）。这也印证了前文分析产业劳动生产率的增长率中，第一产业的结构变迁效应为负值（劳动力净流出），第二产业为正值，但低于第三产业劳动生产率增长中的结构变迁效应（劳动力更多地流向了第三产业）。首先，比较而言，我国就业结构高度低于增加值结构高度，这说明一方面是增加值高度演进带动就业结构提升，另一方面增加值结构高度缺乏足够的产业劳动生产率上升的支持。钱纳里曾利用 101 个国家 1950~1970 年的资料构造出一个经济发展不同阶段的

标准结构,若以我国现阶段的增加值结构中的第一产业比重与其对照,我国已超过人均 2000 美元(1970 年美元)发展阶段,但按第一产业就业比重对照,我国仅处于 400~600 美元阶段,这也表明我国经济二元化结构特征显著。[①]其次,在这一过程中,各产业产值比重与就业比重在逐渐接近,但相互间差距仍是显著的,这从一定意义上反映出我国产业间劳动生产率的失衡。第一产业的产值比重显著低于其就业比重,并且两者相互间差距仍然在扩大,没有任何收敛趋势,该比重在 1978~2011 年已从 0.4 演变为 0.27,两者失衡现象进一步加剧;第二产业的产值比重与就业比重差距最为突出(2011 年为 46.6∶28.7),并且在长期变化中有轻微的缩小趋势(2000 年之前第二产业产值比重较就业比重的差距更为突出);第三产业的产值比重高出就业比重的差距虽不及第二产业悬殊,但相互间接近的速度却较为迅速,两者之比,从 1978 年的 1.96,持续降至 2011 年的 1.25。一般而言,产业产值比重与就业比重应逐渐趋于一致,这是产业间劳动生产率趋于均衡的趋势,也是产业间发展均衡的重要体现。美国 2008 年三大产业的产值比依次为 1.1%、20%、78.9%,相对应的就业比重依次为 2.3%、23.2%、74.5%。当代发达国家第一产业的产值比重和就业比重大都在 5%左右,第三产业的产值比重和就业比重大都在 70%以上,第二产业的产值比重和就业比重大都在 20%以上,产值比与就业比基本上也都是相似的。[②]我国三大产业的产值比重和就业比重相去甚远,且长期里虽有接近的趋向,但速度并不显著,由此产生一系列增长中的失衡现象,突出的一点是在国民收入的初次分配中加剧收入分配的失衡,第一产业的就业比重为 37.6%,而同期增加值比重为 10.1%,这意味着 37.6%的从业者在初次分配中只能分得 10.1%的增加值,而第二、第三产业的产值比均高于就业比,尤其是第二产业就业比重为 28.7%,却在初次分配中分得 46.8%的增加值,这种结构失衡是我国城乡居民收入差距之所以显著的重要原因。而正是城乡居民收入差距构成中国居民收入差距扩大的首要原因,能解释居民收入差距的 40%以上。[③]而居民收入差距的扩大又是消费需求增长乏力的根本原因,消费需求疲软恰是我国现阶段内需不足进而导致增长乏力的重要原因。

如果进一步考察期间产业劳动者报酬上升速度与劳动生产率上升速度,将会发现劳动者报酬上升速度缺乏足够的劳动生产率提升的支持。据测算,1992~2010 年我国就业人员劳动报酬年均劳动报酬增长 14.5%(按现行价计,若别除价格上涨因素,实际增长要低于此水平),其中第一产业从业人员报酬以年均增长 18.1%居首位,第三产业人均报酬以年增长率为 11.6%居其次,最迟缓的是第二产业,人均从业劳动者报酬年增长率为 11.1%。[④]这表明,我国进入中等收入发展阶段,要素成本包括劳动力成本已进入加速提升阶段,如果劳动生产率的提升不加速,在短期内会形成巨大的成本推动的通货膨胀压力,长期内会

① Chenery H.B., Syrquin M. Patterns of Development:1955–1975 [M]. Oxford University Press, 1977.
② 美国的数据来自美国商务部经济分析局 NIPA 数据,发达国家的数据来自世界银行《世界发展报告》。
③ 刘伟. 促进经济增长均衡与转变发展方式 [J]. 学术月刊,2013(2).
④ 北京大学国民经济核算与增长研究中心. 中国经济增长报告(2012)[M]. 北京:北京大学出版社,2012.

使经济增长的可持续性受到严重削弱。正如本文第一部分所分析的，我国产业结构高度提升所推动的工业化进程中，实体产业效率基础较为薄弱，尽管我国产业结构高度所体现的工业化进程与当代世界工业化完成水平相比，已经进入后期（产业结构高度 H 值已达0.666），上海、北京、天津、江苏、广东等已基本实现了工业化（H 值已达到1），但第一产业的劳动生产率水平与当代实现工业化目标时应有的水平相去甚远，第一产业劳动生产率较低（LP_1^N 仅为 0.147，显著小于 1，即显著小于当代实现工业化目标时的第一产业标准劳动生产率）。第二产业的劳动生产率也普遍与当代世界工业化标准要求相差显著（LP_2^N 仅为 0.462，同样显著小于1），换句话说，与我国工业化进程中的产业结构演进达到的高度相比，实体产业的劳动生产率尚未达到相应工业化进程应有的水平，在一定意义上意味着存在脱离劳动生产率水平的产业结构"虚高度"，这是要素成本上升而劳动生产率上升相对低于成本上升速度，进而导致经济增长出现"泡沫"的根本原因。

第三，三次产业的成本结构（收入结构）深刻影响初次收入分配结构，进而影响需求结构，由此影响资源配置的结构效率。

增加值的成本结构，反映的是生产要素从初次分配中得到的收入。劳动者的收入是劳动报酬；生产税净额（间接税净额）是政府征税形成的收入；企业的收入则分为两部分，一是盈余，二是折旧。表 13 给出的是 1997 年和 2007 年我国三次产业的成本结构。

表 13　1997 年和 2007 年我国三次产业成本结构

单位：%

年份	内容	第一产业	第二产业	第三产业	国内生产总值
1997	增加值合计	100	100	100	100
	劳动者报酬	88.04	44.43	51.34	54.87
	生产税净额	2.94	17.52	13.44	13.53
	固定资产折旧	3.97	14.23	19.15	13.62
	营业盈余	5.05	23.81	16.06	17.97
2007	增加值合计	100	100	100	100
	劳动者报酬	94.84	34.2	35.84	41.36
	生产税净额	0.17	20.08	11.14	14.48
	固定资产折旧	4.99	13.5	17.17	14.0
	营业盈余	0	32.22	35.86	30.15

资料来源：根据国家统计局公布的投入产出表数据整理。

这种成本结构的特征在于：首先，各产业间差距显著。以 2007 年为例，第一产业的增加值成本构成中劳动者报酬比例达到 94.84%，而第二产业和第三产业的增加值中的劳动者报酬比例则在 35% 左右，而在生产税净额上第一产业几乎为零（0.17%），第二产业和第三产业则分别为 20% 和 11% 以上。其次，虽然劳动者报酬在 GDP 中所占比重最高，为41.36%，但从绝对水平看并不高，中国现阶段经济增长中劳动成本仍处在相对较低阶段

（美国劳动者报酬占 GDP 比重为 55% 左右①）。分产业看，第一产业很高，现在已达 94.84%（这一部分包含了部分购买农用生产资料的收入），但第一产业的平均收入水平低，从而对整个成本（收入）结构影响较低。第二、第三产业占的比重较大，但这两个产业的增加值中，劳动报酬占比却比较低（分别为 34.2% 和 35.5%），而从营业盈余（资本要素所带来的直接收入）来看，第一产业接近于零，第二、第三产业增加值中营业盈余所占比重相当高，接近甚至超过劳动报酬占比，这表明在我国初次分配中，相当大的部分首先成为资本要素的收入，再加上企业的折旧，企业收入（营业盈余加折旧）占比达到 44.15%，远远大于劳动者报酬占比（41.36%），这就决定了企业在国民收入的初次分配中具有更大的支配权。再加上政府收入（生产税净额占 14.48%），更多的国民收入将通过企业和政府转化为积累，并形成投资，通过高积累、高投资带动高增长，其风险在于，如果资本和劳动之间的收入分配比例失衡，劳动者的收入占比过低会导致消费需求增长与经济增长不相适应，进而投资形成的产能难以找到有效需求，形成产能过剩。

从动态上看，以 2007 年与 1997 年作比较，企业和政府的收入所占比重在上升，而劳动者报酬所占比重在下降，特别是在非农产业中，第二产业的劳动报酬占比下降了 10% 左右，相应地企业营业盈余占比上升 10% 左右，说明在利益分享上，企业资本所得大于劳动者所得的增速。在第三产业中这种现象更为突出，劳动者报酬在第三产业增加值中所占比重下降近 20%，相应的企业盈余比重提高了近 20%。这与我国第三产业的发展越来越强调资本密集的现代服务业优先发展有关。相比较而言，政府生产税净额比重提高并不显著（不到 1 个百分点），但需注意，生产税净额并非政府税收收入的全部，在再分配过程中，劳动者报酬和企业营业盈余中还需支付税负（个人和企业所得税等）。因此，静态地看，我国各产业中劳动报酬占比仍偏低；动态地看，其增长速度也偏低，所以消费需求相对疲软及相应的生产能力过剩便会由此而加剧。

第四，我国产业结构上存在"反效率配置"现象，不仅使已有的资源配置效率落差没能更有力地推动资源从低效率部门向高效率部门转移，而且扩大了资源配置的产业结构性效率差异。

利用 1992 年和 2007 年我国投入产出表，可计算出各个产业的资本和劳动所占份额、各个产业的资本和劳动的边际报酬以及各个产业的劳动生产率和资本劳动比。表 14、表 15、表 16 的结果显示了各产业的资源反配置效率的状态。这些反效率的资源配置的存在，使得我国不同产业间已有的资源配置效率落差未能充分利用，即资源未能有效地从效率低的产业及时流向效率高的产业，反而扩大了资源配置效率的落差，也就是加大了产业间效率差距。这既有发展上的原因，更有体制上的原因，关键在于市场竞争不充分，限制了资源在产业间的流动。②

---

① 北京大学国民经济核算与增长研究中心. 中国经济增长报告（2012）[M]. 北京：北京大学出版社，2012.

② 张军（2002）认为，资本深化导致的资本边际报酬递减加速，是 20 世纪 90 年代中后期我国 GDP 增长率下降的主要原因。参见张军. 增长、资本形成与技术选择：解释中国经济增长下降的长期因素 [J]. 经济学季刊，2002（1）.

表 14　资本的结构变迁

	资本投入变化（亿元）	1992 年资本投入占份额（%）	2007 年资本投入占份额（%）	1992 年资本边际报酬（元/1 元资本）	2007 年资本边际报酬（元/1 元资本）
经济总体	184015.5	100	100	0.336	0.293
第一产业	6530.5	5.1	3.8	0.413	0.072
第二产业	93731.5	38.9	48.7	0.498	0.341
第三产业	83753.6	56	47.4	0.217	0.262

　　表 14 显示，从资本份额来看，第一、第三产业资本所占份额都在下降，第二产业资本份额在上升，表明在此期间资本主要向第二产业集中，不仅新增资本主要在第二产业中形成，甚至部分旧有资本也向第二产业转移，但同时，经济总体和实体产业的资本边际报酬（元/1 元资本）普遍下降。因边际报酬近似于毛利率，毛利率普遍相应下降，其中，第一产业的毛利润率下降最快，第二产业资本边际报酬也显著下降，但相对下降速度慢于第一产业，只有第三产业的毛利润略有上升（资本边际报酬从 0.217 上升为 0.262），但其绝对水平始终低于第二产业。实体产业的资本边际报酬递减并加速，表明各产业的资本深化加速，资本产出比提高较快，进而资本边际报酬递减。这意味着，投资需求的增长将会趋缓，产出增长率可能会下降，或者说，若无技术进步加速，若无产业间资源流动加速即产业结构升级，继续扩大投资必然带来资本边际报酬递减加速，从而市场性（非政府性）投资需求会趋于减缓，加剧内需不足，从而影响经济持续增长率。①

表 15　劳动要素的结构变迁

	劳动投入变化（万人）	1992 年劳动投入占份额（%）	2007 年劳动投入占份额（%）	1992 年劳动的边际报酬（元/人）	2007 年劳动的边际报酬（元/人）
经济总体	9169	100	100	1712	6408
第一产业	−7968	58.5	40.8	1197	3879
第二产业	5831	21.7	26.8	2462	9993
第三产业	11306	19.8	32.4	2412	6627

　　表 15 显示，第一产业的劳动份额显著下降，表明劳动要素正从农村农业流向城市非农产业，这是工业化和城市化加速的重要体现，但第二产业劳动所占份额从高于第三产业变为低于第三产业，表明第二产业吸纳劳动的速度在下降，资本可能在挤出劳动。尽管表 14 显示第二产业的资本边际报酬高于第三产业，但是，一方面，第二产业的劳动边际报酬显著高于第三产业，第二产业中劳动份额被显著挤出进入劳动生产率相对低的其他产业，这本身意味着经济中劳动生产率结构效应的损失；另一方面，第二产业中资本边际报酬绝对水平虽然高于第三产业，但动态地看，其资本边际报酬处于加速递减中，而第三产

---

　　① 表 14、表 15、表 16 的数据均依据国家统计局公布的投入产出表数据计算。

业的资本边际报酬水平虽低于第二产业，却处在上升中。若继续加大资本向第二产业的集中，意味着资本从边际报酬上升领域向边际报酬递减加速领域进一步集中，这本身便会推动资本配置效率逐渐降低。

表16 资本劳动比和劳动生产率

	资本劳动比（万元/人）		劳动生产率（元/人）	
	1992年	2007年	1992年	2007年
经济总体	0.62	3.03	3786	15478
第一产业	0.05	0.28	1421	4086
第二产业	1.11	5.50	7964	27340
第三产业	1.74	4.43	6191	20013

表16显示，1992~2007年，第三产业的资本劳动比从高于第二产业变为低于第二产业，表明第三产业吸纳了更多劳动。如果说第二产业是资本挤出了劳动，那么第三产业就是劳动相对地挤出了资本，这期间，第三产业的就业弹性为0.079，而第二产业的就业弹性为0.042，第三产业创造就业的能力大体是第二产业的两倍。但是，第三产业中劳动生产率不仅绝对水平低于第二产业（表15中第二产业劳动边际报酬水平始终显著高于第三产业），而且劳动生产率上升的速度也低于第二产业（第二、第三产业的劳动边际报酬都在上升，但第二产业上升速度快于第三产业）。这表明，正如本文前面所分析的，第三产业的劳动生产率增长主要是依赖规模扩张，其技术密集度和资本密集度都有待提高。在这种状态下，如果劳动不断被从生产率高的第二产业挤出进入生产率相对低的第三产业，那么自然会形成劳动生产率增长率的结构性损失，而资本又同时难以加快进入亟待提高资本密集度的第三产业，却不断加快挤入资本边际报酬递减加快的第二产业，自然会逐渐导致资本效率的结构性损失。这种要素反效率配置存在的原因是多方面的，但作为经济转轨中的国家，关键在于市场化不够深入和完善。一方面，要素市场不发育，特别是资本市场、劳动市场发育不充分，竞争秩序不完备，限制了要素按效率要求的市场流动；另一方面，宏观调控中的政策导向与经济发展中的产业实际效率水平及要求相互脱节，特别是一些政府行为的投资背离市场效率要求，包括地区间的结构趋同以及大量的重复建设等，都是形成要素反效率配置的重要原因。

五、结论

本文分析表明：①我国经济高速增长不仅是GDP规模的迅速扩张，同时伴有产业结构演进，即不是单纯的增长，同时实现了质态的发展；②但在这一过程中，我国产业结构演进的速度和达到的高度，相对滞后于经济增长的速度和达到的水平；③我国经济增长并非单纯依靠要素投入量的扩张，同时具有产业结构演进带来的效率上升的支持，进而不同于克鲁格曼等所批评的东亚泡沫；④无论在劳动生产率的增长率上还是在全要素生产率增长率上，我国都具有产业结构变迁效应和净技术进步效应，但在进入 21 世纪之前，结构变迁效应作用程度超过净技术进步效应，进入 21 世纪之后由于结构变迁效应作用逐渐降低，净技术进步效应作用程度相应提升，但近年又出现交替性的波动；⑤我国产业结构存在的突出矛盾根源在于效率水平低，包括产业内的技术进步和产业间的要素配置性效率都亟待提高，否则无法克服一系列结构性矛盾，而这些深层次的结构性矛盾是形成我国宏观经济失衡（现阶段的通胀与经济"下行"并存的双重风险）的根本原因；⑥转变发展方式是克服失衡、实现可持续发展的关键，发展方式转变主要在于结构调整，结构战略性调整首先要依靠技术创新，技术创新形成产业效率上升，其累积性效应形成产业间效率落差增大，即产业结构升级动力增强，空间扩大，推动结构演进，提升结构变迁效应；⑦无论是产业内的技术进步还是产业间的结构变迁，在制度上都需要构建具有公平竞争性的市场机制，尤其是要素市场的培育，都需要完善市场竞争秩序，包括主体秩序（企业制度）、交易秩序（价格制度）等，当然，完善市场秩序的关键在于协调政府与市场的关系。正因为如此，深化以社会主义市场经济体制为目标的改革开放，是我国现阶段实现转变发展方式的根本。

The Problems of Industrial Structure during China's Economic Growth

Liu Wei   Zhang Hui

Abstract: It is difficult to change the national economic status for developing economies, especially for some giant economy like China, if the sustained rapid growth has not been followed with corresponding transformation of economic structure. Through analyzing the evolution of structure height in the process of economic growth since the reform and opening-up, we find that China has entered into the accelerating development stage at which industrial structure highly evolved. China has completed two-thirds of the industrialization process by the end of the year 2010. Despite some time lag, the economic growth and the height evolution of industrial structure basically tally with each other.

竞争与垄断条件下市场结构熵测度模型研究 *

朱相宇 [1,2]　乔小勇 [3]

(1. 北京市社会科学院，北京　100101；

2. 中国社会科学院，北京　100732；3. 清华大学，北京　100084)

【摘　要】利用信息论和熵原理构建市场结构熵模型，测度了完全竞争、垄断竞争、寡头垄断和完全垄断四种市场结构熵，并比较了这四种市场结构熵。认为竞争条件下，寡头垄断市场结构熵最小，而完全垄断市场结构熵大于或小于寡头垄断市场结构熵，是调节失灵的市场结构。从较长的时间跨度和动态竞争角度来看，提出寡头垄断市场结构运行效率要高于其他类型的市场结构。

【关键词】竞争与垄断；市场结构熵；测度；模型

一、引言

　　对竞争与垄断的研究是分析产业组织理论各种问题的基础，而市场结构反映了行业间竞争与垄断的关系。市场结构一般分为完全竞争、垄断竞争、寡头垄断和完全垄断四种基本类型，从亚当·斯密的垄断弊害论到琼·罗宾逊和张伯伦创立垄断竞争理论，再到熊彼特认为垄断和寡头是创新和生活水平提高的主要源泉，对不同类型市场结构的效率一直争论不休。随着我国市场经济体制的逐步建立和完善，市场竞争全面展开，国民经济也相应进入以结构优化、产业升级和整体素质提高为特征的新的发展阶段。经济结构调整在一个较长时期内将成为经济发展的重要主题。然而，我国现阶段在提高经济增长质量和产业国际竞争力过程中存在的诸多问题都直接或间接地与市场结构有关，因此，市场结构调整将是经济结构调整的重要内容之一。

* 本文选自《工业技术经济》2013 年第 2 期。

　　基金项目：国家社会科学基金（项目编号：12GGL088）；中国博士后科学基金（基金项目：2012M510476）。

二、文献回顾

戚聿东（1998）认为在集中度20%以下的产业组群中，产业集中度与各种产业经济绩效指标之间都存在着较为一定的正相关关系，一旦超出20%以上的产业群组，这种关系就变得不规则。陈志广（2004）却认为我国产业利润率与产业集中度呈显著正相关关系。Gerard（1999）也认为产业集中度与产业绩效存在着显著正相关关系；但是 Zaralis（1991）却认为产业集中度与产业绩效之间的关系是不规则的；Yoon（2004）认为集中度与绩效可能存在非单调非线性关系；而 Bloch（1999）认为两者之间是负相关关系。波特（1997）却认为产业的市场结构是变化的，而结构变化的原因是产业长期增长率的变化。

从上述有关市场结构、市场集中度与市场绩效关系研究的文献可以看出其特点是：关于市场结构与市场绩效关系的研究是从两个方向展开的：一个是以市场集中度为自变量，以市场绩效为因变量；另一个是以市场绩效为自变量，以市场集中度为因变量。其不足之处在于：①大都是以市场的历史数据为研究窗口，通过做实证分析而得出的经验性结论，没有对市场结构和市场绩效等方面的影响进行讨论，缺乏严格的理论推导和解释；②由于是做统计分析，必然有样本的选择问题，从相同的角度选择不同的样本得出的结论往往大相径庭，这样的结果也只有典型性而缺乏一般性。

自申农将熵的概念引入信息论以后，信息理论飞速发展。Wiley（1988）、李伟刚（1988）、李习彬（1994）、邱菀华（1997）、阮平南（2010）等对信息论应用于系统结构有序度评价方面做了广泛研究。可以说，信息理论的完善及其处理的科学化，已成为诸多领域及其管理发展的关键。本文拟运用信息理论，从系统结构有序度角度定量研究市场结构与市场效率之间的关系，建立起具有动态性和一般性的市场结构熵模型，对市场结构熵进行定量分析，论述不同市场结构的运行效率，以弥补大量文献仅从实证角度研究的不足。

三、市场结构的时效熵与质量熵

衡量一个市场结构效率高低的主要因素是信息流通的时效和质量。时效反映交易信息在该市场结构传递过程中的时效性大小；质量反映交易信息在该市场结构传递过程中的准确性大小。两者互为消长，可见，从信息传播的时效性和准确性分别定义系统的有序度，然后将二者结合起来是评价市场结构效率的基本原则。

由于市场中企业间的交易实质就是交易信息的发送和反馈，因此，假设发出交易信息的实际状态空间为 $x = \{x_1, x_2, \cdots, x_m\}$，先验概率分布为：

$P(X) = \{P(x_1),\ P(x_2),\ \cdots,\ P(x_m)\}$

接收交易信息的实际状态空间为 $y = \{y_1,\ y_2,\ \cdots,\ y_m\}$，后验概率分布为：

$P(x/y) = \{P(x_1/y_j)\,|\,i = 1,\ \cdots,\ m;\ j = 1,\ \cdots,\ n\}$

在多数情况下，$m = n$。y_j 与 x_i 可能相同，也可能不同，这种存在的不确定程度为：

$$H_{yj}(x) = \sum_{i=1}^{m} P(x_i/y_j)\ln P(x_i/y_j) \tag{1}$$

表示在收到交易信息 y_j 条件下 x 的熵，其平均值为：

$$H_y(x) = \sum_{j=1}^{n} P(y_j) \sum_{i=1}^{m} P(x_i/y_j)\ln P(x_i/y_j) \tag{2}$$

表示收到交易信息后 x 的条件熵，也记作 (x/y)。

设市场共有 n 个基层企业，w 个市场结构层次，中间层企业个数为 k。根据信息论，以 F_i 为信源，以 F_j 为信宿。则时效熵与质量熵的定义为：

（1）时效熵（H_1）是指在某时间段 t_i 内，F_i 向市场中其他企业发出交易信息后，收到反馈信息的不确定性的大小。

（2）质量熵（H_2）是指在某时间段 t_i 内，F_i 向市场中其他企业发出交易信息后，接收方所反馈信息与发送信息是否相一致的不确定性大小。

四、竞争条件下市场结构熵的测度

令在时间段 t_i 内，F_i 向市场中其他企业发出的交易信息集合为 $X(t_i,\ 1)$，即

$$\begin{aligned}X(t_i,\ 1) &= \{x_1(t_i,\ 1),\ \cdots,\ x_l(t_i,\ 1),\ x_{l+1}(t_i,\ 1),\ \cdots,\ x_m(t_i,\ 1),\ x_{m+1}(t_i,\ 1),\ \cdots,\ x_m(t_i,\ 1)\}\\ &= \{x_1(t_i,\ 1)\,|\,i = 1,\ \cdots,\ m,\ \cdots,\ n\}\end{aligned} \tag{3}$$

设 $X(t_i,\ 1,\ 2)$，$X(t_i,\ 1,\ 3)$，$\cdots$，$X(t_i,\ 1,\ k)$ 分别表示 F_1 向 F_2，F_3，$\cdots$，F_k 发出交易信息的集合，且有

$$X(t_i,\ 1) = X(t_i,\ 1,\ 2) \cup X(t_i,\ 1,\ 3) \cup \cdots \cup X(t_i,\ 1,\ k) \tag{4}$$

根据等可能决策法，可认为 $X(t_i,\ 1)$ 为样本空间，其中每一个基本事件 $x_1(t_i,\ 1)$（其中 $i = 1,\ \cdots,\ m;\ j = 1,\ \cdots,\ n$）发生的概率是相同的，由于各事件是互相独立的，所以可认为基本事件之间是互不相容的。

又设 $X(t_i,\ 1,\ 2)$ 包含 l 个事件，$X(t_i,\ 1,\ 3)$ 包含 m 个事件，$\cdots$，$X(t_i,\ 1,\ k)$ 包含 $n-m\cdots-1$ 个事件，即

$$X(t_i,\ 1,\ 2) = \{x_1(t_i,\ 1),\ \cdots,\ x_l(t_i,\ 1)\} \tag{5}$$

$$X(t_i,\ 1,\ 3) = \{x_{l+1}(t_i,\ 1),\ \cdots,\ x_m(t_i,\ 1)\} \tag{6}$$

$$X(t_i,\ 1,\ 3) = \{x_{m+1}(t_i,\ 1),\ \cdots,\ x_m(t_i,\ 1)\} \tag{7}$$

令 $x(t_i,\ 1) \in \{0,\ 1\}$，但取 $x_i(t_i,\ 1) \equiv 1$ 表示以发出信息为考察标准。

又设 S$(t_i, 1, 2)$, S$(t_i, 1, 3)$, $\cdots$, S$(t_i, 1, k)$, 分别表示 t_i 时间段内, F_1 向 F_2, F_3, $\cdots$, F_k 发出交易信息的次数, 即

$$S(t_i, 1, 2) = \sum_{i=1}^{l} X(t_i, 1) \tag{8}$$

$$S(t_i, 1, 3) = \sum_{i=l+1}^{m} X(t_i, 1) \tag{9}$$

$$\vdots$$

$$S(t_i, 1, k) = \sum_{i=m+1}^{m} X(t_i, 1) \tag{10}$$

根据古典概率中的古典概型:

$$P\{t_i, 1, i\} = S(t_i, 1, i)/\sum_{i=2}^{k} S(t_i, 1, 2) \tag{11}$$

又设 t_j 时间段内, F_1 收到的市场中其他企业反馈的信息集合为 Y, 即

$$Y(t_i, 1) = \{y_1(t_j, 1), \cdots, y_l(t_j, 1), y_{l+1}(t_j, 1), \cdots, y_m(t_i, 1), y_{m+1}(t_j, 1), \cdots, x_m(t_j, 1)\}$$
$$= \{y_j(t_j, 1) | j = 1, \cdots, m, \cdots, n\} \tag{12}$$

同理, 设 Y$(t_j, 1, 2)$, Y$(t_j, 1, 3)$, $\cdots$, Y$(t_j, k, 1)$ 分别表示 F_1 向 F_2, F_3, $\cdots$, F_k 反馈的交易信息集合, 且有

$$Y(t_j, 1) = Y(t_j, 2, 1) \cup Y(t_j, 3, 1) \cup \cdots \cup Y(t_j, k, 1) \tag{13}$$

又设 Y$(t_j, 2, 1)$ 包含 l 个事件, Y$(t_j, 3, 1)$ 包含 m 个事件, $\cdots$, Y$(t_j, k, 1)$ 包含 n−m$\cdots$−1 个事件, 即

$$Y(t_j, 1, 2) = \{y_1(t_j, 1), \cdots, y_l(t_i, 1)\} \tag{14}$$

$$Y(t_j, 1, 3) = \{y_{l+1}(t_j, 1), \cdots, y_m(t_j, 1)\} \tag{15}$$

$$\vdots$$

$$Y(t_j, 1, k) = \{y_{m+1}(t_j, 1), \cdots, y_m(t_j, 1)\} \tag{16}$$

且令 y $(t_j, 1) \in \{0, 1\}$, 当取 0 时, 表示未能在 t_j 时段内反馈交易信息; 当取 1 时, 表示 t_j 时段内及时地反馈交易信息。

再设 S$(t_j, 2, 1)$, S$(t_j, 3, 1)$, $\cdots$, S$(t_j, k, 1)$, 分别表示 t_j 时间段内, F_1 向 F_2, F_3, $\cdots$, F_k 发出交易信息的次数, 即

$$S(t_j, 2, 1) = \sum_{j=1}^{l} Y(t_j, 1) \tag{17}$$

$$S(t_j, 3, 1) = \sum_{j=l+1}^{m} Y(t_j, 1) \tag{18}$$

$$\vdots$$

$$S(t_j, k, 1) = \sum_{j=m+1}^{n} Y(t_j, 1) \tag{19}$$

根据上面所述，令 $X(t_i, 1, i) \cap Y(t_j, j, 1) = \phi$（当 $i \neq j$ 时，即发出交易信息与接收交易信息不一致），利用条件概率有

$$P\{Y(t_j, j, 1)|X(t_i, 1, i)\} = \frac{p\{x(t_j, 1, i) \cap Y(t_j, j, 1)\}}{P\{X(t_i, 1, i)\}} = \begin{cases} 0 & i \neq j \\ \dfrac{s(t_j, j, 1)}{s(t_i, 1, i)} & i = j \end{cases} \tag{20}$$

根据条件熵公式及上述推导，可得出竞争条件下市场结构熵计算式为：

$$H_{\text{竞}} = H\{Y(t_j, 1)|X(t_i, 1)\}$$

$$= -\sum_{i=2}^{k} P[X(t_i, 1, i)] \sum_{j=2}^{k} P\{Y(t_j, j, 1)|X(t_i, 1, i)\} \times \ln P\{Y(t_j, j, 1)|X(t_i, 1, i)\}$$

$$= -\sum_{i=2}^{k} P[X(t_i, 1, i)] P\{Y(t_j, j, 1)|X(t_i, 1, i)\} \times \ln P\{Y(t_j, j, 1)|X(t_i, 1, i)\}$$

$$= -\sum_{j=2}^{k} S(t_j, j, 1) / \left[\sum_{i=2}^{k} S(t_i, 1, i) \times \ln S(t_j, j, 1)/S(t_i, 1, i) \right] \tag{21}$$

五、完全垄断市场结构的动态熵测度

（一）完全垄断市场结构的熵产生机理

因利润最大化而产生的追求规模经济的行为结果就是导致垄断市场结构的出现。市场势力便成为垄断企业的核心竞争力之一，可以借助市场势力通过操作价格和产量、强行买卖等的方式来获得较高的增长速度和高额的利润，结果就是严重扰乱市场秩序，市场中出现熵。

随着规模不断扩大会导致其代理成本、激励成本和管理成本等增加，产生"X—非效率"，促进垄断企业发展的非线性作用转变成线性状态，而阻碍垄断企业发展的线性作用呈现出非线性状态，通过负反馈效应成倍放大[9]，企业内部管理熵不断增加，然而，可以借助强大的市场势力，将管理熵转移到市场中。

通过滥用市场势力导致市场中产生两种熵，完全垄断情况下，市场结构熵就是由这两部分组成：首先是垄断企业将内部管理熵向市场转移而形成的熵，称之为转移熵；其次是垄断企业为追求利润最大化而扰乱市场秩序产生的熵，称之为利润熵，如图1所示。

（二）完全垄断市场结构的动态熵测度模型

设垄断企业内部管理熵 x 的实际状态空间为 $x = \{x_1, x_2, \cdots, x_n\}$，先验概率分布为：
$$p(x) = \{p(x_1), p(x_2), \cdots, p(x_n)\}$$

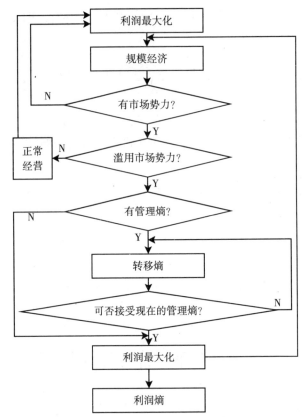

图1 安全垄断条件下市场结构熵产生机理

市场结构熵 A 的转化结果空间为 y $\{y_1, y_2, \cdots, y_n\}$, y 与 x 一一对应，条件概率分布为 $p(y|x) = \{p(y_j|x_i), i, j = 1, 2, \cdots, n\}$, 后验概率分布为:

$p(x|y) = \{p(x_i|y_j), i, j = 1, 2, \cdots, n\}$

y_i 与 x_i 可能相同，也可能不同，这种存在的不确定程度为:

$$B(x|y_j) = -\sum_{i=1}^{n} p(x_i|y_j)\log p(x_i|y_j) (j = 1, 2, \cdots, n) \tag{22}$$

其平均值为:

$$B(X|A) = -\sum p(y_j)\sum_{i=1}^{n} p(x_i|y_j)\log p(x_i|y_j) = -\sum_{i=1}^{n}\sum_{j=1}^{n} p(x_i y_j)\log p(x_i|y_j) \tag{23}$$

设 $S_0(X, A)$, 是 $S_0(x_i, y_i)$ 在联合概率空间 $p(x_i y_i)$ 中的统计平均值:

$$S_0(X, A) = \sum_{i=1}^{n}\sum_{j=1}^{n} p(x_i y_j)S_0(x_i, y_j) = \sum_{i=1}^{n}\sum_{j=1}^{n} p(x_i y_j)\log\frac{p(y_j/x_i)}{p(y_j)} \tag{24}$$

因为, $p(x_i|y_j) = \dfrac{p(x_i y_j)}{p(y_j)}$

所以

$$S_0(X, A) = \sum_{i=1}^{n} \sum_{j=1}^{n} p(x_i y_j) \log \frac{p(x_i y_j)}{p(x_i)p(y_j)} = -\sum_{i=1}^{n} \sum_{j=1}^{n} p(x_i y_j) \log \frac{1}{p(x_i)} -$$

$$\sum_{i=1}^{n} \sum_{j=1}^{n} p(x_i y_j) \log \frac{1}{p(x_i|y_j)} = B(X) - B(X|A) \tag{25}$$

B（X）表示垄断企业管理熵的先验不确定度，它衡量的是企业内部管理熵的大小。B(X|A) 表示市场结构熵转化结果 A 发生的条件下，X 发生的平均不肯定程度，这是 A 关于 X 的后验不确定度，它表示管理熵在转化过程中的未转移量。B（X|A）存在的原因有两个：一是企业内部各管理熵具有相关性；二是企业自身组织化和提高组织化程度过程中抵消了部分管理熵。

市场势力越大，能够转移出的管理熵越多。而市场势力可以通过价格和成本的关系来表示，因此，本文采用勒纳指数 η 表示市场势力（$\eta = \dfrac{P - MC}{P}$，P 表示产品价格，MC 表示产品的边际成本），$0 \leqslant \eta \leqslant 1$。

随着企业不断地向市场转移熵，市场结构熵会不断增大，设市场结构熵变化的时间 T 的状态空间为 $t = \{t_1, t_2, \cdots, t_n\}$，在某个时间段 t_i 内，垄断企业向市场结构输出熵而形成的转移熵为：$S_i(X, A)\eta S_0(X, A) = \eta[B_i(X) - B_i(X|A)]$，因此，市场结构转移熵为：

$$S(X, A) = \sum_{i=1}^{n} S_i(X, A) \tag{26}$$

$E_i(X, A) = \eta\left[\dfrac{B_i(X) - B_i(X|A)}{B_i(X)}\right]$，可称为市场结构熵的转化度。$E_i(X, A)$ 反映了垄断企业在某个时间段 t_i 内对市场结构熵增量的最大影响程度。因为，$B(X|A) < B(X)$，所以，$0 \leqslant E_i(X, A) \leqslant 1$。当 $\eta = 1$ 且 $B_i(X|A) = 0$ 时，转化度 $E_i(X, A) = 1$，此时垄断企业把所有管理熵全部转移到市场结构中，则

$$S_i(X, A) = B_i(X) \tag{27}$$

设通过市场势力产生的市场结构熵 Z 的状态空间为 $z = \{z_1, z_2, \cdots, z_n\}$，先验概率分布为 $p(z) = \{p(z_1), p(z_2), \cdots, p(z_n)\}$，则有

$$F_i(Z|A) = -\sum p(y_j) \sum_{i=1}^{n} p(z_i|y_j) \log p(z_i|y_j) = -\sum_{i=1}^{n} \sum_{j=1}^{n} p(z_i y_j) \log p(z_i|y_j) \tag{28}$$

$F_i(Z|A)$ 表示在某个时间段 t_i 内，$S_i(X, A)$ 确定时，滥用市场势力而存在的剩余不确定度，可以看成管理熵转移之后，接着追求利润最大化而产生的熵。市场结构中的利润熵为：

$$F(Z|A) = \sum_{i=1}^{n} F_i(Z|A) \tag{29}$$

因此，完全垄断市场结构的市场结构熵 $H_{垄}$ 为：

$$H_{\underline{\pm}} = \sum_{i=1}^{n} S_i(X,\ A) + \sum_{i=1}^{n} F_i(Z|A) \tag{30}$$

六、结 论

根据计算结果可知，在竞争条件下，寡头垄断的市场结构的企业数最少，因此熵最小，效率最高；而完全垄断条件下的市场结构熵，既可能大于寡头垄断市场结构熵，也可能小于寡头垄断市场结构熵。实际上，完全垄断市场是一种市场调节失灵的结构，若要使完全垄断市场结构熵小于寡头垄断的市场结构熵，需要付出较高的垄断行为规制成本。

从政策意义来看，政府部门在批准成立新企业、审查经营者集中和筹划企业分拆、重组等过程中，应该对该市场结构的合理性进行审视，引导市场结构合理化，促进市场结构的优化和绩效的提高，进而为国民经济结构优化、产业升级和整体素质提高打下坚实基础。

从实践来看，寡头垄断的市场结构是一种现实中较为重要的市场结构形态，在发达市场经济国家，许多重要的产业部门，大都形成了这种类型的市场结构。当前国资委积极推动的央企重组和我国的垄断行业改革，其目的就在于提高市场效率，提高企业竞争力，迎接经济全球化的挑战，这些都会对市场结构产生巨大影响。

虽然寡头企业也具有很强的市场势力，但是寡头垄断市场中企业尤其是寡头企业之间的竞争强度远超过分散型竞争，这种竞争超越了单纯的价格竞争的限制，而在技术创新、售后服务，广告促销，产品差别等多个方面展开，竞争制衡企业行为，这种高强度竞争极大弱化了寡头企业的市场势力。尽管市场上有可能出现"卡特尔协议"，弱化竞争，由于逐利性和机会主义行为的存在，总有寡头企业破坏协议，而引发新一轮的竞争。

因此，从较长的时间跨度和动态竞争角度来看，寡头垄断市场结构运行效率要优于其他类型的市场结构。

参考文献

[1] 戚聿东. 中国产业集中度与经济绩效关系的实证分析 [J]. 管理世界，1998（4）：99-106.

[2] 陈志广. 是垄断还是效率——基于中国制造业的实证研究 [J]. 管理世界，2004（12）：60-67.

[3] Gerard G., Kamerschen D., Delorme C. Market Structure and Price-Cost Margins in Philippine Manufacturing Industries [J]. Applied Economic，1999（31）：857-864.

[4] Zaralis G. Profitability, Concentration and Trade Flows: Issues of Non-Linearity and Exogeneity [J]. Reviewof Industrial Organization，1991（3）：215-229.

[5] Yoon S. A Note on the Market Structure and Performance in Korean Manufacturing Industries [J]. Journal of Policy Modeling，2004（26）：733-746.

[6] Bloch H. Sample-Selection Procedures for Estimating the Relationship between Concentration and Prof-

itability from Cross-Industry Data [J]. Review of Industrial Organization, 1994 (9): 71-84.

[7] [美] 迈克尔·波特. 竞争战略 [M]. 北京：华夏出版社, 1997.

[8] Wiley E. O., Layzer D. Information in Cosmology, Physics and Biology [J]. Quantum Chem., 1988 (12): 185-195.

[9] 李伟纲. 复杂系统结构有序度——负熵算法 [J]. 系统工程理论与实践, 1988 (4): 15-22.

[10] 李习彬. 熵——信息理论与系统工程方法论的有效性分析 [J]. 系统工程理论与实践, 1994 (3): 37-42.

[11] 阎植林, 邱菀华. 管理系统有序度评价的熵模型 [J]. 系统工程理论与实践, 1997 (6): 45-48.

[12] 阮平南, 杨小叶. 基于熵理论的网络组织结构评价模型 [J]. 武汉理工大学学报, 2010 (12): 184-186.

[13] 何海燕, 朱相宇. 基于耗散结构理论的垄断与反垄断问题探析 [J]. 学术交流, 2009 (11): 72-76.

A Research on Measure Model of Market Structure Entropy under the Condition of Competition and Monopoly

Zhu Xiangyu[1,2]   Qiao Xiaoyong[3]

(1.Beijing Academy of Social Sciences, Beijing 100101, China;

2. Chinese Academy of Social Sciences, Beijing 100732, China;

3. Tsinghua Universiy, Beijing 100084, China)

Abstract: Use the information theory and entropy theory build the models to measure the entropy of the fourmarket structures which are perfect competition, monopolistic competition, oligopoly and complete monopoly, and compare the entropy of the four market structures. Consider under competitive conditions the entropy of the oligopoly isminimum, the entropy of the complete monopoly may be smaller or larger than the oligopoly. The complete monopoly is a market failure structure. Therefore put forward the efficiency of the oligopoly is superior to other three market structure.

Key words: Competition and monopoly; Market structure entropy; Measure; Model

基于企业异质性的产业空间分布演化新动力*

陈建军　袁　凯　陈国亮

(浙江大学，浙江杭州　310007)

【摘　要】通过一个"新"新经济地理模型分析产业空间分布的动力机制发现，除传统的集聚力（本地市场效应、价格指数效应）和分散力（拥挤效应）外，微观企业的选择效应是产业空间分布的"第四动力"。其作用路径：一是企业层面，给定外部竞争水平，效率异质性可能是"外围"高效率企业向"中心"集聚的"向心力"，也可能是"中心"低效率企业向"外围"迁移的"分散力"；二是区域层面，给定现有产业空间结构和外部竞争水平，较高的区域平均生产率门槛值促使低效率企业更趋于集聚，以通过"抱团效应"抵消竞争压力；三是产业层面，给定企业个体特征，产业内企业异质性初始程度和边际变化的作用方向是有差异的，既可能是集聚力，也可能是向心力。基于企业异质性的空间为产业份额和市场效率的双重"中心—外围"结构。

【关键词】企业异质性；选择效应；竞争结构；产业空间分布

一、引言

经济活动，即产业的空间分布演化在大范围视角决定了一个国家的地区间整体资源和生产力配置效率，在小尺度意义上决定了一个地区的发展和福利水平（范剑勇、李方文，2011）。唯有全面深刻地把握产业空间分布演化的动力机制，才能科学合理地制定区域和产业政策，按照市场规律推动企业发展、资源配置优化及产业转型升级。

* 本文选自《财贸研究》2013 年第 4 期。

基金项目：国家自然科学基金面上项目"基于产业链空间分布离散化的区域协调发展动力机制研究"（71173182）；浙江省哲学社会科学规划课题"生产性服务业与制造业互动机制研究——基于产业链分工的视角"（12JCJJ01YBM）；浙江省博士后择优资助科研项目"基于产业链空间分布网络化的生产性服务业与制造业互动机制及实现路径研究"（Bsh1202096）。

对可能影响产业区域布局及其演化的因素，当前学界总体上形成了微观企业区位选择、中观集群网络分析、产业分布宏观系统三个层面研究（Krugman，1991）①。但这些研究或局限于各理论范式自说自话，或局限于某一层次闭门造车，对各种机制及其相互联系的洞察既不全面也不深刻（Storper，2011）。比如：依据传统产业转移理论，我国东中西部形成的发展梯度情况下，沿海地区产业应该向内陆转移；实际上，2004年以来沿海和内陆的产业份额差距确实在缩小（何龙斌，2012）。看似理论得到了实践的支持，但进一步观察发现，按照比较优势应该向内陆转移的部分劳动密集型产业非但没有转移，反而呈现集聚强化的趋势（陈秀山、徐瑛，2008）；且如果按照价值链划分，沿海地区低附加值环节份额下降的同时，沿海设备制造等高端产业或环节集聚优势进一步增强（刘红光等，2011）。

面临相似的外部环境，为什么产业空间分布演化具有产业差异化特征？为什么同一个产业的不同环节出现了区域间的空间分异？是否忽略了什么重要因素？这些问题无法从既有研究中得到答案，因此有必要突破传统的"就产业论产业"或"就企业论企业"的狭隘模式，从企业层面探寻产业空间演化的内在微观机制，从产业层面捕捉企业行为的外部影响因素。

必须指出，国际前沿研究已经为我们提供了可资借鉴的理论基础（见表1）。解释产业中心在国际或区域间转移现象的思路有三：一是强调产业关联的新经济地理学；二是强调地理嵌入性的传统经济地理学；三是强调跨国企业主导的需求和价值追逐的全球价值链理论。但这些文献都忽视了企业性质对企业和产业分布的可能影响。企业异质性可能引致基于竞争的选择与分类，进而形成市场份额和生产效率的双重"中心—外围"结构（Baldwin和Okubo，2006）。生产效率成为微观企业和宏观产业互动联系的关键节点：企业的生产效率（边际成本）通过其市场和空间行为决定了产业空间分布模式；而产业间联系或环境则通过技术或货币外部性影响作用于企业生产效率，进而决定企业行为。本文沿着这一思路，基于"新"新经济地理学（NNEG）框架，构建了一个两区域、两阶段决策

表1　企业区位选择或产业空间分布演化动力代表性观点

同质性企业			异质性企业		
学派	代表学者	核心观点	学派	代表学者	核心观点
区位选择论	Thunen；Weber；Isard	基于生产成本（自然禀赋）和运输成本（地理距离）的比较优势	全球价值链	Porter；Gereffi；Humphrey	基于全球分工（企业能力）及需求和成本（国家或地区间禀赋）的价值创造与全球流动
产业集群论	Storper；Saxenian	基于外部性优势（地理嵌入性）的"产业空气"	"新"新经济地理学	Ottaviano；Okubo；Baldwin	基于生产效率差异（地区禀赋、外部性和产业关联）、运输成本（地理距离）和竞争策略（企业间博弈）的报酬递增和企业行为
新经济地理学	Krugman；Fujita	基于产业关联（本地市场效应和价格指数）的报酬递增			

---

① 如果进一步细分，还应该包括新古典学派、行为学派、制度学派、企业网络学派、竞争优势学派等。

模型，试图引入企业异质性分析不同效率水平企业区位模式，并在此基础上进一步分析企业效率分布对企业间竞争行为和产业空间结构的影响，得出一些有价值的新结论。

二、企业性质和行为：基于文献的讨论

（一）企业同质性视角

产业空间分布演化动力长期以来一直是经济学、地理学、企业管理学等多个学科研究的焦点，且成果丰硕，但其中不管是企业区位选择与变迁，还是产业集群分布，或是产业整体空间演化，基本都以企业同质性为前提，并以代表性企业加总作为产业度量（Storper，2011）。微观层面，市场规模及需求分布外生给定时，企业的利润函数包括生产成本和运输成本两部分，前者包括劳动、原材料、资源等要素投入，后者包括空间距离等经济地理因素和贸易壁垒等制度政策因素（Okubo，2009），二者都是由各地区资源禀赋外生决定的，说明企业区位空间布局决定于地区间比较优势（Venbales，2005）。中观层面，以最终产出为标准，如果企业内部能力短期内突变性异化（同质性），则企业绩效差异可用所在外部环境节约交易和创新成本来解释（Thrift 和 Olds，1996）。也即，既有特定地理区域具有不同的制度、文化、社会网络环境等静态差异（Amin，1999），也包括集群网络特有的动态溢出效应（Porter，1990）。前者源于特定区域地理特征，后者源于"新产业区"效应，因而（企业）产业空间分布决定于静态或动态的地理嵌入性"产业空气"（Scott 和 Storper，2009）。如果进一步考虑比较优势和地理嵌入性都是基于一定自然和地理空间及其文化制度环境之上的，则二者都是外生的非产业技术关联因素。宏观层面，生产发展到产业内分工阶段，中间投入品而非原始材料是生产主要投入要素，且分工专业化要求每种产品存在最优生产规模水平及其与市场需求匹配隐含着地理运输成本的作用。因而，决定企业（产品）成本或市场定价包括原材料投入、最优市场规模的边际成本、产出品需求市场运输成本。如果考虑从原材料投入到最终消费的整个技术链，则每个环节企业以上游企业产出为投入，而自身产出成为下游企业投入，进而基于产业技术联系的报酬递增决定了产业（企业）空间选择模式，通过集聚力（本地市场效应、价格指数效应）和分散力（拥挤效应）平衡引致产业在空间上分布和变迁。

故此决定产业空间分布的因素主要包括：基于资源分布的地区比较优势、基于地理嵌入性的区域"产业空气"和基于产业技术关联的报酬递增（见图1）。这些研究都依赖于企业同质性的假设前提，而不考虑企业内部能力和行为差异，也失去对任何因素都需要通过企业行为主体实现其作用的本质认知。

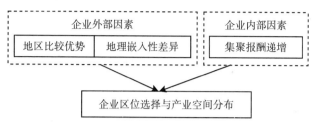

图 1　企业同质性视角下产业空间分布演化动力

（二）企业异质性视角

可从两方面理解：一是企业内部特征，包括生产效率、企业规模、所有制、劳动技能构成等方面差异；二是外部环境差异，包括市场需求或偏好、政策环境、贸易条件、城市结构、外部竞争环境等因素。现有研究从企业能力异质性与企业行为（杨瑞龙、冯建，2004）等角度探讨了其对广义产业空间分布的影响，但主要考虑的仍是基于企业数等"数量"属性空间的静态特征，由此进行理论拓展的可能性和时间价值有待考证。近年来，"新"新经济地理学提供了从生产效率异质性角度考察企业空间行为与产业空间格局的新视角，结合企业特征与外部环境特征，将空间属性深入到生产效率等"性质"层面，从而提供了更全面洞察问题本质规律的理论平台。

企业进入和退出存在生命周期（Luttmer，2010）。企业总是具有追求市场存在和最大利润的动力，但其边际成本或效率（投入—产出比）异质性决定了在市场竞争环境下空间模式的差别性。一般地，异质性企业改进效用水平的路径包括提高生产效率、优化竞争策略。哪些因素影响了企业成本（效率）差异？现有研究包括：①生产。异质性的劳动分布和技能投入影响企业的劳动生产率（Eriksson 和 Villeval，2008），组织整合等能力影响企业以产出衡量的综合生产率差异（Okubo 等，2010；Saito 和 Gopinath，2009），区域或城市外部性通过技术溢出和选择机制影响企业生产率（Combes 等，2012）。②运输。政策补贴直接改变企业利润函数（Okubo 和 Tomiura，2010），区域间政府一体化制度安排通过降低运输成本影响企业区位选择行为（Melitz 和 Otaviano，2008；Pflüger 和 Südekum，2008）。③消费。参与市场竞争的企业数量越多，则其越倾向于选择差异化市场和空间竞争策略（Behrens 和 Murata，2012；Vogel，2008）；市场行为和空间行为是耦合的，竞争通过企业对需求分布和价值创造的追逐（Gereffi，1999），影响产业空间分布（Behrens 和 Picard，2007），消费者异质性偏好或需求差异化分布对企业或产业分布的影响可能是模糊的（Picard 和 Okubo，2012），既可能促进集聚（Zeng，2008），也可能导致分散（Tabuchi 和 Thisse，2002）。图 2 为企业异质性视角下产业空间分布演化动力。

不管从哪个层面，企业性质都会影响产业空间分布，但具体作用路径有别。NEG 以企业同质性为强假定，直接忽略其个体特征以及由此引致的行为差异，则区位决策因素只能来自于外部，比如自然资源等要素禀赋、企业间知识溢出等技术外部性、企业间上下游技术关联等金融外部性。NNEG 突破了同质性假定，将企业生产效率异质性引入 NEG 框架，

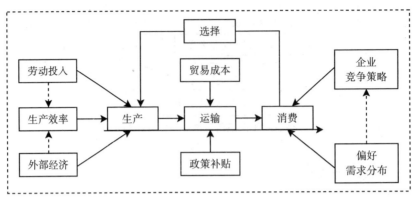

图 2 企业异质性视角下产业空间分布演化动力

揭示出现实世界的多样性、异质性特征，一方面使空间研究从代表性企业（产业）宏观层面拓展到微观个体性企业层面，另一方面引入了传统经济学范式所忽视的其他学科分析工具和方法。但 NNEG 目前仍然侧重于研究企业出口选择等贸易行为（Bernard 等，2007）；关于产业空间分布的文献也仅停留在效率层面的企业行为，比如分解效率中的集聚作用（Ottaviano，2012），而鲜有企业异质性视角的文献。代表性企业（产业）范式下空间异质性表现在企业数量、生产产值等"数量"维度上；而异质性企业视角下则可进一步以生产效率维度进行"性质"定义。本文通过构建一个两区域的 NNEG 模型，进一步分析企业效率异质性的不同类型及其分布对企业竞争行为和产业空间分布的影响机制，研究发现：企业基于竞争的选择效应是产业空间分布的"第四个"动力来源，效率的不同分布直接通过竞争机制影响企业选址决策，而效率的连续分布导致企业行为的非同一性，从而使得产业空间分布的集聚或分散都不是突变的，而是渐进的。

三、基本模型及分析

（一）模型假设

1. 经济系统

在 $2 \times 2 \times 2$ 的经济系统中，存在初始特征完全同质的两区域（1，2）和不能自由流动的低技能工人（以下简称"工人"）L 单位、可自由流动的高技能工人（以下简称"工程师"）M 单位。工人平均分布在两区域，则每区数量为 L/2。工程师首先选择效用高的区域定居，若选择定居 1 区工程师份额 s^1 为 λ，则 $s^1 M = \lambda M$；2 区工程师份额 s^2 为 $(1-\lambda)$，则 $s^2 M = (1-\lambda)M$，$\lambda \in (0, 1)$。所有劳动者（包括工人和工程师）都提供 1 单位无弹性劳动。

两个生产部门中，同质性产品部门以工人为唯一投入、完全竞争、报酬不变且区域间自由贸易；1 单位同质产品成本为 1 单位工人劳动，则边际成本定价意味着该部门产品价格 p 等于工资 w；若同质性产品为计价单位，则在两区域中均有：w = p = 1。差异化产品部门同时投入工人和工程师，垄断竞争的市场结构中，进入市场的企业雇用 f_E 单位工程师和规模生产要求的工人进行生产。进一步地，进入企业的资本需求通过向当地消费者借贷实现，借贷交易关系在同一期内完成，不产生利率（Ottaviano 和 Thisse，2002）。同时假定所有消费者采用相同投资组合（避免风险），从而自由进入时，企业零利润（Ottaviano，2012）。即在工人成本不变条件下，企业进入利润为工程师分享，企业事前预期利润等于生产企业平均利润与其占比之积，故 1 区工程师工资：$w^1 = \rho_D^1 \bar{\pi}^1 / f_E$，其中 ρ_D^1 为成功进入者（雇用工程师并生产产品）比例，f_E 为进入企业雇用工程师数量，后文具体描述。

区域间异质性产品运输成本为冰山成本，运出 $\tau > 1$ 单位只有 1 单位到达。

2. 消费者效用

工程师和工人具有的相同拟线性消费偏好为：

$$U = q_0 + \alpha \int_0^N q(\omega)d\omega - \frac{\gamma}{2}\int_0^N [q(\omega)]^2 d\omega - \frac{\eta}{2}\left[\int_0^N q(\omega)d\omega\right]^2 \tag{1}$$

其中，q_0 为同质性产品消费量，可视为外生给定禀赋。$q(\omega)$ 为差异化产品 ω 消费量、N 为差异化产品种类数量、γ 为产品差异化程度。

3. 生产者技术与决策程序

由于工程师投入成本直接影响生产率，则存在"工程师流动—企业区位重置"的循环互动关系。因而，第一步，工程师决策居住区位。第二步，企业进入决策（给定工程师流动已经停止或居住区位已选定），进入则需雇用 f_E 单位当地工程师专门进行研发，且其研发设计结果导致的生产效率是随机不确定的；若 1 区有 N_E^1 个企业成功进入，则 $N_E^1 = S^1 M / f_E$。第三步，企业依据观察到的生产效率（现有研发成果决定的）进行生产决策；生产活动期末，研发结果完全退化，因而不存在研发积累。由于 Baldwin 和 Okubo（2006）首先发现了选择和分类机制，尽管两者具有一定耦合性，可以认为选择效应是行为过程，而分类效应是行为结果，两者可能存在循环机制：个体基于当前结果最优化选择行为，而选择的结果（分类）又将影响下一阶段选择。以上的假定首先给定了工程师的空间分类，企业选择时将工程师分布视为给定情境，则在期内排除了分类效应的作用，因而只考虑当前阶段的最优决策。

依据上述决策程序，首先，若企业进入并研发，则一旦研发完成，其他条件不变时，企业生产效率或成本水平就可确定，即企业单位产品劳动投入（"单位产品成本"，c），服从 $(0, c_M)$ 的连续可微的随机分布 G（c）。其次，企业根据观察到的 c 的特征决定是否生产。令 ρ_D^1 为进入 1 区并在两区生产的企业比例（进入成功率），N^1 为 1 区市场上进入生产的企业数量（除 1 区进入者外，还包括 2 区进入企业），则 N^1 也是市场上差异化产品种类数。

4. 生产效率（企业异质性）的处理

与新经济地理学以企业同质性为基本假定不同，"新"新经济地理学引入了企业异质性，处理方法借鉴 Melitz（2003），假定工人边际产品 φ 服从区间 $(1/c_M, \infty)$ 且形状指数为

k 的帕累托分布，则 $c = 1/\varphi$ 的分布函数可表示为：

$$G(c) = (c/c_M)^k, \quad c \in (0, c_M) \tag{2}$$

式（2）捕捉了企业在市场竞争中两个关键因素：内部成本（c_M）或异质性外部竞争程度（k，$k \geqslant 1$），这是 NEG 模型无法实现的。前者度量了"成本容量"，即水平方向上成本分布层次的"多样性"或"丰富性"（Richness），数值越大则市场边际成本门槛越低，可生存的效率异质性企业数量越多，从而成本个体数越"丰富"；实际上，后者度量了某一成本水平上的"企业数量分布"，即异质性程度或企业间成本相同程度（Sameness）（均等程度（Evenness））的反向度量，该值越大，企业间成本相似性越小；反之亦然。则当 k=1 时，所有企业处于完全异质性状态（效率完全不相同），即单位产品成本为 $(0, c_M)$ 的一致分布；随着 k 增加，成本均等性随之下降，最后集中在 c_M 附近的高成本区域分布；k 趋近无穷大时，所有企业成本分布退化为极值点。

（二）模型结果与分析

由于初始对称的区域特征，不妨首先考虑 1 区，则可知 2 区情形[①]。

1. 消费者行为

工人和工程师分别在以下消费预算下最大化（1）：

$$q_0 + \int_0^{N^1} p^1(\omega) q(\omega) d\omega = 1 + \bar{q}_0; \quad q_0 + \int_0^{N^1} p^1(\omega) q(\omega) d\omega = \rho_D^1 \bar{\pi}^1/f_E + \bar{q}_0 \tag{3}$$

其中，$\bar{\pi}^1$ 为 1 区进入且生产企业的利润。工人和工程师存在收入差距，但表现在同质性产品的消费数量上。则总需求为：

$$q'(\omega) = q(\omega)(L/2 + s^1 M) = \frac{p^{*1} - p^1(\omega)}{\gamma}(L/2 + s^1 M) \tag{4}$$

其中，p^{*1} 为允许进入且生产企业的产品门槛价格。

结论 1：区域对差异化产品的需求决定于三个因素：与差异化产品价格门槛的价格差和区域人口规模成正比，与产品差异化程度成反比。

必须说明，一般认为总需求与产品价格成反比，而市场价格与需求成正比，考虑到本文的假设，可以给出如下解释：由于价格决定于边际成本（生产率），则产品价格越高，生产效率越高，进而劳动收入越高（劳动为唯一投入），从而需求总量越大。

2. 企业行为及选择

企业决策取决于两方面：一是内部最优规模经济（门槛产量）决定的生产价格，此时等于其边际成本（$p^{*1} = c^*$）；二是外部市场价格（一般视为给定，$p^1(\omega) \leqslant p^{*1}$ 时进行生产，相等时，q = 0）。区域 1 企业在本地销售企业的产品产量和价格为：

$$q_D^1(c) = \frac{L/2 + s^1 M}{2\gamma}(c_D^1 - c) \tag{5}$$

---

① 本文只提供计算结果，过程备索。

$$p_D^1(c) = 1/2(c_D^1 + c) \tag{6}$$

其中，c_D^1 为 1 区企业边际成本。

结论 2： 市场竞争中，存在企业"选择效应"（即对 1 区企业而言，只有 $c \leqslant c_D^1$ 时才会选择生产）。

显然，对企业而言，给定市场价格条件下，由于各个企业的边际成本（生产率）不同，则其行为也有差异：企业 1 会在区间 CD 生产，而企业 2 会在区间 AB 生产（见图 3）。可见，企业异质性决定了两个企业行为的差异性。

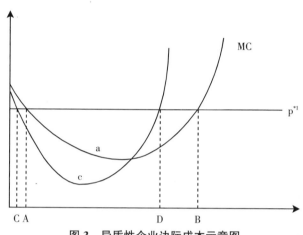

图 3　异质性企业边际成本示意图

3. 区域均衡

由于存在区域间贸易和分工，1 区企业在占领本地市场的同时，也面临着出口决策（平衡边际成本和运输成本的综合竞争力）。地理和市场的双重要求塑造了两个门槛成本：出口和市场进入。

$c \in (0, c_x^1)$ 的企业可以在两个市场销售，而 $c \in (c_x^1, c_D^1)$ 的企业则只能在本地销售，成本高于 c_D^1 的企业则退出市场（见图 4）。就单个企业而言决策同然：成本小到足够涵盖运输成本时，则在两个区域销售；中间水平时，则只在本地销售；而高于自身边际成本时，则停止生产。由对称性得到 1 区企业在 2 区销售时的产量和价格，并由此得到 1 区本地企业在两个市场的利润和工程师收入。

如果将 $s^1 = \lambda$ 和 $s^2 = 1 - \lambda$ 代入，得到两个关于生产临界点和一个工程区域分布的效用函数组。若给定两区域正进入者数量，则存在一种组合，使得 $G(c_D^1)N_E^1 + G(c_x^1)N_E^2 = N^1$ 及 $G(c_D^2)N_E^2 + N_E^1 G(c_x^1) = N^2$ 成立。则由 $c_x^1 = c_D^2/\tau$ 等进一步求得两区域企业数量分布：

$$N^1 = \frac{2\gamma(k+1)}{\eta} \frac{\alpha - c_D^1}{c_D^1}; \quad N^2 = \frac{2\gamma(k+1)}{\eta} \frac{\alpha - c_D^2}{c_D^2} \tag{7}$$

以上方程组定义了一个含有四个未知数、四个方程的经济系统。而事实上，c_D^1、c_D^2 都与 λ 有内生关系，因而企业数量也是 λ 的函数，显然系统存在唯一解，虽然无法得到解析

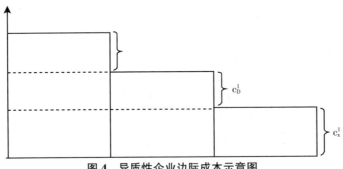

图 4　异质性企业边际成本示意图

结果，但仍可进一步分析产业空间分布[①]。

由式（7）容易得到，$\frac{\partial N^1}{\partial c_D^1} < 0$ 和 $\frac{\partial N^2}{\partial c_D^2} < 0$，则

结论 3：企业数量（N^1 或 N^2）与边际成本（c_D^1 或 c_D^2）单调负相关（生产效率单调正相关），也即产业集聚（以企业数量份额定义）与生产效率构成空间上的耦合。

本文"企业—工程师"区位决策时序涵盖了事前竞争效应对企业选择的可能影响：企业事前可以观察到哪些地区生产效率更高（工程师技术水平越高，单位产品边际成本越低，生产效率越高），进而做出区位决策。同样，如果某些地区工程师更多，即人力资本分布更丰裕，该地区也相对具有更大吸引力。（由上述关系可见，某个企业边际成本往往是企业内部信息，对其他企业而言，可以通过可观察的地区内企业数量来进行成本判断，进而进行区位选择。）

同样，由式（7）容易得到，$\frac{\partial N^1}{\partial k} > 0$ 和 $\frac{\partial N^2}{\partial k} > 0$，则

结论 4：企业数量与企业异质性程度（企业间边际成本相似度）呈正相关关系，也即产业集聚（以企业数量份额定义）与企业在某一效率水平的数量分布呈负相关关系。

企业进入决策的灵活性将企业数量与企业区位决策的关系内生化，但分析已经进入的企业在地区间分布时，仍可以某一节点为例说明。在进入的企业中，如果企业间异质性程度较小，则企业之间边际成本越接近，意味着市场定价或竞争程度越大，进而进入企业区位决策函数。

---

① 空间均衡稳定性证明备索。

四、选择与竞争：产业空间分布动力的拓展性分析

（一）企业异质性与产业空间分布

综上所述，除区域人口规模、差异化程度外，对于特定企业或差异化产品而言，市场价格是外生给定的，即外部竞争环境为内部产品定价提供了强制"门槛条件"（如对 1 区企业，只有 $c \leq c_D^1$ 时才会选择生产）；存在区域差异时，企业必然根据门槛进行"选择"，通过区域调整实现市场存续或利润提升。企业行为引致的产业空间分布（企业数量 N^1、N^2）变化的动力来自企业内部特征（边际成本 c_D^1、c_D^2 或生产效率）和外部竞争（企业数量分布或异质性程度 k）。内部，产业空间分布或企业数量与边际成本或企业生产效率之间单调负（或正）相关；外部，产业空间分布（企业数量）与生产效率异质性程度（边际成本相似度）之间负（或正）相关。企业区位决策并非同时做出，形成的"中心—外围"空间结构中，不仅是企业数量（产品种类数）意义上的，也是生产效率（平均成本或产品价格加成）意义上的（Ottavinao，2008）。基于产业关联的"中心—外围"结构是产业份额意义上的，而产业关联包括产业内和产业间的技术联系，若从技术联系角度定义企业生产效率，则可进一步验证产业份额分布和效率分布空间分布非均衡性的耦合性（见图 5）。

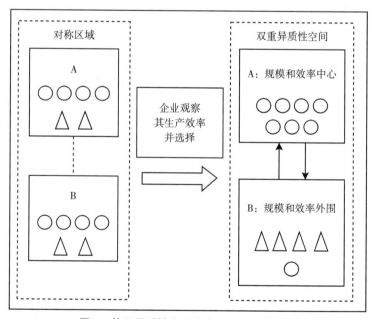

图 5　基于异质性企业的产业空间分布演化

这意味着，除了 NEG 框架的"集聚力"或者"分散力"等基本动力外，企业基于效率异质性的竞争与选择也是导致产业空间分布差异的主要动力之一。观察发现，产业在空间上很难实现完全集聚，且这一过程也并非 NEG 框架下所揭示的"完全分散—完全集聚"的突变式演化，而是存在渐进性和局部均衡性中间状态（Baldwin 和 Okubo, 2006）。这就是说，产业空间分布存在时间差异，从而导致"中心"、"外围"两个过程的转变具有连续性，而非企业的整体变迁和同时决策。究其根源，是边际成本（生产效率）不同决定了其空间调整过程存在策略性互动的影响，即对竞争程度的考量。

（二）基于选择与竞争的产业空间分布新动力：拓展性分析

企业异质性引致了产业空间分布演化。生产效率异质性是某一产品的投入与产出关系的表征，企业是产品生产活动的组织载体，所以一般对生产效率的理解是从微观企业出发的。要解释宏观层面产业空间分布，有必要认识"产业链—企业—生产效率"间的关系。从图 6 可知，在一个包含了若干环节的产业链上，企业数量分布可能是非均衡的，某些产业环节上可能分布着大量企业，而某些产业环节上可能只有极少数几个企业甚至一个企业。以汽车产业为例，掌握发动机等核心技术的企业只有上海汽车、一汽大众等少数几家企业，而各种配件企业多达万家。从技术差别角度看，企业是产业链环节的微观物质流载体，所以产业空间分布集中既可能是同一产品的"企业集聚"，也可能是不同产业的"企业扎堆"；那么，企业异质性可以分为两个层面：产业（品）内技术链和产业（品）间技术链。因此，产业空间和效率两个维度集聚可能是沿产业链企业的集中分布，也可能是产业间产品企业集聚。企业效率差异到底是促进集聚还是分散？结论 3 和结论 4 提供了影响企业区位决策进而影响产业空间分布的两个因素：地区企业生产效率门槛值和分布状况。两者作用的关键机制即为企业基于市场竞争的选择。

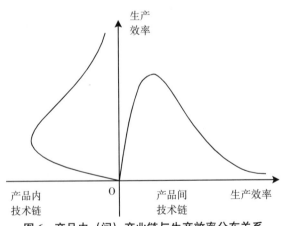

图 6　产品内（间）产业链与生产效率分布关系

前者情况下，从生产效率角度，企业会选择进入效率高的地区生产并向生产效率低的地区出口，以最大化规模经济效应。其原因是高效率地区成本更低，可以覆盖运输成本，相反，进入低效率地区则只能在本地销售，形成市场效率的"中心—外围"的集聚分布；其中最为根本的原因是两区域一体化情况下，产品市场定价在均衡条件下是一致的，否则就会存在企业流动，直至达到均衡为止。由于企业基于自身效率的选择与市场竞争之间存在正循环关系：一方面，一个地区生产效率高会形成高效率企业的集聚力，促进产业在空间上集中分布，导致竞争加剧；另一方面，竞争加剧促进低效率企业退出，进而提高地区效率水平，构成新的集聚力来源。同时，从 c_M 角度看，因为进入门槛降低，竞争弱化，容纳了更多低效率企业，从而使选择效应弱化，边际成本边界值增加会导致聚集力主导均衡，进而造成企业数量上的集聚。

后者情况下，从不同方向上，k 值对不同初始分布形态的企业分布结构构成不同维度相反的动力。当 k 值较大（企业效率差异较大）时，k 值的边际缩小（市场竞争程度边际变化）对企业进入决策的影响大于对其利润的影响，从而整体上促进企业分散或迁移；相反，当 k 值较小（企业效率差异较小）时，k 值的边际增加对企业进入决策的影响小于对其利润的影响，从而整体上促进企业集聚。

这与既有结论是一致的，如果考虑市场多个企业，企业趋向于考虑强化品牌管理（Tabuchi，2012），这说明企业数量增加和竞争可能导致企业采取差异化策略。

由此可见，企业异质性是企业区位选择和产业空间分布新动力来源，而基于效率差异的选择和竞争策略是新作用机制。

五、总结与建议

现有研究提供了三个思路：一是新经济地理视角，强调产业关联等有形因素的空间塑造动力；二是经济地理视角[①]，强调制度文化等非经济因素的空间塑造动力；三是（全球）价值链视角，强调"生产—需求"关系中需求和外部竞争的空间塑造作用。上述思路仍然局限于各自独立范式，尤其是新经济地理视角成为近 20 年来经济学研究的热点。本文构建了一个两区域的"新"新经济地理模型，分析发现：①除了 NEG 模型所强调的地理距离（贸易成本）对集聚和分散的调节外，异质性企业基于自身特征和外部环境的选择效应是产业空间分布的"第四种力量"；②外部竞争环境给定条件下，生产效率差异直接决定了企业空间行为，"选择"是现实存在的；③企业特征角度，存在产业份额和市场效率双重"中心—外围"结构：如果市场生产效率门槛值较高（边际成本容纳值较低），则对外围高生产效率企业向中心集聚构成"向心力"，而对中心低生产效率企业向外围迁移构成

---

① 尤其是 20 世纪 70 年代末期开始，经济地理学开始分异，区位研究与主流经济学方法和一般均衡范式结合形成了新经济地理学；而对地理空间嵌入性强调的传统与社会网络、交易成本等研究范式结合，进一步转向特定区域的制度、文化、网络等非经济因素的研究，形成新产业空间派（新产业区）。具体理论分析与演进见陈建军和袁凯（2012）。

"分散力"; ④外部特征角度, 企业异质性程度初始程度 (值大小) 和边际变化的作用方向是有差异的, 既可能是集聚力, 也可能是向心力。

上述结论对认识和反思产业实践提供了新的思维框架。现实中, 产业国际转移是跨国公司主导下的全球空间生产网络再分布, 不仅是国家或地区间产业份额的变化 (例如, 全球制造业中心的不断演化), 也表现为产业结构或附加值能力的变化 (例如, 美国等发达国家第三产业产值较高, 而其他发展中国家制造业或原材料产业在国家产值中的占比较高), 这说明, 产业转移过程中, 低附加值环节产业成为主要力量。2004 年前后, 我国就开始出现沿海地区部分产业向中西部扩散的趋势, 但是进一步从投入产出份额的分析发现, 在纺织服装等劳动或资源密集型产业 (一般认为生产率较低) 向中西部转移的同时, 电子通信等效率较高产业则出现进一步向沿海集聚的趋势 (刘红光等, 2011)。以浙江为例, 大部分劳动密集型制造业份额停止扩张的同时, "浙商回归" 工程则吸引了中西部大量高端设备制造、生物医药等高附加环节产业的投资回归 (陈建军、袁凯, 2012)。

这说明, 制定区域和产业政策必须重视企业多样性及其行为对空间塑造的作用, 过于宏观或 "一刀切" 的政策可能难以达到预期效果。如 Baldwin 等的预测那样, 当前我国中央和中西部落后地区地方政府为缩小区域间产业发展差异而采取补贴政策鼓励沿海地区产业向内陆转移, 比较符合新经济地理学结论, 但其结果可能导致沿海的低效率企业向中西部地区转移、中西部的高效率企业选择嵌入沿海地区, 形成效率水平 "中心—外围" 模式, 反而进一步扩大了地区差距。虽然人均收入意义上的地区差距近年来出现收敛趋势, 但是生产效率意义上的差距却在扩大, 国内不少学者的研究已经印证了这一点 (梁琦等, 2012; 刘红光等, 2011)。因此, 在制定产业空间布局政策时, 既要考虑传统的经济地理、新经济地理因素, 更要考虑企业生产效率异质性因素, 既要优化外部竞争环境, 为企业提供 "有效" 的竞争 "门槛值", 也要进一步放权, 鼓励分散决策, 进而充分优化企业内部资源配置, 提高企业对自身效率 "观测" 的有效性, 而不能通过简单的地区补贴误导企业空间行为, 进而导致产业整体的空间 "低效率配置"。

参考文献

[1] 陈建军, 袁凯. 基于产业链空间分布离散化的集群升级研究: 对浙江经验的考察 [C]. 杭州: 中国空间经济学年会, 2012.

[2] 陈秀山, 徐瑛. 中国制造业空间结构变动及其对区域分工的影响 [J]. 经济研究, 2008 (10): 104-116.

[3] 范剑勇, 李方文. 中国制造业空间集聚的影响: 一个综述 [J]. 南方经济, 2011 (6): 53-66.

[4] 何龙斌. 区际产业转移的要素变化与现实表征 [J]. 改革, 2012 (8): 75-81.

[5] 梁琦, 李晓萍, 吕大国. 市场一体化、企业异质性与地区补贴: 一个解释中国地区差距的新视角 [J]. 中国工业经济, 2012 (2): 17-25.

[6] 刘红光, 刘卫东, 刘志高. 区域间产业转移定量测度研究: 基于区域间投入产出表分析 [J]. 中国工业经济, 2011 (6): 79-88.

[7] 杨瑞龙, 冯建. 企业间网络及其效率的经济学分析 [J]. 江苏社会科学, 2004 (3): 53-58.

［8］Amin A. An institutionalist perspective on regional economic development ［J］. Internal Journal of Urban and Regional Studies, 1999, 23（2）: 265-378.

［9］Baldwin R., Okubo T. Heterogeneous firms, agglomeration and economic geography: spatial selection and sorting ［J］. Journal of Economic Geography, 2006, 6（3）: 323-346.

［10］Behrens K., Murata Y. Trade, competition, and efficiency ［J］. Journal of International Economics, 2012, 87（1）: 1-17.

［11］Behrens K., Picard P. M. Welfare, home market effects, and horizontal foreign direct investment ［J］. The Canadian Journal of Economics, 2007, 40（4）: 1118-1148.

［12］Bernari A. B., Redding S. J., Schott P. K. Comparative advantage and heterogeneous firms ［J］. The Review of Economic Studies, 2007, 74（1）: 31-66.

［13］Combes P., Duranton G., Gobillon L., et al. The productivity advantages of sarge cities: distinguishing agglomeration from firm selection ［R］. 2012, DP 6502, IZA.

［14］Eriksson T., Villeval M. C. Performance pay, sorting and social motivation ［J］. Journal of Economic Behavior & Organization, 2008, 68（2）: 412-421.

［15］Gereffi G. International trade and industrial upgrading in the apparel commodity chain ［J］. Journal of International Economics, 1999, 48（1）: 37-70.

［16］Krugman P. Increasing returns and economic geography ［J］. Journal of Political Economy, 1991, 99（3）: 483-499.

［17］Luttmer E. Models of growth and firm heterogeneity ［J］. Annual Review of Economics, 2010, 2（1）: 547-576.

［18］Melitz M. The impact of trade on intraindustry reallocations and aggregate industry productivity ［J］. Econometrica, 2003, 71（6）: 1695-1725.

［19］Melitz M., Ottaviano G. Market size, trade, and productivity ［J］. Review of Economic Studies, 2008, 75（1）: 295-316.

［20］Okubo T. Trade liberalization and agglomeration with firm heterogeneity: forward and backward linkages ［J］. Regional Science and Urban Economics, 2009, 39（2）: 530-541.

［21］Okubo T., Picard P. M., Thisse J-F. The spatial selection of heterogeneous firms ［J］. Journal of International Economics, 2010, 82（2）: 230-237.

［22］Okubo T., Tomuiura E. Industrial relocation policy and heterogeneous plants sorted by productivity: evidence from Japan ［R］. DP2010-35, Kobe University, 2010.

［23］Ottaviano G. "New" new economic geography: firm heterogeneity and agglomeration economies ［J］. Journal of Economic Geography, 2011, 11（2）: 231-240.

［24］Ottaviano G. Agglomeration, trade and selection ［J］. Regional Science and Urban Economics, 2012, 42（6）: 987-997.

［25］Ottaviano G., Thisse J-F. Integration, agglomeration and the political economics of factor mobility ［J］. Journal of Public Economics, 2002, 83（3）: 429-456.

［26］Picard P. M., Okubo T. Firms' locations under demand heterogeneity ［J］. Regional Science and Urban Economics, 2012, 42（6）: 961-974.

［27］Pfluger M., Sudenkum J. Integration, agglomeration and welfare ［J］. Journal of Urban Economics, 2008, 63（2）: 544-566.

[28] Porter M. Clusters and the new economics of competition [J]. Harvard Business Review, 1998, 11 (12): 37–49.

[29] Saito H., Gopinath M. Plants'self–selection, agglomeration economies and regional productivity in Chile [J]. Journal of Economic Geography, 2009, 9 (4): 539–558.

[30] Scott A. J., Storrer M. Rethinking human capital, creativity and urban growth [J]. Journal of Economic Geography, 2009, 9 (2): 147–167.

[31] Storper M. Why do regions develop and change? The challenge for geography and economics [J]. Journal of Economic Geography, 2011, 11 (2): 333–346.

[32] Tabuchi T. Multiproduct firms in hotelling's spatial competition [J]. Journal of Economics & Management Strategy, 2012, 21 (2): 445–467.

[33] Thrift N., Olds K. Refiguring the economic in economic geography [J]. Progress of Human Geography, 1996, 20 (3): 311–337.

[34] Tabuchi T., Thisse J–F. Taste heterogeneity, labor mobility and economic geography [J]. Journal of Development Economics, 2002, 69 (1): 155–177.

[35] Venables A. J. Spatial disparities in developing countries: cities, regions and international trade [J]. Journal of Economic Geography, 2005, 5 (1): 3–21.

[36] Vogel J. Spatial competition with heterogeneous firms [J]. Journal of Political Economy, 2008, 116 (3): 423–466.

[37] Zeng D. Z. New economic geography with heterogeneous preferences: an explanation of segregation [J]. Journal of Urban Economics, 2008, 63 (1): 306–324.

New Dynamics of Spatial Distribution of Industries: Based on Firm Heterogeneity

Chen JianJun   Yuan Kai   Chen GuoLiang

(Zhejiang University, Hangzhou 310007, China)

Abstract: To understand the dynamics of spatial distribution of industries is key to optimize resource allocation of a country or a region. Analysis on the dynamics and mechanism of the spatial distribution of industries in a NNEG framework indicates that selection effect of firms are the "fourth" force besides home market and price index effect as agglomeration force and congestion effect as dispersion force. The work paths are as follows: Heterogeneity may be centripetal force to agglomerate firms with higher efficiency or TFP and disperse those lower ones in micro level, given the competition intensity; A higher MC threshold works as agglomeration force as it allows more low efficiency firm to survive in the big market in a regional level, given the spatial industry structure and the competition intensity; The original evenness of firms' MC (k value) and its marginal change may work in a opposite direction, being centripetal or centrifugal. Space with heterogeneous firm could be dual "core -periphery" structure in the sense of industry share and productivity.

Key words: Firm heterogeneity; Selection effect; Competition effect; Spatial distribution of Industries

要素价格扭曲下的产业结构演进研究 *

郑振雄　　刘艳彬

（浙江大学，宁波　315100）

【摘　要】中国产业结构演进滞后现象归结于一点，就是劳动密集型产业衰退缓慢。本文借鉴 Fei 和 Ranis 提出的分析框架，引入要素价格相对扭曲，构建要素价格扭曲至产业结构演进的一个传递途径，用以解释中国劳动密集型产业衰退缓慢。实证研究发现，1980~2008 年中国劳动密集、资本密集型产业技术进步均偏向资本；而且要素价格相对扭曲，即资本相对劳动越来越便宜，加剧了各类型产业技术进步偏向资本。资本偏向型技术进步，带来各类型产业以资本替代劳动的倾向，即各类型产业快速资本深化。特别是劳动密集型产业的资本深化速度甚至超过了资本密集型产业，因而经济发展过程带来的资本存量的增加，被劳动密集型产业快速吸收，从而劳动密集型产业没有自然衰退，进而导致产业结构演进在各个层面出现滞后现象。因此，未来中国只有修正要素价格扭曲，恢复要素的真实稀缺性，才能推动产业结构合理演进。

【关键词】要素价格扭曲；技术进步要素偏向；产业结构演进

一、导　言

产业结构演进是经济发展的基础之一。然而，产业结构演进与经济增长并不总是同步协调。1978 年以后中国经济高速增长，然而产业结构演进却在各个层面呈现滞后现象，比如三次产业比例失衡、工业结构升级缓慢、制造业处于价值链低端等。虽然中国产业结构演进在不同层面都出现滞后现象，但是问题可以归结为一点：劳动密集型产业衰退比较缓慢。李善同和高传胜（2008）指出，中国虽号称"世界工厂"，但是劳动资本密集型企

* 本文选自《中国经济问题》2013 年第 3 期。

基金项目：浙江省社会科学界联合会研究课题（2012N122）；浙江省自然科学基金（Y6110693）。

业居多，产品处于产业链低端，研发销售两头在外，造成制造企业的服务需求大多停留在低端生产性服务业上，抑制了高端生产性服务业的发展，从而造成中国服务业比重偏低。刘志彪（2009）指出在过去的30多年中，中国制造业凭借低廉的要素成本融入"全球价值链"的生产分工体系中，专注于劳动密集型、低技术含量的生产、加工、制造或组装，实现了贸易量的迅速扩大和制造业的高速成长；然而这种"两头在外"的发展模式，打破了中国装备工业赖以生存和发展的国内产业关联体系，抑制了高端装备制造业的发展，从而造成了中国工业结构升级缓慢。总而言之，劳动密集型产业衰退缓慢，造成了中国产业结构演进的滞后。因此，探索中国产业结构演进滞后的原因，关键在于解释劳动密集型产业衰退缓慢。

劳动密集型产业衰退缓慢的直觉解释，就是中国现存大量农业剩余劳动力（王检贵和丁守海，2005）。另外一种直观解释认为，中国劳动价格被人为压低，从而劳动密集型产业具有比较优势。比如，李文溥和陈贵富（2010）以工资占劳动边际产出的比重，衡量了劳动价格的扭曲程度，指出福建省制造业劳动边际产出的提高速度明显快于劳动工资增长率。虽然，中国劳动力丰裕、价格低廉，不过，企业的要素投入决策，并非取决于单一要素的存量或价格，而是取决于要素的相对价格。中国原本属于资本稀缺的国家，由于特定的体制、机制，造成了要素相对价格扭曲的现状。赵自芳（2007）通过实证研究发现中国资本相对劳动更加便宜。也就是说，直觉解释——中国劳动力丰裕或劳动价格被压低造成劳动密集型产业衰退缓慢——与经验证据相悖。因此，已有文献对于要素价格扭曲与产业结构演进滞后之间，尚未建立起一个传递途径。这就构成本文的立意所在，即试图解释中国要素价格扭曲如何造成劳动密集型产业衰退缓慢，进而导致各个层面的产业结构演进滞后现象。

在导言之后，本文余下部分是这样安排的：第二部分为文献述评；第三部分为理论描述；第四部分为实证分析；第五部分为结论。

二、文献述评

钱纳里（1995）指出，工业化即是以各种不同要素供给组合去满足类似的各种需求增长格局的一种途径。那么，产业结构演进，既可以是需求拉动的，也可以是供给推动的。因此，现有的探讨产业结构演进的文献，可以分为需求、供给两方面，以下分别进行述评。

（一）需求角度

从需求方面入手，探讨中国产业结构演进，比如：王俊（2007）考察了消费结构演进与产业结构转换之间的关系；曲晓燕（2010）指出需求结构不断变化是引起产业结构变化的原因。不过仅仅从需求角度，无法全部解释中国产业结构演进滞后的现象。一方面，郑振雄（2012）指出，在相同收入距离内，以就业比重衡量的劳动密集型产业衰退速度，中国落后于日本。在控制人均收入水平的前提下，中国劳动密集型产业衰退比较缓慢；而需求是收入的函数，因此必须从需求以外的角度进一步探索产业结构演进滞后的原因。另一方面，居民收入分配差距同样可以影响产业结构演进；不过居民收入分配差距部分由技术进步的要素偏向引致，而技术进步可以归入供给层面。黄先海（2009）实证研究表明，中国技术进步偏向资本，带来资本收入份额不断上升；由于资本收入分配相对更加不平等，资本收入份额上升加剧了居民收入分配差距。基于这两方面原因，以下从供给角度进行文献述评。

（二）供给角度

1. 要素禀赋

中国 30 多年来经济快速发展，使得资本存量快速上升（中国经济增长与宏观稳定课题组，2010），带来人均资本存量的上升。那么，依据罗伯津斯基定理，如果一种要素数量增加，就会引起密集使用该要素的产业规模扩张，而密集使用另外一种要素的产业规模缩小。但是与理论预期不同，中国人均资本存量快速上升，并没有带来劳动密集型产业的快速衰退。因此，仅仅从要素禀赋结构的角度，仍然无法解释中国产业结构演进滞后现象。由于罗伯津斯基定理，依据一个关键假定，各类型产业的投入结构不变。但是随着经济的发展，产业内均会发生技术进步，引致产业内要素投入结构变化。Hicks（1932）提出了一组技术进步的分类，该分类方法基于经验现象，即发明并不是等比例地提高所有要素的边际产出，而是有的要素边际产出提高多些，有的要素边际产出提高少些。如果给定资本劳动比例，一旦资本边际产出比劳动边际产出提高更多，则技术进步是"资本偏向"的，反之则是"劳动偏向"的。一旦发生资本偏向型技术进步，资本边际产出比劳动边际产出提高更多，那么产业内部的要素投入将更多使用资本，即资本替代劳动；反之，一旦发生劳动偏向型技术进步，那么产业内部的要素投入将更多使用劳动，即劳动替代资本。因此，技术进步的要素偏向，可以改变产业内要素投入结构，从而造成罗伯津斯基定理不成立。换句话说，技术进步的要素偏向可以影响产业结构演进。因此，本文以下从技术进步的要素偏向角度，进行文献述评。

2. 技术进步要素偏向

Hicks（1932）提出技术进步的要素偏向之后，不少文献借助这个概念探讨相关经济问题。Acemoglu（2002）构建了一个分析框架，探讨要素替代弹性对技术进步的影响，以及要素价格对技术进步的反应。不过该文并未涉及技术进步要素偏向如何影响产业内要素投入结构，从而无法建立起技术进步要素偏向与产业结构演进的关系。Acemoglu（2006）采用 C-D、CES 以及嵌入有偏技术进步的内生增长模型，探讨了资本密集型与非资本密集型产业的非均衡增长问题。不过在一般均衡体系内考察产业演进的做法，并不适用于仍处于市场化进程中的中国。因为中国 30 多年来的市场化进程，虽然产品市场已经接近市场定价，但是要素市场改革仍然不完全。因此，只有进一步探讨要素价格扭曲与技术进步要素偏向之间的关系，才能打通要素价格扭曲至产业结构演进之间的传递途径。那么，本文以下从要素价格扭曲方面，进行文献述评。

3. 要素价格扭曲

王希（2011）给出了测算要素价格扭曲方法的一个综述，测算方法包括生产函数法、前沿技术分析法、影子价格法、可计算一般均衡方法、替代弹性法等。这些测算方法，可以划分为宏观和微观两个层面。宏观角度，即考察要素价格扭曲造成整体经济无效率，比如随机前沿分析法（Skoorka，2000），可计算一般均衡方法（Zhuang，1996）。从宏观角度考察要素市场扭曲对经济整体的影响，无法测算单一要素的价格扭曲程度，进而无法判断要素价格的相对扭曲程度。不过，生产函数法、影子价格法给要素市场扭曲提供了微观视角。生产函数法、影子价格法测算要素价格扭曲，基于相同的原理，即比较要素边际产出与要素成本。盛仕斌（1999）运用第三次工业普查的工业数据，测算了1995年中国分所有制企业要素边际产出，并与要素成本进行了比较，发现资本价格过低，劳动配置更不充分。夏晓华和李进一（2012）测算了劳动力、资本、能源的价格扭曲，进一步实证研究，发现要素价格的异质性扭曲导致了重化工业过度发展。不过现有文献尚未清晰完整地解释"要素价格相对扭曲如何影响产业技术进步要素偏向，进而影响产业内要素投入结构"。Fei 和 Ranis（1965）提出一个分析框架，包含了技术进步要素偏向、资本深化、工资增长率之间的关系。本文将在此基础上，引入要素价格相对扭曲，从而构建要素价格扭曲、技术进步偏向、资本深化（产业要素投入结构变化）、产业结构演进的一个传递途径。

三、理 论 描 述

假设一个经济体，包含部门1劳动密集型产业、部门2资本密集型产业；总资源禀赋为劳动L、资本存量K；生产技术规模报酬不变。两部门生产函数为：

$$Y_1 = F_1[s_1Lk_1, \ s_1L, \ t_1] \tag{1}$$

$$Y_2 = F_2[(1-s_1)Lk_2, \ (1-s_1)L, \ t_2] \tag{2}$$

其中，Y_1、Y_2、k_1、k_2、t_1、t_2、s_1 分别对应两部门产出、人均资本存量（$k_2 > k_1$）、技术以及劳动密集型产业就业份额。资源充分利用，显然有：

$$s_1Lk_1 + (1-s_1)Lk_2 = K \tag{3}$$

基准情形 0： 一旦经济整体资源禀赋结构提升（由于中国资本存量上升速度远大于劳动，简化起见，假定劳动L不变，以下情形同），资本存量增加 ΔK，且两部门要素投入结构不变，那么有：

$$(s_1 - \Delta s_1)Lk_1 + (1 - s_1 + \Delta s_1)Lk_2 = K + \Delta K \tag{4}$$

其中，劳动密集型产业就业份额下降 Δs_1，可得：

$$\Delta s_1 = \frac{\Delta K}{L(k_2 - k_1)} \tag{5}$$

$$Y_1 = F_1[(s_1 - \Delta s_1)Lk_1, \ (s_1 - \Delta s_1)L, \ t_1] \tag{6}$$

$$Y_2 = F_2[(1 - s_1 + \Delta s_1)Lk_2, \ (1 - s_1 + \Delta s_1)L, \ t_2] \tag{7}$$

由式（5）、式（6）、式（7）对比式（1）、式（2）可知：经济整体资本存量增加，如果各类型产业要素投入结构不变（k_1、k_2不变，且$k_2 > k_1$），那么劳动密集型产业出现自然衰退（就业、产值份额均下降）。这就是罗伯津斯基定理描述的内容，本文以此作为不同情形比较的基准。

情形 1：经济整体资源禀赋结构提升，资本存量增加ΔK，且劳动密集型产业发生资本偏向型技术进步，引致该部门人均资本存量上升$\Delta k_1'$，那么有：

$$(s_1 - \Delta s_1')L(k_1 + \Delta k_1') + (1 - s_1 + \Delta s_1')Lk_2 = K + \Delta K \tag{8}$$

$$\Delta s_1' = \frac{\Delta K - (s_1 - \Delta s_1')L\Delta k_1}{L(k_2 - k_1)} \tag{9}$$

$$Y_1' = F_1[(s_1 - \Delta s_1')L(k_1 + \Delta k_1'), \ (s_1 - \Delta s_1')L, \ t_1] \tag{10}$$

$$Y_2' = F_2[(1 - s_1 + \Delta s_1')Lk_2, \ (1 - s_1 + \Delta s_1')L, \ t_2] \tag{11}$$

对比式（9）、式（10）、式（11）与式（5）、式（6）、式（7）可知：劳动密集型产业的就业、产值份额衰退程度均比基准情形小（$\Delta s_1' < \Delta s_1$），产值比重反而上升；极端情况下，如果Δk_1足够大（$s_1 L \Delta k_1' = \Delta K$，则$\Delta s_1' = 0$），劳动密集型产业就业比重维持不变、产值比重反而上升。

情形 2：经济整体资源禀赋结构提升，资本存量增加ΔK，且两部门均发生资本偏向型技术进步，引致人均资本存量分别上升$\Delta k_1''$、$\Delta k_2''$，那么有：

$$(s_1 - \Delta s_1'')L(k_1 + \Delta k_1'') + (1 - s_1 + \Delta s_1'')L(k_2 + \Delta k_2'') = K + \Delta K \tag{12}$$

$$\Delta s_1'' = \frac{\Delta K - (s_1 - \Delta s_1'')L\Delta k_1'' - (1 - s_1 + \Delta s_1'')L\Delta k_2''}{L(k_2 - k_1)} \tag{13}$$

$$Y_1'' = F_1[(s_1 - \Delta s_1'')L(k_1 + \Delta k_1''), \ (s_1 - \Delta s_1'')L, \ t_1] \tag{14}$$

$$Y_2'' = F_2[(1 - s_1 + \Delta s_1'')L(k_2 + \Delta k_2''), \ (1 - s_1 + \Delta s_1'')L, \ t_2] \tag{15}$$

由式（13）、式（14）、式（15）对比式（5）、式（6）、式（7）可知：劳动密集型产业就业份额衰退程度比基准情形小（$\Delta s_1'' < \Delta s_1$），产值比重衰退程度未定；极端情况下，如果$\Delta k_1''$、$\Delta k_2''$足够大（$s_1 L \Delta k_1'' - (1 - s_1)L\Delta k_2'' = \Delta K$，则$\Delta s_1'' = 0$），劳动密集型产业就业比重维持不变，产值比重衰退程度未定（视$\Delta k_1''$、$\Delta k_2''$相对大小及资本份额而定）。

综合以上情形对比，发现两部门的技术进步要素偏向构成解释产业结构演进的关键。那么，技术进步要素偏向如何引致产业内要素投入结构变动？

（一）要素偏向型技术进步

引入 Fei 和 Ranis（1965）提出的分析框架，延续上述经济整体的假设，去掉生产函数部门下标：

$$Y = F(K, L, t) \tag{16}$$

其中，t 代表技术进步，Y、K、L 随时间变化，本文为了方便略去时间下标。完全竞争条件下，$\omega = F_L$，工资等于边际劳动产出。假定生产函数是规模报酬不变的，那么有欧拉定理成立：

$$Y = KF_K + LF_L \tag{17}$$

式 (17) 两边对 L 求导，可以得到：

$$F_L = KF_{KL} + F_L + LF_{LL} \tag{18}$$

进一步化简得到：

$$-LF_{LL} = KF_{KL} \tag{19}$$

定义产出增长率 η_Y：

$$\eta_Y = \underline{\dot{F}} = \frac{F_K \dot{K} + F_L \dot{L} + F_t \dot{t}}{F} \tag{20}$$

其中，η 表示增长率，$\dot{F}$ 代表产出函数 f 对时间求导（以下其他变量增长率、对时间求导采用类似方法表示）。定义资本产出份额 $\varphi_k \triangleq \frac{F_K K}{F}$，劳动产出份额 $\varphi_L \triangleq \frac{F_L L}{F}$，技术创新强度（全要素生产率增长率）$J \triangleq \frac{F_t}{F}$，化简得：

$$\eta_Y = \varphi_K \eta_K + \varphi_L \eta_L + J \tag{21}$$

定义工资增长率，并由式 (19) 可得：

$$\eta_\omega = \underline{\dot{\omega}} = \frac{F_{LK} \dot{K} + F_{LL} \dot{L} + F_{Lt} \dot{t}}{F_L} = \varepsilon_{LL}(\eta_K - \eta_L) + H_L \tag{22}$$

其中，$H_L \triangleq \frac{F_{Lt}}{F_l}$ 代表创新效应，即边际劳动产出的增长率；$\varepsilon_{LL} \triangleq \frac{-LF_{LL}}{F_L}$ 代表边际劳动产出递减的倾向。则由式 (22) 可得：

$$\frac{\eta_\omega}{\varepsilon_{LL}} = \eta_K - \eta_L + \frac{H_L}{\varepsilon_{LL}} \tag{23}$$

在规模报酬不变条件下，技术创新强度为边际劳动生产率增长率 H_L 与边际资本生产率增长率 H_K 的加权平均 $J = \varphi_L H_L + \varphi_K H_K$，且有 $\varphi_L + \varphi_K = 1$ 成立，那么有 $H_L - J = \varphi_K (H_L - H_K)$。一旦边际劳动生产率增长率超过边际资本生产率增长率 $H_L - H_K > 0$，就有 $H_L - J > 0$；依据希克斯给出的定义，技术进步偏向劳动 $B_L \triangleq H_L - J$，$B_L > 0$（即 $H_L - H_K > 0$），意味着技术进步是偏向于使用劳动的。同理，可以定义技术进步资本偏向 $B_K \triangleq H_K - J$，$B_K > 0$（即 $H_K - H_L > 0$），意味着技术进步偏向资本。

则由式 (23) 可得：

$$\frac{\eta_\omega}{\varepsilon_{LL}} = \eta_K - \eta_L + \frac{J}{\varepsilon_{LL}} + \frac{B_L}{\varepsilon_{LL}} \tag{24}$$

定义资本深化速度 $\eta_{K^*} \triangleq \eta_K - \eta_L$，则由式 (24) 可得：

$$-B_L = \varepsilon_{LL}\eta_{K^*} + J - \eta_w \triangleq B_K \tag{25}$$

由式（25）可知：给定第 0 期资本深化、全要素生产率、工资增长速度，一旦发生资本偏向型技术进步（$B_k > 0$），依据希克斯给出的定义，可知边际资本生产率增长率超过边际劳动生产率增长率；那么就引致企业第 1 期更多使用资本（即资本替代劳动），从而造成产业内进一步资本深化。那么，根据前述几种情形的比较，技术进步的要素偏向是解释产业演进的关键。因此，本文提出命题 1：

命题 1：中国劳动密集、资本密集型产业均发生资本偏向型技术进步。

如果两部门均发生资本偏向型技术进步，那么其要素供给条件是什么？即中国特有的体制、机制，造成要素价格相对扭曲，如何引致各产业发生资本偏向型技术进步。

（二）要素价格扭曲与技术进步偏向

1. 要素价格扭曲

由生产函数 $Y = F(K, L, t)$，可以计算出要素边际产出（MP_L，MP_K），进而与要素价格进行对比（ω，r），就可以考察要素市场是否存在要素价格绝对扭曲。不同要素的扭曲程度不同，通过比较，就可以考察要素价格相对扭曲程度。通过式（26）、式（27）计算出 k_1、k_2，如果 k_1、k_2 不等于 1，那么要素价格存在绝对扭曲。

劳动、资本边际产出与劳动、资本成本对比：

$$MP_L = k_1\omega \tag{26}$$

$$MP_K = k_2 r \tag{27}$$

要素价格相对扭曲：

$$\frac{MP_L/\omega}{MP_K/r} = \frac{k_1}{k_2} \triangleq D \tag{28}$$

如果资本与劳动的绝对扭曲程度之比 D 不等于 1，那么要素价格存在相对扭曲。

2. 要素价格扭曲与技术进步偏向

简化起见，假定生产函数 $Y = F(K, L, t)$ 为 C–D 型，且规模报酬不变：

$$Y = AK^\alpha L^{1-\alpha} \tag{29}$$

那么由式（28）可得：

$$D = \frac{1-\alpha}{\alpha}\frac{r}{w}\frac{K}{L} \tag{30}$$

变换可得：

$$\alpha = (\frac{r}{w}\frac{K}{L})/(D + \frac{r}{w}\frac{K}{L}) \tag{31}$$

生产函数为 C–D 型，且规模报酬不变，那么有 $\varepsilon_{LL} \equiv \alpha$，则将式（31）代入式（25）可得资本偏向型技术进步与要素价格扭曲之间的关系：

$$B_K = \left[(\frac{r}{w}\frac{K}{L})/(D + \frac{r}{w}\frac{K}{L})\right]\eta_{K^*} + J - \eta_w \tag{32}$$

由式（32）可知：给定第 0 期资本深化、全要素生产率、工资增长速度，一旦 D 越来越小（即要素价格相对扭曲程度越来越大，资本相对劳动越来越便宜），技术进步偏向资本程度 B_K 将越来越大；那么就引致企业第 1 期更多使用资本（即资本替代劳动），从而造成产业内进一步资本深化。因此，要素价格相对扭曲加剧资本偏向型技术进步，造成各产业资本深化加速。

综上所述，从要素供给角度，解释中国产业间结构演进的关键，在于考察中国各类型产业的技术进步要素偏向；进一步，考察各产业要素价格是否发生相对扭曲，即中国各产业资本与劳动相对价格。因此，本文提出命题 2：

命题 2：中国各类型产业存在要素价格相对扭曲，即资本相对劳动越来越便宜。

四、实证分析

（一）数据描述

1. 产出

产出数据来自历年《中国统计年鉴》及《中国工业统计年鉴》。在对缺省数据进行趋势外推的基础上，本文构造了制造业 1980~2008 年 28 个行业产出面板[①]。进一步按照工业出厂价格指数进行平减，从而形成可比数据。

2. 劳动

劳动数据的来源与产出数据相同，统计范围、口径均一致。缺省年份按趋势进行推算，从而形成 1980~2008 年制造业 28 个行业劳动面板。

3. 资本

资本存量借鉴陈勇和李小平（2006）做法，推算资本存量。本文以 1980 年的固定资产净值年平均余额为基年资本存量，按照永续盘存法算出（算法：$K_t = K_{t-1} + I_t / P_t$）其余年份的资本存量。其中 K_0 等于 1980 年固定资产净值年平均余额；I_t 为净投资，由固定资产净值年平均余额之差算出；P_t 为固定资产投资价格指数。本文采用工业全行业固定资产投资价格指数对工业分行业当年价投资额进行平减（1990 年等于 100），从而形成 1980~2008 年制造业 28 个行业资本面板。

---

① 国家统计局 2007 年之后，没有公布规模以上工业企业增加值数据；因此，本文中 2008 年各产业增加值数据为趋势外推而得。考虑到 2008 年之后，国际经济形势比较复杂，国内产业结构波动比较大，所以本文没有将各产业增加值继续外推到 2010 年或 2011 年，避免造成比较大的误差。考虑到产业相对比重较小，本文分别将 1994 年之前的武器弹药制造业、其他制造业，以及 2002 年之后的工艺品及其他制造业、废弃资源和废旧材料回收加工业剔除，从而保证了 1993 年及以后行业分类的一致性。

(二) 实证检验

1. 技术进步要素偏向

依据李耀新 (1995) 提出的分类方法，把制造业划分为劳动密集型、资本密集型。假设生产函数 C–D 类型：

$$Y_{it} = A_i e^{rt} K_{it}^{\alpha} L_{it}^{\beta} \tag{33}$$

其中，下标 it 代表不同产业、不同年份。在规模报酬不变 $\alpha + \beta = 1$ 条件下，定义 $y \triangleq \dfrac{Y}{L}$、$k \triangleq \dfrac{K}{L}$；则有集约型生产函数：

$$y_{it} = A_i e^{rt} (k_{it})^{\alpha} \tag{34}$$

对式 (33) 两边取对数，并加上随机干扰项：

$$\ln Y_{it} = \ln A_i + rt + \alpha \ln K_{it} + \beta \ln L_{it} + \varepsilon_{it} \tag{35}$$

对式 (34) 两边取对数，并加上随机干扰项：

$$\ln y_{it} = \ln A_i + rt + \alpha \ln K_{it} + \varepsilon_{it} \tag{36}$$

依据式 (35) 进行实证检验，发现 1980~1990 年、1995~2008 年劳动密集型产业及 1980~1991 年、1998~2008 年资本密集型产业，满足规模报酬不变假定。进一步，采用固定效应变截距面板模型，分段回归集约型生产函数式 (36)，具体结果见表 1、表 2。由表 1、表 2 可知，劳动密集型和资本密集型产业资本产出弹性的具体数值，依据规模报酬不变，则可得到劳动产出弹性。此外，在 C–D 生产函数设定下，资本产出弹性与边际劳动产出递减的倾向及资本份额相等，$\alpha = \varepsilon_{LL} = \varphi_K$。因此，在已知产出、资本和劳动面板的前提下，可计算出各产业资本深化 η_K 速度；根据式 (21) 可计算出技术进步 J (全要素生产率增长率)。最后，根据式 (25)，计算出各产业技术进步偏向 (工资增长率 η_w 来自历年《中国劳动统计年鉴》)。劳动密集型及资本密集型产业的资本深化速度与技术进步偏向分布如表 3 所示[①]。

表 1 劳动密集型产业生产函数

1980~1990 年		1995~2008 年	
Ln (y/l)		Ln (y/l)	
Ln (k/l)	0.2880***	Ln (k/l)	0.6768***
		T	0.1192***
c	−0.6802***	C	−2.640***
F	60.06***	F	54.33***

注：***、**、* 分别表示 1%、5%、10%的显著性水平，以下同。

[①] 限于篇幅，本文只列出部分产业结果。如需验证，请与作者联系。

表2　资本密集型产业生产函数

1980~1991 年		1998~2008 年	
Ln（y/l）		Ln（y/l）	
Ln（k/l）	0.2856***	Ln（k/l）	0.4856***
		T	0.1449***
c	−0.1274**	C	−2.824***
F	166.3***	F	268.3***

表3　各类型产业资本深化与技术进步偏向

	资本深化 $\eta_{K'}(+)$	技术进步偏向 $B_K(+)$	资本深化 $\eta_{K'}(+)$	技术进步偏向 $B_K(+)$
劳动密集型产业	1981~1990 年		1995~2008 年	
农副食品加工业	10	6	11	11
食品制造业	10	6	12	12
纺织业	10	1	13	13
缝纫业	10	7	10	11
皮革、毛皮及其制品业	10	4	8	10
木材加工及竹、藤、棕、草制品业	10	4	12	11
资本密集型产业	1981~1991 年		1998~2008 年	
黑色金属冶炼及压延加工业	10	6	11	10
有色金属冶炼及压延加工业	10	6	11	9
通用设备制造业	11	7	8	11
专用设备制造业	11	7	11	9
交通运输设备制造业	9	8	11	11
电气机械及器材制造业	11	6	7	8

注：表中数值代表各时期资本深化与技术进步偏向的年份数。

由表3可知，中国各类型产业在大多数年份中，都发生了资本偏向型技术进步。特别是，1995~2008年，劳动密集型产业绝大多数年份都发生资本偏向型技术进步，而且与资本深化速度几乎呈现——对应关系。正是由于劳动密集型产业的技术进步偏向资本，造成产业内以资本替代劳动的倾向，带来劳动密集型产业的快速资本深化，经济发展过程中的资本存量增加被劳动密集型产业快速吸收，从而劳动密集型产业没有自然衰退。此外，资本密集型产业同样发生了资本偏向型技术进步。由前述情形2可知，资本密集型产业技术进步偏向资本，加强了劳动密集型产业缓慢衰退的效应。至此，本文检验了命题1，即中国各类型产业均发生了资本偏向型技术进步。那么，下文对各类型产业的要素价格相对扭曲进行考察。

2.要素价格相对扭曲

根据前文回归结果，可以分别计算出劳动密集型、资本密集型产业前后两个时期的资本和劳动的边际产出。那么，为了考察资本和劳动价格的扭曲程度，需要计算相关时期制造业分行业的资本成本和劳动价格。

（1）劳动价格。

劳动价格数据来自历年《中国劳动统计年鉴》。本文以 1995 年及以后制造业各细分产业的劳动报酬、工资序列，与劳动边际产出进行对比（采用 CPI 指数进行平减，1990 年等于 100）。

（2）资本价格。

资本成本由折旧和实际利率决定（梁小民，1994）。本文依据陈诗一（2011）做法算出折旧率。名义利率由 CEIC 提供的 1 年期贷款利率，通过月份数加权平均算出。通货膨胀率，由《2009 年中国城市（镇）生活与价格年鉴》提供的历年"工业品出厂价格指数"计算。贷款利率扣除通货膨胀率，即为实际利率。

（3）要素价格扭曲。

依据上述方法分别计算出制造业分产业要素边际产出及要素价格。进一步，按照式（26）、式（27）分别算出劳动与资本价格的绝对扭曲 k_1、k_2，进一步由式（28）计算出相对价格扭曲 D，结果见表 4[①]。从表 4 可以看出，D 几乎都小于 1，即劳动密集型产业资本价格扭曲要大于劳动，资本价格比劳动相对低廉。从趋势上看，资本与劳动相对扭曲程度越来越大，即资本价格相对劳动越来越便宜，D 越来越小。从表 4 可以看出，大部分年份资本密集型各产业 D 都大于 1，即资本密集型产业劳动价格扭曲大于资本，劳动价格比资本相对便宜。不过从趋势上看，资本相对劳动越来越便宜，即 D 越来越小。比如，通用设备制造业、电气机械及器材制造业，劳动价格绝对扭曲程度先是大于资本，逐渐地转变成资本价格绝对扭曲大于劳动，最终资本价格比劳动相对低廉。

表 4　各类型产业的劳动与资本相对价格扭曲

年份 \ 劳动密集型产业	农副食品加工业	食品制造业	纺织业	缝纫业	皮革、毛皮及其制品业	木材加工及竹、藤、棕、草制品业
1998	0.90	0.69	0.82	0.33	0.26	0.90
1999	0.83	0.88	0.69	0.21	0.29	0.55
2000	1.07	0.90	0.28	0.21	0.16	0.79
2001	0.79	0.64	0.76	0.25	0.23	0.83
2002	0.80	0.72	0.93	0.22	0.21	0.83
2003	0.48	0.59	0.55	0.18	0.19	0.68
2004	0.40	0.48	0.44	0.16	0.17	0.46
2005	0.68	0.58	0.60	0.17	0.14	0.48
2006	0.65	0.52	0.46	0.16	0.13	0.41
2007	0.14	0.49	0.52	0.16	0.13	0.45
2008	0.20	0.26	0.47	0.18	0.13	0.46

① 限于篇幅，本文只列出部分行业结果。如需验证，请与作者联系。

续表

年份 \ 资本密集型产业	黑色金属冶炼及压延加工业	有色金属冶炼及压延加工业	通用设备制造业	专用设备制造业	交通运输设备制造业	电气机械及器材制造业
1998	3.94	5.94	1.64	1.59	1.57	1.73
1999	2.9	1.08	1.2	1.23	1.11	1.24
2000	1.8	0.6	1.39	1.14	1.41	1.23
2001	2.14	2.6	1.41	1.39	1.49	1.35
2002	2.21	2.43	1.33	1.27	1.33	1.2
2003	0.31	0.86	1.01	1.14	1.19	1
2004	1.19	0.97	0.74	0.87	1.16	0.65
2005	1.45	0.2	0.81	0.88	1.12	0.65
2006	2.81	1	0.87	0.88	1.11	0.38
2007	1.25	0.3	0.8	0.9	1.1	0.63
2008	1.23	2.44	0.93	1.19	0.91	0.95

由此可见，中国各类型产业资本相对劳动价格扭曲越来越大，即资本越来越便宜；特别是 2001~2008 年，各类型产业的所有行业资本相对价格，都呈现越来越便宜的趋势。从而依据式（32），资本相对劳动价格扭曲越来越大，那么技术进步偏向资本的程度也越来越大。至此，本文实证检验了命题 2。

五、结　论

本文通过测算劳动密集、资本密集型产业的技术进步偏向，发现中国两类型产业在大多数年份，均发生了资本偏向型技术进步。进一步，本文通过测算中国劳动密集、资本密集型产业的要素价格相对扭曲，发现资本相对劳动越来越便宜。资本相对劳动越来越便宜，加剧了各类型产业技术进步偏向资本。资本偏向型技术进步，带来各类型产业以资本替代劳动的倾向，即各产业快速资本深化。特别是劳动密集型产业的资本深化速度甚至超过了资本密集型产业，因而经济发展过程带来的资本存量的增加，被劳动密集型产业快速吸收，从而劳动密集型产业没有自然衰退，造成产业结构演进在各个层面出现滞后现象。至此，本文打通了要素价格扭曲与产业结构演进的传递途径，解释了中国产业结构演进滞后的事实。

要素价格相对扭曲导致中国产业结构演进滞后，那么其政策含义就是修正要素价格扭曲，从而使要素价格准确反映其稀缺程度。一方面，提高劳动报酬，降低资本收入份额。提高劳动报酬，可以修正原本被压低的劳动价格，同时降低了资本收入份额。在规模报酬不变假定下，资本收入份额等于资本产出弹性；降低资本收入份额，可以降低资本边际报酬，从而修正资本价格扭曲。另一方面，进一步推进利率市场化，提高资金价格。提高资金价格，从而修正资本价格扭曲。综上所述，未来中国只有恢复要素的真实稀缺性，才能推动产业结构合理演进。

参考文献

［1］Acemoglu D. Directed Technical Change［J］. The Review of Economic Studies, 2002, 69（4）: 781-809.

［2］Acemoglu D. & Guerrieri V. Captial Deepening and Non-Balanced Economic Growth. Working Paper, 2006. http: //www.nber.org/papers/w12475.

［3］Fei J. C. H. & Ranis G. Innovational Intensity and Factor Bias in the Theory of Growth［J］. International Economic Review, 1965, 6（2）: 182-198.

［4］Hicks J. R. The Theory of Wages［M］. London: Macmillan, 1932.

［5］Skoorka B. M. Measuring Market Distortion: International Comparisons, Policy and Competitiveness［J］. Applied Economics, 2000, 32（3）: 253-264.

［6］Zhuang J. Z. Estimating Distortions in the Chinese Economy: A General Equilibrium Approach［J］. Economica, 1996, 63（252）: 543-568.

［7］陈诗一. 中国工业分行业统计数据估算: 1980~2008［J］. 经济学（季刊）, 2011（4）: 735-776.

［8］陈勇, 李小平. 中国工业行业的面板数据构造及资本深化评估: 1985~2003［J］. 数量经济技术经济研究, 2006（10）: 57-69.

［9］黄先海, 徐圣. 中国劳动收入比重下降成因分析——基于劳动节约型技术进步的视角［J］. 经济研究, 2009（7）: 34-44.

［10］李善同, 高传胜. 中国生产者服务业发展与制造业升级［M］. 上海: 上海三联书店, 2008.

［11］李文溥, 陈贵富. 工资水平、劳动力供求结构与产业发展型式——以福建省为例［J］. 厦门大学学报（哲学社会科学版）, 2010（5）: 5-13.

［12］李耀新. 生产要素密集型产业论［M］. 北京: 中国计划出版社, 1995.

［13］梁小民. 高级宏观经济学教程［M］. 北京: 北京大学出版社, 1994.

［14］刘志彪, 张杰. 从融入全球价值链到构建国家价值链: 中国产业升级的战略思考［J］. 学术月刊, 2009（9）: 59-68.

［15］钱纳里. 工业化和经济增长的比较研究［M］. 上海: 三联书店, 1995.

［16］曲晓燕, 张实桐, 伍艳艳. 出口对产业结构升级的影响分析——基于我国可比价投入产出表的实证研究［J］. 兰州学刊, 2010（12）: 43-46.

［17］盛仕斌, 徐海. 要素价格扭曲的就业效应研究［J］. 经济研究, 1999（5）: 66-72.

［18］王检贵, 丁守海. 中国究竟还有多少农业剩余劳动力［J］. 中国社会科学, 2005（5）: 27-35.

［19］王俊. 我国城镇居民消费结构演进与产业结构转换——基于VAR模型的实证研究［J］. 山西财经大学学报, 2007（7）: 28-31.

［20］王希. 生产要素价格扭曲程度测算方法综述［J］. 内蒙古财经学院学报, 2011（3）: 43-48.

［21］夏晓华, 李进一. 要素价格异质性扭曲与产业结构动态调整［J］. 南京大学学报（哲学·人文科学·社会科学）, 2012（3）: 40-48.

[22] 赵自芳. 生产要素市场扭曲的经济效应——基于中国转型时期的实证研究 [D]. 浙江大学博士学位论文，2007.

　[23] 郑振雄. 要素市场扭曲下的产业演进研究 [D]. 厦门大学博士学位论文，2012.

　[24] 中国经济增长与宏观稳定课题组. 资本化扩张与赶超型经济的技术进步 [J]. 经济研究，2010（5）：4-21.

Study on Industrial Structure Evolution under the Factors Price Distortions

Zheng Zhenxiong　　Liu Yanbin

（Ningbo Institute of Technology，Zhejiang University，Zhejiang Ningbo 315100，China）

Abstract：Due to the recession of labor-intensive industries is sluggish，China's industrial structure evolution lag behind. Under the analysis framework proposed by Fei & Ranis，this paper constructs a transfer path between the industrial structure evolution and factor price distortions，which explain the slow recession of labor intensive industry in China. Through the empirical test，the paper find out that，from 1980 to 2008，technical progress is biased to capital whether in labor intensive or capital intensive industry，and the factors price relative distortion，namely the price of capital is much cheaper than labor，enlarged the capital biased technical progress. Capital-biased technology progress，bring about capital substitutes labor，namely rapid capital deepening in each type of industries. Especially the capital deepening in labor-intensive industries is faster than capital-intensive industries，which lead to the capital stock is rapidly absorbed by labor-intensive industries. Thus the recession of labor-intensive industries is sluggish，which led to the industrial structure evolution lag behind at all levels. Therefore，in the future China has to correct the factors price distortions，restore the scarcity of factors，so as to promote the reasonable evolution of the industrial structure.

Key words：Distortions of factors price；Factor-biased technical progress；Industrial structure evolution

中国制造业资源误置及福利损失测度 *

杨　振　　陈甫军

（中国人民大学商学院，北京　100872）

【摘　要】对资源误置引致福利损失的计量是判定要素市场扭曲的直接证据。本文定义资源误置引致的福利损失为潜在产出缺口，即实际产出与帕累托最优配置情形下潜在产出的差额。运用1998~2007年中国制造业微观企业数据，本文检验了制造业劳动要素的资源误置程度，计算了劳动要素误置引致的福利损失。研究表明：劳动要素在制造业两位数代码产业内、产业间均存在着不同程度的配置扭曲。样本考察期间，劳动要素的边际产品价值增长快于工资率增长，已经扭曲的劳动要素配置状况进一步恶化。本文的研究对于产业间、产业内资源配置的优化与自由要素市场的构建具有重要的理论和现实意义。

【关键词】制造业；资源误置；产出缺口；福利测度

一、引言

资源的优化配置是经济学研究的基本问题。特定技术水平下，要素向高效率环节的流动可以导致产出增加，而要素的逆效率流动则会阻碍经济增长。新古典经济学关于完全竞争市场的假设，构造了一个资源配置的帕累托最优状态。但现实世界中，因垄断势力、要素流动限制、市场分割等诸多因素，市场运行常常偏离这个理想的最优状态。早期基于垄断竞争假设的经济理论，回答了为什么市场会偏离最优状态，从而提供了一个分析资源误置的理论框架。后随着实证经济学的发展，越来越多的学者开始计量和估算资源误置的经济效应，相关研究主要集中在以下两个方面：

第一个方面是针对资源误置是否显著影响全要素生产率（TFP）。估计资源误置带来的

* 本文选自《经济研究》2013年第3期。

基金项目：国家自然科学基金项目（70940012）和国家留学基金委"国家建设高水平大学公派研究生"项目（2011636027）。

生产率损失，需要从分解全要素生产率开始，通常可以将其分解为技术效率、资源配置效率、规模经济几个部分（Baily 等，1992；Griliches 和 Regev，1995；Olley 和 Pakes，1996；Petrin 和 Levinsohn，2005）。以中国制造业为研究对象，得到的研究结论并不一致。运用随机前沿生产模型，涂正革和肖耿（2005）的研究结果显示企业投入要素的配置效率对全要素生产率的增长几乎没有贡献。姚战琪（2009）通过对 1985~2007 年中国经济总体和工业部门的生产率增长和要素再配置效应的研究发现，要素再配置效应非常低。曾先峰等（2011）的研究也证实了资源配置不存在显著的"结构红利"效应。但更多的实证结果支持资源配置优化带来生产率增长的论断。盛誉（2005）依据"随机前沿分析法"对中国要素市场跨地区和跨行业的分布进行了测度，结果显示要素扭曲存在于各地区、各行业，矫正要素扭曲配置可以带来生产率的提高。袁堂军（2009）基于索罗余值法计算了上市公司的全要素生产率并进行分解，认为资源配置的低效率阻碍了生产率发展和企业竞争力的提升。利用中国制造业企业数据，聂辉华和贾瑞雪（2011）系统考察了资源误置对企业生产率的影响，发现资源误置是导致企业效率低下的重要原因，而国有企业又是造成资源误置的主要因素。但聂辉华和贾瑞雪（2009）用 TFP 的离散程度简单代表资源的误置程度，并没有计算各要素资源误置情况。同样，支持资源配置优化带来生产率（经济）增长的文献还有谢千里等（2008）、简泽（2011）、张军等（2009）、李平等（2012）。第二个方面是考察资源误置导致的效率损失程度有多大。赵自芳和史晋川（2006）运用 DEA 方法分析了要素市场扭曲带来的技术效率损失，发现如果消除产业组合的技术非效率可以使全国制造业总产出提高近 30 个百分点。但该文对总产出效率损失的计量并不是基于福利损失的方法，而是简单地定义了产业组合规模效率，并将其实际值与 100% 相比得到总产出的潜在损失。罗德明等（2012）通过计量要素扭曲导致的全要素生产率损失发现：去掉扭曲后，人均 GDP 将增长 115.61%、加总的全要素生产率将增长 9.15%。该文运用动态随机一般均衡模型，因而对 GDP 潜在增长的计算是基于宏观视角而不是微观基础。Hsieh 和 Klenow（2009）对中国制造业的经验结果表明，若中国资源配置矫正到美国现有水平，TFP 将增长 30%~50%。他们对于要素误置的衡量采用的是要素的边际产出，而没有考虑企业决策的另一重要变量：要素的使用成本，本文则试图将要素的使用成本纳入分析框架。

本文考察资源误置引致的福利损失，与上述文献存在着较大的差异：第一，本文直接测度资源误置带来的福利损失大小，国内目前还没有文献进行资源误置引致的福利测算。第二，对要素产出弹性的估计不同。与使用 Olley 和 Pakes（1996）方法（如余淼杰，2010；聂辉华和贾瑞雪，2011）及 Levinsohn 和 Petrin（2003）方法（如简泽，2011）相比，本文采用 Wooldridge（2009）更稳健的半参数广义矩估计方法来估计要素产出弹性，该方法同样建立在上述半参数估计方法之上，矫正了要素投入的内生性和联立性问题。[①]第三，对资源误置引致的产出损失测度视角不同。本文运用 Petrin 和 Sivadasan（2011）的

---

① 鲁晓东和连玉君（2012）对生产函数的估计方法做了详细梳理，包括参数和半参数方法。但他们没有提及 Wooldridge（2009）针对 Olley 和 Pakes（1996）以及 Levinsohn 和 Petrin（2003）做出的有效改进。

框架，基于微观企业数据，不需要对要素市场竞争状况做出任何假定，计算的是资源误置引致的福利损失实际大小，而不是从生产率的潜在损失进行推断，因此结论更可靠。

二、研究方法与模型

新古典经济学关于完全竞争市场的假设，为我们提供了一个福利最优的标准情形。通过将现实市场运行状态与假想的完全竞争市场参数对比，可求解福利损失的实际值。企业使用要素的原则是要素的"边际收益"等于要素的"边际成本"，现实市场运行的非完全竞争性，使得要素"边际收益"与"边际成本"出现分离，要素边际净收益不为零，这为测度要素误置引致的福利损失提供了基本思路。基于这个理念，Petrin 和 Sivadasan（2011）分解了总生产率增长（Aggregate Productivity Growth，APG），提出了要素误置引致福利损失的计量框架。

（一）资源误置与总生产率增长

Petrin 和 Levinsohn（2005）提出了一个有别于全要素生产率增长的总生产率增长概念，将其定义为企业最终需求的增长率与要素使用成本增长率的差：

$$\mathrm{APG}(t) \equiv \sum_{i=1}^{N(t)} P_i(t)dY_i(t) - \sum_{i=1}^{N(t)} \sum_{k} W_{ik}(t)dX_{ik}(t) \tag{1}$$

其中，i 为企业标识，t 代表时间，P_i 为 i 企业面临的最终产品价格，Y_i 为 i 企业面临的最终需求，[①] W_{ik} 为 i 企业使用的要素 k 的价格水平，X_{ik} 为 i 企业使用的要素 k 的数量。由于企业最终需求不可观测，最终需求的计算需要借助宏观理论的经济核算公式：最终需求等于产出增加值。

Petrin 和 Levinsohn（2005）将总生产率增长进一步分解为技术效率和资源配置效率：

$$\mathrm{APG} = \sum_i P_i d\omega_i + \sum_i \sum_k \left(P_i \frac{\partial Q_i}{\partial X_k} - W_{ik} \right) dX_{ik} + \sum_i \sum_j \left(P_i \frac{\partial Q_i}{\partial M_j} - P_j \right) dM_{ij} \tag{2}$$

其中，技术效率（TE）部分为 $\sum_i P_i d\omega_i$，ω_i 为企业层面技术水平；余下的部分为资源配置效率。在完全竞争条件下，企业 i 使用要素 X_k，其边际产品价值等于要素的边际成本：

$$\mathrm{VMP}_{ik} \equiv P_i \frac{\partial Q_i}{\partial X_k} = MC_{ik} \tag{3}$$

---

① 企业最终需求 Y_i 与企业产出水平 Q_i 的关系是：$Y_i = Q_i - \sum_j M_{ji}$，$M_{ji}$ 为 j 企业使用 i 企业产品作为中间投入品的数量。

显然，资源配置效率部分的计算需要估算要素的边际产出。若要素的边际产品价值与要素的边际成本相同，资源配置已经达到最优状况，要素的任何调整都不可能带来帕累托改进。要素的边际产品价值与边际成本不一致，可以用来计算资源误置带来的福利损失。总生产率增长的分解及要素边际产出的估算是测度资源误置引致福利损失的前提。

（二）资源误置与产出增长缺口

以劳动要素为例，劳动要素总量一定，劳动力从企业 i 向企业 j 的流动带来的产值变动为：

$$\Delta output = P_j \frac{\partial Q_j}{\partial L} dL - P_i \frac{\partial Q_i}{\partial L} dL \tag{4}$$

Petrin 和 Sivadasan（2011）证明，在其他情况不变的情况下，调整单位劳动力的使用带来的平均总生产率增长在数值上等于劳动的边际产品价值与工资率的差额。于是 N 个企业中劳动力的流动带来的平均潜在产出缺口[①] 可以定义为：

$$\Delta \overline{Q_{gap}} = \frac{1}{N} \sum_{i=1}^{N} \left| P_i \frac{\partial Q_i}{\partial L} - W_i \right| dL \tag{5}$$

其中，W_i 为劳动的工资率。若劳动力从高效率企业向低效率企业流动，产出会降低，而这部分损失的产出也是福利的损失，因此式（5）采用了绝对值形式。本文将这个绝对产出缺口作为福利损失的衡量标准。该方法的主要优点在于，它不需要对要素市场进行完全竞争的假定，而这个假定是许多文献进行实证的基础。

（三）生产函数的估计：Wooldridge（2009）半参数矩估计方法

沿用文献传统的分析方法，本文从经典的柯布—道格拉斯（Cobb–Douglas）生产函数[②]开始：

$$Q_{it} = e^{\varepsilon_a} L_{it}^{\beta_l} K_{it}^{\beta_k} M_{it}^{\beta_m} V_{it}^{\beta_v} \tag{6}$$

其中，i 为企业标识，t 代表时间，L、K、M、V 分别代表劳动力、资本、中间投入品和企业购买的中间服务，相应的 β 值为各要素的产出弹性，e^{ε_a} 为技术水平。两边取自然对数可得：

$$q_{it} = \beta_l l_{it} + \beta_k k_{it} + \beta_m m_{it} + \beta_v v_{it} + \varepsilon_{it} \tag{7}$$

其中，小写字母表示各变量的对数值。为了矫正不可观测的企业生产率带来的内生性和联立性问题，我们采用了基于 Olley 和 Pakes（1996）以及 Levinsohn 和 Petrin（2003）

---

① 本文定义产出缺口为实际产出与要素达到帕累托最优配置情形下产出之间的差额。
② 经典的柯布—道格拉斯（Cobb–Douglas）生产函数是实证产业组织领域常用的简单生产函数，本文采用该生产函数主要是因为建立在企业异质性生产率上的柯布—道格拉斯生产函数，更好地描绘了企业的生产决策过程，数据包络分析等其他参数或非参方法则掩盖了企业决策过程。本文又采用企业层面数据，因而测度的生产率更加精准。

方法的 Wooldridge（2009）修正范式，并用更可靠的广义矩估计法进行回归。[①]

企业具有异质性的生产率，残差部分可以分解为不可观测的企业生产率（ω_{it}）和独立同分布的残差序列（ξ_{it}）：$\varepsilon_{it} = \omega_{it} + \xi_{it}$。按照 Levinsohn 和 Petrin（2003），企业生产率 ω_{it} 可表示为资本投入与中间投入品的函数形式：$\omega_{it} = g(k_{it}, m_{it})$；企业的创新水平被定义为：$a_{it} = \omega_{it} - E(\omega_{it}|\omega_{it-1})$；滞后状态变量 k_{it} 和滞后的代理变量 m_{it} 被认为与企业当期创新水平无关，所以：

$$E(\omega_{it}|k_{it}, l_{it-1}, v_{it-1}, m_{it-1}, \cdots, l_1, v_1, m_1) = E(\omega_{it}|\omega_{it-1}) \equiv f[g(k_{it-1}, m_{it-1})] \tag{8}$$

于是，式（7）可以改写为：

$$q_{it} = \beta_l l_{it} + \beta_k k_{it} + \beta_m m_{it} + \beta_v v_{it} + f[g(k_{it-1}, m_{it-1})] + u_{it} \tag{9}$$

其中，$u_{it} = a_{it} + \varepsilon_{it}$。按照 Wooldridge（2009），式（9）参数的估计由以下矩条件得到：

$$E(u_{it}|k_{it}, l_{it-1}, v_{it-1}, m_{it-1}, \cdots, l_1, v_1, m_1) = 0$$

本文采用二阶多项式近似估计 $f[g(k_{it-1}, m_{it-1})]$，并用劳动力（l_{it}）和企业购买的中间服务变量（v_{it}）的一阶、二阶滞后项，中间投入变量（m_{it}）的二阶滞后项作为工具变量，以获得要素产出弹性的稳健估计。

（四）要素边际产出计算及产出缺口的平减

要素边际产出可以通过生产函数对要素求偏导得到。以劳动要素为例，由式（6）可得：

$$\partial Q_{it}/\partial L = \beta_l e^{\varepsilon_{it}} L_{it}^{\beta_l-1} K_{it}^{\beta_k} M_{it}^{\beta_m} V_{it}^{\beta_v} = \beta_l Q_{it}/L_{it} \tag{10}$$

产品价格乘以要素的边际产出即为要素的边际产品价值，给定要素的价格水平，可以得到劳动要素的绝对产出缺口为：

$$Q_{gap}^L = |P_{it} \partial Q_{it}/\partial L - P_L| \tag{11}$$

其中，P_{it} 为产品价格，本文用工业品出厂价格指数代替；P_L 为劳动力价格，本文用总劳动力成本除以劳动力数量近似得到。同理，可以得到其他要素的产出缺口水平。

为了剔除物价水平的影响，我们用消费者价格指数（CPI）和国内生产总值平减指数分别对式（11）进行平减，最终得到劳动要素的绝对产出缺口真实值为：

$$Q_{real\_gap}^L = |P_{it} \partial Q_{it}/\partial L - P_L|/(CPI \text{ or } GDP\_deflator) \tag{12}$$

---

① 目前，国内学者在采用 Olley 和 Pakes（1996）或 Levinsohn 和 Petrin（2003）方法估计生产率时，大都直接采用两种方法的估计程序，运用 Wooldridge（2009）方法的则较少，国外学者则逐渐开始采用更为稳健的 Wooldridge（2009）估计方法，如 Petrin 等（2011）。

三、数据与变量

（一）数据来源及样本处理

本文数据来源于国泰安中国非上市公司数据库，因 2007 年后该数据库没有提供关于中间投入、支付工人工资及福利数据，故本文选用样本区间为 1998~2007 年。该数据库涵盖 41 个工业行业的大型生产企业（销售额大于 500 万元）的基本情况。本文以中国制造业为研究对象，选取两位数代码为 13~43 的产业。[①]

数据缺失值的处理。第一，该数据库中没有提供 2004 年各企业的总产值数据，本文的处理方式是采用 2005 年和 2006 年的数据均值代替；第二，部分样本在 t−1 年份出现，t 年份消失，又在 t＋1 年份再次出现，本文采用缺失年份前一年与后一年的数据平均值代替缺失值。

对缺失值数据处理后，数据库中还存在一些不合理数据。本文剔除了一些缺失及不符合逻辑的观测值，标准如下：①剔除行业代码、年平均固定资产净值、工业中间投入缺失的观测值；②剔除关键指标不符合逻辑的观测值，如应付工资总额小于 0、工业中间投入小于 0、工业中间投入大于总产值、本年折旧大于累计折旧的样本；③剔除职工人数少于8 个的微型企业样本。

经过上述剔除程序、技术上补齐缺失数据后，最终得到近 104 万个有效观测值。

（二）变量设定与讨论

本文运用各类平减指标对相应数据进行真实值处理，基期年份为 1998 年，处理方式如下：

企业总产值数据（Q_{it}）用两位数代码制造业工业品出厂价格指数计算，数据来源于各年《中国统计年鉴》。劳动力人数（L_{it}）由"就业职工数量"表示，劳动力成本数据由"支付工人工资"及"支付工人福利"两部分计算，并采用"制造业平均实际工资指数"计算真实值，该指数来源于《中国劳动统计年鉴》。资本存量的计算采用永续盘存法：$K_{it} = K_{it-1} + I_{it} - D_{it}$。沿用赖俊平（2012）的处理思路，初始资本存量 K_{il} 按照企业首次出现在数据库中的平均固定资产净值确定；[②] 投资额 I_{it} 采用相邻年份企业固定资产原值的差额代替；D_{it} 为

---

① 其中，代码 39 没有对应的产业。

② 本文采用的是一个非平衡面板企业级数据，企业进退市场行为较频繁，在基年并不是所有样本企业都存在。因此，按照企业首次出现在数据库中的平均固定资产净值确定企业的初始资本是一种合理的处理方式。

折旧，可以直接在数据库中获取。资本存量用固定资产价格指数平减，[①] 该指数来源于国际货币基金组织（IMF）。中间投入品数据（M_{it}）用"工业中间投入"代理，并使用原材料购进价格指数进行平减，该指数来源于《中国统计年鉴》。企业购买的中间服务（V_{it}）数据来自"营业费用"[②]，具体包括运费、装卸费、包装费、保险费、展览费和广告费等。此处用各年度国内生产总值平减指数（GDP deflator）对其进行平减。

四、实证结果

本节采用中国制造业企业数据，估计了两位数代码行业的要素产出弹性，计算了各要素的边际产出，并对劳动要素配置扭曲带来的福利损失进行测度。[③]

（一）细分产业要素的产出弹性

本文采用了基于参数估计的面板固定效应方法和基于半参数估计的 Wooldridge（2009）方法来估计要素产出弹性，[④] 同时也验证结果是否稳健。在面板固定效应方法下，控制了截面效应和时间效应后，制造业总体层面劳动产出弹性约为 0.085，资本产出弹性约为 0.095；中间投入品产出弹性较高，达到了 0.729，中间服务的产出弹性为 0.057；Wooldridge（2009）方法下估计的劳动和资本产出弹性分别为 0.047 和 0.055，中间投入品与中间服务的产出弹性分别为 0.747 和 0.052。本文中间投入品产出弹性的估计结果系统地高于余淼杰（2010）的结果，可能是因为两文所使用的数据库不同。本文使用的样本仅仅是非上市公司，加工型企业占比较高，因此得到较高的中间投入产出弹性不足为奇。同时，我们还发现，对制造业企业来说，购买的中间服务也是非常重要的要素之一，而这个要素在以制造业为研究对象的文献中却一直被忽略。

（二）细分产业要素的边际产出

企业的要素边际产出越高，越表明要素被较少地配置到了该企业；相反，企业的要素边际产出越低，越说明该要素可能过度配置。估计出要素的产出弹性后，根据式（10）

---

① 我们对固定资产价格指数按照基期年进行调整，从而得到按照基期年不变价格的固定资产净值，这种处理方式与李小平等（2007）的方法具有内在一致性，感谢匿名审稿人此处提出的宝贵意见。

② 新会计准则下，营业费用科目变为销售费用，但指代内容不变，本文认为这一科目可以很好地代表制造业企业购买中间服务的支出。对制造业来说，核心业务为产品生产，视销售费用为要素投入之一是合理的。

③ 因数据限制无法获取企业层面的资本使用成本、中间投入品价格及购买的中间服务价格，此处只能估算劳动要素扭曲配置带来的福利损失。

④ 限于篇幅，两种估计方法下细分两位数代码产业各要素投入的产出弹性系数具体值详见《经济研究》网站（www.erj.cn）工作论文：WP422。

可以计算各要素的边际产出。我们计算了面板固定效应方法下各细分产业、各要素的边际产出。[①] 实证结果表明，四种要素投入的边际产出均为正值，表明各要素投入还没有出现"过剩"状态。

表1报告了采用 Wooldridge（2009）方法估计的各要素边际产出。我们发现，矫正了企业不可观测的生产率带来的内生性和联立性问题后，得到的要素边际产出结果系统性降低，但这并未改变面板固定效应方法下得到的基本结论。要素的边际产出在产业间的差异略有降低，但仍非常明显。总体上看，劳动要素与中间服务要素可能配置过低，而资本与中间投入品要素则配置相对较多。企业要素使用结构的合理变动也将带来产出的增加。

表1　两位数代码产业要素边际产出估计结果：Wooldridge（2009）方法

产业代码	产业名称	$\frac{\partial Q}{\partial L}$	$\frac{\partial Q}{\partial K}$	$\frac{\partial Q}{\partial M}$	$\frac{\partial Q}{\partial V}$	观测值
—	制造业整体	17.227	0.272	5.906	22.080	898774
13	农副食品加工业	26.735	0.204	5.243	10.496	64380
14	食品制造业	10.823	0.153	4.311	12.007	25349
15	饮料制造业	6.712	0.520	7.787	17.363	17783
17	纺织业	11.301	0.335	4.025	31.198	85409
18	纺织服装、鞋、帽制造业	28.249	0.577	3.741	29.256	51007
19	皮革、毛皮、羽毛（绒）及其制品业	21.887	0.323	11.147	17.533	25985
20	木材加工及木竹藤棕草制品业	15.119	0.137	4.446	19.455	24310
21	家具制造业	17.495	0.296	3.017	17.932	13654
23	印刷业和记录媒介的复制	10.154	0.147	4.371	23.239	17184
24	文教体育用品制造业	25.669	0.554	1.894	18.521	14107
25	石油加工、炼焦及核燃料加工业	21.807	3.636	3.366	11.437	7800
26	化学原料及化学制品制造业	20.015	0.268	8.218	13.963	80940
27	医药制造业	1.350	0.178	7.926	29.637	22509
29	橡胶制品业	8.235	0.019	6.358	14.622	12647
30	塑料制品业	23.473	0.189	3.271	18.048	50387
31	非金属矿物制品业	2.000	0.041	5.901	18.474	88923
33	有色金属冶炼及压延加工业	44.270	0.786	3.757	20.625	20312
34	金属制品业	15.304	0.175	5.814	17.253	57146
35	通用设备制造业	0.329	0.134	5.569	17.428	78731
39	电气机械及器材制造业	13.453	0.251	8.803	17.765	50057
40	通信设备、计算机及其他电子设备制造业	58.185	0.147	13.287	81.419	42020
41	仪器仪表及文化、办公用机械制造业	25.172	0.188	5.515	27.373	18971
42	工艺品及其他制造业	26.055	0.017	2.389	11.900	20646
43	废弃资源和废旧材料回收加工业	3.729	0.853	0.955	10.422	8517

注：本表中数据单位为 1998 基期年的 1000 元。

[①] 限于篇幅，要素边际产出具体值详见《经济研究》网站（www.erj.cn）工作论文：WP422。

从制造业整体来看，劳动力与中间服务的边际产出分别为 17.227 和 22.080，说明增加一单位劳动和中间服务投入，带来的年均产出将分别增长 17227 元和 22080 元，高于资本与中间投入品的边际产出值。与王德文等（2004）估计的 1999~2001 年劳动的边际产出相比，本文的结果有普遍增大趋势，说明制造业中劳动力要素使用正在减少。我们分析了本文样本数据，发现制造业单个企业平均从业人数由 1998 年的 347 人逐年降至 2007 年的平均 220 人，印证了上述推论；资本和中间投入品的边际产出分别为 0.272 和 5.906。从细分行业来看，劳动要素与企业购买的中间服务要素对产出的贡献率也普遍大于资本与中间投入品的贡献率。要素的边际产出因行业而异，具有较明显的异质性。要素的边际产出在产业间的差异表明，要素在产业间的流动再配置可以带来产出水平的增加。

（三）福利损失：劳动要素的产出缺口

要素的边际产出可以在一定程度上反映资源的配置情况，但如果不考虑要素使用的边际成本，得到的结论可能不能反映利润最大化约束下的企业资源配置行为。比如，我们观测到要素在某行业的边际产出较高，得出该要素配置水平过低的结论。但如果该行业使用要素的边际成本也较高，企业使用该要素得到的边际净收益可能较低，甚至为零，从企业最优决策出发并不能得到该要素配置过低的结论。于是，需要进一步考察单位要素投入带来的边际净收益，即本文定义的产出缺口，可以看作福利损失的计量。

表 2 给出了基于式（12）并经过指数平减的绝对产出缺口真实值计算结果。对绝对产出缺口真实值的计算，除了运用两种不同的计量方法外，本文还选择了消费者价格指数（CPI）和 GDP 平减指数两个指标计算产出缺口的真实值。两种方法、两类指数下得到的结果具有一致性，表明估计结果十分稳健。

表 2　劳动要素绝对产出缺口真实值估计结果

产业代码	产业名称	面板固定效应方法		Wooldridge（2009）方法	
		CPI 平减	GDP 平减	CPI 平减	GDP 平减
—	制造业整体	26.117	23.379	13.426	12.041
13	农副食品加工业	40.085	35.941	24.139	21.643
14	食品制造业	18.567	16.663	7.557	6.781
15	饮料制造业	24.636	22.169	4.586	4.123
16	烟草制品业	31.955	29.089	(n.a.)	(n.a.)
17	纺织业	23.702	21.159	8.438	7.531
18	纺织服装、鞋、帽制造业	20.974	18.929	22.104	19.947
19	皮革、毛皮、羽毛（绒）及其制品业	18.268	16.411	17.574	15.788
20	木材加工及木竹藤棕草制品业	20.436	18.234	11.693	10.432
21	家具制造业	19.583	17.527	13.661	12.229
22	造纸及纸制品业	27.983	25.122	(n.a.)	(n.a.)
23	印刷业和记录媒介的复制	20.475	18.423	6.652	5.987
24	文教体育用品制造业	21.526	19.334	18.964	17.035

产业代码	产业名称	面板固定效应方法		Wooldridge (2009) 方法	
		CPI 平减	GDP 平减	CPI 平减	GDP 平减
25	石油加工、炼焦及核燃料加工业	38.647	34.567	32.155	28.799
26	化学原料及化学制品制造业	34.849	31.157	18.101	16.178
27	医药制造业	23.684	21.287	1.352	1.219
28	化学纤维制造业	34.254	30.615	(n.a.)	(n.a.)
29	橡胶制品业	22.439	20.067	5.472	4.886
30	塑料制品业	29.684	26.596	19.809	17.751
31	非金属矿物制品业	18.913	16.901	1.477	1.327
32	黑色金属冶炼及压延加工业	44.760	39.912	(n.a.)	(n.a.)
33	有色金属冶炼及压延加工业	45.990	40.954	43.362	38.698
34	金属制品业	22.530	20.198	11.516	10.324
35	通用设备制造业	20.007	17.796	1.717	1.534
36	专用设备制造业	23.234	20.728	(n.a.)	(n.a.)
37	交通运输设备制造业	21.343	19.120	(n.a.)	(n.a.)
39	电气机械及器材制造业	30.723	27.113	9.659	8.514
40	通信设备、计算机及其他电子设备制造业	31.898	28.872	28.482	25.785
41	仪器仪表及文化、办公用机械制造业	24.415	22.287	17.347	15.829
42	工艺品及其他制造业	19.258	17.233	20.739	18.542
43	废弃资源和废旧材料回收加工业	16.787	15.434	3.057	2.790

注：本表中数据单位为 1998 基期年的 1000 元。

以 Wooldridge (2009) 方法的稳健估计结果为例。数据显示，对制造业整体来说，劳动力向"正确"的方向流动一单位，[①] 将给每个企业平均带来 12041 元（GDP 平减结果）至 13426 元（CPI 平减结果）的福利改善，大致相当于企业平均产出增加值的 0.06%；具体到各细分产业，劳动要素扭曲的福利损失存在较大差异。表 2 最后一列显示，医药制造业（产业代码：27）劳动要素配置扭曲程度最小，劳动力向"正确"方向流动一单位带来的福利仅有 1219 元；有色金属冶炼及压延加工业（产业代码：33）的劳动要素配置扭曲程度最大，单位劳动力配置优化带来的福利高达 38698 元。

以上结论总体上说明，各产业的劳动力资源配置还存在较大程度的扭曲，矫正劳动资源配置的扭曲可以带来较大的福利水平改善。而且，根据表 2 的结果，我们还可以大致判断劳动要素如何在产业间分配更有效率，劳动要素从产出缺口低的产业流向产出缺口高的产业会提升总体福利。

---

① 根据式（12），我们的结果为要素产出缺口的绝对值。事实上，存在要素边际产品价值低于劳动工资率的情形，此时产出缺口为负。对产出缺口为正的要素而言，要素"正确"流动方向指的是增加该要素的使用；对产出缺口为负的要素，"正确"流动方向是减少该要素的使用。

（四）产业内与产业间劳动要素误置状况的演变

上述分析证明了劳动要素扭曲配置的事实，但我们更感兴趣的是，近年来劳动要素误置状况是有所改善还是进一步恶化？我们观测到每个产业中企业的劳动要素产出缺口存在差异，如果这种差异越来越大，越说明劳动要素在产业内的配置水平恶化；相反，如果这种差异越来越小，越说明产业内劳动要素的配置得到优化。类似地，产业间劳动要素的误置同样可以用产业间劳动要素产出缺口的波动性来衡量。为此，我们计算了各细分行业、各年度产出真实缺口的标准差，跟踪产业内劳动要素误置的演变情况。表3报告了劳动要素绝对产出缺口真实值的波动情况。

表 3　劳动要素绝对产出缺口真实波动性

产业代码 \ 年份	各年度劳动产出缺口真实值的标准差									
	1998	1999	2000	2001	2002	2003	2004	2005	2006	2007
制造业整体	9.963	15.165	16.740	17.609	18.527	19.168	21.697	22.205	24.895	25.644
13	12.344	16.761	19.993	20.813	22.401	23.231	27.068	28.553	30.664	32.622
14	2.797	6.384	8.666	8.525	8.234	9.403	11.099	12.636	15.174	15.399
15	5.485	6.248	6.204	6.591	6.525	7.213	9.842	9.557	10.436	11.672
17	2.252	6.385	8.578	9.061	10.799	10.535	11.379	12.216	14.274	14.443
18	19.655	23.468	21.913	21.938	21.447	21.864	21.551	23.833	26.577	27.068
19	7.504	17.558	18.174	21.392	21.371	22.889	23.682	24.383	26.688	27.413
20	8.672	10.556	11.403	12.579	11.472	11.907	13.464	15.089	17.971	19.002
21	8.904	13.938	10.576	11.395	12.942	13.410	14.983	15.121	18.111	21.197
23	3.039	5.420	6.810	8.392	8.728	9.096	7.159	9.872	12.343	12.584
24	6.476	18.696	17.970	17.902	17.993	19.664	22.384	21.763	24.389	24.205
25	10.315	21.808	25.980	29.885	32.406	34.622	40.946	40.105	43.284	43.910
26	7.442	12.774	14.543	17.420	17.981	19.703	23.755	24.651	27.539	28.641
27	0.404	0.583	1.007	0.634	0.767	0.812	1.939	2.403	1.997	2.097
29	0.851	4.263	4.617	5.971	6.324	7.101	10.873	9.770	11.291	12.536
30	10.324	15.830	18.538	18.218	19.043	20.173	22.409	22.901	26.138	26.925
31	0.312	0.853	1.008	1.066	1.368	1.592	2.676	2.550	3.243	3.653
33	7.555	24.623	26.629	28.175	30.112	34.490	40.321	42.436	47.707	47.844
34	7.849	9.658	11.645	13.230	13.176	14.870	16.700	17.608	20.186	20.512
35	0.090	0.165	0.176	0.196	0.222	0.265	0.303	0.312	0.379	0.440
39	1.065	2.119	1.019	1.365	6.947	10.132	13.074	13.831	17.879	17.491
40	12.094	23.090	24.178	25.000	26.718	35.918	38.537	34.883	36.485	35.378
41	27.011	25.768	27.702	27.354	27.150	20.679	20.565	21.156	23.935	24.093
42	15.446	26.102	25.384	26.539	29.428	23.326	22.656	25.101	27.549	29.809
43	0.708	2.178	3.477	3.262	3.184	27.872	24.598	24.093	23.803	21.762
产业间标准差	6.515	8.683	9.015	9.453	9.739	10.189	10.994	10.824	11.611	11.631

注：该标准差的计算根据 Wooldridge（2009）方法，并在 CPI 折算下得到的产出缺口真实值计算得出。

产业内劳动要素资源配置水平的变化可以从该产业的年度波动情况来考察。表3数据显示，无论从制造业整体还是各细分行业来看，考察期内，劳动产出缺口真实值的标准差都有系统性增大趋势。这证明，产业内的劳动要素资源误置情况不但没有得到改善，反而进一步恶化。从产业间产出真实缺口的标准差来看，其值从1998年的6.515逐年上升至2007年的11.631，也呈增大趋势，表明考察期内制造业细分产业间的劳动要素配置水平也在下降。

标准差的波动从一定意义上只能反映产业内或产业间劳动要素产出缺口的发散性，如果劳动要素产出缺口真实值同时也在变大，则可以印证劳动资源配置水平降低这一论断。接下来，我们计算了各行业、各年度劳动产出缺口的真实值。表4详细报告了制造业整体与细分产业数据。从制造业整体来看，劳动产出缺口的真实值1998年平均为4.382，即劳动要素向"正确"方向流动一单位，只能给每个企业平均带来4382元的福利；劳动产出缺口的真实值逐年增大，2007年达到16.648，表明每单位劳动要素向高效率企业流动带来的平均福利高达16648元。本文结论与王德文等（2004）的结论具有一致性，王德文等（2004）的结论显示1999~2001年，中国工业企业劳动的边际产值不等于工资率，而且两者之间还存在扩大的趋势。

表4 劳动要素绝对产出缺口真实值的年度变化情况

产业代码＼年份	各年度劳动产出缺口真实值的均值									
	1998	1999	2000	2001	2002	2003	2004	2005	2006	2007
制造业整体	4.382	7.838	9.211	10.031	10.863	11.146	13.108	13.477	15.515	16.648
13	8.103	11.939	14.805	16.650	18.537	19.701	25.519	25.464	28.083	31.135
14	1.834	3.458	4.403	4.839	5.534	6.025	7.462	7.878	9.576	10.484
15	2.273	2.416	2.666	2.980	3.168	3.499	5.052	4.894	5.915	6.709
17	1.412	3.899	5.110	5.698	6.589	6.610	7.712	8.326	9.793	10.775
18	17.506	19.990	19.929	19.723	19.264	19.815	20.393	21.432	24.082	25.576
19	7.171	12.644	13.697	15.082	15.464	15.867	16.155	16.752	19.287	20.811
20	5.032	7.212	7.653	8.147	8.551	8.941	11.063	11.551	13.182	14.881
21	8.180	10.265	9.480	10.063	10.945	11.597	13.172	12.688	15.145	17.122
23	1.900	3.602	4.480	5.002	5.603	5.940	5.948	6.712	7.861	8.552
24	6.194	13.685	15.086	14.924	15.452	16.275	18.547	18.909	21.361	22.605
25	10.115	13.458	18.219	20.486	22.256	25.621	36.482	32.542	38.285	43.335
26	4.225	7.640	9.328	11.282	12.371	13.694	18.742	19.112	22.113	24.145
27	0.697	0.814	0.913	0.954	1.086	1.223	1.332	1.456	1.626	1.638
29	0.744	2.846	3.104	3.528	3.679	4.344	5.220	5.255	6.484	7.532
30	7.029	11.942	14.254	14.722	15.400	16.569	19.693	19.777	22.666	24.248
31	0.705	0.802	0.884	0.983	1.114	1.240	1.352	1.517	1.827	2.001
33	7.478	18.784	21.237	24.980	25.820	30.679	41.025	43.819	54.856	57.122
34	3.670	6.693	7.555	8.474	8.683	9.571	10.852	11.572	13.580	14.581

续表

产业代码 \ 年份	各年度劳动产出缺口真实值的均值									
	1998	1999	2000	2001	2002	2003	2004	2005	2006	2007
35	0.927	0.998	1.102	1.214	1.394	1.560	1.618	1.741	1.914	2.005
39	0.855	1.011	0.804	1.071	4.107	6.851	8.503	8.575	10.831	11.152
40	9.000	18.652	21.002	22.901	25.044	30.400	33.837	29.871	32.445	31.885
41	14.479	16.208	18.341	18.029	18.301	13.324	14.364	16.068	18.089	18.891
42	7.631	16.709	18.230	19.541	22.274	17.503	17.027	19.184	21.644	24.486
43	0.759	1.225	1.428	1.442	1.478	12.588	14.801	13.532	12.566	13.214

注：绝对产出真实缺口根据 Wooldridge（2009）方法，采用 CPI 平减计算得出；单位为 1998 基期年的 1000 元。

为什么随着制造业的增长，劳动要素产出缺口的标准差和均值水平非但没有收敛，反而增大了？一个可能的解释是，劳动力在产业内和产业间的流动性受阻，劳动力流动受阻的主要诱因在于：第一，当前户籍制度限制导致的劳动力流动障碍；第二，垄断性行业劳动力进入的门槛效应。本文结论显示，劳动力产出缺口值较大的行业多为进入门槛高的传统垄断行业，而产出缺口值较小的行业多为进入门槛低的通用制造业。[①] 另一个可能的解释是雇佣关系不利于劳动者。蔡昉（2007）指出，农村劳动力的剩余为工业化提供低廉的劳动力供给，但工资却保持低水平增长。劳动力市场买方垄断特征也使得劳动者被迫接受低工资率水平（王德文等，2004）。因此，劳动要素的边际产品价值增长快于劳动力工资水平增长。

五、稳健性检验

实证结果部分，我们已经采用了面板固定效应方法和 Wooldridge（2009）方法估计要素产出弹性，进而求解要素的边际产出和产出缺口，并同时使用消费者价格指数和国内生产总值平减指数计算劳动产出缺口真实值，得到了稳健、一致的结果。[②] 此处稳健性检验主要针对企业异质性生产率对要素边际产出及产出缺口的影响。

基于 Olley 和 Pakes（1996）以及 Levinsohn 和 Petrin（2003）的 Wooldridge（2009）方法，其内在逻辑表明利润最大化的企业在选择可变要素投入（本文为劳动要素和购买的中

---

① 按照 Wooldridge（2009）的方法，用 CPI 平减的劳动力产出缺口真实值，最大的三个产业是：有色金属冶炼及压延加工业，石油加工、炼焦及核燃料加工业和通信设备、计算机及其他电子设备制造业；最小的三个产业是：医药制造业、非金属矿物制品业和通用设备制造业。

② 我们再次采用超越对数（trans-log）生产函数重估各要素产出弹性，并依此计算要素边际产出及产出缺口，结果没有表现出显著的差异。为节省篇幅，此处没有报告该稳健性检验结果。

间服务要素）时，是在观测到自身生产率 ω_{it} 之后进行的。[①] 因此，要素边际产出及缺口的计算应建立在企业异质性生产率 ω_{it} 之上。给定 $E(\xi_{it}|\omega_{it})=0$，由式（7），企业的异质性生产率可由下式近似得到：

$$\hat{\omega}_{it} = \hat{q}_{it} - (\hat{\beta}_l l_{it} + \hat{\beta}_k k_{it} + \hat{\beta}_m m_{it} + \hat{\beta}_v v_{it})$$

式（10）可以调整为：

$$\frac{\partial Q_{it}}{\partial L}\Big|\omega_{it} = \beta_l e^{\varepsilon_a} L_{it}^{\beta_l-1} K_{it}^{\beta_k} M_{it}^{\beta_m} V_{it}^{\beta_v}\Big|\omega_{it} = \beta_l \frac{Q_{it} e^{\omega_{it}}}{L_{it} e^{\varepsilon_a}}$$

相应地，我们也在企业异质性生产率的基础上调整了劳动要素产出缺口真实值的算法，并重新计算了劳动要素的边际产出、绝对产出缺口真实值。表5报告了企业异质性生产率条件下的要素产出结果，与表1、表2相比，主要结论保持不变，证明我们的结果具有稳健性。

表 5　劳动要素的边际产出、绝对产出缺口真实值：Wooldridge（2009）方法

产业代码	产业名称	$\frac{\partial Q_{it}}{\partial L}\|\omega_{it}$	劳动要素绝对产出缺口真实值	
			CPI 平减	GDP 平减
—	制造业整体	16.120	12.748	11.523
13	农副食品加工业	25.547	22.907	20.654
14	食品制造业	10.106	7.000	6.356
15	饮料制造业	6.220	4.250	3.878
17	纺织业	10.829	8.028	7.226
18	纺织服装、鞋、帽制造业	25.913	20.924	19.075
19	皮革、毛皮、羽毛（绒）及其制品业	20.386	16.553	14.994
20	木材加工及木竹藤棕草制品业	14.349	11.094	9.997
21	家具制造业	16.419	12.860	11.630
23	印刷业和记录媒介的复制	9.523	6.289	5.741
24	文教体育用品制造业	23.954	17.995	16.315
25	石油加工、炼焦及核燃料加工业	21.082	30.573	27.466
26	化学原料及化学制品制造业	19.201	17.178	15.443
27	医药制造业	1.220	1.361	1.224
29	橡胶制品业	7.807	5.108	4.606
30	塑料制品业	22.316	18.823	16.993
31	非金属矿物制品业	1.892	1.449	1.305
33	有色金属冶炼及压延加工业	42.487	41.434	37.141
34	金属制品业	14.637	10.906	9.858
35	通用设备制造业	0.317	1.729	1.543

[①] 如 Olley 和 Pakes（1996）以及 Levinsohn 和 Petrin（2003）指出的那样，企业异质性生产率 P_i 部分只有企业自己可以观测（意识）到，而计量经济学家是无法观测到的。

续表

产业代码	产业名称	$\dfrac{\partial Q_{it}}{\partial L}\mid \omega_{it}$	劳动要素绝对产出缺口真实值	
			CPI 平减	GDP 平减
39	电气机械及器材制造业	12.832	9.129	8.073
40	通信设备、计算机及其他电子设备制造业	51.141	27.227	24.993
41	仪器仪表及文化、办公用机械制造业	23.293	16.297	15.055
42	工艺品及其他制造业	24.228	19.505	17.549
43	废弃资源和废旧材料回收加工业	3.632	2.868	2.627

注：本表中数据单位为 1998 基期年的 1000 元。

六、结论与启示

关于要素市场扭曲的研究，长久以来都是从生产率视角开展，因而难以窥视要素扭曲配置带来的产出和福利效应。对资源误置引致福利损失的测度是判定要素市场扭曲的直接证据。本文选取 1998~2007 年中国制造业微观企业数据，在 Petrin 和 Sivadasan（2011）的分析框架下，对中国制造业的劳动要素扭曲配置状况及其福利损失进行了直接计量和测度。值得思考的是，本文发现制造业企业购买的中间服务也是非常重要的投入要素之一，而这个要素在以制造业为研究对象的文献中却一直被忽略。因遗漏变量问题导致生产函数的有偏估计问题应引起注意。

本文研究结果表明：①与帕累托最优配置状态相比，劳动要素在制造业两位数代码产业内、产业间均存在着不同程度的配置扭曲，矫正劳动资源配置的扭曲可以带来较大的福利水平改善。②从福利角度来衡量，制造业整体层面劳动要素向"正确"的方向流动一单位，将给每个企业平均带来 12041~13426 元的福利改善。各产业因要素调整带来的福利改善程度有较大差异。③从劳动要素资源配置状况的演变来看，样本考察期间，劳动要素误置情况不但没有得到改善，反而进一步恶化，这表现在，劳动要素产出缺口真实值的标准差与均值逐年呈系统性增大趋势。

本文的研究对于产业内资源配置的优化与自由要素市场的构建具有重要的理论和现实意义。第一，本文估算了各产业中劳动要素向"正确"方向调整一单位带来的福利改善水平，为要素在产业间合理的流动方向提供了经验证据。第二，本文表明劳动要素配置水平逐年降低，因此需要重新审视和反思中国制造业中劳动力过剩与误置并存的矛盾。金融危机后，劳动力大量撤离制造业，外部表现为劳动力过剩，事实上劳动力可能是因为产业内和产业间的流动障碍而无法回流到制造业。因此，构建自由的要素市场对于中国制造业的发展意义重大，本文的结果提供了直接证据。

本文虽然尝试做了各种稳健措施以保证结果的可靠性，但难免存在一些局限。本文只估计了劳动要素扭曲配置问题，不能代表其他要素的扭曲配置情况。因数据可获性问题，无法计量资本、中间投入品及购买的中间服务等资源错配引致的福利问题，但我们的思路和框架同样适用于这些投入要素的分析，这将是我们未来研究的内容之一。

参考文献

［1］蔡昉. 中国劳动力市场发育与就业变化［J］. 经济研究，2007（7）.

［2］简泽. 从国家垄断到竞争：中国工业的生产率增长与转轨特征［J］. 中国工业经济，2011（11）.

［3］赖俊平. 市场竞争程度与中国工业生产率分布变化［J］. 产业经济研究，2012（1）.

［4］李平，简泽，江飞涛. 进入退出、竞争与中国工业部门的生产率［J］. 数量经济技术经济研究，2012（9）.

［5］李小平，卢现祥. 中国制造业的结构变动和生产率增长［J］. 世界经济，2007（5）.

［6］鲁晓东，连玉君. 中国工业企业全要素生产率估计：1999~2007［J］. 经济学（季刊），2012（2）.

［7］罗德明，李晔，史晋川. 要素市场扭曲、资源错置与生产率［J］. 经济研究，2012（3）.

［8］聂辉华，贾瑞雪. 中国制造业企业生产率与资源误置［J］. 世界经济，2011（7）.

［9］盛誉. 贸易自由化与中国要素市场扭曲的测定［J］. 世界经济，2005（6）.

［10］涂正革，肖耿. 中国的工业生产力革命——用随机前沿生产模型对中国大中型工业企业全要素生产率增长的分解及分析［J］. 经济研究，2005（3）.

［11］王德文，王美艳，陈兰. 中国工业的结构调整、效率与劳动配置［J］. 经济研究，2004（4）.

［12］谢千里，罗斯基，张轶凡. 中国工业生产率的增长与收敛［J］. 经济学（季刊），2008（3）.

［13］姚战琪. 生产率增长与要素再配置效应：中国的经验研究［J］. 经济研究，2009（11）.

［14］余淼杰. 中国的贸易自由化与制造业企业生产率［J］. 经济研究，2010（12）.

［15］袁堂军. 中国企业全要素生产率水平研究［J］. 经济研究，2009（6）.

［16］曾先峰，李国平. 资源再配置与中国工业增长：1985~2007年［J］. 数量经济技术经济研究，2011（9）.

［17］张军，陈诗一，Jefferson G. H. 结构改革与中国工业增长［J］. 经济研究，2009（7）.

［18］赵自芳，史晋川. 中国要素市场扭曲的产业效率损失［J］. 中国工业经济，2006（10）.

［19］Baily M., C. Hulten, D. Campbell. Productivity Dynamics in Manufacturing Plants［J］. Brookings Papers on Economic Activity：Microeconomics，1992（4）：187–267.

［20］Griliches Z., H. Regev. Productivity and Firm Turnover in Israeli Industry：1979–1988［J］. Journal of Econometrics，1995，65（1）：175–203.

［21］Hsieh C. T., J. P. Klenow. Misallocation and Manufacturing TFP in China and India［J］. Quarterly Journal of Economics，2009，124（4）：1403–1448.

［22］Levinsohn J., A. Petrin. Estimating Production Functions Using Inputs to Control for Unobservables［J］. Review of Economic Studies，2003，70（2）：317–341.

［23］Olley S., A. Pakes. The Dynamics of Productivity in the Telecommunications Equipment Industry［J］. Econometrica，1996，64（6）：1263–1297.

［24］Petrin A., J. Levinsohn. Measuring Aggregate Productivity Growth Using Plant–Level Data［J］. NBER Working Paper，No：11887，2005.

［25］Petrin A., J. Sivadasan. Estimating Lost Output from Allocative Inefficiency, with an Application to

Chile and Firing Costs [R]. Working Paper, University of Minnesota, 2011.

[26] Petrin A., T. K. White, J. P. Reiter. The Impact of Plant Level Resource Reallocations and Technical Progress on U.S. Macroeconomic Growth [J]. Review of Economic Dynamics, 2011, 14 (1): 3–26.

[27] Wooldridge J. On Estimating Firm-level Production Functions Using Proxy Variables to Control for Unobservables [J]. Economic Letters, 2009, 104 (3): 112–114.

Resources Misallocation and Welfare Loss of Manufacturing Industry in China

Yang Zhen   Chen Yongjun

(Business School of Renmin University of China, Beijing   100872)

Abstract: Measurement of the welfare loss due to resources misallocation can serve as direct evidences that input market is distorted. In this paper, welfare loss due to resources misallocation is defined as the gap of actual output and potential output under Pareto optimal allocation, namely output gap. Based on micro firm level data of Chinese manufacturing industries over the period 1998–2007, we show the existence of labor misallocation, and then calculate the welfare loss aroused by labor misallocation. Results indicate that, labor inputs are misallocated within and between two-digit industries, but this varies from industry to industry. For the whole manufacturing industry, averagely, one unit move in the correct direction for labor inputs would increase output by 12041 to 13426 Yuan per firm. During the research period, the revenue of marginal product of labor grows faster than that of wage rates, which means the distorted labor allocation is getting worse. The results have profound implications on the optimization of resources between and within industries, and on the construction of free resource market.

Key words: Manufacturing industry; Resources misallocation; Output gap; Welfare measurement

中国战略性新兴产业集聚度变动的实证研究 *

刘 艳

（中国社会科学院数量经济与技术经济系　100732）

【摘 要】战略性新兴产业是以重大技术突破和重大发展需求为基础，对国家经济全局和长远发展具有重大引领带动作用，知识技术密集、物质资源消耗少、成长潜力大和综合效益好的产业。本文在梳理了战略性新兴产业的概念内涵、行业分类标准的界定、发展评价模型的设定和反映竞争力水平的集聚度之后，依据《国民经济行业分类标准》分析了战略性新兴产业归属的依托行业，在此基础上利用产业集聚度指数（EG 指数）从时间、产业及地理 3 个维度对战略性新兴产业依托部门的演进态势及其特征进行了细致研究。结果显示：我国战略性新兴产业的总体集聚度水平低；战略性新兴产业空间结构表现出产业集聚和扩散两者并存的特性；经济发达的沿海省市是战略性新兴产业的集聚地。

【关键词】战略性新兴产业；产业集聚；集聚水平

引 言

2010 年 9 月 8 日，国务院常务会议审议并通过了《国务院关于加快培育和发展战略性新兴产业的决定》（以下简称《决定》）。会议指出："加快培育和发展以重大技术突破、重大发展需求为基础的战略性新兴产业，对于推进产业结构升级和经济发展方式转变，提升我国自主发展能力和国际竞争力，促进经济社会可持续发展，具有重要意义。"培育和发展战略性新兴产业已纳入《国民经济和社会发展第十二个五年规划纲要》（以下简称《纲要》）中。《纲要》指出，要"以重大技术突破和重大发展需求为基础，促进新兴科技与新兴产业深度融合，在继续做强做大高技术产业基础上，把战略性新兴产业培育发展成为先

---

* 本文选自《上海经济研究》2013 年第 2 期。

基金项目：本文得到国家自然科学基金的支持（项目号：71273276）。

导性、支柱性产业"。由此，本文在战略性新兴产业相关概念和特性的基础上，利用产业集聚度测量指标，对战略性新兴产业的集聚度进行了实证分析，旨在为准确把握战略性新兴产业现阶段发展状况及为未来发展政策的制定提供良好的现实依据。

一、相关理论和文献回顾

《决定》明确界定了战略性新兴产业的概念："战略性新兴产业是以重大技术突破和重大发展需求为基础，对经济社会全局和长远发展具有重大引领带动作用，知识技术密集、物质资源消耗少、成长潜力大、综合效益好的产业。"

学界对战略性新兴产业的研究也已经有了一定的理论基础。在战略性新兴产业的特征和分类方面：万钢（2010）认为，在战略性新兴产业中，"战略性"是针对结构调整而言的，在国民经济中具有战略地位，对经济社会发展和国家安全具有重大和长远影响，这些产业是着眼于未来的，它必须具有能够成为一个国家未来经济发展支柱产业的可能性；"新兴"主要在于技术的创新和商业模式的创新。周晶、何锦义（2011）在现行的国民经济行业分类框架下，对战略性新兴产业进行了划分和界定，在此基础上利用 2004 年和 2008 年两次经济普查的数据对其增加值进行计算。计算结果显示，2008 年我国战略性新兴产业占 GDP 的比重大约为 5.82%，其中，制造业中战略性新兴产业占 GDP 的比重为 3.33%，服务业中战略性新兴产业占 GDP 的比重为 2.49%。以上研究明确了战略性新兴产业的内涵并详细界定了战略性新兴产业的归属行业。

在战略性新兴产业的形成和发展机理方面：吴传清和周勇（2010）认为，战略性新兴产业应掌握产业关键核心技术，拥有自主知识产权；产业所依赖的技术应是新兴技术，代表最先进的生产力；能体现技术先导性，技术达到一定水平，拥有成熟技术的产业更容易实现规模化发展。战略性新兴产业的选择应置于一定"根基"之上，应在最有基础、最有条件的产业领域率先突破，即要具备一定的产业化能力，已形成一定的产业链，能在较短时间内实现规模化发展。

在明确战略性新兴产业的概念和内涵之后，设计战略性新兴产业的评价体系，构建战略性新型产业发展评价模型，可以对战略性新型产业的发展状况进行全面且系统的评价，从而为战略性新兴产业的未来发展提供决策依据。Andrea Bassanin 和 Stafano Scarpetta（2002）提出了经济合作与发展组织国家（OECD）战略性主导产业选择的基准。Christopher Kask 和 Edward Sieber（2002）提出了美国制造业中战略性主导产业选择的基准。战略性主导产业的选择基准研究也越来越引起我国学术界的高度重视。许多学者基于外国经济学家的观点，结合中国国情加以补充，提出了不同的选择基准和方法。乔芳丽等（2010）在阐述战略性新兴产业内涵、特征及成长关键因素的基础上，分析了战略性新兴产业成长的关键因素，采用德尔菲法构建了包括"产业贡献"和"产业区域竞争力"的战略性新兴产业评价指标体系，并将该评价体系运用于辽宁省战略性新兴产业的评价选择。樊茗玥和赵喜仓（2011）结合钻石理论，由产业资源潜力、产业联动效应、产业竞争能力、产业需求能力及外部影响因素、政府和机会六大指标入手，构建了战略性新兴产业评价指标体系，形成了以产业贡献力和产业成长力为纵横坐标的三维空间评价模型，并以江苏省镇江市为例，对新能源、新材料、电子信息、航空制造和海洋工程五大战略性新兴产业的发展状况进行评价。孟祥芳（2010）设计了包括经济增长潜力、技术创新能力、比较优势、关联带动效应、吸纳就业能力和可持续发展能力六个方面的指标体系并利用层次分析法（AHP）确定了各项指标权重，最后运用该指标体系对天津市的战略性新兴产业选择进行了实证分析。战略性新兴产业发展评价模型的构建为战略性新兴产业的遴选提供了科学依据，同时也是衡量产业发展水平的可行标准。

由发展评价模型遴选出了战略性新兴产业，并评价了其发展水平，然而产业发展水平的集中体现是产业竞争力，体现产业竞争力的一个重要方面是产业集聚度。产业集群能提高本地区产业与其他地区产业相比的竞争力。哈佛大学教授迈克尔·波特认为产业集群是国家产生比较优势的原因。研究战略性新兴产业的竞争力，就必须研究战略性新兴产业的集聚度。

"战略性新兴产业集群是指以战略性新兴产业为核心，相关辅助机构为支撑，在同一产业的地域范围内高度集聚，相互之间存在密切的垂直和水平联系，区域综合竞争力不断提升的企业和相关机构所构成的地域产业综合体"[①]。目前，国内很少有学者对战略性新兴产业集群进行研究。能查阅到的文献只有寥寥数篇：曾刚、肖勤（2006）研究了上海浦东生物医药产业集群的概念、特征、发展历程、发展的外部环境评价和内部机理，分析了生物医药集群创新能力和发展水平的途径。李扬（2010）分析了战略性新兴产业集群的创新发展规律，具体包括战略性新兴产业集群的内涵、创新发展条件、创新发展过程和创新发展政策。发展过程和发展政策均以发展条件为基础，在阐释战略性新兴产业集群一般规律的基础上，对三种典型的战略性新兴产业集群（新能源、新材料、生物医药）进行了比较研究。现有这些研究成果多是定性分析和规范分析。本文将采用定量分析的方法对我国战略性新兴产业的集聚水平进行测定。采用实证研究的方法，收集整理时间序列数据，根据计算结果对战略性新兴产业集群的发展变化做出评估比较。

---

① 李扬，沈志渔. 战略性新兴产业集群的创新发展规律研究 [J]. 经济与管理研究，2010（10）：29-34.

二、战略性新兴产业集聚程度的测定方法

1. 空间基尼系数 (Space Gini Coefficient)

洛伦兹 (M. Lorenz) 在研究居民收入分配时, 创造了揭示社会分配平均程度的洛伦兹曲线。意大利经济学家基尼 (Gini) 依据洛伦兹曲线, 提出了计算收入分配公平程度的统计指标——基尼系数。美国麻省理工学院的经济学教授、著名经济学家保罗·克鲁格曼 (Krugman) 运用洛伦兹曲线和基尼系数测定行业在区域间分配均衡程度时提出空间基尼系数。空间基尼系数是一个衡量产业空间分布均衡性的指标, 其数值可依据 i 区域 j 产业构成的空间洛伦兹曲线进行计算。

产业空间洛伦兹曲线通常表现为一条下凸的曲线, 下凸程度越大说明产业分布越不均衡, 而下凸程度越小说明产业分布越均衡。记洛伦兹曲线与正方形对角线 (完全平等曲线) 围成的面积为 S_A, 下三角形的余下部分面积为 S_B。

令

$$I_s = \frac{q_{ij}}{\sum\limits_{j=1}^{n} q_{ij}}, \quad P_s = \frac{\sum\limits_{i=1}^{n} q_{ij}}{\sum\limits_{i} \sum\limits_{j} q_{ij}}$$

其中, q_{ij} 表示 i 区域 j 产业的产值 (或就业人数); $\sum\limits_{j=1}^{n} q_{ij}$ 是 i 区域的工业总产值 (或区域就业人数); $\sum\limits_{i=1}^{n} q_{ij}$ 是 j 产业的全国工业总产值 (或全国总就业人数); $\sum\limits_{i} \sum\limits_{j} q_{ij}$ 是全国工业总产值 (或全国总就业人数)。根据 P_s 为横轴, I_s 为纵轴建立的洛伦兹曲线计算空间基尼系数:

$$G = \frac{S_A}{S_A + S_B} (0 \leq G \leq 1)$$

洛伦兹曲线下凸程度越小, 空间基尼系数值就越接近于 0 (所有企业规模相等), 说明产业 j 的空间分布与整个工业的空间分布是相匹配的; 反之, 洛伦兹曲线下凸程度越大, 空间基尼系数值就越接近于 1 (独家企业垄断), 说明产业的空间分布与整个工业空间分布不一致, 产业 j 可能集中在一个或几个地区, 而在其他地区分布很少, 或者说 j 产业的集聚程度较高。因此, 产业 j 的空间基尼系数越大, 则说明该产业的集聚水平越高。

这种方法虽然简便, 但有缺陷。同为麻省理工学院经济学教授的艾利森 (Ellison) 和格莱赛 (Glaeser) (1997) 指出基尼系数大于零并不一定表明有集群现象存在, 因为它没有考虑到企业的规模差异。如果某行业内只有少数几个企业且规模分布不均, 那么这个行业的区域聚集程度自然就会很高；而如果某行业企业数量很多，那么这个行业的区域聚集程度自然就会较低。一个极端的例子是：对于只有一个企业的行业来说，全行业都集中在一个区域，如果一个地区存在着一个规模很大的企业，可能就会造成该地区在该产业上有较高的基尼系数，但实际上并无明显的集群现象出现。利用空间基尼系数来比较不同产业的集聚程度时，会由于各产业中企业规模或地理区域大小的差异而造成跨产业比较上的误差。空间基尼系数没有考虑到具体的产业组织状况及区域差异，因此在表示产业的集聚程度时往往含有虚假的成分。不能区分聚集来自于产业结构还是来自于自然优势和溢出所引致的地理集中，还没有考虑到产业间一致性的地理外部性或地理集中的比较问题。

2. 空间集聚指数（Concentration Index of Industrial Space）

为了弥补基尼系数的不足，艾利森（Ellision）和格莱赛（Glaeser）（1997）调整了产业内企业的集中度，提出了控制企业规模和数量空间分布的产业内集聚系数（Index of Industry Concentration），又称 EG 指数。

假设某一经济体（国家或地区）的某一产业内有 n 个企业，且将该经济体划分为 j 个地理区域，这 n 个企业分布于 j 个区域之中。Ellision 和 Glaeser 建立的产业地理集中指数（EG 指数）的计算公式为：

$$r_i = \frac{G_i - \left(1 - \sum_{j=1}^{r} x_j^2\right) H_i}{\left(1 - \sum_{j=1}^{r} x_j^2\right)(1 - H_i)}$$

$$G_i = \sum_{j=1}^{r} (x_j - S_{ij})^2$$

$$H_i = \sum_{k=1}^{N} Z_K^2$$

其中，S_{ij} 为产业 i 在地区 j 的产值占该产业全国总产值的比例，X_j 为地区 j 所有行业总产值占全国所有行业总产值的比例。r_i 是产业 i 的产业集聚度，r_i 越大（最大值为 1）产业 i 越集中。G_i 是产业 i 在地区 j 的空间基尼系数，H_i 是产业 i 的赫芬达尔系数，如果该年该产业内共有 N 个企业，Z_K 则是产业 i 的第 K 个企业的产出或就业人数占产业 i 总产出或总就业人数的比例，反映了企业规模的分布情况，H_i 越大（最大值为 1）产业 i 在企业上越集中。

EG 指数充分考虑了企业规模及区域差异带来的影响，弥补了空间基尼系数的缺陷，使我们能够进行跨产业、跨时间甚至跨国的比较。他们的方法比克鲁格曼等人的方法更为先进和完善。鉴于 EG 指数的优越性，本文将采用该指数来测定中国战略性新兴产业的集聚程度，通过较长时期的时间序列数据对其变动趋势进行比较分析。

三、战略性新兴产业集聚度分析的数据处理

1. 战略性新兴产业的统计分类

目前学术界对战略性新兴产业还没有明确的统计分类标准。本文依据《国民经济行业分类》（2002）和《高技术产业统计分类目录》（2006），联系《决定》及《纲要》中对七大战略性新兴产业内涵的解释，发现：七大战略性新兴产业都无法精准地划归于某一特定行业，而是散见于国民经济的某些部门，分属于其中的某一小类①。我们称这些包含战略性新兴产业的两位数行业中类为战略性新兴产业的依托部门，包括：C26 化学原料及化学制品制造业，C27 医药制造业，C31 非金属矿物制品业，C33 有色金属冶炼及压延加工业，C35 通用设备制造业，C36 专用设备制造业，C37 交通运输设备制造业，C39 电气机械及器材制造业，C40 通信设备、计算机及其他电子设备制造业，C41 仪器仪表及文化、办公用机械制造业，C43 废弃资源和废旧材料回收加工业，C44 电力、热力的生产和供应业，C46 水的生产和供应业，C60 电信和其他信息传输服务业，C62 软件业，C75 研究与试验发展业，C76 专业技术服务业，C78 地质勘查业，C80 环境管理业。共 19 个依托部门。表 1 显示了战略性新兴产业的具体分类结果。

表 1　战略性新兴产业的统计分类

战略性新兴产业依托部门	国民经济行业分类名称	所属的战略性新兴产业
C26 化学原料及化学制品制造业	2632 生物化学农药及微生物农药制造	生物产业
	2665 信息化学品制造	新材料产业
	2666 环境污染处理专用药剂材料制造	节能环保业
C27 医药制造业	2760 生物、生化制品的制造	生物产业
C31 非金属矿物制品业	3152 特种陶瓷制品制造	新材料产业
C33 有色金属冶炼及压延加工业	3330 稀有稀土金属冶炼	新材料产业
	3340 有色金属合金制造	新材料产业
C35 通用设备制造业	3520 金属加工机械制造	高端装备制造业
C36 专用设备制造业	3612 石油钻采专用设备制造	高端装备制造业
	3662 电子工业专用设备制造	高端装备制造业
	3669 航空、航天及其他专用设备制造	高端装备制造业
	3675 渔业机械制造	高端装备制造业
	3680 医疗仪器设备及器械制造	高端装备制造业
	3691 环境污染防治专用设备制造	节能环保业
	3692 地质勘查专用设备制造	高端装备制造业

---

① 李金华. 中国战略性新兴产业发展的若干思考 [J]. 财经问题研究，2011（5）.

续表

战略性新兴产业依托部门	国民经济行业分类名称	所属的战略性新兴产业
C37 交通运输设备制造业	3610 铁路运输设备制造	高端装备制造业
	3723 电车制造	新能源汽车产业
	3760 航空航天器制造	高端装备制造业
C39 电气机械及器材制造业	3910 电机制造	高端装备制造业
	3932 光纤光缆制造	高端装备制造业
C40 通信设备、计算机及其他电子设备制造业	4010 通信设备制造	新一代信息技术产业
	4020 雷达及配套设备制造	新一代信息技术产业
	4030 广播电视设备制造	新一代信息技术产业
	4040 电子计算机制造	新一代信息技术产业
	4050 电子器件制造	新一代信息技术产业
	4060 电子元件制造	新一代信息技术产业
C41 仪器仪表及文化、办公用机械制造业	4110 通用仪器仪表制造	高端装备制造业
	4120 专用仪器仪表制造	高端装备制造业
	4141 光学仪器制造	高端装备制造业
C43 废弃资源和废旧材料回收加工业	4300 废弃资源和废旧材料回收加工业	节能环保业
C44 电力、热力的生产和供应业	4412 水力发电	新能源产业
	4413 核力发电	新能源产业
	4419 其他能源发电	新能源产业
C46 水的生产和供应业	4620 污水处理及其再生利用	节能环保产业
	4690 其他水的处理、利用与分配	节能环保产业
C60 电信和其他信息传输服务业	6000 电信和其他信息传输服务业	新一代信息技术产业
C62 软件业	6200 软件业	新一代信息技术产业
C75 研究与试验发展业	7530 农业科学研究与试验发展	生物产业
	7540 医学研究与试验发展	生物产业
C76 专业技术服务业	7630 海洋服务	高端装备制造业
	7660 环境监测	节能环保产业
C78 地质勘查业	7800 地质勘查业	高端装备制造业
C80 环境管理业	8020 环境治理	节能环保产业

2. 指数调整

计算 EG 指数需要使用企业数据来计算赫芬达尔系数，但目前我们无法从国内公开的材料中得到长时期不同年份每个产业所包含的每个企业规模数据，也就无法直接计算 H_i。为此，我们做如下调整：假设：对于每个区域 r，产业 i 内的所有企业具有相同的规模，即工业总产值相等。调整之后的赫芬达尔指数的计算公式为：

$$H_i = \sum_{j=1}^{r} n_{ij} \left[\frac{Output_{ij}/n_{ij}}{Output_i} \right]^2 = \sum_{j=1}^{r} \frac{1}{n_{ij}} \left[\frac{Output_{ij}}{Output_i} \right]^2 = \sum_{j=1}^{r} \frac{1}{n_{ij}} s_{ij}^2$$

其中，i、j、r、s_{ij} 的含义与上文相同，n_{ij} 为区域 j 拥有产业 i 的企业数量，$Output_{ij}$ 为产业 i 在区域 j 的总产值，$Output_i$ 为产业 i 的全国总产值，且根据 s_{ij} 的含义，$s_{ij} = Output_{ij}/Output_i$ 由此确定的赫芬达尔指数不可能像 Ellison 和 Glaeser 那样精确，但这并不妨碍对产业集聚程度的评估和比较。

3. 数据来源

由于集聚特征最明显的产业还是制造业，所以本文选取了 11 个战略性新兴产业依托部门：化学原料及化学制品制造业（C26）、医药制造业（C27）、非金属矿物制品业（C31）、有色金属冶炼及压延加工业（C33）、通用设备制造业（35）、专用设备制造业（C36）、交通运输设备制造业（C37）、电气机械及器材制造业（C39）、通信设备计算机及其他电子设备制造业（C40）、仪器仪表及文化办公用机械制造业（C41）、电力热力的生产和供应业（C44）；本文研究的年限定于 2003~2010 年；文中所指的我国即为中国内地 31 个省、市和自治区；本文选取各行业的工业产值来计算产业集聚系数；各地区各产业的工业产值和企业个数的数据均来源于《中国工业经济统计年鉴》（2004~2011），各地区和全国总产值的数据来自《中国统计年鉴》（2004~2011），本文搜集了 31 个省、市和自治区 11 个产业的 8 年间数据共 2728 组数据，每组数据包括：产业在区域的总产值、产业的全国总产值、区域总产值和全国总产值。

四、计算结果及数据分析

根据修正的 EG 指数公式，计算出 2003~2009 年我国 11 个战略性新兴产业依托部门的集聚系数 r_i 以及 r_i 在各年的中位数、算术平均数、加权平均数、标准差系数和偏度等描述量，结果见表 2。下文将从时间、产业及地理 3 个维度对战略性新兴产业依托部门的演进态势及其特征进行全面细致的分析。

表 2　战略性新兴产业依托部门的集聚度 r_i 及其统计描述（2003~2010 年）

行业	2003 年	2004 年	2005 年	2006 年	2007 年	2008 年	2009 年	2010 年	年均增长率（%）
C26	0.0094	0.0132	0.0171	0.0183	0.0180	0.0190	0.0231	0.0191	14.74164
C27	0.0106	0.0066	0.0071	0.0063	0.0074	0.0078	0.0080	0.0076	−4.04313
C31	0.0070	0.0080	0.0127	0.0126	0.0147	0.0132	0.0142	0.0117	9.591837
C33	0.0114	0.0127	0.0117	0.0137	0.0150	0.0156	0.0142	0.0152	4.761905
C35	0.0332	0.0321	0.0313	0.0306	0.0289	0.0270	0.0277	0.0253	−3.39931
C36	0.0151	0.0117	0.0121	0.0113	0.0102	0.0109	0.0125	0.0129	−2.08136
C37	0.0379	0.0245	0.0155	0.0160	0.0152	0.0131	0.0123	0.0128	−9.46099
C39	0.0533	0.0436	0.0404	0.0382	0.0367	0.0335	0.0294	0.0302	−6.19137
C40	0.1044	0.1106	0.1017	0.0961	0.0904	0.0993	0.0999	0.0994	−0.68418
C41	0.1171	0.0895	0.0709	0.0605	0.0599	0.0566	0.0510	0.0542	−7.67354
C44	0.0053	0.0032	0.0025	0.0030	0.0038	0.0026	0.0023	0.0025	−7.54717

续表

行业	2003 年	2004 年	2005 年	2006 年	2007 年	2008 年	2009 年	2010 年	年均增长率（%）
算术平均值	0.03679	0.03234	0.02936	0.02787	0.02729	0.02715	0.02678	0.02645	-13.3939
加权平均值	0.05042	0.03454	0.03531	0.03353	0.03137	0.03100	0.02983	0.06875	-13.8571
中位数	0.0151	0.0132	0.0155	0.016	0.0152	0.0156	0.0140	0.0152	-3.3993
标准差	0.03967	0.03763	0.03095	0.02802	0.02623	0.02810	0.02769	0.03700	7.7157
偏度	1.38737	1.29185	1.66004	1.75035	1.71775	2.01318	2.15866	0.25362	1.0839

注：r_i 系数的加权平均值由各行业产值占行总业产值的份额加权计算。

1. 战略性新兴产业集聚度的特征分析

按照 Ellison 和 Glaeser（1997）对产业集聚水平的划分标准，第一类是 $r_i \geq 0.005$ 的高度集聚产业；第二类是 $0.02 \leq r_i \leq 0.05$ 的中度集聚产业；第三类是 $r_i \leq 0.02$ 的低度集聚产业。以 r_i 为参考值，将 11 个战略性新兴产业依托部门划分成以上 3 类，详细情况见表 3。

表 3　11 个战略性新兴产业依托部门集聚度系数 r_i 分类表

分类	2003 年	2004 年	2005 年	2006 年	2007 年	2008 年	2009 年	2010 年
Ⅰ	C39；C40；C41	C41；C44	C40；C41	C41；C40	C41；C40	C41；C40	C41；C40	C41；C40
Ⅱ	C35；C37	C35；C39；C37	C35；C39	C35；C39	C35；C39	C35；C39	C26；C35；C39	C39；C35
Ⅲ	C44；C31；C26；C27；C33；C36	C44；C31；C26；C36；C27；C33	C44；C27；C33；C36；C31；C37；C26	C44；C27；C36；C31；C33；C37；C26	C44；C27；C36；C31；C33；C37；C26	C44；C27；C36；C31；C33；C37；C26	C44；C27；C37；C36；C31；C33	C44；C27；C37；C36；C31；C33；C26

注：Ⅰ、Ⅱ、Ⅲ分别代表高度集聚、中度集聚、低度集聚。

从表 2 和表 3 可以发现以下四个特征：

（1）我国战略性新兴产业总体上集聚程度不高，产业集聚现象不明显，2004~2010 年，11 个依托行业中有两个行业属于高度集聚行业，约占行业总数的 18.18%；在 2003 年、2005 年、2006 年、2007 年、2008 年、2010 年有两个行业属于中度集聚行业，约占行业总数的 18.18%，2004 年和 2009 年有三个行业属于中度集聚行业，约占行业总数的 27.27%；在 2005 年、2006 年、2007 年、2008 年、2010 年有七个行业属于低集聚度行业，约占行业总数的 63.63%，2003 年、2004 年和 2009 年有 6 个行业属于低集聚度行业，约占行业总数的 54.55%。在 2010 年 11 个依托行业的 r_i 的算术平均数和加权平均数分别为 0.026445 和 0.068753，按照产业集聚水平划分标准，属于中度集中和高度集中。说明我国的战略性新兴产业的集聚程度不均衡，不同行业间的集聚程度差异较大。

（2）集聚度较高的行业是自然资源依赖度高和技术含量高的行业。主要包括通信设备、计算机及其他电子设备制造业和仪器仪表及文化办公用机械制造业，且这两个行业的集聚度显著高于其他行业，与其他行业拉开了距离。其中通信设备、计算机及其他电子设备制造业在 8 个年份中一直稳居榜首且遥遥领先，在 2009 年的集聚度指数近乎是第二名仪器仪表及文化办公用机械制造业的两倍。仪器仪表及文化办公用机械制造业的集聚度呈下降趋势，8 年间的年均增长率为-7.67354%。说明通信设备、计算机及其他电子设备制造业已是独树一帜，集聚程度异常突出。数据反映的情况与我们在现实生活中对以信息产业为代表的高科技产业的认识和判断是基本一致的，也从经济意义上证实了我们计算的产业地理集中指数的准确性。

（3）通用设备制造业和电气机械及器材制造业在 2004~2010 年的集聚度指数在 0.02~0.05，处于中度集聚，无明显的集聚现象，且集聚水平处于下降的态势。这两个行业在 2003 年到 2010 年的年均增长率分别为-3.39931%和-6.19137%。化学原料及化学制品制造业在 2009 年的集聚度指数达到了 0.0231，属于中度集聚水平，且该行业在总体上呈现出显著增长态势，8 年间的平均增长率为 14.74164%，在 11 个行业中增长速度最快且遥遥领先。与之相反，交通运输设备制造业总体集聚态势呈现显著的下降趋势，平均增长率为-9.46099，在 11 个行业的集聚度变化水平中下降最快。该行业在 2003 年和 2004 年处于中度集聚水平，之后便处于低集聚度水平。

（4）低集聚度的行业主要包括：电力、热力的生产和供应业，非金属矿物制品业，化学原料及化学制品制造业，医药制造业，有色金属冶炼及压延加工业，专用设备制造业和交通运输设备制造业。代表着较高技术含量的装备制造行业并没有表现出明显的集聚现象，如医药制造业、专用设备制造业和交通运输设备制造业。其中医药制造业的集聚度指数在 0.006~0.01，且呈现下降的集聚态势，专用设备制造业的集聚度指数在 0.010~0.015，也呈下降的集聚态势。

2. 战略性新兴产业集聚程度的时间维度变动分析

整体上，战略性新兴产业的集聚态势不明显（见图 1）。算术平均数在 0.2~0.4，并且随着年份的增长，11 个产业的集聚度系数 r_i 的算术平均值呈直线下降的趋势，算术平均值在 2010 年达到了最低，为 0.0264，2003~2010 年下降了 0.0103。集聚度系数 r_i 的加权平均数呈现出下降、小幅下降、大幅上升的变化特征，2004 年 r_i 的加权平均值由 2003 年的 0.050421 下降到 0.034544，2004~2009 年每年都有小幅下降，在 2010 年 r_i 的加权平均值由 2009 年的 0.02983 上升到了 0.068753。这说明战略性新兴产业中产值大的行业在 2009~2010 年出现了比较大的集聚变化。但 r_i 的标准差系数和偏度均大于 0 并不断上升，说明期间 r_i 变化幅度较大，越来越倾向于右偏。在这种情况下，中位数不易受样本极值的影响，r_i 的中位数水平的变化趋势更能反映现实。图中 r_i 的中位数数值总体呈现出震荡下降的趋势，在个别年份（2005 年、2006 年、2008 年、2010 年）有小幅度上升，中位数的最低点出现在 2004 年，为 0.0132。另外，从产业集聚系数 r_i 的年均变化率看，期间化学原料及化学制品制造业、非金属矿物制品业、有色金属冶炼及压延加工业的变化率是正值，其余 8 个产业都是负值，特别是交通运输设备制造业、仪器仪表及文化办公机械制造业和电力热力的生产和供应业年均变化率分别达到-9.46099%、-7.67354%和-7.45717%（见表 2）。

综合以上分析可知，2003~2010 年我国战略性新兴产业空间结构变动过程同时存在集

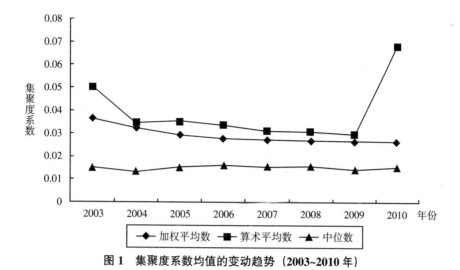

图1　集聚度系数均值的变动趋势（2003~2010年）

聚和扩散两类特征。

3. 战略性新兴产业地理空间分布的变动分析

为了能够更加清楚地认识我国战略性新兴产业集聚地的空间分布情况及其变化，本文计算了2005年、2008年和2010年各战略性新兴产业行业规模排在前五位的地区分布情况（见表4），并统计了2005年、2008年和2010年各省市11个战略性新兴产业的规模排名进入前五位的地区累计上榜次数（见表5）。

表4　战略性新兴产业五省市集中度

单位：%

行业	2005年	2008年	2010年
化学原料及化学制品制造业（C26）	江苏 19.24	江苏 19.38	江苏 19.14
	山东 15.81	山东 17.16	山东 17.30
	广东 10.10	广东 9.19	广东 8.54
	浙江 7.59	浙江 7.79	浙江 7.33
	上海 6.40	上海 5.48	上海 4.77
医药制造业（C27）	山东 12.58	山东 14.22	山东 13.76
	江苏 10.94	江苏 11.08	江苏 12.09
	浙江 9.95	浙江 7.82	广东 6.82
	广东 6.75	广东 6.33	浙江 6.56
	上海 5.11	河南 6.2	河南 6.34
非金属矿物制品业（C31）	山东 19.00	山东 17.12	山东 14.65
	广东 11.46	河南 12.28	河南 11.76
	河南 9.42	广东 10.60	广东 9.53
	江苏 9.04	江苏 8.60	江苏 8.14
	浙江 6.90	辽宁 6.32	辽宁 7.23

经济管理学科前沿研究报告

续表

行业	2005 年	2008 年	2010 年
有色金属冶炼及压延加工业（C33）	江苏 10.52	河南 11.09	江苏 10.33
	浙江 9.46	江苏 10.46	山东 9.90
	河南 8.98	山东 9.61	河南 9.86
	山东 8.44	广东 8.67	江西 8.90
	广东 8.32	江西 8.32	广东 8.22
通用设备业（C35）	江苏 18.24	江苏 18.47	江苏 17.60
	浙江 15.35	山东 16.20	山东 16.80
	山东 14.99	浙江 12.05	浙江 10.75
	上海 11.59	辽宁 8.99	辽宁 10.29
	广东 6.20	上海 8.98	上海 6.82
专用设备业（C36）	山东 17.20	山东 15.46	江苏 15.41
	江苏 14.15	江苏 14.46	山东 14.55
	广东 8.85	广东 7.93	河南 7.51
	浙江 8.29	河南 7.36	湖南 7.38
	河南 7.34	辽宁 7.08	辽宁 7.29
交通运输设备制造业（C37）	广东 10.13	江苏 10.83	江苏 11.64
	江苏 8.94	广东 10.34	山东 9.70
	上海 8.86	山东 9.28	广东 9.34
	吉林 8.32	浙江 7.86	上海 8.08
	山东 8.24	上海 7.7	吉林 7.50
电气机械及器材制造业（C39）	广东 27.25	广东 23.48	广东 21.58
	江苏 15.06	江苏 18.95	江苏 20.19
	浙江 12.91	浙江 12.05	浙江 10.84
	山东 12.55	山东 10.50	山东 9.86
	上海 7.20	上海 5.72	安徽 4.60
通信设备计算机及其他电子设备制造业（C40）	广东 36.42	广东 35.02	广东 34.98
	江苏 19.56	江苏 22.61	江苏 23.53
	上海 12.72	上海 12.00	上海 10.96
	北京 6.58	山东 5.72	山东 5.63
	天津 5.99	北京 5.43	福建 4.20
仪器、仪表及文化办公用机械制造业（C41）	广东 33.46	广东 27.12	江苏 26.93
	江苏 16.47	江苏 22.97	广东 21.89
	浙江 10.89	浙江 10.30	浙江 11.45
	上海 10.06	上海 7.06	上海 5.54
	北京 5.69	山东 5.20	山东 5.45
电力、热力的生产和供应业（C44）	北京 5.69	山东 5.20	山东 5.45
	广东 13.39	广东 12.22	广东 11.02
	浙江 9.26	浙江 8.57	浙江 8.17
	江苏 8.60	江苏 8.26	江苏 7.83
	山东 7.40	山东 7.09	山东 7.78

注：行业规模按照行业在地区的工业总产值占行业全国工业总产值的比重计算。

表5　2003~2010年按产业工业总值排名前5位地区的上榜次数和上榜行业类别

地区	上榜次数			集聚行业代码
	2005年	2008年	2010年	
江苏	11	11	11	C26；C27；C31；C33；C35；C36；C37；C39；C40；C41；C44
山东	9	11	11	C26；C27；C31；C33；C35；C36；C37；C39；C40；C41；C44
广东	11	10	9	C26；C27；C31；C33；C35；C36；C37；C39；C40；C41；C44
浙江	9	7	6	C26；C27；C31；C33；C35；C36；C37；C39；C40；C44
上海	6	6	6	C26；C27；C35；C37；C39；C40
河南	4	4	5	C27；C31；C33；C36；C40；C41
辽宁	0	3	3	C31；C35；C36
北京	2	1	0	C40；C41
江西	0	1	1	C33
吉林	1	0	1	C39
安徽	0	0	1	C39
湖南	0	0	1	C36
天津	1	0	0	C40
福建	0	0	1	C40
河北	0	1	0	C44

从表4和表5可以看出，我国绝大多数战略性新兴产业的集聚地分布在江苏、山东、广东、浙江和上海这5个东部沿海省市，这些地区是我国战略性新兴产业集聚的第一层次；河南、辽宁、北京市是战略性新兴产业集聚的第二层次；其他上榜地区则是第三层次。且第一层次与其他层次之间的集聚水平有较大差距，这也和这些地区的经济发展水平相一致，第一层次的省市是我国的经济发达地区。由此可见，战略性新兴产业的集聚程度与地区的经济发展有很强的正相关性。需要注意的是，战略性新兴产业聚集度的提高一方面带来了聚集地区的经济发展，另一方面也加剧了这些地区和其他落后地区的两极分化，而由此产生的区域经济发展的严重失衡将最终影响整体经济发展的效率。观察表4中2010年的上榜省市可以发现，当前我国经济发展的地区差距已经非常严重，11个战略性新兴产业几乎完全聚集在江苏、山东、广东、浙江和上海5省市，而大部分中西部地区榜上无名。

从各年的上榜次数来看，不同省市的升降变化趋势不一致，其中江苏、上海的累计上榜次数没有变化；山东、河南和辽宁的累计上榜次数呈上升趋势，分别从2005年的9次、4次和0次上升到了2010年的11次、5次和1次；广东、浙江和北京的累计上榜次数呈下降趋势，分别从2005年的11次、9次和2次下降到了2010年的9次、6次和0次。2003~2010年，我国的战略性新兴产业主要集中在东部沿海省市的格局并没有改变。对比表2和表5可以发现EG指数和五省市集中度的变动方向具有较高的吻合度。五省市集中度从另一个角度验证了产业空间集聚指数的可靠性。

五、结论与启示

本文利用 Ellison 和 Glaeser 建立的产业聚集度 r_i 系数对我国 11 个战略性新兴产业 2003~2010 年的产业聚集度进行了精确测定。通过分析 8 年来这 11 个行业聚集度的变动态势以及产业聚集地的变动态势，我们得出以下结论：

首先，我国战略性新兴产业的总体集聚度水平低。由 2003~2010 年我国 11 个战略性新兴产业依托部门集聚度水平的中位数看，战略性新兴产业的集聚度水平在这 8 年间呈现总体下降的态势。究其原因，一方面，随着市场化程度的加深，企业越来越偏好根据市场因素来决定产业布局；另一方面，空间经济学认为经济活动的集聚或扩散来自向心力和离心力两种力量。国内外的宏观环境变化和一些地区产业的拥挤成本使得经济活动的离心力大于向心力，使得产业扩散现象日益明显。目前主要的离心力包括全球金融危机和经济衰退导致外部需求锐减、东部沿海地区过多企业集聚带来的环境污染、租金上升问题、新《劳动合同法》颁布增加企业经营成本、人民币升值导致企业利润减少等。

其次，在研究时限内，战略性新兴产业各个产业集聚特性存在差异，战略性新兴产业空间结构表现为产业集聚和扩散两者并存的特性。除化学原料及化学制品制造业、非金属矿物制品业、有色金属压延加工业之外，其余 8 个产业的集聚系数趋于下降。集聚度增长最快的是化学原料和化学制品制造业，集聚度下降最快的是仪器、仪表及文化办公机械制造业，尽管如此，前者的集聚度在 2010 年也还是处于低度集聚的状态，而后者的集聚度水平在 2010 年仍然属于高度集聚的状态。通信设备、计算机及其他电子设备制造业的集聚特性最为突出，是因为该行业是技术含量高的行业，由于技术溢出效应，使得该行业更倾向于产业集聚。多数装备制造业的集聚特性不明显，是由于我国长期以来一直大力倡导发展装备制造业，从而导致地方政府在这些行业上的重复投资建设和有意保护，因而产业聚集度不高。该结果初步揭示出地方保护等制度因素对产业聚集的抑制作用。

最后，从产业集聚地的空间分布来看，江苏、山东、广东、浙江和上海这 5 个经济发达的沿海省市是我国绝大多数战略性新兴产业的集聚地，而且 2003~2010 年这 5 个省市的战略性新兴产业的集聚度并没有明显的变化。而战略性新兴产业在我国其他省份的分布是相当零散的，特别是大部分中西部地区，更是榜上无名。这在一定程度上反映了我国战略性新兴产业发展的两极分化问题严重，而过度的区域经济差距会对经济、社会以及国家的安全造成严重的影响。当前是培育和发展战略性新兴产业的重要时期，当务之急是在保证发展效率的基础上缩小区域经济差距。具体来说，一方面，为了避免过度集聚问题和实现地区的协同化发展，应积极推进产业集聚空间分工，整合各地离散的技术密集型产业集聚优势，优化资源在空间上的有效配置，形成地域更为广大、产业联系更为紧密的集聚。另一方面，一些技术密集型产业亟待寻找新的发展空间，需要向中西部地区扩散。这不但能减轻沿海地区的过度集聚，还可以实现要素的重新配置。在这种情况下，中西部地区要结合自身的产业优势，因势利导，科学合理地承接技术密集型产业扩散，将其与发展战略性新兴产业融合在一起，不盲目发展不适合本地条件的新兴产业。

参考文献

[1] 李克强. 不失时机地发展战略性新兴产业 [N]. 人民日报，2009-05-22 (1).

[2] 陈磊. 抓住机遇培育和发展战略性新兴产业——访科技部部长万钢 [N]. 科技日报，2009-11-27 (1).

[3] 李金华. 中国产业：结构、增长及效益 [M]. 北京：清华大学出版社，2007.

[4] 汪同三，齐建国. 产业政策与经济增长 [M]. 北京：社会科学文献出版社，1996.

[5] 苏东水. 产业经济学 [M]. 北京：高等教育出版社，2000.

[6] 姜江. 世界战略性新兴产业发展的动态与趋势 [J]. 中国科技产业，2010 (7).

[7] 朱瑞博. 中国战略性新兴产业集群培育及其政策取向 [J]. 改革，2010 (3).

[8] 华文. 集思广益：战略性新兴产业的科学内涵与领域 [J]. 新湘评论，2010 (11).

[9] 张守一，葛新权. 中国宏观经济理论模型预测 [M]. 北京：社会科学文献出版社，1995.

[10] 李金华. 我国产业效益研究：基于宏观层面的实证 [J]. 统计研究，2006 (1).

[11] 李金华. 我国产业效益的测度、评价与比较 [J]. 管理科学与统计决策 (台湾)，2006 (1).

[12] 李金华. 我国产业的演变轨迹、σ收敛及空间集聚格局 [J]. 财贸研究，2006 (2).

[13] 李金华. 中国战略性新兴产业发展的若干思考 [J]. 财经问题研究，2011 (5).

[14] 万钢. 把握全球产业调整机遇，培育和发展战略性新兴产业 [J]. 求是，2010 (1).

[15] 郭连强. 国内关于"战略性新兴产业"研究的新动态及评论 [J]. 社会科学辑刊，2011 (1).

[16] 张和平. 对于大力发展战略性新兴产业的思考与建议 [J]. 经济界，2010 (3).

[17] 赵刚. 战略性新兴产业的国际经验与我国的对策 [J]. 科技成果纵横，2010 (1).

[18] 加文·卡梅伦，詹姆斯·普劳德曼，斯蒂芬·雷丁，沈思. 英国制造业 1970~1992 年间的增长 [J]. 经济资料译丛，1999 (2).

[19] Andrea Bassanini, Stefano Scarpetta. Growth, Technological Change, and ICT Diffusion：Recent Evidence from OECD countries [J]. Oxford Review of Economic Policy，2002 (18)：324-344.

[20] Christopher Kask & Edward Sieber . Productivity growth in "high-tech" Manufacturing industries [J]. Monthly Labor Review March，2002：16-31.

[21] 郭克莎. 工业化新时期新兴主导产业的选择 [J]. 中国工业经济，2006 (1)：5-14.

[22] 贺海强. 区域潜在战略性主导产业的评价与筛选：以湖北为例 [D]. 武汉：武汉理工大学硕士论文，2007.

[23] 乔芳丽等. 辽宁战略性新兴产业选择评价研究 [J]. 沈阳工业大学学报 (社会科学版)，2010 (3)：268-273.

[24] 樊茗玥，赵喜仓. 战略性新兴产业评价模型构建及实例分析 [J]. 技术经济与管理研究，2011 (10)：121-124.

[25] 李扬，沈志渔. 战略性新兴产业集群的创新发展规律研究 [J]. 经济与管理研究，2010 (10)：29-34.

[26] 赵果庆，罗宏翔. 中国制造业集聚强度与显著性——基于方差假设检验 [J]. 经济管理，2009

（7）：28-36.

[27] 路江涌，陶志刚. 中国制造业区域聚集及国际比较 [J]. 经济研究，2006（3）：103-114.

[28] 王子龙，谭清美，许箫迪. 产业集聚水平测度的实证研究 [J]. 中国软科学，2006（3）：109-116.

China's Strategic Industrial Concentration Degree of Emerging Changes the Empirical Research

Liu Yan

(IQTE. CASS 100732)

Abstract：Strategic emerging industry is important technical breakthroughs and development needs as the foundation, to the national economy as a whole and long-term development has an important leading role in driving, knowledge technology intensive, material resources consumption, growth potential and comprehensive benefit of good industry. This paper analyzes the connotation of the concept of strategic new industry, industry classification standard definition, development evaluation model is set up and reflect the competitiveness level of concentration degree later, on the basis of the national economy industry classification standard analysis of the strategic emerging industry attributive relying on industry, on the basis of the use of industrial cluster index (EG index) from time, industry and geographical three dimensions on strategic emerging industry relying on the department's evolution trend and features of the meticulous research. Results show that：the strategic emerging industry overall concentration degree level is low, Strategic emerging industrial spatial structure for the performance of the industrial agglomeration and diffusion characteristics of both coexist；Economic developed coastal provinces and cities is strategic emerging industry is concentrated.

Key words：Strategic new industries；Industrial cluster；Concentration level

资源产业依赖如何影响经济发展效率？
——有条件资源诅咒假说的检验及解释*

邵　帅　范美婷　杨莉莉

（上海财经大学，上海　200433）

【摘　要】既有研究普遍认为自然资源与经济发展之间存在着单调的线性关系，从而无法对资源祝福和资源诅咒案例并存的事实提供合理解释，同时，对于资源产业依赖如何影响全要素生产率（TFP）增长也缺乏必要的关注。本文基于对相关文献的回顾分析和对经验事实的统计观察，提出了有条件资源诅咒的两个假说，进而利用 1998~2010 年我国 220 个地级及以上城市的面板数据样本，以人均 GDP 增长和 TFP 增长分别在数量和质量上对经济发展效率予以度量，同时采用了多种计量分析和检验方法，实证地考察了资源产业依赖对经济发展效率的非线性影响，并对其形成机制进行了探讨。结果表明：资源产业依赖对于经济增长和 TFP 增长均呈现出显著的倒 U 型曲线关系；制造业发展和对外开放程度是对经济增长维度资源诅咒规避作用最强的两个因素，而市场化程度对 TFP 增长维度资源诅咒的规避效果最为显著，以上三者对于资源产业依赖与经济发展效率之间的关系表现出显著的门限效应，成为了决定资源诅咒能否被成功规避的关键因素，而政府干预的强化则增加了资源诅咒发生的风险；"祝福"型发展城市和"诅咒"型发展城市的数量和比重分别呈逐年增加和逐年下降趋势，我国城市层面的资源诅咒问题正逐渐得到改善；资源产业依赖对 TFP 增长产生抑制效应的拐点先于经济增长到来，表明 TFP 增长可能是经济增长维度资源诅咒的一个传导途径。

【关键词】资源产业依赖；有条件资源诅咒；经济增长；TFP 增长；系统 CMM

---

* 本文选自《管理世界》（月刊）2013 年第 2 期。

基金项目：本文得到国家社会科学基金重点项目（10AZD015）、国家自然科学基金项目（71003068）、上海市教育委员会科研创新重点项目（11ZS70）、上海市哲学社会科学规划课题（2010BJB011）、上海科技创新行动计划软科学研究项目（12692104100）及博士生学位论文资助项目（12692191300）、上海市"晨光计划"（10CG36）、北京大学—林肯研究院城市发展与土地政策研究中心论文奖学金资助项目（20120901）、银兴经济研究基金、上海财经大学研究生科研创新基金项目（CXJJ–2011–302、CXJJ–2012–203）、上海财经大学优秀博士学位论文培育基金及上海财经大学国家、地方重大战略问题研究项目的资助。

一、引 言

丰裕的自然资源对区域经济发展究竟是"福音"还是"诅咒"？自 Auty（1993）提出"资源诅咒"命题的近 20 年来，这个问题一直困扰着经济学界。经济学家们围绕相关议题展开了诸多的理论与实证探索，但至今尚未形成共识。无疑，作为一种人类生产活动的基本投入要素，自然资源对于一国或地区的经济发展而言具有颇为重要的影响。但从现实情况来看，两者的关系却在不同地区和不同历史时期呈现出完全相反的走向。在 20 世纪 60 年代以前，早期的经济学家对自然资源在区域经济发展中的作用基本均持肯定态度，认为良好的自然资源禀赋，尤其是丰富的能源和矿产资源是工业化起步的基础和经济增长的引擎，而一些老牌资本主义国家的发展历程也恰恰对此提供了有力的佐证，如美国、德国、英国、加拿大和澳大利亚等国最初的资本积累和经济腾飞均与其拥有的丰裕的自然资源密切相关[①]，尤其是丰富的煤矿和铁矿资源禀赋（Watkin，1963；Wright，1990；De Long 和 Williamson，1994；David 和 Wright，1997）。

但是，自 20 世纪中后期以来，基于大部分资源导向型经济增长模式的失败和很多资源贫乏的国家和地区却取得了令人瞩目的发展成果的事实，自然资源对区域经济增长具有绝对促进作用的传统观点逐渐被颠覆。一些自然资源贫乏的国家和地区，如瑞士、日本，以及以亚洲四小龙为代表的一些新兴工业化经济体在 20 世纪中后期迅速兴起，呈现出明显的赶超趋势。其中，煤铁资源匮乏的日本、韩国更是颠覆了传统的以钢铁生产为基础的发展模式，而仅依赖原料进口模式成功地成为世界级钢铁生产国。与之形成强烈反差的是，很多自然资源丰富、高度依赖资源出口和资源型产业的国家和地区经济却陷入低迷：拥有丰富石油资源的尼日利亚在 20 世纪末其人均 GNP 反而低于其 1960 年的水平；1965~1998 年，伊朗、委内瑞拉、利比亚、伊拉克、科威特等国的人均 GNP 均呈现出负增长；石油输出国组织（OPEC）成员国作为一个整体，在此期间的人均 GNP 增长速度是-1.3%，而同期中低收入国家的人均 GNP 的年均增长速度为 2.2%（Gylfason，2001a）。资源诅咒似乎来势汹汹，大有席卷全球之势。这一悖论现象引起了经济学家的广泛关注，并引发了一系列学术争论。

尽管以 Sachs 和 Warner（1995、2001）为代表的一些学者通过实证考察发现资源诅咒现象在跨国层面（Leite 和 Weidmann，1999；Gylfason，2001a、2001b；Sala-I-Martin 和 Subramanian，2003；Papyrakis 和 Gerlagh，2004a；Gylfason 和 Zoega，2006）和一国内部区域层面（徐康宁、王剑，2006；胡援成、肖德勇，2007；Papyrakis 和 Gerlagh，2007；

[①] 孙永平（2011）对自然资源在这些国家经济起步阶段的重要作用进行了很好的回顾和总结。

邵帅、齐中英，2008；Freeman，2009；Ji 等，2010；Alexander，2010；James 和 Aadland，2011）均是普遍存在的，但对资源诅咒假说的质疑声也一直不绝于耳。概括而言，资源诅咒命题的支持者们受到的挑战主要来自于以下 3 个方面：

（1）自然资源相关度量指标选取的合理性成为质疑者最常攻击的要害之一。如 stijns（2005）认为，Sachs 和 Warner 等人所使用的初级产品比重这一指标并不能很好地反映一国的资源禀赋状况，初级产品的出口并不直接等同于资源的丰裕程度，资源丰裕度和资源依赖度应是两个概念，资源丰裕未必产量也多。Brunnschweiler 和 Bulte（2008）指出，在大多数支持资源诅咒的文献中，自然资源丰裕度往往被定义为资源出口与 GDP 的比率，但与其说这一指标度量了资源丰裕度，还不如更恰当地说它是资源依赖度的一个替代指标，而能够更加准确度量资源丰裕度的指标应该是资源储量。Fan 等（2012）也认为，现有研究中国资源诅咒问题的文献所采用的相关度量指标无法正确地反映资源禀赋水平，指标的错置倾向于得出资源诅咒的结论。

（2）与自然资源度量指标相联系的另一个焦点争议是解释变量的内生性问题。Wright 和 Czelusta（2004）较早意识到这个问题并指出，资源依赖在一定程度上内生于经济发展和制度因素，因此不应该将其视为外生解释变量而引入回归模型，尤其是研究资源依赖、制度质量与经济增长的关系时，这一问题就会显得尤为严重。Brunnschweiler（2008）、Brunnschweiler 和 Bulte（2008）同样认为，Sachs 和 Warner 所采用的自然资源出口份额指标应属于内生的资源依赖指标，并进一步指出相关实证研究中引入的影响自然资源与经济增长关系的关键因素，如制度质量、开放度等变量同样存在潜在的内生性问题，他们采用两阶段最小二乘法对内生性问题进行了控制，其实证结果并不支持资源诅咒假说。此外，现有研究中因遗漏变量而产生的内生性问题也被一些学者指出（Haber、Murshed 和 Serino，2011；Cavalcanti 等，2011）。

（3）事实性反驳，即资源型经济发展的成功例证也是资源诅咒命题的质疑者最常使用的武器之一。Wright 和 Czelusta（2007）认为，矿产资源在许多国家都推动了高技术产业的发展，19 世纪中期到 20 世纪中期的美国、近期的澳大利亚、智利和挪威等国的成功例子，都证明了矿产资源可以通过技术进步和相关知识的提升对经济发展产生重要影响。Maloney（2002）、Larsen（2006）、Stevens（2006）、Iimi（2007）和 Rosser（2007）也分别通过对智利、挪威、马来西亚、博茨瓦纳和印度尼西亚的案例分析对资源诅咒并非普适性规律的观点进行了证明。

对于第一个问题，通过一些学者的努力（Cerny 和 Filer，2007；Brunnschweiler，2008；Brunnschweiler 和 Bulte，2008；Ji 等，2010；邵帅、杨莉莉，2010），目前学界的看法已经逐渐明确和趋同。其中邵帅和杨莉莉（2010）对此已经提供了较为系统的解答。他们对自然资源丰裕度与自然资源依赖度的含义与度量指标专门进行了清楚的界定和区分，他们指出，自然资源丰裕度（Natural Resource Abundance，RA）和自然资源依赖度（Natural Resource Dependence，RD）是两个不同的概念。RA 即一个国家或地区各类自然资源的丰富程度，或者说可利用于经济发展的自然资源数量，其度量指标一般分为绝对资源储量、地均资源储量和人均资源储量 3 种形式。其中人均资源储量在少数相关文献中被采用（Stijns，2005；Brunnschweiler，2008；Brunnschweiler 和 Bulte，2005）。RD 是指一国或地区经济对于自然资源的依赖程度，主要体现在资源型产业对区域经济的产业结构、就业结构、技术进步水平、经济发展速度和方向等方面的重要程度和影响强度上，即资源型产业在区域经济中所具有的地位高低和作用大小。因此，RD 也可被视为资源产业依赖度。资源产业依赖度应由相对指标予以度量，其指标分子应反映出资源产业部门的规模水平，指标分母则应为对应的经济总量水平。大部分现有文献所采用的初级产品出口比重（Sachs 和 Warner，1995、2001）、初级产品部门就业比重（Gylfason 等，1999；邵帅、杨莉莉，2010）、初级产品部门产值比重（Papyrakis 和 Gerlagh，2004a、2007；邵帅、齐中英，2008）等指标均属于其典型度量指标。

在厘清相关变量指标的基础上，邵帅和杨莉莉（2010）通过实证研究发现：丰裕的自然资源本身对经济增长通常具有积极影响，但自然资源丰裕的地区往往更倾向于优先发展资源型产业，从而更易于步入资源依赖型经济发展的道路，而对资源型产业的过度依赖是导致资源诅咒发生的根源。本文在其研究基础上，进一步将研究重点集中于资源诅咒问题的关键——资源产业依赖与经济发展效率的关系上。本文不仅对相关文献普遍关注的数量型经济发展效率——人均 GDP 增长与资源产业依赖的关系进行了考察，而且还对现有文献极少关注，但却更为重要的质量型发展效率——全要素生产率（TFP）增长与资源产业依赖的关系进行了探讨，以丰富人们对资源诅咒现象的理解和认识。

同时，本文也寻求在解决上述第（2）个和第（3）个争议问题上有所贡献。首先，对于资源产业依赖本身所具有的内生性问题，以及遗漏变量所带来的潜在内生性问题，本文主要采用了近些年发展起来的动态面板模型的系统 GMM 方法，以期对这一影响分析结果稳健性的关键问题进行有效控制。之所以主要采用系统 GMM 方法，主要是因为本文需要考察资源产业依赖及其他多个控制变量对经济增长与 TFP 增长的影响，在参数估计上涉及潜在的解释变量内生、存在个体效应、组内自相关和组内异方差等棘手问题，难以单独针对每个解释变量寻找对应的工具变量，而动态面板模型恰恰适合上述研究情形（Roodman，2009；魏国学等，2010）。此外，本文的研究样本为 1998~2010 年中国 220 个地级及以上城市的面板数据，这种截面较宽而时间跨度较短，即"大 N 小 T"型的数据模型特别适合采用系统 GMM 方法（Blundell 和 Bond，1998）。

对于最后一个问题，显然，无论对传统的资源祝福论进行辩护，还是单就近期的资源诅咒现象提出解释，均不能完全令人信服。两种典型案例的同时存在引发我们去思考以下问题：资源诅咒是一种宿命吗？如果是，为什么那些老牌资本主义发达国家没有陷入资源优势陷阱？如果不是，为什么资源诅咒的案例比比皆是？既然现有的资源祝福论与资源诅咒论都不能对上述问题提供合理解释，那么我们为什么不能尝试从第三种思路来进行解答：有条件资源诅咒论，即证明资源诅咒的发生并非必然，而是有条件的。为此，本文寻求在对相关文献和经验性事实进行分析的基础上，通过提出资源产业依赖与经济发展效率之间存在倒"U"型曲线关系的有条件资源诅咒假说及其实证检验与机制解释，将资源祝福论和资源诅咒论这两种相悖的现实情形纳入同一框架内予以阐释，以期缩小学界的相关分歧，并为资源丰裕国家和地区的经济发展提供理论支持和实践指导。

本文剩余部分安排如下：第二部分在分析现有文献和经验性事实的基础上，提出有条件资源诅咒论的两个假说；第三部分对假说检验模型、数据样本及参数估计方法进行说明；第四部分利用中国 220 个城市的面板数据样本对提出的假说进行实证检验及讨论；第五部分对提出的假说进行一些机制性探讨；第六部分是结论及政策含义。

二、有条件资源诅咒假说：文献回顾与经验事实

（一）资源产业依赖与经济增长：只是线性关系？

如前文所述，自资源诅咒假说被提出以来，资源诅咒是否成立即成为经济学界争论的焦点之一。从相关文献的研究结果来看，事实似乎被推向截然相反的两端（见图 1 和图 2）。20 世纪 90 年代以来，以 Sachs 和 Warner（1995、2001）为代表的大量文献均通过实证考察，发现自然资源开发产生了糟糕的经济发展绩效，尤其是在发展中国家。在最初的一些研究中，尽管对"资源丰裕度"度量指标[1]的选择不尽相同，但相关文献得出的基本结论是一致的：在跨国层面上，"资源丰裕度"与经济增长的负相关性是普遍存在的，而且具有很高的稳健性（Auty，2001）。更有研究显示，资源诅咒在美国这样一个经济高度发达的国家内部区域层面也同样存在，资源稀缺的州与资源丰富的州相比趋向于占据有利的竞争地位（Papyrakis 和 Gerlagh，2007）。在我国区域层面亦是如此（徐康宁、王剑，2006；胡援成、肖德勇，2007；邵帅、齐中英，2008；邵帅、杨莉莉，2010）。

然而，在许多学者对资源诅咒命题予以肯定的同时，学界对此也不乏一些批评性的声音。尤其是进入 21 世纪以来，对前期研究的质疑开始逐渐增多。如 Maloney（2002）认为自然资源丰裕国家的经济绩效普遍较差的观点缺乏长期性证据。在许多国家的成功工业化过程中自然资源完全发挥了积极作用，通过 20 世纪末之前非常动荡的 20 年的截面回归模型得到的结论或许不具有可信性。Stijns（2005）则指出能源和矿业数据所反映的自然资源丰裕度并不是经济增长的显著结构性决定因素，自然资源对经济增长发生作用背后的情况较为复杂，是常规增长回归模型所不能捕捉的。Brunnschweiler（2008）、Brunnschweiler 和 Bulte（2008）注意到先前研究的计量模型存在潜在的内生性问题并对其进行了控制，得到了自然资本明显有利于经济增长的结论（见图 2）。以 Wright 和 Czelusta（2007）为代表的一些研究则利用资源型经济发展的成功案例来反驳资源诅咒命题，认为从美国、加拿大等

---

①　现在看来，最初的一些文献存在自然资源变量含义与度量指标误配的问题，事实上，大部分文献所选取的指标都属于资源依赖度而非资源丰裕度，邵帅和杨莉莉（2010）对此进行了详细的总结分析。

经济管理学科前沿研究报告

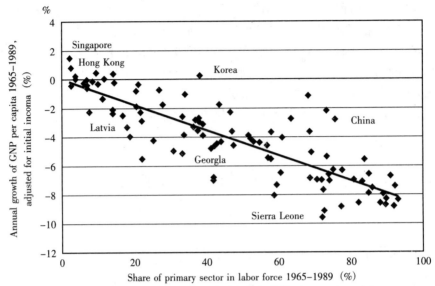

图1 跨国层面资源依赖与经济增长的相关性（1965~1989年）

资料来源：Gylfason（2001b）。

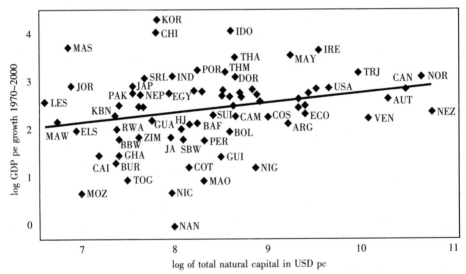

图2 跨国层面自然资本与经济增长的相关性（1970~2000年）

资料来源：Brunnschweiler（2008）。

国的发展历史来看，自然资源开发活动均有力地促进了经济发展。

不难发现，对于自然资源与经济增长关系的探讨，绝大多数研究是在线性关系的思路框架下开展的（如图1和图2所示），即要么认为自然资源开发活动不利于经济增长、资源诅咒效应明显存在，要么持截然相反的观点。显然，只有找到一种能将两种相悖的事实同时予以阐释的理论才堪称真正令人满意的解释。

408

近期，作为一种对现实情况更为合理的解释，将资源依赖与经济增长视为非线性关系的有条件资源诅咒论开始逐渐形成并得到了一些学者的论证和支持（Mehlum 等，2006；Bravo-Ortega 和 De Gregorio，2007；Boschini 等，2007；Mehrara，2009；Aldave 和 Gareia-Penalosa，2009；Alexander，2010；Kurtz 和 Brooks，2011；邵帅、杨莉莉，2011；Tamat 等，2012）。

　　一些学者试图从理论机制上讨论资源诅咒的发生条件。Mehlum 等（2006）通过一个寻租模型分析认为，自然资源是祝福还是诅咒主要取决于制度质量的差异，在"生产倾向"的制度环境下资源开发能够增加总收入，而"掠夺倾向"的制度环境会将大量生产要素吸引到寻租活动中，从而减少生产领域的要素投入，造成增长乏力。Bravo-Ortega 和 De Gregorio（2007）构建了一个两部门的人力资本内生增长模型，研究发现较高的人力资本水平可以缓解资源开发所引起的增长减速，只要人力资本水平足够高，资源开发活动就能够推动经济增长。Aldave 和 Garcia-Penalosa（2009）利用一个同时考虑腐败和人力资本因素的资源型经济增长模型，将资源型经济划分为贫困陷阱、低增长和高增长 3 种均衡状态，并指出当资源依赖度超过一定阈值时就会陷入贫困陷阱。邵帅和杨莉莉（2011）则通过一个产品水平创新的 4 部门内生增长模型，讨论了资源诅咒效应发生或被规避的条件和作用机制，提出生产要素配置效率是决定资源开发活动对区域技术进步和经济增长能否产生不利影响的关键因素，提高市场化程度和要素配置效率是规避和解决资源诅咒问题的有效途径的观点。

　　另一些学者则尝试通过经验研究来证明资源诅咒的条件存在性。Boschini 等（2007）和 Alexander（2010）分别采用 1975~1998 年 80 个国家的跨国截面数据样本和 2000~2006 年俄罗斯 79 个地区的面板数据样本[①]，对自然资源、制度质量和经济增长之间的关系进行了实证考察，结果显示制度质量的高低是资源诅咒是否发生的关键，为 Mehlum 等（2006）的理论研究结论提供了很好的证据。Kurtz 和 Brooks（2011）则将研究视角转向人力资本和经济开放度，认为两者均是资源诅咒发生的条件变量，并采用 1979~2007 年的跨国截面数据样本对其提出的假说进行了验证。胡援成和肖德勇（2007）、Mehrara（2009）和 Tamat 等（2012）是目前仅见的 3 篇采用门限回归方法开展相关实证研究的文献，其研究样本分别为中国 31 个省际面板数据、13 个石油输出国面板数据和 90 个跨国截面数据，他们分别以人力资本、石油收入比重和制度质量为门限条件变量，对资源诅咒的条件存在性进行了验证。

　　虽然上述研究对于导致资源诅咒发生的条件变量还存在分歧，并且均未对解释变量的潜在内生性问题予以控制，但其研究结果已经清楚地表明，资源诅咒并非"铁律"，资源依赖与经济增长之间的关系是具有非线性特征的，而不是现有研究普遍认知的简单的线性关系。那么这种非线性关系在我国区域层面是否同样存在呢？我们可以利用经验数据进行

---

　　① Alexander（2010）同时采用了横截面数据模型与面板数据模型两种回归模型形式。

统计观察，从而对事实进行一个初步的判断。为此，我们以 1998~2010 年我国地级及以上城市采矿业从业人数占从业总人数比重[①] 的年均值为横轴，以各城市人均 GDP 的年均增长率为纵轴，绘制出两者的散点拟合图（见图 3）。容易看出，两者的关系呈现出一种非线性的倒 U 型曲线关系。在曲线的拐点前后，资源产业依赖与经济增长分别表现出正向和负向关联，这初步印证了上述观点。但是，据此断定在我国城市层面资源依赖与经济增长之间存在倒 U 型曲线关系还为时尚早。经济学常识告诉我们，任意两个经济变量之间的关系都会受到宏观经济环境及其他决定性经济因素的影响，要想验证这种倒 U 型曲线关系是否稳定，还需要在考虑其他相关控制变量的条件下对其进行更为严谨的实证考察。基于上述分析，本文首先提出如下假说。

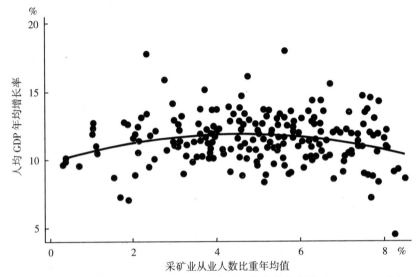

图 3   中国城市层面资源产业依赖与经济增长的散点拟合图（1998~2010 年）

假说 1：资源产业依赖与经济增长之间存在着倒 U 型曲线关系。

（二）资源产业依赖与 TFP 增长：有条件资源诅咒的另一个维度

从现有文献来看，资源诅咒已经不再限于最初 Auty（1993）、Sachs 和 Warner（1995）等文献所研究的自然资源与经济增长的关系上，资源"诅咒"经济发展的表现已被扩展至多个维度，包括加剧收入不平等（Ross，2001）、削弱人力资本积累（Gylfason，2001a）、引发内战和冲突（Hodler，2006）和降低社会福利（Peretto 和 Valente，2011）等多个方面。

然而，作为一个对经济发展具有非常关键作用的因素，自然资源开发活动对 TFP 的影

---

① 这一度量指标的选取主要是囿于数据的可得性，请详见后文说明。

响却很少被现有研究关注。如果说人均 GDP 增长主要在数量上反映了经济发展的效率，那么 TFP 增长则在更大程度上刻画了经济发展的质量。因为在新古典增长理论中，相对于经济增长而言，融合了技术进步、产业结构优化、市场机制完善、管理经验积累、规模效率和要素配置效率提升等多方面经济发展因素的 TFP 的增长显得更为重要和困难。那么资源开发活动对 TFP 增长会产生怎样的影响？对自然资源的过度依赖是否也会像阻碍经济增长那样阻碍 TFP 的增长？这种阻碍是否是有条件资源诅咒的另一个维度？对这些问题的探讨，无疑有助于加深我们对资源诅咒现象的理解。

现有研究对资源开发与 TFP 关系的探讨非常匮乏，目前仅见 4 篇文献开展过相关研究。Ng（2005）最早对此予以关注，他选取 1970~1990 年近 100 个国家为研究样本进行了统计观察，发现存在这样一种经验性事实：资源依赖与 TFP 及其增长率之间均在 5% 的显著水平上呈现出负相关性。他进而在新古典增长框架下，通过构建两部门的资源型经济增长模型研究显示，非资源部门 TFP 水平较低的国家，其生产要素倾向于流向 TFP 水平更低的资源部门，进而在总体水平上拖累经济增长。

Greasley 和 Madsen（2010）的经验研究结论与 Ng（2005）恰恰相反。他们提出这样一个假说：对于"先富"国家（Presently Rieh Eountries）[①] 而言，丰裕的矿产资源产生了资源型集聚效应，并由此促进了知识创新，因此自然资源在这些国家增长轨迹的形成过程中发挥了重要的促进作用。他们从新经济地理学的视角，利用 16 个"先富"国家 1870~2006 年这样一个时期跨度较长的面板数据样本研究发现，矿产资源依赖确实显著地促进了知识创新、劳动生产率和 TFP 水平的提高，表明这些国家的经济发展确实受益于矿产资源的开发。其观点与 Wright 和 Czelusta（2007）不谋而合。

Peretto 和 Valente（2011）则在一个两国非对称贸易开放经济内生增长框架下进行了一些相关理论探讨，其研究结果表明：当劳动和自然资源在资源型中间产品生产过程中表现为替代关系时，资源繁荣会增加资源丰裕国家的资源收入和制造业产品的需求及支出，进而引致劳动力趋于流向技术贡献率和生产效率更高的制造业部门，从而通过促进水平创新而推动 TFP 增长；当二者表现为互补关系时，情况正好相反。因此，资源型中间产品部门生产要素间的替代弹性是决定资源繁荣对 TFP 增长和经济增长是否产生不利影响的关键因素。可以说，上述讨论性研究结论对于 Ng（2005）与 Greasley 和 Madsen（2010）所得到的不同国家资源依赖与 TFP 增长关系的不同走向提供了很好的机理解释。

Gerard（2011）进一步将这一议题扩展至美国州际层面，他对 1970~1999 年美国 50 个州的实证考察结果表明：总体而言，资源依赖与 TFP 增长之间表现出显著的负向关联，但在不同时期两者的关系存在着不同的走势，以 1979 年为分水岭，两者由正相关变为负相关。Gerard 认为这种变化可归因于资源产品价格的高波动性所产生的一系列宏观经济效应。

---

① 包括美国、德国、英国、加拿大、澳大利亚、法国、日本、意大利、比利时、丹麦、芬兰、荷兰、挪威、瑞典、西班牙、瑞士 16 个典型发达国家。

尽管相关研究并不丰富,但这些为数不多的文献已经可以为我们提供一些重要的启示:如同资源产业依赖与经济增长的关系一样,资源产业依赖与 TFP 增长之间在不同时期、不同国家和地区,以及不同的经济条件下,可能呈现不同的演化趋势和特征,而非单调的线性关系。因此,在线性关系框架思路下去诊视资源产业依赖与 TFP 增长之间的联系并非明智的选择,两者同样很可能存在着某种非线性关系。为对资源产业依赖与 TFP 增长的关系进行一些初步判断,我们同样选取 1998~2010 年我国地级及以上城市采矿业从业人数占从业总人数比重的年均值为横轴,以各城市 TFP 的年均增长率[①]为纵轴,绘制出两者的散点拟合图(见图4)。可以看出,两者的关系在一定程度上呈现出倒 U 型曲线关系。在曲线的拐点前后,资源产业依赖与 TFP 增长分别呈现出正相关性和负相关性,这也初步印证了我们根据文献分析所得到的上述推断。基于上述分析,我们提出本文的第二个假说。

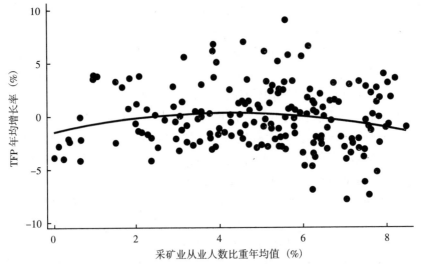

图 4　中国城市层面资源产业依赖与 TFP 增长的散点拟合图(1998~2010 年)

　　假说 2:资源产业依赖与 TFP 增长之间存在着倒 U 型曲线关系。

　　本文余下部分即主要针对上述两个假说,利用人均 GDP 增长和 TFP 增长分别从数量和质量上对经济发展效率进行度量,就资源产业依赖对经济发展效率的非线性影响及其形成机制开展实证考察。

　　[①] 本文采用 DEA-Malmquist 指数法对各城市的 TFP 增长率进行了测算,有兴趣的读者可向作者索取结果。

三、模型、数据与方法

（一）模型设定

在现有研究中，有相当一部分文献采用了横截面数据模型（sachs 和 Warner，1995、2001；Papyrakis 和 Gerlagh，2004a、2007；Stijns，2005；Mehlum 等，2006；Brunnschweiler，2008；Brunnschweiler 和 Bulte，2008；Fan 等，2012），但面板数据模型在近几年的相关研究中被频繁使用（Van der ploeg 和 Poelhekke，2010；Haber 和 Menaldo，2011；Cavalcanti 等，2011；Murshed 和 Serino，2011；Bjorvatn 等，2012），尤其是在一国内部区域层面（徐康宁、王剑，2006；胡援成、肖德勇，2007；邵帅、齐中英，2005；Freeman，2009；Ji 等，2010；Alexander，2010）。横截面数据模型虽然可以降低经济波动所可能产生的偏误（Ji 等，2010）而适合于考察自然资源对经济增长的长期影响（Fan 等，2012），但是，横截面数据模型往往会受到以下问题的困扰而难以保证分析结果的稳健性：其一，横截面数据模型难以捕捉动态经济效应，其暗含着自然资源对经济发展的效应不随时间变化的假设，而这一假设在现实世界中，尤其是在像中国这样的转型经济体中难以成立，结构性断点的存在有可能使自然资源对经济发展的影响发生改变（Ji 等，2010）；其二，横截面数据模型难以对不随时间变化的个体异质性（如发展战略、政策及自然条件等）予以控制，而这些异质性很可能对资源开发活动和经济发展绩效同时产生影响（Aslaksen，2010；Cavalcanti 等，2011）；其三，横截面数据模型难以对前文所提到的资源依赖本身所具有的内生性问题（发展绩效差的国家可能更依赖资源出口）进行有效控制（Haber 和 Menaldo，2011；Murshed 和 serino，2011）。而具有较高自由度和较低共线性的面板数据模型恰恰可以通过相关技术方法，在很好地控制个体异质性并反映变量的动态调整过程（Hsiao，2003）的同时，通过加入被解释变量的滞后项作为部分遗漏变量的代理变量（Sachs 和 Warner，1995）而对内生性问题进行控制[①]，能够对长期经济效应予以反映[②]。鉴于此，本文主要采用动态面板数据模型开展实证研究。

对资源诅咒命题进行实证检验时的构建模型过程，实质上就是根据经济增长的源泉和资源诅咒的传导途径选择控制变量的过程。按照"挤出"效应的逻辑，资源开发活动挤出了行为 X，而 X 是经济增长的决定性因素，所以资源开发通过行为 X 阻碍了经济增长（Sachs 和 Warner，2001）。因此，对经济增长源泉和资源诅咒传导机制的认识不同，计量模型的设定形式以及最终的研究结论就会不同。但是，有理由相信的是，如果能将经济发

---

① 可通过广义矩估计（GMM）实现。
② 后文将通过局部调整模型对此进行说明。

展效率的主要影响因素和资源诅咒的重要传导途径尽可能全面地反映于回归模型中，并采用适当的方法对潜在的内生性问题进行有效控制的话，那么就可以在很大程度上保证实证结果的稳健性。因此，本文按照上述思路来构建回归模型。

1. 基本模型

根据前文提出的假说，我们对 Sachs 和 Warner（1995）所采用的回归模型进行了改进，引入资源产业依赖的二次方项，构建如下基本的静态面板数据回归模型：

$$DE_{it} = \alpha_0 + \alpha_1 RD_{it} + \alpha_2 RD_{it}^2 + \alpha_3 X_{it} + \varepsilon_{it} \qquad (1)$$

其中，被解释变量 DE 表示经济发展效率，包括人均 GDP 增长（EG）和 TFP 增长（TG）两个变量，分别表征经济发展的数量和质量，并对应于本文的两个假说；RD 代表资源产业依赖度，RD^2 是其平方项；X 为将要引入模型的其他控制变量所组成的向量集；i 和 t 分别代表各截面单位和年份；$\alpha_0 \sim \alpha_3$ 为待估参数；ε 为随机扰动项。

在模型（1）中，若资源产业依赖 RD 及其平方项的系数 α_1、α_2 均显著不为零，则根据 α_1 和 α_2 符号可以对经济发展效率与资源产业依赖之间的关系进行如下判断：①若 $\alpha_1 > 0$、$\alpha_2 < 0$，则 DE 与 RD 之间呈现前文假说提出的倒 U 型曲线关系，即当资源产业依赖度小于其唯一拐点值时，经济发展处于"资源祝福"阶段，但当区域经济过分依赖资源产业部门，以致资源产业依赖度超过拐点时，经济发展就会遭受资源诅咒效应；②若 $\alpha_1 < 0$、$\alpha_2 > 0$，则 DE 与 RD 之间呈现 U 型曲线关系，即资源产业依赖度小于拐点值时会阻碍经济发展，超过拐点值后反而有利于经济发展。

对于资源产业依赖的度量，常用的指标有采矿业产值比重、投资比重、就业比重和出口比重等，但在中国城市层面只有采矿业的从业人数数据可得，因此本文与其他研究中国城市层面的文献一样（邵帅、杨莉莉，2010；孙永平、叶初升，2011），采用采矿业从业人数占从业总人数比重来对资源产业依赖进行度量。根据我国现行的行业统计口径，采矿业包括了煤炭开采和洗选业、石油和天然气开采业、黑色金属矿采选业、有色金属矿采选业、非金属矿采选业及其他采矿业，比较全面地涵盖了与自然资源相关的各个初级产业。因此，上述指标能够较好地反映出一个城市就业结构向资源型产业的倾斜程度，从而从就业的角度对资源产业依赖程度予以度量。采矿业部门吸纳的劳动力比重越高，说明城市经济越依赖于资源型产业部门的发展。由于采矿业就业比重在各城市间差异较大，为使分析数据尽量平缓，我们取采矿业人员数占全部从业人员数的万分比，并对其进行对数化处理，以减小数据的波动性。

式（1）隐含地假定了经济发展效率会随各影响因素的变化而瞬时发生相应变化，即不存在调整性的滞后效应。但现实情况并非如此理想，包括经济发展效率在内的宏观经济变量往往具有一定的"惯性"，即表现出路径依赖特征，前期水平对当期结果很可能存在着不可忽视的影响。一些影响经济发展效率的重要因素，尤其是固定资产投资、人力资本积累、技术创新投入等具有存量因素特征的变量本身的调整就具有较为明显的滞后性，无法与当期的经济条件和制度环境同步即时调整，从而导致经济发展效率的变化也随之滞后，而经济发展效率对于这些宏观经济因素的敏感程度在很大程度上也决定了其滞后效应的大小。因此，对经济发展效率变化的滞后效应进行考察是具有重要意义的。我们可以利用局部调整模型的思想对上述滞后效应进行推导阐释。考虑如下局部调整模型：

$$DE_{it}^* = \theta + sV_{it} + \delta_{it} \tag{2}$$

其中，DE^* 表示经济发展效率的期望水平，θ 为常数项，V 为式（1）中各解释变量所组成的向量，s 为其系数向量，δ 为随机扰动项。

可将经济发展效率的期望水平理解为，政府所追求的经济发展的速度、质量及稳定性等多重目标下的预期最优经济发展效率水平，式（2）表明各影响因素的当期水平影响着经济发展效率的期望水平。由于存在技术、制度、产业结构、国内外政治经济环境等因素的限制，经济发展效率的期望水平往往不会在短期内迅速实现，而要通过政府的宏观调控结合市场机制得到逐步调整，使当期水平向期望水平逐渐靠拢。这正符合局部调整模型的假设：被解释变量的实际变化只是预期变化的一部分。即存在如下关系：

$$DE_{it} - DE_{i,t-1} = (1 - \lambda)(DE_{it}^* - DE_{i,t-1}) \tag{3}$$

其中，$1 - \lambda(0 < \lambda < 1)$ 为实际经济发展效率向期望经济发展效率的调整系数，其值越大说明调整速度越快。当 $\lambda = 0$ 时，实际发展效率与预期水平相等，为充分调整状态；当 $\lambda = 1$ 时，当期发展效率与前期水平相同，说明完全未进行调整。

式（3）表明，$t-1$ 期的实际经济发展效率 $DE_{i,t-1}$ 与预期发展效率 DE_{it}^* 的差距为 $DE_{it}^* - DE_{i,t-1}$，而 t 期的经济发展效率调整幅度为 $(1 - \lambda)(DE_{it}^* - DE_{i,t-1})$。上述机制恰好可以为我国政府一直以来制定并实行的国民经济发展5年规划目标这一现实情况进行很好的刻画。将式（3）代入式（2）可推出下式：

$$DE_{it} = \theta^* + \lambda DE_{i,t-1} + s^* V_{it} + \delta_{it}^* \tag{4}$$

其中，$\theta^* = (1 - \lambda)\theta$，$s^* = (1 - \lambda)s$，$\delta^* = (1 - \lambda)\delta$。$s^*$ 为短期乘数，反映解释变量 V 对经济发展效率的短期影响；s 为长期乘数，反映 V 对经济发展效率的长期影响；λ 为滞后乘数，反映前一期经济发展水平对当期的影响，即表示滞后效应的大小。

式（4）所表示的动态面板回归模型即本文进行假说检验所采用的基本模型形式。下面我们分别针对两个假说进行具体的回归模型设定。

2. 经济增长模型

为对假说1进行检验，不失一般性，我们采用人均GDP增长率对经济增长水平进行度量，表示为EG，然而相关统计年鉴缺乏对各地级及以上城市该项数据的完整报告，仅有GDP增长率数据可查。我们参照邵帅和杨莉莉（2010）的做法，采用如下公式对其进行计算：

人均GDP增长率 t =（GDP增长率 t + 1）×（年均人口 $t-1$/年均人口 t）- 1 $\tag{5}$

其中，年均人口为上一年年末人口和本年年末人口的算术平均值。

根据前文的思路并参考相关文献，我们对控制变量 X 做出如下选择：

（1）滞后一期人均GDP的自然对数（L.lnY）。我们将其作为一个基本控制变量引入增长模型，以期对各截面单位的初始经济状态的差异予以控制，在削弱经济发展惯性对分析结果所产生的干扰的同时，也能够对新古典经济增长理论中的条件收敛假说进行检验。此外，初始人均 GDP 的引入还可能在一定程度上降低资源依赖变量所具有的潜在内生性问题（Mehlum 等，2006）。

（2）TFP 增长（TC）。在新古典增长理论中，经济增长通常被分解为资本、劳动及 TFP 的增长率三部分，而且被赋予广义技术进步性质的 TFP 的增长对于经济增长的重要作用已被许多经验研究证实，但相关文献基本均未对这一重要变量予以控制。我们利用 DEA-Malmquist 指数法对各个样本城市各年的 TFP 增长率进行了测算，并将其作为一个基本控制变量引入增长模型，预期其系数符号为正。测算所需的两个投入变量劳动和资本分别采用年均全社会从业人数和由全社会固定资产投资总额与永续存盘法计算得到的固定资本存量予以度量。

（3）地理区位（CL）。另一个被大多数文献忽视的变量是地理区位，这一因素对于我国这样一个幅员辽阔、地理条件区域差异十分明显的国家而言尤为重要。我国的东部沿海城市，除具有先天的运输成本优势外，也获得了改革开放政策所带来的"红利"，在吸引外资和财税政策方面享受着中央政府提供的很多优惠条件，而经济发展的累积效应又使得这些凭借地理优势、政策优惠率先发展起来的东部城市继续保持较高的发展效率。可以说，地理区位因素可以在很大程度上反映各城市个体的异质性特征。因此，控制地理区位因素对各城市经济发展效率的影响是十分必要的。但在相关研究中，仅见 Sachs 和 Warner（2001）、邵帅和杨莉莉（2010）、孙永平和叶初升（2011）等少数文献对其进行了控制。其中以中国煤炭城市为研究样本的邵帅和杨莉莉（2010）采用的是沿海省份城市取值为 1 的虚拟变量作为其代理变量，这样的设定显然无法对地理因素进行准确的量化反映。本文采用孙永平和叶初升（2011）的处理办法，即以距离中国最重要港口城市的最短驾车距离来度量各城市的地理区位，从出海便利程度以及与世界市场的距离来考察地理因素对城市发展效率的影响。1984 年国务院确立的中国重要港口城市包括深圳、珠海、厦门、汕头、大连、秦皇岛、天津、烟台、青岛、连云港、南通、上海、宁波、温州、福州、广州、湛江、北海。我们利用 Google Earih 6.0 软件计算出各城市到以上港口城市的最短驾车距离，并对其取自然对数，预期其系数符号为负。

除上述 3 个影响经济增长的基本因素外，我们还考虑了以下 8 个资源诅咒的重要传导机制变量。

物质资本投资、人力资本水平和技术创新投入这 3 个变量能够对新古典增长理论和新增长理论中的主要增长推动因素予以反映，同时也被普遍视为资源诅咒的传导途径（Gylfason 和 Zoega，2006；Gylfason，200la；Papyrakis 和 Gerlagh，2004b）。

（4）物质资本投资（FI）。采用一般文献的做法，以全社会固定资产投资占 GDP 的比重进行度量，并预期其系数符号为正。

（5）人力资本水平（HC）。在以往的研究中，大多采用人均受教育年限或高校在校学生人数占人口比重等指标对人力资本水平进行度量，但中国城市层面的分类人口受教育程度数据并不可得，而很多地级城市的高等院校数量极少甚至为零，且劳动者受教育水平普遍较低，拥有中学学历者可能会在其劳动力总量中占有较大的比重。因此，我们参照邵帅和杨莉莉（2010）的做法，选取普通中学在校学生人数占总人口比重来反映城市的人力资本水平，并预期其系数符号为正。

（6）技术创新投入（TI）。限于数据的可得性，本文选取从事科技活动人数占总从业人员比重对其进行度量，并预期其系数符号为正。另外，前文提到的 TFP 增长的引入，也可以在很大程度上反映技术创新活动的效果，因为作为广义技术进步的 TFP 增长通常是来源于技术创新活动的，所以 TFP 增长可被视为技术创新投入转化为生产力的直接表现。

（7）居民储蓄能力（PS）。另一个与投资相关的传导途径是储蓄。在新古典增长理论中，储蓄通常被视为投资的主要来源，储蓄率的高低直接决定了对经济增长具有关键拉动作用的物质资本的积累速度。现实中较高的储蓄率无疑可以增加信贷资金总量，进而为投资的增加创造条件，所以储蓄能力在很大程度上决定了一个经济体资本形成以及增加生产能力的潜力。而 Papyrakis 和 Gerlagh（2006）认为，大多数资源丰裕国家在获得了可观的资源收入后就失去了储蓄和投资的动力，他们通过一个世代交叠增长模型研究发现储蓄和投资水平会随资源收入的增加而下降，资源开发对储蓄—投资具有挤出效应。Gylfason 和 Zoega（2006）研究认为，由于自然资源提供了一种持续性的财富源泉而使人们减少了现有资本在未来的投资需求，所以丰富的自然资源会降低储蓄和投资的需求，因此理想的储蓄率与产出中自然资源所占份额是负相关的。Alichi 和 Arezki（2009）也得到了类似的结论。虽然这一传导途径在国内外相关实证研究中很少作为控制变量被引入回归模型，但我们通过城市样本数据进行统计分析发现，资源产业依赖与人均城乡居民储蓄年末余额在小于 1% 的水平上显著负相关，初步印证了上述论断。因此，我们将人均城乡居民储蓄年末余额度量的居民储蓄水平作为控制变量引入回归模型[1]，并预期其系数符号为正。

（8）私营经济发展（PE）。无疑，作为市场主体之一的私营经济对加快市场化进程、提高经济运行效率具有重要作用。李宏彬等（2009）以个体和私营企业从业人数占总就业人口比重作为企业家创业精神的替代变量，结果表明企业家创业精神对经济增长具有显著的正效应。但是，资源型地区产业结构向资源型产业集中的专业化调整会对私营企业发展产生抑制效应（刘庆岩、孙早，2009），并吸引潜在创业者和企业家去从事初级产品的生产，从而挤出企业家的创业行为（Sachs 和 Warner，2001），资源产业依赖度较高的地区，私营经济发展水平可能会相对落后。因此，有必要将私营经济发展列为本文的控制变量。我们采用城镇私营和个体从业人数占总从业人数的比重来对其进行度量，并预期其系数符号为正。

（9）制造业发展（MD）。"荷兰病"（Dutch disease）作为资源诅咒效应的一个重要传导机制被关注已久，其最典型的表现之一就是资源开发活动对具有边干边学和技术溢出效

---

① 虽然从理论上讲，物质资本投资与居民储蓄之间通常具有较高的相关性，将二者同时引入模型具有产生多重共线性的风险，但我们发现二者的皮尔森相关系数为 0.3729，相伴概率小于 1%，这一结果既符合二者高度相关的理论预期，也排除了多重共线性的问题，因此，我们基于计量经济建模的"一般性"原则（李子奈，2008），将二者同时引入模型，以期得到更加全面稳健的估计结果。

应的制造业发展的抑制效应，这已被众多的理论和经验研究证明（Corden 和 Neary，1982；Sachs 和 Warner，1995；徐康宁、王剑，2006；邵帅、杨莉莉，2010）。本文利用制造业从业人数占全部从业人数的比重来反映制造业的发展水平，并预期其系数符号为正。

（10）对外开放程度（OP）。在对经济增长进行解释时，对外开放程度是一个不容忽视的变量。Sachs 和 Warner（1995）的研究中就已经考虑了一国参与国际分工的情况对经济增长的影响。对于我国而言，对外开放对经济发展的影响尤为深远。近 30 年来，我国经济的腾飞在很大程度上得益于改革开放政策的实行，而对外开放程度较高的沿海城市的经济发展水平在这期间得到了快速提升，经济增长速度是内陆地区城市无法望其项背的。考虑到数据的可得性，本文采用根据年均汇率换算成人民币价格的各城市当年实际利用外商直接投资占 GDP 的比重来度量，并预期其系数符号为正。

（11）政府干预程度（GI）。最后，我们考虑对制度环境加以控制。制度与经济增长的关系一直备受学术界关注。制度质量往往会对地区经济发展效率产生显著影响，新制度经济学派甚至认为只有实施有效的制度，才可能实现持续的经济增长。但是，资源繁荣所带来的资源"红利"，可能会降低对高效经济管理和制度质量的需求（Sachs 和 warner，1995；Gylfason，2001a；Papyrakis 和 Gerlagh，2007）；同时，资源丰裕的国家和地区更易于引发生产者的寻租行为，而这种寻租行为往往可能导致腐败，进而扭曲资源分配、损害经济效率和社会公平（Gylfason，2001a）。在对这种制度弱化效应的实证检验中，学者们选择刻画制度质量的指标不尽相同，如制度质量指数（Sachs 和 Warner，1995）、产权的有效性（Hodler，2006）和腐败度（Papyrakis 和 Gerlagh，2007）等。国内城市层面的几篇相关研究基本均使用政府干预程度对制度环境予以控制（丁菊红、邓可斌，2007；邵帅、杨莉莉，2010；孙永平、叶初生，2011）。另外，尽管制度弱化效应作为资源诅咒的传导机制已被屡屡证实，但也不乏与此相异的观点（Stijns，2005；丁菊红、邓可斌，2007；Brunnschweiler，2008）。理论上讲，财政支出规模在一定范围内是合理且必要的，但如果政府过度干预市场或者财政支出缺乏效率，那么就可能对经济发展效率产生负面影响。由于资源产业部门关系到国民经济命脉，在我国，政府对资源生产及资源产品市场行为的干预程度高已是不争的事实，但政府干预对经济增长的作用方向尚存争议。鉴于此，本文将政府干预程度也作为控制变量引入模型，并参照丁菊红和邓可斌（2007）等文献的做法，采用扣除教育和科学事业支出后的财政支出占 GDP 的比重来对其予以度量，以反映各城市的制度环境。

以上各变量的定性描述报告见表 1，这些变量不但包含了一般的经济增长理论中的所有重要因素，也基本囊括了目前已被提出的资源诅咒的各种传导机制变量。这样，本文所构建的经济增长回归模型如下：

$$EG_{it} = \beta_0 + \beta_1 EG_{i,t-1} + \beta_2 L.\ln Y_{it} + \beta_3 TG_{it} + \beta_4 GL_{it} + \beta_5 RD_{it} + \beta_6 RD_{it}^2 + \beta_7 FI_{it} + \beta_8 PS_{it} + \beta_9 HC_{it}$$
$$+ \beta_{10} TI_{it} + \beta_{11} PE_{it} + \beta_{12} MD_{it} + \beta_{13} OP_{it} + \beta_{14} GI_{it} + \eta_{it} \tag{6}$$

其中，$\beta_0 \sim \beta_{14}$ 为待估参数，η 为随机扰动项。

表1 经济增长模型的变量定性描述

变量类别	符号	含义	度量指标及说明	单位	预期符号
被解释变量	EG	人均GDP增长率	根据式（5）算得	%	−
重点考察变量	RD	资源产业依赖	采矿业就业比重	万分比	+
	RD²	资源产业依赖的平方项	—	万分比	−
基本控制变量	EG$_{t-1}$	人均GDP增长率	滞后一期	%	+
	L.lnY	人均GDP的自然对数	滞后一期	元/人	−
	TG	TFP增长率	根据DEA-Malmquist指数法算得	%	+
	GL	地理区位	与重要港口城市最短驾车距离	公里	−
传导机制变量	FI	物质资本投资	全社会固定资产投资总额占GDP比重	%	+
	PS	居民储蓄能力	人均城乡居民储蓄年末余额	元/人	+
	HC	人力资本水平	普通中学在校学生人数占总人口比重	%	+
	TI	技术创新投入	从事科技活动人数占总从业人数比重	%	+
	PE	私营经济发展	城镇私营和个体从业人数占总从业人数比重	%	+
	MD	制造业发展	制造业从业人数占总从业人数的比重	%	+
	OP	对外开放程度	实际利用外商直接投资占GDP比重	%	+
	GI	政府干预程度	扣除科教支出的财政支出占GDP比重	%	不确定

3. TFP增长模型

对于假说2检验模型的被解释变量——TFP增长率，如前文所述，我们采用DEA-Malmquist指数法对其进行测算，然后将其变换为以百分比为单位的增长率形式从而得到该项指标数据。采用Malmquist指数法的好处主要体现在以下两方面：其一，可以利用各城市各年的投入产出面板数据，得到同为面板数据形式的各城市各年的生产率指数，从而符合本文的分析数据要求；其二，可以进一步将生产率指数分解为技术进步指数和技术效率变化指数两部分，并同样将其变换为以百分比为单位的增长率形式，从而获得TFP增长模型中的两个基本控制变量。

通常认为，全要素生产率的提高一方面可能源于原有技术效率的改善，以至于产出水平越发接近现有技术条件下的生产可能性边界。另一方面可能源于技术进步，即生产可行性边界的外移。因此，本文参照张伟和吴文元（2011）的做法，将技术进步（θ）和技术效率变化（V）引入模型以便考察技术效率的改善和技术进步的提高对TFP增长的贡献。

地理区位因素对TFP增长的影响与经济增长类似，城市地理区位的差异可能通过不同的交通条件、要素流动性、技术吸纳能力、制度环境等因素而对TFP增长产生差异性影响。已有文献在我国区域层面对此提供了一些佐证（彭国华，2007）。因此，本文同样将地理区位变量DE^*_{it}作为一个基本的控制变量引入TFP增长模型。

除上述3个基本控制变量外，我们还根据经济学相关理论并参考相关文献①结合数据

---

① Lok和Diouf（2009）对全要素生产率增长的决定因素提供了详细的总结分析。

的可得性选取了以下 6 个影响 TFP 增长的重要因素作为控制变量①引入模型。

（1）技术创新投入（TI）。内生增长理论认为，研究与开发（R&D）及其所带来的技术创新对技术进步和生产效率的提高具有关键作用。R&D 通过生产新的知识或应用新知识去创造新技术，以提高生产效率。因此，一个地区对技术创新活动的投入，特别是R&D 资金与人员的投入是促进技术进步和生产效率提高的必要条件。囿于城市层面数据的可得性，我们同样采用经济增长模型中的从事科技活动人数占总从业人数比重这一指标来对研发和创新投入予以反映，预期其系数符号为正。

（2）人力资本水平（HC）。大量的研究从理论和实证角度均证明了人力资本对 TFP 增长的积极作用，其两个主要途径为：其一，人力资本决定着一国或地区的技术创新能力而直接影响其 TFP 的增长；其二，人力资本水平影响一国或地区的技术追赶和技术扩散速度（Benhabib 和 Spiegel，1994）。此外，人力资本的外部效应对 TFP 水平的提升也具有重要影响（Rauch，1993）。我们采用前文提到的普通中学在校学生人数占总人口比重来对其进行度量，并预期其系数符号为正。

（3）外商直接投资（FD）。通常认为，外商直接投资（FDI）可以通过技术扩散效应、示范模仿效应、竞争效应、产业关联效应和人力资源流动等途径，对东道国的生产效率产生影响，但现有文献的研究结论并不一致。Haddad 和 Harrison（1993）、Branstetter（2000）对摩洛哥、美国的经验研究证实了 FDI 的正向技术外溢作用，但 Kokko（1996）、Aitken 和 Harrison（1999）对乌拉圭、委内瑞拉等国的实证研究结论却与之相反。针对我国的相关研究成果颇为丰富，但是也未得到一致结论。本文根据一般文献的做法，采用实际利用外商直接投资占 GDP 的比重来反映城市的外资利用水平。

（4）基础设施建设（IC）。通常情况下，完善的公共基础设施能够降低地区间的运输成本和交易费用，有利于对外交流、信息流通和生产要素流动，带动知识技术传播、提高资源配置效率和要素使用效率，进而有利于整个社会经济效率的提升。此外，基础设施带来的外溢效应有利于经济集聚和扩散，从而为规模效率的提高提供空间（刘秉镰等，2010）。根据研究的需要，学者们所选取的度量指标也不尽相同。考虑数据的可得性，我们采用进行对数化处理的城市人均道路铺装面积作为基础设施建设的度量指标，并预期其系数符号为正。

（5）市场化程度（ML）。在近 30 多年来中国由计划经济向市场经济体制转变的转型经济特殊背景下，体制性转变对生产率增长无疑产生了深远的影响。因此，考虑市场化程度对于 TFP 增长的影响具有重要意义。樊纲等（2011）曾指出市场化进程有利于 TFP 的提高。刘小玄（2000）基于 1995 年全国工业普查的数据研究发现，私营个体企业的效率最高，然后依次是三资企业、股份和集体企业，最后是国有企业。他进而指出私营个体企业的产权结构明晰而稳定，因此可以取得较好的绩效水平。谢千里等（2001）运用微观面板

---

① 由于侧重点有所不同，个别同一指标所度量的变量名称在经济增长模型和 TFP 增长模型中有所区别。

数据也发现包括私营企业在内的非股份制国内企业生产率状况最好，高于国有企业。由此可见，在考察 TFP 增长的影响因素时，有必要对私营经济发展所表征的市场化程度予以控制。我们采用前文提到的城镇私营和个体从业人数占总从业人数比重来对进行其度量，并预期其系数符号为正。

（6）政府干预程度（CI）。我国正处于关键的转型时期，政府干预因素对各地区的经济增长与生产率具有特殊意义和重要解释力（魏下海，2010）。如前文所述，政府对经济的干预效果是微妙的，在一定的合理程度内将有助于优化资源配置、弥补市场调节的盲目性和滞后性而促进生产率的提高，但是一旦干预过度或者财政支出缺乏效率，就会对社会生产率的提升产生负向作用。因此，我们同样将扣除科教支出的财政支出占 GDP 比重所度量的政府干预程度作为控制变量引入 TFP 增长模型。

以上各变量的定性描述报告见表 2。这样，本文所构建的 TFP 增长回归模型如下：

表 2　TFP 增长模型的变量定性描述

变量类别	符号	含义	度量指标及说明	单位	预期符号
被解释变量	TG	TFP 增长率	根据 DEA-Malmquist 指数法算得	%	-
重点考察变量	RD	资源产业依赖	采矿业就业比重	万分比	+
	RD^2	资源产业依赖的平方项		万分比	-
基本控制变量	TG$_{t-1}$	TFP 增长率	滞后一期	%	+
	θ	技术进步	根据 DEA-Malmquist 指数法算得	%	+
	V	技术效率变化	根据 DEA-Malmquist 指数法算得	%	+
	DE$_{it}^*$	地理区位	与重要港口城市最短驾车距离	公里	-
其他控制变量	TI	技术创新投入	从事科技活动人数占总从业人数比重	%	+
	HC	人力资本水平	普通中学在校学生人数占总人口比重	%	+
	FD	外商直接投资	实际利用外商直接投资占 GDP 比重	%	不确定
	IC	基础设施建设	人均铺装道路面积	m³/人	+
	ML	市场化程度	城镇私营和个体从业人数占总从业人数比重	%	+
	GI	政府干预程度	扣除科教支出的财政支出占 GDP 比重	%	不确定

$$TG_{it} = \gamma_0 + \gamma_1 TG_{i,t-1} + \gamma_2 TE_{it} + \gamma_3 EF_{it} + \gamma_4 GL_{it} + \gamma_5 RD_{it} + \gamma_6 RD_{it}^2 + \gamma_7 TI_{it} + \gamma_8 HC_{it} + \gamma_9 FD_{it}$$
$$+ \gamma_{10} IC_{it} + \gamma_{11} ML_{it} + \gamma_{12} GI_{it} + v_{it} \tag{7}$$

其中，$\gamma_0 \sim \gamma_{12}$ 为待估参数，v 为随机扰动项。

（二）数据样本

我国自 1997 年起才开始报告城市层面按行业分组的从业人员数据，但自 1998 年起我国对包括从业人数在内的部分统计数据的口径进行了较大调整，很多指标数据与 1997 年相比差距较大①。为避免统计口径调整对实证结果可能产生的影响，本文选取口径更为稳

---

① 如从业人数由原来的全部口径调整为城镇口径的从业人数。

定一致的 1998~2010 年为研究时间跨度。《中国城市统计年鉴 2011》报告显示中国共有地级及以上城市 287 座，但历史上很多地级城市的行政区划进行过调整。为了避免由于行政区划调整而导致数据缺乏可比性和连续性，我们剔除了在本文研究期间内行政区划有较大调整的城市，最终确定 220 个地级及以上城市作为研究样本（具体的城市清单请见附表 1）。这样，本文采用的面板数据集由 1998~2010 年的 220 个截面单位所组成，每个变量有 2860 个样本观察值。据我们所知，在中国区域层面开展的相关研究中，本文所采用的样本容量是最大的[①]，从计量经济学的角度来看，这种大样本特征的数据无疑可以为本文实证结果的可信性提供很好的保障。

本文的数据主要来源于《中国城市统计年鉴》、《中国城市年鉴》和《中国区域经济统计年鉴》，其中少数缺失的数据利用各省份统计年鉴、搜数网数据库及城市统计公报或插值法予以补齐。需要说明的是，相关统计资料中对于城市数据的报告分为"地区"和"市辖区"两种统计口径。由于"市辖区"行政区划调整比较频繁且不包含下辖县和农村数据，因此本文尽量采用相对稳定的"地区"统计口径，仅对于个别"地区"口径并未连续完整报告的指标数据在相应年份选择了市辖区口径。

（三）参数估计方法

如前文所述，很多现有研究并未对潜在的内生性问题予以重视，从而可能获得偏误的估计结果。国内相关研究同样存在这一问题，目前仅见邵帅和杨莉莉（2010）一篇文献在技术上对内生性问题予以控制，他们采用工具变量法以中国 27 个煤炭城市为研究样本进行了实证考察。除可能存在文献中提到的资源依赖变量本身及遗漏变量等原因可能导致的内生性问题外，本文的动态面板数据模型从理论上来讲同样存在因被解释变量滞后项与随机扰动项相关而产生的内生性问题，因此如采用通常的面板数据估计方法（固定效应或随机效应模型），所得到的估计结果很可能是有偏且不一致的。而传统的工具变量法对于动态面板模型并非有效的方法（Cameron 和 Trivedi，2009）。鉴于此，本文主要采用被广泛用于动态面板数据模型的广义矩估计（GMM）方法来进行参数估计。

Arellano 和 Bond（1991）指出，可以采用差分广义矩估计的方法（DIF-GMM），以解释变量水平值的滞后变量为工具变量来解决动态面板模型的内生性问题。但是，如果被解释变量和内生解释变量近似于随机游走，那么滞后变量几乎不包含差分后变量的任何信息，DIF-GMM 仍旧存在弱工具变量的问题（Blundell 和 Bond，1998）。为克服上述问题，Blundell 和 Bond（1998）提出并建议采用系统 GMM（SYS-GMM）方法。SYS-GMM 将解释变量的水平值作为一阶差分方程的工具变量，而解释变量一阶差分的滞后值则作为水平变量估计方程的工具变量，对包含变量水平值的原估计方程与进行了一阶差分后的估计方程同时进行估计。因为对随机游走变量而言，相比用过去的数值预测现在的变化（DIF-

---

① 在我们之前的相关研究中，样本容量最大的是孙永平和叶初升（2011），他们采用的是 1997~2008 年 12 年间 190 个城市的 2280 个样本观察值。

GMM），过去的变化能够更准确地预测现值。而 SYS-GMM 估计特殊的 GMM 类型工具变量矩阵较为复杂，它通过补零的方法使用任意有益的滞后项作为工具变量，而不必担心差分所导致的数据缺失。因此，SYS-GMM 相对于 DIF-GMM 在有效性和一致性上都有了很大的改进（Roodman，2009），提高了估计效率。此外，SYS-GMM 即使不引入外部工具变量，也能从变量的历史变化中选取合适的工具变量，这是其最大优势所在（魏国学等，2010），但 SYS-GMM 的有效性还取决于以下两个关键问题：

一是工具变量的有效性。由于工具变量有效与否决定了 SYS-GMM 估计结果是否一致，因此有必要利用 Hansen 检验工具变量的过度识别约束，同时使用 Arellano-Bond 检验（AB 检验）判断工具变量的选择是否合理。若 Hansen 检验接受了工具变量具有有效性的原假设，且 AB 检验结果显示差分误差项不存在二阶序列相关，则说明工具变量的选取是有效且合理的。二是权重矩阵的选择。根据对权重矩阵选择的不同，GMM 方法可以分为一步（one-step）和两步（two-step）估计。Blundell 和 Bond（1998）指出相对于一步估计而言，两步估计是渐进有效的，但同时也存在估计量标准误向下偏误的缺陷。而 windmeijer（2005）所提出的改进的有限样本标准差估计实现了对两步估计标准误的纠正，使得 SYS-GMM 的两步稳健性估计比一步估计更为有效。另外，SYS-GMM 适用于截面单位多时间跨度小（大 N 小 T）型的面板数据，因为过少的截面单位会使 AB 检验缺乏可靠性，而过长的时间跨度会产生过多的工具变量。而本文 220 个城市 13 年的面板数据样本恰恰可以很好地满足这一要求。综上所述，本文主要采用两步 SYS-GMM 对模型（6）和模型（7）进行参数估计，并对工具变量选取的有效性进行相关的统计检验。Stata 软件中的 xtabond2 命令可以很好地胜任上述参数估计和统计检验任务（Roodman，2009）。

另外，尽管前文以现有文献与图 3 和图 4 的初步统计观察结果作为依据而提出了两个倒 U 型曲线假说，但资源产业依赖与经济发展效率之间仍然可能存在 "N" 型或倒 "N" 型的三次曲线关系，甚至多重门限等其他形式的非线性关系。为保证假说检验结果的稳健性和严谨性，不但需要证明二者之间倒 U 型曲线关系显著存在，还需要通过多种计量分析和检验方法对其他曲线关系存在的可能进行验证。因此，除采用上述能够有效控制内生性问题的两步 SYS-GMM 外，我们还采用了计量经济学中最为常见的两种非线性分析方法——门限面板回归（Threshold Panel Regression，TPR）和非线性最小二乘回归（NLS），以及聚合最小二乘法（POLS）、固定效应（FE）和随机效应（RE）等方法作为辅助分析方法，力求从多种实证分析角度对资源产业依赖与经济发展效率之间的关系进行经验识别。其中 TPR 是由 Hansen（1999）提出的，其主要优点是不需给定非线性方程的形式，门限值及个数完全由样本数据内生决定。我们可在式（1）基础上构建其单一门限面板模型：

$$DE_{it} = \phi_0 + \phi_{11} RD_{it} I(RD_{it} \le \zeta_1) + \phi_{12} RD_{it} I(RD_{it} > \zeta_1) + \phi_2 X_{it} + \mu_i + \sigma_{it} \quad (8)$$

其中，ϕ_0、ϕ_2 为待估参数，ϕ_{11} 和 ϕ_{12} 分别为 RD 在门限值两侧的区制中对经济发展效率的不同影响系数；ζ_1 为单一门槛值；$I(\cdot)$ 为示性函数（indicator function），当括号中条件满足时，$I(\cdot)$ 取值为 1，否则为 0；μ_1 为城市个体效应；σ 为随机扰动项。

Hansen（1999）所提出的静态 TPR 主要是在固定效应模型基础上，通过一个渐进分布理论去设定待估参数的置信区间，并运用拔靴（Bootstrap）法去估计门限值的统计显著性[①]。由于我们主要考察的是资源产业依赖本身的不同样本分布情况对经济发展效率的直接非线性影响，因此将 RD 设定为其自身的门限变量。式（8）只适用于存在一个门限的情况，但现实中可能会出现多个门限，当假设存在双重门槛时，可将模型设定为：

$$DE_{it} = \phi_0 + \phi_{11} RD_{it} I(RD_{it} \leqslant \zeta_1) + \phi_{12} RD_{it} I(\zeta_1 < RD_{it} \leqslant \zeta_2) + \phi_{13} RD_{it} I(RD_{it} > \zeta_2) + \phi_2 X_{it}$$
$$+ \mu_i + \sigma_{it} \tag{9}$$

其中 $\zeta_1 < \zeta_2$。多重门限模型形式在其基础上进行类推扩展，本文不再赘述。显然，我们可以根据各门限区制所对应的系数符号对资源产业依赖与经济发展效率之间非线性关系的走势进行基本判断，当两个相邻的区制系数显著且其符号相反时，说明其对应的门限值为一个拐点，如当中 $\phi_{11} > 0$、$\phi_{12} < 0$ 且 ϕ_{13} 不显著时，两者可能存在倒 U 型曲线关系，反之则为 U 型曲线关系；当 $\phi_{11} > 0$、$\phi_{12} < 0$ 且 $\phi_{13} > 0$ 时，二者可能存在 N 型曲线关系，反之则为倒 N 型曲线关系，以此类推。

需要说明的是，考虑到内生性问题在资源诅咒命题研究中具有非常关键的影响，而上述计量方法中仅有 SYS-GMM 能够对其进行有效控制，因此，本文将重点关注 SYS-GMM 的分析结果，而将其他方法的分析结果作为辅助性参考，对其进行相互印证以增强结论的严谨性。

四、假说检验及讨论

首先需要指出的是，在检验资源诅咒假说的研究中，包括 Sachs 和 Warner（1995）这一经典实证研究在内的相当一部分文献直接采用了逐步添加变量进行实证分析的做法（Papyrakis 和 Gerlagh，2004a、2007；stijns，2005；Mehlum 等，2006；李天籽，2007；邵帅、齐中英，2008；邵帅、杨莉莉，2010；Ji 等，2010；Alexander，2010；James 和 Aadland，2011；Fan 等，2012），其目的主要是逐步观察各控制变量对资源诅咒效应的影响情况，以考察假说检验结果的稳健性。但从计量经济学建模的"一般性"原则来看，上述分析思路是不合理的，正确的建模思路应该是遵循"从一般到特殊"的原则，以能够包容所有经过约化得到的"简洁"模型作为总体模型的建模起点，即最初的模型应该包含所有对被解释变量产生影响的变量，尽管其中的某些变量会因为显著性不高或者不满足正交性条件等原因在后来的约化过程中被排除（李子奈，2008），这样做无疑可以尽可能降低遗漏变量问题所产生的影响。

鉴于此，本节将遵循计量经济学中"从一般到特殊"的正确建模原则（李子奈，

[①] 该方法是基于静态面板模型而提出的，将其控制变量均视为严格的外生变量，因此无法对内生性问题进行有效控制。限于篇幅，本文不对 TPR 的具体检验和估计方法进行赘述，有兴趣的读者可参见 Hansen（1999）。

2008)，即首先以包含全部控制变量的整体回归模型作为分析对象，对本文的假说进行多种模型设定条件下的"一般性"实证检验，在确定资源产业依赖与经济发展效率之间的具体非线性形式后，再采用在基本控制变量基础上依次逐步添加其他控制变量的"特殊性"方法进行参数估计，以专门考察各控制变量对曲线及其拐点的冲击情况。具体思路如下：首先，通过包含所有控制变量的整体回归模型，利用 TPR 方法考察资源产业依赖在不同区制内对经济发展效率的影响方向，再利用 NLS 及 SYS-GMM 考察资源产业依赖三次方项系数的显著情况，从而对两者关系的曲线形式进行初步识别；其次，采用 SYS-GMM、NLS、POLS、FE、RE 等方法分别在静态及动态模型条件下，对初步识别的曲线形式进行多种角度的稳健性检验，同时通过 SYS-GMM 与其他方法结果的比较，对内生性问题的影响程度予以判断；最后，在确定的曲线形式设定下，采用能够有效控制内生性问题的 SYS-GMM 方法，通过分步依次添加控制变量的分析过程，来观察控制变量对资源产业依赖与区域发展效率之间关联效应的影响情况，从而进一步对所设定曲线形式的稳健性及其拐点的动态变化情况进行考察。

（一）经济增长模型估计结果及讨论

（1）整体分析结果及讨论。虽然有多篇文献提到或讨论了不同因素可能成为资源依赖影响经济发展的门限变量，包括制度质量（Mehlum 等，2006；Boschini 等，2007；Tamat 等，2012）、人力资本（Bravo-ortega 和 De Gregorio，2007；胡援成、肖德勇，2007）、经济开放度（Kurtz 和 Brooks，2011）、市场化程度及要素配置效率（邵帅、杨莉莉，2011）等，但在本节我们重点关注于不同的资源产业依赖程度对经济发展效率的直接非线性影响，因此，我们同 Aldave 和 Garcia-Penalosa（2009）、Mehrara（2009）一样，首先将资源产业依赖视为其自身的门限变量来进行门限回归分析，对于其他相关因素对两者关系的门限变量识别，我们将在下一节的机制分析中给出。

经门限效应检验可知，资源产业依赖对经济增长在5%的水平上存在显著的单一门限效应，而双重和三重门限效应均不显著[1]。由此推断，两者可能存在着二次曲线关系。从表3中模型1的参数估计结果可知[2]，以 1.28% 为门限值，在其前后两个区制内资源产业依赖的系数分别为 0.09420 和 -0.03215，且分别在1%和10%的水平上显著，这与假说1的倒 U 型曲线形式是吻合的，即说明以 1.28% 为拐点，资源产业依赖在拐点前后对经济增长分别表现出显著的正相关和负相关。在接下来的模型2中，我们采用了另一种非线性方法——NLS，对引入资源产业依赖三次方项的式（6）进行了参数估计，结果显示，资源产

---

① 限于篇幅，对于资源产业依赖对经济增长和 TFP 增长的门限效应检验结果本文不进行详细报告，有兴趣的读者可向作者索取。

② 由于 Hansen（1999）提出的门限回归方法是基于固定效应模型的，而固定效应模型已经考虑了各个截面单位的综合个体效应，所以会在差分过程中将同一截面单位不随时间变化的变量自动剔除，因此地理区位变量的系数在本文的 TPR 和 FE 模型中均被报告为 dropped。

业依赖的三次方项系数并不显著，而一次方项和二次方项的系数分别在1%的水平上显著为正和显著为负，同样说明两者存在着倒U型曲线关系。模型1与模型2均属于静态模型，而没有考虑前文提到的宏观经济变量的动态滞后效应，那么在动态模型中资源产业依赖与经济增长的倒U型曲线关系是否依然存在呢？我们进一步采用基于动态面板模型并能有效控制内生性问题的SYS-GMM方法，同样对引入资源产业依赖三次方项的式（6）进行了参数估计，模型3的结果与模型2一致，三次方项并不显著，而一次方项和二次方项系数均高度显著，且一正一负。以上结果说明，无论采用无具体非线性形式的TPR方法，还是采用三次方程形式的NLS和SYS-GMM方法，无论采用普通的静态模型，还是采用同时考虑滞后效应及内生性问题的动态模型，均高度拒绝了资源产业依赖与经济增长存在三次曲线关系的假定，从而明显表明两者之间存在着二次曲线形式的倒U型关系，这与图3的统计观察结果完全一致。因此，在下面的分析中我们排除了三次曲线关系的设定，而专注于对倒U型曲线关系进行多种角度的计量检验。

表3　经济增长模型整体估计结果

解释变量	模型1	模型2	模型3	模型4	模型5	模型6	模型7	模型8	模型9	模型10	模型11
EG_{t-1}			0.5263^a (0.00229)	0.5310^a (0.0255)	0.6428^a (0.01454)	0.2425^a (0.01623)	0.4579^a (0.01425)				
L.lnY	−1.2187 (0.1289)	−1.2836^a (0.2098)	−2.8344^a (0.07780)	−2.0225^a (0.07057)	−0.7227^a (0.1082)	50.1935 (36.8755)	−0.9419^a (0.1602)	−1.6872^a (0.1851)	−1.7179^a (0.1853)	261.0734^a (71.6048)	−1.2596^a (0.1331)
TG	0.07704^a (0.00943)	0.08017^a (0.01297)	0.1277^a (0.00500)	0.1500^a (0.00409)	0.07789^a (0.00827)	0.2240^a (0.01219)	0.1429^a (0.01070)	0.09300^a (0.01235)	0.09127 (0.01235)	0.1813^a (0.03035)	0.07608^a (0.00945)
GL	(dropped)	−0.1167^b (0.05063)	−0.1508^a (0.01914)	−0.1023^a (0.01270)	−0.00361 (0.02787)	(dropped)	−0.06664 (0.04422)	−0.1173^b (0.05158)	−0.1129^b (0.05183)	(dropped)	−0.07714^a (0.03322)
RD(RD$\leq\zeta_1$)#	0.09420^a (0.02006)	0.7691^a (0.2973)	0.4911^a (0.06747)	0.2623^a (0.06097)	0.09983^b (0.04571)	0.3541^b (0.1612)	0.2712^a (0.1030)	0.3950^a (0.1201)	0.1828^b (0.08528)	0.4762^c (0.2596)	0.2168^a (0.06198)
RD^2(RD$>\zeta_1$)#	−0.03215^c (0.01703)	−0.07654^c (0.00849)	−0.04617^a (0.01408)	−0.02547^a (0.00613)	−0.00986^c (0.00538)	−0.03666^c (0.02005)	−0.03080^a (0.1149)	−0.03801^a (0.01341)	−0.01406 (0.00968)	−0.04668^c (0.02668)	−0.02365^a (0.00733)
RD^3		0.01016 (0.00684)	−0.00035 (0.00118)								
FI	0.08336^a (0.00318)	0.08335^a (0.00489)	0.04587^a (0.00129)	0.07254^a (0.00121)	0.03691^a (0.00271)	0.07818^a (0.00500)	0.04924^a (0.00375)	0.07978^a (0.00423)	0.07942* (0.00424)	0.07987^a (0.02092)	0.08255^a (0.00318)
PS	0.6457^a (0.09101)	0.6633^a (0.1397)	0.9453^a (0.03248)	0.2535^a (0.01808)	0.2559^a (0.07458)	0.5563^b (0.2187)	0.1852 (0.1162)	0.9006^a (0.1331)	0.8958^a (0.1340)	0.2862 (0.3201)	0.6509^a (0.09166)
HC	0.1177^a (0.03261)	0.1105^b (0.04721)	0.1931^a (0.01364)	0.4017^a (0.01425)	0.1128^a (0.02666)	0.3036^b (0.05499)	0.05320 (0.04262)	0.1328^a (0.04967)	0.1223^b (0.04958)	0.5021^a (0.1585)	0.1033^a (0.03356)
TI	0.01497^a (0.00304)	0.01639^a (0.00436)	0.04887^a (0.00156)	0.04229^a (0.00119)	0.01726^a (0.00250)	0.01089^a (0.00455)	0.00648^a (0.00372)	0.01498^a (0.00433)	0.01526^a (0.00433)	0.02663^a (0.00874)	0.01610^a (0.00308)
PE	0.03897^a (0.00756)	0.04588^a (0.01181)	0.06199^a (0.00321)	0.02448^a (0.00191)	0.01043^c (0.00605)	0.00190 (0.01226)	0.00525 (0.00863)	0.04963^a (0.00995)	0.04856^a (0.00988)	−0.00573 (0.02022)	0.04473^a (0.00774)
MD	0.02040^a (0.00470)	0.01987^a (0.00753)	0.01474^a (0.00228)	0.01145^a (0.00117)	0.00214 (0.00383)	−0.02985^a (0.01105)	0.00818 (0.00570)	0.02288^a (0.00664)	0.02541^a (0.00658)	−0.02918 (0.01964)	0.01940^a (0.00477)
OP	0.07424^a (0.01612)	0.06501^b (0.02545)	0.06574^a (0.00911)	0.09277^a (0.00269)	0.03190^b (0.01426)	0.08325^a (0.02551)	0.04428^a (0.01726)	0.05693^a (0.02014)	0.05932^a (0.02015)	0.1121^b (0.05057)	0.07079^a (0.01660)
GI	−0.04152^a (0.00891)	−0.04155^a (0.01142)	−0.01681^a (0.00039)	−0.01832^a (0.00017)	0.00788 (0.00813)	−0.00165 (0.01148)	−0.01594 (0.01109)	−0.03604^a (0.01292)	−0.03604^a (0.01293)	−0.00231 (0.01918)	−0.04196^a (0.00886)

续表

解释变量	模型 1	模型 2	模型 3	模型 4	模型 5	模型 6	模型 7	模型 8	模型 9	模型 10	模型 11
常数项	10.5754[a] (0.9920)	10.9224[a] (1.8025)	16.4259[a] (0.7362)	14.3491[a] (0.6727)	5.4012[a] (0.9532)	−452.3642 (329.3737)	10.4731[a] (1.4320)	12.06667[a] (1.6706)	12.7061[a] (1.6521)	−2341.43[a] (640.434)	11.1621[a] (1.1446)
估计方法	静态 TPR	静态 NLS	SYS−GMM	SYS−GMM	动态 POLS	动态 FE	动态 NLS	静态 NLS	静态 POLS	静态 FE	静态 RE
曲线关系	倒 U 型	倒 U 型	倒 U 型	倒 U 型	倒 U 型	倒 U 型	倒 U 型	倒 U 型	倒 U 型	倒 U 型	倒 U 型
拐点或门限值 (%)	1.28	1.52	2.04	1.72	1.58	1.25	0.82	1.81	—	1.64	0.98
参数联合检验值 (P)	125.7742 (0.000)	108.1824 (0.000)	1.78×10^{4} (0.000)	2.58×10^{4} (0.000)	279.8507 (0.000)	1.51×10^{3} (0.000)	149.8948 (0.000)	60.2443 (0.000)	60.9403 (0.000)	37.9200 (0.000)	1.48×10^{3} (0.000)
R^2	0.3465	0.3479	0.9902	0.9934	0.5988	0.4106	0.4273	0.2194	0.2178	0.3208	0.3023
AR(1) 检验值 (P)	—	—	−7.39 (0.00)	−6.93 (0.00)	—	—	—	—	—	—	—
AR(2) 检验值 (P)	—	—	1.59 (0.111)	0.50 (0.619)	—	—	—	—	—	—	—
Hansen 检验值 (P)	—	—	217.01 (1.000)	216.26 (0.881)	—	—	—	—	—	—	—
样本容量	2860	2860	2860	2860	2860	2860	2860	2860	2860	2860	2860

注：系数下方括号内数值为其标准误；a、b、c 分别表示 1%、5%、10%的显著水平。以下各表同。# 对模型 1 而言，分别对应于其单一门限效应的低门限区制和高门限区制。

在模型 4 中我们报告了采用本文重点关注的能够控制内生性问题并考虑变量动态效应的 SYS−GMM 方法对式 (6) 的估计结果。可以看出，与模型 3 一样，模型 4 的 AB 检验与 Hansen 检验均符合 GMM 估计的要求：残差显著存在一阶自相关而不存在二阶自相关、Hansen 统计量不显著。这表明模型 3 和模型 4 均不存在工具变量过度识别的问题，我们采用的工具变量合理有效。从参数估计结果来看，资源产业依赖一次方项和二次方项的系数仍然分别在 1%的水平上显著为正和显著为负，倒 U 型曲线关系依然存在。需要注意的是，虽然 GMM 估计量具有一致性，但当样本较小或采用的工具较弱时，动态面板 GMM 估计量容易产生较大偏倚（李文星等，2008）。Bond（2002）提出了判断发生较大程度偏倚的一种方法，即将 GMM 估计量分别与包含被解释变量滞后项的 POLS 和 FE 的估计量进行比较，观察被解释变量滞后项的 GMM 估计量是否介于其他两个模型对应的估计量之间。由于 POLS 被解释变量的滞后项与不可观察的地区效应正相关，所以 POLS 估计量应该是向上偏倚的（biased upwards）；由于 FE 被解释变量的滞后项与随机扰动项负相关，所以 FE 估计量应该是向下偏倚的（biased downwards）。因此，被解释变量滞后项的 GMM 估计量应该介于 POLS 和 FE 所对应的估计量之间。鉴于此，我们分别在模型 5 和模型 6 中报告了引入经济增长滞后一期的动态 POLS 和动态 FE 的估计结果，通过比较可知，模型 4 的滞后一期人均 GDP 增长率的系数 0.5310 确实介于模型 5 和模型 6 的对应系数 0.6428 和 0.2425 之间，从而表明本文的 SYS−GMM 估计结果并未因为样本数量和工具变量的选择而产生明显的偏倚。从模型 5 与模型 6 的估计结果来看，资源产业依赖的一次方项与二次方项系数仍然分别显著为正和显著为负，再次证明了倒 U 型曲线关系的存在。

作为参照，我们分别在模型 7 和模型 8 中报告了采用动态和静态 NLS 方法得到的估计结果，发现资源产业依赖的一次方项与二次方项系数均明显表现出倒 U 型曲线的特征。虽然模型 8 与模型 7 的系数符号均保持一致，但模型 8 的系数显著程度明显更高，说明被解释变量滞后项的引入所带来的内生性问题明显影响了模型的估计效果。

以上分析结果清楚地表明，资源产业依赖与经济增长之间的倒 U 型曲线关系非常稳健，从而很好地验证了假说 1 的成立，即说明资源产业依赖对经济增长的不利影响是有条件发生的，适度的自然资源开发活动对经济增长是有利的，但如果经济对资源型产业的依赖超过了一定的阈值，就会使自然资源"魔鬼"的一面显现出来而吞噬掉最初所积累的增长成果。

最后，为了进一步验证内生性问题在资源诅咒命题研究中的重要性，我们还在模型 9~11 中分别报告了 POLS、FE 和 RE 3 种被相关文献广泛采用的普通静态模型方法的估计结果，将其与 GMM 方法的估计结果进行比较，从而对内生性问题的影响程度和 CMM 估计结果的稳健性进行考察。类似的比较研究思路也被一些文献采用（魏国学等，2010；Alichi 和 Arezki，2009；Bjorvatn 等，2012）。通过比较可知，除模型 9 中的个别变量外，大部分变量的系数符号与模型 4 的估计结果一致，但显著程度有所下降，尤其是在模型 8 和模型 9 中，有些系数变得不再显著。这从一定程度上证明了内生性问题明显存在，如果不对其进行必要的控制，将显著影响估计结果的稳健性和可信性。值得注意的是，采用静态 POLS 的模型 8 中的资源产业依赖二次项系数虽然为负，但并不显著，而一次项系数显著为正，说明如果仅以未对个体效应、内生性问题予以控制的 POLS 的估计结果作为判断依据，那么就可能得出我国城市层面资源产业依赖有利于经济增长的单向性偏误结论。另外，容易看出，模型 3 和模型 4 的参数联合检验及 R^2 的结果均明显大于其他模型，说明采用 SYS-CMM 对内生性问题予以控制可以在很大程度上提高模型的拟合优度，获得更为理想的估计效果，其中我们重点关注的模型 4 的拟合优度效果最佳，从而证明模型 4 的设定最为合理，具有最好的解释力。

以上结果表明，无论采用非线性还是线性计量分析方法，无论采用静态模型还是动态模型，无论采用三次方程还是二次方程形式，其基本结果均表明资源产业依赖与经济增长之间存在着显著的倒 U 型曲线关系，即资源开发活动对经济增长的作用存在一个阈值，当一个地区的资源型产业比重小于这个阈值时，资源产业部门的发展会对区域经济增长表现出积极作用，即处于"资源祝福"状态；当一个地区经济过于依赖资源产业部门而超出阈值时，资源型产业过度发展所产生的负面效应就会占据上风，从而使资源开发活动不再有利于区域经济增长，反而使其陷入"资源优势陷阱"。但是，如果一个地区能将资源"红利"用于增加投资、推动人力资本积累和技术创新、促进产业多样化发展、提高对外开放程度，并辅以政府对经济的适度干预，则能够大大抑制对资源产业的依赖所产生的各种负面效应，避免走进资源诅咒的困局。从各模型的拐点值大小来看，其波动程度较小，大体处于 1%~2%，我们重点关注的模型 4 的拐点值为 1.72%，除模型 3 和模型 11 外，其他模型的拐点值均小于这一数值，说明在大多数情况下内生性问题对于资源产业依赖与经济增长之间倒 U 型曲线的拐点值存在着向下的偏倚性影响。

（2）分步分析结果及讨论。在验证了假说 1 成立之后，我们转向利用 SYS-GMM 通过分步依次添加控制变量的方法进行"特殊性"实证分析，以考察各控制变量对倒 U 型曲线及其拐点的影响。由表 4 报告的 9 组（其中模型 9 与表 3 中的模型 4 等同）分析结果可知，所有模型的参数联合检验结果均非常显著，表明模型设定在整体上是合理的。从GMM 方法的设定检验结果来看，所有模型的残差均在 1% 的水平上显著存在一阶自相关，但不存在二阶自相关，且 Hansen 统计量均不显著，从而表明各模型所采用的工具变量均是合理有效的。再从系数的显著程度来看，除模型 1 中两个变量在 5% 的水平上显著外，其余所有变量的系数均在 1% 的水平上显著，而且随着控制变量的逐步引入，各变量的系数符号均保持不变，并无异常波动，表明我们的估计结果相当稳健，所选取的变量对于经济增长均具有重要影响。

表 4　经济增长模型分步估计结果

解释变量	模型 1	模型 2	模型 3	模型 4	模型 5	模型 6	模型 7	模型 8	模型 9
EG_{t-1}	0.6875[a] (0.00162)	0.5607[a] (0.00104)	0.5602[a] (0.00105)	0.5381[a] (0.00116)	0.5071[a] (0.00213)	0.4967[a] (0.00187)	0.4926[a] (0.00205)	0.5350[a] (0.00213)	0.5310[a] (0.00255)
$L.\ln Y$	−0.9041[a] (0.03030)	−0.9035[a] (0.02845)	−1.3274[a] (0.0364)	−1.7642[a] (0.04238)	−1.7101[a] (0.06180)	−1.9738[a] (0.07332)	−2.1467[a] (0.07524)	−1.8582[a] (0.07235)	−2.0225[a] (0.07057)
TG	0.1053[a] (0.00089)	0.1398[a] (0.00266)	0.1374[a] (0.00201)	0.1358[a] (0.00348)	0.1834[a] (0.00315)	0.1678[a] (0.00417)	0.1555[a] (0.00392)	0.1504[a] (0.00296)	0.1500[a] (0.00409)
GL	−0.02286[b] (0.01097)	−0.06823[a] (0.00870)	−0.07585[a] (0.01121)	−0.03259[a] (0.01256)	−0.1165[a] (0.01337)	−0.1463[a] (0.01593)	−0.1764[a] (0.01458)	−0.07335[a] (0.01374)	−0.1023[a] (0.01270)
RD	0.07591[b] (0.03098)	0.4247[a] (0.03026)	0.5150[a] (0.02865)	0.7354[a] (0.04552)	0.3818[a] (0.03985)	0.6515[a] (0.04650)	0.6039[a] (0.52000)	0.3499[a] (0.04606)	0.2623[a] (0.06097)
RD^2	−0.01511[a] (0.00344)	−0.05845[a] (0.00284)	−0.06792[a] (0.00288)	−0.1063[a] (0.00430)	−0.04743[a] (0.00365)	−0.07612[a] (0.00476)	−0.06339[a] (0.00501)	−0.03345[a] (0.00452)	−0.0257[a] (0.00613)
FI		0.07025[a] (0.00057)	0.06002[a] (0.00064)	0.07209[a] (0.00096)	0.09021[a] (0.00080)	0.08481[a] (0.00101)	0.08309[a] (0.00121)	0.06810[a] (0.00094)	0.07254[a] (0.00121)
PS			0.4068[a] (0.01023)	0.3194[a] (0.01897)	0.4503[a] (0.02000)	0.3343[a] (0.02087)	0.40188[a] (0.02437)	0.2030[a] (0.02234)	0.2535[a] (0.01808)
HC				0.8455[a] (0.01158)	0.6529[a] (0.00848)	0.6542[a] (0.00942)	0.6443[a] (0.01126)	0.4565[a] (0.01281)	0.4017[a] (0.01425)
TI					0.04086[a] (0.00067)	0.04280[a] (0.00070)	0.04293[a] (0.00069)	0.02938[a] (0.00061)	0.04229[a] (0.00119)
PE						0.04320[a] (0.00139)	0.04094[a] (0.00156)	0.02237[a] (0.00177)	0.02448[a] (0.00191)
MD							0.01325[a] (0.00137)	0.01152[a] (0.00129)	0.01145[a] (0.00117)
OP								0.1116[a] (0.00210)	0.09277[a] (0.00269)
GI									−0.01832[a] (0.00017)
常数项	12.2801[a] (0.3341)	10.4105[a] (0.3116)	10.5668[a] (0.3270)	9.4389[a] (0.3557)	8.2335[a] (0.6366)	11.1633[a] (0.6729)	11.9312[a] (0.7218)	12.8698[a] (0.6642)	14.3491[a] (0.6727)

续表

解释变量	模型1	模型2	模型3	模型4	模型5	模型6	模型7	模型8	模型9
估计方法	SYS-GMM	SYS-GMM	SYS-GMM	SYS-GMM	SYS-GMM	SYS-GMM	SYS-GMM	SYS-GMM	SYS-GMM
曲线关系	倒U型	倒U型	倒U型	倒U型	倒U型	倒U型	倒U型	倒U型	倒U型
拐点（%）	0.12	0.38	0.44	0.32	0.56	0.72	1.17	1.87	1.72
参数联合检验值（P）	6.20×10^4 (0.000)	1.22×10^5 (0.000)	5.81×10^5 (0.000)	1.21×10^5 (0.000)	8.36×10^4 (0.000)	1.09×10^5 (0.000)	4.14×10^4 (0.000)	6.42×10^4 (0.000)	2.58×10^4 (0.000)
R^2	0.9930	0.9969	0.9994	0.9976	0.9969	0.9978	0.9947	0.9971	0.9934
AR（1）检验值（P）	−7.01 (0.000)	−7.01 (0.000)	−7.05 (0.000)	−7.03 (0.000)	−6.99 (0.000)	−7.08 (0.000)	−7.11 (0.000)	−6.91 (0.000)	−6.93 (0.000)
AR（2）检验值（P）	1.65 (0.100)	1.72 (0.085)	1.76 (0.079)	1.50 (0.134)	1.50 (0.133)	1.50 (0.134)	1.45 (0.148)	0.55 (0.585)	0.50 (0.619)
Hansen检验值（P）	219.56 (1.000)	219.64 (0.942)	219.25 (0.939)	217.73 (0.947)	218.50 (0.932)	217.00 (0.935)	218.41 (0.919)	218.07 (0.891)	216.26 (0.881)
样本容量	2860	2860	2860	2860	2860	2860	2860	2860	2860

首先，我们从仅包含滞后一期人均GDP、TFP增长率和地理区位3个基本控制变量的模型1进行分析。其结果与前文一致，资源产业依赖一次项的系数显著为正，而其二次项系数显著为负。但其拐点值很小，仅为0.12%。模型2至模型5中依次加入了4个经济增长理论中的基本增长要素——物质资本投资、居民储蓄能力、人力资本水平和技术创新投入。结果显示，资源产业依赖的一次项和二次项系数的符号保持不变，其显著程度也一直保持在1%的水平上。而上述4个变量的系数符号也一直在1%的水平上显著为正，表明四者均对我国城市经济增长具有明显的拉动作用，这与经济增长理论完全相符。同时，与模型1相比，这些因素也均促使曲线的拐点向后推移。

其次，我们依次将私营经济发展、制造业发展、对外开放程度3个传导机制变量引入模型。模型6至模型8的结果显示，各变量系数均在1%的水平上通过显著性检验，并且其系数符号也均与预期相符，从而对城市经济增长表现出积极的推动作用。同时，资源产业依赖的一次项和二次项系数依然保持高度显著且符号保持不变，并且各模型的拐点值呈逐渐上升趋势。以上结果表明上述因素不仅有助于我国城市的经济增长，而且在规避资源诅咒效应方面也发挥着积极作用。特别是在引入制造业发展和对外开放程度两个变量后，拐点值上升幅度明显增大，说明这两个因素在规避资源诅咒方面具有更为显著的作用。第一，从制造业发展和对外开放对经济增长的拉动作用来看，我国的发展经验已经表明，许多城市经济的起飞都归功于制造业的繁荣，制造业在对城市经济增长、发挥我国劳动力总量优势方面发挥了重要的作用。改革开放以来，FDI的大量涌入也成为我国经济高速增长的一个不可忽视的重要原因，外商直接投资的增长推动了经济增长率的增加（沈坤荣、耿强，2001）。而在制造业领域大量引进外资，使得制造业发展与外向型经济的结合，更是促进了以苏南城市为代表的许多沿海城市的快速崛起。两者对地区经济所表现出的强有力的拉动作用，可以在很大程度上抵消依赖资源型产业发展所带来的不利影响。第二，制造业发展和外商直接投资对规避资源诅咒效应的作用也间接地表现在对地区产业结构的影响方面。由于我国特殊的政策环境，外资难以进入国有经济牢牢控制的各种传统自然资源开采行业，而我国富有竞争力的劳动力资源使得制造业部门实际使用的外商直接投资占绝对优势[①]；而近年来国际经济形势和投资环境的变化加之本土第三产业的迅速发展，使得我国服务业领域的引资幅度也不断扩大。外资的进入在一定程度上抑制了各城市的产业结构向资源型产业过度倾斜，使其经济增长点更加分散。因此，制造业的发展及外资所反映的对外开放程度的提高对促进一个城市的产业多样化具有重要作用，而经济或者产业多样化也正是很多学者所指出的规避资源诅咒的一剂良药（Auty，2001；Gylfason，2005；李天籽，2007；邵帅、齐中英，2008；邵帅、杨莉莉，2010）。综上，若一个城市积极发展制造业等其他非资源型产业，大力吸引并充分利用外资，同时致力于技术创新能力的提升和私营经济的发展壮大，那么资源产业依赖的阈值就会得以提高、资源诅咒发生的风险也将显著减小。

需要指出的是，本文对制造业发展与对外开放程度的分析结果不同于邵帅和杨莉莉（2010），后者在以我国 27 个地级煤炭城市为样本的实证研究中，发现这两个因素对经济增长并未表现出应有的促进作用，从而说明煤炭城市的制造业发展状况欠佳、外资投入水平及利用效率偏低，难以对经济增长产生积极影响。但从本文对全国地级及以上城市整体样本的分析情况来看，制造业和外资确实成为了我国城市经济发展的重要推动力量。上述两种分析结果并不矛盾，而恰恰说明了与全国总体水平相比，煤炭资源型城市在制造业发展和吸引及利用外资方面明显处于劣势，这两个传导机制也应该成为其规避资源诅咒的重要抓手。

最后，我们在模型 9 中引入了财政支出占 GDP 比重所表征的政府干预程度变量。如前文所述，政府干预对经济增长的作用方向取决于财政支出的规模及效率。本文的结果显示，政府干预程度在 1%的显著水平上与经济增长负相关，从而在整体上表明，我国城市地方政府对经济的干预力度过大，财政支出效率欠佳，已经阻碍了城市的经济增长。此外，模型 9 的拐点值较模型 8 有小幅下降。这说明政府过度干预正是产生资源诅咒效应的重要传导途径之一。如果政府对经济干预过多，企业家就会趋于减少其创新行为而倾向于将其才能用于从事非生产性的寻租活动，因为与满足市场需求相比，企业家更愿意将资源投入到可以获得超额利润的寻租活动中（Sobel，2008）。而正是由于自然资源带来了相对容易获取的高额的经济租，很容易吸引潜在的既得利益者通过包括向行政人员行贿等寻租手段在内的不透明方式来配置租金而使其政治操纵的范围最大化，这样不但会使资源收入分配被扭曲，还会导致这种不正当的风气快速蔓延，从而弱化政府的政治制度质量而抑制经济增长（邵帅、齐中英，2008）。而资源丰裕国家和地区易于滋生寻租和腐败行为也已被很多文献证实（Hodler，2006；Papyrakis 和 Gerlagh，2004a、2007；邵帅、齐中英，

---

① 根据《中国统计年鉴》数据进行计算可以发现，从我国实际使用的外商直接投资额来看，1998~2010 年流向制造业的外资占总额比重的年均值为 61%，采掘业为 0.94%。

2008）。因此，政府对资源产业部门的干预和控制力度越强，就越容易引发企业家寻求非生产性的寻租和腐败行为，导致其技术创新动力不足，从而使拐点前移而不利于资源诅咒的规避。

综观模型 1 至模型 9 的估计结果，资源产业依赖的一次项和二次项系数符号一直保持不变且高度显著，从而再次表明资源产业依赖与经济增长之间的倒 U 型曲线关系是稳定的。从变动幅度来看，倒 U 型曲线的拐点值对于不同传导机制变量的敏感程度也有所差异。但大部分变量都推延了拐点的到来，尤其是制造业发展和对外开放程度两个变量对资源诅咒的"延缓"效应最为明显，说明这两个因素在资源型城市规避资源诅咒方面能够发挥重要作用。

从几个基本控制变量的结果来看，人均 GDP 滞后一期的系数一直显著为负，说明新古典经济增长理论中的"条件收敛"假说在我国城市层面是成立的；TFP 增长的系数一直显著为正，表明 TFP 增长确实对经济增长具有很强的推动作用；地理区位的系数一直显著为负，证明地理区位确实成为了一个影响我国城市经济增长的重要因素，越靠近重要港口的城市，在运输成本和对外交流等方面越具有优势，从而使其获得了更为便利的发展条件。更为重要的是，这些城市还在国家的区域倾斜性发展政策中获得了先机。改革开放之初，国家对东部地区的政策优惠使其获得了相对宽松的发展环境，众多的沿海城市通过吸引各生产要素流入、发展外向型经济等途径，使得经济增长速度迅速提高。因此，地理位置的差异确实是影响中国区域增长差异的重要因素（Démurger，2001）。

（二）TFP 增长模型估计结果及讨论

（1）整体分析结果及讨论。本节同样首先以资源产业依赖作为其自身的门限变量来进行门限效应检验及门限回归分析。经门限效应检验可知，资源产业依赖对 TFP 增长在 1% 的水平上存在着显著的单一门限效应，但双重门限效应和三重门限效应均不显著。这一结果预示着资源产业依赖与 TFP 增长之间可能存在着某种二次曲线关系。表 5 中的模型 1 为对应的门限面板估计结果，可以看出，以 1.90% 为门限值，在其前后两个区制内资源产业依赖的系数分别为 0.01267 和 -0.02421，显著水平均为 10%，这与假说 2 的倒 U 型曲线形式相吻合，即表明资源产业依赖在 1.90% 的拐点前后对 TFP 增长分别表现出显著的积极影响和负向效应。与经济增长模型的分析思路一致，模型 2 为采用 NLS 方法对引入资源产业依赖三次方项的式（7）的估计结果，可以看到，资源产业依赖的三次方项系数同样不显著，而一次方项和二次方项的系数分别在 10% 的水平上显著为正和显著为负，同样预示着倒 U 型曲线关系的存在。在模型 3 中我们基于动态面板三次方程形式并采用考虑 TFP 增长滞后效应的 SYS-GMM 方法进行了参数估计，其检验结果与模型 2 一致：资源产业依赖的三次方项并不显著，而一次方项和二次方项的系数均在 1% 的水平上高度显著。以上结果表明，无论是否采用具体的非线性方程设定形式，无论是否考虑被解释变量的滞后效应及内生性问题，资源产业依赖与 TFP 增长之间存在三次曲线关系的假定均被高度拒绝，而二者之间应该存在着更为显著的倒 U 型曲线关系，这也与图 4 的统计观察结果相符。在排除了三次曲线关系的假定后，下面我们将集中对二者之间是否存在倒 U 型曲线关系进行多角度的计量检验。

表 5　TFP 增长模型整体估计结果

解释变量	模型 1	模型 2	模型 3	模型 4	模型 5	模型 6	模型 7	模型 8	模型 9	模型 10	模型 11
TG_{t-1}			0.00744^a (0.00019)	0.00124^a (0.00019)	0.09975^a (0.00632)	0.00061 (0.00328)	0.00070 (0.00136)				
TE	0.9992^a (0.01459)	0.9982^a (0.01056)	0.9785^a (0.00063)	0.9836^a (0.00043)	0.8974^a (0.00731)	0.9923^a (0.00569)	0.9920^a (0.00227)	0.9970^a (0.00327)	0.9981^a (0.00175)	0.9991^a (0.00218)	0.9984^a (0.00188)
EF	1.00104^a (0.00602)	1.00063^a (0.00587)	0.9952^a (0.00032)	0.9996^a (0.00016)	0.8968^a (0.00652)	1.00062^a (0.00484)	1.00043^a (0.00143)	1.0044^a (0.00209)	1.00056^a (0.00107)	1.00106^a (0.00130)	1.00129^a (0.00114)
GL	(dropped)	−0.00653^a (0.00243)	−0.01141^a (0.00151)	−0.00854^a (0.00084)	−0.01369 (0.01526)	(dropped)	−0.00867 (0.00723)	−0.00343 (0.00347)	−0.01010^a (0.00452)	(dropped)	−0.01136^b (0.00528)
$RD(RD \leqslant \zeta_1)^\#$	0.01267^c (0.00702)	0.06933^c (0.2129)	0.07691^a (0.00466)	0.05779^a (0.00360)	0.01362^a (0.00404)	0.04590^a (0.01607)	0.05919^a (0.02237)	0.01830^b (0.00777)	0.01720^b (0.00795)	0.03345^c (0.01814)	0.01792^c (0.00918)
$RD^2(RD > \zeta_1)^\#$	−0.02421^c (0.01239)	−0.00661^c (0.00383)	−0.00755^a (0.00105)	−0.00574^a (0.00040)	−0.00135^a (0.00043)	−0.00436^b (0.00206)	−0.00626^b (0.00297)	−0.00181^c (0.00088)	−0.00053 (0.00089)	−0.00333 (0.00224)	−0.00051 (0.00103)
RD^3		0.00044 (0.00028)	0.00008 (0.00009)								
TI	0.00011 (0.00029)	0.00008 (0.00070)	0.00021^a (0.00005)	0.00085^a (0.00005)	0.00565^a (0.00095)	0.00032 (0.00052)	0.00033 (0.00051)	0.00017 (0.00023)	0.00009 (0.00040)	0.00011 (0.00050)	0.00017 (0.00044)
HC	0.00771^b (0.00351)	0.00971 (0.00608)	0.006515^a (0.00071)	0.01090^a (0.00099)	0.05462^a (0.01475)	0.00722 (0.00538)	0.00808 (0.00625)	0.00395^b (0.00201)	0.00898^c (0.00468)	0.00732 (0.00623)	0.00793 (0.00514)
FD	0.00138 (0.00225)	0.00200 (0.00365)	−0.00221^a (0.00062)	−0.00325^a (0.00015)	−0.02697^a (0.00555)	−0.00020 (0.00202)	−0.00034 (0.00304)	0.00134 (0.00161)	0.00173 (0.00184)	0.00139 (0.00281)	0.00211 (0.00208)
IC	0.05063 (0.04077)	0.04661 (0.03390)	0.09948^a (0.00431)	0.09724^a (0.00254)	0.1381^a (0.03618)	0.08500^a (0.02827)	0.08513^a (0.02181)	0.01765^c (0.01031)	0.04414^a (0.01301)	0.05162^b (0.02108)	0.04473^a (0.01470)
ML	−0.00033 (0.00238)	0.00138 (0.00248)	0.00488^a (0.00031)	0.00346^a (0.00013)	0.01419^a (0.00260)	0.00158 (0.00125)	0.00167 (0.00121)	0.00084 (0.00073)	0.00128 (0.00083)	−0.00022 (0.00120)	0.00114 (0.00094)
GI	−0.00478^a (0.00118)	−0.00501^b (0.00201)	−0.00402^a (0.00024)	−0.00372^a (0.00006)	−0.00758^c (0.00437)	−0.00441^c (0.00264)	−0.00445^a (0.00131)	−0.00226^c (0.00133)	−0.00491^a (0.00115)	−0.00480^a (0.00135)	−0.00429^a (0.00119)
常数项	−0.5180 (0.3116)	−0.5100^c (0.2677)	−0.9465^a (0.02953)	0.00085^a (0.00005)	−0.5295^c (0.2718)	−0.8119^a (0.1964)	−0.7762^a (0.1595)	−0.2734^a (0.07845)	−0.4549^a (0.09530)	−0.5347^c (0.1472)	−0.4568^a (0.1079)
估计方法	静态 TPR	静态 NLS	SYS-GMM	SYS-GMM	动态 POLS	动态 FE	动态 NLS	静态 NLS	静态 POLS	静态 FE	静态 RE
曲线关系	倒 U 型	倒 U 型	倒 U 型	倒 U 型	倒 U 型	倒 U 型	倒 U 型	倒 U 型	线型	线型	线型
拐点或门限值 (%)	1.90	1.89	1.63	1.54	1.55	1.93	1.13	1.56	—	—	—
参数联合检验值 (P)	1.78×10^5 (0.000)	8.39×10^4 (0.000)	5.73×10^6 (0.000)	1.94×10^7 (0.000)	2.47×10^3 (0.000)	1.77×10^4 (0.000)	4.12×10^3 (0.000)	7.81×10^4 (0.000)	9.17×10^4 (0.000)	6.60×10^4 (0.000)	8.71×10^5 (0.000)
R^2	0.9960	0.9972	0.9998	0.9999	0.9185	0.9958	0.9975	0.9984	0.9972	0.9960	0.9960
AR(1) 检验值 (P)	—	—	−5.75 (0.000)	−6.14 (0.000)							
AR(2) 检验值 (P)			0.07 (0.946)	0.33 (0.738)							
Hansen 检验值 (P)			216.12 (1.000)	214.88 (0.867)							
样本容量	2860	2860	2860	2860	2860	2860	2860	2860	2860	2860	2860

注：# 对模型 1 而言，分别对应于其单一门限效应的低门限区制和高门限区制。

模型 4 为采用本文重点关注的 SYS-GMM 方法对（7）式的估计结果。可以看到，与模型 3 一样，模型 4 的残差显著存在一阶自相关而不存在二阶自相关，Hansen 统计量亦不显著，从而说明模型 3 和模型 4 所采用的工具变量是合理有效的。其中，资源产业依赖一次方项和二次方项的系数依然符合倒 U 型曲线关系的特征，分别在 1% 的水平上显著为正和显著为负。同样，为验证 SYS-GMM 估计结果是否存在因样本数量偏小或工具变量偏弱所产生的偏倚，我们分别采用了加入 TFP 增长滞后一期作为解释变量的动态 POLS 和动态 FE 进行参数估计，其结果分别报告于模型 5 和模型 6，容易看出，模型 4 中滞后一期 TFP 增长率的系数 0.00124 确实介于模型 5 和模型 6 的对应系数 0.09975 和 0.00061 之间，说明模型 4 的估计结果并不存在因样本数量或工具变量的选择而产生的明显偏倚。此外，在模型 5 与模型 6 中，资源产业依赖的一次方项与二次方项系数仍然分别显著为正和显著为负，倒 U 型曲线关系依然存在。同样作为参照，我们在模型 7 和模型 8 中分别报告了采用动态和静态 NLS 方法所得到的估计结果，发现资源产业依赖的一次方项与二次方项系数仍然显著地一正一负，同样表现出倒 U 型曲线的特征。

以上分析结果明确显示，资源产业依赖与 TFP 增长之间的倒 U 型曲线关系同样稳健，使得假说 2 也得到了很好的验证。这一结果表明，产业结构中资源型产业的份额在一定范围内是有助于社会生产率提高的，但如果超过了一定的阈值，即处于过度依赖资源型产业的状态，那么资源型产业的发展反而会阻碍社会生产率的提高。

同样，为了进一步考察内生性问题对假说 2 检验结果的影响程度以及 GMM 估计结果的稳健性，我们在模型 9~11 中分别报告了基于普通静态模型的 POLS、FE 和 RE 的估计结果。通过与模型 4 的比较可知，在系数的显著程度上，POLS、FE、RE 的参数估计效果明显欠佳，资源产业依赖的二次项、技术创新投入、人力资本水平、FDI、市场化程度等变量的系数均未通过显著性检验，甚至有些变量的系数符号与模型 4 的 GMM 估计结果相反，从而表明内生性问题明显存在，其对 TFP 增长模型估计结果的影响较为严重，采用 SYS-GMM 方法对其进行有效控制是非常必要的。如果不对内生性问题予以考虑，就很可能得出我国城市层面资源产业依赖会促进 TFP 增长的单向性偏误结论。此外，从参数联合检验及 R^2 的结果来看，采用 SYS-GMM 方法的模型 3 和模型 4 的拟合效果明显优于其他模型，尤其是我们重点关注的模型 4 的拟合效果最佳，具有最为合理的模型设定和最为良好的解释力，从而再次证明了控制内生性问题的重要性。

综上所述，无论采用非线性还是线性计量分析方法，无论采用静态模型还是动态模型，无论采用三次方程还是二次方程形式，其基本结果均表明资源产业依赖与 TFP 增长之间确实存在着显著的倒 U 型曲线关系。资源型产业的发展并非必然有碍于生产效率的提高，在特定范围内，资源产业部门不但可以为其他产业提供必要的生产要素，而且所获得的资源红利还可以为基础设施建设、教育、研发等社会公共事业提供资金保障，从而有利于社会生产效率的改进。但是，一旦城市经济对资源型产业产生了过度依赖，并超过了一定的阈值，就可能使得对外开放程度降低、政府干预程度提高、资源红利误配、寻租和腐败滋生等负面效应开始凸显，并逐渐占据主导地位，从而严重制约社会生产效率的提高。

可以说，过度依赖资源型产业对 TFP 增长所产生的负面影响，在一定程度上是由资源型产业主导型经济固有的弊端所决定的。

首先，从资源型产业本身的技术特征来看，虽然有研究认为，资源产业部门的发展可以促进相关开采、提炼等技术的创新与进步（Wright 和 Czelusta，2007），但不可否认的是，至少在大部分国家，就平均水平而言，相对于很多其他产业部门（尤其是制造业部门），资源产业部门往往属于技术含量和技术进步率偏低、规模报酬不变甚至递减的部门，其本身对技术创新、高素质劳动力的需求相对不足（Sachs 和 Warner，2001；Papyrakis 和 Gerlagh，2004a；张复明、景普秋，2008；邵帅、杨莉莉，2011），如果过度依赖资源产业部门，那么整个社会的技术创新和技术进步速度在长期内将难以得到持续提升，技术的种类也会趋于单一，不完备的技术结构将成为社会总体生产效率提高的瓶颈。

其次，资源红利也可能弱化经济增长对技术创新和技术进步的内在需求。资源繁荣给人们带来错误的安全感而容易使人懒惰（Sachs 和 Warner，1995），这将弱化通过提高生产效率来促进经济增长的动力，造成与之相关的人力资本、研发创新等因素的投入不足，从而使生产效率的提升缺乏必要的动力支持。

再次，丰厚的资源收益能够通过吸引更多的企业家和创业者去从事初级产品的生产活动，从而对制造业、私营企业和创新部门的发展产生挤出效应（徐康宁、王剑，2006；李天籽，2007；邵帅、杨莉莉，2010），而这些被认为具有"干中学"特质的部门往往是企业家精神、创新动力的主要载体，因此，过度依赖于资源型产业就意味着地区创新能力的不足。

又次，资源开发活动的增多容易导致政府力量扩张、加大政府对市场的干预力度，进而影响经济发展的制度质量。表 5 中各模型的结果均表明政府干预程度越强，TFP 增长越缓慢。

最后，资源价格的波动也是导致过度依赖资源产业发展的经济体陷入"资源诅咒"陷阱的重要原因之一。Koren 和 Tenreyro（2007）指出，当经济发展过分依赖于某类产品时，社会财富就会与这种产品的价格紧密联系，当其价格很高时，人们就会过度投资，而在该投资水平下，对于其价格下跌时造成的经济损失往往已经无法弥补。因此，当经济与一种价格波动性较大的商品紧密联系时，社会财富将随着这种商品价格的波动而波动，结果造成投资和 TFP 无法持续增长[①]。Gerard（2011）的实证研究证实了这一论断。他研究发现，资源产业依赖与 TFP 增长总体上呈负相关关系，但分阶段来看，两者的关系显著地取决于石油价格：当油价较高时，TFP 增长与自然资源部门的规模成正比；反之，则是负相关的关系。实际上，Gerard 的研究结果也对资源产业依赖与 TFP 增长之间可能存在的非线性关系提供了一定经验证据。

---

① 对此，笔者曾试图在回归模型中对资源价格因素进行控制，但发现城市层面的相关价格（指数）数据并不可得，因此，对于资源价格波动在我国区域层面资源诅咒发生过程中的效应还有待在后续研究中进一步探究。

从各模型拐点值的变化情况来看，其波动程度同样较小，大体处于 1.1%~1.9%，而我们重点关注的模型 4 的拐点值为 1.54%，除模型 7 外，其他模型的拐点值均大于这一数值，说明在大多数情况下内生性问题对于资源产业依赖与 TFP 增长之间倒 U 型曲线的拐点值存在着向上的偏倚性影响。

（2）分步分析结果及讨论。在假说 2 得到验证之后，我们同样利用 SYS-GMM 方法通过分步依次添加控制变量的方法对 TFP 增长模型进行"特殊性"实证分析。由表 6 报告的 7 组（其中模型 7 与表 5 中的模型 4 等同）分析结果可以看出，各模型的参数联合检验结果均非常显著，表明 TFP 增长模型的设定是合理的。从相关检验结果来看，所有模型的残差均在 1% 的水平上存在显著的一阶自相关，但不存在二阶自相关，且 Hansen 统计量均不显著，从而表明各模型所采用的工具变量均是合理有效的。此外，所有模型的系数均在 1% 的水平上通过了显著性检验，并且在逐步添加控制变量的过程中，各系数符号均保持不变，表明估计结果非常稳健，所选取的变量对 TFP 增长均具有重要影响。

表 6　TFP 增长模型分步估计结果

解释变量	模型 1	模型 2	模型 3	模型 4	模型 5	模型 6	模型 7
TG_{t-1}	0.00168[a] (0.00008)	0.00163[a] (0.00009)	0.00258[a] (0.00009)	0.00265[a] (0.00011)	0.00150[a] (0.00012)	0.00136[a] (0.00020)	0.00124[a] (0.00019)
TE	0.9886[a] (0.00036)	0.9892[a] (0.00033)	0.9951[a] (0.00033)	0.9955[a] (0.00033)	0.9840[a] (0.00027)	0.9835[a] (0.00037)	0.9836[a] (0.00043)
EF	0.9958[a] (0.00013)	0.9953[a] (0.00014)	0.9992[a] (0.00019)	0.9993[a] (0.00022)	0.9976[a] (0.00020)	1.0002[a] (0.00019)	0.9996[a] (0.00016)
GL	−0.01222[a] (0.00059)	−0.01264[a] (0.00054)	−0.00875[a] (0.00072)	−0.00939[a] (0.00063)	−0.00924[a] (0.00075)	−0.00987[a] (0.00091)	−0.00854[a] (0.00084)
RD	0.04889[a] (0.00158)	0.05278[a] (0.00138)	0.04351[a] (0.00272)	0.04586[a] (0.00278)	0.05635[a] (0.00232)	0.05571[a] (0.00278)	0.05779[a] (0.00360)
RD^2	−0.00610[a] (0.00016)	−0.00641[a] (0.00016)	−0.00502[a] (0.00028)	−0.00541[a] (0.00029)	−0.00623[a] (0.00033)	−0.00550[a] (0.00030)	−0.00574[a] (0.00040)
TI		0.00058[a] (0.00002)	0.00018[a] (0.00005)	0.00021[a] (0.0005)	0.00059[a] (0.00006)	0.00109[a] (0.00004)	0.00085[a] (0.00005)
HC			0.03570[a] (0.00069)	0.03631[a] (0.00060)	0.01411[a] (0.00087)	0.01441[a] (0.00099)	0.01090[a] (0.00099)
FD				−0.00204[a] (0.00017)	−0.00452[a] (0.000211)	−0.00375[a] (0.00026)	−0.00325[a] (0.0015)
IC					0.1079[a] (0.00211)	0.1045[a] (0.00214)	0.09724[a] (0.00254)
ML						0.00314[a] (0.00013)	0.00346[a] (0.00013)
GI							−0.00372[a] (0.00006)
常数项	−0.1220[a] (0.00418)	−0.1427[a] (0.00401)	−0.3761[a] (0.01070)	0.00063[a] (0.01022)	−0.9682[a] (0.01816)	−1.0069[a] (0.02037)	−0.9143[a] (0.02217)
估计方法	SYS-GMM	SYS-GMM	SYS-GMM	SYS-GMM	SYS-GMM	SYS-GMM	SYS-GMM

解释变量	模型 1	模型 2	模型 3	模型 4	模型 5	模型 6	模型 7
曲线类型	倒 U 型	倒 U 型	倒 U 型	倒 U 型	倒 U 型	倒 U 型	倒 U 型
拐点（%）	0.55	0.61	0.76	0.69	0.92	1.58	1.54
参数联合检验值（P）	4.28×10^7 (0.000)	1.32×10^7 (0.000)	1.37×10^7 (0.000)	8.74×10^6 (0.000)	3.33×10^7 (0.000)	1.46×10^7 (0.000)	1.94×10^7 (0.000)
R^2	0.9999	0.9999	0.9999	0.9999	0.9999	0.9999	0.9999
AR（1）检验值（P）	−6.83 (0.000)	−6.80 (0.000)	−5.89 (0.000)	−5.89 (0.000)	−7.06 (0.000)	−6.19 (0.000)	−6.14 (0.000)
AR（2）检验值（P）	−0.04 (0.970)	−0.01 (0.990)	0.87 (0.384)	0.89 (0.374)	−0.21 (0.834)	0.40 (0.690)	0.33 (0.738)
Hansen 检验值（P）	217.03 (0.832)	217.22 (0.817)	217.75 (0.867)	217.86 (0.855)	217.06 (0.831)	216.67 (0.847)	214.88 (0.867)
样本容量	2860	2860	2860	2860	2860	2860	2860

模型 1 是仅包含技术进步、技术效率变化和地理区位 3 个基本控制变量的估计结果，与前文的结果相符，资源产业依赖一次项和二次项的系数分别显著为正和显著为负，但拐点值较小，仅为 0.55%。模型 2 和模型 3 依次引入了被普遍视为 TFP 增长基本影响因素的技术创新投入和人力资本水平两个控制变量，其结果表明，资源产业依赖一次项和二次项的系数符号和显著水平均保持不变。与现有文献的结论一致，技术创新投入和人力资本水平对 TFP 的增长确实发挥了重要的推动作用，其系数均在 1% 的水平上显著为正。从拐点值的变化情况来看，模型 1~3 的拐点值呈上升趋势，说明技术创新投入和人力资本积累的提升可以在一定程度上削弱资源开发活动对 TFP 增长的不利影响，使资源诅咒发生的阈值向后推移而强化资源型产业发展对 TFP 增长的正向作用。

下一个被引入模型的影响因素是外商直接投资。结果显示，资源产业依赖一次项和二次项的系数符号及显著程度依然不变。但结合经济增长模型的结果，我们得到了一个有趣的结论：FDI 在拉动我国城市经济增长的同时，也抑制了 TFP 的增长。这一看似矛盾的结论与我国转轨经济的现实特征密切相关。改革开放以来，我国经历了高投资、高增长的发展过程，经济增长以资本导向型方式为主，投资成为中国经济增长的第一推动力。而随着 1992 年中国的市场化改革和开放力度的加大，FDI 大量迅速涌入，成为了中国资本化扩张进程的三大主要特征之一[1]，FDI 的投资和产出弹性均高于其他因素，在相当大的程度上推动了固定资产投资和 GDP 的增加（中国经济增长与宏观稳定课题组，2010）。因此，FDI 对我国经济增长的推动作用应该主要是通过促进资本积累途径而实现的。

但是，从 TFP 增长模型的估计结果来看，FDI 对我国城市 TFP 增长的作用却并不乐观，没有表现出所谓的技术扩散或正向技术外溢效应。这与一些研究的结论一致（Fu，2005；张海洋，2005）。FDI 对 TFP 增长的作用方向与多方面因素有关。首先，跨国公司

---

① 另外两个特征是土地出让收入和股票上市筹资。

在全球范围内进行要素配置，根据利润最大化原则在不同地方部署生产的各个环节，对于东道国而言，流入的 FDI 质量越高，就越容易获得 FDI 的技术外溢效应。我国以劳动力优势吸引外资流入，长期以来处于价值链的低端。已有研究表明，外资企业效率并不必然高于内资企业（李丹、胡小娟，2008）。因此，FDI 在我国产生技术外溢效应的技术基础较为薄弱。其次，东道国从 Fm 技术外溢中受益的大小很大程度上取决于自身的吸收能力（Girma，2005；周泳宏，2008），即便外资企业具有高技术、高效率的特征，内资部门的吸收消化能力也是能否获得正向技术外溢效应的关键。再次，FDI 对本土经济的负面影响也是不容忽视的。外资凭借其优势抢占国内市场，排挤了国内企业，对内资部门造成了一定的冲击（张海洋、刘海云，2004；周泳宏，2008），从而不利于内资部门的生存发展和技术提升。同时，外资企业的高工资报酬会吸引人力资本从创新、研发部门转移到最终产品部门，造成内资部门人力资本的减少和积累速度的减慢（何洁，2000），这也直接削弱了自主创新能力。最后，以低成本优势吸引 FDI，容易导致内外资部门的低水平磨合，引发"锁定效应"（唐绍祥等，2007），反而使引资地陷入比较优势陷阱，弱化对技术进步的需求，最终不利于生产率的提高。

综上所述，FDI 对经济增长的影响方向，最终取决于其对资本扩张的推动作用和对本土技术提升及 TFP 增长的削弱效应这两种相反力量综合作用的效果。从我们的分析结果来看，前者显然处于上风，然而目前 FDI 对经济增长的这种综合正向效应的持续性还有待进一步探究。但是，至少从对 TFP 增长维度的资源诅咒发生条件的影响上来看，FDI 的增加拉低了资源产业依赖与 TFP 增长之间的倒 U 型曲线的拐点，加大了资源产业依赖对 TFP 增长产生不利影响的风险，从而不利于 TFP 增长维度资源诅咒的规避。

在模型 5~7 中我们分别引入了基础设施建设、市场化程度和政府干预程度 3 个控制变量，发现各变量的系数依然均在 1% 的水平上显著，资源产业依赖的系数符号也依然未发生改变。基础设施建设和市场化程度的系数符号与预期相符，均对 TFP 增长表现出显著的积极影响，这也在一定程度上扩大了资源产业依赖对 TFP 增长不利影响的阈值空间，使得两者之间的倒 U 型曲线的拐点值向后推移（由模型 4 的 0.69 提高至模型 6 的 1.58）。但政府干预程度的系数显著为负，说明政府干预是过度且缺乏效率的，以至于阻碍了 TFP 增长，同时也使倒 U 型曲线的拐点前移，增加了资源诅咒发生的风险。政府干预对 TFP 增长的作用机制与前文所述类似：过度的政府干预可能通过引发寻租和腐败行为扰乱正常的社会资源配置效率、削弱技术创新动力而不利于 TFP 的改善。

综观模型 1~7 的估计结果，资源产业依赖的一次项和二次项系数分别一直保持显著为正和显著为负，从而再次表明资源产业依赖与 TFP 增长之间的倒 U 型关系是非常稳定的。同样从变动幅度来看，倒 U 型曲线的拐点值对于不同影响因素的敏感程度也有所差异。但我们选取的大部分变量都推延了拐点的到来，其中市场化程度对 TFP 增长维度资源诅咒的规避作用最为显著。另外，表 6 的结果还显示，3 个基本控制变量的系数均一直保持显著，且与预期相符。从技术进步和技术效率变化的系数大小来看，两者对 TFP 增长平均变动的解释力不相上下，平均而言，技术进步和技术效率提高对我国各城市生产效率提升的作用相当。地理变量对 TFP 增长的影响同样十分显著，越靠近重要港口的城市，其 TFP 增长越快，这表明，地理位置对城市经济发展效率的重要影响，不仅表现在"量"上，还表现在"质"上。

另外，由表 3、表 4、表 5 及表 6 可知，采用 GMM 方法所得到的人均 GDP 增长和 TFP 增长滞后一期的系数（即滞后乘数 λ）均为显著的正值。如前文所述，宏观经济变量往往具有一定的"惯性"，固定资产投资、人力资本积累、技术创新水平等变量不仅在自身调整上存在滞后性，其对经济发展的影响也表现出滞后效应，这使得经济增长和 TFP 增长表现出一定程度的路径依赖特征，从而说明经济发展效率的变化是一个连续积累的渐进调整过程。

（三）按拐点分组的城市分类讨论

资源产业依赖与经济增长和 TFP 增长的倒 U 型曲线关系表明，资源开发活动对城市经济发展效率是"诅咒"还是"祝福"，取决于由采矿业就业比重反映的资源产业依赖程度的大小。根据拟合效果最佳的经济增长模型（表 3 的模型 4）和 TFP 增长模型（表 5 的模型 4）的拐点值大小，可将样本城市分为三类：①采矿业就业比重小于 1.54% 的"祝福"型发展城市，资源产业依赖对经济增长和 TFP 增长均表现出积极作用，此类城市处于理想的可持续经济发展状态；②采矿业就业比重大于 1.54% 并小于 1.72% 的单维"诅咒"型发展城市，资源开发活动虽然对反映数量型经济发展效率的经济增长表现出促进作用，但却不利于反映经济发展质量的 TFP 的提升，此类城市遭遇了 TFP 增长维度的资源诅咒，但尚未出现经济增长维度的资源诅咒；③采矿业就业比重大于 1.72% 的双维"诅咒"型发展城市，资源开发活动对经济增长和 TFP 增长均具有抑制效应，此类城市在经济增长和 TFP 增长两个维度均表现出资源诅咒效应。表 7 报告了各年及年均的上述三类城市的数量及比重情况。从年均比重情况来看，约有 47% 的城市处于可持续的"祝福"型发展状态，有不到 3% 的城市属于单维"诅咒"型发展城市，另外半数城市正面临着双维度资源诅咒问题的困扰。其中双维"诅咒"型发展城市大多为资源型城市，如七台河、淮北、克拉玛依等，说明我国大部分资源型城市过度依赖于资源型产业而明显拖累了城市经济发展效率的提高。但幸运的是，从变动情况来看，"祝福"型发展城市的数量和比重总体上呈现出逐年增加趋势，而单维和双维"诅咒"型发展城市的数量和比重大体上表现出逐年下降趋势，从而表明近年来我国城市层面的资源诅咒问题在一定程度上正逐渐得到改善。值得注意的是，在本文的样本城市中，有些常被视为资源型城市典型代表[①]的城市，如茂名、嘉峪关、金昌等处于"祝福"型发展城市行列；此外，就同一个城市而言，其发展状态在不同时期也有所差异，如铜陵、南平、鞍山等典型资源型城市，近几年已由最初的"诅咒"型发展状态转变为"祝福"型发展状态。由此可见，资源诅咒并非必然发生，而是有条件

---

① 对于资源型城市的界定，本文主要参照了中国矿业网所报告的中国矿业城市分区数据库（http://www.chinamining.com.cn/city/index/asp）。

表7 按拐点分组的城市类型

年份	"祝福"型发展城市	单维"诅咒"型发展城市	双维"诅咒"型发展城市
1998	97 (44.09%)	9 (4.09%)	114 (51.82%)
1999	97 (44.09%)	9 (4.09%)	114 (51.82%)
2000	97 (44.09%)	6 (2.73%)	117 (53.18%)
2001	99 (45.00%)	7 (3.18%)	114 (51.82%)
2002	100 (45.45%)	4 (1.82%)	116 (52.73%)
2003	106 (48.18%)	6 (2.73%)	108 (49.09%)
2004	105 (47.73%)	7 (3.18%)	108 (49.09%)
2005	104 (47.27%)	4 (1.82%)	112 (50.91%)
2006	103 (46.82%)	8 (3.64%)	109 (49.54%)
2007	103 (46.82%)	8 (3.64%)	109 (49.54%)
2008	108 (49.09%)	5 (2.27%)	107 (48.64%)
2009	114 (51.82%)	3 (1.36%)	103 (46.82%)
2010	116 (52.73%)	2 (0.91%)	102 (46.36%)
年均	104 (47.27%)	6 (2.73%)	110 (50.00%)
代表性城市	泰州、中山、廊坊	四平、阜阳、北海	七台河、淮北、克拉玛依

注：括号内数值为相应的样本城市所占比重。

且可被规避的。

　　另外，不难发现，TFP增长模型的拐点值（1.54）要小于经济增长模型（1.72），由此可知，随着资源产业依赖度的提高，其对TFP增长产生抑制效应的拐点会先于经济增长到来，而不是同时对经济增长产生明显的诅咒效应。只有资源产业依赖度持续增加而超过一定的阈值，那么资源开发活动对经济发展不利的一面将完全显现，即表现出对TFP增长和经济增长的双重不利影响。由于TFP增长对经济增长具有显著的推动作用，因此可以推断，资源产业依赖对TFP增长的阻碍作用应该成为其最终制约经济增长的作用机制之一，即所谓的经济增长维度资源诅咒的传导机制之一。也就是说，对资源型产业的过度依赖可能通过阻碍TFP增长进而拖累经济增长。

五、假说机制分析

本节进一步尝试对假说 1 和假说 2 的成因，即资源产业依赖与经济发展效率之间倒 U 型曲线的形成机制提供一些解释。为此我们至少解答以下 3 个问题：首先，哪些因素是引起资源产业依赖与经济发展效率之间存在非线性关系的中介变量；其次，这些中介变量在不同阈值条件下对二者的关系会产生怎样的影响；最后，资源产业依赖对这些中介变量具有何种影响。对于前两个问题，我们可以通过前文采用过的门限面板回归方法依次对潜在的中介变量予以识别和考察；对于最后一个问题，我们可以通过构建面板回归模型对资源产业依赖与被识别出来的中介变量之间的作用方向进行判断。遵循上述分析思路，我们首先在（1）式基础上构建了以下单一门限面板模型[①]：

$$DE_{it} = \omega_0 + \omega_{11} RD_{it} I(X_{it} \leq \psi_1) + \omega_{12} RD_{it} I(X_{it} > \psi_1) + \omega_2 X_{it} + \chi_i + \tau_{it} \tag{10}$$

其中，$\omega_0 \sim \omega_2$ 为待估参数，ω_{11} 和 ω_{12} 分别为 RD 在门限值两侧区制中对经济发展效率的不同影响系数；ψ_1 为单一门槛值；χ_i 为城市个体效应；τ 为随机扰动项；其他变量含义与前文相同。

我们首先分别基于经济增长模型和 TFP 增长模型依次将其各控制变量视为门限变量进行了门限效应检验，结果显示[②]：在经济增长模型中，只有制造业发展和对外开放程度两个变量在 5% 的显著水平上存在单一门限效应，门限值分别为 21.595% 和 3.441%，而其他变量的单一、双重和三重门限效应均未通过 5% 的显著性检验，说明制造业发展和对外开放程度是资源产业依赖影响经济增长的中介变量；在 TFP 增长模型中，只有市场化程度在 1% 的显著水平上存在单一门限效应，门限值为 42.349%，而其他变量的单一、双重和三重门限效应均未通过 5% 的显著性检验，说明市场化程度是资源产业依赖影响 TFP 增长的中介变量。这样，我们就为第一个问题找到了答案：制造业发展与对外开放程度在资源产业依赖与经济增长之间的非线性关系中扮演着重要的角色，而市场化程度则在资源产业依赖与 TFP 增长之间的非线性关系中发挥着关键的作用。上述结论恰恰与前文的假说检验结果吻合，在假说检验分析中，我们发现制造业发展、对外开放程度和市场化程度分别对于经济增长模型和 TFP 增长模型的倒 U 型曲线具有最为明显的拐点推移效应，从而再次印证了这 3 个因素对于规避资源诅咒的关键性作用。

在识别出门限变量后，我们进一步利用上述门限变量分别进行门限回归分析，以考察这些变量在其不同区制内对资源产业依赖与经济发展效率的关系产生何种影响。结果报告于表 8 与表 9。

---

① 双重及多重门限面板模型与之类似，限于篇幅我们不再给出。

② 限于篇幅，本文未给出具体的门限效应检验结果，有兴趣的读者可向作者索取。

表 8 经济增长模型中介变量 TPR 估计结果

解释变量	门限变量		解释变量	门限变量	
	MD	OP		MD	OP
L.lnY	263.6396[a] (36.3863)	272.7150[a] (36.3959)	TI	0.02669[a] (0.00482)	0.02623[a] (0.0482)
TG	0.1805[a] (0.01338)	0.1828[a] (0.01339)	PE	−0.00992 (0.01298)	−0.00290 (0.01303)
RD(MD≤21.595)	−0.1234[a] (0.04653)		MD	0.00612 (0.01365)	0.02856[b] (0.01165)
RD(MD>21.595)	0.2842[a] (0.07792)		OP	0.1150[a] (0.02683)	0.1872[a] (0.03502)
RD(OP≤3.441)		−1.5203[*] (0.4998)	CI	−0.00193 (0.01291)	−0.00279 (0.01291)
RD(OP>3.441)		0.1523[c] (0.09088)	常数项	−2364.4870[a] (324.8188)	−2445.2020[a] (324.9137)
FI	0.08025[a] (0.00539)	0.07728[a] (0.00544)	参数联合检验值(P)	9.3339 (0.000)	104.2500 (0.000)
PS	0.2319 (0.2372)	0.2389 (0.2370)	R[2]	0.4507	0.3225
HC	0.4979[a] (0.05846)	0.4897[a] (0.05850)	样本容量	2860	2860

表 9 TFP 增长模型中介变量 TPR 估计结果

解释变量	门限变量 ML
TE	0.9894[a] (0.00551)
EF	0.9970[a] (0.00369)
RD(ML≤42.349)	−0.03818[b] (0.01583)
RD(ML>42.349)	0.04716[a] (0.01561)
TI	0.00067 (0.00053)
HC	0.01372[b] (0.00633)
FD	0.00080 (0.00200)
IC	0.06238[a] (0.02107)
ML	0.00182[c] (0.00097)
GI	−0.01038[a] (0.00260)

续表

解释变量	门限变量 ML
常数项	−0.6097[a]
	(0.1595)
参数联合检验值（P）	154.9993
	(0.000)
R^2	0.9972
样本容量	2860

对于经济增长模型而言，在制造业发展水平处于低于和高于 21.595% 的两个区制内时，资源产业依赖对经济增长分别表现出显著的负向效应和积极影响。也就是说，当制造业发展水平低于 21.595% 时，资源产业依赖每增加 1%，就会使人均 GDP 增长率下降0.1234%；反过来，当制造业发展水平高于 21.595% 时，资源产业依赖每增加 1%，就会使人均 GDP 增长率提高 0.2842%。同样，在对外开放程度处于低于和高于 3.441% 的两个区制内，资源产业依赖对经济增长分别表现出显著的抑制效应和促增效应。当对外开放程度低于（高于 3.441%）时，资源产业依赖每增加 1%，就会使人均 GDP 增长率下降（提高）1.5203%（0.1523%）。对于 TFP 增长模型而言，当市场化程度在低于和高于 42.349% 的两个区制时，资源产业依赖对 TFP 增长分别表现出显著的制约效应和促进作用。当市场化程度低于（高于）42.349% 时，资源产业依赖每增加 1%，就会使 TFP 增长率下降（提高）0.03818%（0.04716%）。这样，上述第二个问题就得到了解答：在制造业发展和对外开放程度超过一定阈值的条件下，资源产业依赖才可能对经济增长带来"祝福"；当市场化程度突破一定门槛限制时，资源产业依赖才可能对 TFP 增长奏响"福音"。以上结果表明，制造业发展水平、对外开放程度和市场化程度在规避资源诅咒方面发挥着决定性的作用。

至此，虽然我们找到了决定资源产业依赖与经济发展效率关系走向的关键性因素，但仍不足以对二者的倒 U 型曲线关系提供合理解释。下面我们将从对上述第三个问题的解答中找到问题的关键。为此，我们利用如下动态面板回归模型，来考察资源产业依赖与这 3 个中介变量之间具有何种联系。

$$Z_{it} = \varphi_0 + \varphi_1 Z_{i,t-1} + \varphi_2 L.\ln Y_{it} + \varphi_3 GL_{it} + \varphi_4 RD_{it} + \varphi_5 W_{it} + \varsigma_{it} \qquad (11)$$

其中，被解释变量为上述 3 个中介变量所组成的向量集；$\varphi_0 \sim \varphi_5$ 为待估参数；W 为控制变量向量集；ς 为随机扰动项；其他变量含义与前文相同。

大部分相关研究均采用简单的静态一元回归模型来考察资源变量对潜在的传导机制变量具有何种影响，但如前文所述，宏观经济变量往往存在着较为明显的滞后效应，并且任意两个经济变量之间的关系必然会受到其所处宏观经济环境及其相关的经济因素的影响，在考察其关系时对这些相关因素进行适当的控制是必要的。鉴于此，本文参照邵帅和杨莉莉（2010）的做法，在式（10）中引入滞后一期人均 GDP 自然对数 L.lnY 和地理区位 GL 两个基本的控制变量，用于对各城市的初始经济状态和区位条件这两个基本的宏观经济环境因素予以控制，同时，还针对每个中介变量分别选取了一个与之密切相关的因素作为控制变量，以增强分析结果的稳健性。

首先，虽然影响制造业发展水平的因素有很多，但从荷兰病理论来看，劳动力成本上升是引起荷兰病效应的一个必要条件，尤其是在自然资源繁荣时期，对于制造业的发展具有至关重要的影响。资源繁荣使资源产业部门增加了对劳动力的需求，提高了劳动力的边际产值，通过相对更高的工资水平吸引劳动力由制造业部门流入其中，并带动整个社会的劳动力成本增加，使制造业部门就不得不花费更大的代价来吸引劳动力，从而导致制造业部门的竞争力下降（Corden 和 Neary，1952）。因此，我们利用对数化处理的在岗职工平均工资所度量的劳动力成本（LC），作为以制造业发展为被解释变量的方程（10）的控制变量，并预期其系数符号为负。

其次，影响对外开放度的因素也很多，对于本文选取的度量指标 FDI 而言，相关实证研究中通常考虑的影响因素包括市场容量、基础设施、制度条件等，式（10）中的基本控制变量 L.lnY 和 GL 分别能够对市场容量和制度条件予以一定程度的反映。而基础设施（IC）包括交通、通信等很多方面，囿于数据的可得性，本文选取对数化处理的人均铺装道路面积对其进行度量，作为以对外开放度为被解释变量的方程（10）的控制变量，并预期其系数符号为正。一般认为，完善的基础设施条件，尤其是良好的交通运输网络，可以有效降低商品流通和信息收集成本，提高生产效率，从而成为吸引 FDI 的重要因素之一。

最后，制度因素无疑是影响我国市场化进程的一个基本因素，因为近 30 多年来中国由计划经济向市场经济的体制性转变对我国经济的市场化具有根本性的推动作用。显然，一个宽松而自由的制度环境有利于市场化水平的提高，而过度的政府干预则会降低经济自由度，而与市场化进程背道而驰。因此，我们采用扣除科教支出的财政支出占 GDP 比重作为经济自由度（EF）的度量指标，将其作为以市场化程度为被解释变量的方程（10）的控制变量，并预期其系数符号为负。

此外，我们还将各中介变量的滞后一期作为解释变量引入了模型，以对前文所述的滞后效应予以反映，这也是本文与现有研究相比的改进之一。但被解释变量滞后项的引入同样会带来内生性问题，对此我们依然采用可以对其进行有效控制的 SYS-GMM 方法进行参数估计，估计结果报告于表 10。容易看出，各模型的相关检验结果均表明所选取的工具变量合理有效，而各变量的系数均非常显著，各控制变量的系数符号也与预期相符，说明模型的设定是合理的。资源产业依赖的系数均在 1% 的水平上显著为负，从而表明资源产业依赖对于制造业发展水平、对外开放程度及市场化程度均具有显著的挤出效应。这一结果不但为上述第三个问题提供了答案，更为假说 1 和假说 2 的成立提供了解释。我们可以通过图 5 来对此进行说明。

图 5 上半部分是资源产业依赖与经济发展效率之间的倒 U 型曲线，下半部分则反映了资源产业依赖与上述中介变量 Z 之间的负向关联。当资源产业依赖小于倒 U 型曲线的拐点值 a 时，无论资源产业依赖如何变化，其对应的中介变量 Z 总会大于其对资源产业依赖和经济发展效率之间关系的门限值 ψ_1，从而使得资源产业依赖对经济发展效率的影响保持在倒 U 型曲线左半区间的"资源祝福"状态；反之，如果资源产业依赖程度持续提高而超过

表10　资源产业依赖对中介变量的影响

解释变量	被解释变量		
	MD	OP	ML
L.lnY	1.8518[a] (0.04165)	0.04358[b] (0.02000)	1.7130[c] (0.01857)
GL	−0.2395[a] (0.02134)	−0.2784[a] (0.00729)	−0.1262[a] (0.00602)
RD	−0.2394[a] (0.01262)	−0.03391[a] (0.00447)	−0.1525[a] (0.00537)
MD_{t-1}	0.8056[a] (0.00129)		
LC	−0.1787[a] (0.02118)		
OP_{t-1}		0.7553[a] (0.00077)	
IC		0.01924[b] (0.00773)	
ML_{t-1}			0.8309[a] (0.00094)
EF			−0.01296[a] (0.00010)
常数项	−7.06225[a] (0.5111)	1.8082[a] (0.2313)	−10.7520[a] (0.1861)
估计方法	SYS-GMM	SYS-GMM	SYS-GMM
参数联合检验值（P）	1.84×10^5 (0.000)	2.82×10^5 (0.000)	1.96×10^5 (0.000)
R^2	0.9963	0.9981	0.9978
AR（1）检验值（P）	−5.53 (0.000)	−2.10 (0.035)	−4.99 (0.000)
AR（2）检验值（P）	1.75 (0.081)	1.33 (0.185)	1.29 (0.197)
Hansen 检验值（P）	212.22 (0.766)	189.48 (0.854)	215.99 (0.564)
样本容量	2860	2860	2860

拐点值 a，就会将中介变量 Z "挤出"至某一低于其门限值 ψ₁ 的状态，从而导致资源产业依赖与经济发展效率的关系开始逆转而跨入倒 U 型曲线的右半区间，引发资源诅咒效应。

　　下面我们再尝试从机理上对上述过程进行分析。通过前文的分析可知，经济发展效率的提高依赖于包括上述 3 个中介变量在内的一些因素的推动。但大量的资源诅咒相关研究已经证实，对自然资源的过度依赖则会通过挤出这些推动因素而阻碍经济发展，这就是所谓的资源诅咒的传导机制。但本文上述研究结果表明，即使资源产业依赖"天生"对这些经济发展的有利因素具有挤出效应，但只要其抑制效应不超过一定的阈值范围，资源型产业本身对经济发展所具有的正向积极作用就足以缓冲或抵消这些不利影响。这些积极影响

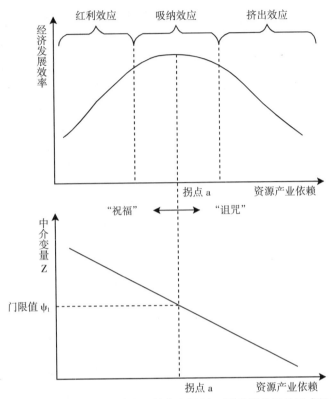

图 5　资源产业依赖与经济发展效率之间倒 U 型曲线关系的形成机制

包括为经济发展提供必要的物质基础和生产要素，并通过资源产品对外输出（尤其是在资源高价时期）等过程产生资源红利效应（对应图 5 中的红利效应），从而显著提高资源型地区的收入水平、促进资本积累、放松财政预算约束、整合富余生产资源、优化资源配置效率，实现对经济增长和 TFP 增长的促进作用。但如果一个地区持续过度依赖自然资源，集中发展资源型产业，就必然将资本、劳动等有限的经济资源大量吸纳到资源产业部门（对应图 5 中的吸纳效应），形成"一业独大"的产业结构，从而逐渐弱化对其他经济发展要素的扶持和培育，使资源产业依赖的挤出效应进一步凸显（尤其是在资源价格下降时期），如扭曲合理的产业结构，削弱制造业部门的竞争力，弱化人力资本积累和技术创新，压缩 FDI 的投资空间，降低对外开放程度、市场化程度以及制度质量，使其对经济发展所产生的积极影响逐渐被上述种种挤出效应吞噬（对应图 5 中的挤出效应）。而相对于资源红利效应而言，上述因素对经济发展具有更为长期持续的推动作用。因此，过度依赖资源型产业发展而带动经济发展的做法是短视而非持续的，只能使最初的资源红利化为虚有，将资源优势变为资源陷阱。由此可见，资源型产业对经济发展所表现出的红利效应、吸纳效应与挤出效应的综合作用效果决定了资源产业依赖对经济发展效率的影响方向。当红利效应占优时，资源产业依赖会呈现出有利于经济发展的一面，从而使自然资源成为经济发展的"福音"；当吸纳效应与挤出效应占优时，资源产业依赖对经济发展的不利影响则会处于上风,从而阻碍经济发展效率的提升,资源诅咒效应就会凸显。而本文所识别的 3 个中介变量对于上述机制的形成无疑具有至关重要的影响。

首先,以边干边学、技术外溢和规模经济为主要特征的制造业部门,往往被视为长期经济增长的关键动力和必要基础,对一个国家或地区经济发展的影响无疑是深远而持续的。然而,资源型产业往往具有明显的初级产业特征,主要表现为与经济其他部分的后向联系微弱而前向联系不确定,尤其是当资源生产主要以出口为导向时,对区域经济的带动效应则会更加不明显,成为名副其实的"资源飞地"(赫希曼,1991)。因此,在资源红利的诱导下,容易产生资源型产业的过度依赖,这往往又会阻碍产业结构的正常演进路径,尤其会通过对资本、劳动等生产要素的吸纳效应,以及带动工资和消费支出增加所引起的支出效应(Corden 和 Neary,1982)而侵蚀制造业的边际利润,显著挤压制造业部门的发展空间,促使资源型区域陷入一种刚性的"专业化陷阱",诱发"去工业化"效应,导致其产业结构长期处于扭曲状态(孙永平、叶初升,2012),使得资源红利效应难以转化为产业结构优化升级所带来的结构红利效应,逐渐丧失其固有的区域经济竞争优势。反过来,如果资源型地区能够放弃对资源产业部门的发展偏好,以更加长远的战略眼光积极促进产业结构的优化演进,而不是过分倚重资源型产业,对作为长期经济发展的骨干力量的制造业部门给予适当的扶持和培育,为其提供良好的发展空间,尤其重视发展资源依赖度低、附加值高的现代制造业以及高技术产业,强化其边干边学和技术外溢等固有优势,从而有效遏制因资源产业的过度膨胀而带来的对制造业的冲击,将产业结构控制在合理范围之内,才能有效抑制荷兰病效应,使经济发展效率保持在"资源祝福"状态。

其次,与制造业发展密切相关的另一个经济发展促进因素是对外开放度。在全球经济一体化的背景下,由 FDI 所直接反映的对外开放程度对于一个国家或地区的经济发展同样具有关键性的影响,而我国近 30 多年来的经济腾飞也在相当程度上得益于对外开放政策的实施和外商直接投资的大量涌入。但是,很多研究显示,资源产业依赖程度的增加不利于对外开放程度的提高(Sachs 和 Warner;1995;Papyrakis 和 Gerlagh,2004a、2007;李天籽,2007;邵帅、齐中英,2008;邵帅、杨莉莉,2010)。从吸引外资能力的角度来讲,这一现象在我国区域层面主要可从以下三个方面予以解释:第一,在我国,煤炭、石油、天然气等很多关系国家政治经济安全的战略性资源产业绝大部分由政府委托国有企业经营管理,使得国有企业在这些战略性资源的生产开发方面具有绝对的垄断权利。因此,这些资源型产业要么绝对不允许外资进入,要么外资的进入壁垒非常高,使得外资难以进入国有经济牢牢控制的传统自然资源开采行业,从而导致经济结构中资源型产业比重较高的地区在吸引外资方面显得先天不足。第二,如前文所述,一旦一个地区的产业结构向资源型产业倾斜,就容易使制造业部门逐渐萎缩,而制造业部门恰恰是我国吸引外资的主要部门,在利用外资方面占有绝对优势,制造业发展与外向型经济的结合,更是促进了以苏南城市群为代表的许多沿海城市的快速崛起。因此,制造业的衰退显然又进一步降低了资源型地区的引资能力。第三,自然资源开采过程通常具有明显的环境负外部性,其在我国造成的生态环境严重破坏是有目共睹的。资源开发力度的加大必然会增加资源型地区的生态环境压力，使其环境问题日益突出。在生态环境因素对投资环境日益重要的现今，资源开发活动所带来的生态环境问题必然会恶化资源型地区的投资环境，进而削弱其引资能力。因此，资源依赖程度过高的地区往往会出现吸引外资能力不足、对外开放程度降低的问题，从而不利于经济的长期发展。

由此可见，制造业的发展水平和外资所反映的对外开放程度的高低直接决定着资源型地区能否成功规避经济增长维度的资源诅咒效应。正因为二者对我国区域经济具有强有力的持续拉动能力，并能够有效抑制产业结构向资源型产业过度倾斜，促进了经济和产业的多样化，而"多样化"（diversification）恰恰是很多研究所提出的破解资源诅咒的法宝（Auty，2001；Gylfason，2005；李天籽，2007；邵帅、齐中英，2008；邵帅、杨莉莉，2010），因此，扩展制造业的发展空间并提高对外开放程度就可以在很大程度上抵消资源产业繁荣对经济增长所带来的"副作用"，促使其对经济增长表现出"祝福"的一面。

最后，毋庸置疑，近30多年来，以市场化改革为方向的经济转型为中国带来了举世瞩目的经济成就。既有研究表明，市场化改革进程的推进改善了我国的资源配置效率和微观经济效率，进而显著提高了全要素生产率（樊纲等，2011）。而作为我国市场化改革的一个直接产物，私营经济的崛起无疑也成为了我国经济发展的重要推动力量。由于私营个体企业的产权结果明晰而稳定，往往具有比国有企业，甚至比三资企业更高的生产效率（刘小玄，2000；谢千里等，2001）。然而，地区产业结构向资源产业集中的专业化调整通常会对私营工业企业产生显著的抑制效应，在一定程度上恶化私营工业企业的发展环境，压缩私营工业企业的发展空间，从而在客观上延缓了地区的市场化进程（刘庆岩、孙早，2009）。第一，从经济结构角度来看，在我国，大部分资源型产业均属于国家垄断行业，资源产业部门的扩张必然会提高地区经济结构中的国有经济比重，而较大规模的国有部门必然会挤占原本稀缺的市场资源，预算软约束以及政治方面的原因也会使国有企业主动或被动地选择过度使用生产要素，从而提高市场上同类要素以及其他非贸易要素的价格，导致使用相同要素的私营企业竞争力因生产成本的提高而下降，进而限制市场中已有企业的规模和新进入企业的数量（Husain，1994）。因此，向资源型产业倾斜的产业结构所产生的国有企业"一企独大"的现象，会在客观上提高私营企业的进入门槛，挤占私营经济的发展空间，进而降低资源型地区的市场化程度。第二，就资源型产业本身而言，资源产业部门的产业关联度较低，产业影响力较弱，其产业家族通常属于一种封闭式的围绕采矿业扩张、服务于自身循环的体系。因而，资源产业部门对要素的流动往往具有天然的阻滞作用，对经济要素具有较强的黏滞性，从而导致经济要素过分集中、黏滞于该部门。第三，如前文所述，虽然在资源产品走高时资源产业部门能够获得可观的资源红利，但资源型产业往往具有很高的沉淀成本（宋冬林、汤吉军，2004），使得投资者在资源产品价格走低时不情愿付出改变发展路径所带来的短期损失，从而导致资本的使用长期锁定于资源型产业以及其配套产业，明显降低了资本使用效率，无形中扩大了资本投入的风险。因此，沉淀成本与价格信息的不完全结合就会在很大程度上扭曲资源配置，导致产业结构刚性，降低经济效率（张复明、景普秋，2008）。综上所述，过高的资源型产业比重会显著降低生产要素的流动性，弱化资源配置效率，阻碍 TFP 的提高。

反过来看，市场化程度的提高有助于提高资源配置效率，增强要素流动性，抑制资源型产业部门对生产要素的黏滞效应，从而有效降低 TFP 维度资源诅咒发生的风险。这一观点与 Peretto 和 Valente（2011）及邵帅和杨莉莉（2011）不谋而合。Peretto 和 Valente（2011）通过一个内生增长模型研究发现，资源型中间产品部门中的两大生产要素——劳动与自然资源之间的替代弹性大小，是决定资源繁荣能否对 TFP 增长产生积极影响的决定性因素。当两者替代性较强时，资源繁荣会促进 TFP 增长；反之亦然。而邵帅和杨莉莉（2011）则通过更为系统的理论结合实证的分析，提出并验证以下观点：资源依赖对技术进步及经济增长的抑制效应能否被规避，取决于生产要素配置效率的高低。他们指出，市场化程度及其所反映的生产要素配置效率的改善，完全可以缓解或消除资源依赖对技术进步与经济增长的不利影响，甚至可以将其转化为积极的促进作用。

综上，制造业发展、对外开放程度和市场化程度是促使资源产业依赖对经济发展效率产生积极影响的 3 个关键因素，它们与资源产业依赖之间处于一种此消彼长的状态，资源型产业的扩张会通过抑制以上三者而负向作用于经济发展，使经济发展陷入"诅咒"状态；反过来，上述三者的改善又可以有效弥补资源产业部门的先天缺陷，引导其真正成为经济发展的"福音"。

六、结论与政策含义

在线性关系框架下对自然资源与经济发展关系所开展的大多数现有研究，并不能对资源祝福与资源诅咒这两种相悖的现象同时予以合理解释，同时，在资源诅咒表现的各种维度中，相关研究对资源产业依赖如何影响 TFP 增长还缺乏必要的关注。针对上述不足，本文在对既有文献进行回顾分析和对经验性事实进行统计观察的基础上，提出了资源产业依赖与经济发展效率之间呈现倒 U 型曲线关系的有条件资源诅咒假说，并利用 1998~2010 年我国 220 个地级及以上城市的面板数据样本，以人均 GDP 增长和 TFP 增长分别在数量和质量上对经济发展效率予以度量，在通过系统 GMM 方法有效控制解释变量内生性问题的条件下，实证地考察了资源产业依赖对经济发展效率的非线性影响，进而对其形成机制进行了探讨，得出如下主要结论：

（1）本文提出的两个假说均是成立的：资源产业依赖对于经济增长和 TFP 增长均呈现出显著的倒 U 型曲线关系。在采用多种计量分析和检验方法并控制了包括地理区位在内的多种因素后，这种曲线关系仍然明显存在，表现出强稳定性。当资源产业依赖小于倒 U 型曲线的拐点值时，资源开发活动对经济增长和 TFP 增长具有显著的促进作用，城市经济发展处于"资源祝福"状态；一旦城市经济过度依赖于资源型产业而超过一定的拐点值时，资源开发活动就会阻碍经济增长和 TFP 增长而使城市经济发展落入资源诅咒陷阱。

（2）资源产业依赖与经济发展效率之间倒 U 型曲线的拐点值对于不同传导机制因素的敏感程度有所不同。对于经济增长维度的资源诅咒而言，制造业发展和对外开放程度是对其规避作用最强的两个因素，政府干预则增加了资源诅咒发生的风险；对于 TFP 增长维度的资源诅咒而言，市场化程度对其规避作用最为显著，政府干预同样不利于资源诅咒的规避。

（3）在本文的样本城市中，有半数城市属于双维"诅咒"型发展城市，即在经济增长和 TFP 增长两个维度均表现出资源诅咒效应；约有 47% 的城市处于可持续的"祝福"型发展状态；仅遭遇 TFP 增长维度资源诅咒效应的单维"祝福"型发展城市比重不足 3%。"祝福"型发展城市和"诅咒"型发展城市的数量和比重在总体上分别呈逐年增加和逐年下降趋势，表明近年来我国城市层面的资源诅咒问题在一定程度上正逐渐得到改善。

（4）在资源产业依赖度逐渐提高的过程中，其对 TFP 增长产生抑制效应的拐点会先于经济增长到来，结合 TFP 增长对经济增长具有显著推动作用的结果可知，TFP 增长应该成为经济增长维度资源诅咒的一个传导途径，即对资源型产业的过度依赖可以通过阻碍 TFP 增长进而拖累经济增长。

（5）资源产业依赖对经济发展效率的影响方向取决于资源型产业对经济发展所表现出的红利效应、吸纳效应与挤出效应的综合作用效果。当红利效应占优时，资源产业依赖会促进经济发展效率的提高；当吸纳效应与挤出效应占优时，资源产业依赖则会阻碍经济发展效率的提升而表现出资源诅咒效应。由于制造业发展水平、对外开放程度及市场化程度对于资源产业依赖与经济发展效率之间的关系表现出显著的门限效应，而资源产业依赖对于上述三者具有显著的挤出效应，因此，这三个因素对于上述机制的形成具有至关重要的影响，成为了决定资源诅咒能否被成功规避的关键。

上述发现的理论启示与政策含义是显而易见的。首先，本文证实了资源产业依赖与经济发展效率之间并非简单的线性关系，资源诅咒并非资源开发活动的必然结果，资源产业依赖度是否过高而超出临界值，即产业结构是否在合理范围内，是决定资源诅咒能否发生的关键因素，这为资源祝福和资源诅咒这两种相悖的现象共存的事实提供了较为合理的解释；其次，本文对现有文献极少关注，但却对更为重要的质量型经济发展效率——TFP 增长与资源产业依赖的关系进行了探讨，并在一定程度上证明了 TFP 增长是资源诅咒的一个传导途径，丰富了我们对资源诅咒现象的理解和认识；最后，要想成功规避资源诅咒，除应当合理利用自然资源财富加强物质资本投资、人力资本积累和技术创新、适度减少政府干预、提高政府支出效率外，更重要的是，必须在促进制造业发展、提高对外开放程度、推进市场化进程三个方面下足功夫，以通过产业多样化和提高要素配置效率来有效弥补资源产业部门的先天缺陷，促使资源产业依赖与经济发展效率的曲线拐点向后推移，才能够有效降低资源诅咒发生的风险，将资源优势真正转化为经济发展的"福音"。

附表 1　研究样本城市清单

东部城市	北京、天津、石家庄、唐山、秦皇岛、邯郸、邢台、保定、张家口、承德、沧州、廊坊、衡水、沈阳、大连、鞍山、抚顺、本溪、丹东、锦州、营口、阜新、辽阳、盘锦、铁岭、朝阳、葫芦岛、上海、南京、无锡、徐州、常州、苏州、南通、连云港、淮安、盐城、扬州、镇江、泰州、宿迁、杭州、宁波、温州、嘉兴、湖州、绍兴、金华、衢州、舟山、台州、福州、厦门、莆田、三明、泉州、漳州、南平、龙岩、济南、青岛、淄博、枣庄、东营、烟台、潍坊、济宁、泰安、威海、日照、莱芜、临沂、德州、广州、韶关、深圳、珠海、汕头、佛山、江门、湛江、茂名、肇庆、惠州、梅州、汕尾、河源、阳江、清远、东莞、中山、潮州、揭阳、云浮、海口、三亚（共 96 座）
中部城市	太原、大同、阳泉、长治、晋城、朔州、长春、吉林、四平、辽源、通化、白山、松原、白城、哈尔滨、齐齐哈尔、鸡西、鹤岗、双鸭山、大庆、伊春、佳木斯、七台河、牡丹江、黑河、合肥、芜湖、蚌埠、淮南、马鞍山、淮北、铜陵、安庆、黄山、滁州、阜阳、南昌、景德镇、萍乡、九江、新余、鹰潭、郑州、开封、洛阳、平顶山、安阳、鹤壁、新乡、焦作、濮阳、许昌、漯河、三门峡、南阳、商丘、武汉、黄石、十堰、宜昌、襄樊、鄂州、荆门、孝感、黄冈、长沙、株洲、湘潭、衡阳、邵阳、岳阳、常德、张家界、益阳、郴州、永州、怀化（共 77 座）
西部城市	呼和浩特、包头、乌海、赤峰、南宁、桂林、梧州、北海、防城港、钦州、贵港、玉林、重庆、成都、自贡、攀枝花、泸州、德阳、绵阳、广元、遂宁、内江、乐山、南充、宜宾、贵阳、六盘水、遵义、昆明、曲靖、西安、铜川、宝鸡、咸阳、渭南、延安、汉中、兰州、嘉峪关、金昌、白银、天水、西宁、银川、石嘴山、乌鲁木齐、克拉玛依（共 47 座）

参考文献

［1］丁菊红，邓可斌．政府干预、自然资源与经济增长：基于中国地区层面的研究．中国工业经济，2007（7）．

［2］樊纲，王小鲁，马光荣．中国市场化进程对经济增长的贡献．经济研究，2011（9）．

［3］何洁．外商直接投资对中国工业部门外溢效应的进一步精确量化．世界经济，2000（12）．

［4］赫希曼．经济发展战略（中译本）．北京：经济科学出版社，1991．

［5］胡援成，肖德勇．经济发展门槛与自然资源诅咒．管理世界，2007（4）．

［6］李天籽．自然资源丰裕度对中国地区经济增长的影响及其传导机制研究．经济科学，2007（6）．

［7］李子奈．计量经济学应用研究的总体回归模型设定．经济研究，2008（8）．

［8］李丹，胡小娟．中国制造业企业相对效率和全要素生产率增长研究．数量经济技术经济研究，2008（7）．

［9］李宏彬，李杏，姚先国，张海峰，张俊森．企业家的创业与创新精神对中国经济增长的影响．经济研究，2009（10）．

［10］李文星，徐长生，艾春荣．中国人口年龄结构和居民消费：1989~2004．经济研究，2005（7）．

［11］刘秉镰，武鹏，刘玉海．交通基础设施与中国全要素生产率增长．中国工业经济，2010（3）．

［12］刘庆岩，孙早．私营企业发展中的资源开发效应．中国工业经济，2009（6）．

［13］刘小玄．中国工业企业的所有制结构对效率差异的影响．经济研究，2000（2）．

［14］彭国华．双边国际贸易引力模型中地区生产率的经验研究．经济研究，2007（8）．

［15］宋冬林，汤吉军．沉淀成本与资源型城市转型分析．中国工业经济，2004（6）．

［16］邵帅，齐中英．西部地区的能源开发与经济增长．经济研究，2008（4）．

［17］邵帅，杨莉莉．自然资源丰裕、资源产业依赖与中国区域经济增长．管理世界，2010（9）．

［18］邵帅，杨莉莉．自然资源开发、内生技术进步与区域经济增长．经济研究，2011（S2）．

［19］沈坤荣，耿强．外国直接投资、技术外溢与内生经济增长．中国社会科学，2001（5）．

［20］孙永平．自然资源与经济增长关系的历史考察．经济评论，2011（2）．

［21］孙永平，叶初升．资源依赖、地理区位与城市经济增长．当代经济科学，2011（1）．

［22］孙永平，叶初升.自然资源丰裕与产业结构扭曲.南京社会科学，2012（6）.

［23］唐绍祥，张云华，周新苗.FDI 技术溢出效应研究.中国水利水电出版社，2007.

［24］魏国学，陶然，陆曦.资源诅咒与中国元素：源自 135 个发展中国家的证据.世界经济，2010（12）.

［25］魏下海.人力资本、空间溢出与省际全要素生产率增长.财经研究，2010（12）.

［26］谢千里，罗斯基，郑玉故，王莉.所有制形式与中国工业生产率变动趋势.数量经济技术经济研究，2001（3）.

［27］徐康宁，王剑.自然资源丰裕程度与经济发展水平关系的研究.经济研究，2006（1）.

［28］张复明，景普秋.资源型经济的形成：自强机制与个案研究.中国社会科学，2008（5）.

［29］张海洋.R&D 两面性、外资活动与中国工业生产率增长.经济研究，2005（5）.

［30］张海洋，刘海云.外资溢出效应与竞争效应对中国工业部门的影响.国际贸易问题，2004（3）.

［31］张伟，吴文元.基于环境绩效的长三角都市圈全要素能源效率研究.经济研究，2011（10）.

［32］中国经济增长与宏观稳定课题组.资本化扩张与赶超型经济的技术进步.经济研究，2010（5）.

［33］周泳宏.漏损、FDI 外溢效应弹性和东道国福利.世界经济研究，2008（6）.

［34］Aslaksen S. Oil and Democracy: More than a Cross-country Correlarion?. Journal of Peace Research, 2010, 47（4）: 421-431.

［35］Alexander L. Subnational Resouree Curse: Do Economic or Political Institutions Matter?. Working Paper Series of Frankfurt School of Finance & Management, No.154, 2010. http: //hdl.handle.net/10419/43713.

［36］Aitken B. and A. Harrison. Do Domestic Firms Benefit from Direct Foreign Investment? Evidence from Venezuela. American Economic Association, 1999, 9（3）: 605-618.

［37］Aldave I. and C. Garcia-Penalosa. Education, Corruption and the Natural Resource Curse. Working Papers from Banco Central de Reserve del Perú, No.2009-005, 2009.

［38］Alichi A. and R. Arezki. An Alternative Explanation for the Resource Curse: The Income Effecr Channel. IMF Working Paper No.09/112, 2009.

［39］Arellano M. and S. Bond. Some Tests of Specification for Panel Data: Monte Carlo Evidence and an Application to Employment Equations. Review of Economic Studies, 1991, 58（2）: 277-297.

［40］Auty R. M. Sustaining Development in Mineral Economies: The Resource Curse Thesis. Routledge Press, 1993.

［41］Auty R. M. Resource Abundance and Economic Development. Oxford University Press, 2001.

［42］Bond S. Dynamic Panel Data Models: A Guide to Micro Data Methods and Practice. CEMMAP Working Paper No. CWP09P02, 2002.

［43］Benhabib J. and M. M. Spiegel. The Role of Human Capital in Economic Development Evidence from Aggregate Cross-country Data. Journal of Monetary Economics, 1994, 34（3）: 143-173.

［44］Bjorvatn K., Farzanegan M. R. and F. Schneider. Resource Curse and Power Balanee: Evidence from Oil-rich Countries. World Development, 2012, 40（7）: 1308-1316.

［45］Blundell R. and S. Bond. Initial Conditions and Moment Restrictions in Dynamic Panel Data Models. Journal of Econometrics, 1998, 87（1）: 115-143.

［46］Boschini A., Pettersson J. and R. Jesper. Resource Curse or Not: The Question of Appropiability. Scandinavian Journal of Economics, 2007, 109（3）: 593-617.

［47］Branstetter L. Is Foreign Direct Investment a Channel of Knowledge Spillover, Evidence from Japan's

FDI in the United States. NBER Working Paper, No.8015, 2000.

[48] Bravo-Ortega C. and J. De Gregorio. The Relative Richness of the Poor? Natural Resources, Human Capital and Economic Growth//Lederman D. and W. F. Maloney (Eds.). Natural Resources, neither Curse nor Destiny, World Bank, Washington DC, 2007: 71-99.

[49] Brunnschweiler C. N. Cursing the Blessings? Natural Resource Abundance, Institutions and Economic Grow. World Development, 2008, 36 (3): 399-419.

[50] Brunnschweiler C. N. and E. H. Bulte. The Resource Curse Revisited and Revised: A Tale of Paradoxes and Red Herrings. Journal of Environmental Economics and Management, 2008, 55 (3): 248-264.

[51] Cameron A. C. and P. K. Trivedi. Microeconometries Using Stata, Stata Press, 2009.

[52] Cavalcanti T., Mohaddes K. and M. Raiss. Growth, Development and Natural Resources: New Evidence Using a Heterogeneous Panel Analysis. The Quarterly Review of Economics and Finance, 2011, 51 (4): 305-318.

[53] Cerny A. and R. K. Filer. Natural Resources: Are They Really a Curse?. CERGE-EI Working Paper No.1211-3298, 2007. The Center for Economic Research and Graduate Education, Charles University and the Economics Institute of the ASCR, Prague.

[54] Corden W. M. and J. P. Neary. Booming Scetor and De-industrialization in a Small Open Economy. Economic Journal, 1982, 92 (368): 825-848.

[55] David P. A. and G. Wrighr. Increasing Returns and the Genesis of American Resource Abundance. Indusrrial and Corporate Change, 1997, 6 (2): 203-245.

[56] De Long B. J. and J. G. Williamson. Natural Resources and Convergence in the Nineteenth and Twentieth Centuries. Harvard University Working Paper, 1994.

[57] Démurger S. Infrastrueture Development and Economic Growth: An Explanation for Regional Disparities in China?. Journal of Comparative Economics, 2001, 29 (1): 95-110.

[58] Fan R., Fang Y. and S. Y. Park. Resource Abundance and Economic Growth in China. China Economice Review, 2012, 23 (3): 704-719.

[59] Freeman D. G. The Resource Curse and Regional US Development. Applied Economics Letters, 2009, 16 (5): 527-530.

[60] Fu X. Exports, Technical Progress and Productivity Growth in a Transition Economy: A Non-parametric Approach for China. Applied Economics, 2005, 37 (7): 725-739.

[61] Gerard B. A Natural Resource Curse: Does it Exist within the United States?. CMC Senior Theses Paper No.158, 2011.

[62] Girma S. Absorptive Capacity and productivity Spillovers from FDI: A Threshold Regression Analysis. Oxford Bulletin of Economic and Statistics, 2005, 67 (3): 281-306.

[63] Greasley D. and J. B. Madsen. Curse and Boon: Natural Resources and Long-Run Growth in Currently Rich Economies. Economic Record, 2010, 86 (274): 311-328.

[64] Gylfason T. Natural Resources, Education, and Economic Development. European Economic Review, 2001a, 45 (4-6): 847-859.

[65] Gylfason T. Natural Resources and Economic Growth: What is the Conneetion?. CESifo Working Paper No. 530, 2001b. Center for Economic Studies and Ifo Institute for Economic Research.

[66] Gylfason T. Institutions, Human Capital, and Diversification of Rentier Economics. IoES Working

Paper Series No.05.04，2005. Institute of Economic Studies，University of Iceland.

［67］ Gylfason T.，Herbertsson T. T. and G. Zoega. A Mixed Blessing：Narural Resources and Economic Growth. Macroeconomic Dynamics，1999，3（2）：204-225.

［68］ Gyifason T. and G. Zoega. Natural Resources and Economic Crowth：The Role of Investment. World Economy，2006，29（8）：1091-1115.

［69］ Hansen B. E. Threshold Effects in Non-Dynamic Panels：Estimatson，Testing and Inference. Journal of Economerrics，1999，93（2）：345-368.

［70］ Husain A. M. Priate Sector Development in Economics in Transition. Journal of Comparative Economics，1994，19（2）：260-271.

［71］ Haber S. H. and V. A. Menaldo. Do Natural Resources Fuel Authoritarianism? A Reappraisal of the Resource Curse. American Political Science Review，2011，105（1）：1-26.

［72］ Haddad M. and A. Harrison. Are there Positive Spillovers from FDI，Evidence from Panel Data for Morocco. Journal of Development Economics，1993，42（1）：51-74.

［73］ Hodler R. The Curse of Natural Resource in Fractionalized Countries. European Economic Review，2006，50（6）：1367-1386.

［74］ Hsiao C. Analysis of Panel Data（2nd Edition）. Cambridge University Press，2003.

［75］ Iimi A. Escaping from the Resource Curse：Evidence from Botswana and the Rest of the World. IMF Sraff Papers，2007，54（4）：663-699.

［76］ James A. and D. Aadland. The Curse of Natural Resources：An Empirical Investigation of U.S. Counties. Resource and Energy Economics，2011，33（2）：440-453.

［77］ Ji K.，Magnus J. and W. Wang. Resource Abundance and Resource Dependence in China. Center Discussion Paper Series No.2010-109，2010.

［78］ Kokko A. Productivity Spillovers from Competition between Local Firms and Foreign Affiliates. Journal of International Development，1996，8（4）：517-530.

［79］ Koren M. and S. Tenreyro. Volatility and Development. Quarterly Journal of Economics，2007，122（1）：243-287.

［80］ Kurtz M. J. and S. M. Brooks. Conditioning the Resource Curse：Globalization，Human Capital and Growth in Oil-rich Nations. Comparative Political Studies，2011，44（6）：747-770.

［81］ Larsen E. R. Escaping the Resource Curse and the Dutch Disease? When and Why Norway Caught Up with and Forged Ahead of its Neighbors. Ameriean Journal of Economics and Sociology，2006，65（3）：605-640.

［82］ Leite C. and J. Weidmann. Does Mother Nature Corrupt? Natural Resources，Corruption and Economic Growth. IMF Working Paper No. 99/85，1999.

［83］ Loko B. and M. A. Diouf. Revisiting the Determinants of Productivity Growth：What's New?. IMF Working Paper，WP/09/225，2009.

［84］ Maloney W. F. Innovation and Growth in Resource Rich Countries. Central Bank of Chile Working Paper No.148，Central Bank of Chile，Santiago de Chile，2002.

［85］ Mehlum H.，Moene K. and R. Torvik. Institutions and the Resource Curse. Economic Journal，2006，116（508）：1-20.

［86］ Mehrara M. Reconsidering the Resource Curse in 11 Oil-exporting Countries. Energy Policy，

2009, 37（3）: 1165-1169.

［87］ Murshed S. M. and L. A. Serino. The Pattern of Specialization and Economic Growth: The Resource Curse Hypothesis Revisited. Structural Change and Economic Dynamics, 2011, 22（2）: 151-161.

［88］ Ng E. Is Natural Resource Abundance a Curse or a Blessing?. Paper Reported in the CEA 40th Annual Meeting, 2005.

［89］ Papyrakis E. and R. Gerlagh. The Resource Curse Hypothesis and its Transmission Channels. Journal of Comparative Economics, 2004a, 32（1）: 181-193.

［90］ Papyrakis E. and R. Gerlagh. Natural Resources, Innovation and Growth. Fondazione Eni Enrico Mattei （FEEM） Working Paper No.129.04, 2004b.

［91］ Papyrakis E. and R. Gerlagh. Resource Windfalls, Investment and Long-term Income. Resources Policy, 2006, 31（2）: 117-128.

［92］ Papyrakis E. and R. Gerlagh. Resource Abundance and Economic Growth in the United States. European Economic Review, 2007, 51（4）: 1011-1039.

［93］ Peretto P. and S. Valente. Resources, Innovation and Growth in the Global Economy. Journal of Monetary Economics, 2011, 58（4）: 387-399.

［94］ Rauch J. E. Productivity Gains from Ggographic Concentration of Human Capital: Evidence from the Cities. Journal of Urban Economics, 1993, 34（3）: 380-400.

［95］ Roodman D. How to Do Xtabond2: An Introduetion to Difference and System GMM in Stata. The Stara Journal, 2009, 9（1）: 86-136.

［96］ Ross M. Does Oil Hinder Democracy?. World Politics, 2001, 53（3）: 325-361.

［97］ Rosser A. Escaping the Resource Curse: The Case of Indonesia. Journal of Contemporary Asia, 2007, 37（1）: 38-58.

［98］ Saehs J. D. and A. M. Warner. Natural Resource Abundance and Economic Growth. NBER Working Paper, No. 5398, National Bureau of Economic Research, Cambridge, MA, 1995.

［99］ Sachs J. D. and A. M. Warner. Natural Resources and Economic Development: The Curse of Natural Resources. European Economic Review, 2001, 45（6）: 827-838.

［100］ Sala-i-Martin X. X. and A. Subramanian. Addressing the Natural Resource Curse: An Illustration from Nigeria. NBER Working Paper No.9804, 2003.

［101］ Sobel R. S. Testing Baumol: Institutional Quality and the Productivity of Entrepreneurship. Journal of Business Venturing, 2008, 23（6）: 641-655.

［102］ Stevens P. Resource Curse and How to Avoid it. The Journal of Energy and Development, 2006, 31（1）: 1-20.

［103］ Stijns J. C. Natural Resource Abundance and Economic Growth Revisited. Resources Policy, 2005, 30（2）: 107-130.

［104］ Tamat S., Law S. H. and J. Yaghoob. Resource Curse: New Evidence on the Role of Institutions. MPRA Working Paper No.37206, Munich Personal RePEc Archive, 2012.

［105］ Van Der Ploeg F. and S. Poelhekke. The Pungent Smell of "Red Herrings": Subsoil Assets, Rents, Volatility and the Resource Curse. Journal of Environmenntal Economics and Management, 2010, 60（1）: 44-55.

［106］ Watkin M. H. A Staple Theory of Economic Growth. Canadian Journal of Economics and Polirical Seience, 1963, 29（2）: 141-158.

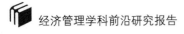
［107］ Windmeijer F. A Finite Sample Correction for the Variance of Linear Efficient Two-step GMM Estimators. Journal of Econometrics, 2005, 126 (1): 25-51.

［108］ Wright G. The Origins of American Industrial Success, 1879-1940. American Economic Review, 1990, 80 (4): 651-668.

［109］ Wright G. and J. Czelusta. Why Economies Slow: The Myth of the Resource Curse. Challenge, 2004, 47 (2): 6-38.

［110］ Wright G. and J. Czelusta. Resource-based Growth Past and Present//Lederman D. and W. F. Maloney (Eds.). Naturual Resources, neither Curse nor Destiny, World Bank, Washington DC, 2007: 183-211.

第二节

英文期刊论文精选

文章名称：《上游合并、下游竞争和研发投资》

期刊名称：《经济学与管理策略》

作者：卡苏瓦拉·米丽欧，阿帕斯托里·帕夫鲁

出版时间：2013 年冬

内容摘要：在本文中，我们提供了上游公司合并、突出研发投资的作用及其性质以及下游竞争的作用的原因。我们指出，当下游竞争不太强劲并且研发投资足够时，上游合并可以产生两种不同的功效：合并增加研发投资和减少批发价格。我们还指出，只有当研发投资明确并且下游竞争适中时上游企业才进行合并。当合并实现时，合并产生的功效会转嫁给消费者，因此，消费者可以变得更好。

关键词：合并；竞争；投资

Title： Upstream Mergers, Downstream Competition, and R&D Investments

Periodical： Journal of Economics & Management Strategy

Author： Chrysovalantou Milliou, Apostolis Pavlou

Date： Winter 2013

Abstract： In this paper, we provide an explanation for why upstream firms merge, highlighting the role of R&D investments and their nature, as well as the role of downstream competition. We show that an upstream merger generates two distinct efficiency gains when downstream competition is not too strong and R&D investments are sufficiently generic：The merger increases R&D investments and decreases wholesale prices. We also show that upstream firms merge unless R&D investments are too specific and downstream competition is neither too weak nor too strong. When the merger materializes, the merger-generated efficiencies pass on to consumers, and thus, consumers can be better off.

Key words： Mergers; Competition; Investment

文章名称：《西班牙区域层面上新工业的出现：基于产业关联的类似研究方法》

期刊名称：《经济地理学》

作者：波斯玛·罗恩，米侬娣·爱斯尔，纳瓦罗·迈克尔

出版时间：2013 年 1 月

内容摘要：随着时间的推移，区域多元化如何形成？以最近的研究为出发点，我们证明了工业的区域多元化是利用地区专业化的能力形成的。因为传播的功能是通过机制进行的，并具有很强的地域偏见性，我们预计对于新兴产业的发展，功能传播在区域层面比在国家层面发挥更大的作用。为了验证这个假设，我们研究了 1988~2008 年 50 个西班牙地区诺丁汉大学学生电视台 3 频道中新兴产业出现的问题，分析了新西班牙地区现有出口产品和出口产品的性能差距，并提供计量经济学证据表明区域倾向于多元化进入新行业，使用类似的功能在这些地区进行产业建设。我们指出，在新产业出现的过程中，毗邻地区产业结构发挥的作用比邻近地区国家产业结构的作用更大。这一发现表明，功能在区域层面支持新兴产业的发展。

关键词：区域分支；多样化；新兴产业；功能；西班牙；近似指数

Title：The Emergence of New Industries at the Regional Level in Spain：A Proximity Approach Based on Product Relatedness

Periodical：Economic Geography

Author：Boschma Ron, Minondo Asier, Navarro Mikel

Date：January 2013

Abstract：How do regions diversify over time? Inspired by recent studies, we argue that regions diversify into industries that make use of capabilities in which regions are specialized. Since the spread of capabilities occurs through mechanisms that have a strong regional bias, we expect that capabilities that are available at the regional level play a larger role than do capabilities that are available at the country level for the development of new industries. To test this hypothesis, we analyze the emergence of new industries in 50 Spanish regions at the NUTS 3 level in the period 1988–2008. We calculate the capability–distance between new export products and existing export products in Spanish regions and provide econometric evidence that regions tend to diversify into new industries that use similar capabilities as existing industries in these regions. We show that proximity to the regional industrial structure plays a much larger role in the emergence of new industries in regions than does proximity to the national industrial structure. This finding suggests that capabilities at the regional level enable the development of new industries.

Key words：Regional branching; Diversification; New industries; Capabilities; Spain; Proximity index

文章名称:《技术溢出效应的识别和产品市场竞争》

期刊名称:《计量经济学》

作者: 布鲁姆·尼古拉斯,香客曼·马克,瓦里宁·约翰

出版时间: 2013 年 1 月

内容摘要: 在过去的三十年里,研发通过溢出效应对经济增长的影响一直是经济研究的主要话题。本文的核心问题是研究影响公司业绩的两个反补贴"溢出效应":一个是来自技术(知识)溢出效应的积极影响;另一个是来自产品市场竞争对手生意窃取效应的消极影响。我们开发一个通用框架整合这两种类型的溢出效应,并使用措施实现这种模式在技术空间和产品市场空间的位置,我们采用美国公司的面板数据对技术溢出效应进行定量控制,使社会收益的回报至少是私人收益的两倍。我们通过改变联邦和州的研发税收激励政策,确定了研发溢出效应的因果效应。我们还发现,小公司的研发产生的社会回报较低,因为他们更注重在技术领域的运作。最后,我们详细说明了较好的溢出测量方法和如何进行处理,包括对比这些标准的马氏距离测量方法。

关键词: 外溢;研发;市场价值;专利;生产力

Title: Identifying Technology Spillovers and Product Market Rivalry

Periodical: Econometrica

Author: Bloom Nicholas, Schankerman Mark, Van Reenen John

Date: January 2013

Abstract: The impact of R&D on growth through spillovers has been a major topic of economic research over the last thirty years. A central problem in the literature is that firm performance is affected by two countervailing "spillovers": a positive effect from technology (knowledge) spillovers and a negative business stealing effects from product market rivals. We develop a general framework incorporating these two types of spillovers and implement this model using measures of a firm's position in technology space and product market space. Using panel data on U.S. firms, we show that technology spillovers quantitatively dominate, so that the gross social returns to R&D are at least twice as high as the private returns. We identify the causal effect of R&D spillovers by using changes in federal and state tax incentives for R&D. We also find that smaller firms generate lower social returns to R&D because they operate more in technological niches. Finally, we detail the desirable properties of an ideal spillover measure and how existing approaches, including our new Mahalanobis measure, compare to these criteria.

Key words: Spillovers; R&D; Market value; Patents; Productivity

文章名称：《中国服务型企业国际化：与制造业的对比分析》

期刊名称：《雷鸟国际商业评论》

作者： 薛求知，郑琴琴，希伯来·隆德

出版时间： 2013 年 2 月

内容摘要： 在本文中，我们将视角扩大到服务行业的新兴市场。我们调查中国的服务公司国际化的现象以及服务业和制造业公司国际扩张的明显差异。使用 2001~2007 年 363 家服务业公司和 563 家制造业公司的动态历史数据进行分析，我们发现中国服务业公司的国际化在资源需求和开发经验不同于制造业公司。中国服务业公司的国际化相比公司资源更加依赖国际经验。此外，我们还明确了软硬服务行业之间的结构差异。在中国，发现可辨认无形资产对硬件服务业公司国际扩张的作用比软件服务业公司更重要。

关键词： 服务型企业；制造业；国际化；新兴市场

Title: The Internationalization of Service Firms in China: A Comparative Analysis with Manufacturing Firms

Periodical: Thunderbird International Business Review

Auther: Qiuzhi Xue, Qinqin Zheng, Daniel W. Lund

Date: February 2013

Abstract: In this article, we expand upon the springboard perspective of emerging markets in the service sector. We investigate the phenomenon of service firm internationalization in China and the distinct differences between service and manufacturing firms during international expansion. Using dynamic analysis of historical data for 363 service firms and 569 manufacturing firms from 2001 to 2007, we find that the internationalization of service firms in China is different from that of manufacturing firms in terms of resource requirement and experience exploitation. The internationalization of service firms relies more on international experience than corporate resources. Furthermore, we also identify the structural differences between hard and soft service industries. In China, identifiable intangible assets are found to be more important for the international expansion of hard service firms than they are for soft service firms.

Key words: Service firm; Manufacturing; Internationalization; Emerging markets

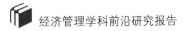
文章名称：《微型处理器行业的技术进步模型》

期刊名称：《产业经济学》

作者： 尤尼·皮莱

出版时间： 2013 年 12 月

内容摘要： 本文开发了微处理器行业的技术进步模式，将看似不同的工程和技术进步的经济措施进行了有效连接。微处理器行业的技术进步是由上游半导体设备产业高质量的重复工作所创造的。模型的特征由微处理器公司的最佳采纳决策和由此产生的技术进步率所决定。结合使用微处理器行业的一个新数据集的参数估计，该模型解释了 1990~2000 年技术进步的快速发展和其随后的放缓。

关键词： 微处理器；技术进步；模型；经济措施

Title： A Model of Technological Progress in the Microprocessor Industry

Periodical： The Journal of Industrial Economics

Author： Unni Pillai

Date： December 2013

Abstract： This paper develops a model of technological progress in the microprocessor industry that connects the seemingly disparate engineering and economic measures of technological progress. Technological progress in the microprocessor industry is driven by the repeated adoption of higher quality vintages of capital equipment produced by the upstream semiconductor equipment industry. The model characterizes the optimal adoption decision of a microprocessor firm and the resulting rate of technological progress. In conjunction with parameters estimated using a new dataset of the microprocessor industry, the model suggests explanations for the acceleration in technological progress during 1990–2000 and the subsequent slowdown.

Key words： Microprocessor industry; Technological progress; Model; Economic measures

文章名称：《产业集聚：区域非对称和贸易成本》

期刊名称：《城市与区域发展研究评论》

作者：王健，郑小平

出版时间：2013 年 7 月

内容摘要：本文研究国际贸易自由化和区域一体化对类似于中国这样经济活动分布规律国家的影响。我们扩展原始克鲁格曼的新经济地理学模型说明大小和进入全球市场能力完全不对称的两个国家，三个区域的情况。我们的模拟结果表明，国家在经济空间的变化比克鲁格曼所示的结果更加复杂。当存在国际贸易自由化但国内一体化程度较差时，区域经历从局部到全面集聚的转变。当国际贸易停止时，国内运输成本的降低使内陆地区制造业更具吸引力。然而，当它是开放的全球市场时，更多的制造业在开放地区进行。

关键词：产业集聚；贸易成本；经济活动；制造业

Title： Industrial Agglomeration：Asymmetry of Region and Trade Costs

Periodical： Review of Urban & Regional Development Studies

Author： Jian Wang, Xiao-ping Zheng

Date： July 2013

Abstract： This paper investigates the impact of international trade liberalization and regional integration on the distribution of economic activities within countries such as China. We extend Krugman's original New Economic Geography model to account for a two-country, three-region case where the home country is fully asymmetrical in terms of its size and access to global markets. Our simulation results show that the spatial economy of the home country changes in a more complex way than is shown in Krugman's results. When international trade liberalization continues but domestic regions remain poorly integrated, the gate region experiences a change from partial to full agglomeration. When the home country is closed to international trade, the decrease in domestic transport costs makes the hinterland more attractive for manufacturing. However, when it is open to global markets, more manufacturing is undertaken in the gate region.

Key words： Industrial agglomeration；Trade costs；Economic activities；Manufacturing

文章名称：《区域统计数据：Geo-NB-GAM 模型在产业布局中的应用》

期刊名称：《地理分析》

作者： 罗伯特·巴西莱，路易吉·班弗泰尔，大卫·卡斯泰拉尼

出版时间： 2013 年 2 月

内容摘要： 本文提出了一种应用区域统计数据的负二项式地理加性模型，它能够同时处理空间聚类、非线性和过度离散等多种重要的方法论问题。将该模型应用于 2003~2007 年的 249 个欧洲案例区，探讨其内部绿地投资的区位因子。在揭示了数据集样本分布具有过度离散与空间聚类特征后，我们对所构建的关于区位驱动因子的实证模型进行了核查，以确定是否遗漏重要变量，并明确显示为何有些变量与因变量的关系可能是非线性的。本文后续部分首先描述了已有文献在空间聚类、非线性与过度离散等情景下的解决方案，并简要介绍了本文的 Geo-NB-GAM 模型。实证分析表明，该模型具有良好的模拟效果，尤其是地理加性成分（一种平滑的空间趋势面）能够处理包括空间聚类在内的未被关注的空间异质性。非线性模型揭示了集聚经济的正向效应随着经济活动密度阈值呈衰减趋势，这一点和理论预测是一致的。然而，本文结果显示无论经济活动的密度呈现何种变化，正向集聚的外部效应仍大于拥挤成本。

关键词： 区域的；空间聚类；经验模型；凝聚；产业布局

Title： Geoadditive Models for Regional Count Data：An Application to Industrial Location

Periodical： Geographical Analysis

Author： Roberto Basile, Luigi Benfratello, Davide Castellani

Date： February 2013

Abstract： We propose a geoadditive negative binomial model（Geo-NB-GAM）for regional count data that allows us to address simultaneously some important methodological issues, such as spatial clustering, nonlinearities, and overdispersion. This model is applied to the study of location determinants of inward greenfield investments that occurred during 2003-2007 in 249 European regions. After presenting the data set and showing the presence of overdispersion and spatial clustering, we review the theoretical framework that motivates the choice of the location determinants included in the empirical model, and we highlight some reasons why the relationship between some of the covariates and the dependent variable might be nonlinear. The subsequent section first describes the solutions proposed by previous literature to tackle spatial clustering, nonlinearities, and overdispersion, and then presents the Geo-NB-GAM. The empirical analysis shows the good performance of Geo-NB-GAM. Notably, the inclusion of a geoadditive component（a smooth spatial trend surface）permits us to control for spatial unobserved heterogeneity that induces spatial clustering. Allowing for nonlinearities reveals, in keeping with theoretical predictions, that the positive effect of agglomeration economies fades as the density of economic activities reaches some threshold value. However, no matter how dense

the economic activity becomes, our results suggest that congestion costs never overcome positive agglomeration externalities.

Key words: Regional; Clustering; Empirical model; Agglomeration; Industrial location

文章名称：《日本电子工业在马来西亚产业集群中的升级》

期刊名称：《经济地理学》

作者：大卫·爱丁顿，罗杰·海特

出版时间：2013 年 7 月

内容摘要：新兴经济体的外国直接投资（DFI）产生的集群能力的持续增长是一个经常引起争议的问题。本文通过日本电子跨国公司在马来西亚产业集群中的角色发展来评估这场辩论。从概念上讲，我们现在的 DFI 产业集群的增加表明了对当地的价值创造和改造程度的承诺。通过经验验证，我们进行了一项针对 10 个在马来西亚的日本公司的调查，检查工厂是否通过增加技术改造，通过使用本地熟练工人和供应企业更多地进行嵌入操作，并积极回应国家政策和实施电子产业集群治理措施。我们发现，日本企业已经明显超越了简单的程序集嵌入集群，但其没有进一步发展技术密集型行为，原因在于马来西亚的技术环境比较落后，以及日本跨国公司的战略主要依靠技术总部。尽管如此，日本跨国公司的发展充分嵌入在马来西亚数码消费产品生产升级和半导体装配蓬勃发展中，规避来自中国和东南亚国家联盟等低成本地区的竞争。在研究结束的时期，马来西亚对日本电子跨国公司来说仍然是一个有吸引力的国家。

关键词：日本跨国公司；电子工业部门；产业集聚；马来西亚

Title：The In Situ Upgrading of Japanese Electronics Firms in Malaysian Industrial Clusters

Periodical：Economic Geography

Author：David Edgington，Roger Hayter

Date：July 2013

Abstract：The ability of clusters generated by direct foreign investment（DFI）in emerging economies to generate sustained, value-added growth is a matter of controversy. This article assesses this debate with reference to the role of Japanese electronics multinational corporations（MNCs）in the development of clusters in Malaysia. Conceptually, we present a typology of DFI-generated industrial clusters that represent increasing degrees of commitment to local value creation and upgrading. Empirically, we conducted a survey of 10 Japanese firms in Malaysia that examined whether or not their factories increased technological upgrading, increasingly embedded their operations through using local skilled labor and supply firms, and responded positively to national policies and cluster-governance measures supporting the electronics industry. We found that Japanese firms had clearly moved beyond simple assembly-based to embedded clustering but had not progressed further to technology-intensive behavior because of the poor technological environment in Malaysia, as well as Japanese MNCs'strategies that depend on technology from headquarters. Nonetheless, Japanese MNCs were sufficiently embedded in Malaysia to upgrade production to digital consumer products, and semiconductor assembly has flourished, warding off competition from China and low-cost locations in the Association of

Southeast Asian Nations. At the end of the study period, Malaysia remained an attractive location for Japanese electronics MNCs.

Kdy words: Japanese multinational corporations; Electronics sector; Industrial clusters; Malaysia

文章名称：《跨国公司与产业政策》

期刊名称：《牛津经济政策评论》

作者：乔治·巴尔瓦纳威斯迪，安东尼·维纳布尔斯

出版时间：2013 年夏

内容摘要：东道国可以从跨国投资中得到利益吗？这些投资中带来的潜在价值是否令积极的产业政策是值得的？我们肯定地回答第一个问题，回顾了一个国家在项目定位（或不被外包）中的经济原则和有关证据的影响。就第二个问题而言，政策对选址决策的影响有限，但它是有可能具备成本效益。实现它面临着缺乏信息，以及被俘获的危险，并且在多数情况下，没有类比过程。司法管辖区之间的竞争意味着大多数政策是投资转移，而不是投资创新。有一个超国家控制（如欧盟国家援助规定）的例子可以说明政策只用于定义良好的市场失灵以及更好的执行与更严格的事前评估和事后评价。

关键词：产业政策；跨国公司；竞争；投资；市场

Title：Multinationals and Industrial Policy

Periodical：Oxford Review of Economic Policy

Author：Giorgio Barba Navaretti，Anthony J. Venables

Date：Summer 2013

Abstract：Are there benefits to the host country from multinational investments? Does potential value from these investments make active industrial policy worthwhile? We answer the first question affirmatively, having reviewed economic principles and evidence concerning the effects of projects locating in (or not being off-shored from) a country. On the second, policy can have a limited effect in influencing location decisions, but it is doubtful that it is cost effective. Implementation faces lack of information, risk of capture, and, in many cases, non-rigorous processes. Competition between jurisdictions means that much policy is investment diversion not investment creation. There is a case for supra-national controls (as with EU State Aid regulations), for policy to be used only for well-defined market failures, and for better implementation and more rigorous ex ante appraisal and ex post evaluation.

Key words：Industrial policy；Multinational；Competition；Investment；Market

文章名称：《经济服务化、工业调整和对外援助的国内政治》

期刊名称：《国际研究季刊》

作者：约翰尼斯·克莱因

出版时间：2013 年 6 月

内容摘要：本文解释了不同程度的商业利益或接受者的发展需要决定了捐助国政府对外援助的分配决议。本文证明了国内利益集团的政治决定了异质性捐助者援助的分配政策的方向。捐助国政府的代理措施依赖工业生产商游说团体的政治支持及其对发展利益集团的要求，本文发现，随着时间的推移和经济服务化水平的变化，捐助国产业结构调整过程的强度不同，高水平的经济服务化增加捐助国政府响应援助分配的要求，激烈的产业调整时期为政府分配符合工业生产商选民偏好的援助提供了激励。利用二元面板数据集统计分析了 1980~2001 年 21 个经合组织捐赠国和 124 个发展中国家的具体情况，支持该理论预测。

关键词：面板数据；经济服务化；捐赠国；间接测度；分配

Title： Tertiarization，Industrial Adjustment，and the Domestic Politics of Foreign Aid

Periodical： International Studies Quarterly

Author： Johannes kleibl

Date： June 2013

Abstract： This paper explains the varying degrees to which commercial interests or recipients' development needs shape donor governments' foreign aid allocation decisions. I argue that domestic interest group politics is a major driver of the heterogeneity in donors' aid allocation policies. As proxy measures of donor governments' dependence on the political support of industrial producer lobbies and their susceptibility to the demands of development interest groups, I exploit variation in the level of tertiarization and in the intensity of industrial restructuring processes across donor countries and over time. While higher levels of tertiarization increase donor governments' relative responsiveness to the aid allocation demands of development interest groups, intense periods of industrial adjustment provide incentives for governments to allocate aid in line with the preferences of their industrial producer constituencies. Statistical analyses of a dyadic panel data set of 21 OECD donor and 124 developing recipient countries for the period from 1980 to 2001 support the theoretical predictions.

Key words： Panel data；Tertiarization；Donor government；Proxy measures；Allocation

文章名称：《股市协同与产业结构》

期刊名称：《货币、信贷和银行》

作者：普山·达特，伊利安·米霍夫

出版时间：2013 年 8 月

内容摘要：我们用 58 个国家的月度股票指数，构造两两相关的回报率并用各国产业结构风险调整后的差异解释这些相关性。我们发现产业相似的国家表现出更高的股市协同。包含其他解释变量的结果是更加稳健的，如人均收入的差异，股票市值，机构的措施以及各种固定的时间，国家，国家组合效果。我们的结果与模型一致，在这个模型中每个特定行业的冲击尤其是股市的冲击同这个行业在整个国家的工业产值中所占的比例成正比。

关键词：G11；G15；O14；国际股票市场的相关性；产业结构；贸易结构

Title：Stock Market Comovements and Industrial Structure

Periodical：Journal of Money, Credit and Banking

Author：Pushan Dutt, Ilian Mihov

Date：August 2013

Abstract：We use monthly stock indices for 58 countries to construct pairwise correlations of returns and explain these correlations with risk-adjusted differences in industrial structure across countries. We find that countries with similar industries exhibit higher stock market comovements. The results are robust to the inclusion of other regressors such as differences in income per capita, stock market capitalizations, measures of institutions, as well as various fixed time, country, and country-pair effects. Our results are consistent with models where the impact of each industry-specific shock is proportional to the share of this industry in the overall industrial output of the country.

Key words：G11；G15；O14；International stock market correlations；Industry structure；Trade structure

文章名称：《产业政策：墨西哥出口导向型增长中缺失的环节》

期刊名称：《拉丁美洲的政策》

作者： 胡安·卡洛斯

出版时间： 2013 年 12 月

内容摘要： 本文探讨了墨西哥决策者需要增加一个积极的工业政策作为一个关键的措施去辅助国家发展，到目前为止，追求高速、持续的经济增长已经失败。墨西哥在 20 世纪 80 年代中期实施了激进的改革措施去开放其经济并参与国外竞争，减少国家对经济的干预，但这些改革未能确保持续强劲的经济增长。本文探讨了产业政策理论和实践的历史与现实。2012 年 12 月上任的新一届政府来确定 2013~2018 年实施什么样的产业政策会有显著的效果，以及它如何实现或不实现，去帮助墨西哥走上一条经济可持续发展的道路。

关键词： 经济增长；产业政策；发展；拉丁美洲

Title： Industrial Policy：A Missing Link in Mexico's Quest for Export-led Growth

Periodical： Latin American Policy

Author： Juan Carlos Moreno-Brid

Date： December 2013

Abstract： This article explores the need for Mexican policymakers to add an active industrial policy as a key instrument to assist in the nation's so far failed quest for high and sustained economic growth. Mexico implemented drastic reforms in the mid-1980s to open its markets to foreign competition and to reduce the state's intervention in the economy, but these reforms failed to ensure robust economic growth. The article explores myths and facts of the theory and practice of industrial policy. It identifies what type of industrial policy the new administration, which took office in December 2012, will apparently implement during 2013-2018 and how it may, or may not, help to put Mexico onto a path of high, sustained economic expansion.

Key words： Economic growth；Industrial policy；Development；Latin America

文章名称：《国际生产网络、集群和产业升级：泰国的汽车和硬盘驱动器行业的例子》

期刊名称：《政策研究评论》

作者： 阿阐恩·科派布恩，朱塔提普·容瓦尼查

出版时间： 2013 年 3 月

内容摘要： 本文说明了国际生产网络的作用（IPNs）和产业集群升级过程中（ICs）的升级体验。它可以说明关于国际生产网络和产业集群的相对重要性以及其对产业保护政策的影响。将泰国汽车产业和硬盘驱动器（HDD）产业作为案例进行研究，本文指出在过去 20 年来它们在出口市场的杰出表现表明了它们产业升级的成功。尽管如此，这两个行业有不同的网络模式。前者已经形成其产业集群，并且已经达到了本地制造车辆占比接近 100%的水平；后者的产业集群开始形成并达到一定水平，而国际生产网络仍然发挥着至关重要的作用。这一结果表明产业集群和国际生产网络共存的可能性。观察认为产业集群将是硬盘行业发展到后期的一个结果，而不是一个技术升级的先决条件。国际生产网络和产业集群之间的选择应该由一个私营部门的经济基本面决定。公共部门应注重加强当地企业的供给能力以及创建一个投资环境从而进一步促进产业升级。

关键词： 产业升级；国际生产网络；产业集聚；汽车产业；硬盘驱动器产业；泰国制造业

Title: International Production Networks, Clusters, and Industrial Upgrading: Evidence from Automotive and Hard Disk Drive Industries in Thailand

Periodical: Review of Policy Research

Author: Archanun Kohpaiboon, Juthathip Jongwanich

Date: March 2013

Abstract: This paper illustrates the role of international production networks (IPNs) and industrial clusters (ICs) in the upgrading process with a view to gain a better understanding of their upgrading experiences. This can shed some light on the ongoing debate regarding the relative importance of IPNs and ICs and their implications for prudential industrial policy. The automotive and hard disk drive (HDD) industries in Thailand are chosen as case studies because their outstanding export performance in the world market in the past two decades suggests their success in industrial upgrading. Nonetheless, these two industries differ in their modes of networking. In the former, industrial clustering has been observed and has reached a level where the local content of a locally manufactured vehicle is approaching 100 percent. For the latter, industrial clustering has naturally occurred and reached a certain level, while IPNs still play a crucial role. This result suggests the possibility of coexistence between IPNs and ICs. The observed industrial clustering in the HDD industry in the later stage also shows that ICs would be a developmental outcome rather than a precondition of technological upgrading. The choice between IPNs and ICs should be a private sector decision, driven by the economic fundamentals.

The public sector should focus on strengthening the supply-side capabilities of local firms as well as creating an investment climate to further promote upgrading activities.

Key words: Industrial upgrading; International production networks; Industrial clusters; Automotive industry; Hard disk drive industry; Thai manufacturing

文章名称：《外企准入和企业研发：以中国制造业为例》

期刊名称：《研发管理》

作者：赛义德·安瓦尔，孙思忠

出版时间：2013 年 9 月

内容摘要：本文利用 2005~2007 年企业级的面板数据，实证分析了中国四个主要制造业中研发（R&D）的行为和外企准入之间存在的关系。制造业包含汽车制造业、家用电器、电子工业和通信设备制造业。我们发现，外国公司的存在导致中国四个制造业显著增加研发投入。通信设备制造业的平均研发强度最高，电子行业的外企具有最高的研发水平和较大的研发力度。这表明，中国电子制造业将应对外企日益激烈的竞争。外企在中国汽车制造业的比重相对较小，由于国外汽车制造业的存在，中国在该行业经历了一个相对较短的研发过程。

关键词：研发；外企；制造业；强度；电子制造业

Title： Foreign Entry and Firm R&D: Evidence from Chinese Manufacturing Industries

Periodical： R&D Management

Author： Sajid Anwar, Sizhong Sun

Date： September 2013

Abstract： By making use of firm-level panel data from 2005 to 2007, this paper empirically examines the relationship between research and development (R&D) behaviour and the presence of foreign firms in China's four major manufacturing industries. The manufacturing industries considered are (1) car manufacturing, (2) household electrical appliances, (3) electronics and (4) communication equipment manufacturing. We find that the presence of foreign firms has resulted in a significant increase in R&D intensity of all four manufacturing industries in China. While the average R&D intensity in communication equipment manufacturing is the highest, the electronics industry, which has the highest level of foreign presence, has experienced a relatively large increase in R&D intensity. This suggests that China's electronics manufacturing sector is responding to rising competition from foreign firms located in China. Foreign presence in China's car manufacturing sector is relatively small, and this industry has experienced a relatively small increase in R&D intensity because of foreign presence.

Key words： R&D; Foreign firms; Manufacturing; Intensity; Electronics manufacturing

文章名称:《企业扩张与产业评论:是否与产业生命周期阶段有关系?》

期刊名称:《战略管理》

作者: 叶卡捷琳娜·万达耶娃,斯蒂芬·卡尔森,杰里米·肖特

出版时间: 2013 年 8 月

内容摘要: 一系列的战略管理研究杂志在讨论企业的绩效多大程度上受到企业的业务部、母公司以及所在行业的影响。尽管有证据表明,竞争和产业生命周期影响企业的绩效,但是产业生命周期的概念尚未被纳入企业扩张与产业的争论中。我们在系统理论思想基础上,使用来自 49 个行业 1957 家企业的纵向数据校验了业务部、母公司和产业效应在产业生命周期中的成长、成熟和衰退阶段的相对重要性。我们发现伴随着产业生命周期的演进,母公司和产业的效应逐步增加,而在成熟和衰退期,业务部的影响逐步减少。因此,产业生命周期的概念应该被整合在企业与产业辩论内。

关键词: 产业生命周期;业务部;母公司;产业效应;方差分解;分层线性模型

Title: Extending the Firm vs. Industry Debate: Does Industry Life Cycle Stage Matter?

Periodical: Strategic Management Journal

Author: Ekaterina V. Karniouchina, Stephen J. Carson, Jeremy C. Short

Date: August 2013

Abstract: A series of Strategic Management Journal studies have debated the extent to which business-unit, corporate parent, and industry effects explain variance in firm performance. Despite evidence that the industry life cycle impacts competition and performance, the life cycle concept has yet to be incorporated into the firm vs. industry debate. Building on ideas from systems theory, we use longitudinal data from 1957 firms in 49 industries to examine the relative importance of business-unit, corporate parent, and industry effects during the growth, maturity, and decline stages of the industry life cycle. We find that corporate parent and industry effects increase as industries move through the life cycle while business-unit effects decrease between maturity and decline. Thus, the life cycle concept should be incorporated within the firm vs. industry debate.

Key words: Industry life cycle; Business-unit; Corporate parent; Industry effects; Variance decomposition; Hierarchical linear modeling

经济管理学科前沿研究报告

文章名称：《边境加工业对美国边境城市的影响》

期刊名称：《增长和交换》

作者：杰西·卡纳斯，罗伯特·科罗娜多，罗伯特·吉尔默

出版时间：2013 年 9 月

内容摘要：几十年来，边境加工业一直是美国和墨西哥边境的主要经济引擎。自 20 世纪 70 年代以来，研究人员分析了边境加工行业如何影响双方的边境城市。汉森首次综合研究了边境加工厂对美国边境城市的影响，考虑了就业和工资的双重影响。他的估计曾经成为整个美国和墨西哥边境的经验法则；然而，这些经验法则已经变得过时了。使用汉森的框架，我们对 1990~2006 年边境加工行业对美国边境城市的影响进行了估计，发现边境加工生产增加 10%导致就业增加 0.5%~0.9%。我们还发现每个边境城市之间存在巨大差异。此外，我们估计 2001 年前后随着边境安全以及中国加入世贸组织后工资降低的问题的出现，使得跨国边境加工的影响开始逐步上升。实证结果表明，从 2001 年到 2006 年早期，美国边境城市不太适应边境加工生产的增长；然而，当调查具体行业时，我们发现美国边境城市服务行业的就业人员比 2001 年还要少。

关键词：边境加工行业；墨西哥边境；雇佣；竞争

Title: The Impact of the Maquiladora Industry on U.S. Border Cities

Periodical: Growth and Change

Author: Jesús Cañas, Roberto Coronado, Robert W. Gilmer

Date: September 2013

Abstract: For decades, the maquiladora industry has been a major economic engine along the U.S.–Mexico border. Since the 1970s, researchers have analyzed how the maquiladora industry affects cities along both sides of the border. Hanson produced the first comprehensive study on the impact of the maquiladoras on U.S. border cities, considering the effects of in-bond plants on both employment and wages. His estimates became useful rules of thumb for the entire U.S.–Mexico border; however, they have become dated. Using Hanson's framework, we estimate the maquiladora industry impact on U.S. border cities from 1990 to 2006. We find that a 10 percent increase in maquiladora production leads to a 0.5 to 0.9 percent increase in employment. We also find large differences among individual border cities. Furthermore, we estimate the cross-border maquiladora impacts before and after 2001 when border security begins to rise, and the global low-wage competition intensified after China joined the World Trade Organization. Empirical results indicate that U.S. border cities are less responsive to growth in maquiladora production from 2001 to 2006 than in the earlier period; however, when looking into specific sectors, we find that U.S. border city employment in service sectors is more responsive post-2001.

Key words: Maquiladora industry; Mexico border; Employment; Competition

文章名称：《政策变化和产业关联：澳大利亚矿业部门》

期刊名称：《澳大利亚公共管理》

作者： 安斯利·凯罗，玛利亚·西姆斯

出版时间： 2013 年 3 月

内容摘要： 在这篇文章中，我们使用的证据来自矿业行业协会最近的轨迹，它在澳大利亚联邦主张制度的意义上解释利益集团的形成和维护其权益。我们认为近期缺乏联邦政府与澳大利亚的矿产委员会之间关于资源租金税务问题的磋商，该问题可以反映出由于制度的变迁导致企业之间的关联性这个缺点。

关键词： 利益集团；体系；采矿工业

Title： Policy Change and Industry Associability：The Australian Mining Sector

Periodical： Australian Journal of Public Administration

Author： Aynsley Kellow，Marian Simms

Date： March 2013

Abstract： In this paper we use evidence from the recent trajectories of mining industry associations in the Australian federation to argue for the significance of institutional explanations for the formation and maintenance of interest groups. We argue that the recent lack of consultation by the Commonwealth government with the Minerals Council of Australia over resources rent taxation proposals reflected a weakness that resulted from the shifting basis of associability stemming from institutional changes.

Key words： Interest groups；Institutions；Mining industry

经济管理学科前沿研究报告

文章名称：《集中价值：希腊工业和古诺模型的新证据》

期刊名称：《经济论文：应用经济学和政策》

作者：尼古拉斯·阿伯西斯，瓦西里奥斯·蒙纳斯梯瑞斯

出版时间：2013 年 6 月

内容摘要：本文探讨了 2000~2011 年在三位 SIC 级别希腊跨行业竞争力的程度。基于简单的古诺模型的方法，三个替代模型被用来研究各行业的竞争条件。实证结果表明，除了化学工业希腊绝大多数的行业具有非竞争性的经营条件。

关键词：古诺模型；集中价值；希腊工业

Title： Price Concentration：New Evidence from Greek Industries and the Cournot Model

Periodical： Economic Papers：A Journal of Applied Economics and Policy

Author： Nicholas Apergis，Vasilios Monastiriotis

Date： June 2013

Abstract： This paper investigates the degree of competitive forces across Greek industries over the period 2000–2011 at the three-digit SIC level. Based on the simple Cournot modelling approach，three alternative models are used to investigate the competitive conditions across industries. The empirical results indicate that the majority of Greek industries，with the exception of the Chemicals industry，operate in non-competitive conditions.

Key words： Cournot model；Price concentration；Greek industries

文章名称：《汽车产业供应商的电子创新管理推动创意的产生和变革》

期刊名称：《软件演化进程》

作者：马丁·诺伊曼，安德里亚斯·里尔，丹尼尔·布里索

出版时间：2013 年 4 月

内容摘要：创新产品开发高度依赖于新产品的创意和产品信息。这尤其适用于汽车供应商行业的公司通过技术优势获得竞争优势。创新管理在这些行业必须关注一个高效创意的产生、资本化的实现和技术跟踪问题。本文提供了一个可以洞察汽车供应商行业创新管理的产业—部门—具体化特点的视角，并给出创新管理系统的基本框架，旨在提高现有汽车供应商 Kolbenschmidt Pierburg AG 的创新管理。

关键词：创新管理；汽车供应商行业；创意的产生；知识管理；知识宝藏；利益相关者模式

Title：IT-supported Innovation Management in the Automotive Supplier Industry to Drive Idea Generation and Leverage Innovation

Periodical：Journal of Software：Evolution and Process

Author：Martin Neumann, Andreas Riel, Daniel Brissaud

Date：April 2013

Abstract：Innovative product development is highly dependent on new product ideas and product information. This especially applies to companies that obtain their competitive advantages by technological lead like the automotive supplier industry. Innovation management in these industries has to focus on an efficient idea generation, implementation and capitalisation, and on technology tracking. This paper gives an insight into the industry-sector-specific characteristics of innovation management within the automotive supplier industry, and outlines a basic scheme of an innovation management system that aims at improving the existing innovation management at the automotive supplier Kolbenschmidt Pierburg AG.

Key words：Innovation management；Automotive supplier industry；Idea generation；Knowledge management；Knowledge mining；Stakeholder model

文章名称：《战略性专利与软件创新》

期刊名称：《产业经济学》

作者：迈克尔·诺尔，马克·香克曼

出版时间：2013 年 10 月

内容摘要：专利战略被普遍认为会提高创新成本，特别是在以累积创新为特点的行业。本文研究研发、专利和计算机软件行业的市场价值对专利战略的影响。我们关注两个关键方面：一是专利组合的大小，其影响在专利纠纷中的讨价还价的能力；二是专利权的碎片（"专利灌木丛"），其增加了执行的交易成本。我们建立了一个模型，该模型包含两个影响以及知识的溢出效应。使用 1980~1999 年 121 家公司的面板数据，我们指出专利战略和外溢影响创新和软件公司的市场价值，其中专利保费导致 20% 的研发回报率，并且软件公司不会被困在过度专利的囚徒困境中。

关键词：专利战略；工业；研发；外溢；面板数据

Title： Strategic Patenting and Software Innovation

Periodical： Industrial and Organizational Psychology

Author： Michael Noel，Mark Schankerman

Date： October 2013

Abstract： Strategic patenting is widely believed to raise the costs of innovating, especially in industries characterised by cumulative innovation. This paper studies the effects of strategic patenting on R&D, patenting and market value in the computer software industry. We focus on two key aspects：patent portfolio size, which affects bargaining power in patent disputes, and the fragmentation of patent rights（"patent thickets"）which increases the transaction costs of enforcement. We develop a model that incorporates both effects, as well as knowledge spillovers. Using panel data for 121 firms covering the period 1980–1999, we show that strategic patenting and spillovers affect innovation and market value of software firms, that there is a patent premium accounting for 20 per cent of the returns to R&D, and that software firms do not appear to be trapped in a prisoners' dilemma of "excessive patenting."

Key words： Strategic patenting；Industries；R&D；Spillovers；Panel data

第三章 产业经济学学科 2013 年出版图书精选

第一节

中文图书精选

书名:《中国服务业发展报告2013——中国区域服务业发展
战略研究》
作者: 史丹,夏杰长
出版时间: 2013年8月
出版社: 社会科学文献出版社

　　内容简介: 本书利用偏离—份额法对各省级单位的总体服务业增长和分行业增长进行了分解,构建了一套包含4类15项指标的区域服务业竞争力评价指标体系。在该指标体系的基础上,使用主成分分析法,对中国区域服务业竞争力进行了综合评价。主要结论如下:我国的区域服务业发展仍极不平衡,东部地区的发展要大幅领先于中西部地区,2011年,东部地区就有九家省级单位占据了人均服务业增加值的前十名,中西部地区的服务业发展速度则要超过东部地区;东部地区的服务业增长效率大幅高于中西部地区,中西部地区的差异则不明显;利用偏离—份额法对各省份服务业的总体增长进行分解,结果表明,东部地区的服务业发展优于中西部地区,而西部地区虽然内部差异较大,但从整体上看则要优于中部地区;利用偏离—份额法对各省份服务业的主要子行业进行了增长分解,分析结果表明,东部地区的服务业增长在整体上具有优势,但是各个子行业存在着差异;通过对我国区域服务业竞争力的评价,得到各省份服务业竞争力的综合得分,东部地区服务业竞争力整体水平远高于中西部地区,中部地区服务业竞争力比较平均。总的来看,中部地区的服务业竞争力强于西部地区,而西部地区的服务业竞争力分化比较严重。

　　为了促进我国区域服务业均衡发展,提升我国区域服务业竞争力水平,须从以下七个方面着力:一是加快市场化改革进度,为服务业发展创造良好的制度环境;二是促进落后地区服务业投资,提升投资效率;三是扩大区域开放,以更加积极主动的对内对外开放政策推动区域服务业大发展;四是合理规范地区间税收竞争,尽早全面推开"营改增"政策;五是鼓励东北和中西部地区承接沿海制造业转移;六是制定更加优惠和灵活的政策,引导人才向落后地区流动;七是优化服务业地区布局,发挥各地区的比较优势,走特色服务业发展道路。

书名：《产业集聚与区域经济协调发展》
作者：范剑勇
出版时间：2013 年 6 月
出版社：人民出版社

内容简介：改革开放三十多年来，中国经济快速发展，但区域间不平衡矛盾始终存在，东部沿海地区成为经济活动最密集、发展水平最高的区域。如何实现产业集聚产生的空间效率与区域经济协调发展所必备的公平之间的兼容，成为学界、政府、社会关注的焦点。本书基于空间外部性理论视角，以区域之间的贸易流量、制造业微观企业和四位数的行业数据等为分析对象，在省、地、县等区域层面详细分析了产业集聚的现状、内在机制及其对企业全要素生产率、劳动生产率、工资的影响。本书发现实施跨区域城乡统筹战略是空间效率与公平取得兼容的一个重要途径，而这也是土地制度与户籍制度等要素市场改革取得突破的重要方向。

本书从产业集聚及其形成的空间效率角度研究中国地区差距的形成机制与缓解这一扩大趋势的可行途径。研究的基本思路与逻辑围绕以下两点进行：一方面，从新经济地理学角度阐述了产业集聚的现状、产生机制及其对地区收入差距的影响，这构成了本书主要的实证内容；另一方面，从新古典增长中的要素流动可以促进区域收入趋同的假说出发，提出切实保护沿海地区的农民工享受与本地居民平等的"国民工资福利待遇"，促进资本向中西部地区适度流动，保持要素跨区域流动的通畅性可能是缓解地区收入差距扩大的可行途径，同时也不损害沿海地区现有的空间效率。

依照上述基本思路，本书的主要内容包括：在微观企业与微观区域层面上摸清了改革以来中国总量经济与部门经济的总体分布情况；将改革以来地区收入差距变化按产业空间分布变化与产值份额进行分解，检验产业空间分布是否对地区差距产生影响；产业集聚通过何种途径来影响地区收入差距；分析计算了各地区甚至各地级城市空间效率的大小及其对各地区工资的影响系数；目前产业不平衡分布的内在机制是什么；从城市角度看，城乡体系的扁平化特征是由什么机制决定的；产业集聚与地区间的工资收入差异；产业集聚、低技能劳动力流动与区域协调发展；国内市场一体化：水平测度及其源泉。

书名:《产业结构转型:从制造经济到服务经济》
作者: 胡晓鹏,朱瑞博
出版时间: 2013 年 9 月
出版社: 上海人民出版社

　　内容简介: 本书系中国梦与上海新发展研究丛书之一。中国梦代表了以习近平为总书记的党中央对于建设富强民主文明和谐的社会主义现代化国家的目标和信心。在这一过程中,上海要按照中共中央政治局常委、国务院总理李克强近日在沪考察时强调的,坚持科学发展,用改革开放的新举措,在创新驱动、转型发展上做出示范,走在前列。为此,上海社科院组织本市社科界开展系列课题研究。本丛书即为相关研究的成果体现。

　　本书结合当前被普遍关注的第三次工业革命浪潮,以促进上海经济全面转型为研究诉求,通过解读和建构以服务经济为核心的新型产业体系的理论框架,尝试从现代服务业、先进制造业、战略性新兴产业以及产业间的关系等多个层面剖析上海产业结构的现状、矛盾及其发展出路,并在此基础上前瞻性地剖析了上海产业结构转型的目标取向和实现路径。

书名：《中国经济增长的产业结构效应和驱动机制》

作者：张辉

出版时间：2013 年 3 月

出版社：北京大学出版社

内容简介：随着 2007 年美国次贷危机爆发，加之近来愈演愈烈的欧债危机，全球无论是发达经济体，还是类似中国的发展中国家或地区都在深刻反思产业空心化问题。本书认为，产业结构的演变，特别是产业结构高度的提升，是一国经济发展取得实质性进展的重要体现。在全球没有走出金融危机的大背景下，本书着力于研究改革开放以来支撑我国产业结构高度化进程的产业变迁规律和演化路径。本书认为，我国产业结构高度提升加速基本上保持着 12 年左右的周期性，从波谷到波峰 10 年左右，从波峰到波谷 2 年左右；我国国民经济整体产业驱动力虽然短期有波动性，但中长期来看都处于不断优化和改善之中。对此，本书一方面集中研究驱动我国产业结构高度化进程的原动力机制和原动力产业部门所在；另一方面通过与美国、日本等发达经济体做类似发展阶段的比较研究来最终判定我国经济高速增长的周期性和可持续性。

第一，本书勾勒和模拟了国民经济不同增长阶段原动力产业群的变化轨迹，在一定程度上为国民经济宏观管理提供了行业发展规划的决策依据。第二，本书不但推演出我国改革开放以来不同发展周期中部门经济的变化情况，而且进一步深化了我们对 1997 年亚洲金融危机、2007 年全球金融危机等历次国内外经济危机前后微观部门经济的周期性变化情况的理解，由此为我国宏观经济管理中产业振兴等政策提供决策依据。第三，本书通过对比研究产业环向相关系数和产能变化等情况，判定产业内部创新速度和产业之间结构效应的变化趋势，由此为我国宏观经济管理中创新等政策提供一定借鉴和参考。

书名：《农业转移人口市民化与中国产业升级》

作者：樊纲

出版时间：2013 年 10 月

出版社：中国经济出版社

内容简介：本书主要讲述了在内外环境不确定性和风险因素日益增加的条件下，中国如何构建合理的农民进城制度，如何继续发挥人力资源优势并在全球产业分工中抢占高端环节，农民工市民化与中国产业升级问题成为一个带有现实意义的新命题。在决策层、知识界的共同关注下，据此主题展开一系列学术活动，本书即为前述成果的汇编。全书分为上下两篇，上篇侧重探讨在推进新型城镇化背景下，农民工市民化实现路径与制度安排；下篇侧重探讨农民工市民化与中国产业结构转型升级的互动关系。通过深入解析中国的城市化及公共政策的关联作用，本书从理论与实践相结合的角度，探讨了当下中国经济发展和城市化进程所涉及的相关问题，为中国走出一条新型城镇化的特色之路，给出了具有理论价值的政策建议。

本书的主要内容包括：前言；上篇（农民工市民化与制度安排、积极推进城镇化释放内需潜力、中国农业转移人口市民化进程与路径选择、举家外出的农民工融入城市现状和程度的实证研究、关于农民工早退的调查及政策建议、让农民工带着自己的财产权利进城、新型城镇化进程中若干问题的探讨）；下篇（农民工市民化与产业升级，基于刘易斯模型对中国当前一些经济问题及对策的系统分析，重塑中国：新型城镇化、深度城市化和新四化，中国经济发展趋势与城市经济转型升级，加快城市转型升级是中国产业升级的关键所在，新型城市化——孕育工业转型升级的新动力，全力提高农民工素质 夯实中国产业升级的劳动力基础）；后记。

书名:《全球竞争格局变化与中国产业发展》

作者: 金碚等

出版时间: 2013 年 1 月

出版社: 经济管理出版社

内容简介: 人类工业化是一个从国别现象演变为全球现象的历史过程,即工业化现象最初从少数国家产生,然后逐渐发展成为全球性现象,将所有国家均卷入工业化的洪流之中。全球化竞争是近 100 年来世界工业化的主要特征之一。当前,全球竞争格局正在发生重大变化,中国等新兴经济体的加速工业化是促进全球竞争格局变化的重要力量,而随着全球竞争新格局的形成,中国等新兴经济体的产业发展也必须与时俱进,转型升级。因此,全球竞争新格局与中国产业发展趋势的关系及其未来前景,是一个具有重大理论意义、现实意义和前瞻意义的课题。

20 世纪后半叶,尤其是 21 世纪以来,世界工业化出现了一系列历史性的新变化。当前,中国工业正处于进军世界先进制造业领域的关键阶段。工业化是一个经济和社会结构剧烈变化而在其过程中往往会发生各种结构不平衡现象的历史时期,本质上是一个文明进化的过程。中国工业化过程,一方面是西方工业化技术路线的延伸;另一方面也受到东方中华文明的深刻影响。因此,中国工业化尽管在技术路线上同西方工业化没有实质性区别,但在体制机制建设和发展方面有其独特规律。

本书分析了国际竞争格局和国际产业分工变化及其对中国产业发展的影响,研究了新形势下如何改善中国产业国际分工地位、提升中国制造业国际竞争力等问题,力图形成具有中国独创性的产业发展理论、产业竞争理论和产业分工理论,更好地把握我国产业发展规律,更有效地为完善相关政策提供参考。

书名：《我国产业集群区域发展差异及其影响因素研究》

作者：王坤

出版时间：2013 年 3 月

出版社：经济管理出版社

内容简介：20 世纪 80 年代以来，我国的产业集群迅速发展，已经成为区域经济增长的重要驱动力。但是，各区域的产业基础、区域文化、历史传承、道德观念及地方政府的制度安排的差异导致产业集群在我国三大经济区的发展极不平衡，进而使我国区域经济发展的差异进一步扩大。本书重点对我国产业集群区域发展差异的因素进行了分析，如自然资源禀赋、人力资本、市场规模、制度因素及区域社会资本等，并通过计量经济模型验证了我国产业集群区域发展差异的关键因素是制度和社会资本。这对推进产业集群区域协调发展、区域经济增长有实际指导作用。

本书的主要研究内容：首先构建了本书的研究框架，对产业集群的内涵进行重新界定，并界定了产业集群的内在规定性及特征；其次分析了我国产业集群的发展机理，依据我国产业集群形成与发展的特点，着重分析了我国产业集群发展的影响因素，如自然资源禀赋、人力资本、市场规模、制度因素及区域社会资本等，并且利用计量经济学模型进一步验证了我国产业集群区域发展中的关键因素，即制度因素和社会资本因素，分别从制度和社会资本两方面阐述两者对集群发展的作用机理，并阐述了不同制度安排以及区域社会资本的差异是造成区域产业集群发展差异的重要原因。同时，基本分析的结果，提出了相应的政策建议。

书名：《浪潮之巅（第 2 版）》
作者：吴军
出版时间：2013 年 6 月
出版社：人民邮电出版社

　　内容简介：近一百多年来，总有一些公司很幸运地、有意识或无意识地站在技术革命的浪尖之上。在这十几年间，它们代表着科技的浪潮，直到下一波浪潮的来临。从一百年前算起，AT&T 公司、IBM 公司、苹果公司、英特尔公司、微软公司、思科公司、雅虎公司和 Google 公司都先后被幸运地推到了浪尖。虽然，它们来自不同的领域，中间有些已经衰落或正在衰落，但是它们都极度辉煌过。《浪潮之巅》系统地介绍了这些公司成功的本质原因及科技工业一百多年的发展历程。在极度商业化的今天，科技的进步和商机是分不开的。因此，《浪潮之巅》也系统地介绍了影响科技浪潮的风险投资公司，如 KPCB 和红杉资本，以及百年来为科技捧场的投资银行，如高盛公司，等等。在这些公司兴衰的背后，有着其必然的规律。本书不仅讲述科技工业的历史，更重在揭示它的规律性。

　　本书不是一本科技产业发展历史集，而是在这个数字时代，一本 IT 人非读不可，而非 IT 人也应该阅读的作品。一个企业的发展与崛起，绝非只是空有领导强人即可达成，每一个决策、同期的商业环境，都在都影响着企业的兴衰。本书不只是一本历史书，除了讲述科技顶尖企业的发展规律，对于华尔街如何左右科技公司，以及金融风暴对科技产业的冲击，也多有着墨。此外，本书也着力讲述很多尚在普及或将要发生的科技，比如微博和云计算，并对下一代互联网科技产业浪潮进行判断和预测。因为在极度商业化的今天，科技的进步和商机是分不开的。

　　诚如作者所言："人的商业知识和眼光不是天生的，需要不断地、有心地学习。经过多年的学习、思考和实践，我认定这样一个规律，即科技的发展不是均匀的，而是以浪潮的形式出现。每一个人都应该看清楚浪潮，赶上浪潮，如此，便不枉此生。"

书名：《第三次工业革命与中国选择》
作者：芮明杰
出版时间：2013 年 11 月
出版社：人民邮电出版社

　　内容简介：人类社会历史上已经发生的两次工业革命，都是由于重大的技术革命导致了大量新兴的制造产业的出现，导致了工业的生产组织方式与制造模式的重大变化。第三次工业革命已经悄悄降临，它必然也是由于制造业技术突破性的发展，致使我们人类的社会生活方式、生产方式，乃至交易方式发生重大变化。在第三次工业革命的背景下。中国如何进行产业结构调整、进行制造业转型与服务业发展的设计，如何在此关键时刻抓住历史机遇，从工业大国变为工业强国，实现中国梦，是本书的主题。本书从工业革命与大国崛起、第三次工业革命的提出、第三次工业革命的三大方向、第三次工业革命与"再工业化"、第三次工业革命与中国的选择、深度应对之策略等几个方面探寻历史之脉络，剖析今日之现状，探索未来之方向。

　　本书主要内容包括八章：第一章为工业革命与大国崛起，主要进行工业革命与工业化辨析，并介绍历史上的两次工业革命及大国崛起；第二章为第三次工业革命的提出，从第三次浪潮到第三次工业革命，概述第三次工业革命中的两种主要观点；第三章为第三次工业革命的三大方向，指出第三次工业革命的三大方向为再生陆能源革命、新型制造模式革命、互联网发展与革命，并介绍第三次工业革命本质特征；第四章为第三次工业革命与"再工业化"；第五章为第三次工业革命与中国应对；第六章为深度应对之一：构建现代产业体系；第七章为深度应对之二：跨越式发展战略性新兴产业；第八章为深度应对之三：高起点发展现代生产性服务业。

书名：《过度集聚、要素拥挤与产业转移研究》

作者： 汪彩君

出版时间： 2013 年 11 月

出版社： 中国社会科学出版社

内容简介： 制造业在我国经济发展和工业化进程中起着重要的作用，改革开放以来，中国的制造业在高速增长的同时也在进行空间布局的重新调整，中国制造业总体上向中国东南部沿海地区集聚，呈现出"极度东倾"的空间聚集态势已经是不争的事实。但近年来，随着东部地区生产要素成本，尤其是土地价格和劳动力成本的不断上涨，加之地区间"产业同构—重复建设—过度竞争"，使得一些制造业，特别是劳动密集型制造业已经或正在失去比较优势，并出现资源配置效率不尽如人意、生产要素拥挤和产业效益损失等问题；另外，政府在中西部地区投入大量财力、物力建设基础设施，筑巢引鸟，但效果不甚理想。制造业空间布局的这种失衡状态不仅造成了社会资源的大量浪费和闲置，且其衍生出的一系列问题和矛盾已成为中国大国发展模式所面临的现实难题。

本书在梳理国内外相关研究文献的基础上，首先，以我国二位数制造业中 28 个行业为研究对象，分析了近十几年来制造业产业空间集聚和生产要素集聚态势；其次，基于产业集聚生命周期理论提出了判断制造业过度集聚的理论依据，并识别了我国制造业出现过度集聚的行业；再次，利用测度拥挤效应的 DEA 非参数方法，进一步判断和计算我国制造业过度集聚发生的地区，以及过度集聚、要素拥挤对产业效率损失的影响程度；最后，根据产业梯度转移理论提出中国大国内部进行产业梯度转移的条件，从我国制造业全要素生产率和产业梯度系数两方面分析了在中国大国内部进行产业梯度转移的可行性，并探索我国制造业在全国范围内实行产业梯度转移的有效路径。

书名：《国际产业转移与中国新型工业化道路》
作者：杨世伟
出版时间：2013年11月
出版社：经济管理出版社

　　内容简介：20世纪下半叶以来，最典型的国际经济现象之一就是国际产业转移。根据刘易斯的研究，国际产业转移真正启动于19世纪后期工业先行国与第三世界在国际分工中地位的分化。21世纪以来，国际产业转移也呈现出一些新的发展趋势：风险规避是国际产业转移发生的根本原因，比较优势的变化是国际产业转移发生的动因，国际产业转移是产业升级的必然要求和结果，是企业战略性扩张的内在需要。尽管一些发达国家突破国别限制，利用国际产业转移来调整国内产业结构，但国际产业转移对这些国家的影响到底如何，理论界意见不一。本书以国际产业理论与实践为切入点，从国际产业转移对我国产业结构升级的影响的角度出发，对国际产业转移过程中的资源与环境、国际产业转移过程中的制造业和服务业等问题进行了全面系统的研究和分析，探讨了国际产业转移对我国新型工业化道路的作用和影响。

书名:《中国传统能源产业市场化进程研究报告》

作者: 李晓西

出版时间: 2013 年 2 月

出版社: 北京师范大学出版社

内容简介: 加快推进传统能源产业的市场化是完善社会主义市场经济体制的重要内容，也是建设资源节约型与环境友好型社会、转变经济发展方式的迫切要求。但是不同于一般的竞争性行业，能源行业的经济技术属性决定了其市场化具有特殊的复杂性，制定改革政策时需要特别慎重。特别是在当前，不管是市场化程度相对较高的煤炭行业，还是市场化尚待破题的油气行业，传统能源产业的健康有序发展均遇到了较大的体制机制"瓶颈"，如何推进这些领域的市场化改革是当前中国经济社会发展中面临的一个重大课题。

本书分析了相关领域的市场化进程，同时也在全面收集与整理这些产业领域的基本数据与资料，并将有关政策问题分析和建议作为重点加以思考并撰写。煤炭、石油和天然气具有不同的经济技术特征，市场化改革的起步与进展程度也各不相同，因此在市场化进程中所面临的问题以及深化改革的思路和所需要采取的政策措施也必然存在较大的差异和不同的侧重点。不过，三个行业又面临着一些共同的体制机制性矛盾，在深化市场化改革的政策选择上也存在一些共同的选项。

书名：《我国制造业产业集群升级的新制度经济学研究》

作者：刘春芝，史建军

出版时间：2013 年 10 月

出版社：人民出版社

内容简介：国内目前关于产业集群的相关研究主要是采用产业经济学的相关理论，或者仅从新制度经济学的正式制度层面进行政策研究，缺乏从非正式制度与实施机制等层面的深层探讨，尤其是关于制造业产业集群发展的制度困境、竞争力提升、集群升级与制度创新等问题，理论研究和实证分析尚显不足。作者力争在这一领域有所突破。

本书以新制度经济学、产业集群与技术创新、新经济社会学、博弈论和计量经济学等理论为研究基础，以制造业为实证分析样本，力争实现以下研究目标：对我国目前制造业产业集群的发展现状进行定性分析，探索制约产业集群发展的制度困境与障碍；采用GEM 分析方法，对我国制造业产业集群的竞争力进行定量分析，探索我国目前制造业产业集群的竞争绩效及主要影响因素；采用制度分析的方法，从制度上阐释当前制造业产业集群中存在的路径依赖、创新锁定、发展"瓶颈"等困境的深层次原因，探索制造业集群升级的具体模式与策略，为当前产业集群的可持续发展提供对策性建议；在理论上构建产业集群的新制度经济学分析框架，进一步丰富产业集群的理论研究体系。

书名：《经济发展方式转变与先进装备制造产业技术创新》

作者：王伟光等

出版时间：2013 年 10 月

出版社：经济管理出版社

内容简介：面对日益严峻的资源、能源和环境约束，以及经济自生发展、内生增长的要求，强化自主创新，走新型工业化道路，建设创新型国家，已经成为加速我国经济发展方式转变的战略路径。经济发展方式转变的关键在于大力发展创新与经济融合的新型经济。目前，我国逐渐完善的自主创新体系为促进经济发展方式转变创造了基础性条件，亟须充分释放自主创新促进经济发展方式转变的基本力量。传统的依靠资金、资源高投入高消耗的增长模式难以为继，必须要找到一条既适合中国国情又能发挥中国比较优势的发展之路。转变经济发展方式必须坚持自主创新，走新型工业化道路，建设创新型国家。中国先进装备制造业各行业自主创新优势水平的变动趋势存在着明显的不一致性。同时，各地区先进装备制造业分行业自主创新优势水平的差异性随着时间的推移所展现的收敛和发散状态也存在着显著不同。

本书主要通过六部分进行新型工业化道路的探索。第一章概述技术创新体系与经济发展方式转变的理论进展；第二章总结经济发展方式转变与技术创新的主要方式；第三章进行辽宁先进装备制造产业技术创新体系分析；第四章总结辽宁先进装备制造产业的科技创新支撑体系；第五章测评我国先进装备制造产业自主创新发展；第六章进行先进装备制造产业发展的政策选择。

书名：《国际产业转移　中国产业与能源协调发展大战略》

作者：丁刚

出版时间：2013 年 1 月

出版社：电子工业出版社

　　内容简介：20 世纪 90 年代以来，特别是进入 21 世纪以后，在经济全球化和信息技术革命不断深入的新形势下，国际产业转移呈现出新特点、新趋势。突出表现为被转移产业本身的能源消耗轻量化，即被转移产业在转出国或承接国产业结构中，产业增加值相对较高，能源消耗却相对较少。因此，转出国或承接国能源消耗总量可能有所增减，但对各自能源消耗强度变化的影响会很小。改革开放 30 多年来，中国依托丰富的劳动力资源优势，特别是在劳动密集型产业和高技术产业中的劳动密集环节，积极承接国际产业转移，全方位嵌入了全球产业链条。国际产业转移对调整和平衡中国工业能源消耗结构，以及抑制中国工业能源消耗强度，起到了一定的作用。中国应当积极实施"开放节能"战略举措，进一步扩大对外开放，充分、合理地利用国际产业转移，按照全球产业价值链条向资本与技术密集和信息与管理密集的两个价值增值方向，展开产业能源节约，在有限的能源投入情况下，通过产业附加价值的大幅提升，促进产业和能源协调可持续发展。

　　中国经济发展面临日趋严峻的能源环境制约，而国际产业转移是能源消耗跨国流动变化的重要影响因素。与历史上能源消耗曾伴随着国际产业转移特别是世界制造业中心的转移而出现此消彼长、跨国流动的情况不同，当今中国承接国际产业转移，加大了中国工业能源消耗总量，但并没有加大中国工业能源消耗强度。中国应当积极实施"开放节能"战略举措，进一步扩大对外开放，充分、合理地利用国际产业转移，促进产业和能源协调可持续发展。

第二节

英文图书精选

书名： Made in the USA：The Rise and Retreat of American
Manufacturing

作者： Smil Vaclav

出版时间： 2013 年 8 月 23 日

出版社： MIT Press

内容简介： 在本书中，斯米尔回顾了美国制造业在 19 世纪末的迅速崛起、在两次世界大战之间的巩固和现代化、在 1945 年后创造消费社会过程中发挥的决定性作用以及它最近遭遇的危机，探索了美国制造业的崛起和衰退的根本原因，并呼吁美国扩大制成品的出口，讨论了与制造业有关的一系列问题。

美国制造业的历史就是一部创造国家的故事，本书阐述了制造业如何成为美国夺取全球经济、战略和社会主导权的基本力量。美国能够实现制造业的复兴吗？本书针对当前解决美国制造业危机的各项对策进行了评价。

在斯米尔看来，失去制造业优势的美国所面临的问题远较上述多得多，更主要的是，制造业"始终是技术创新的基本源泉，也是经济增长的原动力"。制造业的命运"影响着一个国家的政治、经济、法律、教育、社会和医疗体系的总体面貌"。

美国制造业优势的日薄西山，是德国、日本、中国等国制造业的勃兴。如果把制造业视为一个链条，更像是德国占领高端，日本居中，中国垫后。在这三个国家中，德国制造业优势保持至今，特别是汽车及电气行业。直至今日，德国制造如同品质保证。对于日本，美国制造应该有刻骨铭心的感受。以汽车为例，本田、丰田等日系汽车在美国的发展壮大，既与产品品质的不断提升相关，更因日系汽车在节能方面一直走在美系汽车前面。

就振兴美国制造业这一命题，斯米尔一方面强调其重要价值所在，但另一方面并未想象过同中国、印度这样的新兴制造业大国拼人工成本。显而易见，在奥巴马政府祭出减税举措的情况下，中国人工成本虽然近年急剧上涨，但仍旧无法同美国人工成本相提并论。在此情况下，斯米尔给出振兴制造业的新路径，那就是通过科技创新，保留优势制造业；通过调整政策，把一些制造业的高附加值环节留在美国本土。

书名： Dogfight：How Apple and Google Went to War and Started a Revolution

作者： Vogelstein Fred

出版时间： 2013 年 11 月 12 日

出版社： Sarah Crichton Books/Farrar，Straus & Giroux

内容简介： 本书主要讲述了已逝世的苹果联合创始人史蒂夫·乔布斯（Steve Jobs）与 Android 之间的战斗和 20 世纪 80 年代他与比尔·盖茨（Bill Gates）及微软之间的战斗有无相似之处。其并不相同。尽管相隔了一个世纪之久，但乔布斯与两者之间的战斗却以同样的方式遭遇失败，这难免给人带来一种高深莫测的感觉。但是，这两场"混战"之间存在如此之多的相似之处，很难让人不去探索。

Android 和 iPhone 之间正在展开一场平台战争，这种战争总是带有一种倾向，那就是赢家通吃，而输家则一无所获。最终，赢家会将 75% 以上的市场份额和利润揽入怀中，而输家则连维持运营都将是种奢望。

就乔布斯而言，他生前曾利用 iPod 主宰了整个音乐播放器市场。2004 年，谷歌也利用这种"旋涡"在高科技领域中占据主导地位，开始令微软陷入窘迫的境地。谷歌高质量的搜索服务确保其能够获得最多的搜索流量，从而令谷歌占有了有关用户兴趣的最好的数据；而占有这些数据则意味着，伴随用户搜索结果出现的广告拥有最高的效率。这种良性循环又给谷歌的搜索服务带来了更多流量、更多数据乃至更好的搜索广告。其结果是，无论微软和雅虎怎样降低广告费和改进搜索结果以期吸引更多的流量，谷歌总是能提供更好的选择。最后本书指出，平台之间的战争总是带有一种倾向，那就是赢家通吃，而输家则一无所获。正如 30 年前苹果与微软之间的战争以后者胜出为结局一样，苹果与谷歌之间平台大战的收场也终将是不死不休。而对时下都如日中天的这两家科技巨头而言，在这场大战中出现失误将带来"生命不能承受之痛"。

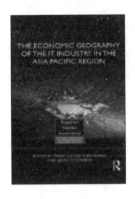

书名： The Economic Geography of the IT Industry in the Asia Pacific Region

作者： Cooke Philip, Searle Glen, O'Connor Kevin

出版时间： 2013 年 7 月 18 日

出版社： Routledge

内容简介： 随着社会、经济的发展，信息已经被视作经济发展的内生变量和现代社会的重要战略资源，信息资源的开发与利用已成为生产力、竞争力、综合国力及社会经济成就的关键因素和社会经济发展的重要推动力。由于知识经济涵盖了信息经济，信息经济的发展又充分体现了知识经济的特征，因此一个以知识和信息为基础的、竞争与合作并存的全球化市场经济正在形成。

信息技术（IT）行业在亚太地区的发展面临两个挑战：一方面，建立的物理、技术、区域和治理基础设施是否适应嵌入了一系列产品和过程的 IT 行业？另一方面，随着这种适应的发展，哪些城市和地区将最适合引导全球应对这些挑战？

本书首先探索了这些问题，提供了 IT 行业在这一系列方面上的变化细节，如日本、韩国、印度、中国和澳大利亚的手机、软件服务、地区和纯平设计的改变。本书还概述了新加坡、中国和印度的国家和地方政府的政策反应。这些案例研究可以为未来制定有效策略提供基础研究。

书名：Service Industries and Regions：Growth，Location and Regional Effects

作者：Cuadrado-Roura，Juan R.

出版时间：2013 年 3 月 26 日

出版社：Springer

内容简介：服务业在大多数发达经济体中占就业和国内生产总值的 70%，鉴于其日益增长的重要性，在过去的二十年里它得到了很多研究和关注。然而，它对领土和区域发展的影响一直不是一个被关注的领域。本书主要为未被关注的问题提供一个全面的分析方法，特别关注服务行业的位置因素和一些特定服务的重要性，商业服务、知识和信息等服务。这些是由一个该领域的著名专家从大量的国家数据中得到。所有的研究不仅是理论方面的贡献，而且还提供了实证分析。

本书主要包括以下内容：朝着越来越服务型导向的经济体——事实因素、前景；服务行业在新的全球化阶段——来自欧洲地区的证据；在经合组织地区服务相关的活动模式和趋势；概述了全球创新网络、领土和服务创新、重新配置全球服务经济的情况下，巴西、俄罗斯、印度和中国在欧洲地区的服务也需要外国直接投资；出口决策服务公司之间的集聚效应和市场准入成本；服务在整个欧洲地区生产率增长中发挥作用；经济大衰退的情况下服务业就业和失业率在经合组织国家和美国的趋势，以及服务行业的位置；全球化中的欧洲城市的高级生产性服务业——基于位置策略的比较分析；地理分布和地区专业化的知识密集型的服务业——在欧洲地区实证调查；一个新的服务类型，地理多样性和动态的德国服务业；国家比较服务业的空间分布难度——西班牙和加拿大的对比；解释欧洲地区的财富创意服务公司的重要性；管理日本服务行业——位置、竞争力、国际化，服务区域发展政策——法国。

书名： Creative Industries and Innovation in Europe：Concepts，Measures and Comparative Case Studies

作者： Lazzeretti，Luciana

出版时间： 2013 年 2 月 19 日

出版社： Taylor and Francis，Routledge

　　内容简介： 创意城市在欧洲和以我国部分城市为代表的亚洲地区的兴起无疑是个颇有趣味的现象。本书无意对比各地方的创意城市建设孰优孰劣，而是通过邀请全球 35 位城市规划学者，从各自的文化背景和视野偏好出发，对欧亚 18 座创意城市加以详尽介绍并精妙评论，以求给读者们呈现出一幅带有拼贴色彩、中西碰撞的丰富都市画卷。

　　本书考察欧洲创造力，关注文化创意产业和创新。本书的主要内容包括：讨论创意产业在欧洲的地理位置——比较为什么创意产业集群在法国、英国、意大利和西班牙；西班牙的创意产业——印刷和出版；奥地利的创意和文化产业，英国创意产业、休闲、文化、经济和经验作为创意策略在外围——北丹麦是否受益于体验经济；日本的创意产业和创意城市政策；复杂地理和绿色创意城市的崛起，从集群文化创意集群——在佛罗伦萨艺术品修复的情况下，地理距离和新短缺食物链；产品类别动态文化产业——意大利西部片的好莱坞西部电影流派的更新；领土发展的文化活动，瑞士手表行业的文化和创意企业，令创造力到位——关系和实践的角度，设计工作——领土嵌入的交织影响，社会关系和商业网络；里斯本守门的重要性过程和声誉建设的可持续性创新——来自巴塞罗那和圣保罗案例研究的证据。

书名：Chicago Business and Industry：From Fur Trade to
　　　E-Commerce
作者：Janice L. Reiff
出版时间：2013 年 5 月 1 日
出版社：University of Chicago Press

　　内容简介：为全面理解作为一个卓越的商业和工业中心的芝加哥的崛起，本书描述了芝加哥商业发展的重要性与农业腹地形成和世界其他地区的协同关系。芝加哥从边城区域的卑微毛皮交易地区发展成为最重要的世界金融和贸易中心，将其城市生活从蓝领职业道德的经济历史阶段发展到媲美美国工业发展阶段，延伸到几乎所有的领域。

　　本书是芝加哥获奖的百科全书，试图探索芝加哥各城市群之间的相互关系和经济互动作用。首先概述了城市的商业发展，认为芝加哥当地商业和工业成为全球经济重点行业的原因在于：19 世纪芝加哥城镇化造成的人口增长和靠近水的区位优势及其铁路发展带来的木材生产和粮食加工市场。其次研究了区域钢铁行业的繁荣和在 20 世纪下半叶各行业遭受的急剧下降经济形势的影响——削弱了国内需求并增加了国际竞争。最后从芝加哥的商业和工业记载了芝加哥区域经济发展的各个阶段。

书名：The Future of the Chemical Industry by 2050
作者：Rafael Cayuela Valencia
出版时间：2013 年 5 月 28 日
出版社：Wiley-VCH

内容简介：本书主要研究了技术至上的化工行业，包括制药以及它将如何采取领先技术解决一些人类全球最大的问题，本书详细描述了信息产业如何应对气候变化、人口老龄化、资源稀缺、全球性、网络速度、流行病以及巨大的经济增长和需求，概述了化工行业的六大趋势如何塑造世界，这六大趋势是社会、经济、政治、能源、气候变化和野生卡（如战争和流行病）。核心章节是第一章大趋势；第三章化工行业的现状和第五章 2050 年化工行业。第六章是结论。

本书详细介绍了一些在即将到来的几十年里塑造世界大趋势的方法，提供了 2050 年世界将会形成的几个场景，包括"照常营业"和"可持续"。第三章给出了当前状态的综合概述，同时提供了简要回顾化学工业起源、成就和基本面的历史。第四章回顾了到 2050 年每个选定行业大趋势的潜在影响。第五章提出如何看待该影响。提出和讨论化工业的几个特征，包括有关经济、技术和盈利能力的产业观点。最大的化学品市场是具有绝对的人均和最大增长潜力的，工业与国家化工、制药和原料的地区之间有明显的关联性。第五章还回顾了从化工原料和产品的角度衡量的气候变化的影响，更具体地说是减少二氧化碳排放的潜在成本。最后，整体总结了化工行业即将到来的大趋势和潜在的挑战、机遇和前景。

书名：The Homestead Strike：Labor, Violence, and American Industry

作者：Kahan，Paul

出版时间：2013 年 12 月 6 日

出版社：Routledge

内容简介：1892 年 7 月 6 日，300 名武装平克顿的代理抵达家园，从宾夕法尼亚州夺回卡内基钢铁厂公司的罢工工人。特工试图离开他们的船只，枪声和暴力冲突由此开始。对抗的家园是美国工会主义历史上的一个转折点，美国钢铁工会带来的经济下降持续导致了经济大萧条。本书分析了罢工的起源、相关事件和留存的各类遗产，阐明了在城市重建和时代进步的关键时刻劳动、资本和政府的紧张关系。

在社会转型时期和牧场组织转型时期，钢铁行业工人面临很多困难和问题。在劳资关系日趋紧张的情况下，钢铁行业工人为了改变自身每况愈下的状况，便举行了两次罢工。罢工的工人仅仅提出了提高工资和改善伙食等方面的要求，甚至连缩短工时也未涉及。工厂主们联合破坏了工人罢工，并引发了一连串的暴力事件。罢工在美国劳工史上具有重要意义。

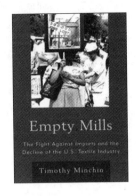

书名：Empty Mills：The Fight Against Imports and the Decline of the U.S. Textile Industry

作者：Timothy J. Minchin

出版时间：2013 年 12 月 19 日

出版社：Rowman & Littlefield Publishers，Inc.

内容简介： 随着经济陷入困境，人们越来越多地讨论限制工业化对美国制造业的影响。虽然钢铁和汽车行业已经占据了大部分的份额，但是纺织品和服装行业也受到深刻影响。本书研究了这两个行业 "二战" 以来遭受创伤和行业支持者努力防止经济衰退的现象。1985 年，纺织工业就业岗位约占制造业就业岗位的 1/8，与钢铁和汽车行业不同，纺织工业超过 50% 的劳动力是女性或少数民族。在过去的四十年里，随着越来越多的制造业海外迁移，仅在纺织品和服装行业就失去了 200 万个就业岗位。本书演示了美国纺织服装产业对工人毁灭性的影响，讲述了美国最终未能使用进口控制、保护美国就业。这是在新自由主义时代对劳动人民和工会警示的一个悲剧。

本书提供了一个记录完整的、鲜为人知的、灾难性的美国限制工业化的故事——衰亡的纺织工业。早在新英格兰，纺织制造业就是国家的第一产业，后来在南方，纺织工业在小城市雇用了成千上万人。正因如此，小城市被摧毁时工厂全部关闭。媒体很少关注小城市的工厂关闭，而是广泛地报道大城市（如底特律和匹兹堡）的裁员。本书还讨论了工会和雇主组织努力拯救行业的失败事例，详细讨论了进口、贸易协定（如北美自由贸易协定）、自动化的影响。这本书以两个故事结尾，一个在北方，一个在南方，人们在努力恢复被摧毁的城市。

书名： Fallen Heroes in Global Capitalism：Workers and the Restructuring of the Polish Steel Industry

作者： Trappmann Vera

出版时间： 2013 年 5 月 1 日

出版社： Palgrave Macmillan

内容提要： 在 1980~1981 年的和平起义后，共产主义政权在随后的十年里开始逐年下降，为波兰恢复资本主义铺平了道路。对那些曾经形成自由核心战斗力的人民来说，这胜利的味道很快就变得苦涩，大规模的社会运动开始在工会聚集。产业结构调整对世界工业尤其对冶金行业产生了有害的后果。尽管在 21 世纪初和 20 世纪 90 年代强有力地批评了工会重组计划的实施，但是国家钢铁行业的策略被许多观察家认为是波兰行业重组中最成功的案例。

本书由 4 个部分组成，分为 10 章与绪论和结论部分。在第 1 部分中，作者构造了一个概念性的框架，描述了全球化对钢铁行业的影响，介绍了波兰错综复杂的重组现状，指出欧盟在促进整个地区的经济变革中的作用。第 2 部分致力于分析波兰钢铁行业转型以及重组政策宏观层面的影响。在第 3 部分中，作者讲述了一个关于互塔·列宁娜的故事，通过 20 世纪 80 年代反对派的大本营，使得 20 世纪 50 年代的社会主义工业化成长为一个领先的象征，如今一家跨国公司子公司是需要很长的路才能发展壮大的。在第 4 部分中，讲述了在重组之后"英雄"终其一生的命运，他们遵循不同的养老金领取者的轨迹，工人则继续他们的岗位，但据称其职业声望会降级，或者裁掉那些试图重新建立自己的劳动力市场的人们。

本书通过探讨大量贫困工人的社会成本和就业率方面的问题，挑战了波兰是一个转型成功案例认为的观点。通过比较分析钢铁行业早期在西欧、东欧和世界其他地区的重组，研究了欧盟在波兰经济结构调整过程中的反作用。通过模型的多层次的分析以及深入的案例和传记研究，本书对后社会主义时期波兰钢铁行业的重组进行了新的诠释。

书名：State-Market Interactions in China's Reform Era：Local State Competition and Global-Market Building in the Tobacco Industry

作者：Junmin Wang

出版时间：2013 年 8 月 21 日

出版社：Routledge

内容简介：中国拥有的共产主义政治体制是世界最大、最具活力的政体之一，它也是发展最快、世界上最大的经济体。本书通过中国烟草行业的案例研究，分析了中国政府如何帮助大型国有企业成功地融入全球市场。

中国经济和其中的许多国有企业的成功共同形成了一个"北京共识"，对支持私人所有权、自由市场和民主的所谓的"华盛顿共识"所规定的原则提出了挑战。通过研究当代中国两个重要的政治进程——"国家竞争"和"国际市场建设"，指出了第一个进程是第二个进程发展的重要依据。它说明了 20 世纪 80 年代和 90 年代，地方政府如何参与构建和塑造烟草市场，如何围绕国际市场创建这些国内市场经济条件。

本书提供了深入探索中国国有经济的政治经济演变过程，强调理解中国政治转型的关键是国家如何形成其国内和国际市场项目。它为中国商业及国际政治经济研究做出了重要贡献。

书名： American Wine Economics: An Exploration of the U.S. Wine Industry

作者： James Thornton

出版时间： 2013 年 9 月 18 日

出版社： University of California Press

内容简介： 葡萄酒行业是美国的一个大行业，它不仅可以刺激消费，而且还可作为一个生产业务和辅助服务部门。美国是世界上葡萄酒人均消费最大（尽管其他国家会追逐美国的记录）的国家。美国自然不只是消费"自己的"葡萄酒，而且还将葡萄酒行业进行逐步扩大，如今美国葡萄酒产业正在迅速增长，葡萄酒消费量成为美国文化的一个越来越重要的组成部分。美国酒经济学是一个经济学专业的学生、葡萄酒专业人士和一般读者试图获得统一的、系统的了解葡萄酒贸易的经济组织。

葡萄酒产业具有独特的特点，从经济的角度对其进行的研究看似非常有趣。本书提供了关于酒的复杂属性、葡萄种植、葡萄酒产量和葡萄酒分销活动；葡萄酒企业和消费者、葡萄和葡萄酒市场；全球化和葡萄酒的最新信息。桑顿利用经济原理来解释葡萄种植者，葡萄酒生产商、分销商、零售商和消费者之间的互动及其影响葡萄酒市场的原理。主要内容包括与葡萄酒相关的研究发现和经济学新见解的总结。通过经济概念，辅以大量的例子和轶事，来了解葡萄酒公司的行为和合约安排的重要性。桑顿还对葡萄酒消费者行为进行了详细的分析和研究，揭示了什么因素决定葡萄酒消费者的购买行为。

书名： Digital State：The Story of Minnesota's Computing Industry

作者： Thomas J. Misa

出版时间： 2013 年 10 月 2 日

出版社： University of Minnesota Press

　　内容简介： 本书是由杰出的技术历史学家托马斯撰写的，一方面叙述了明尼苏达州技术行业的进化历史；另一方面遵循早期计算机产业演进的流程设法将所有这些流程整合在一起。

　　依据早期计算产业的图灵机事件，庞大的"巨人"ENIAC 计算机的诞生是一个"精巧"的故事，同样众所周知的是后来出现的硅谷和个人电脑的兴起。但其中有一个特别的、未公开的历史，那就是它的根基在明尼苏达州。从第二次世界大战结束到 20 世纪 70 年代，明尼苏达州成为世界上第一个计算中心工业区。罕见的档案文件、照片和大量的口述历史等内容揭示了"二战"后计算机发展的非凡故事。明尼苏达州这几十年的发现集中在具有最先进的大型机技术的产业，在很大程度上产生了电磁数据存储的新方法，而且第一次为美国政府和公众将软件和硬件整合到有价值的产品中去。工程研究协会"尤尼华科"电脑的面世、控制数据、克雷研究、霍尼韦尔、罗切斯特和 IBM 重大国际球员一起组成了一个无与伦比的数字技术推进中心。这些公司不仅给明尼苏达州带来了充满活力的经济增长，而且培养了现代医疗设备和软件行业，甚至可能会研究出明天的纳米技术。

　　托马斯·米萨开创性的历史表明明尼苏达州通过其领先的企业、员工和突出的机构认可来接受未来的信息时代。内部数据显示数字时代将在明尼苏达州诞生，我们可以从这个时代的持续创新中学到很多。

书名： International Trade Policy and European industry：The Case of the Electronics Business

作者： Marcel Van Marion

出版时间： 2013 年 7 月 3 日

出版社： Springer

　　内容简介： 贸易政策在欧洲电子业务的衰落发挥了至关重要的作用，导致了欧洲电视产业、欧洲和日本的录像机的格式以及其他欧洲电子消费产品失踪的事件与出口市场结构和国家的商业实践有直接关系。

　　本书主要讲述了如何通过实际业务数据显示和经济模型解释以限制贸易行为来消除出口市场上的有效竞争对手。它在一个著名的事件中可以表现出来，例如，如何通过倾销建立磁盒录像器的格式，政策是如何允许它建立的。一个 CD 播放机的创新关税的提高被沉重的倾销导致失效，导致企业在欧洲关闭生产。欧洲 CTV 行业陷入了永久的倾销案和一系列的偏见中，作为国有企业的利益，严重的错误使贸易工具无效和规则与国际协议不可调和。本书提供关于实践、理论例子和解释等一些细节的贸易规则。

　　本书勾画了粗心大意、偏见或特殊利益集团及任意虚假贸易工具和欺诈导致各种欧洲电子业务部门销声匿迹的画面。

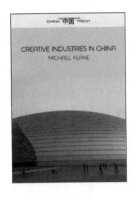

书名： Creative Industries in China：Art，Design and Media

作者： Michael Keane

出版时间： 2013 年 5 月 20 日

出版社： Polity Press

内容简介： 国家和地方政府提供财政激励；文化商品和服务的消费增加；来自欧洲、北美和亚洲的创造性工人正在向中国城市迁移；文化越来越被定位为一个支柱产业。但是这对于我们对中国社会的理解意味着什么？文化的工业化降低中国的制造业经济成本后，国民政府是否能够真正致力于社会的自由化？本书回答了以上问题。

在中国创意产业不仅提供了一个新兴的商业文化部门，而且对政治、经济、文化、社会、科技乃至外交、经贸等各个领域都产生了直接或间接的重要影响。正因为建立在这样一个前提背景之上，创意产业拥有了许多迥异于传统文化形态、品种的特殊性、复杂性与丰富性。本书首先将就在产业的界定、构成、基本关系等方面进行理论上的探讨，其次考察中国创意产业的发展历程，以及每个历史时期体现出的特点，最后针对如何在政策、市场活动与基层参与中发展中国的创意产业（艺术、设计和传媒行业）进行探讨。

本书是在社会变革过程中中国学生和学者感兴趣的一种宝贵的资源。它从中国学者的角度研究了全球媒体、经济地理和文化。

第四章　产业经济学学科 2013 年大事记

1. 会议名称：第十六届中国西部国际装备制造业博览会

会议时间：2013 年 3 月 14~17 日

会议地点：西安

会议纪要：中国西部国际装备制造业博览会（以下简称西部制博会）是经中华人民共和国科学技术部批准，由中国国际贸易促进委员会、中国机械工业联合会与陕西省振兴装备制造业领导小组、成都市人民政府、西安市人民政府共同主办，一年两届于春季在西安、秋季在成都举办的国际性装备制造业博览会，是集产品展示、贸易订货、学术研讨、投资洽谈和技术合作为一体的行业例会。

2013 年 3 月 17 日，由西部制博会、西安曲江三之联会展公司等单位联合举办的"第十六届西部国际装备制造业博览会"在西安曲江国际会展中心圆满闭幕。本届制博会吸引了国内外参展企业近 1000 家，展出面积 80000 平方米，为期 4 天的展会共吸引了近 7 万人次参观采购，成交额达 30 亿元。展出的产品范围包括政府展团、工业园区形象展、机床工模具、焊接切割设备、热加工装备、工业自动化与控制、流体与传动装备、航空航天装备等，同类产品同场展示，极大地方便了采购商对比采购，也促进了行业间人士的交流学习，展会的行业交流平台作用凸显。在本届制博会上，相比传统展区，3D 打印暨快速成型技术展成了聚焦点。这项新产品、新技术扎堆亮相，引领了新的发展潮流，展会现场受到了广大观众的热烈追捧。3D 展区同时也为各行各业的广大人士提供了一个很好的交流平台，为 3D 企业提供了一个展示自我形象与产品的良好平台。

2. 会议名称："2013 年中欧竞争周"

会议时间：2013 年 3 月 18~20 日

会议地点：北京

会议纪要：2013 年 3 月 18~20 日，中国国家发展改革委与欧盟委员会竞争总司在北京联合举办中欧竞争周活动。此次中欧竞争周的主题是滥用市场支配地位行为的经济学分析。国家发展改革委价格监督检查与反垄断局副局长李青参加会议并致辞。

欧盟委员会竞争总司、英国公平交易办公室和部分国际律师事务所的代表介绍了欧盟在搭售和捆绑销售、价格挤压、价格歧视、掠夺性定价、维持转售价格等方面的主要法律规定和经济学分析方法，并讲解了部分典型案例。东北财经大学、对外经济贸易大学等高校的经济学专家也分别介绍了各自在相关方面的最新研究成果，并就有关问题进行了讨论。

同时，国家发展改革委价监局借机对来参加会议的部分省份反垄断执法人员进行了培训，法制工作处、反垄断调查一处和反垄断调查二处的负责同志详细讲解了反垄断案件报备制度、横向协议垄断案件调查方法和最近查处的典型案件等内容。

3. 会议名称：第六届中国环境产业大会

会议时间：2013 年 3 月 28~29 日

会议地点：北京

会议纪要：2013 年 3 月 28~29 日，由清华大学环境学院、中国环境投资联盟、中国环境投资网联合主办的第六届中国环境产业大会在北京西郊宾馆召开。本届大会以"重塑环境产业的价值与竞争力"为主题，围绕环境市场的发展与困惑、环境产业的未来与不确定性、环境企业的联合与谋变三大话题展开，具体思考和探讨政策、规划、资金、产学研模式、企业合作、服务创新等方面的问题。致力于引导和帮助环境企业把握现实，寻找立足点和突破口，推进和改善中国环境市场的规则、价值观和竞争力，亲手创造产业的发展与未来。

国家发改委环资司副巡视员赵鹏高，环保部科技司处长冯波，中国环境投资联盟理事长王世汶，环保部环境规划院副院长兼总工王金南，清华大学环境学院、环境管理与政策研究所所长常杪等在大会上做主旨报告。国家发改委资源节约和环境保护司副巡视员赵鹏高就"生态文明、城镇化、新兴产业——环境产业的新成长点"做了主题演讲。

4. 会议名称：2013 化工产业发展研讨会

会议时间：2013 年 4 月 2 日

会议地点：北京

会议纪要：为贯彻中央经济工作会议精神，促进化工行业持续健康发展，中国石油和化学工业联合会于 4 月 2 日在北京组织召开了化工产业发展研讨会。这次会议的任务是：以科学发展观为指引，以转变发展方式、化解产能过剩矛盾为重点，梳理行业发展脉络，把握行业发展趋势，分析行业面临的主要矛盾和问题，研究提出行业发展的方向、任务和措施建议。

本次会议在业内引起高度重视，国家发改委、工业和信息化部、国资委等部委，中国石油天然气集团公司、中国石油化工集团公司、中国海洋石油总公司、中国化工集团公司、中国中化集团公司五大集团公司，石油和化学工业规划院、中国石油经济技术研究院、中国石化经济技术研究院等科研院所，山东省石油化学工业协会、江苏省化工行业协会、中国氮肥工业协会、中国氯碱工业协会、中国橡胶工业协会等 20 多家地方和专业协会均安排相关负责同志参加了本次会议，参会人数超过 100 人。中国化工报社、化工网络电视等媒体到会进行采访和报道。

4 月 2 日，石油和化学工业规划院、中国石油经济技术研究院、中国石化经济技术研究院、石化联合会煤化工专业委员会、山东省石油化学工业协会、江苏省化工行业协会、中国氮肥工业协会、中国氯碱工业协会、中国橡胶工业协会、中国电石工业协会、中国氟硅有机材料工业协会、中国纯碱工业协会 12 家单位的代表进行了发言，重点介绍了各自行业或地区的石化化工产业发展情况、存在问题和措施建议。3 日上午，大会组织与会代表就行业热点问题进行了座谈和交流，部委负责同志和五大集团公司的代表均发表了各自的意见和看法。最后，联合会李勇武会长就我国化工产业整体的发展趋势、存在问题以及应对措施做了总结讲话。

5. 会议名称：2013 第五届"中国移动支付产业论坛"

会议时间：2013 年 4 月 18~19 日

会议地点：北京

会议纪要：由中国通信学会主办，中国电信、中国移动、中国联通、中国银联承办的 2013 第五届"中国移动支付产业论坛"于 4 月 18~19 日在北京召开，本次大会的主题为"应用驱动，竞合发展"。和讯网作为战略合作媒体全程报道。

当前全国各地在大力推行智慧城市，物联网产业建设，移动支付作为重要组成部分和典型应用，有望迎来发展高峰。围绕"应用驱动"的主题，论坛分为高峰论坛、移动支付创新应用、智能卡、移动金融与电商、支付安全五大主题活动，以及"移动互联网产业政策趋势"与"移动支付 NFC 技术专利态势与分析"专题培训，并同期全程举办创新产品方案展示。

作为国内最权威的移动支付产业交流展示平台，论坛秉承高起点、高规格的优势，邀请到四十多位行业领导、企业高管、专家、知名人士做精彩发言。工信部电信管理局、商务部电子商务司领导针对移动支付行业整体发展给出宏观指导意见，中国支付清算协会副秘书长亢林、中国连锁经营协会副秘书长杨青松针对移动支付在支付清算、商业零售业领域的发展和应用进行致辞。中国银联执行副总裁柴洪峰对 2013 年移动支付产业最新产业趋势及银联发展做主题报告，中国移动中移电子商务公司、中国电信天翼电子商务公司领导围绕移动支付重点民生应用做主题演讲。

6. 会议名称：2013 中国汽车论坛

会议时间：2013 年 4 月 20~21 日

会议地点：上海

会议纪要：2013 年 4 月 20~21 日，备受全球瞩目的 2013 中国汽车论坛在上海隆重召开。2013 中国汽车论坛是由中国汽车工业协会举办、世界汽车组织支持、世界经济论坛全面参与的国内顶级高端汽车论坛。中国汽车论坛自 2011 年举办以来，已成为世界汽车领袖、国内外行业精英、政府主管领导探讨汽车产业发展、交流对话的顶级平台，为推动中国和世界汽车产业发展、合作共赢做出了重要贡献。

工业和信息化部副部长苏波，中国机械工业联合会执行副会长薛一平，工业和信息化部产业政策司司长郑立新，工业和信息化部装备司巡视员王富昌，商务部对外投资和经济合作司商务参赞陈林，国家质量监督检验检疫总局质量管理司副司长惠博阳以及国家税务总局货物与劳务税司购税处处长张卫；中国汽车工业协会会长、中国第一汽车集团公司董事长徐建一，中国汽车工业协会常务副会长兼秘书长董扬，中国汽车工程学会常务副理事长兼秘书长张进华等汽车行业组织的领导人；世界汽车组织（OICA）主席 Patrick Blain 先生和各国汽车协会会长（秘书长），世界经济论坛资深总监 John B.Moavenzadeh，以及中国汽车工业协会常务理事以上会员单位和会员代表、国内主流媒体等 600 多名中外嘉宾参加了本次盛会。

本次论坛由闭门峰会、主论坛和四场专题论坛组成。在论坛期间，与会代表共同探讨了新增长形势下中国和世界汽车产业发展战略等重要问题。

7. 会议名称：第三届中国数据中心产业发展大会

会议时间：2013 年 4 月 24 日

会议地点：北京

会议纪要：2013 年 4 月 24 日，由中国数据中心产业发展联盟主办的、以"数据中心创新服务新时代"为主题的 2013 中国数据中心产业发展大会（第三届）在北京新世界日航酒店隆重举行。本次会议是中国数据中心产业发展联盟连续第三次举办中国数据中心产业大会，会议围绕大数据与新一代数据中心的话题展开。中国电信、中国移动、中国联通以及众多独立第三方运营单位、众多主流行业用户以及 The Uptime Institute 等国际权威机构参加了本次会议，国内外知名专家进行了演讲，阐释数据中心行业的新发展。本次会议还分设中欧数据中心论坛、政府园区建设专场、大数据与云计算专场三个分论坛。

8. 会议名称："第二届"政府管制论坛""

会议时间：2013 年 4 月 27 日

会议地点：杭州

会议纪要：2013 年 4 月 27 日，由浙江财经大学政府管制研究院、浙江省政府管制与公共政策研究中心和《财经论丛》编辑部在杭州共同举办"第二届政府管制论坛"。本次论坛的主题是"中国城市公用事业政府监管体制改革与创新"。来自住房和城乡建设部、中国人民大学、首都经济贸易大学、东南大学、辽宁大学、东北财经大学、江西财经大学、北京工商大学、浙江工商大学、济邦咨询公司等单位 70 多位城市公用事业政府管制领域的专家学者出席了此次会议，充分彰显了"政产学研用有机结合"和"多学科交叉"的论坛举办理念。与会专家和学者重点围绕城市公用事业政府监管困境与监管创新、城市公用事业政府监管理论与政策、城市公用事业政府监管指标体系与绩效评价、网络型产业政府监管改革政策等问题进行深入研讨。

王岭以《中国城市公用事业政府监管体制改革与创新——第二届政府管制论坛会议综述》为题对本次论坛会议进行了综述，发表在《财经论丛》2013 年第 4 期。

9. 会议名称：2013 京都论坛（第七届）"产业结构转型与调整"

会议时间：2013 年 4 月 27~28 日

会议地点：北京

会议纪要：2013 年 4 月 27~28 日，由国务院发展研究中心信息中心主办的第七届京都论坛"产业结构转型与调整"在北京京西宾馆召开。会议以产业结构转型与调整为主题，对我国宏观经济发展方向、国际经济形势、新型城镇化、结构调整的机遇和挑战、产能过剩以及能源、钢铁、汽车、房地产等进行研讨。国务院发展研究中心副主任韩俊，国家发改委副主任张晓强，国务院发展研究中心党组成员、办公厅主任隆国强，国务院发展研究中心原副主任卢中原，国家发改委原副主任张国宝，国家发改委宏观院常务副院长王一鸣，财政部财政科学研究所所长贾康，国家发改委学术委员会秘书长张燕生，国务院发展研究中心产业经济研究部部长冯飞，国务院发展研究中心市场经济研究所所长任兴洲，中国钢铁协会常务副秘书长李新创，国家信息中心信息资源开发部主任徐长明出席会议并做主题演讲。国家行政学院决策咨询部研究员王小广、中国国际金融有限公司首席经济学家彭文生、北京万科有限公司副总经理肖劲参加了圆桌论坛。来自全国各地官、产、学、研约 300 位代表参加论坛并与专家学者进行互动讨论。

会议分别由国务院发展研究中心学术委员会秘书长程国强、国务院发展研究中心资源与环境政策研究所所长高世楫、国家行政学院决策咨询部研究员王小广主持。

10. 会议名称： 中国战略性新兴产业发展论坛

会议时间： 2013 年 5 月 21~22 日

会议地点： 北京

会议纪要： 2013 年 5 月 21~22 日，"中国战略性新兴产业发展论坛"在北京召开。本次论坛作为中国北京国际科技产业博览会（简称科博会）的重要活动，会议主题定为"加强自主创新与国际交流合作"。本届论坛邀请了国家发改委、科技部、工信部、商务部、国务院国资委等部委领导，以及相关的国际组织官员、著名学者、跨国公司高管和相关行业的领导同台演讲与对话。参会听众主要是具有一定影响力、有行业代表性的机构高层及企业，会议形式多样而务实，旨在促进与会者能够更好地分享观点、探讨问题、为参与各方搭建交流合作平台。

11. 会议名称： 2013《中国工业经济》青年作者学术研讨会

会议时间： 2013 年 5 月 27~28 日

会议地点： 北京

会议纪要： 2013《中国工业经济》青年作者学术研讨会暨新经济环境下工业经济改革与发展论坛于 2013 年 5 月 27~28 日在北京华侨大厦召开。此次会议由中国工业经济杂志社和首都经济贸易大学共同主办，首都经济贸易大学工商管理学院具体承办。会议提交论文 51 篇，来自清华大学、北京大学、中国人民大学、南开大学、西安交通大学、吉林大学、山东大学等高校科研机构共 150 多位青年学者参加了研讨会。中国社会科学院工业经济研究所党委书记、副所长黄群慧研究员主持开幕式。中国社会科学院工业经济研究所所长、中国工业经济杂志社主编金碚研究员，首都经济贸易大学校长助理、工商管理学院院长高闯教授分别致辞。会议由专题报告、分组报告、专题讲座及刊物交流四大板块组成，与会专家和青年作者围绕产业结构调整、公司治理等重要问题发表学术观点。金碚研究员、高闯教授、黄群慧研究员以及首都经济贸易大学工商管理学院陈立平教授做大会主题报告，天津财经大学副校长于立教授做了题为《创新思维与本土理论构建》的专题讲座。经济管理杂志社社长、副主编周文斌研究员和 China Economist（《中国经济学人》）编辑部主任李钢研究员也参加了本次会议，同与会青年作者进行刊物交流。

学者们围绕中国产业发展中产业结构调整与布局、公司治理、企业激励机制、企业战略转型等问题给出新思考。学者提出可以从机制体制背后深厚的社会文化根基着手构建产业结构调整的新思路,利用外部危机形成产业结构调整的倒逼机制;探讨公司真实控制权问题,理顺企业内部公司治理层面的利益格局;学者们认为垄断行业的绩效与高管及员工的外部激励无明显关系,但在某些行业激励机制仍有比较大的运用空间;此外,学者们也指出某些行业的未来发展路径,设想绿色商业模式的发展趋势。

柳学信、黄苏萍、黎曦以《新经济环境下中国产业发展研究——2013〈中国工业经济〉青年作者学术研讨会观点综述》对本次会议进行了综述,发表在《中国工业经济》2013年第9期。

12. 会议名称:世界3D打印技术产业大会

会议时间:2013年5月29~31日

会议地点:北京

会议纪要:为推动3D打印技术产业化进程,促进3D打印技术国际间的对话交流与合作,由亚洲制造业协会、中国3D打印技术产业联盟、世界3D打印技术产业联盟(筹)、英国增材制造产业联盟共同发起主办的首届世界3D打印技术产业大会于2013年5月29~31日在北京中国大饭店隆重举行。世界3D打印技术产业联盟也同期成立,来自美国、德国和世界3D打印行业的600多位嘉宾就3D打印技术产业化过程中的热点难点问题展开深入讨论,并发表了2013世界3D打印技术产业发展(北京)宣言。

本次大会主题:科技创新推动生产方式变革。主要议题:①世界3D打印技术发展现状及趋势;②原型制造的应用及前景展望;③大型金属结构件产品的直接制造;④桌面级3D打印技术发展趋势;⑤工业级3D打印技术的前景展望;⑥金属复合材料的突破与创新;⑦打印装备产业的发展;⑧3D打印在工业设计、建筑、文化创意、生物医学等领域的运用;⑨3D打印与新一轮工业革命;⑩软件开发、材料与3D打印产业。

会议期间,由亚洲制造业协会、中国3D打印技术产业联盟、英国增材制造产业联盟,以及来自美国、德国、法国、以色列、日本的3D打印技术相关组织、科研单位、企业共同发起的世界3D打印技术产业联盟正式成立。

13. 会议名称:2013年竞争法国际研讨会

会议时间:2013年5月31日

会议地点:北京

会议纪要:由中国科学院大学竞争法研究与咨询中心主办,中国反垄断论坛支持的"中国科学院大学2013年竞争法国际研讨会"于2013年5月31日在北京首都大酒店举行。会议开幕式由中国科学院大学人文学院法律与知识产权系主任李顺德教授主持,中国科学院大学副校长马石庄教授以及中国科学院大学竞争法研究与咨询中心联合主任、澳大利亚竞争与消费者委员会前主席Allan Fels分别致辞。

参加本次会议的代表有100余人,其中既有来自美国、英国、澳大利亚、比利时、意大利等国家的反垄断法专家,也有来自中国国务院法制办、国家发展和改革委员会、商务部、国家工商行政管理总局以及最高人民法院等政府部门和司法机关的领导与工作人员，还有来自中国社会科学院法学研究所、中国科学院大学、中国人民大学、中国政法大学、对外经济贸易大学、上海交通大学、南开大学等国内科研机构和高校的专家学者，以及金杜律师事务所、科文顿·柏灵律师事务所、中国电信、中国联通、高通、腾讯、百度、阿里巴巴等律师界和企业界的代表。

本次会议以"中国《反垄断法》实施五周年回顾与展望"为主题，分为"反垄断执法五年整体评述"、"反垄断法的公共执行"、"反垄断法的私人执行"以及"反垄断执法的发展趋势与挑战"四个单元。第一单元"反垄断执法五年整体评述"由国务院法制办工交商事法制司副司长张要波主持，本单元的讲演者有三位：对外经济贸易大学黄勇教授，美国联邦贸易委员会前主席、美国乔治华盛顿大学 William E. Kovacic 教授以及英国公平贸易办公室前首席执行官、Fingleton 咨询公司主席 John Fingleton。第二单元"反垄断法的公共执行"由中国政法大学时建中教授主持，这个单元的讲演者分别是：国家发改委价格监督检查与反垄断局副局长李青、国家工商行政管理总局反垄断与反不正当竞争执法局副局长刘烨、商务部反垄断局崔书锋处长、欧洲大学学院 Mel Marquis 教授以及金杜律师事务所合伙人宁宣凤。第三单元"反垄断法的私人执行"由上海交通大学王先林教授主持，该单元的讲演者有五位：最高人民法院知识产权庭法官朱理、RBB 经济咨询公司特约顾问 David Stallibrass、贝克·麦坚时律师事务所香港办公室合伙人 Clara Ingen-Housz、霍金路伟律师事务所合伙人 Adrian Emch 以及南开大学许光耀教授。第四单元"反垄断执法的发展趋势与挑战"由 Allan Fels 教授主持，中国科学院大学竞争法研究与咨询中心主任，中国社会科学院法学所、湖南大学教授王晓晔、科文顿·柏灵律师事务所布鲁塞尔办公室合伙人 Damien Geradin、Frontier 经济咨询公司执行主席 Philip Williams、中国人民大学孟雁北教授以及高伟绅律师事务所北京办公室顾问 Ninette Dodoo 在这个单元针对知识产权反垄断、行政垄断与国企垄断规制等问题进行了演讲。闭幕式上，Allan Fels 教授以及中国科学院大学竞争法研究与咨询中心副主任罗先觉教授分别做了总结发言。

中国反垄断法实施五年以来取得了举世瞩目的成绩，中国已成为美、欧之外世界上最为重要的反垄断司法辖区。本次会议上，各界代表针对中国反垄断法实施取得的经验、存在的问题以及完善方向进行了深入研讨，会议取得了预期的成效。与会者一致认为，中国反垄断执法水平提升显著，随着规则的日益完善，执法经验的不断积累，反垄断法在中国的社会、经济发展中必将发挥越来越重要的作用。

14. 会议名称：2013 年浙江大学产业经济学国际会议

会议时间：2013 年 6 月 8~9 日

会议地点：杭州

会议纪要：2013 年 6 月 8~9 日，由浙江大学民营经济研究中心（CRPE）和浙江大学经济学院共同主办的"2013 年浙江大学产业经济学国际会议"在杭州金溪山庄举行。来自美国、加拿大、日本、中国台湾、中国香港、北京、上海和杭州等国家和地区的 12 位学者在会议上报告了各自在产业经济学理论和应用方面的最新研究成果。会议主办方

CRPE 和经济学院希望通过本次会议的交流平台，加强与国内外经济学家的学术交流和合作，从而促进 CRPE 和浙江大学经济学研究的进一步快速发展。未来 CRPE 和经济学院将通过更多更有效的国内外学术交流来提高其国际化水平和学术研究水平。

15. 会议名称： 第九届中国健康产业高峰论坛

会议时间： 2013 年 6 月 22 日

会议地点： 深圳

会议纪要： 2013 年 6 月 22 日，中欧国际工商学院主办的"第九届中国健康产业高峰论坛"于深圳华侨城洲际酒店举行，诚邀 400 余名国内外医疗卫生领域的专家、学者以及医药企业高管从体制改革、企业战略、技术创新等多个维度探讨中国医药卫生行业的未来航向与格局。近 40 家中外主流媒体参会并报道。

深圳市人民政府副市长吴以环博士、中国国务院参事室特约研究员王东进先生及广东省卫生厅副厅长廖新波先生等政府代表出席论坛并致辞。中欧国际工商学院副院长兼中方教务长张维炯教授、卫生政策和管理研究中心主任蔡江南教授及上海财经大学公共经济与管理学院院长俞卫教授等作为学者代表发言。多位从事健康产业的中欧校友也应邀参加论坛，献计献策。

16. 会议名称： 第八届产业经济学与经济理论国际研讨会

会议时间： 2013 年 6 月 22~23 日

会议地点： 山东

会议纪要： 2013 年 6 月 22~23 日，"第八届产业经济学与经济理论国际研讨会（IEET08）"在山东大学举行。本次研讨会由山东大学博弈论与经济行为研究中心、山东大学产业经济研究所、山东大学经济学院、《产业经济评论》编辑部、《山东大学学报（哲社版）》编辑部联合主办，研讨会主题为产业经济学与政策、反垄断理论与实证、商业策略与竞争、博弈论及实验经济学等。来自美国西北大学、加州大学、南加州大学、美国科罗拉多大学、新加坡国立大学、加拿大卡尔顿大学、香港科技大学、香港岭南大学、台湾研究院、南开大学、中国人民大学、东南大学、天津财经大学、海南大学、鲁东大学、北京科技大学、山东大学等专家学者 50 余人参加了研讨会。

"产业经济学与经济理论国际研讨会（IEET）"迄今已连续举办八届，以其较高的学术水准和平等融洽的学术氛围得到了同行的广泛认可，成为国内外产经领域的年度盛事。

17. 会议名称： 2013 年产业组织前沿问题研讨会

会议时间： 2013 年 7 月 6 日

会议地点： 辽宁

会议纪要： 2013 年 7 月 6 日，东北财经大学产业组织与企业组织研究中心、经济学院、《财经问题研究》杂志社联合中国工业经济学会、《经济研究》杂志社共同举办"2013年产业组织前沿问题研讨会"。此次会议主题为"产业组织理论前沿与公共政策"。东北财经大学校长李维安教授，中国工业经济学会理事长、中国社会科学院学部委员吕政研究员，中国社会科学院经济研究所所长、《经济研究》主编裴长洪研究员分别代表主办单位致辞。副校长吕炜教授出席了会议。会议开幕式由产业组织与企业组织研究中心副主任于左研究员主持。

中国工业经济学会名誉理事长吴家骏研究员，江西财经大学前校长史忠良教授、副校长卢福财教授，国务院学科评议组成员、山东大学经济研究院院长黄少安教授，International Journal of Industrial Organization 主编、美国科罗拉多大学陈勇民教授，香港经济学会会长、香港岭南大学林平教授，国务院反垄断咨询委员会委员、中国社会科学院规制与竞争研究中心主任、东北财经大学特聘教授张昕竹研究员，国务院反垄断咨询委员会委员、中国政法大学图书馆馆长时建中教授，山东大学产业经济学研究所所长、《产业经济评论》主编、《山东大学学报（哲社版）》主编臧旭恒教授，山东大学经济学院院长李长英教授，中国人民大学卢东斌教授，上海交通大学陈宏民教授，东南大学集团经济与产业组织研究中心主任胡汉辉教授，吉林大学经济学院谢地教授，四川大学工商管理学院杨永忠教授，南开大学经济与社会发展研究院杜传忠教授、庞瑞芝教授，大连理工大学经济学院副院长陈艳莹教授，首都经贸大学工商管理学院副院长柳学信教授，西南财经大学经济与管理学院孟昕副教授等70余位国内外产业组织领域的专家学者参加了此次会议。

此外，《经济研究》杂志常务副主编郑红亮研究员、俞亚丽编审、唐寿宁编审，《改革》杂志社执行总编王佳宁编审，《经济理论与经济管理》副主编杨万东教授，《财经论丛》编辑部主任靳明教授，中国社会科学出版社经济与管理出版中心主任卢小生编审，经济管理出版社杨雅琳编辑等出版界人士参与了相关学术交流活动。

与会学者围绕战略性新兴产业的发展、光伏产业困境、食品安全规制、企业兼并竞争评估和产业政策、反垄断法、高新技术领域反垄断、折扣定价、研发与创新绩效、航空与高铁竞争、出租车市场规制与垄断、多单位拍卖、价格理论新进展、产业经济学的最新动态等产业组织领域的最新研究成果进行了热烈探讨。

"2013年产业组织前沿问题研讨会"是东北财经大学自2010年以来连续第四次主办的产业经济学领域高层次学术研讨会，已成为产业经济学科领域的特色学术交流平台，对中国产业组织领域的学术研究和学科发展具有促进作用。

于左、王绪亮以《产业组织理论前沿与公共政策——2013年产业组织前沿问题研讨会综述》对此次学术会议进行了综述，发表在《经济研究》2013年第10期。

18. 会议名称：第十七届中国西部国际装备制造业博览会

会议时间：2013年7月18~20日

会议地点：成都

会议纪要：2013第十七届西部制博会于7月18~20日在成都世纪城新国际会展中心隆重举行，展出面积40000平方米，展位约2000个。

本届制博会以产品展示、贸易洽谈为基础。同时，推出多种形式的合作途径，一系列高规格、专业性强的论坛会议将配合召开。其中包括：第二届3D打印暨快速成型技术应用交流会、四川省市州工业企业协作配套交流会、四川省装备产业企业协作配套交流会、天津滨海新区推介会、内蒙古包头市推介会、甘肃兰州新区推介会、广西来宾市推介会、贵州省赫章县推介会等重要活动。这些丰富多彩的重要活动将为博览会营造出浓厚的制造业节日气氛，同时成为海内外装备制造业注目的焦点。

据悉，西部制博会是目前中西部地区规模和影响力最大的工业展会，目前已在西安市成功举办11届，在成都市成功举办6届。

19. 会议名称： 中国（营口）第八届汽车保修检测设备国际博览会

会议时间： 2013年7月19~21日

会议地点： 营口

会议纪要： 2013年7月19~21日，以"走向世界的中国汽保产业集群"为主题的中国（营口）第八届汽车保修检测设备国际博览会在营口市文化艺术中心隆重召开。博览会由中国汽车后市场联合会、辽宁省经济和信息化委员会、辽宁省服务业委员会、辽宁省对外贸易经济合作厅、辽宁省科学技术厅、辽宁省外经贸厅、辽宁省经济合作办公室、营口市人民政府共同主办。来自12个国家、31个省的客商和国内外专业经销商500余家，百余家汽保行业企业及协会组织携名优及高新技术产品参展，全方位展示全国汽保行业发展的高新技术产品，同时展示未来营口汽保行业发展方向。展会期间，还举办了"全国汽保设备经销商大会"、"中国汽保产业集群与国际化"论坛、"汽保行业新产品发布会"等10余项活动。

20. 会议名称： 2013年中国智能产业高峰论坛

会议时间： 2013年7月30日

会议地点： 东莞

会议纪要： 2013年7月30日，2013年中国智能产业高峰论坛在东莞松山湖举行，国内外著名专家学者以及广东、海南等省市政府部门领导、知名企业高管及100多家企业代表等汇聚一堂，共同探讨我国智能产业发展领域的最新科研成果及动向。

该高峰论坛由中国自动化学会主办，中科院云计算育成中心、中科院自动化研究所联合承办。论坛上，专家们围绕智能产业领域做了10多场精彩主题报告，内容涵盖智慧城市、社会制造、大数据、智能交通、物联网、云计算、电子商务、电子政府等。其中，10余家企业在论坛上展示了自己的智能产品。

当天，位于东莞的中科院云计算育成中心依托强大的技术实力，现场与8家企业或政府部门达成合作协议。中科院云计算育成中心与东莞凯恩科技联合创办的温敏产品与平行管控系统联合实验室正式揭牌。

论坛的分会场还举办了IEEE（美国电气和电子工程师协会）汽车电子与安全国际会议和IEEE服务运筹、物流与信息化国际会议，吸引了全球12个国家相关领域的顶尖学术带头人的参与，共录用134篇优秀论文。

据悉，此次论坛的目的是积极推动云计算和智能系统技术在国内的协调发展，为政府、高校、科研院所及智能行业的企业及行业人员提供"产、学、研"交流展示平台。

21. 会议名称： 第五届中国包头·稀土产业论坛

会议时间： 2013 年 8 月 8~9 日

会议地点： 包头

会议纪要： 第五届中国包头·稀土产业论坛于 2013 年 8 月 8~9 日在包头隆重召开。本届论坛的主题是稀土与永磁应用的和谐发展，与会专家学者和稀土开发应用企业界代表就国家最新的稀土产业政策及国内外稀土行业发展新动向，稀土磁性材料最新的应用领域、发展现状和市场前景，稀土重点企业最新发展战略和稀土产品交易所工作机制、交易规则等进行广泛深入的研讨。

本届论坛由内蒙古自治区人民政府、中国工程院、中国稀土行业协会、中国稀土学会共同主办；由包头市人民政府，中国工程院化工、冶金与材料学部，包头国家稀土高新区管委会承办；由中国电工技术学会、中国电子元件行业协会磁性材料与器件分会、全国稀土信息网、全国稀土永磁电机协作网、内蒙古自治区稀土行业协会、江西省稀土行业协会、江苏省稀土行业协会、四川省稀土行业协会、山东省稀土产业联盟、上海市稀土学会、包头钢铁（集团）有限责任公司、包头稀土研究院、包头稀土产业联盟和瑞道金属网 14 家单位协办；本届论坛得到国家发展和改革委员会、国家科学技术部、国家工业和信息化部、国土资源部、国家环境保护部、国家商务部、国家知识产权局、中国科学院、中国社会科学院的高度重视和大力支持。

据悉，包头稀土论坛是从 2009 年开始，以稀土永磁、发光、储氢等稀土新材料为主题的系列高端论坛，此前已成功连续举办了四届，创立了一个稀土领域世界级的高水平论坛品牌，为促进稀土科技进步、产业链发展和信息交流提供了一个重要平台。包头稀土论坛搭建起一个稀土精英交流合作的平台，不仅对中国稀土产业发展起到推动作用，也扩大了包头在稀土界的影响力和话语权。

22. 会议名称： 2013 国际智能物联 & 机器人产业高峰论坛

会议时间： 2013 年 8 月 10 日

会议地点： 焦作

会议纪要： 2013 年 8 月 10 日，以"聚焦未来科技，畅想时代变革"为主题的 2013 国际智能物联 & 机器人产业高峰论坛在河南省焦作市举行。此次论坛由北京紫光优蓝机器人技术有限公司倡导发起，国内外著名机器人研究机构、相关部委领导、专家学者、企业家、媒体等共计 300 余人出席论坛，共同分析在智能物联时代下机器人产业经济技术趋势、形势和市场等因素，关注智能物联网与智能机器人产业。

23. 会议名称： 2013 年移动互联网产业发展与政策分析研讨会

会议时间： 2013 年 9 月 13 日

会议地点： 北京

会议纪要： 2013 年 9 月 13 日，由中国互联网协会移动互联网工作委员会主办的"2013 年移动互联网产业发展与政策分析研讨会"在京举行。会上，来自政府主管部门和研究机构的专家为移动互联网企业参会者解读了近期的产业发展态势和相关政策。

中国互联网协会副理事长黄澄清出席会议并致辞。黄澄清分析了移动互联网产业发展的现状：一是我国移动互联网已进入高速增长阶段，产业规模不断扩大，增速惊人；二是移动互联网高速发展加速产业融合和竞争格局变革；三是移动互联网产业的发展、创新演进仍存在巨大空间。他同时指出，移动互联网行业面临两个挑战：一是移动互联网领域网络与信息安全问题面临严峻挑战；二是如何在激烈的市场竞争中鼓励中小企业发展与创新。

中国互联网协会移动互联网工作委员会副主任委员、工信部电信研究院总工程师余晓晖，文化部文化市场司网络处调研员韩险峰，国家互联网应急中心运行部主任、中国互联网协会网络与信息安全工作委员会副秘书长王明华，工信部电信研究院安全所移动应用和智能终端安全部主任潘娟等出席会议并发言。此外，来自百度、阿里巴巴的企业代表，也结合各自业务介绍了企业在产业政策背景下的实践与思考。据了解，本次研讨会是国内移动互联网界首次举办的以政策解读为主题的交流活动。

24. 会议名称：互联网经济学与反垄断政策研讨会

会议时间：2013 年 9 月 14 日

会议地点：辽宁

会议纪要：2013 年 9 月 14 日，东北财经大学产业组织与企业组织研究中心和《财经问题研究》杂志社联合《中国工业经济》杂志社、中国社会科学院规制与竞争研究中心共同举办"互联网经济学与反垄断政策研讨会"。中国社会科学院工业经济研究所党委书记、副所长、《中国工业经济》副主编黄群慧研究员和产业组织与企业组织研究中心副主任于左研究员分别代表主办单位致辞，会议由产业组织与企业组织研究中心副主任郭晓丹副研究员主持。

国家工商总局反垄断与反不正当竞争执法局刘烨副局长、赵亦勤副处长，国家发展和改革委员会价格监督局竞争政策处周智高副处长、万江主任，东北财经大学特聘教授、中国社会科学院规制与竞争研究中心主任张昕竹研究员，华东政法大学竞争法研究所所长徐士英教授，西安邮电大学经济与管理学院陆伟刚教授，浙江财经大学政府管制研究院常务副院长唐要家教授，广东外语外贸大学广东省重点研究基地粤商研究中心主任申明浩教授，北方工业大学规制与竞争研究中心主任黄坤教授，上海交通大学安泰经济与管理学院胥莉副教授和凯原法学院李剑副教授，重庆大学法学院张小强副教授，大连理工大学经济学院董维刚博士，Global Economics Group 张艳华博士，国家发展和改革委员会宏观经济研究院王磊博士，《中国工业经济》杂志社高粮副社长，《中国物价》编辑部田小秋主任等国内外互联网经济与反垄断政策研究领域的专家和学者，以及百度公司政策研究部刘环宇高级经理、腾讯公司法务综合部卢鼎亮高级法律顾问等实业界代表等 30 余人参与了本次会议。东北财经大学研究生院院长肖兴志教授，科研处处长王志强教授，学科建设处处长赵建国教授、韵江教授，经济与社会发展研究院党总支书记庞明川研究员，杂志社社长杨全山编审，编辑徐雅雯、孙艳、巴红静，经济学院刘凤芹教授、张抗私教授、张嫚教授，萨里国际学院副院长孟韬教授，社会与行为跨学科研究中心崔文杰副主任，MBA 学院田明君博士等出席会议，参与研讨和评论。经济学院张嫚教授，产业组织与企业组织研究中心于左研究员、李宏舟副研究员，博士生刘丰波等在会上报告论文。产业组织与企业组织研究中心和东北财经大学其他学院的部分教师、科研人员及研究生参加了本次会议。

本次"互联网经济学与反垄断政策研讨会"注重专业性和学术性，参会人员包括政府、学界和实业界的代表。会议研究成果有利于促进产业组织理论与政策、互联网经济学与反垄断政策等议题的研究，有利于促进互联网领域的反垄断立法与执法。

25. 会议名称： 首届竞争法与竞争政策国际论坛

会议时间： 2013 年 9 月 12 日

会议地点： 湖南

会议纪要： 2013 年 9 月 21 日，湖南大学首届竞争法与竞争政策国际论坛在长沙开幕，来自美国、德国、英国、韩国等国的近 20 名竞争法领域的专家、学者和 60 多名来自国内各高校的竞争法学专家、经济学专家、反垄断相关执法机构负责人、执业律师参加论坛会议。湖南大学竞争法研究中心联合主任王晓晔教授、郑鹏程教授任论坛主席，湖南大学党委副书记、纪委书记栾永玉教授出席会议并致辞。此次论坛由湖南大学竞争法研究中心主办，中国经济法研究会竞争法委员会协办。

此次论坛是湖南大学竞争法研究中心在我国《反垄断法》实施五周年之后，在反垄断执法方面取得积极进展的背景下，组织召开的一次国际盛会。会议紧紧围绕反垄断相关市场界定这一主题，结合我国反垄断的实践，如茅台、五粮液价格垄断案，奇虎 360 诉腾讯滥用市场支配地位案等，对反垄断相关市场中的热点和难点问题进行了深入细致的探讨。论坛不仅对国内外反垄断相关市场界定的发展趋势进行了前瞻，而且还对我国老百姓普遍关注的互联网、民运航空、白酒等行业反垄断中的相关市场界定进行了理论分析。论坛分六个单元，共有 30 位发言人和评议人先后进行了精彩的发言和点评，多位与会者进行了自由讨论。

此次国际论坛为中外反垄断法学者、政府官员、企业代表、律师代表提供了重要的交流平台。短短 2 天时间，内容丰富，讨论热烈。与会者一致认为，这是一个高规格、高水平的国际学术会议，它有利于反垄断学术界、反垄断执法与司法实务部门对相关市场界定在反垄断中的地位与作用、缺陷和不足等问题达成共识，对提高我国反垄断的执法水平、完善社会主义市场经济体制、促进社会主义市场经济健康发展具有重要意义。

26. 会议名称： "新工业革命趋势下的管理创新与产业发展"研讨会

会议时间： 2013 年 9 月 27 日

会议地点： 北京

会议纪要： 2013 年 9 月 27 日，中国社会科学院工业经济研究所和中国台湾工业技术研究院联合召开了探讨两岸产业合作与转型升级——"新工业革命趋势下的管理创新与产业发展"主题研讨会。中国社会科学院工业经济研究所和中国台湾工业技术研究院 30 余位研究人员、政府专员参加了会议，中国社会科学院工业经济研究所党委书记黄群慧研究员，中国台湾工业技术研究院知识经济与竞争力研究中心主任、两岸产业研究咨询小组召集人杜紫辰教授等10位代表围绕两岸产业合作和中国大陆产业转型升级发表了主题演讲。与会专家分别从工业化进程、比较优势、垂直分工、法律环境建设等角度就中国的经济形势提出了各自的见解，对未来两岸产业合作的框架、合作模式展开了探讨，对两岸企业的发展战略进行了交流，反映了对新工业革命趋势下中国大陆未来产业转型升级和两岸产业合作的思考和探索。

王秀丽、赵剑波以《两岸产业合作与转型升级——"新工业革命趋势下的管理创新与产业发展"研讨会观点综述》为题对本次研讨会进行了综述，发表在《中国工业经济》2013年第11期。

27. 会议名称：2013 年中国平台经济第一届国际学术会议与产业论坛

会议时间：2013 年 10 月 19 日

会议地点：北京

会议纪要：2013 年 10 月 19 日，由西安交通大学经济与金融学院，北京大学工学院，美国麻省理工学院社会科学研究中心联合主办，西安交通大学管理学院中国经济发展研究中心承办的中国平台经济学第一届国际学术会议与产业论坛在北京大学勺园宾馆弘雅宴会厅隆重举行。

本次论坛以"推动平台经济学理论探索，繁荣平台经济学学术争鸣，引领平台经济学未来发展"为主题，西安交通大学经济与金融学院院长冯根福，西安交通大学经济与金融学院教授、博导李琪，上海交通大学高级金融学院执行院长费方域，山东理工大学管理学院院长綦振法，北京大学西安校友会秘书孙亚玲以及政府各部门的领导专家，平台经济学研究领域内的权威专家、教授，相关学术领域的学者和学生以及应用平台理念的企业负责人和媒体代表等共计 100 多人齐聚一堂，共同探讨平台这种新兴经济模式的商业价值及学术发展。

平台经济模式是 21 世纪最重要也是最耀眼的经济模式，它创造了一个又一个财富传奇。无论是鼎盛的苹果手机、沃尔玛、Facebook，还是中国本土的淘宝、腾讯，这些神话般的财富光环，全部都笼罩在平台之上。平台经济学是 21 世纪经济实践与经济理论探索中崛起的一门新兴产业经济学分支学科，它通过研究大数据时代由传统市场具化而成的商业价值创造和实现载体的平台组织及相关产业的基本经济现象和特性，探讨其形成、竞争、发展与演化规律，挖掘其商业模式应用与实践价值，为平台经济的发展与实践提供一般性的理论指导和实践指南。平台经济学研究对象多表现为双边市场、多边市场形态，强调市场结构的作用，通过交易成本和合约理论，分析不同类型平台的发展模式与竞争机制，其中电子商务企业是研究中的典型代表。

围绕论坛主旨，西安交通大学中国经济发展研究中心主任、关天资本总裁同时也是中国平台经济学奠基人的徐晋博士做了题为"中国平台经济学产业的发展与机遇"的主题演讲。他指出平台企业演化出平台经济产业已是大势所趋，"平台为王"已成为许多企业的共识。中国企业在新的竞争环境下，应刷新思维模式；摒弃传统的竞争理念，拥抱平台经济革命。论坛除主题演讲之外，还安排了论文宣讲及典型的平台商业模式解读环节。众多与会嘉宾和参会听众围绕如何在经济实践中探索平台经济学的理论研究成果；如何应用平台的理念更好地为产业界服务；如何搭建平台的平台等一系列问题展开了热烈的讨论。著名企业家——陕西利安董事长陈立强先生就陕西利安的平台化之路发表了精彩演讲。

28. 会议名称：中国工业经济学会 2013 年学术年会

会议时间：2013 年 11 月 2 日

会议地点：浙江

会议纪要：2013 年 11 月 2 日，由中国工业经济学会主办，浙江财经大学承办的中国工业经济学会 2013 年学术年会暨"深化经济体制改革与转变经济发展方式"研讨会在杭州隆重召开。中国工业经济学会学术年会是我国经济学界最高规格会议之一，出席会议的专家学者有：原中共中央政策研究室副主任、中国工业经济学会会长郑新立，浙江省政府副秘书长、政研室主任沈建明，中国工业经济学会理事长、中国社会科学院学部委员吕政，中国工业经济学会副会长、中国社会科学院学部委员、工经所所长金碚，国内相关高校的 20 多位校长，以及来自 80 多所高校的专家学者。

浙江财经大学王俊豪校长在开幕式上致欢迎辞，中国社会科学院工业经济研究所金碚所长代表中国工业经济学会讲话。郑新立会长、沈建明主任、吕政理事长、王俊豪校长分别就 "全面认识和把握经济形势"、"浙江工业及其转型升级"、"深化体制改革的难点"、"管制经济理论在中国的应用问题"做了主题报告。11 月 2 日下午，与会代表就"转变经济发展方式的体制与机制"、"产业结构转型与升级"、"技术创新与战略性新兴产业"、"政府管制与反垄断"四个专题进行了充分的分组讨论。此次大会的顺利召开，对于我国深化经济体制改革与转变经济发展方式具有重要理论指导意义，将促进我国产业经济学理论与政策研究。

29. 会议名称：2013 北大光华创新论坛

会议时间：2013 年 11 月 10 日

会议地点：北京

会议纪要：2013 北大光华创新论坛暨"以色列日"主题活动于 2013 年 11 月 10 日在北京大学光华管理学院阿里巴巴报告厅成功举办。本次论坛得到中以政府的高度支持，北京大学光华管理学院蔡洪滨院长主持论坛开幕仪式并致辞，中国高新技术开发区协会张景安理事长和以色列驻华大使 Matan Vilnai 莅临论坛现场致开幕词，以色列总理内塔尼亚胡专门委托总理府发来视频贺词祝愿中以两国获得更高层次的创新合作成果。

主题论坛由携程网创始人、光华管理学院创新创业中心副主任梁建章教授主持。中粮集团董事长宁高宁先生和以色列风险投资协会主席 Aaron Mankovski 先生分别针对科技创新、跨国科技合作及以色列科技企业并购和投资做了主题演讲。嘉宾们围绕"技术与市场——中以合作的机遇窗口"主题展开热烈讨论。六位嘉宾分别来自不同领域：发改委蒲宇飞司长、纳斯达克上市公司 Priotek 和 Camtec 的董事长 Rafi Amit 先生、方正信产集团战略投资部总经理陈中阳先生、英飞尼迪集团董事长 Amir Gal-Or 先生、以色列驻华大使馆商务参赞 Hovav Ref 先生、以色列理工技术转移联络官 Alex Gordon 先生。

当天下午会议分三个专题分论坛举行，第一个分论坛主题为"孵化器是创新之母吗？"，由北京大学光华管理学院创新创业中心副主任路江涌教授主持。第二个分论坛主题为"技术商品化到底可以走多远"，由北京大学光华管理学院创新创业中心副主任邱凌云教授主持。第三个分论坛主题为"跨国技术合作中的资本"，由北京大学光华管理学院创新创业中心特聘顾问高岩教授主持。

30. 会议名称：2013 全国机械工业经济形势报告会

会议时间：2013 年 11 月 14 日

会议地点：北京

会议纪要：2013 年 11 月 14 日，由中国机械工业联合会主办的"2013 全国机械工业经济形势报告会"在京召开。第十一届全国政协提案委员会副主任、中国机械工业联合会会长王瑞祥，国家发改委产业协调司司长陈斌，中机联执行副会长薛一平、执行副会长蔡惟慈、执行副会长杨学桐、执行副会长宋晓刚，国家发改委宏观经济研究院常务副院长王一鸣，国家信息中心预测部主任范建平，中国社科院金融研究所所长王国刚，国务院发展研究中心产业研究部部长冯飞等领导出席了本次大会。相关政府部门的领导、经济界的知名学者和行业的资深专家，从当前形势、下一步政策取向、未来经济走势等方面，给予全面解读，以帮助企业把握大势、开阔视野、拓展思路，谋划来年各项工作。演讲人就宏观经济环境、机械工业发展影响因素变化、发展趋势等问题从不同角度做了演讲和讨论。来自行业主管部门、各行业协会、机械工业重点骨干企业、研究院所、金融证券行业等共计300 余人参加了会议。

31. 会议名称：第二届世界新兴产业大会

会议时间：2013 年 11 月 21~23 日

会议地点：武汉

会议纪要：新兴产业是推动世界经济前进的力量，是打开未来经济大门的"钥匙"。近年来，以节能环保、智能制造、数字服务、生物科技、新能源、新材料、信息科技等为代表的新兴产业蓬勃发展，不断取得惊人成就。由亚太总裁协会（APCEO）和武汉市人民政府联合主办的世界新兴产业领域最高规格权威会议——第二届（2013）世界新兴产业大会，于 2013 年 11 月 21~23 日在湖北省武汉市隆重举行。大会以"创新引领发展，合作开创未来"为主题，来自世界 60 多个国家和地区的国际政要，世界 500 强、福布斯 2000 强、新兴产业领军企业高层及国际著名专家学者等 1000 多人出席了本届大会。

亚太总裁协会全球主席、法国前总理多米尼克·德维尔潘与武汉市市长唐良智出席开幕式并发表重要致辞。著名国际经济学家、亚太总裁协会全球执行主席郑雄伟在大会上发布《世界新兴产业发展资讯》和《世界新兴产业大会武汉宣言》。工业和信息化部总经济师周子学，著名未来学家、《大趋势》一书作者约翰·奈斯比特及夫人桃瑞丝·奈斯比特，澳大利亚新南威尔士大学光伏及可再生能源工程学院院长理查德·库克斯，美国新闻集团全球副总裁高群耀，美国鹰图公司高级副总裁孙文清，沃尔沃中国投资有限公司董事长陈然峰，微软亚太研发集团主席助理张煜，华大基因公司董事长汪建等发表了精彩的主题演讲。主题发言期间，亚太总裁协会全球副主席兼欧洲会长、法国前总统参谋长克里斯汀·加诺上在大会上宣布亚太总裁协会将在中国设立"世界新兴产业创新中心"的决定，亚太总裁协会全球副主席、澳大利亚前内阁部长尼克·博尔库斯在大会上做了最后的总结发言。

为与大会所关注的节能环保、智能制造、数字服务、生物科技和新能源等新兴产业行业更好的契合，大会分设了世界节能环保高层论坛、世界生物技术与产业发展论坛、世界智能制造产业论坛、世界数字服务产业发展论坛以及高端合作论坛五个分论坛，11月22日下午五个分论坛同时举行。

据悉，第二届世界新兴产业大会在武汉的成功召开，不仅吸引了数百位国际政要、商界领袖、国际权威学者的积极参与，而且促成了微软、甲骨文等世界500强企业在搜索引擎、云计算、大数据、智能手机等领域的一批"智慧"项目陆续落户武汉，成为世界新兴产业发展史上的重要里程碑。同时，世界新兴产业大会（WEIS）也被社会各界赞誉为新兴产业领域的"奥斯卡"。世界新兴产业大会（WEIS）由著名国际经济组织——亚太总裁协会（APCEO）发起并作为国际主办方，首届大会中国主办方为中国吉林省人民政府，自首届大会开始，已经受到了包括中国中央政府在内的各国政府的高度关注。

32. 会议名称：湖北省工业经济学会2013年年会

会议时间：2013年12月14日

会议地点：武汉

会议纪要：2013年12月14日，由湖北省工业经济学会主办、武汉理工大学科技创新与经济发展研究中心和经济学院承办的湖北省工业经济学会2013年年会暨"工业化、城镇化、信息化、农业现代化、服务化协调发展研讨会"在武汉理工大学逸夫楼10楼学术报告厅隆重举行。来自武汉大学、华中科技大学、武汉理工大学、中国地质大学、中国财经政法大学、华中师范大学、华中农业大学等湖北省地区20余所高校和东风集团、武钢集团等企业的代表100余人参加了会议，武汉理工大学副校长张联盟教授到会并致欢迎辞。

会议分为主题报告和研讨、学会和产业经济学学科建设、学会优秀成果颁奖三个环节进行。湖北省工业经济学会轮值主席、学会副会长、武汉理工大学科技创新与经济发展研究中心主任赵玉林教授主持"主题报告和研讨"环节。学会会长、武汉大学经济发展研究中心简新华教授做了题为"从四化同步到五化协调"的主题报告，提出了"四化同步"调整为"五化协调"的观点和战略对策。学会副会长、中国地质大学（武汉）党委副书记成金华教授从生态化视角做了题为"对中国城市生态文明建设的若干思考"的专题报告，提出了城市生态文明建设目标和评价体系，针对中国能源产业发展中政府规制所存在的缺陷问题提出了相应的对策。中南财经政法大学工商管理学院副院长任剑新教授从市场化的视角，做了题为"茅台、五粮液该受罚吗？——转售价格的反垄断经济学分析"的专题报告，运用产业组织理论深入分析了中国禁止RPM对价格的影响和对竞争所产生的效果。学会副会长、华中科技大学张培刚经济研究中心副主任宋德勇教授做了题为"从'四化同步'到'五化融合'"的主题报告，深入分析了经济服务化与新四化的相互关系，提出了五化融合的观点和对策。武汉理工大学经济学院副院长、科技创新与经济发展研究中心副主任魏龙教授做了题为"新能源产业发展中的政府规制问题"的专题报告，针对中国能源产业发展中政府规制所存在的缺陷问题提出了相应的对策。这些报告分析了中国工业化、城镇化发展过程中亟待有效解决的重大现实问题，并提出了建设性的对策建议。

学会副会长、武汉科技大学管理学院院长李永周教授主持"学会和产业经济学学科建设"环节。学会副会长兼秘书长杨艳琳教授做了学会工作报告，对过去一年学会的工作情况和财务情况进行了总结与汇报，并提出了学会在 2014 年的工作计划和安排。东风汽车公司经营管理部雷平部长、武钢经济管理研究所所长邓果宇研究员分别针对各自企业在经济全球化趋势下的产业发展进行了专题发言。来自各高校的部分专家学者分别针对产业经济学学科建设和会议研讨主题进行了自由发言。

会议最后，由会长简新华教授公布学会 2013 年度优秀成果奖的评奖过程和获奖名单，并分别颁发了论文和著作的优秀成果一、二、三等奖共计 12 项。

第五章 产业经济学学科 2013 年文献索引

本书的文献索引包括中文和英文两个部分。其中，中文期刊索引源自《中国社科文献索引》（2013~2014）中与产业经济学学科相关的期刊论文（2013 年公开发表），共计 497 篇；英文期刊索引源自美国科学信息研究所创办出版的社会科学引文索引（SSCI）中与产业经济学学科相关的期刊论文，共计 300 篇。

第一节 中文期刊索引

［1］郭际，吴先华，陈云峰. 农业气象灾害对产业经济系统的影响评估［J］. 灾害学，2013（1）：79-82.

［2］李军训，李祖香. 基于区位商的产业集群集聚度研究——以我国纺织产业为例［J］. 南京审计学院学报，2013（1）：7-13.

［3］程序. 以生物能源产业重新振兴中国生态农业［J］. 中国生态农业学报，2013（1）：23-28.

［4］李晓梅. 中国高技术产业区域经济效率实证研究［J］. 技术经济与管理研究，2013（2）：120-124.

［5］李拓晨，丁莹莹. 环境规制对我国高新技术产业绩效影响研究［J］. 科技进步与对策，2013（1）：69-73.

［6］李美娟. 云南承接东部产业转移的条件和能力研究［J］. 资源开发与市场，2013（1）：68-71，84.

［7］陈雪梅，陈雯雯，余俊波. 政策推动产业升级的重要性及可行性［J］. 商业研究，2013（1）：53-60.

［8］王晨，梁繁荣，徐学民，吴纯洁. 立足资源优势，推进四川中药产业发展的对策建议［J］. 中国医药导报，2013（1）：151-152，155.

［9］王艳红. 天然气发电产业低碳发展的机制与对策研究［J］. 生态经济，2013（1）：114-118.

［10］刘士林. 加快发展文化产业的城市化战略与路径［J］. 河南社会科学，2013（1）：

53-57，107.

　　[11] 蒋耀平.海峡两岸经贸关系回顾与展望 [J].中国流通经济，2013（1）：4-7.

　　[12] 韩国珍.甘肃省区域经济增长差异的实证分析——基于动态偏离份额法 [J].西北人口，2013（1）：126-129.

　　[13] 雷欣.武汉城市圈产业一体化的绩效评估与对策研究 [J].武汉大学学报（哲学社会科学版），2013（1）：92-97.

　　[14] 徐茂卫，郑永芳.基于资源视角的我国体育产业资源整合的实施路径分析 [J].武汉体育学院学报，2013（1）：40-43，57.

　　[15] 邓丽姝.生产性服务业主导的产业融合——基于北京市投入产出表的实证分析 [J].技术经济与管理研究，2013（3）：124-128.

　　[16] 郭训成.促进山东低碳经济发展的对策建议 [J].宏观经济管理，2013（1）：75-76.

　　[17] 张晓强.培育发展战略性新兴产业　加快转变经济发展方式 [J].宏观经济管理，2013（1）：4-5，12.

　　[18] 周锋.加快推进现代服务业创新发展 [J].宏观经济管理，2013（1）：46-47.

　　[19] 李金玲，刘名俭.旅游业与房地产融合发展研究——基于价值链分析 [J].现代商贸工业，2013（1）：33-34.

　　[20] 郝洁.产业转移承接地效应的理论分析 [J].中国流通经济，2013（1）：60-67.

　　[21] 汪海飞，乔家君.开封市产业结构发展演化研究 [J].河南大学学报（自然科学版），2013（1）：47-52.

　　[22] 陈锦其，徐明华.战略性新兴产业的培育机制：基于技术与市场的互动模型 [J].科技管理研究，2013（2）：97-101，108.

　　[23] 徐谅慧，李加林，吴恋霜，袁麒翔，曹罗丹.浙江海洋经济发展水平的省际比较 [J].宁波大学学报（理工版），2013（1）：81-87.

　　[24] 王江芳，林翊.纺织服装业的产业关联及产业波及效果分析 [J].科技和产业，2013（1）：19-22，54.

　　[25] 李琳，徐洁.环洞庭湖区域经济与生态环境协调发展度的比较研究 [J].武陵学刊，2013（1）：17-21.

　　[26] 魏楚，余冬筠.生产性行业温室气体排放的产业结构效应研究 [J].产业经济研究，2013（1）：22-32.

　　[27] 白宏丽.从规模经济看中国汽车产业国际竞争力 [J].中国证券期货，2013（1）：140.

　　[28] 张旭.农村产业结构创新发展初探 [J].农村·农业·农民（B版），2013（1）：43-44.

　　[29] 王国平.产业升级规律与中国特色的产业升级道路 [J].上海行政学院学报，2013（1）：4-15.

[30] 张肃，诺敏. 吉林省中小城镇产业承接的 SWOT 分析 [J]. 长春理工大学学报（社会科学版），2013（1）：77-79.

[31] 林东华，吴秋明. 福建省城市流强度与结构研究 [J]. 东南学术，2013（1）：80-88.

[32] 陈宇，赖小琼. 产业结构变迁对经济增长的影响研究——以福建省为例 [J]. 福建师范大学学报（哲学社会科学版），2013（1）：20-27.

[33] 胡春林. 基于区域协调发展的产业结构转型路径与政策 [J]. 南昌大学学报（人文社会科学版），2013（1）：70-75.

[34] 李媛媛. 产业结构变动对经济和就业影响的关联研究——基于 VAR 模型的实证分析 [J]. 现代商业，2013（2）：157-158.

[35] 香江波. 美国版权产业经济贡献的最新研究 [J]. 出版参考，2013（1）：51-52.

[36] 吴文洁，张亚南. 产业发展与碳排放的脱钩分解分析 [J]. 商业时代，2013（1）：117-118.

[37] 李云才. 再生资源产业有条件成为湖南支柱产业——湖南省再生资源产业发展调研报告 [J]. 中国合作经济，2013（1）：39-48.

[38] 李勇. 房地产投资对国民经济增长带动作用研究 [J]. 商业经济，2013（3）：12-13，18.

[39] 陈姝. 浙江省产业结构升级研究——基于金融集聚的视角 [J]. 中国农业银行武汉培训学院学报，2013（1）：62-67.

[40] 熊雪如，覃成林. 政府作用与产业有序转移 [J]. 经济体制改革，2013（1）：161-165.

[41] 周劲. 日本、韩国产业结构升级过程中比较优势的变化及启示 [J]. 经济纵横，2013（1）：108-112.

[42] 董志尚. 中国产业集群发展存在的问题及对策分析 [J]. 经济研究导刊，2013（1）：195-196.

[43] 刘小敏. 区域产业结构优化理论研究综述 [J]. 中国市场，2013（3）：75-80.

[44] 李彬，王成刚，赵中华. 新制度经济学视角下的我国海洋新兴产业发展对策探讨 [J]. 海洋开发与管理，2013（2）：89-93.

[45] 张国良，张玉军. 基于生态、经济与文化相协同的竹产业集群发展模式研究 [J]. 科学管理研究，2013（1）：61-65.

[46] 刘洋，徐长乐，徐廷廷，贝竹园. 上海海洋产业结构优化研究 [J]. 资源开发与市场，2013（3）：284-288.

[47] 马仁锋，李伟芳，李加林，乔观民. 浙江省海洋产业结构差异与优化研究——与沿海 10 省份及省内市域双尺度分析视角 [J]. 资源开发与市场，2013（2）：187-191.

[48] 陈汉林，刘莉. 湖北省经济增长对碳排放量影响的环境库兹涅茨曲线分析 [J]. 湖北社会科学，2013（2）：52-57.

[49] 钟晓红，赵喜亮，黎莹，孔德艳. 从战略高度看待我国的海水淡化 [J]. 环境保护，2013（Z1）：55–57.

[50] 伍业锋，施平. 中国海洋产业经济贡献度的测度 [J]. 统计与决策，2013（2）：136–139.

[51] 张洪潮，赵丽洁. 煤炭产业集群与煤炭资源富集区经济耦合效应评价：基于山西省的研究 [J]. 中国矿业，2013（3）：53–57.

[52] 王晓，齐晔. 经济结构变化对中国能源消费的影响分析 [J]. 中国人口·资源与环境，2013（1）：49–54.

[53] 成艾华，魏后凯. 促进区域产业有序转移与协调发展的碳减排目标设计 [J]. 中国人口·资源与环境，2013（1）：55–62.

[54] 关欣，乔小勇，孟庆国. 高技术产业发展与经济发展方式转变的关系研究 [J]. 中国人口·资源与环境，2013（2）：43–50.

[55] 吴海涛，周晶，陈玉萍. 秸秆能源化利用中资源供应持续性分析 [J]. 中国人口·资源与环境，2013（2）：51–57.

[56] 李慎宁. 生物产业激活"生物经济" [J]. 中国农村科技，2013（2）：48–49.

[57] 楚杰，段新芳，张冉. 我国人造板产业应对世界低碳经济模式的途径思考 [J]. 世界林业研究，2013（1）：84–88.

[58] 贾林娟. 俄罗斯能源产业低碳化的影响因素及战略选择 [J]. 西伯利亚研究，2013（1）：5–8.

[59] 吴一洲，吴次芳，罗文斌. 经济地理学视角的城市土地经济密度影响因素及其效应 [J]. 中国土地科学，2013（1）：26–33.

[60] 胡尊东，洪梅香. 牡丹文化及其产业化的模式探析 [J]. 湖北农业科学，2013（2）：494–497.

[61] 刘遵峰，王小慈，张春玲. 对河北省县域特色产业发展的探究 [J]. 生态经济，2013（2）：119–121，140.

[62] 李艳，王会岩，郝峰，张磊，刘磊，姜勇，王杰. 为地方生物产业发展培养医学生物技术人才 [J]. 中国卫生产业，2013（3）：185，187.

[63] 林民书，刘名远. 区域战略性新兴产业发展困境与策略选择——以海西经济区为例 [J]. 福建论坛（人文社会科学版），2013（1）：131–136.

[64] 王军辉. 浅谈文化企业价值评估 [J]. 中国资产评估，2013（2）：24–27.

[65] 吕振. 金融支持文化产业大繁荣大发展的几点设想 [J]. 金融经济，2013（4）：93–95.

[66] 四川大学公共管理学院课题组，杨斌. 成都文化创意产业园区培育策略研究 [J]. 中共四川省委省级机关党校学报，2013（2）：119–122.

[67] 成学真，李玉. 文化产业发展对经济增长影响的实证研究 [J]. 统计与决策，2013（3）：114–117.

[68] 李淳, 闫海旺, 刘巧梅. 山西经济转型发展路径研究 [J]. 理论探索, 2013 (1): 69-71, 105.

[69] 许亚庆. 我国战略性新兴产业发展研究 [J]. 学术交流, 2013 (2): 68-71.

[70] 章铭, 刘传江. 基于低碳经济的产业分类模式研究 [J]. 广西社会科学, 2013 (1): 52-55.

[71] 张颢瀚, 樊士德. 后信息经济时代的全球经济 [J]. 江苏社会科学, 2013 (1): 6-15.

[72] 高波. 全球化时代的经济发展理论创新 [J]. 南京大学学报 (哲学·人文科学·社会科学版), 2013 (1): 13-26, 158-159.

[73] 李瑶亭. 城市旅游化水平与城市经济发展的关系研究——以我国 26 个旅游城市为例 [J]. 兰州学刊, 2013 (1): 99-108.

[74] 尤军, 杜江. 中国产业结构演进的效益分析 [J]. 创新, 2013 (2): 71-74, 128.

[75] 肖立新. 产业集群效应促进区域经济发展的途径研究 [J]. 湖北社会科学, 2013 (2): 65-68.

[76] 贺正楚, 张训, 陈文俊, 吴艳. 战略性新兴产业的产业选择问题研究 [J]. 湖南大学学报 (社会科学版), 2013 (1): 63-68.

[77] 王颖, 倪超. 中国人口转变的经济效应——基于省级数据的空间面板模型分析 [J]. 北京师范大学学报 (社会科学版), 2013 (1): 131-142.

[78] 绿色就业发展战略研究课题组, 张丽宾. 绿色就业发展战略研究 [J]. 中国劳动, 2013 (2): 4-9.

[79] 杨秋明, 姜海蓉, 魏丽. 就业结构与产业结构协调性及其影响因素——以江苏省为例 [J]. 企业经济, 2013 (2): 159-162.

[80] 康彦彦. 金融发展对资源型城市产业结构调整的效应分析 [J]. 中央财经大学学报, 2013 (1): 26-29.

[81] 李奇亮. 信息产业对 GDP 拉动作用的实证研究 [J]. 中国商贸, 2013 (1): 178-179.

[82] 杨红, 董耀武, 尹新哲. 欠发达地区产业结构调整的新路径: 生态农业生态旅游业耦合产业发展模式 [J]. 云南财经大学学报, 2013 (1): 149-152.

[83] 谢清河. 我国金融支持战略性新兴产业发展研究 [J]. 新金融, 2013 (2): 54-57.

[84] 孙晓华, 王昀. 对外贸易结构带动了产业结构升级吗?——基于半对数模型和结构效应的实证检验 [J]. 世界经济研究, 2013 (1): 15-21, 87.

[85] 丁振辉, 张猛. 日本产业结构变动对经济波动的影响: 熨平还是放大?[J]. 世界经济研究, 2013 (1): 74-79, 89.

[86] 李子成, 陈锋, 王稳妮. 产业结构变动与经济周期波动的关联性分析 [J]. 会计与经济研究, 2013 (1): 91-96.

[87] 谢波. 税收收入、产业结构和经济增长关系的实证检验 [J]. 经济问题, 2013

（2）：42-45.

[88] 王保忠，何炼成，李忠民．低碳经济背景下区域产业布局优化问题研究 [J]．经济纵横，2013（3）：100-104.

[89] 王钰．应用 AHP 方法对产业国际竞争力评价的研究——1995~2010 年中国制造业低碳经济的验证 [J]．经济学家，2013（3）：61-68.

[90] 贾立江，范德成，武艳君．低碳经济背景下我国产业结构调整研究 [J]．经济问题探索，2013（2）：87-92.

[91] 于文思．日本动漫产业营销策略对我国动漫产业营销的启示 [J]．商业经济，2013（2）：79-81.

[92] 王春艳．我国高新技术产业重心与人力资源重心的演化路径对比分析 [J]．上海经济研究，2013（2）：32-39.

[93] 熊曦．基于偏离—份额分析法的工业行业主导产业发展方向选择研究——以湖南省工业发展为例（2006~2011）[J]．发展研究，2013（1）：75-80.

[94] 余冬筠，郑莉峰．产业集聚、创新集聚与城市经济动力——来自长三角的证据 [J]．华东经济管理，2013（3）：65-69.

[95] 齐志强，康春鹏．中国经济增长来源实证研究——基于对细分的信息产业、资本投入、劳动投入与全要素生产率的分析 [J]．工业技术经济，2013（2）：133-141.

[96] 徐涛．产业集聚、企业特征与制造业技术进步——基于江苏省制造业行业的研究 [J]．华东经济管理，2013（2）：7-12.

[97] 刘志雄，王新哲．中国—东盟产业内贸易测算及影响因素研究 [J]．商业研究，2013（2）：33-38.

[98] 李晓东．生态文明与高新区生态产业体系构建的辩证思考 [J]．改革与战略，2013（1）：90-93.

[99] 陈晓永，张会平．战略性新兴产业与传统产业关系动态分析 [J]．商业研究，2013（2）：70-73.

[100] 赵冰，曹允春．基于产业转移的临空产业选择研究 [J]．商业研究，2013（2）：58-63.

[101] 南开大学产业经济课题组，段文斌，刘大勇．新国际产业转移、新国际货币体系与中国发展转型 [J]．当代经济研究，2013（3）：16-22，93.

[102] 凌捷．总部经济视角下的战略性新兴产业空间布局研究 [J]．改革与战略，2013（2）：106-109.

[103] 孟华婷，邵海燕．利用外资与技术进步效应：分析和建议——基于高技术产业的视角 [J]．国际经济合作，2013（3）：72-76.

[104] 马凤华．机场发展与城市经济增长的关系研究——以广州白云机场和深圳宝安机场为例 [J]．特区经济，2013（2）：200-203.

[105] 沈绪明．加快发展我国现代物流产业的几点思考 [J]．物流技术（装备版），2013

（2）：12–17.

[106] 于维洋，闫晓静. 河北省碳排放强度影响因素研究 [J]. 企业经济，2013（2）：16–19.

[107] 赵斌. 园区经济竞争力提升的策略探析——以湖南湘潭园区为例 [J]. 上海房地，2013（2）：23–25.

[108] 柳莎，余青. 湖北省投资结构优化与产业升级探析 [J]. 现代商贸工业，2013（3）：55–57.

[109] 王雅琼. 我国县域经济产业结构升级的探讨 [J]. 生产力研究，2013（1）：121–123.

[110] 彭穗生. 产业集群与共生治理的演进路径分析 [J]. 商业时代，2013（4）：109–110.

[111] 王中亚. 中国典型资源型城市产业生态化发展研究 [J]. 中国国土资源经济，2013（2）：54–58.

[112] 连远强. 集群与联盟、网络与竞合：国家级扬州经济技术开发区产业创新升级研究 [J]. 经济地理，2013（3）：106–111.

[113] 赵明，张蓉. 江苏省对外直接投资与产业结构调整关系研究——基于 VAR 模型的实证分析 [J]. 科技管理研究，2013（4）：95–98，107.

[114] 渠立权，张庆利，陈洁. 江苏省产业结构调整对经济增长贡献的空间分析 [J]. 地域研究与开发，2013（1）：24–28，40.

[115] 王茂军，柴箐. 北京市产业网络结构特征与调节效应 [J]. 地理研究，2013（3）：543–555.

[116] 程长羽，李莹，王雪祺. 河北省海洋经济发展现状及其对策 [J]. 经济论坛，2013（2）：24–28.

[117] 董辉. 粤闽鲁浙琼五省海洋产业比较 [J]. 开放导报，2013（1）：20–23.

[118] 蒋桂芹，赵勇，于福亮. 水资源与产业结构演进互动关系 [J]. 水电能源科学，2013（4）：139–142，182.

[119] 张伯礼. 扶持民族医药产业，保障我国医药安全的建议 [J]. 中国食品药品监管，2013（3）：9–11.

[120] 于良，张悠. 基于区位熵法和偏离—份额法的资源枯竭型产业转型发展分析 [J]. 统计与决策，2013（6）：140–142.

[121] 吴伟琴，崔娜. 我国煤炭资源开采对国民经济产业结构的影响 [J]. 中国市场，2013（2）：56–57.

[122] 熊云峰，陈章兰，蔡振雄，黄婉贞. 福建省船舶产业发展的 SWOT 分析及策略研究 [J]. 海峡科学，2013（2）：30–34，37.

[123] 曹文静. 西安高新区产业集群优化研究 [J]. 地下水，2013（1）：179–181.

[124] 王婕妤，徐海成. 基于实现有效竞争的基础设施产业规模效率研究 [J]. 西北大

学学报（哲学社会科学版），2013（1）：121-125.

　　[125] 甄晓非，孟凡生. 低碳经济驱动下的中国新能源产业战略发展研究 [J]. 苏州大学学报（哲学社会科学版），2013（2）：115-119.

　　[126] 杨莳，薛建强. 中国新一代信息技术产业发展背景与趋势分析 [J]. 辽宁行政学院学报，2013（3）：94-96.

　　[127] 卢盛荣，李文溥. 中国货币政策效应双重非对称性研究——以产业传导渠道为视角 [J]. 厦门大学学报（哲学社会科学版），2013（2）：47-54.

　　[128] 文娟. 考虑产出规模的产业关联研究——基于《中国投入产出表》等数据的实证分析 [J]. 厦门大学学报（哲学社会科学版），2013（2）：55-64.

　　[129] 李志刚. 高职教育规模与经济发展水平的相关性研究——基于产业结构调整的视角 [J]. 职教论坛，2013（7）：30-33.

　　[130] 安礼伟，张二震. 论开发区转型升级与区域发展开放高地的培育——基于江苏的实践 [J]. 南京社会科学，2013（3）：11-17，32.

　　[131] 王甘，杨威. 基于偏离—份额法的城市产业结构分析——以湖北省随州市为例 [J]. 华中农业大学学报（社会科学版），2013（3）：147-152.

　　[132] 伍华佳. 中国低碳产业技术自主创新路径研究 [J]. 社会科学，2013（4）：42-51.

　　[133] 杨松茂，任燕. 陕西旅游产业与区域经济耦合协调发展度研究 [J]. 统计与信息论坛，2013（3）：76-81.

　　[134] 李东军，张辉. 北京市产业结构与经济增长的关系及原因分析 [J]. 东北大学学报（社会科学版），2013（2）：148-153.

　　[135] 刘传玉，郝金磊. 经济增长、结构转变与人口城市化：基于甘肃的经验研究 [J]. 西北人口，2013（2）：85-88，94.

　　[136] 薛继亮. 中国西部地区人口红利与产业转型研究 [J]. 财经问题研究，2013（2）：39-44.

　　[137] 张国胜. 技术变革、范式转换与我国产业技术赶超 [J]. 中国软科学，2013（3）：53-65.

　　[138] 刘振杰. 加快产业集聚发展的问题及对策 [J]. 中国国情国力，2013（4）：44-46.

　　[139] 彭文生，林暾，赵扬，朱维佳，杜彬. "新"城镇化有新意 [J]. 金融发展评论，2013（1）：38-54.

　　[140] 宋立. 试析城市水休闲旅游产业的经济贡献度——以扬州、宁镇扬和江苏滨水城市群间的经济势能对比为例 [J]. 技术经济与管理研究，2013（6）：124-128.

　　[141] 钟俊娟，王健. 我国物流业与三次产业的关联度——基于产业融合视角 [J]. 技术经济，2013（2）：39-44.

　　[142] 胡磊. 河南省县域经济的发展模式、趋势与优化 [J]. 开发研究，2013（1）：45-48.

　　[143] 张春玲，钱娅静，马玉曼. 河北省县域主导产业选择研究 [J]. 合作经济与科技，

2013（7）：22-23.

　　[144] 桂黄宝.我国高技术产业创新能力时空差距研究 [J].经济体制改革，2013（2）：98-102.

　　[145] 胡华.资源诅咒命题在中国大陆是否成立——基于省级面板数据的回归分析 [J].现代财经（天津财经大学学报），2013（3）：24-36.

　　[146] 乔代富.安徽现代产业体系构建研究 [J].现代商贸工业，2013（5）：59-60.

　　[147] 王晓辉，张永，刘楠楠.山东省产业结构：演进、现状与对策分析 [J].山东财政学院学报，2013（2）：38-45.

　　[148] 王佳宁，罗重谱.综合配套改革试验区产业功能区及其管理体制解构：天津滨海与重庆两江 [J].改革，2013（4）：73-82.

　　[149] 龚峰，刘刚.武汉城市圈临空经济发展现状、问题与对策研究 [J].物流工程与管理，2013（1）：154-157.

　　[150] 张华伦，张振华.产品内贸易视角下武汉市服务外包的策略研究 [J].企业经济，2013（3）：151-153.

　　[151] 刘金栋，郑向敏，谢朝武.省域旅游产业与区域经济的耦合协调度研究 [J].旅游论坛，2013（1）：42-47.

　　[152] 左伟.高新区创建国家电子商务示范基地的路径探析——以南宁高新区为例 [J].改革与战略，2013（3）：49-52.

　　[153] 邱静.金融助推新兴产业发展 催化产业结构调整 [J].改革与战略，2013（3）：69-72.

　　[154] 蒋昕，曹流.我国区域旅游门票经济的路径依赖与创新选择 [J].湖北经济学院学报，2013（2）：37-42.

　　[155] 李洪超.关于转变煤炭经济发展方式的若干思考 [J].科技资讯，2013（3）：232.

　　[156] 陆张维，徐丽华，吴次芳，岳文泽.西部大开发战略对于中国区域均衡发展的绩效评价 [J].自然资源学报，2013（3）：361-371.

　　[157] 郭立伟，沈满洪.基于区位商和NESS模型的新能源产业集群水平识别与评价——以浙江省为例 [J].科学学与科学技术管理，2013（5）：70-79.

　　[158] 曹如中，郭华，付永萍.促进我国创意产业集群发展的战略思考 [J].科技管理研究，2013（9）：62-66.

　　[159] 翟绪军.低碳时代黑龙江省装备制造业绿色创新体系构建研究 [J].科技创业月刊，2013（5）：11-12，15.

　　[160] 王延伟，张丽娟.吉林省战略性新兴产业现状分析与政策建议 [J].科技管理研究，2013（7）：45-47，59.

　　[161] 盖美，张丽平，田成诗.环渤海经济区经济增长的区域差异及空间格局演变 [J].经济地理，2013（4）：22-28.

　　[162] 张鹏，杨青山，马延吉，刘勇.长吉一体化区域产业空间结构的重组动力和优

化 [J]. 经济地理, 2013 (4): 94-100.

[163] 邢李志, 关峻, 靳敏. 基于网络流理论和随机游走过程的产业经济信息传递分析 [J]. 科技进步与对策, 2013 (8): 67-72.

[164] 逄健, 朱欣民. 国外数字经济发展趋势与数字经济国家发展战略 [J]. 科技进步与对策, 2013 (8): 124-128.

[165] 孙林林, 李同昇, 吴涛. 我国沿海地区海洋产业结构及其竞争力的偏离份额分析 [J]. 科技情报开发与经济, 2013 (5): 137-139, 160.

[166] 谢波. 资源产业集聚、技术创新能力与区域经济增长——基于省际面板的实证分析 [J]. 科技进步与对策, 2013 (7): 31-36.

[167] 刘佳, 赵金金, 张广海. 中国旅游产业集聚与旅游经济增长关系的空间计量分析 [J]. 经济地理, 2013 (4): 186-192.

[168] 王玥, 佟仁城. 产业关联分析动态网络模型 [J]. 数学的实践与认识, 2013 (6): 109-117.

[169] 毛琦梁, 董锁成, 王菲, 李俊. 中国省区间制造业空间格局演变 [J]. 地理学报, 2013 (4): 435-448.

[170] 张伟, 张金锁, 邹绍辉, 许建. 基于 LMDI 的陕西省能源消费碳排放因素分解研究 [J]. 干旱区资源与环境, 2013 (9): 26-31.

[171] 彭利, 吕雁琴. 基于多元统计方法的新疆固定资产投资结构分析 [J]. 资源与产业, 2013 (2): 43-47.

[172] 熊俊楠, 韦方强, 苏鹏程, 江玉红. 基于多源数据的四川省 GDP 公里格网化研究 [J]. 应用基础与工程科学学报, 2013 (2): 317-327.

[173] 纪玉俊. 我国的海洋产业集聚及其影响因素分析 [J]. 中国海洋大学学报 (社会科学版), 2013 (2): 8-13.

[174] 刁培莲, 邓智团. 基于动态偏离—份额模型的武汉市产业结构演变研究 [J]. 统计与决策, 2013 (8): 106-109.

[175] 杨安. 外商直接投资对我国产业结构的影响研究——基于 VAR 和协整检验的实证分析 [J]. 求索, 2013 (3): 54-56, 53.

[176] 焦兵, 刘杰. 西部资源富集地区能源产业成长阶段的比较研究——基于陕西、新疆、内蒙古的实证分析 [J]. 资源与产业, 2013 (2): 124-128.

[177] 孙宝慧, 张丽. 乌鲁木齐第三产业竞争力综合评价分析 [J]. 资源与产业, 2013 (2): 136-142.

[178] 刘宇, 黄继忠. 辽宁省产业结构演变的环境效应分析 [J]. 资源与产业, 2013 (2): 110-116.

[179] 郝家林. 节约能源改善环境——科学发展煤化工产业 [J]. 中国石油和化工标准与质量, 2013 (8): 186.

[180] 唐伟, 徐海岚, 沈旭, 闫兰玲, 郑思伟, 谷雨. 杭州市环境保护背景下的工业

产业发展研究 [J]. 环境科学与管理, 2013 (4): 156–159, 194.

[181] 杨利军. 我国体育产业经济效益对经济建设的作用 [J]. 中国农业会计, 2013 (3): 28–30.

[182] 郑策, 全颖, 张旭, 凌立莹, 茬群红, 刘彦, 王守山. 吉林省人参产业品牌战略研究 [J]. 特产研究, 2013 (1): 73–76.

[183] 伍湘陵. 厦门"蓝色经济"的绿色发展路径选择 [J]. 台湾农业探索, 2013 (1): 39–42.

[184] 于孔燕. 中国农业会展业发展趋势分析 [J]. 世界农业, 2013 (5): 134–137.

[185] 曹均, 易芷娟, 陈俊红. 创新沟域产业融合发展路径——基于北京市四季花海的调研 [J]. 湖北农业科学, 2013 (4): 970–973.

[186] 胡文岭, 张荣梅. 一种农户到消费者的订单农业运作模式探讨 [J]. 湖北农业科学, 2013 (4): 978–981.

[187] 周春山, 刘毅. 发达国家的再工业化及对我国的影响 [J]. 世界地理研究, 2013 (1): 47–56.

[188] 章迪平. 基于灰色关联分析的文化产业发展影响因素研究——以浙江省为例 [J]. 浙江工商大学学报, 2013 (3): 92–97.

[189] 张凤娟, 陈书龙. 关于文化产业园绩效评估体系的探讨 [J]. 中国商贸, 2013 (6): 158–159.

[190] 陈红玲, 陈文捷. 基于新增长理论的广西民族文化产业与旅游产业融合发展研究 [J]. 广西社会科学, 2013 (4): 173–176.

[191] 梁勇, 叶南客. 提升江苏文化产业竞争力 建设文化强省 [J]. 唯实, 2013 (4): 37–41.

[192] 孙语圣. 皖北文化产业发展的现状与建议 [J]. 淮北师范大学学报 (哲学社会科学版), 2013 (2): 10–14.

[193] 干春晖, 余典范. 中国构建动态比较优势的战略研究 [J]. 学术月刊, 2013 (4): 76–85.

[194] 张树俊. 论产业体系建构与转型升级——以泰州市为例 [J]. 管理学刊, 2013 (1): 34–37.

[195] 傅允生. 产业转移、劳动力回流与区域经济协调发展 [J]. 学术月刊, 2013 (3): 75–81.

[196] 马春光, 赵喜艳. 辽宁县域经济发展制约因素研究 [J]. 沈阳师范大学学报 (社会科学版), 2013 (2): 48–51.

[197] 吴家灿, 李蔚. 论基于产业集群的区域品牌培育路径 [J]. 求索, 2013 (2): 24–26.

[198] 吴佐, 许千里, 聂鹏程. 我国战略性新兴产业的竞争力与经济贡献度——以光伏产业为例 [J]. 西安交通大学学报 (社会科学版), 2013 (2): 15–21.

[199] 王艳荣. 基于人才培养的产业经济学教学方法设计 [J]. 当代教育理论与实践，2013（4）：101-102.

[200] 王娟娟. 基于低碳经济理念探索中国经济转型路径 [J]. 中国流通经济，2013（5）：56-62.

[201] 吴三忙，李善同. 中国经济复杂度及其演变：基于 1987 年至 2007 年的投入产出表测度 [J]. 管理评论，2013（3）：3-11，17.

[202] 严武，丁俊峰. 金融发展、外商直接投资与产业结构优化——基于广东省数据的实证分析 [J]. 金融经济学研究，2013（2）：30-40.

[203] 李锦飞，张娜. 制造业转移承接能力的评价研究 [J]. 技术经济与管理研究，2013（7）：91-95.

[204] 周莉萍. 城市化与产业关系：理论演进与述评 [J]. 经济学家，2013（4）：94-99.

[205] 蔡益泉. 我国低碳产业的发展现状与对策思考 [J]. 华东经济管理，2013（4）：32-35.

[206] 王旭，胡春艳，赵泉午. 基于复杂自组织的重庆电子信息产业集群研究 [J]. 华东经济管理，2013（4）：85-90.

[207] 徐杰，段万春，张世湫. 西部地区产业布局合理化水平研究——以云南省为例 [J]. 经济问题探索，2013（5）：94-101.

[208] 鲍文改. 我国光伏产业发展的风险及应对策略 [J]. 经济与管理，2013（4）：80-82.

[209] 施卫东，卫晓星. 战略性新兴产业集群研究综述——基于演化视角的分析框架 [J]. 经济问题探索，2013（5）：185-190.

[210] 张晋莲. 国外产业投资基金发展研究和对我国的启示 [J]. 金融与经济，2013（3）：57-59.

[211] 韩笑. 国内外科技投入机制对比研究 [J]. 技术经济与管理研究，2013（7）：47-52.

[212] 寇娅雯. 我国战略性新兴产业政策调控机制研究——基于可持续发展视角 [J]. 生产力研究，2013（3）：163-165.

[213] 刘艳梅. 物流产业集群与区域经济发展的关系探析 [J]. 物流技术，2013（3）：69-70，144.

[214] 吕晨钟，秦洁. 房地产业波动和国民经济发展关系实证检验 [J]. 商业时代，2013（10）：125-127.

[215] 杨林. 中国是否应该继续大量引进 FDI——多重视角下 FDI 对中国经济的影响分析 [J]. 商业经济与管理，2013（5）：88-97.

[216] 袁小军，孙金山. 产业结构变动与新疆经济增长关系实证分析 [J]. 商业时代，2013（11）：141-143.

[217] 邓丽姝. 生产性服务业主导产业升级的机制分析 [J]. 生产力研究，2013（3）：

166-168，193，201.

[218] 白洁. R&D 投入、发展差异与产业结构高度化研究——基于省际面板的实证检验 [J]. 工业技术经济，2013（4）：116-120.

[219] 邢岩峰. 洛阳市产业集聚区发展状况浅析 [J]. 经营管理者，2013（8）：43.

[220] 霍影. 经济体制改革、科技体制改革与战略性新兴产业协同发展机制研究 [J]. 科技进步与对策，2013（11）：103-106.

[221] 陈太政，李锋，乔家君. 旅游产业高级化与旅游经济增长关系研究 [J]. 经济地理，2013（5）：182-187.

[222] 马仁锋，李加林，赵建吉，庄佩君. 中国海洋产业的结构与布局研究展望 [J]. 地理研究，2013（5）：902-914.

[223] 李燕，贺灿飞. 1998~2009 年珠江三角洲制造业空间转移特征及其机制 [J]. 地理科学进展，2013（5）：777-787.

[224] 颜银根，安虎森. 演化经济地理：经济学与地理学之间的第二座桥梁 [J]. 地理科学进展，2013（5）：788-796.

[225] 罗若，愚申琴. 区域产业转移的效应分析及政府引导作用模型 [J]. 区域经济评论，2013（3）：23-29.

[226] 龚志聪，寿建敏. 江苏省海洋产业发展分析与研究 [J]. 市场研究，2013（4）：18-19.

[227] 黄秉杰，孙旭杰. 产业结构与经济增长动态关系的探讨——基于 VAR 模型的山东省实证分析 [J]. 技术经济与管理研究，2013（5）：109-113.

[228] 张艳芳，常相全. 蓝色经济区优势产业综合评价指标体系的构建 [J]. 济南大学学报（社会科学版），2013（3）：67-70.

[229] 林善浪，张作雄，刘国平. 技术创新、空间集聚与区域碳生产率 [J]. 中国人口·资源与环境，2013（5）：36-45.

[230] 金继红，毛显强. 中国产业增长与能源效率变化的共轭因素分析 [J]. 中国人口·资源与环境，2013（5）：52-57.

[231] 张文玺. 中日韩 GDP、人口、产业结构对能源消费的影响研究 [J]. 中国人口·资源与环境，2013（5）：125-134.

[232] 刘晓雪，王新超，郑传芳. 50 年来澳大利亚食糖市场与政策的发展演变及对中国的启示 [J]. 世界农业，2013（6）：75-83，89.

[233] 曹允春. 临空产业的集聚模式研究 [J]. 区域经济评论，2013（3）：30-34.

[234] 梁毅劼，于平福，杨景峰. 广西特色农业资源型产业发展的科技问题探讨 [J]. 南方农业学报，2013（2）：350-355.

[235] 张玲，邬永强. 广州市会展旅游产业集聚过程及形成机理研究 [J]. 人文地理，2013（2）：111-116，153.

[236] 江凌，倪洪怡. 上海文化产业园区管理：现状、问题与对策 [J]. 福建论坛（人

文社会科学版），2013（4）：53-59.

[237] 朱桂凤. 文化产业与旅游产业耦合因素之分析 [J]. 学术交流，2013（4）：133-137.

[238] 郭平，彭妮娅. 中国文化产业发展的空间不均衡性分析 [J]. 财经理论与实践，2013（3）：115-119.

[239] 杨宏翔. 城市化滞后于工业化对经济社会发展的制约及其消解——以浙江为例 [J]. 中共浙江省委党校学报，2013（2）：49-57.

[240] 赵金英. 经济发展方式转变与经济法完善的战略思考 [J]. 战略决策研究，2013（3）：60-68.

[241] 叶卫平. 产业政策法治化再思考 [J]. 法商研究，2013（3）：115-124.

[242] 翟翠霞. 产业结构与经济增长关系实证研究——基于辽宁产业结构 30 年变迁的阐释 [J]. 社会科学辑刊，2013（2）：131-135.

[243] 侯茂章，朱玉林. 产业经济学课程教学效果影响因素分析 [J]. 当代教育论坛，2013（3）：104-108.

[244] 丁金昌. 高职教育对接区域经济的现状分析与路径选择 [J]. 高等教育研究，2013（3）：61-66.

[245] 翁海峰. 我国体育经济发展策略刍议 [J]. 体育世界（下旬刊），2013（2）：4-5.

[246] 谭菊华. 经济增长、产业发展与劳动就业：来自中国的证据检验 [J]. 经济问题，2013（6）：55-58.

[247] 赵玉林，程萍. 中国省级区域高技术产业技术创新能力实证分析 [J]. 商业经济与管理，2013（6）：77-85.

[248] 张莹. 房地产行业现状、趋势分析与建议 [J]. 天津经济，2013（3）：36-38.

[249] 郑振雄，刘艳彬. 要素价格扭曲下的产业结构演进研究 [J]. 中国经济问题，2013（3）：68-78.

[250] 易海峰. "高铁时代"东北地区经济整合探析 [J]. 企业经济，2013（5）：143-146.

[251] 施华珺. 国际贸易和直接投资：基于产业经济学的分析 [J]. 商，2013（10）：134.

[252] 熊勇清，冯韵雯. 区域产业发展环境的差异性及变动性测量——基于"十一五"时期省域数据的实证 [J]. 审计与经济研究，2013（4）：84-93.

[253] 李兰，肖双琼. 产业集群文献综述 [J]. 中国高新技术企业，2013（9）：150-152.

[254] 刘颖. 基于产业集群理论的四川省旅游产业发展策略 [J]. 企业经济，2013（5）：90-93.

[255] 熊劲松. 浅谈政府与产业投资基金发展的关系 [J]. 现代商业，2013（9）：178-179.

[256] 范潇允. 产业集群效应与企业经营模式关联性的探讨 [J]. 技术经济与管理研究，

2013（5）：94-98.

[257] 韦森.探寻人类社会经济增长的内在机理与未来道路——评林毅夫教授的新结构经济学理论框架 [J].经济学（季刊），2013（3）：1051-1074.

[258] 张丽华，陈伟忠，林善浪.我国制造业集聚经济动态性研究：基于产业生命周期的视角 [J].产业经济研究，2013（3）：23-34.

[259] 张良贵，孙久文.金融加速器效应的经济区域特征与区域产业转移 [J].产业经济研究，2013（3）：74-83.

[260] 彭冲，李春风，李玉双.产业结构变迁对经济波动的动态影响研究 [J].产业经济研究，2013（3）：91-100.

[261] 居占杰，李宏波，黄康征.广东海洋战略性新兴产业发展的 SWOT 分析 [J].改革与战略，2013（5）：72-77.

[262] 吕文慧，高志刚.新疆产业用水变化的驱动效应分解及时空分异 [J].资源科学，2013（7）：1380-1387.

[263] 李锋，孙根年，付琦.基于抗周期性角度的我国旅游产业政策效用评估研究——以四次旅游产业政策为例 [J].经济地理，2013（6）：162-169.

[264] 谢品，李良智，赵立昌.江西省制造业产业集聚、地区专业化与经济增长实证研究 [J].经济地理，2013（6）：103-108.

[265] 于婧，陈东景，王海宾.基于灰色系统理论的海洋主导新兴产业选择研究——以山东半岛蓝色经济区为例 [J].经济地理，2013（6）：109-113.

[266] 张倩男.战略性新兴产业与传统产业耦合发展研究——基于广东省电子信息产业与纺织业的实证分析 [J].科技进步与对策，2013（12）：63-66.

[267] 田甜，陈峥嵘.广东省海洋产业布局的现状、问题及对策 [J].经济视角（下），2013（5）：14-16.

[268] 朱永明，赵丽.石家庄市耕地资源数量与经济发展关系研究——基于脉冲响应函数的实证分析 [J].水土保持研究，2013（3）：211-217，225.

[269] 何景熙，何懿.产业—就业结构变动与中国城市化发展趋势 [J].中国人口·资源与环境，2013（6）：103-110.

[270] 李锋，沈文星.基于循环经济的黄山市化工园区生态产业链共生模式选择 [J].南京林业大学学报（自然科学版），2013（3）：140-144.

[271] 郭永奇.区域产业生态足迹变化的实证研究——以新疆为例 [J].湖北农业科学，2013（8）：1966-1970.

[272] 刘丹，陶文依美，陶长琪.信息产业对区域产业结构升级的促进效应——基于三螺旋理论的实证分析 [J].南昌工程学院学报，2013（3）：29-35.

[273] 陈志刚，陈健.浅析移动电子商务产业链的整合 [J].湖北工业大学学报，2013（3）：41-44.

[274] 徐丽娜，赵涛，刘广为，孙金帅.中国能源强度变动与能源结构、产业结构的

动态效应分析 [J]. 经济问题探索, 2013 (7): 40-44.

[275] 薛亮, 梅旭荣, 王济民, 汪飞杰, 陆建中, 吴敬学, 聂凤英, 沈银书, 张雨, 夏旭. 后金融危机时期中国农业科技发展若干问题的思考——掌握农业科技竞争主动权, 迎接新一轮的世界科技革命 [J]. 中国农业科学, 2013 (13): 2821-2832.

[276] 张春玲, 吴红霞, 刘遵峰. 低碳经济下区域战略性新兴产业评价与选择 [J]. 生态经济, 2013 (5): 132-135.

[277] 刘雪芬, 杨志海, 王雅鹏. 我国水禽产业竞争力的特点和影响因素与提升路径 [J]. 农业现代化研究, 2013 (3): 308-312.

[278] 王金叶, 梁佳, 张静. 加快我国西部地区生态经济发展的对策研究 [J]. 生态经济, 2013 (6): 38-41, 49.

[279] 黄先智, 秦俭, 向仲怀. 日本蚕丝业振兴路径给中国蚕丝业转型发展的启示 [J]. 蚕业科学, 2013 (3): 599-605.

[280] 殷志成. 发酵床养猪与传统养猪技术对比分析 [J]. 中国畜牧兽医文摘, 2013 (5): 72-73.

[281] 薄其红. 大力发展安徽文化产业 [J]. 传奇·传记文学选刊 (教学研究), 2013 (4): 1-4.

[282] 林子毅, 蒋莹. 浅谈北京文化创意产业的发展 [J]. 中国商贸, 2013 (12): 152-153.

[283] 周锦, 顾江. 城市文化产业创新的内外机制分析 [J]. 现代经济探讨, 2013 (5): 57-60, 64.

[284] 刘克兴. 我国网络文化产业现状及研究方向 [J]. 电子商务, 2013 (8): 11-12.

[285] 敬莉, 郑广坤. 基于偏离—份额分析法的新疆制造业产业竞争力评价 [J]. 新疆大学学报 (哲学·人文社会科学版), 2013 (1): 5-10.

[286] 曹万林. 中原经济区新型城镇化建设与县域经济关联性分析 [J]. 周口师范学院学报, 2013 (3): 111-115.

[287] 董谛. 国外战略性新兴产业发展政策比较与借鉴 [J]. 襄阳职业技术学院学报, 2013 (3): 38-42.

[288] 何南, 孟宪军. 依托民营经济的产业结构升级探究 [J]. 衡阳师范学院学报, 2013 (2): 65-68.

[289] 钱净净. 区位选择、产业聚集与中部崛起 [J]. 未来与发展, 2013 (5): 84-89, 65.

[290] 赵儒煜. "后工业化"理论与经济增长: 基于产业结构视角的分析 [J]. 社会科学战线, 2013 (4): 46-60.

[291] 辜胜阻, 孙祥栋, 刘江日. 推进产业和劳动力"双转移"的战略思考 [J]. 人口研究, 2013 (3): 3-10.

[292] 刘晨. 皖江城市带产业集群特点、问题及对策 [J]. 铜陵学院学报, 2013 (2):

59-61.

[293] 张虎，徐文娟，张娟娟. 基于全球价值链的光伏产业集群高端化研究——以常州为例 [J]. 长春工业大学学报（社会科学版），2013（3）：23-25.

[294] 高楠，郭晓川. 基于产业生命周期理论的我国资源型产业的发展历程研究 [J]. 贵州大学学报（社会科学版），2013（2）：34-37.

[295] 刘国宜，胡振华，易经章. 产业集群的动力来源研究 [J]. 湖南社会科学，2013（3）：167-169.

[296] 汪芳，吴肖丽. 学研教协同教学组织方式创新研究——以产业经济学为例 [J]. 现代商贸工业，2013（9）：132-133.

[297] 薛继亮. 产业结构转型和劳动力市场调整的微观机理研究：理论与实践 [J]. 上海财经大学学报，2013（1）：66-73.

[298] 李国政. 从城市的边缘到经济的中心：临空经济演进的动力机制与圈层结构 [J]. 现代城市研究，2013（4）：105-109.

[299] 闫慧敏. 低碳约束下河北省产业结构优化探析 [J]. 经济研究导刊，2013（13）：76-78.

[300] 雷霆. 中印经济发展潜力分析——基于产业结构的角度 [J]. 技术经济，2013（6）：57-64，129.

[301] 张舒. 劳动密集型产业向中西部地区转移的潜在风险不容忽视 [J]. 经济纵横，2013（6）：47-53.

[302] 贾广葆. 产业地产运行中的矛盾与对策 [J]. 上海房地，2013（5）：19-21.

[303] 杨惠. 河南省城镇化水平与第三产业的互动关系研究 [J]. 商场现代化，2013（10）：123-124.

[304] 秦洪军. 促进民营经济加快发展的调查——以天津市为例 [J]. 天津经济，2013（6）：17-20.

[305] 侯雪艳. 旅游产业集群品牌培养与管理 [J]. 商业时代，2013（14）：21-22.

[306] 王翔，李凌. 金融发展、产业结构与地区产业增长 [J]. 财政研究，2013（5）：33-36.

[307] 俞晓晶. 转型期中国经济增长的产业结构效应 [J]. 财经科学，2013（7）：55-61.

[308] 李治国，周德田. 区域产业结构优化的金融支持研究——以山东省为例 [J]. 华东经济管理，2013（6）：21-26.

[309] 苗圩. 构建现代产业体系的三点思考 [J]. 中国发展观察，2013（5）：29-30.

[310] 向佐谊，童乙伦，曾明星. 基于社会分工视角的流通产业演进机理与定位研究 [J]. 财经论丛，2013（3）：98-103.

[311] 王春艳，蔡敬梅，李卫东. 主导产业引领区域经济增长——基于禀赋约束理论模型 [J]. 科技进步与对策，2013（13）：34-38.

[312] 李小明，陈敬良，闫海波，孟媛. 产业结构与税收的协调关系研究——基于上

海市地方税收的调研 [J]. 科技管理研究, 2013 (11): 204-208.

[313] 杨忠泰. 地方培育发展战略性新兴产业与高新技术产业差异分析 [J]. 科技管理研究, 2013 (11): 127-131.

[314] 顾江, 吴建军, 胡慧源. 中国文化产业发展的区域特征与成因研究——基于第五次和第六次人口普查数据 [J]. 经济地理, 2013 (7): 89-95, 114.

[315] 唐志鹏, 邓志国, 刘红光. 区域产业关联经济距离模型的构建及实证分析 [J]. 管理科学学报, 2013 (6): 56-66.

[316] 孙才志, 徐婷, 王恩辰. 基于 LMDI 模型的中国海洋产业就业变化驱动效应测度与机理分析 [J]. 经济地理, 2013 (7): 115-120, 147.

[317] 章迪平. 文化产业对区域经济发展影响的实证研究——以浙江省为例 [J]. 浙江科技学院学报, 2013 (4): 241-246.

[318] 许轶群. 中国报废汽车回收再利用业务模式研究 [J]. 汽车与配件, 2013 (30): 28-31.

[319] 闫浩, 周德群, 周鹏. 基于能源投入产出分析的节能减排政策研究 [J]. 北京理工大学学报 (社会科学版), 2013 (4): 34-41.

[320] 张海峰, 孙世民, 冯叶. 山东省羊产业经济地位演变历程分析 [J]. 科技和产业, 2013 (6): 7-11.

[321] 龙登高, 丁萌萌, 张洵君. 海外华商近年投资中国的强势成长与深刻变化 [J]. 华侨华人历史研究, 2013 (2): 30-37.

[322] 许京婕. 漳州市文化产业竞争力的评价与分析 [J]. 漳州师范学院学报 (哲学社会科学版), 2013 (2): 60-65.

[323] 曾湘泉, 陈力闻, 杨玉梅. 城镇化、产业结构与农村劳动力转移吸纳效率 [J]. 中国人民大学学报, 2013 (4): 36-46.

[324] 宋继承. 边缘地区主导产业形成动因与路径 [J]. 内蒙古大学学报 (哲学社会科学版), 2013 (4): 54-59.

[325] 施晶明. 厉行节约背景下高端酒店餐饮业转型之对策思考 [J]. 安徽职业技术学院学报, 2013 (2): 51-53.

[326] 王海涛, 徐刚, 恽晓方. 区域经济一体化视阈下京津冀产业结构分析 [J]. 东北大学学报 (社会科学版), 2013 (4): 367-374.

[327] 吕明元, 尤萌萌. 韩国产业结构变迁对经济增长方式转型的影响——基于能耗碳排放的实证分析 [J]. 世界经济研究, 2013 (7): 73-80, 89.

[328] 朱晓华, 邓宝义. 我国产业结构对经济增长影响的实证分析 [J]. 企业经济, 2013 (7): 132-136.

[329] 张明柱, 任利成. 基于 AHP 的我国物联网产业发展影响因素分析 [J]. 商业时代, 2013 (17): 46-49.

[330] 杨迅周, 谢燕娜, 沈晨. 旅游产业集聚区空间结构与管理模式研究 [J]. 河南科

学，2013（7）：1104-1107.

[331] 张蕾. 中国城市文化创意产业现状、布局及发展对策 [J]. 地理科学进展，2013（8）：1227-1236.

[332] 孟延春，汤苍松. 中国房地产业的关联测算及宏观经济效应分析——基于中国2002~2007年投入产出表 [J]. 中国人口·资源与环境，2013（S1）：28-31.

[333] 吴玉萍，刘娅楠，吕小师. 煤炭产业链低碳经济发展模式研究——以煤—焦—电—建材产业链为例 [J]. 内蒙古煤炭经济，2013（7）：17-18，27.

[334] 黄涛. 污染密集型产业向中国转移的影响因素研究 [J]. 山西财经大学学报，2013（8）：55-65.

[335] 黄群慧，贺俊. "第三次工业革命"、制造的重新定义与中国制造业发展 [J]. 工程研究——跨学科视野中的工程，2013（2）：184-193.

[336] 徐枫，陈昭豪. 金融支持新能源产业发展的实证研究 [J]. 宏观经济研究，2013（8）：78-85，93.

[337] 陈增明，杨贵军. 福建省产业结构与竞争力的偏离—份额分析——兼与粤浙赣三省比较 [J]. 福建论坛（人文社会科学版），2013（8）：155-160.

[338] 杨永超. 文化创意产业与旅游产业融合消费机制研究 [J]. 学术交流，2013（8）：208-211.

[339] 吴威. 信息文化产业发展对地区经济增长影响的实证分析——以湖南省为例 [J]. 情报科学，2013（9）：146-150.

[340] 刘继兵，徐婷. 文化产业发展趋势及政策创新研究 [J]. 湖北社会科学，2013（7）：86-89.

[341] 吴丽丽. 资源型地区转型研究——以山西省为例分析 [J]. 未来与发展，2013（7）：107-112.

[342] 邓良. 中国制造业与物流业联动发展实证分析——基于经济转型期行业面板数据分析的视角 [J]. 中国流通经济，2013（7）：29-36.

[343] 郭丽娟，邓玲. 我国西部地区承接产业转移存在的问题及对策 [J]. 经济纵横，2013（8）：72-76.

[344] 程贵孙，芮明杰. 战略性新兴产业理论研究新进展 [J]. 商业经济与管理，2013（8）：75-83.

[345] 王磊，龚新蜀. 产业生态化研究综述 [J]. 工业技术经济，2013（7）：154-160.

[346] 黄传峰，张正堂，吕涛，高伟. 产业间竞争的内涵、特征及其理论依据 [J]. 工业技术经济，2013（8）：11-18.

[347] 谢光亚，李明哲. 基于专利信息的中国风电产业技术创新能力评价 [J]. 工业技术经济，2013（8）：3-10.

[348] 王伟新，向云，祁春节. 中国水果产业地理集聚研究：时空特征与影响因素 [J]. 经济地理，2013（8）：97-103.

[349] 张家旗. 新乡市产业结构转型研究 [J]. 河南科学, 2013 (8): 1300-1304.

[350] 杨家伟, 乔家君. 河南省产业结构演进与机理探究 [J]. 经济地理, 2013 (9): 93-100.

[351] 刘杰. 山东省西部产业结构趋同研究 [J]. 经济地理, 2013 (9): 101-106.

[352] 张在旭, 尚高龙. 基于 SPSS 聚类分析的黄河三角洲经济园区特色产业集聚发展研究 [J]. 河南科学, 2013 (9): 1502-1506.

[353] 方法林, 金丽娇, 张岳军. 基于齿轮模型的旅游产业与区域经济耦合协调度研究——以长三角城市群为例 [J]. 南京师大学报 (自然科学版), 2013 (2): 119-125.

[354] 安士伟, 刘珂, 万三敏. 区域产业集聚度演变及对承接产业转移的启示——以河南省为例 [J]. 地域研究与开发, 2013 (4): 54-58.

[355] 刘训美, 苏维词, 官冬杰. 三峡库区重庆段人口与经济空间耦合分布研究 [J]. 重庆师范大学学报 (自然科学版), 2013 (5): 37-43, 145.

[356] 纪玉俊, 刘琳婧. 海洋产业集群与沿海区域经济发展关联关系分析 [J]. 海洋经济, 2013 (3): 1-7.

[357] 周强. 文化创意产业关联机制和关联度的动态分析——基于灰色关联模型 [J]. 重庆理工大学学报 (社会科学版), 2013 (8): 22-25.

[358] 于涵. 河北省钢铁产业集群存在的问题及发展对策 [J]. 中国证券期货, 2013 (8): 84.

[359] 刘祖德, 王帅旗, 蒋畅和. 我国安全生产与经济发展关系的研究 [J]. 安全与环境工程, 2013 (5): 103-107, 117.

[360] 陈田飞, 郑爱华, 方广生, 余兵妹. 淳安县蚕桑产业经济效益分析及提高对策 [J]. 中国蚕业, 2013 (3): 46-48.

[361] 张小冬, 路迈, 侯素真. 油用牡丹发展前景浅析 [J]. 乡村科技, 2013 (7): 11.

[362] 惠宁, 惠炜, 白云朴. 资源型产业的特征、问题及其发展机制 [J]. 学术月刊, 2013 (7): 100-106.

[363] 袁持平, 梁雯. 以澳门与横琴合作促进澳门经济可持续发展 [J]. 华南师范大学学报 (社会科学版), 2013 (4): 67-76, 160.

[364] 刘人怀, 覃大嘉, 梁育民, 左晓安. 产业工人的中国梦: 从低技能劳工到专业技术工人的人资转型升级战略 [J]. 战略决策研究, 2013 (5): 37-50.

[365] 王苗, 张力跃. 中职专业设置与我国经济结构适应性探究 [J]. 教育与职业, 2013 (24): 8-11.

[366] 王箫轲. 中韩经济相互依赖关系的比较分析 [J]. 亚太经济, 2013 (5): 91-95.

[367] 柴伟, 支大林. 吉林省产业结构与经济增长关系的实证研究 [J]. 经济纵横, 2013 (9): 119-121.

[368] 李洪伟, 任娜, 陶敏, 姜秀娟. 高技术产业与经济增长关系的实证研究 [J]. 技术经济与管理研究, 2013 (11): 124-128.

[369] 孙东琪，张京祥，胡毅，周亮，于正松. 基于产业空间联系的"大都市阴影区"形成机制解析——长三角城市群与京津冀城市群的比较研究 [J]. 地理科学，2013（9）：1043–1050.

[370] 苏明，杨良初，韩凤芹，武靖州，李成威，王敏，李婕，冯翊明. 促进我国海洋经济发展的财政政策研究 [J]. 经济研究参考，2013（57）：3–20.

[371] 高超，张国杰. 循环经济视角下我国钢铁产业的整合与转型 [J]. 现代商业，2013（27）：52–53.

[372] 张倩，卢玉文. 基于投入产出角度的新疆物流业发展现状分析 [J]. 新疆农垦经济，2013（11）：22–27.

[373] 许德友. 以"产城融合"推进中国新型城镇化 [J]. 长春市委党校学报，2013（5）：34–37.

[374] 吴志军，汪洋. 对我国光伏产业政策的反思及完善建议 [J]. 江西社会科学，2013（10）：59–62.

[375] 邵平. 全产业链金融的创新与发展 [J]. 中国金融，2013（22）：50–52.

[376] 王珍，谢五洲. 中部六省区域物流与经济发展的协整分析与因果检验 [J]. 物流技术，2013（19）：66–68，142.

[377] 梁伟欣，王珏. 京津冀产业对接实证研究 [J]. 现代产业经济，2013（11）：33–38.

[378] 徐春华，刘力. 省域居民消费、对外开放程度与产业结构升级——基于省际面板数据的空间计量分析 [J]. 国际经贸探索，2013（11）：39–52.

[379] 王智勇. 产业结构、城市化与地区经济增长——基于地市级单元的研究 [J]. 产业经济研究，2013（5）：23–34.

[380] 梁强，贾康. 1994 年税制改革回顾与思考：从产业政策、结构优化调整角度看"营改增"的必要性 [J]. 财政研究，2013（9）：37–48.

[381] 王炳文. 中国煤炭产业集中度及政策研究 [D]. 北京交通大学，2013.

[382] 王文超. 中国省区能源消费与二氧化碳排放驱动因素分析及预测研究 [D]. 大连理工大学，2013.

[383] 张爽. 我国三网融合中的政府责任研究 [D]. 吉林大学，2013.

[384] 周志太. 基于经济学视角的协同创新网络研究 [D]. 吉林大学，2013.

[385] 韩艳红. 我国欠发达地区承接发达地区产业转移问题研究 [D]. 吉林大学，2013.

[386] 张明. 产业升级与经济增长理论研究 [D]. 山西财经大学，2013.

[387] 朱允卫. 东部地区产业向中西部转移的理论与实证研究 [D]. 浙江大学，2013.

[388] 霍焰. 农民收入增长与农村金融发展的互动研究 [D]. 吉林大学，2013.

[389] 刘淑梅. 中国农业竞争力评价与提升对策研究 [D]. 吉林大学，2013.

[390] 姜华欣. 中国国有企业对外直接投资研究 [D]. 吉林大学，2013.

[391] 辛阳. 中美文化产业投融资比较研究 [D]. 吉林大学, 2013.

[392] 徐景. 美国金融结构研究 [D]. 吉林大学, 2013.

[393] 张伟. 天然气产业链的协调发展及升级研究 [D]. 中国地质大学（北京）, 2013.

[394] 李述晟. 制度视角下的中国对外直接投资促进机制研究 [D]. 首都经济贸易大学, 2013.

[395] 张晗. 文化科技融合背景下的中国出版产业数字化转型研究 [D]. 武汉大学, 2013.

[396] 姜棱炜. 战略性新兴产业初期融资模式及其效率评价 [D]. 武汉大学, 2013.

[397] 赵宏海. 安徽省城镇化与农业现代化协调发展研究 [D]. 安徽大学, 2013.

[398] 卢红兵. 循环经济与低碳经济协调发展研究 [D]. 中共中央党校, 2013.

[399] 郝新东. 中美能源消费结构问题研究 [D]. 武汉大学, 2013.

[400] 宋歌. 战略性新兴产业集群式发展研究 [D]. 武汉大学, 2013.

[401] 樊星. 中国碳排放测算分析与减排路径选择研究 [D]. 辽宁大学, 2013.

[402] 子志月. 云南少数民族口述档案开发利用研究 [D]. 云南大学, 2013.

[403] 范志杰. 发展文化事业促进文化产业政策研究 [D]. 财政部财政科学研究所, 2013.

[404] 赵金岭. 我国高端体育旅游的理论与实证研究 [D]. 福建师范大学, 2013.

[405] 曹孜. 煤炭城市转型与可持续发展研究 [D]. 中南大学, 2013.

[406] 郎波. 农村金融与担保机制研究 [D]. 西南财经大学, 2013.

[407] 付俊超. 产学研合作运行机制与绩效评价研究 [D]. 中国地质大学, 2013.

[408] 张贵凯. 人本思想指导下推进新型城镇化研究 [D]. 西北大学, 2013.

[409] 许轶旻. 信息化与工业化融合的影响因素研究 [D]. 南京大学, 2013.

[410] 许丹丹. 中国农村金融可持续发展问题研究 [D]. 吉林大学, 2013.

[411] 熊波. 新媒体时代中国电视产业发展研究 [D]. 武汉大学, 2013.

[412] 高秀丽, 孟飞荣. 物流业发展对产业结构优化的实证分析——基于空间面板杜宾模型 [J]. 热带地理, 2013 (6): 703–710.

[413] 马亚华, 杨凡. 空港与中国城市经济增长: 一个长期因果关系检验 [J]. 热带地理, 2013 (6): 711–719.

[414] 张玉林, 邵宏光. 浅谈我国林业产业发展过程中的现存问题及对策 [J]. 科技风, 2013 (22): 253.

[415] 岳福斌, 吴璘, 岳鸿飞. 国内外形势新变化与我国煤炭产业政策调整的必要性 [J]. 煤炭经济研究, 2013 (11): 22–26, 37.

[416] 谢丽, 徐波. 基于产业生态化视角的生态文明建设路径思考 [J]. 金融经济, 2013 (22): 149–151.

[417] 黄耀. 港口物流产业集群与港口经济发展的关系指标构建 [J]. 经营管理者, 2013 (30): 3–4.

[418] 薛文骏，徐瑞扬.产业结构对中国区域经济增长与能源效率的异质性影响 [J].首都经济贸易大学学报，2013（5）：44-51.

[419] 郭景福."新产业区"产业生态化路径研究 [J].生态经济，2013（10）：141-143.

[420] 黄燕，江金荣.金融支持海洋渔业产业链发展研究 [J].现代金融，2013（11）：31-32.

[421] 姜丽，黄庆波.我国对外贸易对产业结构优化影响的实证分析 [J].特区经济，2013（12）：79-82.

[422] 周营.湖北产业结构与经济增长关系实证研究 [J].商业经济，2013（19）：44-46.

[423] 乔均.广告创意产业发展的三个瓶颈 [J].中国广告，2013（11）：32-33.

[424] 栾贵勤，欧东旭，陈文巧.上海节能环保产业对国民经济影响分析 [J].科技与经济，2013（6）：71-75.

[425] 张慧敏，魏强，佟连军.吉林省产业发展与能源消费实证研究 [J].地理学报，2013（12）：1678-1688.

[426] 何佳霖，宋维玲.海洋产业关联及波及效应的计量分析——基于灰色和投入产出模型 [J].海洋通报，2013（5）：586-594.

[427] 殷克东，高文晶，徐华林.我国海洋经济景气指数及波动特征研究 [J].中国渔业经济，2013（4）：42-49.

[428] 陈卫民，施美程.发达国家人口老龄化过程中的产业结构转变 [J].南开学报（哲学社会科学版），2013（6）：32-41.

[429] 黄德俊."钻石模型"视角下我国数字内容产业发展途径研究 [J].科技管理研究，2013（17）：113-117，121.

[430] 秦月，秦可德，徐长乐.流域经济与海洋经济联动发展研究——以长江经济带为例 [J].长江流域资源与环境，2013（11）：1405-1411.

[431] 桂黄宝.基于锡尔熵和基尼系数法的高技术产业创新能力差异分析 [J].地域研究与开发，2013（5）：29-35，50.

[432] 朱云鹃，涂敏，陈晓艳.基于灰色关联分析的安徽省高新技术产业发展对经济增长的贡献研究 [J].资源开发与市场，2013（9）：912-915.

[433] 白杨敏，曹允春，王婷婷.我国临空经济产业结构调整模式研究 [J].学术交流，2013（11）：93-96.

[434] 杨梅，郝华勇.基于SSM的中部六省产业结构演进分析 [J].湖北农业科学，2013（23）：5925-5929.

[435] 周明生.产业结构合理化的经济增长效应分析 [J].学习与探索，2013（10）：111-115.

[436] 张幼文，薛安伟.要素流动的结构与全球经济再平衡 [J].学术月刊，2013（9）：

66–73.

[437] 王珺，万陆，杨本建. 城市地价与产业结构的适应性调整 [J]. 学术研究，2013 (10)：73–80，93.

[438] 邵桂兰，孙婧. 我国海洋渔业经济低碳化战略研究 [J]. 东岳论丛，2013 (11)：104–107.

[439] 李平. 低碳产业体系的构建与政策建议 [J]. 生态经济（学术版），2013 (2)：285–289.

[440] 中国人民大学宏观经济分析与预测课题组，刘凤良，阎衍，于泽，易信. 我国产业结构调整的新取向：市场驱动与激励相容 [J]. 改革，2013 (10)：41–53.

[441] 贲鸿雁，赵洁琼. 基于京津冀区域经济一体化的河北省产业集群和产业布局优化研究 [J]. 企业导报，2013 (20)：108–109.

[442] 李俊. 第三产业结构调整与区域经济增长——基于东、中、西部面板数据的实证研究 [J]. 当代经济，2013 (22)：88–90.

[443] 杨兴寿，李安渝. 美国信息产业发展战略及借鉴 [J]. 宏观经济管理，2013 (12)：84–85.

[444] 杨振山，蔡建明，温婷，宋涛. 以城镇化促进工业化发展——基于顺德的城市工业化道路反思与探析 [J]. 地理科学进展，2013 (12)：1814–1824.

[445] 张蕾，申玉铭，柳坤. 北京生产性服务业发展与城市经济功能提升 [J]. 地理科学进展，2013 (12)：1825–1834.

[446] 狄乾斌，刘欣欣，曹可. 中国海洋经济发展的时空差异及其动态变化研究 [J]. 地理科学，2013 (12)：1413–1420.

[447] 宋周莺，刘卫东. 西部地区产业结构优化路径分析 [J]. 中国人口·资源与环境，2013 (10)：31–37.

[448] 运迎霞，杨德进，郭力君. 大都市新产业空间发展及天津培育对策探讨 [J]. 城市规划，2013 (12)：38–42，50.

[449] 周蜀秦，李程骅. 文化创意产业促进城市转型的机制与战略路径 [J]. 江海学刊，2013 (6)：84–90，238.

[450] 汤进华，李映辉，李晖. 湖南产业结构变动对经济增长贡献的空间分析 [J]. 中南林业科技大学学报（社会科学版），2013 (5)：33–36.

[451] 束惠萍. 产业结构转型中要着力发展新兴优势产业——以常州高新区为例 [J]. 常州大学学报（社会科学版），2013 (6)：37–40.

[452] 江维国. 承接产业转移对产业结构优化的影响及对策——以两广间产业转移为例 [J]. 甘肃联合大学学报（社会科学版），2013 (6)：24–27.

[453] 张莹. 金融发展、经济增长与产业升级动态交互影响研究——基于甘肃省市级数据的面板 VAR 分析 [J]. 西华大学学报（哲学社会科学版），2013 (6)：98–104.

[454] 李琪. 当前我国战略性新兴产业低端产能过剩问题研究 [J]. 内蒙古社会科学

（汉文版），2013（6）：104–107.

[455] 创新学生培养模式，助力软件产业发展——天津市大学软件学院蒋秀明院长专访 [J]. 计算机教育，2013（23）：4–6.

[456] 王成林. 我国物流产业发展特征研究 [J]. 中国流通经济，2013（11）：22–25.

[457] 陈安平. 中国经济增长的产业分布、空间结构与城乡收入差距 [J]. 管理评论，2013（11）：23–32，84.

[458] 戴志敏，郭露，何宜庆. 中部地区物流产业集聚及演进分析 [J]. 经济经纬，2013（6）：83–88.

[459] 龙宇，徐长乐，徐廷廷. 长江经济带物流业对区域经济发展影响的实证分析 [J]. 物流科技，2013（12）：61–65.

[460] 高健. 京津冀区域经济中河北省产业结构分析 [J]. 经济视角（下），2013（11）：6–7.

[461] 魏曙光，唐萍. 鄂尔多斯市产业结构调整分析及对策研究 [J]. 科技经济市场，2013（11）：45–47，44.

[462] 陈俊，胡宗义，刘亦文. 金融集聚的区域差异及影响因素的空间计量分析 [J]. 财经理论与实践，2013（6）：21–24.

[463] 王玉玲. 中国产业结构变动对经济增长的影响 [J]. 商业研究，2013（12）：21–26.

[464] 张文菊. 旅游城市功能定位与旅游化进程研究——以 1950~2012 年的桂林为例 [J]. 边疆经济与文化，2013（11）：25–27.

[465] 夏秀丽，陈进. 战略性新兴产业助推经济转型的机制和发展路径研究 [J]. 江苏商论，2013（12）：91–94，98.

[466] 刘菲菲. 国外文化产业发展政策的经验借鉴与启示 [J]. 经济研究导刊，2013（35）：54–55.

[467] 孟延春，乔小勇，刘翔宇，孟庆国. 基于 VAR 模型的产业间关联影响实证研究——以济南西部新城为例 [J]. 宏观质量研究，2013（3）：50–62.

[468] 宋凌云，王贤彬. 重点产业政策、资源重置与产业生产率 [J]. 管理世界，2013（12）：63–77.

[469] 鞠明海，郑德志，于飞. 黑龙江省冰雪体育产业链发展研究 [J]. 冰雪运动，2013（5）：77–80.

[470] 付宏，毛蕴诗，宋来胜. 创新对产业结构高级化影响的实证研究——基于 2000~2011 年的省际面板数据 [J]. 中国工业经济，2013（9）：56–68.

[471] 黄亮雄，安苑，刘淑琳. 中国的产业结构调整：基于三个维度的测算 [J]. 中国工业经济，2013（10）：70–82.

[472] 叶泽，袁玮志，李湘祁. 低电价陷阱：电价水平与经济发展的关系实证研究 [J]. 中国工业经济，2013（11）：44–56.

[473] 吴丰华，刘瑞明. 产业升级与自主创新能力构建——基于中国省际面板数据的实证研究 [J]. 中国工业经济，2013（5）：57-69.

[474] 胡金焱，张博. 民间金融、产业发展与经济增长——基于中国省际面板数据的实证分析 [J]. 中国工业经济，2013（8）：18-30.

[475] 张其仔，李颢. 中国产业升级机会的甄别 [J]. 中国工业经济，2013（5）：44-56.

[476] 黄永春，郑江淮，杨以文，祝吕静. 中国"去工业化"与美国"再工业化"冲突之谜解析——来自服务业与制造业交互外部性的分析 [J]. 中国工业经济，2013（3）：7-19.

[477] 王宇，刘志彪. 补贴方式与均衡发展：战略性新兴产业成长与传统产业调整 [J]. 中国工业经济，2013（8）：57-69.

[478] 黄群慧. 中国的工业化进程：阶段、特征与前景 [J]. 经济与管理，2013（7）：34-42.

[479] 刘名远. 我国战略性新兴产业结构趋同成因与对策研究 [J]. 现代财经，2013（1）：78-83.

[480] 王燕梅，简泽. 参与产品内国际分工模式对技术进步效应的影响——基于中国4个制造业行业的微观检验 [J]. 中国工业经济，2013（10）：25-34.

[481] 史丹，夏晓华. 新能源产业融资问题研究 [J]. 经济研究参考，2013（7）：25-35.

[482] 傅晓霞，吴利学. 技术差距、创新路径与经济赶超——基于后发国家的内生技术进步模型 [J]. 经济研究，2013（6）：45-56.

[483] 金碚，李鹏飞，廖建辉. 中国产业国际竞争力现状及演变趋势——基于出口商品的分析 [J]. 中国工业经济，2013（5）：34-43.

[484] 蔡昉. 中国经济增长如何转向全要素生产率驱动型 [J]. 中国社会科学，2013（1）：23-34.

[485] 黄阳华，吕铁. 市场需求与新兴产业演进——用户创新的微观经济分析与展望 [J]. 中国人民大学学报，2013（3）：43-54.

[486] 赵晓庆. 中国汽车产业的自主创新——探析"以市场换技术"战略失败的体制根源 [J]. 浙江大学学报，2013（3）：24-32.

[487] 刘丹鹭. 进入管制与中国服务业生产率——基于行业面板的实证研究 [J]. 经济学家，2013（2）：32-39.

[488] 吴要武. 产业转移的潜在收益估算——一个劳动力成本视角 [J]. 经济学（季刊），2013（10）：31-42.

[489] 李钢. 服务业能成为中国经济的动力产业吗 [J]. 中国工业经济，2013（4）：30-42.

[490] 夏杰长，张晓兵. 生产性服务业推动制造业升级战略意义、实现路径与政策措施 [J]. 中国社会科学院研究生院学报，2013（2）：22-30.

[491] 李煜华，武晓锋，胡瑶瑛. 基于演化博弈的战略性新兴产业集群协同创新策略

研究［J］. 科技进步与对策，2013（2）：45-56.

[492] 刘伟，张辉. 我国经济增长中的产业结构问题［J］. 中国高校社会科学，2013（4）：30-46.

[493] 朱相宇，乔小勇. 竞争与垄断条件下市场结构熵测度模型研究［J］. 工业技术经济，2013（2）：45-56.

[494] 陈建军，袁凯，陈国亮. 基于企业异质性的产业空间分布演化新动力［J］. 财贸研究，2013（4）：56-67.

[495] 杨振，陈甬军. 中国制造业资源误置及福利损失测度［J］. 经济研究，2013（3）：56-62.

[496] 刘艳. 中国战略性新兴产业集聚度变动的实证研究［J］. 上海经济研究，2013（2）：50-62.

[497] 邵帅，范美婷，杨莉莉. 资源产业依赖如何影响经济发展效率？——有条件资源诅咒假说的检验及解释［J］. 管理世界，2013（2）：42-52.

第二节　英文期刊索引

[1] R. Agarwal and A. Ohyama. Industry or Academia, Basic or Applied? Career Choices and Earnings Trajectories of Scientists. 2013 (59): 950-970.

[2] P. Aghion, J. Fedderke, P. Howitt and N. Viegi. Testing Creative Destruction in an Opening Economy: The Case of the South African Manufacturing Industries. 2013 (21): 419-450.

[3] C. L. Ahmadjian and J. E. Oxley. Vertical Relationships, Hostages, and Supplier Performance: Evidence from the Japanese Automotive Industry. 2013 (29): 485-512.

[4] M. B. Akdeniz and M. B. Talay. Cultural Variations in the Use of Marketing Signals: A Multilevel Analysis of the Motion Picture Industry. 2013 (41): 601-624.

[5] S. Alarcon and M. Sanchez. External and Internal R&D, Capital Investment and Business Performance in the Spanish Agri-Food Industry. 2013 (64): 654-675.

[6] D. Albalate, G. Bel and R. R. Geddes. Recovery Risk and Labor Costs in Public-Private Partnerships: Contractual Choice in the US Water Industry. 2013 (39): 332-351.

[7] J. Alegre, K. Sengupta and R. Lapiedra. Knowledge Management and Innovation Performance in a High-tech SMEs Industry. 2013 (31): 454-470.

[8] J. M. Alston, K. B. Fuller, J. D. Kaplan and K. P. Tumber. Economic Consequences of Pierce's Disease and Related Policy in the California Winegrape Industry. 2013 (38): 269-297.

［9］I. Altman, J. Bergtold, D. R. Sanders and T. G. Johnson. Market Development of Biomass Industries. 2013 (29): 486–496.

［10］S. N. Ankrah, T. F. Burgess, P. Grimshaw and N. E. Shaw. Asking both University and Industry Actors about Their Engagement in Knowledge Transfer: What Single-group Studies of Motives Omit. 2013 (33): 50–65.

［11］J. Aparicio, J. T. Pastor and S. C. Ray. An Overall Measure of Technical Inefficiency at the Firm and at the Industry Level: The "Lost Profit on Outlay". 2013 (226): 154–162.

［12］K. Aretz and P. F. Pope. Common Factors in Default Risk Across Countries and Industries. 2013 (19): 108–152.

［13］M. Ariff. Comment on "Industry-specific Real Effective Exchange Rates and Export Price Competitiveness: The Cases of Japan, China, and Korea". 2013 (8): 322–323.

［14］D. G. Arnold and J. L. Oakley. The Politics and Strategy of Industry Self-Regulation: The Pharmaceutical Industry's Principles for Ethical Direct-to-Consumer Advertising as a Deceptive Blocking Strategy. 2013 (38): 505–544.

［15］A. Arora, L. G. Branstetter and M. Drev. Going Soft: How the Rise of Software-based Innovation led to the Decline of Japan's IT Industry and the Resurgence of Silicon Valley. 2013 (95): 757–775.

［16］S. Asaba. Patient Investment of Family Firms in the Japanese Electric Machinery Industry. 2013 (30): 697–715.

［17］N. J. Ashby and M. A. Ramos. Foreign Direct Investment and Industry Response to Organized Crime: The Mexican Case. 2013 (30): 80–91.

［18］A. Ashrafi, H.-V. Seow, L. S. Lee and C. G. Lee. The Efficiency of the Hotel Industry in Singapore. 2013 (37): 31–34.

［19］S. Azmeh and K. Nadvi. "Greater Chinese" Global Production Networks in the Middle East: The Rise of the Jordanian Garment Industry. 2013 (44): 1317–1340.

［20］P.-A. Balland, M. De Vaan and R. Boschma. The Dynamics of Interfirm Networks along the Industry Life Cycle: The Case of the Global Video Game Industry, 1987–2007. 2013 (13): 741–765.

［21］C. E. Bannier, E. Feess and N. Packham. Competition, Bonuses, and Risk-taking in the Banking Industry. 2013 (17): 653–690.

［22］R. Bapna, N. Langer, A. Mehra, R. Gopal and A. Gupta. Human Capital Investments and Employee Performance: An Analysis of IT Services Industry. 2013 (59): 641–658.

［23］M. Barlet, A. Briant and L. Crusson. Location Patterns of Service Industries in France: A Distance-based Approach. 2013 (43): 338–351.

［24］M. Bauer and J. Leker. Exploration and Exploitation in Product and Process Innovation in the Chemical Industry. 2013 (43): 196–212.

[25] M. Becerra, J. Santalo and R. Silva. Being Better vs. Being Different: Differentiation, Competition, and Pricing Strategies in the Spanish Hotel Industry. 2013 (34): 71-79.

[26] M. Beerkens. Competition and Concentration in the Academic Research Industry: An Empirical Analysis of the Sector Dynamics in Australia 1990-2008. 2013 (40).

[27] H. Beladi, A. Chakrabarti and S. Marjit. Cross-border Mergers in Vertically Related Industries. 2013 (59): 97-108.

[28] E. Bendoly. Real-time Feedback and Booking Behavior in the Hospitality Industry: Moderating the Balance between Imperfect Judgment and Imperfect Prescription. 2013 (31): 62-71.

[29] A.-K. Bergquist, K. Soderholm, H. Kinneryd, M. Lindmark and P. Soderholm. Command-and-control Revisited: Environmental Compliance and Technological Change in Swedish Industry 1970-1990. 2013 (85): 6-19.

[30] E. E. Bertacchini and P. Borrione. The Geography of the Italian Creative Economy: The Special Role of the Design and Craft-based Industries. 2013 (47): 135-147.

[31] S. Bharwani and V. Jauhari. An Exploratory Study of Competencies Required to Co-create Memorable Customer Experiences in the Hospitality Industry. 2013 (25): 823-843.

[32] E. A. Biddle. Is the Societal Burden of Fatal Occupational Injury Different among NORA Industry Sectors?. 2013 (44): 7-16.

[33] D. Blake, A. G. Rossi, A. Timmermann, I. Tonks and R. Wermers. Decentralized Investment Management: Evidence from the Pension Fund Industry. 2013 (68): 1133-1178.

[34] M. Bloor, H. Sampson, S. Baker, D. Walters, K. Dahlgren, E. Wadsworth and P. James. Room for Manoeuvre? Regulatory Compliance in the Global Shipping Industry. 2013 (22): 171-189.

[35] I. M. Bodas Freitas, R. A. Marques and E. M. de Paula e Silva. University-industry Collaboration and Innovation in Emergent and Mature Industries in New Industrialized Countries. 2013 (42): 443-453.

[36] A. Bonaccorsi, M. G. Colombo, M. Guerini and C. Rossi-Lamastra. University Specialization and New Firm Creation across Industries. 2013 (41): 837-863.

[37] R. Boschma, A. Minondo and M. Navarro. The Emergence of New Industries at the Regional Level in Spain: A Proximity Approach Based on Product Relatedness. 2013 (89): 29-51.

[38] R. B. Bouncken and S. Kraus. Innovation in Knowledge-intensive Industries: The Double-edged Sword of Coopetition. 2013 (66): 2060-2070.

[39] M. Bourlakis, M. S. Sodhi and B.-G. Son. The Relative Emphasis on Supply-chain/logistics Topics by UK Industry in Hiring Postgraduates and by UK Universities in Teaching and Research. 2013 (16): 506-521.

［40］ P. A. Bradford. How to Close the US Nuclear Industry: Do Nothing. 2013（69）: 12-21.

［41］ S. Brakman, H. Garretsen, C. van Marrewijk and A. van Witteloostuijn. Cross-border Merger & Acquisition Activity and Revealed Compapative Advantage in Manufacturing Industries. 2013（22）: 28-57.

［42］ T. C. Brown, W. B. Bankston and C. J. Forsyth. "A Service Town": An Examination of the Offshore Oil Industry, Local Entrepreneurs, and the Civic Community Thesis. 2013（33）: 1-15.

［43］ L. Bryant and B. Gamham. Beyond Discourses of Drought: The Micro-politics of the Wine Industry and Farmer Distress. 2013（32）: 1-9.

［44］ F. Cabiddu, T.-W. Lui and G. Piccoli. Managing Value Co-creation in the Tourism Industry. 2013（42）: 86-107.

［45］ A. Cabigiosu, F. Zirpoli and A. Camuffo. Modularity, Interfaces Definition and the Integration of External Sources of Innovation in the Automotive Industry. 2013（42）: 662-675.

［46］ M. Cabral, R. Falvey and C. Milner. Endowment Differences and the Composition of Intra-Industry Trade. 2013（21）: 401-418.

［47］ Z. Cai and F. X. Aguilar. Consumer Stated Purchasing Preferences and Corporate Social Responsibility in the Wood Products Industry: A Conjoint Analysis in the U.S. and China. 2013（95）: 118-127.

［48］ J. I. Castillo-Manzano and L. Lopez-Valpuesta. Analysing Passenger Behaviour towards the Catering Industry: Implications for Airport Management. 2013（35）: 258-260.

［49］ V. G. R. Chandran and R. Rasiah. Firm Size, Technological Capability, Exports and Economic Performance: the Case of Electronics Industry in Malaysia. 2013（14）: 741-757.

［50］ C.-C. Chang, S.-W. Hung and S.-Y. Huang. Evaluating the Operational Performance of Knowledge-based Industries: The Perspective of Intellectual Capital. 2013（47）: 1367-1383.

［51］ T.-S. Chang, C.-Y. Ku and H.-P. Fu. Grey Theory Analysis of Online Population and Online Game Industry Revenue in Taiwan. 2013（80）: 175-185.

［52］ L. N. Chaudhry. Researching the War on Terror in Swat Valley, Pakistan: Grapplings with the Impact on Communities and the Transnational Knowledge Industry. 2013（69）: 713-733.

［53］ R. Chavez, C. Gimenez, B. Fynes, F. Wiengarten and W. Yu. Internal Lean Practices and Operational Performance: The Contingency Perspective of Industry Clockspeed. 2013（33）: 562-588.

［54］ C. M. Chen, S. H. Chen and H. T. Lee. Interrelationships between Physical Environment Quality, Personal Interaction Quality, Satisfaction and Behavioural Intentions in Relation to Customer Loyalty: The Case of Kinmen's Bed and Breakfast Industry. 2013 (18): 262-287.

[55] F. Chen, G. C. Sanger and M. B. Slovin. Asset Sales in the Mutual Fund Industry: Who Gains?. 2013 (37): 4834-4849.

[56] L.-C. Chen, S.-P. Lin and C.-M. Kuo. Rural tourism: Marketing Strategies for the Bed and Breakfast Industry in Taiwan. 2013 (32): 278-286.

[57] M.-H. Chen. Risk Determinants of China's Hotel Industry. 2013 (19): 77-99.

[58] M.-P. Chen, P.-F. Chen and C.-C. Lee. Asymmetric Effects of Investor Sentiment on Industry Stock Returns: Panel Data Evidence. 2013 (14): 35-54.

[59] S.-H. Chen. Devising Appropriate Service Strategies for Customers of Different Value: An Integrated Assessment Model for the Banking Industry. 2013 (24): 3939-3956.

[60] J. P. Choi, S.-H. Hong and S. Jeon. Local Identity and Persistent Leadership in Market Share Dynamics: Evidence from Deregulation in the Korean Soju Industry. 2013 (29): 267-304.

[61] Y. G. Choi, J. Kwon and W. Kim. Effects of Attitudes vs Experience of Workplace Fun on Employee Behaviors Focused on Generation Y in the Hospitality Industry. 2013 (25): 410-427.

[62] K. Clare. The Essential Role of Place Within the Creative Industries: Boundaries, Networks and Play. 2013 (34): 52-57.

[63] A. Collard-Wexler. Demand Fluctuations in the Ready-Mix Concrete Industry. 2013 (81): 1003-1037.

[64] W. S. Comanor and F. M. Scherer. Mergers and Innovation in the Pharmaceutical Industry. 2013 (32): 106-113.

[65] K. Coussement and K. W. De Bock. Customer Churn Prediction in the Online Gambling Industry: The Beneficial Effect of Ensemble Learning. 2013 (66): 1629-1636.

[66] K. Cruz. Unmanageable Work, (Un) liveable Lives: The UK Sex Industry, Labour Rights and the Welfare State. 2013 (22): 465-488.

[67] G. Csomos. The Command and Control Centers of the United States (2006/2012): An Analysis of Industry Sectors Influencing the Position of Cities. 2013 (50): 241-251.

[68] K. Cuthbertson and D. Nitzsche. Performance, Stock Selection and Market Timing of the German Equity Mutual Fund Industry. 2013 (21): 86-101.

[69] M. Dai and Y. Yuan. Product Differentiation and Efficiencies in the Retail Banking Industry. 2013 (37): 4907-4919.

[70] M. Dal Borgo, P. Goodridge, J. Haskel and A. Pesole. Productivity and Growth in UK Industries: An Intangible Investment Approach. 2013 (75): 806-834.

[71] R. M. Dangelico, P. Pontrandolfo and D. Pujari. Developing Sustainable New Prod-

ucts in the Textile and Upholstered Furniture Industries: Role of External Integrative Capabilities. 2013 (30): 642–658.

[72] S. Das, K. Krishna, S. Lychagin and R. Somanathan. Back on the Rails: Competition and Productivity in State–Owned Industry. 2013 (5): 136–162.

[73] A. Datta and L. M. Jessup. Looking beyond the Focal Industry and Existing Technologies for Radical Innovations. 2013 (33): 355–367.

[74] S.–O. Daunfeldt, N. Elert and N. Rudholm. Start–ups and Firm in–migration: Evidence from the Swedish Wholesale Industry. 2013 (51): 479–494.

[75] M. De Vaan, R. Boschma and K. Frenken. Clustering and Firm Performance in Project–based Industries: The Case of the Global Video Game Industry, 1972–2007. 2013 (13): 965–991.

[76] P. D'Este, F. Guy and S. Iammarino. Shaping the Formation of University–industry Research Collaborations: What Type of Proximity does Really Matter?. 2013 (13): 537–558.

[77] R. Dhalla and C. Oliver. Industry Identity in an Oligopolistic Market and Firms' Responses to Institutional Pressures. 2013 (34): 1803–1834.

[78] M. R. Duke, L. Bergmann, C. B. Cunradi and G. M. Ames. Like Swallowing a Butcher Knife: Layoffs, Masculinity, and Couple Conflict in the United States Construction Industry. 2013 (72): 293–301.

[79] M. Dunford, K. H. Lee, W. Liu and G. Yeung. Geographical Interdependence, International Trade and Economic Dynamics: The Chinese and German Solar Energy Industries. 2013 (20): 14–36.

[80] L. Dwyer, P. Forsyth, R. Spurr and S. Hoque. Economic Impacts of a Carbon Tax on the Australian Tourism Industry. 2013 (52): 143–155.

[81] K. Edenhoffer and R. Hayter. Reprint of "Organizational Restructuring in British Columbia's Forest Industries 1980–2010: The Survival of a Dinosaur". 2013 (45): 375–384.

[82] D. R. Eikhof and C. Warhurst. The Promised Land? Why Social Inequalities are Systemic in the Creative Industries. 2013 (35): 495–508.

[83] E. Eiling. Industry–Specific Human Capital, Idiosyncratic Risk, and the Cross–Section of Expected Stock Returns. 2013 (68): 43–84.

[84] F. Erbetta, A. Menozzi, G. Corbetta and G. Fraquelli. Assessing Family Firm Performance using Frontier Analysis Techniques: Evidence from Italian Manufacturing Industries. 2013 (4): 106–117.

[85] P. E. Eriksson and O. Pesamaa. Buyer–supplier Integration in Project–based Industries. 2013 (28): 29–39.

[86] Y. Feldman, R. Gauthier and T. Schuler. Curbing Misconduct in the Pharmaceutical Industry: Insights from Behavioral Ethics and the Behavioral Approach to Law. 2013 (41):

620–628.

[87] J. J. M. Ferreira, M. L. Raposo and C. I. Fernandes. Does Innovativeness of Knowledge-intensive Business Services Differ from other Industries?, 2013 (33): 734–748.

[88] M. FitzPatrick, J. Davey, L. Muller and H. Davey. Value-creating Assets in Tourism Management: Applying Marketing's Service-dominant Logic in the Hotel Industry. 2013 (36): 86–98.

[89] S. M. Flipse, M. C. A. van der Sanden and P. Osseweijer. Midstream Modulation in Biotechnology Industry: Redefining What is "Part of the Job" of Researchers in Industry. 2013 (19): 1141–1164.

[90] I. M. B. Freitas, A. Geuna and F. Rossi. Finding the Right Partners: Institutional and Personal Modes of Governance of University-industry Interactions. 2013 (42): 50–62.

[91] A. Frenette. Making the Intern Economy: Role and Career Challenges of the Music Industry Intern. 2013 (40): 364–397.

[92] D. Friesner, R. Mittelhammer and R. Rosenman. Inferring the Incidence of Industry Inefficiency from DEA Estimates. 2013 (224): 414–424.

[93] S. Gamper-Rabindran and S. R. Finger. Does Industry Self-regulation Reduce Pollution? Responsible Care in the Chemical Industry. 2013 (43): 1–30.

[94] L. Gan and M. A. Hernandez. Making Friends with Your Neighbors? Agglomeration and Tacit Collusion in the Lodging Industry. 2013 (95): 1002–1017.

[95] R. Gandia. The Digital Revolution and Convergence in the Videogame and Animation Industries: Effects on the Strategic Organization of the Innovation Process. 2013 (15): 32–44.

[96] F. Gasbarro, F. Rizzi and M. Frey. The Mutual Influence of Environmental Management Systems and the EU ETS: Findings for the Italian Pulp and Paper Industry. 2013 (31): 16–26.

[97] K. Gavriilidis, V. Kallinterakis and M. P. Leite Ferreira. Institutional Industry Herding: Intentional or Spurious?. 2013 (26): 192–214.

[98] E. Gilberthorpe. Community development in Ok Tedi, Papua New Guinea: The Role of Anthropology in the Extractive Industries. 2013 (48): 466–483.

[99] M. Gilding, E. Merlot, S. Leitch and M. Alexander. Business Collective Action and the Australian Mining Industry's Tax Revolt: A Comment on McKnight and Hobbs. 2013 (48): 501–506.

[100] K. Goto. Starting Businesses Through Reciprocal Informal Subcontracting: Evidence from the Informal Garment Industry in Ho Chi Minh City. 2013 (25): 562–582.

[101] D. Grandadam, P. Cohendet and L. Simon. Places, Spaces and the Dynamics of Creativity: The Video Game Industry in Montreal. 2013 (47): 1701–1714.

[102] C. Grimpe and K. Hussinger. Formal and Informal Knowledge and Technology

Transfer from Academia to Industry: Complementarity Effects and Innovation Performance. 2013 (20): 683-700.

[103] C. M. Gross. The growth of China's Technology Transfer Industry over the Next Decade: Implications for Global Markets. 2013 (38): 716-747.

[104] H. Gu, C. Ryan, L. Bin and G. Wei. Political Connections, Guanxi and Adoption of CSR Policies in the Chinese Hotel Industry: Is there a Link?, 2013 (34): 231-235.

[105] J. Guan and Q. Zhao. The Impact of University-industry Collaboration Networks on Innovation in Nanobiopharmaceuticals. 2013 (80): 1271-1286.

[106] B. Guo, J. Gao and X. Chen. Technology Strategy, Technological Context and Technological Catch-up in Emerging Economies: Industry-level Findings from Chinese Manufacturing. 2013 (25): 219-234.

[107] D. J. Hall, J. R. Huscroft, B. T. Hazen and J. B. Hanna. Reverse Logistics Goals, Metrics, and Challenges: Perspectives from Industry. 2013 (43): 768-785.

[108] C. J. Hatch. Competitiveness by Design: An Institutionalist Perspective on the Resurgence of a "Mature" Industry in a High-Wage Economy. 2013 (89): 261-284.

[109] G. Hilary and R. Shen. The Role of Analysts in Intra-Industry Information Transfer. 2013 (88): 1265-1287.

[110] S. Hirsch and A. Gschwandtner. Profit Persistence in the Food Industry: Evidence from Five European Countries. 2013 (40): 741-759.

[111] O. Hochadel. A Boom of Bones and Books: The "Popularization Industry" of Atapuerca and Human-origins Research in Contemporary Spain. 2013 (22): 530-537.

[112] F. Hoeffler and A. Wambach. Investment Coordination in Network Industries: the Case of Electricity Grid and Electricity Generation. 2013 (44): 287-307.

[113] A. B. Holm, F. Gunzel and J. P. Ulhoi. Openness in Innovation and Business Models: Lessons from the Newspaper Industry. 2013 (61): 324-348.

[114] A. H. Y. Hon, W. W. H. Chan and L. Lu. Overcoming Work-related Stress and Promoting Employee Creativity in Hotel Industry: The Role of Task Feedback from Supervisor. 2013 (33): 416-424.

[115] A. H. Y. Hon and L. Lu. Be Good for Love or for Money? The Roles of Justice in the Chinese Hotel Industry. 2013 (25): 883-902.

[116] W. Hong and Y.-S. Su. The Effect of Institutional Proximity in Non-local University-industry Collaborations: An Analysis Based on Chinese Patent data. 2013 (42): 454-464.

[117] J. Hoppmann, M. Peters, M. Schneider and V. H. Hoffmann. The Two Faces of Market Support-How Deployment Policies Affect Technological Exploration and Exploitation in the Solar Photovoltaic Industry. 2013 (42): 989-1003.

[118] J. Horbach, V. Oltra and J. Belin. Determinants and Specificities of Eco-Innova-

tions Compared to Other Innovations—An Econometric Analysis for the French and German Industry Based on the Community Innovation Survey. 2013 (20): 523–543.

[119] J.-S. Horng, M.-L. Hu, C.-C. Teng, H.-L. Hsiao and C.-H. Liu. Development and Validation of the Low—carbon Literacy in the Taiwanese Tourism Industry. 2013 (35): 255–262.

[120] I. M. Horta, A. S. Camanho, J. Johnes and G. Johnes. Performance Trends in the Construction Industry Worldwide: An Overview of the Turn of the Century. 2013 (39): 89–99.

[121] A. Hortacsu, G. Matvos, C. Syverson and S. Venkataraman. Indirect Costs of Financial Distress in Durable Goods Industries: The Case of Auto Manufacturers. 2013 (26): 1248–1290.

[122] P. Hosie, P. Jayashree, A. Tchantchane and B. S. Lee. The Effect of Autonomy, Training Opportunities, Age and Salaries on Job Satisfaction in the South East Asian Retail Petroleum Industry. 2013 (24): 3980–4007.

[123] A. G. Z. Hu and I. P. L. Png. Patent Rights and Economic Growth: Evidence from Cross—country Panels of Manufacturing Industries. 2013 (65): 675–698.

[124] S.-N. Hwang, C. Chen, Y. Chen, H.-S. Lee and P.-D. Shen. Sustainable Design Performance Evaluation with Applications in the Automobile Industry: Focusing on Inefficiency by Undesirable Factors. 2013 (41): 553–558.

[125] E. M. Ineson, M. H. T. Yap and G. Whiting. Sexual Discrimination and Harassment in the Hospitality Industry. 2013 (35): 1–9.

[126] Z. Jacobs, E. H. Hayes, R. G. Roberts, R. F. Galbraith and C. S. Henshilwood. An Improved OSL Chronology for the Still Bay Layers at Blombos Cave, South Africa: Further Tests of Single—grain Dating Procedures and A Re—evaluation of the Timing of the Still Bay Industry across Southern Africa. 2013 (40): 579–594.

[127] S. Jain and D. Sharma. Institutional Logic Migration and Industry Evolution in Emerging Economies: The Case of Telephony in India. 2013 (7): 252–271.

[128] S. R. Jara-Diaz, C. E. Cortes and G. A. Morales. Explaining Changes and Trends in the Airline Industry: Economies of Density, Multiproduct Scale, and Spatial Scope. 2013 (60): 13–26.

[129] C. R. Jasper and P. Waldhart. Employer Attitudes on Hiring Employees with Disabilities in the Leisure and Hospitality Industry Practical and Theoretical Implications. 2013 (25): 577–594.

[130] Y. Jeon, B. I. Park and P. N. Ghauri. Foreign Direct Investment Spillover Effects in China: Are They Different across Industries with Different Technological Levels?. 2013 (26): 105–117.

[131] L. Jiang, E. Bastiansen and S. P. Strandenes. The International Competitiveness of

China's Shipbuilding Industry. 2013 (60): 39-48.

[132] N. Jinji and T. Toshimitsu. Strategic R&D Policy in a Quality-differentiated Industry with Three Exporting Countries. 2013 (28): 132-142.

[133] K. Johnson, S. Kerr and J. Side. Marine Renewables and Coastal Communities-Experiences from the Offshore Oil Industry in the 1970s and their Relevance to Marine Renewables in the 2010s. 2013 (38): 491-499.

[134] A. Johnston and J. Ozment. Economies of Scale in the US Airline Industry. 2013 (51): 95-108.

[135] E. L. Jones. Gentry Culture and the Stifling of Industry. 2013 (47): 185-192.

[136] R. Jones, J. Latham and M. Betta. Creating the Illusion of Employee Empowerment: Lean Production in the International Automobile Industry. 2013 (24): 1629-1645.

[137] D. W. Jorgenson and P. Schreyer. Industry-level Productivity Measurement and the 2008 System of National Accounts. 2013 (59): 185-211.

[138] S. Kagawa, S. Okamoto, S. Suh, Y. Kondo and K. Nansai. Finding Environmentally Important Industry Clusters: Multiway Cut Approach using Nonnegative Matrix Factorization. 2013 (35): 423-438.

[139] K. Kalaignanam, T. Kushwaha and M. Eilert. The Impact of Product Recalls on Future Product Reliability and Future Accidents: Evidence from the Automobile Industry. 2013 (77): 41-57.

[140] R. Kapoor. Persistence of Integration in the Face of Specialization: How Firms Navigated the Winds of Disintegration and Shaped the Architecture of the Semiconductor Industry. 2013 (24): 1195-1213.

[141] E. V. Karniouchina, S. J. Carson, J. C. Short and D. J. Ketchen, Jr. Extending the Firm vs. Industry Debate: Does Industry Life Cycle Stage Matter?. 2013 (34): 1010-1018.

[142] J. Kelsey. The Trans-Pacific Partnership Agreement: A Gold-Plated Gift to the Global Tobacco Industry?. 2013 (39): 237-264.

[143] M. Kenney, D. Breznitz and M. Murphree. Coming Back Home after the Sun Rises: Returnee Entrepreneurs and Growth of High Tech Industries. 2013 (42): 391-407.

[144] E. Kim, S. Ham, I. S. Yang and J. G. Choi. The Roles of Attitude, Subjective Norm, and Perceived Behavioral Control in the Formation of Consumers' Behavioral Intentions to Read Menu Labels in the Restaurant industry. 2013 (35): 203-213.

[145] S. H. Kim, J. Cha, A. J. Singh and B. Knutson. A Longitudinal Investigation to Test the Validity of the American Customer Satisfaction Model in the US Hotel Industry. 2013 (35): 193-202.

[146] R. Kosova, F. Lafontaine and R. Perrigot. Organizational form and Performance: Evidence from the Hotel Industry. 2013 (95): 1303-1323.

[147] T. Krause and Y. Tse. Volatility and Return Spillovers in Canadian and U.S. Industry ETFs. 2013 (25): 244-259.

[148] J. Krishnan, C. Li and Q. Wang. Auditor Industry Expertise and Cost of Equity. 2013 (27): 667-691.

[149] T. Kristal. The Capitalist Machine: Computerization, Workers' Power, and the Decline in Labor's Share within US Industries. 2013 (78): 361-389.

[150] P. Kumar and R. Rabinovitch. CEO Entrenchment and Corporate Hedging: Evidence from the Oil and Gas Industry. 2013 (48): 887-917.

[151] S. Lacy. Hard to Watch: How Ag-gag Laws Demonstrate the Need for Federal Meat and Poultry Industry Whistleblower Protections. 2013 (65): 127-154.

[152] A. Lamin. Business Groups as Information Resource: an Investigation of Business Group Affiliation in the Indian Software Services Industry. 2013 (56): 1487-1509.

[153] C. Lane. Taste Makers in the "Fine-dining" Restaurant Industry: The Attribution of Aesthetic and Economic Value by Gastronomic Guides. 2013 (41): 342-365.

[154] C. Lawson. Academic Patenting: The Importance of Industry Support. 2013 (38): 509-535.

[155] P. L. Le, D. Masse and T. Paris. Technological Change at the Heart of the Creative Process: Insights From the Videogame Industry. 2013 (15): 45-59.

[156] C.-C. Lee, M.-P. Chen and C.-H. Chang. Dynamic Relationships between Industry Returns and Stock Market Returns. 2013 (26): 119-144.

[157] C.-C. Lee, M.-P. Chen and K.-M. Hsieh. Industry Herding and Market States: Evidence from Chinese Stock Markets. 2013 (13): 1091-1113.

[158] C.-S. Lee and C.-W. Chao. Intention to "Leave" or "Stay" - The Role of Internship Organization in the Improvement of Hospitality Students' Industry Employment Intentions. 2013 (18): 749-765.

[159] N. Lee and E. Drever. The Creative Industries, Creative Occupations and Innovation in London. 2013 (21): 1977-1997.

[160] S. Lee, K. Seo and A. Sharma. Corporate Social Responsibility and Firm Performance in the Airline Industry: The Moderating Role of Oil Prices. 2013 (38): 20-30.

[161] S. Lee, M. Singal and K. H. Kang. The Corporate Social Responsibility-financial Performance Link in the US Restaurant Industry: Do Economic Conditions Matter?. 2013 (32): 2-10.

[162] M. A. A. M. Leenders and Y. Chandra. Antecedents and Consequences of Green Innovation in the Wine Industry: The Role of Channel Structure. 2013 (25): 203-218.

[163] J. Leiter. An Industry Fields Approach to Isomorphism Involving Australian Nonprofit Organizations. 2013 (24): 1037-1070.

[164] S. Leventis, P. Dimitropoulos and S. Owusu-Ansah. Corporate Governance and Accounting Conservatism: Evidence from the Banking Industry. 2013 (21): 264-286.

[165] Y. K. Lew and R. R. Sinkovics. Crossing Borders and Industry Sectors: Behavioral Governance in Strategic Alliances and Product Innovation for Competitive Advantage. 2013 (46): 13-38.

[166] X. Li, B. Gu and H. Liu. Price Dispersion and Loss-Leader Pricing: Evidence from the Online Book Industry. 2013 (59): 1290-1308.

[167] F. H. Liao and D. Wei. TNCs' Technology Linkages with Domestic Firms: An Investigation of the ICT Industry in Suzhou, China. 2013 (31): 460-474.

[168] B. Lin and P. K. Wesseh, Jr. Estimates of Inter-fuel Substitution Possibilities in Chinese Chemical Industry. 2013 (40): 560-568.

[169] S. Liu and L. G. Papageorgiou. Multiobjective Optimisation of Production, Distribution and Capacity Planning of Global Supply Chains in the Process Industry. 2013 (41): 369-382.

[170] Y. Liu. Mediating Effect of Positive Psychological Capital in Taiwan's Life Insurance Industry. 2013 (41): 109-111.

[171] G. Llanes and R. de Elejalde. Industry Equilibrium with Open-source and Proprietary Firms. 2013 (31): 36-49.

[172] Y. -H. Lo. Stakeholder Management in the Chinese Hotel Industry: The Antecedents and Impacts. 2013 (25): 470-490.

[173] Y. Lu and T. Ng. Import Competition and Skill Content in U.S. Manufacturing Industries. 2013 (95): 1404-1417.

[174] P. Lund-Thomsen. Labor Agency in the Football Manufacturing Industry of Sialkot, Pakistan. 2013 (44): 71-81.

[175] B. L. MacCarthy and P. G. S. A. Jayarathne. Supply Network Structures in the International Clothing Industry: Differences Across Retailer Types. 2013 (33): 858-886.

[176] J. P. Macduffie. Modularity-as-property, Modularization-as-process, and "Modularity"-as-frame: Lessons from Product Architecture Initiatives in the Global Automotive Industry. 2013 (3): 8-40.

[177] N. Mai. Embodied Cosmopolitanisms: The Subjective Mobility of Migrants Working in the Global Sex Industry. 2013 (20): 107-124.

[178] T. H. Malik. National Institutional Differences and Cross-border University-industry Knowledge Transfer. 2013 (42): 776-787.

[179] T. G. Mallory. China's Distant Water Fishing Industry: Evolving Policies and Implications. 2013 (38): 99-108.

[180] A. Malm. The Origins of Fossil Capital: From Water to Steam in the British Cotton

Industry. 2013 (21): 15-68.

[181] B. Malsch. Politicizing the Expertise of the Accounting Industry in the Realm of Corporate Social Responsibility. 2013 (38): 149-168.

[182] A. Marchand and T. Hennig-Thurau. Value Creation in the Video Game Industry: Industry Economics, Consumer Benefits, and Research Opportunities. 2013 (27): 141-157.

[183] L. Marshall. The 360 Deal and the "New" Music Industry. 2013 (16): 77-99.

[184] P. Martinez, A. Perez and I. Rodriguez del Bosque. Measuring Corporate Social Responsibility in Tourism: Development and Validation of an Efficient Measurement Scale in the Hospitality Industry. 2013 (30): 365-385.

[185] A. M. Martínez-López and A. Vargas-Sánchez. Factores Con un Especial Impacto en el Nivel de Innovación del Sector Hotelero Español. 2013 (9): 7-12.

[186] H. Mayer. Entrepreneurship in a Hub-and-Spoke Industrial District: Firm Survey Evidence from Seattle's Technology Industry. 2013 (47): 1715-1733.

[187] D. McKnight and M. Hobbs. Public Contest through the Popular Media: The Mining Industry's Advertising War against the Australian Labor Government. 2013 (48): 307-319.

[188] C. C. Menendez, S. Konda, S. Hendricks and H. Amandus. Disparities in Work-related Homicide Rates in Selected Retail Industries in the United States, 2003-2008. 2013 (44): 25-29.

[189] R. Mersland, B. D' Espallier and M. Supphellen. The Effects of Religion on Development Efforts: Evidence from the Microfinance Industry and a Research Agenda. 2013 (41): 145-156.

[190] M. Merz, M. Hiete, T. Comes and F. Schultmann. A Composite Indicator Model to Assess Natural Disaster Risks in Industry on a Spatial Level. 2013 (16): 1077-1099.

[191] M. Minutti-Meza. Does Auditor Industry Specialization Improve Audit Quality?.2013 (51): 779-817.

[192] J. L. Miralles Marcelo, J. L. Miralles Quiros and J. L. Martins. The Role of Country and Industry Factors During Volatile Times. 2013 (26): 273-290.

[193] F. Mizutani and S. Uranishi. Does Vertical Separation Reduce Cost? An Empirical Analysis of the Rail Industry in European and East Asian OECD Countries. 2013 (43): 31-59.

[194] T. W. Moon, W.-M. Hur and J.-K. Jun. The Role of Perceived Organizational Support on Emotional Labor in the Airline Industry. 2013 (25): 105-123.

[195] V. Morandi. The Management of Industry-university Joint Research Projects: How do Partners Coordinate and Control R&D Activities?. 2013 (38): 69-92.

[196] C. Morrison and C. M. Pickering. Perceptions of Climate Change Impacts, Adaptation and Limits to Adaption in the Australian Alps: The Ski-tourism Industry and Key Stakeholders. 2013 (21): 173-191.

[197] R. Mueller, J. Glueckler, M. Aubry and J. Shao. Project Management Knowledge Flows in Networks of Project Managers and Project Management Offices: A Case Study in the Pharmaceutical Industry. 2013 (44): 4–19.

[198] S. Mulinari. Regulating Drug Information in Europe: A Pyrrhic Victory for Pharmaceutical Industry Critics?. 2013 (35): 761–777.

[199] J. P. Murmann. The Coevolution of Industries and Important Features of Their Environments. 2013 (24): 58–78.

[200] G. Murphy and I. Siedschlag. Human Capital and Growth of Information and Communication Technology–intensive Industries: Empirical Evidence from Open Economies. 2013 (47): 1403–1424.

[201] A. Muscio and A. Pozzali. The Effects of Cognitive Distance in University–industry Collaborations: Some Evidence from Italian Universities. 2013 (38): 486–508.

[202] S. Nambisan. Industry Technical Committees, Technological Distance, and Innovation Performance. 2013 (42): 928–940.

[203] K. Natsuda, N. Segawa and J. Thoburn. Liberalization, Industrial Nationalism, and the Malaysian Automotive Industry. 2013 (42): 113–134.

[204] K. Natsuda and J. Thoburn. Industrial Policy and the Development of the Automotive Industry in Thailand. 2013 (18): 413–437.

[205] A. Naweed. Psychological Factors for Driver Distraction and Inattention in the Australian and New Zealand Rail Industry. 2013 (60): 193–204.

[206] H. A. Ndofor, J. Vanevenhoven and V. L. Barker, III. Software Firm Turnarounds in the 1990s: An Analysis of Reversing Decline in a Growing, Dynamic Industry. 2013 (34): 1123–1133.

[207] S. Nenonen. An Operational Model of Safety Management for Service Providers in Manufacturing Industry. 2013 (33): 99–114.

[208] H. Niemann, M. G. Moehrle and L. Walter. The Development of Business Method Patenting in the Logistics Industry–insights from the Case of Intelligent Sensor Networks. 2013 (61): 177–197.

[209] S. Nishitateno. Global Production Sharing and the FDI–trade Nexus: New Evidence from the Japanese Automobile Industry. 2013 (27): 64–80.

[210] F. Nottorf and B. Funk. A Cross–industry Analysis of the Spillover Effect in Paid Search Advertising. 2013 (23): 205–216.

[211] C. O'Faircheallaigh. Extractive Industries and Indigenous Peoples: A Changing Dynamic?. 2013 (30): 20–30.

[212] H. Okamuro and J. Nishimura. Impact of University Intellectual Property Policy on the Performance of University–industry Research Collaboration. 2013 (38): 273–301.

[213] F. S. Oliveira, C. Ruiz and A. J. Conejo. Contract Design and Supply Chain Coordination in the Electricity Industry. 2013 (227): 527–537.

[214] H. A. Orengo, J. M. Palet, A. Ejarque, Y. Miras and S. Riera. Pitch Production during the Roman Period: An Intensive Mountain Industry for a Globalised Economy?. 2013 (87): 802–814. ·

[215] A. Y. Orhun. Spatial Differentiation in the Supermarket Industry: The Role of Common Information. 2013 (11): 3–37.

[216] M. Ottosson and T. Magnusson. Socio–technical Regimes and Heterogeneous Capabilities: the Swedish Pulp and Paper Industry's Response to Energy Policies. 2013 (25): 355–368.

[217] A. V. Ovtchinnikov. Merger Waves Following Industry Deregulation. 2013 (21): 51–76.

[218] D. Palacios–Marques, M. Peris–Ortiz and J. M. Merigo. The Effect of Knowledge Transfer on Firm Performance: An Empirical Study in Knowledge–intensive Industries. 2013 (51): 973–985.

[219] P. Pananond. Moving along the Value Chain: Emerging Thai Multinationals in Globally Integrated Industries. 2013 (12): 85–114.

[220] A. Pantouvakis. The Moderating Role of Nationality on the Satisfaction Loyalty Link: Evidence from the Tourism Industry. 2013 (24): 1174–1187.

[221] T.–Y. Park. How a Latecomer Succeeded in a Complex Product System Industry: Three Case Studies in the Korean Telecommunication Systems. 2013 (22): 363–396.

[222] L. C. Pellegrini and R. Rodriguez–Monguio. Unemployment, Medicaid Provisions, the Mental Health Industry, and Suicide. 2013 (50): 482–490.

[223] A. Perez, P. Martinez and I. Rodriguez del Bosque. The Development of a Stakeholder–based Scale for Measuring Corporate Social Responsibility in the Banking Industry. 2013 (7): 459–481.

[224] M. Perkmann, V. Tartari, M. McKelvey, E. Autio, A. Brostrom, P. D'Este, R. Fini, A. Geuna, R. Grimaldi, A. Hughes, S. Krabel, M. Kitson, P. Llerena, F. Lissoni, A. Salter and M. Sobrero. Academic Engagement and Commercialisation: A Review of the Literature on University–industry Relations. 2013 (42): 423–442.

[225] F. Pieri and E. Zaninotto. Vertical Integration and Efficiency: An Application to the Italian Machine Tool Industry. 2013 (40): 397–416.

[226] U. Plesner and M. Horst. Before Stabilization: Communication and Non–standardization of 3D Digital Models in the Building Industry. 2013 (16): 1115–1138.

[227] C. Plewa, N. Korff, T. Baaken and G. Macpherson. University–industry Linkage Evolution: An Empirical Investigation of Relational Success Factors. 2013 (43): 365–380.

[228] C. Plewa, N. Korff, C. Johnson, G. Macpherson, T. Baaken and G. C. Rampersad. The Evolution of University-industry Linkages-A framework. 2013 (30): 21-44.

[229] T. H. Poister, O. Q. Pasha and L. H. Edwards. Does Performance Management Lead to Better Outcomes? Evidence from the US Public Transit Industry. 2013 (73): 625-636.

[230] S. Pouliot and D. A. Sumner. Traceability, Recalls, Industry Reputation and Product Safety. 2013 (40): 121-142.

[231] A. M. Prado. Competition Among Self-Regulatory Institutions: Sustainability Certifications in the Cut-Flower Industry. 2013 (52): 686-707.

[232] B. Prud'homme and L. Raymond. Sustainable Development Practices in the Hospitality Industry: An Empirical Study of their Impact on Customer Satisfaction and Intentions. 2013 (34): 116-126.

[233] S. J. Rasmussen. Revenue Recognition, Earnings Management, and Earnings Informativeness in the Semiconductor Industry. 2013 (27): 91-112.

[234] S. Raub and C. Robert. Empowerment, Organizational Commitment, and Voice Behavior in the Hospitality Industry: Evidence from a Multinational Sample. 2013 (54): 136-148.

[235] S. Rebelo, F. Matias and P. Carrasco. Aplicação da metodologia DEA na análise da eficiência do setor hoteleiro português: uma análise aplicada às regiões portuguesas. 2013 (9): 21-28.

[236] A. Roemer-Mahler. Business Conflict and Global Politics: The Pharmaceutical Industry and the Global Protection of Intellectual Property Rights. 2013 (20): 121-152.

[237] J. M. Rogerson. Reconfiguring South Africa's Hotel Industry 1990-2010: Structure, Segmentation, and Spatial Transformation. 2013 (36): 59-68.

[238] M. Routley, R. Phaal and D. Probert. Exploring Industry Dynamics and Interactions. 2013 (80): 1147-1161.

[239] L. Ruhanen and A. Shakeela. Responding to Climate Change: Australian Tourism Industry Perspectives on Current Challenges and Future Directions. 2013 (18): 35-51.

[240] L. M. Ruhanen, C.-L. J. McLennan and B. D. Moyle. Strategic Issues in the Australian Tourism Industry: A 10-year Analysis of National Strategies and Plans. 2013 (18): 220-240.

[241] T. D. Rutherford and J. Holmes. (Small) Differences that (Still) Matter? Cross-Border Regions and Work Place Governance in the Southern Ontario and US Great Lakes Automotive Industry. 2013 (47): 116-127.

[242] D. Sage. "Danger Building Sitekeep Out!?": A Critical Agenda for Geographical Engagement with Contemporary Construction Industries. 2013 (14): 168-191.

[243] S. Sah and A. Fugh-Berman. Physicians under the Influence: Social Psychology

and Industry Marketing Strategies. 2013（41）:·665-672.

[244] K. Sato, J. Shimizu, N. Shrestha and S. Zhang. Industry-specific Real Effective Exchange Rates and Export Price Competitiveness: The Cases of Japan, China, and Korea. 2013（8）: 298-321.

[245] I. Schlichting. Strategic Framing of Climate Change by Industry Actors: A Meta-analysis. 2013（7）: 493-511.

[246] K. Schlosser. Regimes of Ethical Value? Landscape, Race and Representation in the Canadian Diamond Industry. 2013（45）: 161-179.

[247] A. Schmitt and J. Van Biesebroeck. Proximity Strategies in outsourcing Relations: The Role of Geographical, Cultural and Relational Proximity in the European Automotive Industry. 2013（44）: 475-503.

[248] B.-A. Schuelke-Leech. Resources and Research: An Empirical Study of the Influence of Departmental Research Resources on Individual STEM Researchers Involvement with Industry. 2013（42）: 1667-1678.

[249] S. Scott. Migrant-Local Hiring Queues in the UK Food Industry. 2013（19）: 459-471.

[250] J.-K. Seo. Gwangju: A Hub City of Asian Culture and High-tech Industry. 2013（31）: 563-577.

[251] K. U. Shah and J. E. Rivera. Do Industry Associations Influence Corporate Environmentalism in Developing Countries? Evidence from Trinidad and Tobago. 2013（46）: 39-62.

[252] J. Shan and D. R. Jolly. Technological Innovation Capabilities, Product Strategy, and Firm Performance: The Electronics Industry in China. 2013（30）: 159-172.

[253] C. Shelley-Egan and S. R. Davies. Nano-Industry Operationalizations of "Responsibility": Charting Diversity in the Enactment of Responsibility. 2013（30）: 588-604.

[254] Y. Sheng and L. Song. Re-estimation of Firms' Total Factor Productivity in China's Iron and Steel Industry. 2013（24）: 177-188.

[255] O. Slach, J. Koutsky, J. Novotny and J. Zenka. Creative Industries in the Czech Republic: A Spatial Perspective. 2013（16）: 14-29.

[256] T. Slater. Your Life Chances Affect Where You Live: A Critique of the "Cottage Industry" of Neighbourhood Effects Research. 2013（37）: 367-387.

[257] V. Slavtchev. Proximity and the Transfer of Academic Knowledge: Evidence from the Spatial Pattern of Industry Collaborations of East German Professors. 2013（47）: 686-702.

[258] S. W. Smith and S. K. Shah. Do Innovative Users Generate More Useful Insights? An Analysis of Corporate Venture Capital Investments in the Medical Device industry. 2013（7）: 151-167.

[259] S. Soederberg. The US Debtfare State and the Credit Card Industry: Forging Spaces

of Dispossession. 2013 (45): 493–512.

[260] P. Spence and G.-Z. Liu. Engineering English and the High-tech Industry: A Case Study of an English Needs Analysis of Process Integration Engineers at a Semiconductor Manufacturing Company in Taiwan. 2013 (32): 97–109.

[261] Y.-P. Su, C. M. Hall and L. Ozanne. Hospitality Industry Responses to Climate Change: A Benchmark Study of Taiwanese Tourist Hotels. 2013 (18): 92–107.

[262] F. F. Suarez, M. A. Cusumano and S. J. Kahl. Services and the Business Models of Product Firms: An Empirical Analysis of the Software Industry. 2013 (59): 420–435.

[263] U. Subramanian, J. S. Raju and Z. J. Zhang. Exclusive Handset Arrangements in the Wireless Industry: A Competitive Analysis. 2013 (32): 246–270.

[264] A. Sudibyo and N. Patria. The Television Industry in Post-authoritarian Indonesia. 2013 (43): 257–275.

[265] Y. Sun, Y. Zhou, G. C. S. Lin and Y. H. D. Wei. Subcontracting and Supplier Innovativeness in a Developing Economy: Evidence from China's Information and Communication Technology Industry. 2013 (47): 1766–1784.

[266] J. Suzuki. Land Use Regulation as a Barrier to Entry: Evidence from the Texas Lodging Industry. 2013 (54): 495–523.

[267] J. Swart. Intra-industry Trade and Heterogeneity in Pollution Emission. 2013 (22): 116–139.

[268] A. Sweeting. Dynamic Product Positioning in Differentiated Product Markets: The Effect of Fees for Musical Performance Rights on the Commercial Radio Industry. 2013 (81): 1763–1803.

[269] E. Talbot, T. Artiach and R. Faff. What Drives the Commodity Price Beta of Oil Industry Stocks?. 2013 (37): 1–15.

[270] F. Talib, Z. Rahman and A. Akhtar. An Instrument for Measuring the Key Practices of Total Quality Management in ICT Industry: An Empirical Study in India. 2013 (7): 275–306.

[271] P. Taylor, P. D'Cruz, E. Noronha and D. Scholarios. The Experience of Work in India's Domestic Call Centre Industry. 2013 (24): 436–452.

[272] M. J. Tews, J. W. Michel and J. E. Ellingson. The Impact of Coworker Support on Employee Turnover in the Hospitality Industry. 2013 (38): 630–653.

[273] J. Thanassoulis. Industry Structure, Executive Pay, and Short-Termism. 2013 (59): 402–419.

[274] C. A. Tibbals. Sex Work, Office Work: Women Working Behind the Scenes in the US Adult Film Industry. 2013 (20): 20–35.

[275] A. Toppinen and K. Korhonen-Kurki. Global Reporting Initiative and Social Impact

in Managing Corporate Responsibility: A Case Study of Three Multinationals in the Forest Industry. 2013 (22): 202–217.

[276] M. A. Tovar and E. M. Iglesias. Capital–Energy Relationships: An Analysis when Disaggregating by Industry and Different Types of Capital. 2013 (34): 129–150.

[277] B. Turnheim and F. W. Geels. The Destabilisation of Existing Regimes: Confronting a Multi–dimensional Framework with a Case Study of the British Coal Industry (1913–1967). 2013 (42): 1749–1767.

[278] M. Ubeda–Garcia, B. Marco–Lajara, V. Sabater–Sempere and F. Garcia–Lillo. Training Policy and Organisational Performance in the Spanish Hotel Industry. 2013 (24): 2851–2875.

[279] M. Vazquez–Maguirre and A. M. Hartmann. Nonmarket Strategies of Media Enterprises in the Mexican Television Industry. 2013 (66): 1743–1749.

[280] I. Vlachos and A. Bogdanovic. Lean Thinking in the European Hotel Industry. 2013 (36): 354–363.

[281] F. Vong and I. A. Wong. Corporate and Social Performance Links in the Gaming Industry. 2013 (66): 1674–1681.

[282] K.-J. Wang and Y. D. Lestari. Firm Competencies on Market Entry Success: Evidence from a High–tech Industry in an Emerging Market. 2013 (66): 2444–2450.

[283] Y. Wang, Z. Zhou and J. Li–Ying. The Impact of Licensed–knowledge Attributes on the Innovation Performance of Licensee Firms: Evidence from the Chinese Electronic Industry. 2013 (38): 699–715.

[284] A. Warren and C. Gibson. Making Things in a High–dollar Australia: The Case of the Surfboard Industry. 2013: 26–50.

[285] S. C. Watkins and A. Swidler. Working Misunderstandings: Donors, Brokers, and Villagers in Africa's AIDS Industry. 2013 (38): 197–218.

[286] F. Wiengarten, P. Humphreys, A. McKittrick and B. Fynes. Investigating the Impact of E–business Applications on Supply Chain Collaboration in the German Automotive Industry. 2013 (33): 25–48.

[287] C. H. Wu, S.-C. Kao and H.-H. Lin. Acceptance of Enterprise Blog for Service Industry. 2013 (23): 260–297.

[288] C.-W. Wu. Global–innovation Strategy Modeling of Biotechnology Industry. 2013 (66): 1994–1999.

[289] M.-W. Wu and C.-H. Shen. Corporate Social Responsibility in the Banking Industry: Motives and Financial Performance. 2013 (37): 3529–3547.

[290] Y. Xing, L. Li, Z. Bi, M. Wilamowska–Korsak and L. Zhang. Operations Research (OR) in Service Industries: A Comprehensive Review. 2013 (30): 300–353.

［291］ X. Yang and H. Morita. Efficiency Improvement from Multiple Perspectives: An Application to Japanese Banking Industry. 2013 （41）: 501-509.

［292］ K. Ye, L. Shen and J. Zuo. Utilizing the Linkage between Domestic Demand and the Ability to Export to Achieve Sustainable Growth of Construction Industry in Developing Countries. 2013 （38）: 135-142.

［293］ T.-M. Yeh, F.-Y. Pai and K.-I. Huang. The Critical Factors for Implementing the Quality System of ISO/TS 16949 in Automobile Parts Industry in Taiwan. 2013 （24）: 355-373.

［294］ C.-H. Yen and H.-Y. Teng. The Effect of Centralization on Organizational Citizenship Behavior and Deviant Workplace Behavior in the Hospitality Industry. 2013 （36）: 401-410.

［295］ Y. Yoshida. Intra-industry Trade, Fragmentation and Export Margins: An Empirical Examination of Sub-regional International Trade. 2013 （24）: 125-138.

［296］ L. Q. Yue, J. Luo and P. Ingram. The Failure of Private Regulation: Elite Control and Market Crises in the Manhattan Banking Industry. 2013 （58）: 37-68.

［297］ T. Zahavi and D. Lavie. Intra-industry Diversification and Firm Performance. 2013 （34）: 978-998.

［298］ Z. Zhang, Z. Zhang, F. Wang, R. Law and D. Li. Factors Influencing the Effectiveness of Online Group Buying in the Restaurant Industry. 2013 （35）: 237-245.

［299］ E. J. Zhao and M. Keane. Between Formal and Informal: The Shakeout in China's Online Video Industry. 2013 （35）: 724-741.

［300］ E. Y. Zhao, M. Ishihara and M. Lounsbury. Overcoming the Illegitimacy Discount: Cultural Entrepreneurship in the US Feature Film Industry. 2013 （34）: 1747-1776.

后 记

　　一部著作的完成需要许多人的默默贡献，闪耀着的是集体的智慧，其中铭刻着许多艰辛的付出，凝结着许多辛勤的劳动和汗水。

　　本书在编写过程中，借鉴和参考了大量的文献和作品，从中得到了不少启悟，也汲取了其中的智慧菁华，谨向各位专家、学者表示崇高的敬意——因为有了大家的努力，才有了本书的诞生。凡被本书选用的材料，我们都将按相关规定向原作者支付稿费，但因为有的作者通信地址不详或者变更，尚未取得联系。敬请您见到本书后及时函告您的详细信息，我们会尽快办理相关事宜。

　　由于编写时间仓促以及编者水平有限，书中不足之处在所难免，诚请广大读者指正，特驰惠意。